市场天道
资本市场的操盘密码

勤格格　编著

看行情走势

如见一朵花的开放

嗅一朵花的芬芳

看一朵花的美丽

一切都在当下中灿烂

人民东方出版传媒
People's Oriental Publishing & Media
东方出版社
The Oriental Press

图书在版编目（CIP）数据

市场天道：资本市场的操盘密码 / 勤格格编著. —
北京：东方出版社，2023.10

ISBN 978-7-5207-3633-6

Ⅰ. ①市… Ⅱ. ①勤… Ⅲ. ①股票投资 Ⅳ.
①F830.91

中国国家版本馆CIP数据核字（2023）第169002号

市场天道：资本市场的操盘密码
（SHICHANG TIANDAO: ZIBEN SHICHANG DE CAOPAN MIMA）

作　　　者：勤格格
特约策划：陈正侠
策划编辑：鲁艳芳
责任编辑：朱兆瑞　何梦瑶
封面设计：末末美书
出　　　版：东方出版社
发　　　行：人民东方出版传媒有限公司
地　　　址：北京市东城区朝阳门内大街166号
邮　　　编：100010
印　　　刷：河北鲁汇荣彩印刷有限公司
版　　　次：2023年10月第1版
印　　　次：2023年10月北京第1次印刷
开　　　本：710毫米×1000毫米　1/16
印　　　张：31
字　　　数：540千字
书　　　号：ISBN 978-7-5207-3633-6
定　　　价：99.80元
发行电话：（010）85924663　85924644　85924641

谨以此书致敬缠中说禅先生，感谢所有与我共同成长的亲人、老师、朋友们。同时希望本书对那些致力于资本市场投资的交易者有所帮助！

心法

成就超越的投资智慧

中国资本市场发展至今，市场内外的环境都发生了极大变化，今后的中国资本市场的趋向会愈加规范与理性。在时代前进的步伐之中，世界金融市场的历史也一再证明，面对未知的资本市场，真正在其中有所成就的人必然是靠心法取胜的。也就是说，拥有一套正确的投资法则、信念，并穿透内心达到知行合一的境界，最终决定着长期获利、决定着投资者的最终命运。

缠中说禅股票投资理论，将人类的交易市场行为建筑在严密的公理化体系上。该理论从根本上阐述了走势生长的规律，其推理的严谨和思想的深邃是目前所有其他投资分析所不能及的。

缠中说禅股票投资理论的创始者缠中说禅是 21 世纪初中国知名的通才式操盘手，该理论还原了资本市场的本来面目，让人性的贪婪、恐惧无所遁形。投资者只有明确市场当下的行为，才有可能逐步化解自身的贪婪与恐惧，将自己的投资行为构建在一个坚实的现实基础上，而不是建立在贪婪、恐惧所引发的臆测上。

对投资者而言，要真正在市场中长期获利，缠中说禅股票投资理论的基础理论部分仅仅只是兵法，即使读过百遍也未必就可以决胜千里之外。历史上那些统帅有谁不是熟读兵书呢？然而，战国时期的秦赵长平之战，赵国将领赵括却因生搬硬套兵法而导致40万大军被坑杀活埋，只留下千古以来令人不胜唏嘘的成语"纸上谈兵"。

打仗除了兵法，更重要的是心法，兵法理论是"死"的，而人是"活"的。就像缠师所说："道理是死的，用的是人。离心求法，皆是泡影。"同理，在当下资本战场中，你我要想取得非凡的成绩，不仅需要行之有效的兵法，更需要融会贯通的心法。

相比打仗，市场是简单的。因为有了缠中说禅股票投资理论作为观照，市场的后续走势都可以严格地给出统一的走势完全分类。而打仗，要面对的情况可能就更复杂了，此时的完全分类，很可能都只是一种假设，就像诸葛亮的空城计那样未必在常人的预料之中。

操作资本市场和打仗相同的是，两者所面对的都是当下，所以投资者要具备的思维应是当下的，在市场面前，当下的感应和反应才是最重要的，这是运用心法的核心所在。这里就不得不提起王阳明先生，无论是缠中说禅的理论和实战记录，还是《传习录》中王阳明先生的理念，都有着一个共通且核心之处，即两人都深谙心法。

缠中说禅认为在动态变化的市场中，一切预测都是无意义的，要随时读懂市场的语言，就必须有一套行之有效的操作系统来观照当下的走势进行立体的完全分类，然后将所有的情况交给市场本身，心无挂碍，让市场自己去当下选择，而后根据市场的当下情况来应对不同分类下可能发生的情况。简而言之就是"不测而测"，让市场自己去选择，然后反应。这也就是王阳明所说的"此心不动，随机而动"，根据当下的这种变化萌动而动。关于这里的"此心不动"，哲学家老子有更富有诗意的表达，即"致虚极，守静笃"，亦如《道德经》中说的"常无欲以观其妙"。

毫无疑问，相较于行情走势分析（术）的学习，缠师更强调的是"道"，是"心法"。他也曾说："投机①是一种高深的学问，更是一种高深的技术。真正的投机者只能是真正的哲人，不洞悉人类的一切贪婪、恐惧，又怎么可能在人类心理行为的物化走势中找到致命的一击？真正的投机者必须达到无我的境界，如果还有恐惧、贪婪，那么就必然要被人类恐惧和贪婪的旋涡所吞噬。"

---

① 这里的"机"是指时机，即瞄准时机将资金投出去，最终享受到资金的增值。

在市场中，将你的贪婪与恐惧去掉，如零向量般与合力随波逐浪，感应着走势的转折、破裂，让市场的走势如同自己的呼吸一般，久而久之，你的投资交易，就是顺着市场的总向量的方向增加其力度而已，这才是真正的顺势而为。只有这样，才算初步入门，才能逐步摆脱自我的贪婪和恐惧，摆脱被走势牵着鼻子走的可悲境地，才能逐步让自己和走势合一。正如学习缠中说禅股票投资理论的前辈所总结的："以禅破缠，上善若水，犹如空桶，随波而逝，方入空门。"这是一系列不断的修炼，如庖丁解牛般游刃于错综复杂的市场环境中。

换句话说，缠中说禅股票投资理论中最基础的课程为"术"，当你学会了"术"就可以成为匠人，而在基础课程之上的是"道"，你若未"悟道"，就没有学究成师的可能，是故"有道无术，术尚可求；有术无道，止于术"。倘若连最基础的课程都不能理解，就需要好好反思了。

真正能在资本市场中如鱼得水，需要的是"照见五蕴皆空"的心性，唯有如此，你才能站在"旁观者"的视角，即便参与其中，也不会被股市这个外境所转。在这方面，某金融巨鳄曾说："只有远离市场，才能看清市场。"更胜一筹的，如丁元英对芮小丹说："你不知道你，所以你是你，如果你知道了你，你就不是你了。"

所以，我们在尽力系统学习缠中说禅股票投资理论后，最终"有招"要归于"无招"，将其升华为内功心法、直觉，做到"心中无相，手中有招"或是"无我，无股票"。在金庸小说《倚天屠龙记》中，一代太极宗师张三丰曾反复告诫张无忌要将太极剑法"忘掉"。无独有偶，在《笑傲江湖》中，令狐冲也是掌握了独孤九剑心法（无招胜有招），结果才最终真正"一统江湖"。因为"无招"了，才密不可破，正所谓"无招胜有招"，即为心法。这不是单纯讲授的知识，而是一种心智的综合体验，非语言能阐述清楚，就像丁元英在五台山的车站对芮小丹说的那样，"这东西有点像禅，知之为不知，不知更非知"，只能靠我们自己不断去体悟。

本书是从 200 多万字的缠中说禅博客原文，尤其是"缠中说禅教你炒股票"及"解盘回复"系列中提炼的约 200 条缠师的投资箴言。对我们而言，这些金句和警句具有启示意义，可以警诫自己不偏离投资市场的天道。本书系统逻辑地解析了缠师投资箴言背后的思想理论与实战价值，方便我们快速了解和应用缠中说禅的投资指导思想。

在当今这个全球化经济时代，百年未有之大变局中，中国面对的是强悍的金融帝国，作者深感中国的投资者们对中国本土原创理论的需求，为传承缠中说禅先生捍卫中国资本市场的超强意志，遂完成这本极具缠师投资智慧的作品。希望本书能让更多人了解缠中说禅，认识他的思想就像打开一扇窗，让我们看见不一样的世界，洞察人心，领悟市场天道。

为方便读者朋友学习，本书引用了部分缠中说禅博客原文，其版权永归缠师。另外，后人学习缠中说禅的理论，尊称其为"缠师"或"禅师"，为区别于佛门中的"禅师"，故称其为"缠师"，而缠师本人在博客中以"本ID"自称。

由于笔者水平有限，书中难免有不尽甚至纰漏之处，敬请读者朋友指正。

最后，感谢缠中说禅先生用生命谱写了独具特色的投资理论。投资市场虽然已没有缠师的身影，笔者却不由想起庄子《逍遥游》中那句："至人无己，神人无功，圣人无名。"而缠中说禅依旧如同那天边的启明星，指引并鼓励着我们继续前进。

缠中说禅

一个时代的印记和跨越时空的预言

缠中说禅，是一个永远只愿站立且希望探索、展示人的所有潜能和可能的人。他的思想和灵魂散发着独特的魅力。认识这个人，就是打开一扇窗，看到不一样的东西，听到不一样的声音，足以使你思考并觉悟。

缠中说禅先生是 21 世纪初中国证券史上的风云人物，他被誉为中国最具传奇色彩的金融操盘手，还是当年中国第一只百元股的缔造者，其另一身份是《基金分析》专栏作家木子。他的一生充满了禅意，那些已经实现和尚未实现的预言，除了弥散着玄学色彩之外，更透露出了他自身超脱的才情和非凡的预见力。

缠中说禅先生曾预测 2007 年由美国次贷危机引发的全球金融危机，并预测美国股市和我国股市的顶底，还曾大胆预测 2019 年前后美股所面临的危机。

2005 年 6 月至 2007 年 12 月，缠中说禅先生完成了中国资本市场的一次完美的抄底逃顶。在这个过程中，可以说，缠中说禅先生不仅是中国资本市场的守卫者，还是一个布道者——孤身一人在博客中为众生传道授业解惑，其观点令人闻所未闻，警醒世人，成了数百万网友的精神导师。

古有"通五经贯六艺"，而缠中说禅先生在博客中有那么多合乎格律、用平水韵写就的诗词曲赋集，有那么多提升品位的音乐会和艺术评论，有对传统文化糟粕的口诛笔伐，有对文史哲学的鞭辟入里，有颠覆传统详解的《论语》，有对时政经济犀利的针砭，有对马克思主义的捍卫，也有对西方经济学、神学等概念的破斥，还有对数理科技等方面的高度总结。而这一切的根本就在于缠中说禅拥有像热播电视剧《天道》中主人公丁元英所说的那双觉悟天道后的天眼，剖开了一切虚伪，在各个领域直抵本质，刀刀见血。

其中，缠中说禅对资本市场的认知深刻洞察、透彻人心、醍醐灌顶。除了对宏观经济的准确把握外，缠中说禅还将其近二十年的投资功底与古今中外投资理论彻底融会贯通，以人为核心，以数学为工具，并运用中华民族五千年沉淀下来的哲学语言，开创式地建立了一套能涵盖所有旧理论的论域及结论的、完整的、世界级水平的实战交易行情解构系统理论，即缠中说禅"教你炒股票"系列思想理论，别名"市场哲学的数学原理"，被广大网友称为"缠论"。

在笔者看来，缠中说禅所揭示的正如本书书名一样是市场的天道，是市场终极的操盘密码。

缠中说禅的投资理论为中国资本市场中的千万投资者带去了宝贵的智慧结晶，该系统理论位于缠中说禅经济学板块，深受广大投资者的追捧和热爱，堪称"中国股市第一教科书"，足以傲立全球金融市场。现实中，也正是由于他的这些思想，促使他自身成为以0成本创造出百亿财富的神话。

实际上，相比上述这些世俗才华，更令人折服的是他对禅的体悟之深，然而比对禅体悟的境界更积极的是他想在40岁后复兴中华传统文化的崇高理想。国家为大，国事为先，这是中华民族五千年文明中深入骨髓的士子精神与家国情怀。作为21世纪经济社会里的你我，也许很难理解这样一个人，他从十几岁便开始打坐，立下了40岁光复中国传统文化的志向。诚然，这些都和他本人的天赋、成长环境、阅历息息相关。

然而天不遂人愿，缠中说禅先生离世时还不到40岁。没有任何人，能像他这样留给大家那么多的希望和惋惜了，如果他能活到巴菲特的年龄，他的成就该有多么炫目。纵观人类文明历史的长河，真正意义上的活是即使自己死了，但精神和曾经的行为也能够影响众生。至2021年10月，距离缠中说禅先生离世已13周年，其博客访问量也已达2亿人次，每天都有成千上万的人在学习和传播他的思想理论。

目录

第 5 章　明辨买卖点 ····················· 234

01

第1章

入市忠告

欢迎来到缠中说禅投资的世界，面对
"纷繁复杂且多变"的市场，您需要提前
知道……

▶▶ 1.1 市场从来都是明白人挣糊涂人的钱

有人说，资本市场是老人挣新人的钱，而市场中的老人，被套个十年八年的一抓一大把。其实，市场从来都是明白人挣糊涂人的钱。在市场经济中，只要你参与到经济中来，就是经济人了，经济人当然以挣钱为目的，特别是在资本市场中，没有慈善家，只有赢家和输家。而不会赢钱的经济人，只是废人！无论你在其他方面如何成功，到了市场里，赢输就是唯一的标准，除此之外，都是废话。①

——教你炒股票第 1 课：不会赢钱的经济人，只是废人（2006-06-07）

实体经济和资本市场是一枚硬币的两面。与实体经济即实业不同的是，资本市场归根结底是通过虚拟价格来实现对现实价值的占有的。在现代市场经济活动中，财富的资本市场化衡量是最标准的。一个不接触资本市场的人，基本也就丧失了经济中的话语权。英国经济学家弗格森曾说："世界金融市场的一体化越强，生活在其中的金融知识丰富的人机会越大，而金融文盲趋于贫穷的风险也越大。"

然而，参与实体经济和参与资本市场是有很大区别的。缠中说禅曾说："人，总是很奇怪的，就算是很聪明的人，或者在其他行业很成功的人，一旦进入资本市场，就像换了个人。虚拟和现实的鸿沟使得干实业的——且不说期货，就算风险小得多的股市，也很少有能干好的。而习惯在虚拟市场玩游戏的，基本很难回头去干实业，这些例子都太多了。"

而身在资本市场中，诱惑与挑战并存，更多的是对智慧的运用与人性的考验，所以永远是明白人挣糊涂人的钱。在人类社会的发展与世界经济周期的推动下，其实我们每个人的财富积累在很大程度上依赖于时代发展的节奏。要踏准市场节奏主线，实现智慧与财富的跨越，最根本的是对经济活动有深刻的洞悉。

毫无疑问，作为一个纵横资本市场多年并有诸多辉煌战绩的市场超级玩家，缠中说禅是个明白人。正是基于对 21 世纪初国际经济趋势以及中国的政治经济形势尤其是金融市场的通透理解，再加上他对自创的交易技术系统理论的运用，缠师才得以在资本市场创造百亿神话。

拿 2005 年 6 月开始的牛市来说，4 月的股改后，缠中说禅就已判断出股市即将见底，而后又说明汇改（人民币升值）和资源的全球化升势将会加大当时国内实业的经营困难，同时，虚拟市场也就是资本市场对资本有更大的吸纳作用，从而造就波澜壮阔的大牛市，也是缠中说禅遇到过的最大的牛市。2005—2008年缠中说禅部分重要文章轨迹图如图 1-1 所示。

---

① 为方便读者阅读，本书在不影响缠师原意的基础上对引用的内容进行了部分修改。

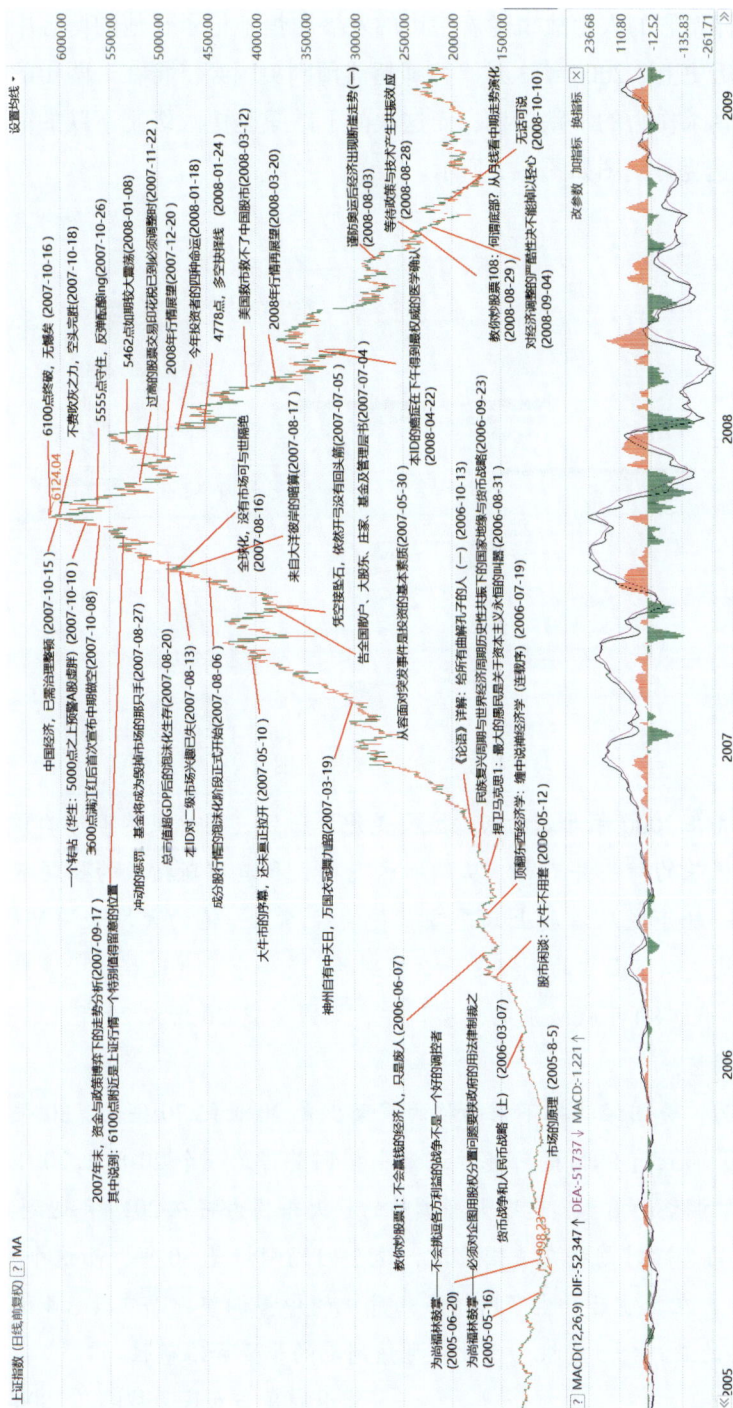

图 1-1 缠中说禅在 2005—2008 年行情中部分重要文章轨迹图

　　缠中说禅精彩的人生故事随着牛市的发展永恒地记录在他的博客中，记在中国证券的历史上。2006 年 3 月，缠师超前预判美国经济将在一两年的平台整理后进入更具杀伤力的下跌周期，而这次的下跌只是更大级别下跌的前奏。近30 年来纳斯达克月线图如图 1-2 所示。

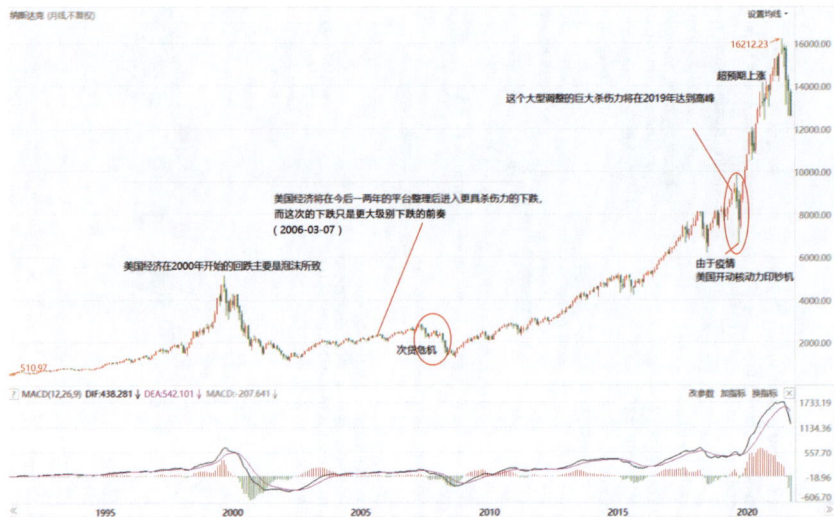

图 1-2　纳斯达克月线图

　　美国经济在 2000 年开始的回跌主要是泡沫所致，因此虽然来势凶猛，但其实对其经济根基的打击并不大，从纳斯达克指数和道琼斯指数的强弱不同就可以看出。这一轮下跌从本质上只是宣布美国经济上一轮的大增长周期的结束，问题的关键就是以下面临的调整是什么级别的：是一个上升过程的小调整，还是20 世纪 70 年代、80 年代级别的中型调整，又或者是 20 世纪 20 年代、30 年代级别的大型调整？

　　本人认为，美国经济接下来面临的将至少是 20 世纪 70 年代、80 年代级别的中型调整，而且有 99% 的可能性这个中型调整将是一个 20 世纪 20 年代、30 年代级别大型调整的前奏，这个大型调整的巨大杀伤力将在 2019 年达到高峰[①]。

　　1929 年的悲惨时刻将在美国重演，这个间隔刚好是 90 年，而这个 90 年的一半 1974 年，在其前后产生了所谓石油危机的中型调整，而在其 3/4 位置出现的是 1997 年的亚洲金融危机。由此可见该周期的重要和准确性。

——货币战争与人民币战略（2006-03-07）

---

① 还有一个窗口打开、关闭的问题，正负三个月。

随着行情的发展，2007 年 5 月 30 日，在市场一片哀号中，缠师坚定做多，在行情尾声宣布中期做空，而后又剑指 6100 点。为了抑制 2007 年前后国家经济出现过热的迹象，我国连续加息、提高准备金率，2008 年货币政策基调从维持了 7 年的"稳健"转向"从紧"，经济活动进入降温周期。

2008 年 6 月，缠师判断：2009 年是一个历史性的转折点，其后会有一个几年的反复过程，待最终方向确立后，历史的车轮继续飞旋。以雷曼兄弟公司破产为标志，2008 年 9 月美国次贷危机突然恶化。我国出口同比增速也在 2008 年 9 月后快速下滑，因此国内经济增速既面临前期紧缩政策带来的下行周期，又面临着国际金融危机扩大和外溢带来的外需下降，二者叠加导致 2008 年第三季度之后经济下行速度明显加快。为了应对经济的复苏，2008 年 11 月，我国推出了"四万亿"计划。

缠中说禅博客的内容伴随着市场翻动的波涛都刻在了时间里，至今依旧可以从中学到缠师看待市场行情及操作的背后逻辑，因其背后的原理不变。在这个市场中，只有把自己变成明白人，才是唯一的道路。

就近年资本市场情况来看，内忧外患的 2018 年中国市场，在经历了继 2015 年"牛市"后连续几年的"去杠杆"政策、中美贸易战以及对股权质押问题的市场恐慌后，估值处于低位的中国股市在 2018 年末开启了上涨周期。2018—2022 年上证指数月线图如图 1-3 所示。

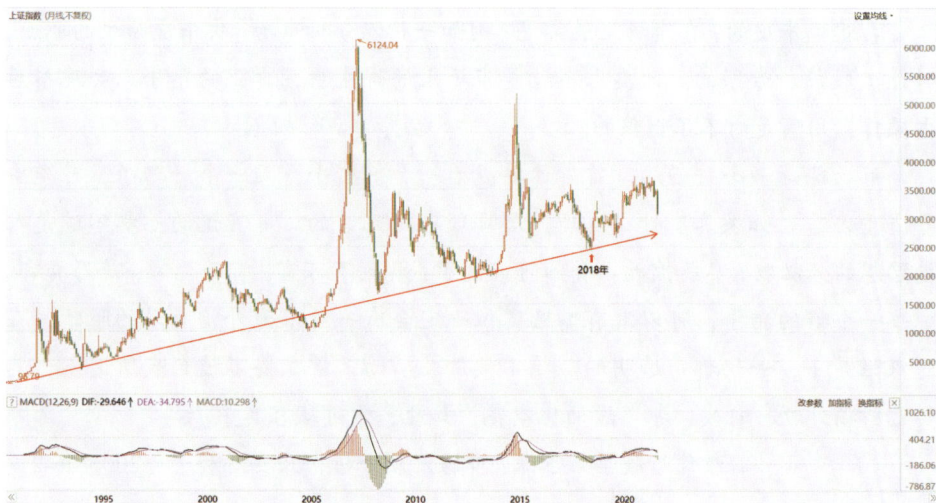

图 1-3　2018—2022 年上证指数月线图

其中，2019 年经历了"先扬后抑"的调整。从 2020 年开始，随着新冠疫情"震中"的切换，经济预期骤然下滑，资本避险情绪高涨，全球股市迎来了"黑天鹅"。2020 年 2 月，美国更是开创了美股史上两周内 4 次熔断下跌的先河，把股神巴菲特都给整蒙了，"难道我真的也就那么回事？"其后，美国政府开动印钞机，各国央行也采取了相应的救市举措。当美国无限宽松之时，千万别以为可以隔岸观火，此时，美国主导的新货币战争又拉开了序幕。

水漫过的地方自然也成了池子，随后，在美元贬值和所有资源大涨等这些共同出现的现象中，一轮"大牛市"尽在我们眼前。类似于 2008 年美国次贷危机，这次无限放水成了"明白人"买入各类金融资产的最佳时机。

实际上，从 2008 年金融危机以来，随着美元超低利率，和超宽松的信贷释放，美股创下了十年来的牛市，如果没有疫情的出现，可能美股的泡沫就如缠师在 2006 年所判断的在 2019 年前后就该出清。

2022 年，新冠疫情以来美国联邦储备系统无节制地放水印钞，疫情失控的全球供应链危机，能源价格暴涨，叠加对中国的无端贸易制裁等多种因素放出了通胀这一"猛兽"，2022 年 3 月起美国正式启动加息，新一轮货币战争正在如火如荼地上演。

▶▶ 1.2 市场就是一个狩猎场

喜欢吹牛皮的，在市场里最常见，例如一种以分析市场、吹牛皮为生的职业，叫什么股评、专家的。此类人不过是市场上的寄生虫，真正的猎手只会观察后再操作，用嘴是打不了豺狼的。

市场就是一个狩猎场，首先你要成为一个好猎手，而一个好猎手，首先要习惯于无言。如果真有什么真理，那真理也是无言的。可言说的，都不过是人类思想的分泌物，臭气熏天。真不可言说了，就无不可言，言而无言，是乃真言。

一个好的猎手，可以没有嘴巴，但一定会有一双不为外物所动的眼睛，在这双眼睛下，一切都是透明的。要不被外物所动，首先要不被自我所迷惑，其实无所谓外物、自我，都不过幻化空花，如此，方可从容其中。

——教你炒股票第 5 课：市场无须分析，只要看和干（2006-06-21）

踏入市场，首先必须牢记，资本市场不是慈善场所，而是一个凶险的狩猎场。在这个充满诱惑的狩猎场里，有着形形色色的猎物、猎人，还有各种各样的陷阱。

其次，我们是来打猎的，拥有什么样的工具或者武器决定我们最终能猎到什么样的猎物。再者，如果我们不立志成为好猎手，那么就很有可能成为狩猎场中的猎物。

文无第一，武无第二。真正的猎手在市场上赚钱靠的是真本事，这就需要练就一双不为外物所动的眼睛和一种融入市场的直觉。那么，如何成为一个好的猎人呢？

首先，要看看天气是不是有利于出去打猎（宏观经济周期，以及各类政策，比如财政、货币等）。

其次，要了解狩猎场里其他猎人在干什么（资金）。

最后，要了解猎物的特性，知道何时何地才能捕捉（技术）。

在这天时、地利、人和的共振点上才是猎人捕猎的最佳时机，也就是我们操作的节点（买卖点）。其实，对猎人而言，寻找猎物的足迹，且拥有一手好技术并不难，最难的是在冰天雪地中付出艰辛而寂寞的等待。

最终的收获 = 机智的设伏 + 耐心的等待 + 准确的射击

另外，在了解市场和猎物的同时，更要了解自己。了解自己目前是什么等级的猎手，适合打什么级别的猎物，只把握自己当下技术水平能把握的机会，这才是最重要的，切勿好高骛远。

当我们只有一把小弓箭、一把小匕首时，那就打打小白兔。如果没有屠龙刀，就先不要考虑豺狼虎豹，小心有去无回。因为钱是一堆能量，能量不同的人掌握不同的财富。如果我们将能力分为 20 层，而你的能力暂时在第 5 层，就先把第 5 层掌握好，而不是好高骛远要获得第 20 层的能量，否则就很可能走火入魔。看看金庸武侠小说中，练习九阴真经的郭靖、周芷若和梅超风就知道了。

▶▶ 1.3 没有庄家，有的只是赢家和输家

市场没有什么庄家，有的只是赢家和输家！有的只是各种类型的动物，还有极少数的高明猎手。市场就是一个围猎的游戏，当你只有一把小弓箭，你可以去打野兔；当你有了屠龙刀，只是抓几条蛇来玩当然就没劲了，关键在于是否有屠龙刀！

——教你炒股票第 2 课：没有庄家，有的只是赢家和输家（2006-06-07）

实际上，在单一的股票市场中，不论是美股、港股或是 A 股都有着一批操纵一只或者几只关联性个股进行获利的人，我们通俗地称之为"庄家"。缠师曾

讲过："在市场里，不同风格、背景、势力的资金，各自控制着不同的板块，最大的几个，构成食物链的最上层。同时，从这食物链的最高端开始，逐级下去，到最后的散户个体，分了好几个层次。"

不过这些庄家实体，只是狭义上的定义。从广义上来说，庄家是市场中的主流力量，是决定市场趋势的主体。不同的市场力量，他们在一定时期内或特定的环境下可以主导市场或个股运行趋势，他们就是真正的庄家。但如果有另一股强大的势力兴起并成为市场潮流的主导，那么庄家们就只能服从与顺应历史的潮流，否则就会被市场吞没，这种新兴的力量就是所有投资者的合力，就是市场本身的力量。

在现实的市场中，我们对市场合力的分析，不能脱离某些特别巨大的分力（俗称主力）进行。特别是在中国的股市里，这些巨大的分力在市场中起着举足轻重的作用。主力资金层面的运作，不只是单纯地进行技术分析（战术性问题），应更考虑其战略性问题。

回顾 A 股历史，由于上海证券交易所（简称上交所）成立于 1990 年末，而香港证券交易所（简称港交所）早在 1947 年便已成立，所以在中国股市里活跃的最早一批庄家基本都是香港人，他们既懂行又有资金，感兴趣的读者可以观看《大时代》（1992 年）、《股疯》（1994 年）、《金钱游戏》（1997 年）和《天道》（改编自小说《遥远的救世主》2006 年）等影视作品，了解 20 世纪 90 年代初关于中国股市的故事。随后，国内市场的发展也迎来了一批既有判断力又有资金规模的本土炒家，他们尝试操纵市场进行获利，缠中说禅便是其中一位狂傲的资本奇人。

2000 年的中国股市可谓"庄股横行"，如亿安科技、中科创业、银广夏、东方电子、蓝田股份等。亿安科技月线图如图 1-4 所示。市场上也流行着诸如《庄家克星》《战胜庄家》等知名的股市书籍。当时的市场上，除了这些"明庄"外，还有"暗庄"，彼时的基金也是"庄家"队伍中的一分子。此后，由于上市公司股价操纵、财务造假等事件频发，最早的庄家如中科系和德隆系先后被曝光，证监会开始加强监管力度，时任证监会副主席的"铁娘子"史美伦负责治市。

到了 2005 年，股权分置改革成了 A 股历史上一个极其重要的分水岭。彼时绝大多数的非全流通股票开始向全流通转变，"你方唱罢我登台"，于是"庄家"开始面对他们最强劲的对手——产业资金。庄家和基金手里的股票数量是无法与产业资本手里的股票数量相比的，当庄家们费了九牛二虎之力拉升股价，还未出手时，另一边产业资金就大规模减持了。

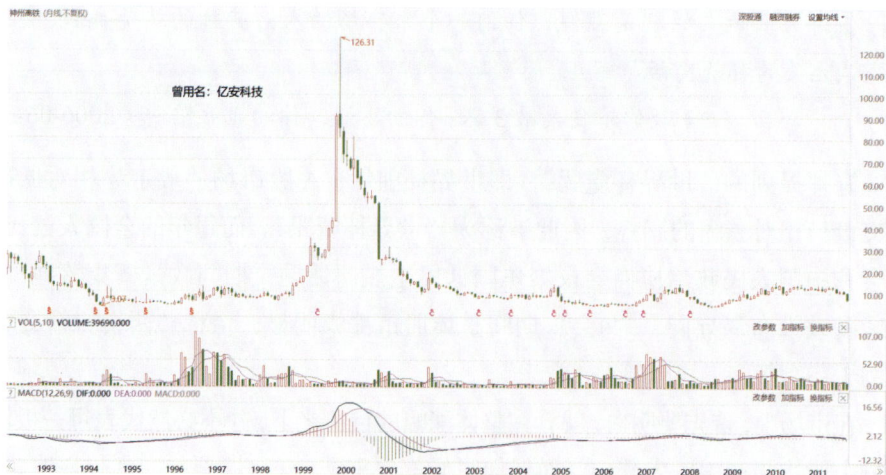

图1-4 中国首只破百元庄股——亿安科技月线图

一庄独大或只手遮天的情况也慢慢成为历史与传说。而后，产业资本开始和庄家以及基金搅和到一起，通过大宗交易，定向增发或者减持，更深层次地影响股价。时至今日，在市场中的传统庄家、基金、产业资本和游资的关系已变得更加复杂与微妙。

然而，无论什么背景与级别的主力资金，最终都不可能逆经济的大势而行。站在缠中说禅股票投资理论的视角来看，各大分力之间汇成的合力最终都不过构造出市场走势不同级别的买卖点而已。

买卖点是不患的存在，是任何机构主力、大资金都不可逃避的。所以，在市场上，没有庄家，有的只是把握脉搏、踏准买卖节奏的赢家和无视买卖节奏的输家。

▶ 1.4 你的喜好，你的死亡陷阱

要举行世界杯了，在世界杯时谈论股票是一件很无趣的事情。而且，全世界的人都知道，世界杯前后，股票市场几乎都要大跌，这个常识，虽然并不比所有有关所谓庄家的常识更值得了解，但至少有趣，并不像所谓庄家一般无聊。还可以增加一句的是，足球至少有帅男，而见过的如此之多的所谓庄家里，连长得不那么歪瓜裂枣的都少，这的确是实际情况，并不是开玩笑。

但你的喜好，就是你的死亡陷阱！在市场中要生存，第一条就是在市场中要杜绝一切喜好。市场的诱惑，永远就是通过你的喜好而陷你于死亡。市场中需要的是露水之缘而不是比翼之情，天长地久之类的东西和市场无关。市场中

唯一值得天长地久的就是赢钱，任何一个来市场的人，其目的就是赢钱，任何与赢钱无关的都是废话。

——教你炒股票第 3 课：你的喜好，你的死亡陷阱（2006-06-09）

缠师提到的"世界杯魔咒"，即世界杯前后，A 股市场一般走势相对低迷，成交量呈相对萎缩的态势，因此被称为"世界杯魔咒"。而每年的全国人民代表大会和中国人民政治协商会议聚焦国计民生热门话题，期间政策密集落地，市场紧随政策布局导向，"两会"期间整体股市涨幅明显，俗称"两会行情"。这些例子还有很多，可以算是"常识"。

在市场中，首先要明白，就算在整体涨幅的行情之下，并不必然代表每一板块、每只个股均会产生巨大涨幅。而任何时候都要牢记：介入股票的准则是该股票是否赚钱，而并不是自己的喜好，能赚钱才是关键。这就要落到选股、仓位管理和择时等因素上来，而并非简单地判断该股票有多好或者被忽悠地认为它有多好。

举个例子，中国石油在 2007 年 11 月 5 日登陆 A 股市场，其市盈率高达 63.53。买入中国石油的股票，自然有各种理由，如石油的市场需求越来越大、中国石油作为国内龙头未来成长性高等。然而，中国石油上市首日即巅峰，无数投资者站在高高的山岗上。中国石油月线图如图 1-5 所示。

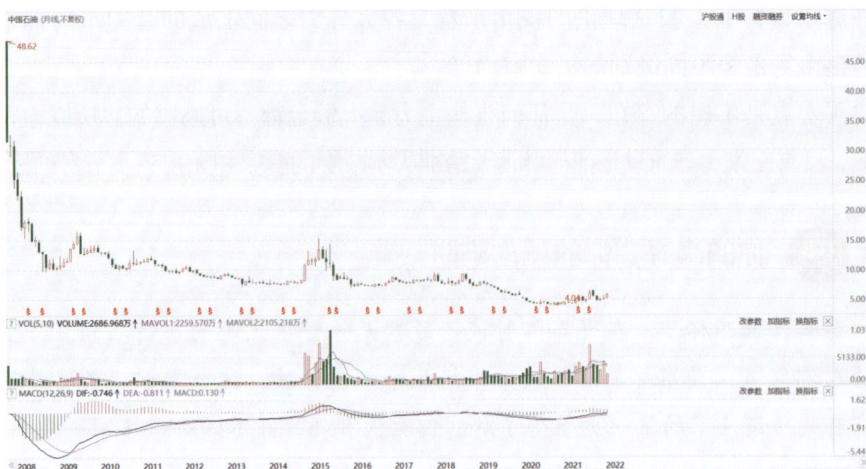

图 1-5 中国石油月线图

中国石油开盘价曾高达每股 48.62 元，较发行价 16.7 元高出近 3 倍。事实上，彼时除了 A 股已经见顶下跌的因素以外，其招股说明书上也已明确列出了风险因素（部分）。

（1）原油及成品油价格波动引起的风险，原油价格下跌会对中国石油的财务状况产生不利影响。

（2）其他能源替代的风险。由于油价一直处于高位，煤制油、煤制气、生物能源等正在加快开发和利用。

只要这两点风险存在，支撑中国石油高市盈率的理由便不复存在。

缠中说禅认为市场中的任何喜好，都是把你引入迷途的陷阱，必须逐一看破，进而洗心革面，才能在市场中生存。

▶▶ 1.5 偷心不死，永无出期

说白了，战胜市场，就是战胜市场的合力，就是战胜那构成合力的绝大多数人。你不成为这所有市场参与者中最顶尖的那一部分，那么，谈论成功都是废话。这是一场人与人智力、体力、资金等的综合搏杀，是血与血的争斗，你以为是超女比赛八卦一下、走走旁门左道就可以？

偷心不死，永无出期。

——如期反弹后的 4778 点压力（2008-01-23）

缠中说禅的博文中有不少对"偷心不死"的论述，笔者摘录如下：

各位知道为什么智慧难得吗？就因为偷心不死，整天想着捷径，想着一夜暴富。你看看真正成功的人，有哪个是靠中彩票的？

要在市场上成功，首先要把这偷心给废了，否则学什么都没用，一到市场上就犯糊涂，然后就后悔、自责，然后又继续犯糊涂。

道理是死的，用的是人，人没道理，什么道理都没用。

——缠中说禅（2006-12-18）

偷心不死，是学不了真功夫的。

——缠中说禅（2007-01-09）

当然，如果你没什么技术，那就分析好基本面，研究透了，然后就靠熬的功夫，逐步建仓后就熬着，把"牢底"坐穿了，自己就解放赚大钱了。每个人的操作方法，必须根据自己的实际情况来，千万不要硬来。

最后再强调一次，市场操作，最终都要归于自己，提高自己才是根本。千万别依靠任何人，连本 ID 都不要依靠，你可以学习本 ID 的理论，因为那是几何的、是不患的，谁都必须遵守，但千万别有依靠本 ID 的想法，本 ID 可不是慈善家，在残酷的市场中，宣称自己是慈善家的，只能是骗子。

市场就是火与血，没有温情与慈善，就别偷心不死了。至于那些被骗的，那是自作自受，市场没有眼泪给这些人，自己反省去吧！

——3919 点继续折磨你（2007-07-10）

从缠师反复提及的与"偷心不死"相关的内容可见，认识偷心与死尽偷心是残酷市场的生存前提。作为元代最有影响力的禅宗大师，中峰明本禅师曾道："古人学道之灵验者，盖偷心死尽故也。便偷心一毫死不尽，则万劫无有自成之理。"

意思是古人学道，凡是有灵验、有成就的人，都是因为灭尽了自己的偷心，偷心全死。修行过程中，哪怕存在一丝丝的偷心，即使修万劫，也不会有真正的成就。即心存偷心而欲成道业，无有是处。直而论之，死得一分偷心，则是学得一分道；死得偷心五分，则是学得五分道；偷心全无，则全体是道。

那么究竟何谓"偷心"？这是禅宗用语，原指偷盗之心。但是禅门将此谓：与道不相应、心生希求取巧之心；心不安分、外缘夹杂，而不能一心办道；尚有二心，终究不能死心塌地、全体放下；心生有所得之心，修行本无所得，有所得便是障道的因缘。例如，要得长寿、得开悟、得名利等，都是偷心之流。因为我们内心的七情六欲、妄想纷飞，遮障了本然智慧的显现，所以常常事与愿违。

死尽偷心，就是将一切与道相违之心和妄想通体灭尽，不加执着，即为禅。偷心的障碍，就如乌云一般，遮住了太阳的光芒，光芒透不出便不能朗照大千。明代僧人蕅益大师道：死尽偷心就是肯做钝功夫。不妄想、不取巧；但问耕耘，莫问收获。此心踏踏实实地用功，不执着在未来成功的期盼中，功到自然成，终有成功之日。

面对市场行情的变化，倘若没有我们的偷心作怪，走势就是这么走的，走势的这种状态就是道的本来。而我们要做的就是在这个"本来就是这么走"的行情中，灭尽偷心，擦去附着在心镜上的浮尘游埃，认清走势，顺势而为，而非逆势而动，从中体现的就是盈利。在市场中做正确的事，这本身就是一个去偷心的修行过程，所以缠师曾说炒股票是可以悟道的。

▶ 1.6 "花痴"的命运一定是悲惨的

在你的分类原则的观照下，市场只有两种：能操作的和不能操作的。必须坚持的是，不符合分类原则的股票，无论发生什么情况都不能介入操作，除非其自动符合分类原则，成为可操作的对象。一旦分类标准确定，就一定要严格遵守"只做符合分类标准的品种"这一原则。

可惜，这样一个简单的原则，绝大多数人即使知道也不能遵守。贪婪使人有一种企图占有所有机会的冲动，我把这种人叫"花痴"。"花痴"在投资市场的命运一定是悲惨的。

——教你炒股票第 8 课：投资要选好有临界点萌动的股票（2006-11-20）

缠师经常把股票与人性相关联，因为股票市场是人参与的，所以其特征必有人性的特点。投资的目的是赚钱，在面对近 5000 个投资对象时，就需要建立起一套程序有效地对投资对象进行分类，只投那些能投的。

20 世纪初，英国经济学家凯恩斯在学术研究之余也涉足投资领域，他希望能够寻找到走势曲线中隐藏的秘密。凯恩斯曾总结出一个选股理论，他形象地称之为"选美理论"。他认为选股就像选美，聪明的投资者不会简单地选择自己认为最漂亮的美女，而会猜大家的选美倾向和投票行为。这种理论运用到资本市场，就像缠师说的只投能投的。凯恩斯运用他的分析方法，在证券市场的年收益达到 17%，36 岁时他的资产只有约 1.6 万英镑，到 62 岁去世时达到 41 万英镑，26 年的投资回报将近 30 倍。

这里不只是选股，其实还包括了择（时）机，这就需要制定适合自己的操作策略、原则和方法。但实际操作起来，我们又会发现，错的往往不是原则，而是偷盗之心。倘若没有可靠的技术和实力作为支撑，最好还是专一一点，因为你还没有当花心大萝卜的资格。

➤➤ 1.7 你的聪明在市场面前一钱不值

在股市里死掉的，大多数人是聪明人，越聪明的，死得越快。要在市场上生存，就必须远离聪明，因为，你的聪明在市场面前一钱不值。

市场就如同一头牛，只有目无全牛，才可能随心解之而合其关节。在本 ID 的理论中，机械化操作的本质就是目无全牛而合其关节。因为根据本 ID 的理论，市场的结构已经被彻底分解，所以哪里有什么市场，不过是一堆的关节。而机械化操作，就是逐步合于其关节的节奏，而不被全牛的繁复所影响。

至于分解市场的标准是什么并不重要，也就是分类的原则并不重要，关键在于分类能够完整有效。那些看不起分类的，永远只能在全牛的迷惘中可怜，咱就不带他们玩了。

本 ID 可以再次明确地说，全牛纷繁，因此可以口水多多，各有道理，那么，就让这些聪明人讲道理去、去争论去；咱不爱聪明，咱不爱全牛，咱只知道关节的节奏，咱不爱争论，咱更不爱预测，咱只负责挣钱。如果你喜欢道理而不喜欢白花花的银两，喜欢争论而不喜欢挣钱，那么就远离本 ID 的理论吧，因为它对你没用。

——教你炒股票第 105 课：远离聪明、机械操作（2008-04-13）

在市场上的绝大多数投资者，有谁何尝不是工作、学习、生活中的聪明人士？然而在投资市场中，需要的不仅仅是我们的思考和分析能力，更需要的是我们能够彻底回看自己，不被贪婪和懦弱所控制，依"道"而为。

所以在市场上脱颖而出的高段位投资者往往不是因为耍小聪明，而是因为能深刻认识到聪明与智慧之间的巨大鸿沟。聪明在智慧面前，常常被我们界定为小聪明、机巧，一种近乎"术"的技能，就像《天道》中丁元英所说的："有道无术，术尚可求；有术无道，止于术。"

▶▶ 1.8 书呆子是不适合投资市场的

在股市里，本 ID 从来没有好恶。只要有点金融常识的人都知道，因本币的历史性升值所带来历史性牛市曾被太多国家经历。本 ID 只知道，一旦人民币升值、国有股流通，股市将大涨。知识分子为什么可笑，就是有好恶而无"察"，企图以理论来领导现实，结局可想而知。

书呆子是不适宜投资市场的，错了，应该是不适宜投机市场。别相信这世上有什么投资市场，世界本身都是投机的，还有什么资可投？

——教你炒股票第 10 课：2005 年 6 月，本 ID 为何时隔四年后重看股票

（2006-11-24）

踏入市场前，也需要检验一下自己是不是"书呆子"。曾有人总结过"书呆子"的十大特征。

（1）愤世嫉俗。书呆子气的人对于超乎自己认知之外的东西总是嗤之以鼻，容不下与自己的价值观不吻合的任何东西，看上去很坚持，很有原则，实则缺乏开放的思维和把新思想变成现实利益的能力（缠师说的"书呆子"就是这一类型）。

（2）空想。相信任何虚无缥缈的东西，制定的计划总是不切实际，对于现实可行性缺乏论证精神，也缺乏尝试的勇气，总以为自己比别人聪明。

（3）害羞。脸皮过薄，对于一切可能性，总是观望，为的是保全自己的面子。对于条件的占有永远都是遮遮掩掩，犹抱琵琶半遮面，不敢亮出自己的态度与倾向，也缺乏主动追求效果的务实精神。

（4）缺乏活化知识的能力。对事物的理解总是停留在理性认识上，对于概念总是纠缠不休，缺乏活化知识的能力与悟性。对信息的占有能力强，但缺乏科学的管理与应用。

（5）容易闭门造车。不懂得理解和分析人，经常闭门造车。其实，人的需求才是所有财富的基础。

（6）害怕面对挫折与失败。困境与被动时常发生，如果总是担心和恐惧，则永远不能超越自己，常言道"先死而后生也"，强健的心理素质正是通过勇敢面对和处理困境练就的。

（7）患得患失。

（8）缺乏数字精神。一切数字都是与生存和发展乃至财富有关的，书呆子气的人并没有真正的数字意识。

（9）不善于整合不同类别的优质资源。总是按自己的好恶来选择资源，而不是按有效原则来选择。

（10）过于强调克己，但不善于团结人、号召人。

与书呆子气不同的是书卷气，我们要有书卷气，不要有书呆子气，有书卷气的人容易与财富结缘。下面看一下书卷气的十大特征。

（1）总是书不释卷，但关注人性，注重人的感受与需求。能用自己的方式与农民或菜贩子讲哲学。

（2）务实。关注过程，知道如何对过程进行有效、科学的控制，以实现预期的效果。

（3）气质优雅但睿智有加。带有书卷气的人总是博览群书而绝不张扬，却一眼就能从人群中分辨出来，因为人的心灵与人的气质是相通的。

（4）把握人生中的大规律，并懂得强化性格中那些具有竞争力的因素。

（5）大勇气。为了实现大目标勇于简化自己的生活，并勇于放弃庸常目光中似乎很重要的利益。

（6）讲理性，讲科学。每个结论会通过合理的推导得出，不是人云亦云，信口雌黄。

（7）**善于思考，善于抓住事物的本质，善于控制局面**。带有书卷气的人，知道如何想出有效的办法解决问题，并能把无序而纷乱的事物理出头绪，抓住事物的关键因素，从而控制局面。

（8）好习惯。**爱因斯坦说，将学校里、书本上所学来的东西都忘掉后剩下的东西，就是素质，这里的素质就是好习惯。**

（9）不断自我更新。热爱学习，对任何新鲜事物保持好奇心。

（10）积极与高水平的人结交，并能处理好不同的人际关系。

古今中外所有的智慧型财富能人，如范蠡、子贡、查理·芒格等，似乎都与书卷气有解不开的关联。踏入市场前，分清书呆子气和书卷气这两种气质，是帮助我们变得富有的前提和关键。

▶ **1.9** 贪字和贫字就差那一点

世界上，从来不缺乏贪婪，贪婪的最大表现之一，就是上帝式思维。有一个上帝，你信了他，所有事情就是他的，你就既可以上天国，又可以永生，这在本质上，就是人类的贪婪所制造的幻象。

在市场的操作中，贪婪的最大表现就是希望寻求一种预测性的、一劳永逸的上帝式指标、模式，先验地决定了一切，然后有这东西，在市场中就可以既上天国又永生地财源滚滚了。

这是什么？典型的贪婪思维，这种人，佛出世都救不了，最终就是当青蛙的料。而在市场中，这种人最多，最下劣的，就是希望找一根万能拐杖，最好这根拐杖可以自动实现所有的买卖，什么都不用干就可以财源滚滚了。

贪字和贫字就差那一点，如此贪婪的想法，不被市场所屠杀，真是笑话了。

市场中的操作，和中医、兵法、诗歌最相似。

——教你炒股票第97课：中医、兵法、诗歌、操作1（运用理论顺序）

（2008-01-29）

踏入市场，如果寄希望于找到一个先验的万能指标，有了这个指标然后就可以每天财源滚滚，这类典型的贪婪心理是投资者的大忌。因为市场行情的现实之道，是所有市场参与者共同合力的结果，是根据现实条件的变化而变化的，所以它们不是先验的，也不具有上帝力量。

▶ 1.10 杜绝一根筋思维

一根筋思维的心理基础，就是企图找到一个永恒固定的公式，然后不管任何情况，只要套进去，就有一个现成答案。这种思维是把世界看成一个精密的机械，任何事物的运行都是起点（结果模式），只要起点相同，就有相同的结果。这就是典型的一根筋思维。有些人，学本ID的理论，本质上就是希望找到这样的东西，却不知道，法成则人成，人不成，法何成？

——教你炒股票第86课：走势分析中必须杜绝一根筋思维（买卖点多级别联立）

（2007-10-24）

缠中说禅曾说："投资者最大的毛病，就是只有一种思维方式，把自己的喜好当成了市场的现实。按这种逻辑，做多的就永远要做多，做空的就永远要做空，那不是有毛病吗？"市场中最常见的思维就是当走势上涨的时候忘记还有调整，只要盘面一调整就惊慌失措。步入市场，就要与自己的贪婪和恐惧说再见，深刻了解自己的能力和可能性，形成适合自己的一套操作原则，学会与现实走势共舞，坚决杜绝一根筋思维。

▶ 1.11 无处不在的赌徒心理

在股票市场中，最大的敌人之一，就是赌徒心理、赌徒思维。赌，最终的结局只有一个，就是被"吃掉"。如果你以赌徒心理参与股市，那么你的结局就已经注定，就算你还没在锅里，那也只是养肥了再煮而已，没什么区别。

赌徒心理无处不在，除了上一课说的不断加码，还有一些，甚至自己都没注意到。例如，有人亏钱了，然后就想，等反弹到多少多少一定出来，以后不玩了。这看起来很不赌徒，但其实也是赌徒心理。

赌徒心理一个最大的特点，就是预设一个虚拟的目标。一个想象中的目标，完全无视市场本身。

赌徒还有一个特点，就是怕失去机会，怕失去了赚大钱的机会。例如，万一走错了，怎么办？万一还涨，不就亏了？诸如此类。

注意，在市场中生存，从来就不是靠一次暴富得到的，一次暴富最后倾家荡产的，本ID见多了。

市场真正的成功，都是在严格的操作程序下完成的。操作失误没有什么大不了的，市场的机会不断涌现，一套严格的操作程序，足以保证你长期的成功。

有赌徒心理的人一个很常见的行为，是砍了又追，追了又砍，完全被一股无名的力量牵引，就往那鬼窟里去了。这正是所谓的杀红了眼，所以就被杀了。

有赌徒心理的人一个更常见的行为，是不敢操作。看到机会到来，就怕了，不敢操作，等机会真正起来了，又后悔，然后就追上去。5 元时不敢买，等到 50 元时又敢买了，结果就被杀了。

赌徒心理还有一种行为，就是听消息、找捷径，以为这世界上就有一个馅饼一定能拍着自己，可能吗？就算能吃到点馅饼，那能当长期饭票吗？

赌徒最常见的心理，还有一种大概是我要赚钱买房子和车子。我投入，要把装修的钱赚回来。可悲呀，你以为市场是慈善场所？那是杀人的地方！

——教你炒股票第 96 课：无处不在的赌徒心理（2008-01-23）

想象一下，你带着完全不影响正常生活的一部分钱进入股市，首先请对照一下自己是否存在以上所说的 8 种赌徒心理，而后通过自己的操作来彻底认识自己的心理，将操作记录和心理状态写下来，一次次地将失败的根源挖掘出来，然后纠正。但如果发现自己始终不适合股市，那么尽早离开，毕竟赚钱的渠道也不止这一种。

▶ 1.12 一双赌眼看股市，怎么闹都是一条赌命

一个人不能摆脱被各种情绪操控的傀儡命运，那他就无药可救了。但可怕的是，很多人却深陷情绪之中而不能自拔，甚至都不自知。

很多人，从一开始就自闭其路，一开始就是死路一条。例如，自以为高明地把股市当赌场，这样，一双赌眼看股市，怎么闹都是一条赌命，其命运就由其最开始的所谓的高明决定了。"闻见学行"，有如此闻，而有如此见，复有如此学，终有如此行，如此股市就以个人的想象成为众多股市参与者的坟墓。

——教你炒股票第 34 课：宁当面首，莫成怨男（2007-03-07）

不同的思想和行为，造就不同的投资者。被贪婪和恐惧等情绪支配的投资者，倘若不想方设法摆脱这类情绪，那么最终都将被情绪所占据，被市场所玩弄，相缠相续，从而失去所拥有的一切。例如，人一旦因为无知与贪婪将股市当作赌场，那么他的命运早已注定，正所谓"性格"决定命运，气质决定成败。

赚钱本是一辈子的事,而非一锤子买卖。缠师也曾说:"投资是一个长期的事业,别抱着赌博的心态企图一次成功,只要有这种心态,最终的结局一定悲惨。这已经被无数事例所验证。"唯有制定一套正确的买卖程序,然后严格按照程序来操作,才是在市场风浪中生存的唯一安全可行之策。

▶ 1.13 千万别追高买股票,一定要在刚启动的时候买

千万别追高买股票,一定要在刚启动的时候买。中线大幅上涨后,一定要等中线调整结束再买,这样虽然会浪费很多所谓的机会,但这样一定能活下来。现在牛市没问题,随便怎么买都会挣钱,一旦养成这个习惯,以后麻烦就大了。

——缠中说禅(2006-11-24)

股市中有句谚语"低吸富三代,追高毁一生",这句话是市场中无数投资者用血泪总结出来的经验教训。买股票,关键是成本,所以一定要在刚启动的时候买(月线、周线、日线的第一类买点最佳),或者放量突破后的缩量回调,也就是缠师说的中线大幅上涨后等中线调整结束再买(周线、日线的第二类、第三类买点),当然这需要时间,时机是关键,所以才需要等待。

迦南科技(中药、医疗器械,浙江板块)日线图如图1-6所示,第一次放量突破后的回调用了21天(神奇的斐波那契数列),所产生的日线级别的第二类买点、第三类买点重合,后市威力强大。

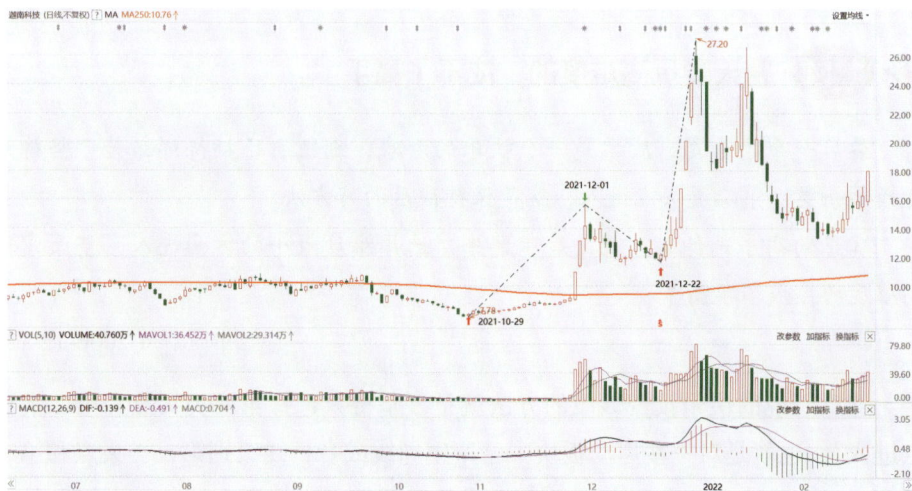

图1-6 迦南科技日线图

类似的操作如华森制药（中药、地塞米松，重庆板块），其日线图如图1-7所示。

2021年整个中国股市处于震荡市，有人戏称其为"猴市"，所以部分个股容易出现大涨后大跌的行情。最后，再次强调缠师的一个名句："一定不要追高买股票，一定要有这样的心态，它爱涨多少是多少，权当这股票不存在。"

请记住：市场上有几千只股票，永远有合适的股票等你，就像等出租车一样，千万不要随意追车，错过这一辆，还有下一辆。

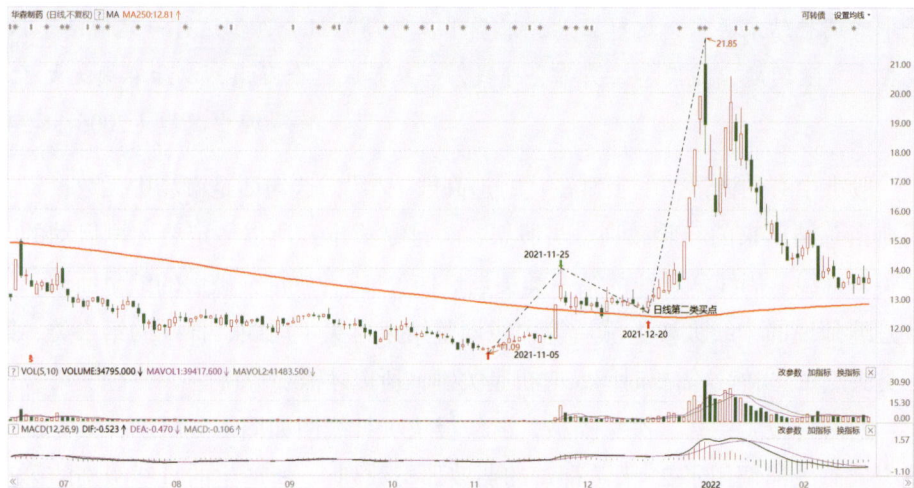

图1-7　华森制药日线图

▶ 1.14　整天爱玩高难度的，成不了高手

最后一个忠告是，股票是一个快乐的游戏，别把自己搞得那么苦。坚持只选择第一类、第二类买点进入，就是保持快乐的好方法。

真正的高手是什么？就是庖丁解牛，选择难度最小的方向进入，整天爱玩高难度的，成不了高手。

——缠中说禅（2006-12-12）

这里所说的快乐投资炒股的方法就是"坚持只选择第一类买点和第二类买点进入"，也就是对一些启动板块中已产生周线或者日线级别第一类买点和第二类买点的相关个股进行操作。倘若看中的股票没有出现资金流入和大级别的买点，那么你可以先放一放，耐心等待机会。

一般而言，日线级别上的第一类买点上涨是由第一波"有钱有势"的主力主导而强势上涨突破的。主力在市场上起到点火、煽动、带动人气以及引起股价波动等作用，所以投资者只有懂得顺势而为，才能相对轻松地坐轿子，而且中线级别的趋势一旦成立就不容易轻易改变。以前文提到的华森制药为例，2021 年 11 月 5 日为日线级别的第一类买点，2021 年 12 月 20 日为日线级别的第二类买点，这两类买点是最安全的，也是难度最小的两个买点。

关于如何定义和确定日线级别的第一类买点和第二类买点，笔者在本书第 4 章及第 5 章中将基于缠中说禅股票投资理论原文进行解析，对走势进行庖丁解牛。可想而知，倘若没有一套基于走势之根的系统性方法与操作原则，面对复杂多变的走势，玩高难度操作，被情绪左右后成功的概率又能有多少呢？

▶▶ 1.15 既然玩股票了，就要心狠手辣

本 ID 还是那句话，玩资本主义的游戏就要用资本主义的原则，既然玩股票了，就要心狠手辣，市场从来不同情失败者。市场也不需要焚尸炉，失败者的尸体在市场中连影子、味道都不会留下。别给自己的失败找任何理由，失败只能是你自己的失败，失败就找机会扳回来，但前提是必须找到失败的真正原因，否则不过是不同情节的相同悲剧的延续。

——教你炒股票第 7 课：给赚了指数亏了钱的人的一些忠告（2006-11-16）

资本市场在经济中具有核心的地位，这也是 20 世纪冷战结束后资本全球化的核心，看看美国是如何利用美元征服世界就明白了。同时，在现代化市场经济中，财富的资本市场化、虚拟化逐渐成为衡量一个人财富的标准。在和平年代里，没有什么行业比资本市场更能成王败寇了。对个人而言，要在市场中生存，就必须通过对经济的深刻理解才能达到。

而生活在资本的世纪中的缠中说禅这样认为。

人，首先要活得有尊严。当然，有钱并不一定有尊严，但连国家也不能一穷二白，人当然更是这样了。对于个人来说，大概没有任何途径比资本市场能更简单地达到这个目的。当然，前提是你能在市场中生存。不管你对资本市场有什么看法，即使你反对它或者想推倒它，那么首先要了解它、战胜它，否则

只不过是失败者的哀鸣！

——请尊重资本市场的投资者（2006-07-18）

千变万化的市场是残酷的，而市场又永远正确，错的只是逆势而动的人，所以只有对自己的性格有足够的把握，而后战胜自己，才有可能在市场中生存，而在市场中生存的目的只有一个，就是赚钱。天地不仁，以万物为刍狗；交易不仁，以市场为刍狗，所以玩股票，就要心狠手辣。

02

第2章

藏器待时

　　"君子藏器于身，待时而动"出自《周易》，意思是说：君子有卓越的才能和超群的技艺，却低调不炫耀，而是在关键且必要的时刻将才能或技艺施展出来，成就事业等。历史上，吕尚（姜子牙）遇周文王，便是如此。

▶▶ 2.1 持股与持币，归根结底就是一种等待

发现很多人都有这样的糊涂概念，以为买入和卖出才是股票的操作，就是股票操作的所有了。其实，对于每一笔交易来说，买入和卖出，1 秒都不用就完成了，而在买入与卖出之间花费更长时间的是两种最基本的操作：持股与持币，这两种操作才是更重要的操作。

假设你是按 30 分钟级别进行操作的，那么，在一个 30 分钟的买点买入后，就进入持股的操作中。根据本 ID 的理论，你应该知道，一个 30 分钟的卖点必然在前面等着，这个卖点宣告从买点开始的 30 分钟走势类型的结束。

在这个卖点到来之前，你就只在持股这唯一的操作中。当这个 30 分钟的卖点出现时，卖出，然后就进入持币的操作中，直到下一个 30 分钟的买点出现。持股与持币，归根结底就是一种等待，等待那个被理论绝对保证的买卖点。所有股票的操作，归根结底，只有两个字：等待。

——教你炒股票第 45 课：持股与持币，两种最基本的操作（2007-04-12）

美国投资家彼得·林奇曾说，在投资的过程中，80% 的时间都是在忍耐和等待中度过的，真正快乐的时间不到 20%。我们熟知的股神巴菲特更是一个典型的耐心等待者，他平均持股时间超过 20 年，这也是一般投资者不敢想象和难以完成的。例如，巴菲特在 20 世纪 80 年代买入可口可乐之前，便已关注可口可乐几十年，只有等到可口可乐价格下跌形成足够的安全边际时，他才出手抓住这绝好的投资机遇。

对于新手而言，最好进行大级别操作，首先要练习持股，在一个大级别买点买入后持有到大级别的卖点的时间，应是 30 分钟级别或以上。诚然，如果你按年线的级别操作，那么你比巴菲特还要巴菲特，关键要看自己是否有这样的耐心。一般来说，一个年线级别，至少要几十年才有卖点，如果是周线买点，那么至少两年才会出现卖点。缠中说禅就是从 2005 年 6 月，即周线第一类买点介入，持有到 2007 年 9 月的。

买卖点操作后，等待是一个最关键的过程，就如同等待花开与花谢。如果既没有操作短线的技术，又没有持股的耐心，又怎么可能长期战胜资本市场呢？

▶▶ 2.2 缠中说禅为何时隔 4 年重看股票

2001 年 6 月后，本 ID 就从未看过股票，直到 2005 年 6 月。本 ID 是严重反对人民币升值的，曾写有文章《货币战争和人民币战略》在网上广泛流传。但到 2005 年 6 月，本 ID 知道有些事情不是人力可为，天要下雨、娘要嫁人，随它去吧。所以 2005 年 6 月，本 ID 时隔四年重看股票。

在强国论坛关注本 ID 的网友都知道，2005 年 6 月股票暴跌时，本 ID 连续三次表扬了一个政府官员，就是股市当时的新人、如今那位著名的山东人。其后还专门为他写了文章《股改"开弓没有回头箭"》而热烈鼓掌。同时，本 ID 也曾写过这样的文章《群狼争肉——国有股流通与国有资产蚕食、瓜分游戏》。这，难道是本 ID 逻辑混乱、前后矛盾吗？

非也，这就是本 ID 所解释的《论语》里"子曰：众恶之，必察焉；众好之，必察焉"的完美应用。确实，从好恶角度而言，本 ID 坚决反对人民币升值、反对国有股流通，而且深刻地分析了出现这些现象背后的现实逻辑关系和严重后果。但在股市里，本 ID 从来没有好恶。

——教你炒股票第 10 课：2005 年 6 月，本 ID 为何时隔四年后重看股票

（2006-11-24）

我们先来回顾一下历史。2001 年股市达到历史大顶，2001 年 6 月发布的《减持国有股筹集社会保障金管理暂行办法》是压垮那一年牛市的最后一根稻草，此后 A 股进入长达 4 年的熊市。直到 2005 年 4 月 29 日，证监会发布《关于上市公司股权分置改革试点有关问题的通知》，股改试点启动，一个多月后，股市见底。

上证指数月线图如图 2-1 所示，2001 年 6 月的卖点启动后到 2005 年 6 月才出现买点，期间就是 4 年。"有人曾问本 ID 为什么 2001 年后有 4 年都不看股票，那很简单，就因为在本 ID 的操作级别上出现卖点，所以就全部退出，等有相应买点再说。"这 4 年的时间对于周线级别的股市投资者缠师而言，只需要等待。

另外在天涯论坛上，缠师用"喜欢数学的女孩"的 ID 发表过一篇名为《人只不过是人——本女所交往的亿万富豪》的文章中讲到过：从技术上讲，2000 年前后只是一个 14 年大升浪的最后一个子浪，其后出现大调整对于一个有大计划的人来说，怎么会不事先预计到呢？

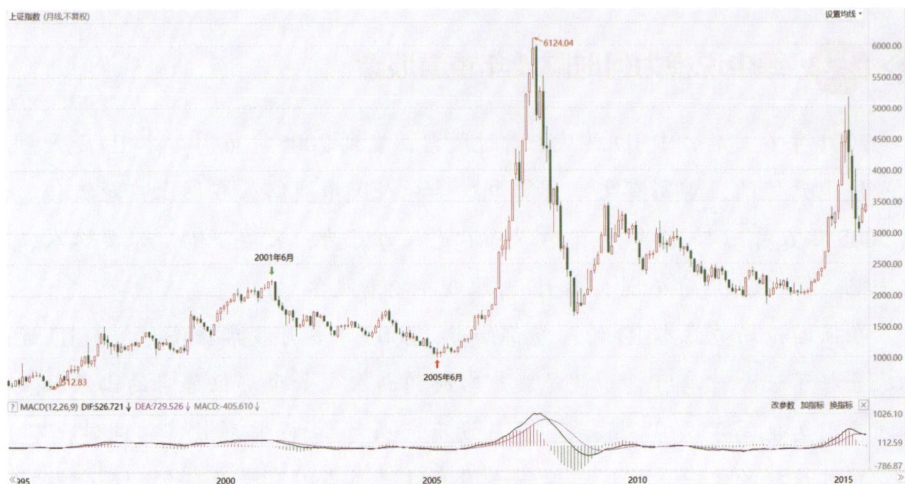

图 2-1　上证指数月线图

在持币等待的这 4 年中，缠中说禅在博客中写道：

2002 年，本 ID 受到过一次严重的打击，比患癌严重亿万倍。这次的打击和经济、身体无关，而作为一个人，不经受这样的打击，大概也不成为人了。所以，这次的打击能打击本 ID，至少证明，本 ID 还是一个人，而且经历如此打击后，世界上已经没有任何事情可以打击本 ID 了。

在这打击下，本 ID 暂时放弃了一切外围的活动，包括一切的经济活动。每天素食焚香诵经，一年下来，把能找到的佛经都一字不差地反复诵了又诵，连《华严经》这样的大部头也没放过。这期间，本 ID 当然不是完全不闻世事，而当时的国际经济环境已经很严峻了，看到国人仍在中国制造、中国创造中自渎，尘心又起，所以才有了开始的"打喷嚏"的帖子，最后被人收集成文章《货币战争与人民币战略》以及另外一篇其实更重要的文章（《中华民族可能面临的重大机遇》）在网上流传。

2003 年年底到 2004 年年中，一年期限过后，本 ID 专心处理一些事情就没在网上活动了。2004 年年中回来后，发现原来帖子被收集流传，一时童心起，才有了后面的一系列各位大概都很熟悉的活动。后来，2005 年年初开始，本 ID 重新开始经济活动，一直折腾到这次病倒。

——告全体中国人书（附新鲜七律两首：台风／饮歌）（2008-06-26）

当然，本 ID 是谁并不重要，年龄也无须公开，至于本 ID 干过什么事情，就更没有必要说了，不过可以 100% 负责地说，在本 ID 呼风唤雨时，现在市场上 99% 的所谓人物可能还没解决温饱问题。股票，无论是对本 ID 还是对本博客，都是末事。

从某种意义上说，股票之类的操作不过是本 ID 接触社会的一个方便途径，如果不在市场上玩玩，那本 ID 就要与世隔绝了，按本 ID 现在的年纪，与世隔绝也太年轻了，这也是 2005 年本 ID 重新出来的原因之一。在此之前，最多就在网上游逛，那有关人民币与货币战争的帖子就是 2005 年之前在网上游逛时随手写的。

当然重新出来还有一个原因，就是本 ID 知道人民币升值将带来一轮前所未有的大牛市，比本 ID 折腾过的都要大。在 2001 年大盘见顶、本 ID 休息时，本 ID 就曾和朋友说，中国今后最大的问题之一，就是中国人是否还是中国资本市场的主人，这也是本 ID 要重新出来的原因。

——请远离所有借股票收费者（2007-05-25）

君子时其时，从 2005 年年初开始，缠中说禅时隔 4 年重新开始经济活动。据统计，从 2002 年春至 2008 年秋，历时六七年，其全部网络作品达 1800 篇有余，足见缠中说禅是一位非常勤奋之人。

2001 年，我国在加入 WTO 之后，以低廉的要素成本获得国际制造业资本的青睐，产业链不断转移，造就了出口导向型的经济，外贸依存度不断提高。同时，由于经济全球化，中国的资源（如有色金属、原油等）价格在世界范围倾向趋同，在全世界范围大涨。

另外，我国在 2005 年进行汇改之后，人民币持续升值，人民币资产成为世界性海量游资追逐的对象。此后十多年人民币汇率如图 2-2 所示。国际资金的涌入也给国内资金带来了流动性的增长，多重因素的叠加导致中国在货币和财政双双收紧的情况下出现基本面利好驱动的繁荣牛市。

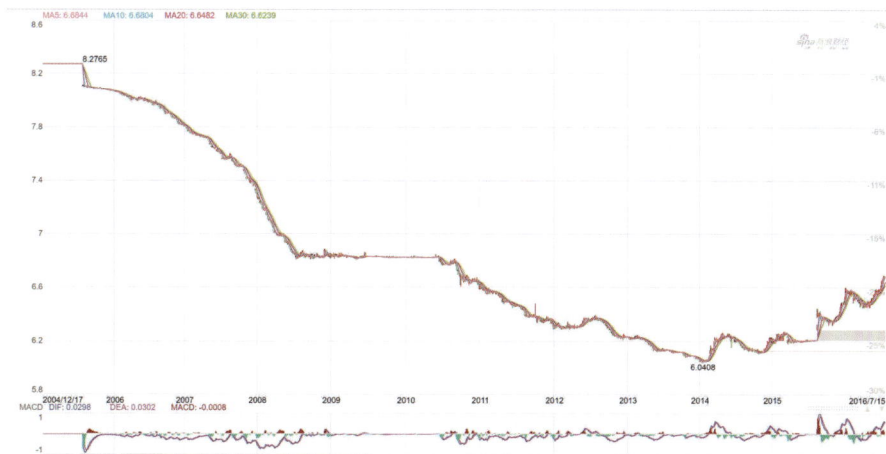

图 2-2　人民币汇率

缠中说禅认为炒股不花时间，只有牛市时才需要看股票。股票之于高手，就是一场智力游戏与财富的盛宴。

▶▶ 2.3 不投这个机，又如何夺天地之造化

股市中永远不缺英雄，更不缺死去的英雄，最近的英雄们又在吹投资，但投资这内裤永远掩盖不了股票背后那赤裸裸的投机。《黄帝阴符经》云："天性，人也；人心，机也；立天之道以定人也。天发杀机，斗转星移；地发杀机，龙蛇起陆；人发杀机，天地反覆；天人合发，万化定基。"不投这个机，又如何夺天地之造化？股票市场也是一样的。

——教你炒股票第 6 课：本 ID 如何在五粮液、包钢权证上提款的（2006-10-24）

经济周期以及相应的机会其实并不神秘，引发它们的是人与自然合力共振的结果，用佛门的话说是共业的显现。大到地月系、太阳系乃至银河系的运转都有它们的运行周期，小到身在有自转周期的地球上的我们无时无刻不领略着天地相应的周期变化，如太阳东升西落、月亮阴晴圆缺、春夏秋冬、二十四节气等。

不同的时间节点，作为高级动物的人类的思想和心理行为也会产生相应的变化，久而久之人类活动的合力也就促使诸如经济周期、朝代更迭、产业周期等现象的产生，每个周期的行为看似纷繁复杂，实则背后都有一个循环的模式，就如巴赫的赋格曲、格律诗中的韵律。

人类在地球上为了更好地生活，趋利避害，就需要懂得存善去恶，与天地相应，这就是古人总结出来的规律，这也是《黄帝阴符经》为何被道家视为"古今来修道第一部真经"（清朝刘一明语）的根本原因。

缠中说禅在其解《论语》的开篇中讲到"学而时习之"，其意义便在于我们立志成君成圣，就需要闻"圣人之道"、见"圣人之道"、对照"圣人"、在现实社会中不断地"校对"，与天其时而天与其时，得乘天地之正气而游六合（顺应万物之规律），行成圣人之道，这样，才能"不亦说乎"。

同样，在股票市场，立志成为猎人，就需要懂投机大道，对照如缠中说禅般的投资大师，在现实的市场中不断"校对"，同时代共呼吸，与市场节奏共舞。不亦开窍、开心乎？

世界经济史上最长的周期因经济学家康德拉季耶夫而得名，被称为康波周期。根据他的理论，引起波动、出现周期的主要原因是生产技术的变革、战争、

革命和新市场的开发等。每轮周期大约在 45 ~ 60 年，一个自然人的寿命主阶段大约是 60 年，这又与中国传统文化中讲的"六十年一甲子"相似。康波理论在现实中的表现就是价格波动，价格波动规律为我们提供了宏观对冲和人生财富规划的密码。康波周期又被分为回升、繁荣、衰退、萧条 4 个阶段。

周金涛曾在 2007 年时预测 2008 年将发生康德拉季耶夫周期衰退冲击，也就是次贷危机。周金涛有一句名言叫"人生发财靠康波"，这句话的意思就是说我们每个人的财富积累一定不要认为是自己有多大的能耐，财富积累完全源于经济周期运动所带来的机会。这个机会也就是人类的生产、消费、投资等综合活动的合力规律在某个阶段给你的机会。

所以，周金涛认为人的生命都是有宿命的，例如，1985 年之后出生的人，他的第一次人生机会注定只能在 2019 年出现，这是由人生的财富命运所决定的，而不以人的意志为转移。实际上，2019 年 1 月确实出现了自 2015 年 6 月以来股市的最低点，成为投资者新一轮的机遇。

总而言之，投机就是将资金瞄准时机投出去，最终享受到资金的增值。在当代经济社会，不懂这个"机"，又如何实现财富自由呢？不投这个机，又如何夺天地之造化呢？

▶▶ 2.4 时机其实就是成本

其实，股票投资十分简单，最关键的就是成本，而时机其实就是成本。如果你有本事能比市场的平均成本要低，就永远立于不败之地。既然波动是市场风险所在，那么相应地就提供了利用市场风险和一切值得利用的波动机会，将持有成本往 0 甚至负数降，这样，无论是牛市还是熊市，都无所谓了。

——股市闲谈：大牛不用套（2006-05-12）

在市场中，好的时机、大的级别买点才是划算的介入成本。这点对于有成本的资金（如基金）来说，尤为关键。只有踏准时机，才能有效实现财富的增长。如果有能力像缠师那样在市场上将成本变为负数，那在市场中就是最大的成功。

▶▶ 2.5 投机不是瞎搞，是要清清楚楚地搞

投机不是瞎搞，是要清清楚楚地搞。清清楚楚，就要对市场充分理解，要

明白其道道。

——教你炒股票第6课：本ID如何在五粮液、包钢权证上提款的（2006-10-24）

投机的关键问题是，时机（级别与买卖点）不到，急了没用。只有做到对市场时机背后原理的充分理解，才能做到心中相对有数。

美国对冲基金桥水公司的创始人瑞·达里欧认为："一个人预测和应对未来的能力，取决于他对事物变化背后的因果关系的理解；一个人理解这种因果关系的能力，来自他对以往变化的发生机制的研究。"这里面其实就包括了对人类社会发展规律的理解，对历史循环周期的理解，对宏观经济的把握，对国家政策、财政的理解，对产业链、上市企业、资金面、市场情绪的深刻理解等，而这归根结底又是对人心的了解与把握。

落实到具体的盘面走势，就要明白缠师所强调的"走势终完美"，这是市场行情的韵律节奏。如果你我综合地掌握了这个规律，那么市场就是你我的提款机。

▶▶ 2.6 时间之窗：值得关注

由于2005年7月的人民币升值，美国经济得以渡过短线的难关，从而使得"美国经济将在今后一两年的平台整理后进入更具杀伤力的下跌，而这下跌只是更大级别下跌的前奏"。这句话的前半句需要修改，相应走势变成不从这个平台直接下跌，而是向上突破形成多头陷阱后下跌，这个多头陷阱目前依然在制造中。从极端的意义上说，最疯狂的走势还没有出现。2008年是1997年到2019年的一半位置，其前后是一个值得关注的时间之窗。

——货币战争和人民币战略续一（2006-12-11）

时间，即时机、机遇、周期、机会。时间周期，又称循环周期，即时间循环周期，它是自然界的一种规律，可以说小到草木大到宇宙，无一不受"时间循环"的支配。周金涛曾说："每个人的财富积累，一定不要以为是你多有本事，而是完全源于经济周期运动给你的机会。"换而言之，一个人播种后的收成，不仅要看天赋和努力，也要看人生的"天气"。

道琼斯周线图如图2-3所示。

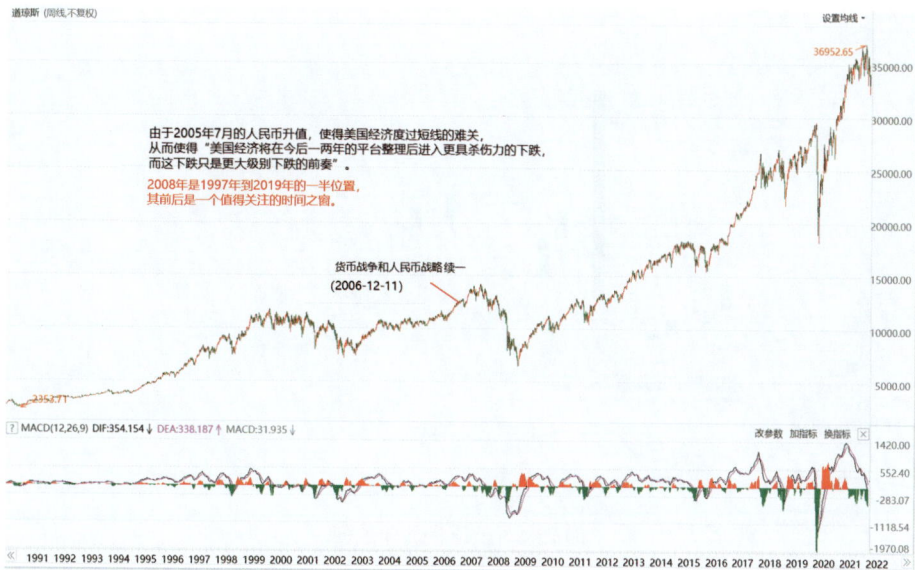

由于2005年7月的人民币升值，使得美国经济度过短线的难关，从而使得"美国经济将在今后一两年的平台整理后进入更具杀伤力的下跌，而这下跌只是更大级别下跌的前奏"。

2008年是1997年到2019年的一半位置，其前后是一个值得关注的时间之窗。

货币战争和人民币战略续一
(2006-12-11)

图 2-3 道琼斯周线图

关于时间，我们先来看一下每年股市都要经历的关键时间段：

1月～3月：每年的年初通常有春季躁动，1月底要关注中央一号文件，3月要关注"两会"。

4月：市场的基本面和政策面更明朗，经历躁动后市场进入基本面验证期。

5月～10月："五月卖"效应源自海外，与年底和年初相比，A股在5月～10月的涨幅也偏低。

9月～12月：关注中国共产党全国代表大会、中国共产党中央委员会全体会议（中共中央全会）和中央经济工作会议，每年年底行情多博弈。

从上可知，不同时期有不同的板块题材的个股活跃。我们再来看一下一些时间窗口的运用，缠师也曾指出过多种时间之窗，笔者归纳如下。

（1）斐波那契数列（神奇数字）：3、5、8、13、21、34、55、89、144……一个价格走势的顶对应前面的一个高点经常是34天、55天，或者13周、21周等，或者一个趋势从最低点启动，在13周、21周、34周或55周时趋势结束。

例如，缠师站在特大型牛市的角度说过，中国股市就从未出现过熊市。在股市年线图上，1992—2005年形成了一个完美的年级别中枢的三段次级别走势，时间刚好是13年，该中枢是中国股市的第一个年中枢，其区间在998～1558点，是一个完美的时间之窗。上证指数年线图如图2-4所示。

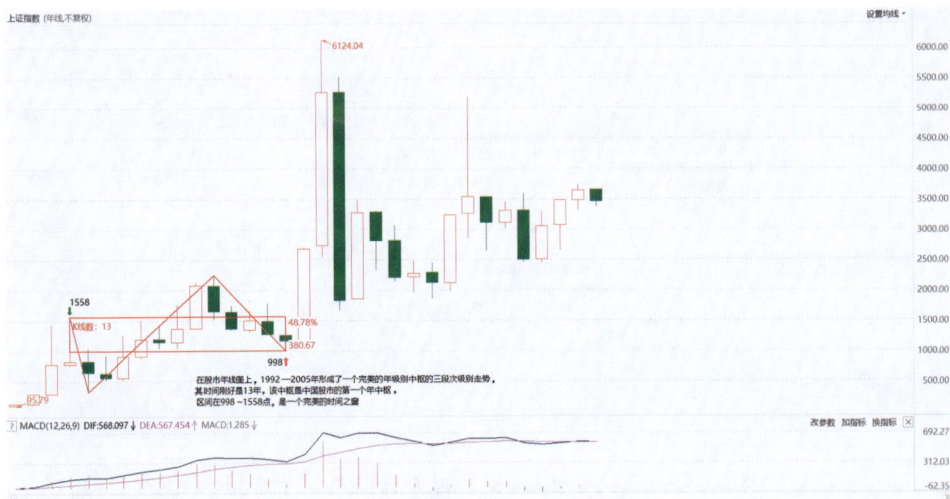

图 2-4　上证指数年线图

缠师在《教你炒股票第 27 课：盘整背驰与历史性底部》一文中曾以万科 A 举例说明。

例如万科 A（股票代码 000002），谁都知道该股是大牛股，但这只牛股的底部，如果学了本 ID 的理论，谁都可以发现该底部。万科 A 季线图如图 2-5 所示，季线图即一个季度或三个月形成一个 K 线的图。

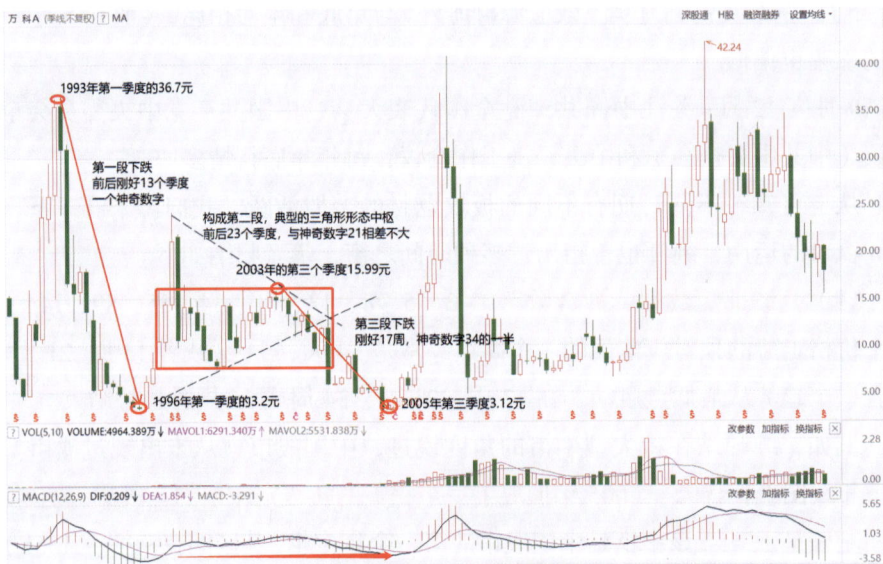

图 2-5　万科 A 季线图

万科 A 的股价从 1993 年第一季度的 36.7 元下跌到 1996 年的第一季度的 3.2 元，构成第一段，前后刚好 13 个季度，一个神奇数字；从 1996 年的第一季度的 3.2 元到 2001 年第三季度的 15.99 元，构成第二段，一个典型的三角形，中枢的第二段出现三角形的情况很常见，前后共 23 个季度，和神奇数字 21 相差不大；从 2001 年第三季度的 15.99 元下跌到 2005 年第三季度的 3.12 元，前后刚好 17 周，神奇数字 34 的一半，也是一个重要的数字。

第一段跌幅是 33.5 元，第三段跌幅是 12.87 元，分别与神奇数字 34 和 13 极为接近。因为 13 的下一个神奇数字是 21，加上前面说过的 17，都不可能是第三段的跌幅，因此，站在这种角度来说，万科 A 的股价在 2.99 元附近就是铁底了。不过这种数字分析意义不大，最简单的判断还可以用 MACD[①]，第三段跌破第一段的 3.2 元，但 MACD 明显出现标准的背驰形态：回抽 0 轴的黄白线再次下跌不创新低，而且柱子的面积明显小于第 1 段，一般来说，只要其中一个符合就可以是一个背驰的信号，两个都满足就更标准了。从季度图就可以看出，万科 A 跌破 3.2 元就发出背驰的信号。

而实际操作中，光看季度线是不可能找到精确的买点的，但对大资金，这已经足够了，因为大资金的建仓本来就是可以越跌越买，只要知道其后是一个季度级别的行情就可以了。

而对于小资金来说，这太浪费时间，因此精确的买点可以继续从月线、周线、日线，甚至 30 分钟一直找下去，如果你的技术过关，甚至可以现场指出，就在这 1 分钟，万科见到历史性大底部。因为季度线跌破 3.2 元后，这个背驰的成立已经可以确认了，而第三段的走势，可以从月线图、周线图、日线图等进行分析，找到最精确的背驰点[②]。

再举一个例子，缠师在 2007 年 5 月 10 日发表的《大牛市的序幕，还未真正拉开》一文中说道：

5 月，1/2 线在 1429+180×15=4129 点，该点位在技术上有强烈意义。从时间上看，1429 点开始有着同样重要的历史规律。1558 点与 1429 点相差 9 个月，2245 点与 1429 点相差 9 年，而今年 5 月，是 1429 点以来的 180 个月，360 的一半，

---

① MACD 即异同移动平均线，是股票分析的技术指标之一。MACD 指标的变化代表着市场趋势的变化。

② 即区间套的运用。

一个极为重要的时间之窗，在这期间，不发生点事情，显然是不可能的。[①]

（2）江恩时间之窗：7 及 7 的倍数。从天文的角度来看，这与月球周期有关，月球周期平均为 29.53 天，其周期的四分之一约为 7 个自然日，这又是数学与天文学在预测中的奇妙发挥，也产生了玄学般的结果。缠师为何将笔定义为至少 5 根 K 线，大概也与此相关。

（3）二十四节气：中国历法将一年 365 天分为 24 个节气，大约每 15 天一个节气，节气一般出现在公历每月的 5 日 ~ 7 日和 20 日 ~ 23 日。比如贵金属黄金的变盘常常与冬至相关，缠师曾说："要说股市受节气的影响，一般中秋前后，都容易有震荡，最出名的，就是 1994 年那次中秋节，大概都是月亮惹的祸。这一切，只能作为参考，没必要当真，关键还是图形的信号。"

（4）重大事件的对应时间。用宏观战略的方式去分析相对微观的事件，重大事件主要是重大变革、政策、事件、会议等。关于这点，缠师也经常在其文章中提到，例如他在《民族复兴周期与世界经济周期历史性共振下的国家地缘与货币战略》一文中提道：从中国历史朝代更迭的相似性看中华民族可能面临的重大机遇，历史总有一种神秘的、惊人的相似性，例如 20 世纪中国大多关键的大事都和 9 有关。

（5）黄金分割 1.618 倍率指向。意思是前一个周期的 1.618 倍时间指向下一个转折点。

另外，对于时间之窗的预测，还有一个窗口打开、关闭的问题，正负三天，都在其中。学了缠中说禅股票投资理论后，其实这一切都无须预测，让市场告诉你我，其中蕴含了对"走势终完美"的通透理解。

▶▶ 2.7 股票市场就是提款机，时机到了，就去提款

对于本 ID 来说，这股票市场就如同提款机，时机到了，就去提款，时机不到，就让它搁在那。这市场不能经常操作，必须耐心等待它的异动，而后才能操作。

还有，市场中不是什么机会都值得操作。前提是要安全，要像去银行提款一样安全。

——教你炒股票第 6 课：本 ID 如何在五粮液、包钢权证上提款的（2006-10-24）

[①] 实际的走势在 2007 年 5 月 30 日起发生日线笔中枢震荡。

缠师也曾提道：

当然，对于极少数的人来说，**市场就是一个提款机，想提就提，这怎么才能办到呢？** 这就需要对市场有充分的了解，真正了解市场的人，就知道市场都是一样的，就像穿着各种衣服的人，实际每个人都差不多。真正明白市场的人，就知道无所谓牛熊，市场永远都是提款机。当然，如果市场只能是单边的，那么唯一的区别就是在熊市中投入的资金以及摆动频率要小。

市场成为提款机的前提是你能洞悉市场的本质，明晰并把握行情转折的原理与时机。 金融大鳄索罗斯有这样的一句话：单凭我个人能力，是无法改变这个市场的，但是在市场发生转变的时候抓住时机，是门技术活。

这门技术活，不单单考验投资者对市场变动的宏观经济分析能力，如对宏观经济周期的变动、社会发展的变化、生产总值的影响、国家政策（包括货币政策、产业政策等）的调整、市场情绪的变化等的理解程度；也考验投资者对行业周期的分析，对产业链的理解，对企业财务的分析等；还有对走势合力的技术面"走势终完美"的把握。这些都是投资者预见行情及踏准节奏的重要法宝。**归根结底，市场行情走势都是由人心勾画出来的**，所以最终考验的还是投资者对人心的理解和把握，当然更包括对自己内心的了解和掌控能力。

说起"提款机"这三个字，笔者想起在《天道》电视剧，也就是小说《遥远的救世主》中的一段独白："中国的股市就像是一台取款机，只要有人（指男主丁元英）掌握了密码就可以开箱取钱。" 经笔者研究，小说里的丁元英对股市的理解与缠师如出一辙。唯一的区别在于，丁元英是小说人物，而缠中说禅是现实存在过的。诚然，对于极少数的他们而言，市场就是提款机。

缠师在这里将不同的股票比喻成穿着衣服的人，本质上没有什么区别，或者说股市就像一个剧院，在这里上演一出戏，不过总是用不同的剧名。

在这里，我们来回顾一下《遥远的救世主》（电视剧《天道》）中丁元英对股市进行判断的某一个桥段。看看他是如何在中国股市提款的。《遥远的救世主》首次出版于 2005 年 5 月 1 日，这个时间点很有意思，因为 2005 年 6 月 6 日是熊转大牛的日子。

在小说里，丁元英于 1992 年 3 月出任柏林《世界经济周刊》经济发展战略研究员，于 1994 年 1 月辞职。1991—1997 年上证指数如图 2-6 所示。

1994 年上证指数如图 2-6 中的虚线框所示。1994 年 6 月，丁元英在北京创办私募基金，1995 年 5 月私募基金预备解散。据业内人士估计，私募基金受托资本至少超过 2 亿元，在不到一年的时间里从股市至少卷走 2 亿元。这使得私募基金在柏林解散时，其中一个受托方投资大佬就感慨说："中国的股市就像一台取款机，而丁元英是为数不多的掌握取款密码的人。"

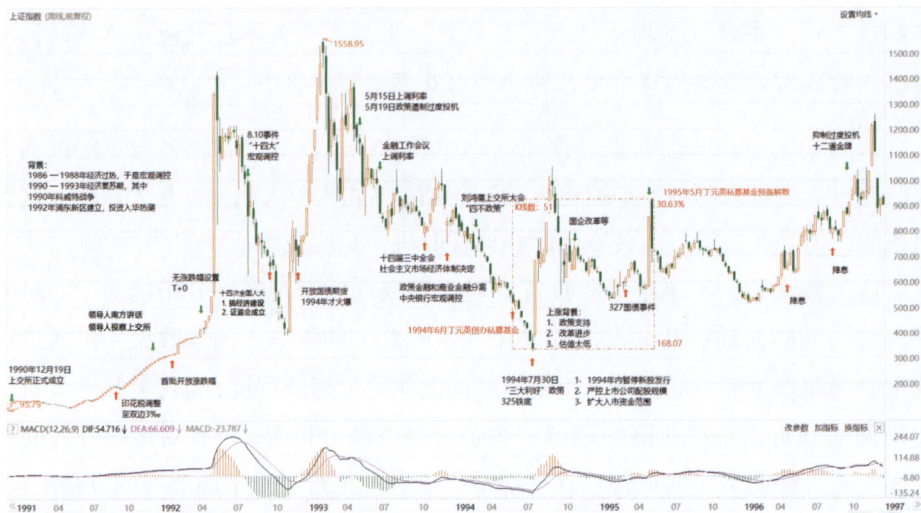

图 2-6　1991—1997 年上证指数

回顾历史，那是发生在中国股市的第三次牛市期间，也就是从 1994 年 7 月 29 日至 1994 年 9 月 13 日。在此之前，证券市场一片萧条，人们对股市的信心丧失殆尽，上证指数一度跌至 325 点，市场中甚至一度传言监管层将关闭股市。为了挽救市场，相关部门出台三大利好救市，股市再度亢奋，在一个半月时间内，股指涨幅达 200%，最高达 1052 点。

在这轮牛市中，涨幅靠前的 20 只股票的平均涨幅超过 300%，其中，来自地产行业的绿地控股和外高桥占据前两名，涨幅均超过 500%。在这 20 只股票中，房地产行业、商贸零售行业、纺织化工行业的个股较多。不难想象在这一轮牛市中，在股市上的收益翻一倍对丁元英而言并不难。

1994 年 7 月 30 日上证指数见底如图 2-7 所示，2019 年 1 月 4 日上证指数见底如图 2-8 所示。对比这两张图，发现都是日线笔中枢下跌后级别扩展的转折行情，强势反弹的行情一般出现在下跌趋势延续末尾，伴随着心理、政策、资金等多方面共振。

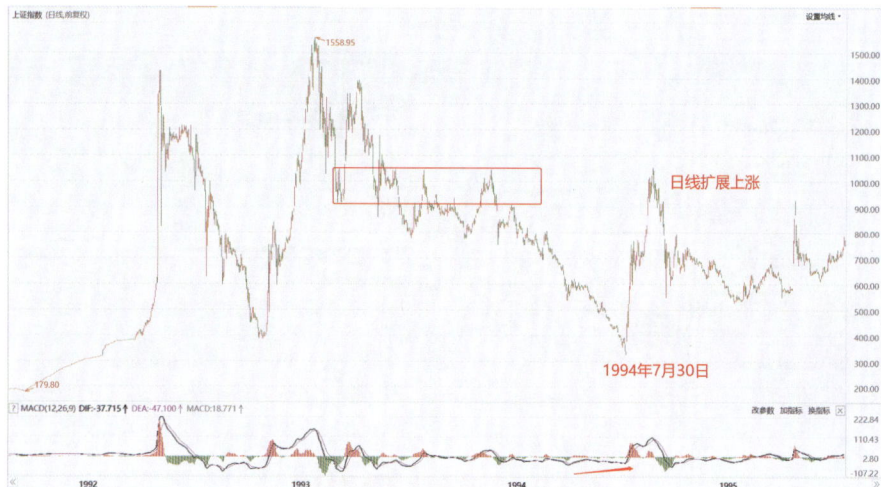

图 2-7　1994 年 7 月 30 日上证指数见底

图 2-8　2019 年 1 月 4 日上证指数见底

　　回到《遥远的救世主》这部小说，丁元英另一次对股市的判断是在 1996 年 6 月 27 日，这天芮小丹请丁元英吃饭，饭桌上，丁元英"秀才遇到兵"，被逼无奈之下不得已让欧阳雪买一只股票并约定到第二年 5 月再抛。1996 年上证指数行情如图 2-9 所示。

　　回顾 1996 年 1 月中旬到 1997 年 5 月中旬的牛市行情，历时一年半，涨幅高达 195%，上证指数最高值为 1510 点。

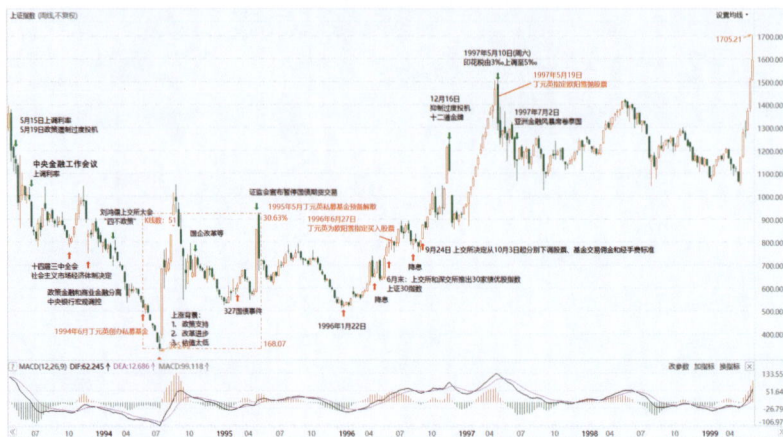

图 2-9　1996 年上证指数行情

刚谈恋爱期间，芮小丹带丁元英吃功夫面的时候问过丁元英："私募基金好好的，为什么停了？"

丁元英点上一支烟，答道：

"股票的暴利并不产生于生产经营，而是产生于股票市场本身的投机性。它的运作动力是把你口袋里的钱装到我口袋里去。它的规则是把大多数羊的肉填到极少数狼的嘴里。私募基金是从狼嘴里夹肉，这就要求你得比狼更黑、更狠，但是心理成本也更高，而且又多了一重股市之外的风险。所以，得适可而止。"

芮小丹说："真是魔鬼之道。"

一九九六年农历九月十九日，芮小丹送丁元英去五台山的汽车站时。

芮小丹说："元英，你想过没有，如果那只股票没有挣到一倍以上的钱，你给欧阳雪定的出资额就显高了，这对她是个压力。"

丁元英说："有可能，但这种可能性很小，而且可以补救。"

芮小丹问："你怎么知道那只股票能挣一倍以上的钱呢？为什么一定要在明年 5 月卖掉？一般都认为明年香港回归、十五大召开都是股市利好的消息。"

丁元英说："这个问题很复杂，有技术面、制度面、产业结构面……很多因素，我跟你说不明白。这东西有点像禅，知之为不知，不知更非知。"

芮小丹说："书店里教人炒股的书满柜台都是，怎么到了你这儿连说都不能说了？"

丁元英说："真有赚钱的秘籍人家能告诉你？能那样赚钱也就不用写书了。"

芮小丹点点头："也是。"

丁元英说："香港回归是政治问题，是国家主权问题，至少近期不是经济问题。十五大是要解决政治、经济的基本策略问题，国有资产重组、债权变股权这些改革举措已经势在必行，这里面既有政治经济学，也有市场经济学，既要为改革开出一条道，又要分解改革的阵痛，这时的股市真真假假、大起大落。在这种背景下，你既得盯住庄家的黑手，也得盯住监管部门的快刀，你得在狼嘴里有肉的时候下筷子，还得在监管部门拔刀之前抽身。"

时间来到 1997 年 5 月 19 日。

欧阳雪根据丁元英规定的时间在 5 月 19 日把手中的股票全部卖掉了，那只股票去年买进时是每股 9 元，而十个月之后该股涨到了 24.4 元，涨幅达 171%，70 万元的股金毛利达到 119.7 万元，其中芮小丹的 20 万元，股金毛利是 34.2 万元。然而由于当时的特殊背景，这笔利润的归属却无从界定，阴差阳错地成了芮小丹与丁元英的第一笔共同财产。

笔者回顾了一下 1996 年的股市，截至 1996 年 10 月月底，沪深两市共有上市公司 467 家，总市值 9800 多亿元。其中涨幅 5 倍以上的大牛股有 5 只，分别是 000551 苏物贸 727%、000571 新大洲 569%、000031 深宝恒 544%、000046 南油物业 526%、000021 深科技 505%。笔者翻阅了该时段的股票，定格在 24.4 元最高价的貌似没有，只找到相近的股票，如渤海化学，如图 2-10 所示，我们可以相对地感受一下欧阳雪手上的股票走势律动。

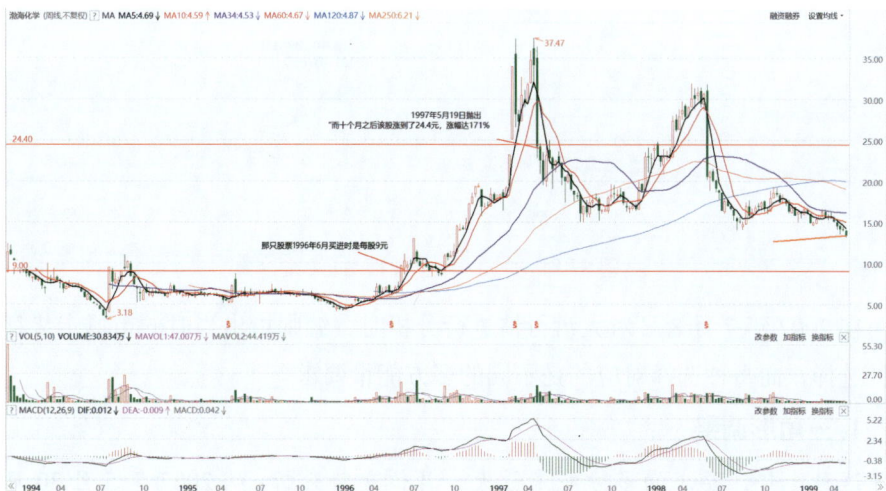

图 2-10　笔者用渤海化学来示意欧阳雪的股票的涨幅

渤海化学是与《遥远的救世主》里丁元英让欧阳雪买的股票最接近的股票，相当于在周线的第三类买点附近入手，又在周线第一类卖点下跌附近卖出。

▶▶ 2.8 在最合适的时机，四两拨千斤

注意，市场的任何走势都是当下形成的，并没有任何上帝规定现在就要选择哪一种调整方式。市场最终走势是合力的结果，所以，本ID上周的努力，并不是毫无用处的。所谓绝地反击，就是要在最合适的时机，四两拨千斤，用分力去改变合力，让合力按更好的选择去选择。

——大盘长中短走势略说（2007-07-08）

缠师认为在实际操作中，光靠钱堆是最愚蠢的办法，一定要用巧力，也就是中国传统文化里说的四两拨千斤。市场是合力的结果，"四两拨千斤"的操作前提需要明晰市场最佳范围内的时机。2007年上证指数日线图如图2-11所示。

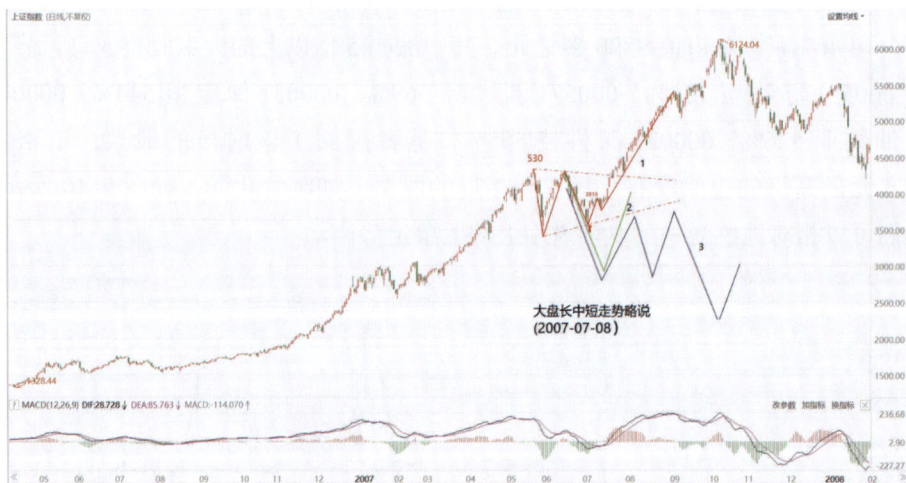

图2-11　2007年上证指数日线图

在2007年7月8日对大盘行情进行分析时，缠师指出当时的市场走势存在三种选择，而每种选择对应的是不同的多方能量要求。

1.三角形调整

这种走势，要求的多方能量最大。具体走势分析：从2007年5月30日开

始，大盘完成了三角形的前三段，目前正走三角形的第四段上。这种走势要成立，前提就是要重新有效突破 3919 点的颈线，否则，如果没有足够能量达到这一点，大盘的三角形形态最终不可能成立。

2. 平台型调整

不能重新站稳 3919 点，然后再逐步积聚空方能量，再次考验 3400 点低位，最强的平台型可以在 3400 点上完成，而一般地，将跌破 3400 点形成空头陷阱，极限位置可以达到 2800 点附近。

3. 大平台型调整

这种情况下，大盘的调整时间将大幅度增加，也就是说第二种的平台形成后，形成一个大的反弹段后重新进入跌势，整个调整就是针对 1000 点以来的两年行情的大调整，极限位置可以达到 2100 点附近。

前两种调整，时间都不会太长，最快的情况下，7 月就可以完成调整。而后一种情况，调整至少延续半年。注意，市场的任何走势都是当下形成的，并没有任何人规定现在就要选择哪一种调整方式。市场最终走势是合力的结果，所以，本 ID 上周的努力，并不是毫无用处的。所谓绝地反击，就是要在最合适的时机，四两拨千斤，用分力去改变合力，让合力按更好的选择去选择。

"对于一般散户来说，只需要根据本 ID 的理论，根据合力本身的轨迹来操作。有人可能有疑问，如果人人都根据合力来，等市场选择方向，那么市场还会波动吗？这是典型的'脑子进水'的想法。市场有各种不同的利益，不同的利益构成不同的分力，任何时候都不缺乏不同的分力，除非这世界上没有了利益的分歧。但没有利益分歧的世界，至少不是目前的世界。"

"本 ID 这分力，当然是要选择第一种选择，而且三角形这调整，本 ID 也不是现在才说的，这也是上周出手的主要理由。"

就此，2007 年 7 月 9 日，缠中说禅的操作自此永远地定格在了中国证券史上。

出于对中国金融市场的保卫情节，缠师面对当时日线笔中枢调整的市场行情，用自己的分力去狙击"鬼佬""汉奸"，打乱他们的节奏。真理是鲜血流出来的，因为站在国家金融战略的大背景下，股票是维护国家金融安全的关键筹码，这是一场虚拟的刀光剑影般的战争。

这里的"鬼佬"是指看到中国牛市而大批进来抢着分杯羹的国外游资，包括政府审批的 QFII（合格境外机构投资者，指外资机构募集外币获批后，再转换为人民币直接投资 A 股）和借道潜入的资金；"汉奸"指的是配合这些国外游资进行利益输送和故意砸盘或乱放消息让国外资金低价吸筹的组织和个人，包括政府部门的某些人员和一些国内基金。他们大肆廉价收购中国资产，同时又唱空中国股市。在这样的"战场"上打仗，必须对市场底层逻辑有深刻的理解和超常的胆识才能上阵，同时看准目标，顺应合力的方向，四两拨千斤。

其实早在 2007 年 2 月的日线调整中，已有缠师的身影。在大盘接近 3000 点时，QFII 已经获取数倍利润（当时 QFII 的整体规模还较小），开始卖出筹码并唱空中国股市。他们以为凭借 QFII 的影响力及国内部分被收买的专家张嘴忽悠，就可以做空中国股市，但偌大的中国股市还有中国机构、政策主导的方向，大势所趋。当大盘蓝筹纷纷滞涨时，题材个股表现疯狂。于是，股市进入国内机构主导阶段。

面对这般情形，缠师总给人一种"虽千万人吾往矣"的感受。缠师曾说：

中国人的地盘难道还不让中国人说了算？本 ID 这次如此高调，并不是本 ID 有裸奔的爱好，而是这次的战役，就像百团大战，必须打，砸了锅也要打，否则像罗杰斯这种"垃圾"以及"汉奸"就会以为这天下还是他们的！而这也像百团大战一样，要打得全世界的人都知道，要告诉那些"没有骨头的国人""鬼佬""汉奸"连"面首"都算不上！

对于散户来说，他们没有巨鳄的用分力改变合力的能量，也不能主导行情的方向。但对于散户和巨鳄来说，他们反映了对股票观察的两个不同视角，没有对错，关键是自己的实力与位次。只有认清楚自己的实力与位次，才可能采取合适的操作。踏准节奏，一样可以四两拨千斤。

▶▶ 2.9　如果走势不体现出底部，就没有底部

本 ID 唯一知道的事情是，无论什么理由，别说那无聊的什么运，就是天王老子下凡，如果走势不体现出底部，就没有底部。每个人都期望来一下所谓的奥运行情，然后胜利大逃亡，如果都这样想，那谁埋单？那些说奥运行情要到 8000 点的，现在死了多少了？

真正的钢铁战士，只看走势本身，因为一切都在其中，如果连这都遵守不了，就不用学什么理论了。

在此，不用再讲本 ID 理论中那些高深的道理，就用最简单的均线，如果 5

日线都上不去，还能有行情？现在最明确的技术提示就是MACD，对于0轴破还是不破、破了是否假破这类问题，要看清楚行情，只要搞明白这些问题就可以，在还没决断之前，你急什么？

——打针得一律：尘歌（兼说两句股市）（2008-08-04）

2008年上证指数日线图如图2-12所示。从2008年的下跌趋势中可见，对于中长线投资者来说，底部不是一天构成的，顶部也是如此。一切的构造，都是在逼近那资金、技术、政策的共振点。实际上，类似的行情每天都在上演，"样貌"结构相似，只是级别不同。

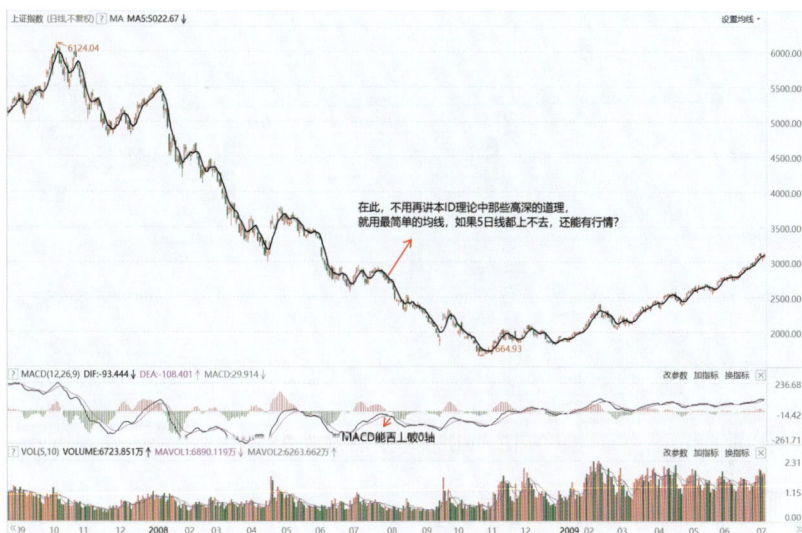

图2-12　2008年上证指数日线图

2.10　从纯美学的角度来看，10月见底是最美的

从纯美学的角度来看，10月见底是最美的，因为刚好对应一年周期，顶和底构成一个完美的周期。当然，9月其实也可以，因为周期是可以正负一两个月的。站在这个角度，在月初砸一次破一次，对长期走势来说是件大好事。当然，这只是从美的角度说，至于市场怎么选择，市场说了算。在实际操作中，可以不搭理这些事情。

——退一步海阔天空（2008-09-01）

缠中说禅从2005年6月的牛市开始，一直到熊市末尾，一个完整的上涨和下跌中体现出了其无与伦比的判断力与操作能力，为广大的读者、投资者带来了一轮教科书式的行情分析与操作，不论世事变迁，现在我们依旧可以用缠师的分析方法进行操作。

回看 2008 年 9 月 1 日，市场在一片哀号中下跌。2008 年上证指数月线图如图 2-13 所示，从月线图中我们可见，从 6124 点开始向下跌出的月线一笔，并未形成有效的底分型止跌。

图 2-13　2008 年上证指数月线图

缠师当时就说：

从纯技术的角度，已经明确分析过了，就是要有较大行情，必须用月线闹出底分型来。如果本月初破上月底，并不是什么世界末日，反而使得这底分型更有力点，行情早一个月晚一个月其实并没什么大不了的。试想，如果本月不破底而硬搞一个分型，那么本月就需要拉一长阳，你在图上看看，总让人感觉不舒服、不踏实，现在硬上去，弄成包含关系的可能性更大，这样，后面反而会使得真正底分型来临时间更遥远。所以，有时候急了并不是什么好事情。

他专门问了本 ID 对调整的看法，因为他知道本 ID 在 6100 点做空以后一直不太理会这市场，所以他问本 ID 调整还有多长时间。因为是朋友，就直说了。如果真要重新来过，那是多年以后的事了，现在唯一可以等待的是 MACD 在月线上回 0 轴后产生的中级回拉，这个时间也快到了。狠的，就等七八个月，也就是明年三四月开始；不太狠的就是今年 10 月前后了，这关系到周期运行的问题。至于是什么时候，关键是看管理层的作为，一切都是因缘和合，可没有任何必需的东西现在就规定行情会如何。

——退一步海阔天空（2008-09-01）

2008 年 9 月，美国的次贷危机突然恶化，以雷曼兄弟破产为标志。缠师也提到了 1987 年的股灾发生在 10 月 19 日，2008 年又恰好过了 21 年（神奇数字）。有意思的是，1929 年 10 月 29 日纽约股市也曾暴跌。

缠师认为："当然，就算股灾，也没什么大不了的，1987 年之后还不是涨了 20 年。"所以，10 月见底依然有可能，只是需要更猛烈的暴跌；否则，真要等 17 个月的周期了。市场的走势最终是合力的结果，如果政策这个分力在关键时候起主导作用，那么 10 月见底是有可能的。

2008 年 9—12 月，我国央行共 5 次降息，4 次降准。同年 11 月，我国政府推出了"四万亿"计划。国家推出的新一轮货币政策、财政政策等，10 月底，大盘最终在多方面因素引导下站稳了，如图 2-14 所示。此后 2009 年市场出现了少见的 V 形反转，市场情绪在这一阶段得到较大改善。

缠中说禅也随着本轮熊市的结束而消失在大众视线中，博客最后的更新日期为 2008 年 10 月 10 日。回顾缠师走的这一年，全球金融危机，原油价格跳水，高盛和摩根向新世纪金融公司逼债，引发次贷危机，美国经济垮塌传导至全球。中国被迫出台"四万亿"计划救市，最后导致货币严重超发，房价上涨，股市反弹，工业产能过剩。

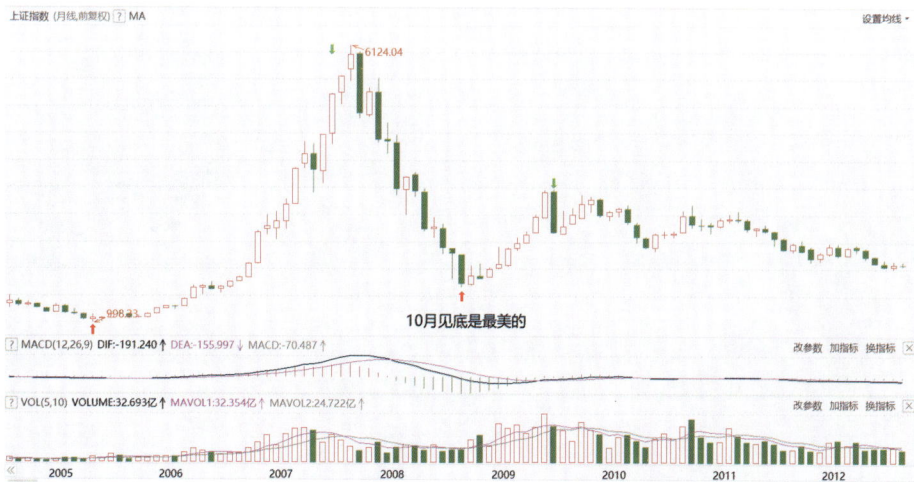

图 2-14　上证指数 2008 年 10 月 28 日见底

死生事大。"当生则生，当死则死"是缠师在最后的光阴里所展现的对生命的态度，亦如其在《〈论语〉详解：给所有曲解孔子的人》中说的"君子之于生死也，无适也，无莫也，义之于死"[①]，其真正做到了真君子不仅会"之于天下而无适、无莫"，更会"之于生死而无适、无莫"。这也让笔者想起《天幕红尘》里的男主角叶子农看透红尘、明晰因果，不惧死亡的那份家国情怀与别样的士子精神。然而，无论他们是否有英雄主义精神，都不妨碍他们要成为自己想要成为的人。

---

① "无适、无莫"即没有执念。

03

第3章

牛市方略

何谓牛市与熊市？牛攻击的时候是把头放低，然后向上挑；而熊正好相反，它会直起身子，然后用掌向下扑。所以早在18世纪，当一段行情持续上涨时，金融投资者叫它牛市，反之则叫它熊市。这样的定义显然是一个大致的说法，而在缠中说禅股票投资理论中，牛市与熊市是可以精确定义的。牛市即为周线／日线，甚至月线／年线的上涨走势类型；而熊市则为周线／日线，甚至月线／年线的下跌走势类型。牛市有牛市的操作策略，熊市有熊市的操作方法。

▶▶ 3.1 大牛不用套

一年前当股市跌到 1000 点最腥风血雨时，我用老 ID 给出了一个明确的说法，即越腥风血雨，市场的机会越大。而绝大多数在市场中的人，跌也怕，涨也怕。为此，今天再给一句话，叫"大牛不用套"。

这个"不用套"，最关键的意思就是不要用老思路来套用走势，特别是那些对市场了解不多的人。例如，有人说什么五粮液的权证疯了，都三四元了，这些人就是对市场了解不多。

知道以前宝安权证给涨到多少吗？知道深圳市场受香港影响一直都有玩权证的传统吗？知道在香港市场比这疯狂得多的权证遍地都是吗？市场总是要超越一般人想象的，三四元就贵？为什么股价就不能比酒价贵？哪一天，按复权算，一瓶茅台、五粮液买不来一股相应股票又有什么可奇怪的？

——股市闲谈：大牛不用套（2006-05-12）

2005 年 4 月 29 日，中国证监会发布《关于上市公司股权分置改革试点有关问题的通知》，标志着股权分置改革正式启动。变革往往孕育着新机会，但当时的市场并不买账，这个后来被认为是拯救中国四年熊市的大礼包，却被当时的市场解读为重大利空，股市一度刹不住车，一路跌至 6 月 6 日的最低点（998 点）。就在两天后的 6 月 8 日，沪深股市却迎来了反弹大行情，两市共有百余只个股涨停，近 300 只个股涨幅超 9%。

与此同时，缠中说禅敏锐地洞察到了历时数年的熊市将要终结，其连续发表了一系列关于股市的文章，除了反对"大救星思维"救市，指出股市跌到位置自然会涨，也最早提出了"大行情"即将到来，且旗帜鲜明地给出这段行情开始的性质，也就是市场的兴奋点到了。其中关于股市起涨点的文章最早发表于 2005 年 7 月中旬，当时市场正在二次探底考验 1000 点。

缠中说禅认为市场的原理和人性的原理是一样的，即世界都是相通的。市场兴奋了，一切都好办；市场没感觉，一切都瞎掰。而一场大行情是需要各方面配合的，没有配合，没有共识，行情就只能是空话。没有行情，市场也就是空话。同时，缠师给出了这场大牛市最重要的节奏，即从成分股到成长股再到重组股，就如同随着年龄的增加，就会发生变化。缠中说禅于 2005—2008 年行情中的部分重要文章轨迹如图 3-1 所示。

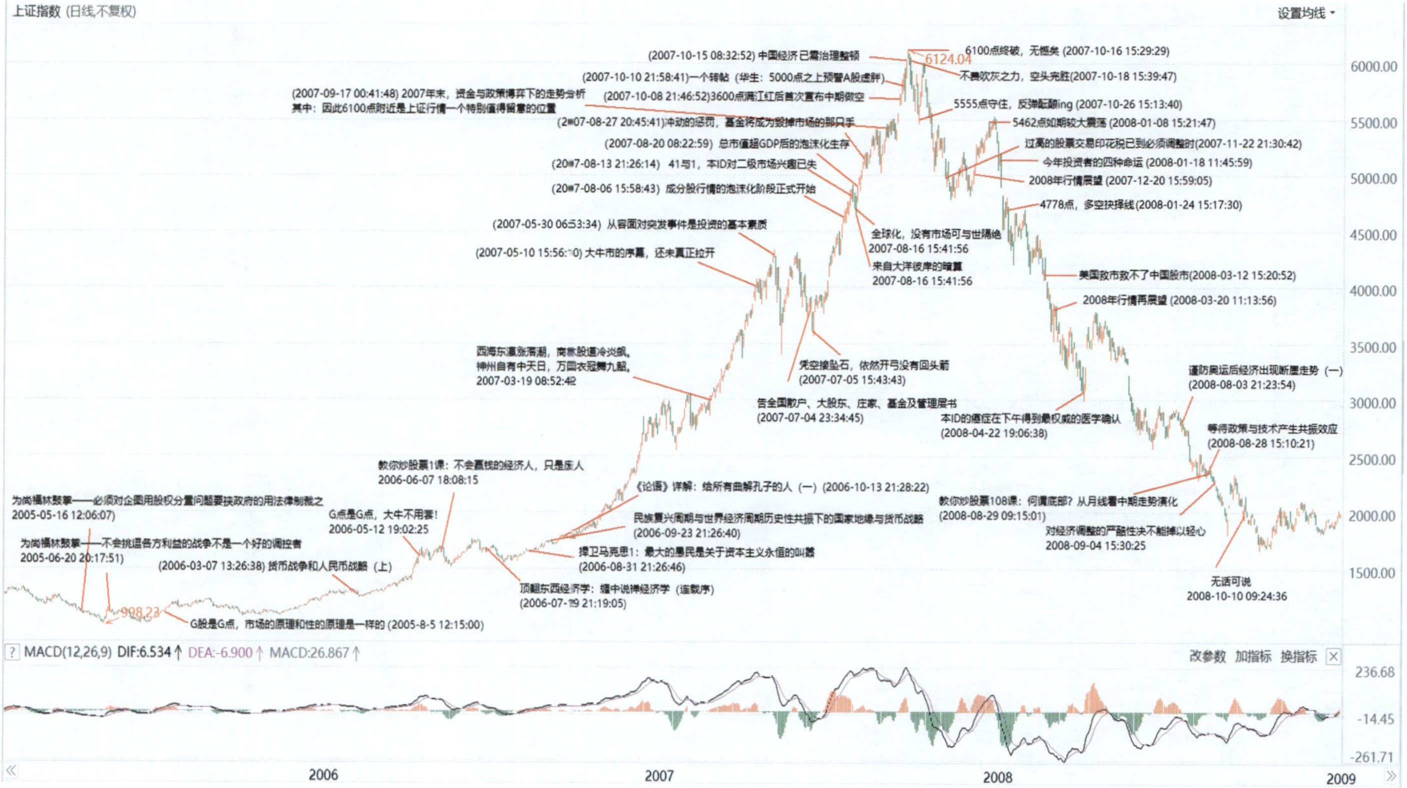

图 3-1 缠中说禅于 2005—2008 年行情中部分重要文章轨迹

　　大牛市伊始，缠师特别强调的"大牛不用套"是指不能套用原来的走势，即根据当下现实的逻辑来决定操作，他认为这个命题在 2006 年 5 月会完成历史使命，后面的行情走势就是"大牛不用套"的有效命题延伸。行情也一样，中国股市只是经历了从一个准股市变成一个符合国际规范股市的过程，从"大牛不用套"开始，大牛市的第一阶段才算真正开始，这也是为什么缠师反复强调当时只是大牛市开始的第一阶段的一个理由。

　　与此同时，缠中说禅提到的：为什么股价就不能比酒价贵？哪一天，按复权算，买一瓶茅台、五粮液的钱买不来一股相应股票又有什么可奇怪的？五粮液和贵州茅台月线图分别如图 3-2 和图 3-3 所示。

　　市场总是要超越一般人想象的，缠师一语成谶。15 年后，按复权算，买一瓶贵州茅台或五粮液的钱确实买不来一股贵州茅台或五粮液的股票。

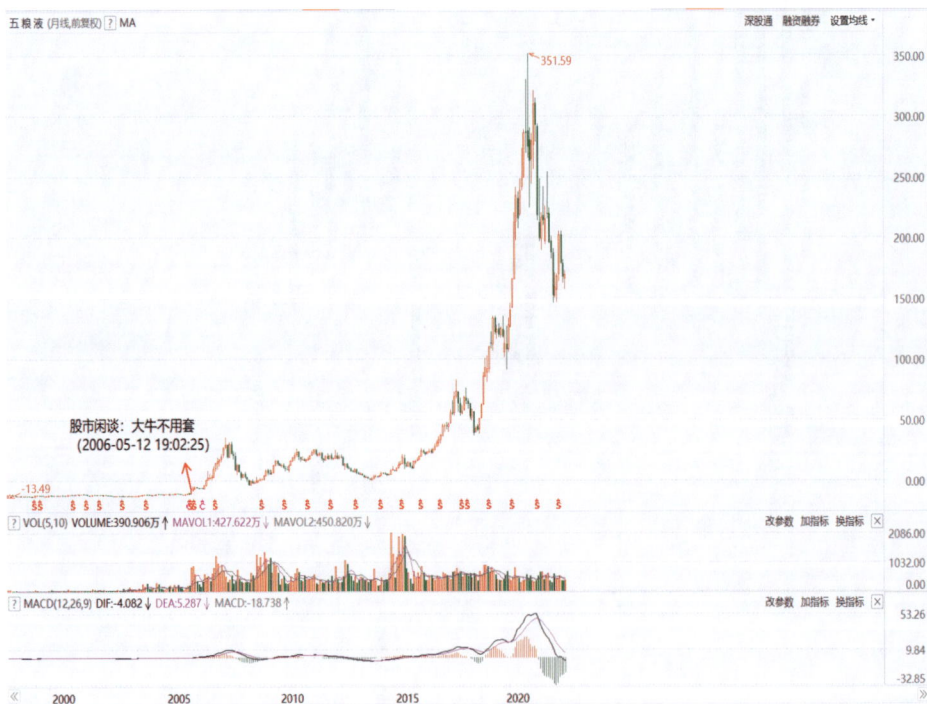

图 3-2　五粮液月线图

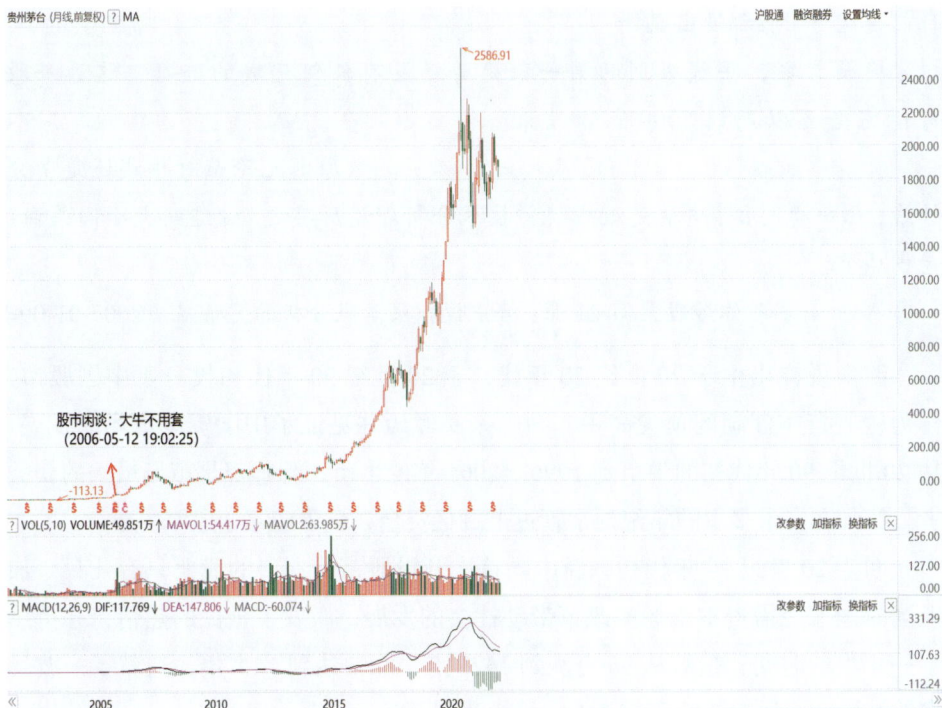

图 3-3 贵州茅台月线图

3.2 中国股市的牛熊轨迹

站在特大型牛市的角度来看，中国就从来没出现过熊市。大家打开上证指数的年线图就可以看到，从 1993 年到 2005 年，一个完美的年级别缠中说禅中枢的三段次级别走势完成，时间刚好是 13 年，一个完美的时间之窗。

站在年线的角度来看，中国股市的真正大牛市才真正开始，因为该中枢是中国股市的第一个年中枢，区间在 998 ~ 1558 点。站在年线级别的角度来看，在下一个年线级别中枢确立之前，中国股市的调整只可能出现一个季级别的调整，而第一个出现的季级别的调整，只要不重新跌回 1558 点，就将构成中国股市年线级别上的第三类买点，其后至少出现如去年类型幅度的上涨。

由此可见，本 ID 的理论是可以站在如此宏观的视角上判断大趋势的。目前中国的股市没有任何可担心的地方，即使出现调整，最多就是季级别的，其后反而构成第三类买点。而且更重要的是，站在年线的级别看，目前还在第一段的次级别上扬中，要出现第二段的季级别调整，首先要出现月线级别的中枢，目前连这个中枢都没出现。

换而言之，年线级别的第一段走势还没有任何完成的迹象，这第一段行情完全可以走到 6000 点才结束。今后十几年，中国股市的辉煌，用本 ID "走势必完美" 的原则，会看得一清二楚。该原则无论是对年线还是 1 分钟线，都一视同仁，这就是缠中说禅技术分析理论厉害之处，这叫大小同杀白、老少咸宜。

——教你炒股票第 21 课：缠中说禅买卖点分析的完备性（2007-01-09）

缠中说禅出生于 20 世纪 70 年代，于 20 世纪 90 年代初投身于中国股市，作为驰骋资本江湖的顶尖高手，缠师亲身经历并见证了中国资本市场的发展。从 20 世纪 90 年代初的牛市到 1996—2001 年的牛市，缠师都是市场最大的获益者。缠师在二十多岁的年纪便掌管过上百亿资金，玩弄庄家于股掌。

回望 20 世纪 90 年代初，新中国首次开设股市，上市的股票只有几只，加上当时国家急需资本市场的改革带动社会的发展，激发了全民的热情，并持续了一年半的时间，指数从 96 点涨到 1429 点，涨幅达到 14.8 倍，造就了一波暴富的神话。而后指数跌到 386 点，跌幅达到 73%。

1992 年，国家领导人的谈话中对股市提出了 "坚决地试" 四个字，股市行情由此再次启动，股指从 386 点涨到了 1558 点。但是到了 1993 年 2 月，由于市场上有太多的新股发行，上市公司的数量从 54 家增加到了 287 家，股票的稀缺性一下子就消失了，本轮上涨也因此走向了终结。这里的 1558 点成了缠中说禅股票投资理论中年线中枢的中枢高点。

此后，人们对股市的信心消失殆尽，上证指数一度跌至 325 点，1994 年 7 月至 9 月，国家相关部门出台了三大利好救市，一个半月指数又涨到 1052 点，涨幅 200%，堪称暴涨。与此同时，由于宏观经济遭遇恶性通货膨胀，国家将一年期国债利率提高到了 11%，股市因此又迅速转入熊市。

1995 年 5 月 18—22 日，由于国家关闭国债期货交易，导致当时期货市场的大量资金转投股票市场，引发了一次大反弹。为了打压投机行为，政府把 T+0 交易制度改成了 T+1。

在经历了 1 年 4 个月的熊市后，所有人谈股色变。但坊间传闻国家货币政策将由紧缩转向宽松，1996 年年初，股价开始闻风慢慢 "爬坡"，同年 4 月，央行宣布降息，牛市重新开启。同年，人们开始在网上炒股。历经市场疯狂暴涨之后，股票欺诈、股票坐庄等事件层出不穷，国家开始调控打压。国家也在此期间出了 12 道"调控金牌"，目的就是给市场降温。

1996 年 12 月 16 日，《人民日报》发表题为《正确认识当前的股票市场》的文章，像一盆冷水彻底浇灭了部分赌徒的狂热情绪。到 1997 年 5 月，股指依旧涨到 1510 点，足足翻了三倍，此次行情持续了一年半。此后的市场又坠入两年的震荡。

1999 年 5 月 19 日，上证指数上涨了 4.6%，从这一天开始，在网络股的带领下，大盘一个月就上涨了 65%，这就是大名鼎鼎的 A 股 519 行情。同年 6 月，国家又相继宣布了降低 B 股印花税和第七次降息。同时，这一年管理层开始改变态度，《人民日报》发表文章，坚定信心，规范发展，肯定了股市的作用与地位，与 1996 年《人民日报》发表的文章《正确认识当前的股票市场》是截然不同的两种态度，这就给市场打了一针强心剂。这一系列的操作再一次点燃了市场的热情。

由于这一年全球开启了互联网时代，有关互联网的股票都会被炒作上天。同年有一只大牛股，叫作亿安科技，有了高科技的噱头，其股价一飞冲天，一度突破了百元大关，成了中国第一只百元股。但由于炒作过头，国家开始监察。2000—2001 年，国家一举打掉多只庄股，其中就包括亿安科技。到 2001 年 6 月，股指创下了 2245 点的历史最高点，随后由于各种不利因素叠加导致市场开启了漫漫"熊途"。

2001 年，我国加入世界贸易组织，参与全球经贸分工，经济狂飙猛进，工业化财富效应正酝酿着一场大牛市。

牛市在启动前，市场大都处于极端的低迷状态，而人民币升值和国有股流通等因素的合力成就了市场上涨的兴奋点。2005 年 6 月 10 日，上证指数从 998 点（年线中枢下轨）开始，创出 6124 点（年线中枢脱离段）的历史最高点，整整涨了 513.49%，这是中国股市迄今为最为波澜壮阔的一轮大牛市。可以说，能准确地把握市场转折，就等于找到了股市提款机的密码。缠师正是基于自己的思想和理论，把握了这场大牛市。

接下来我们用缠中说禅股票投资理论分析 20 世纪 90 年代初至 2007 年的中国股市的年线级别情况，上证指数年线图如图 3-4 所示。

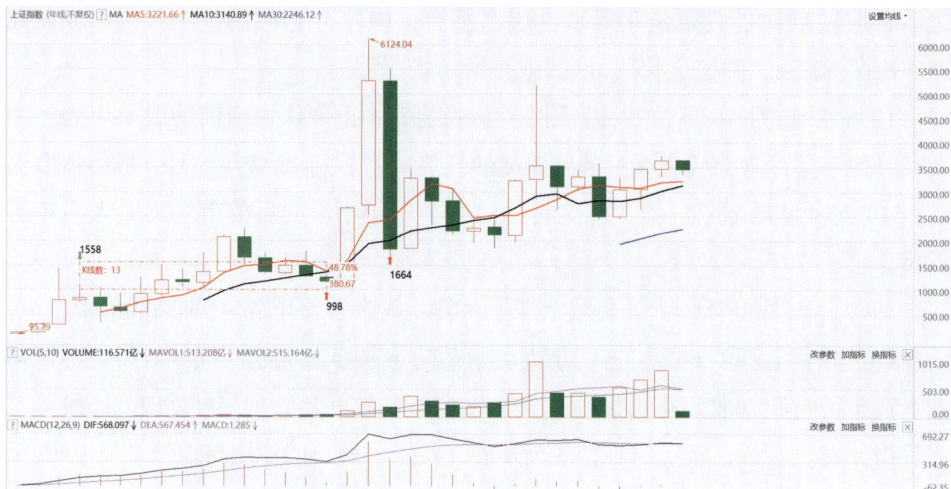

图 3-4　上证指数年线图

由缠中说禅股票投资理论可知，上证指数在图 3-4 中的第 4 根到第 16 根 K 线形成了"下—上—下"型（998 ~ 11558 点）中枢，这一过程刚好是从 1993 年到 2005 年的 13 年，是斐波那契数列 1、1、2、3、5、8、13、21、34、55、89、144、233…中的 13，正好是一个时间之窗。该年中枢成立后，998 点作为市场的起始兴奋点。

缠师在此用中枢理论定位了当时中国股市所处的位次，说明 2007 年 1 月的市场仍处在年线级别第一段上涨的次次级别上涨趋势中，该趋势脱离年中枢后，行情走势一路上涨至 6124 点。

在印花税上调、基金停发、全球次贷危机的背景下，A 股在 6124 点后开启了长达一年的暴跌之旅，跌幅高达 70%，惨不忍睹。

技术面上，走势至 2007 年 10 月 16 日，次次级别的日线笔中枢上涨趋势发生顶背驰引发了季线级别转折，开启了日线笔中枢的下跌趋势走势类型，用时一年，季线调整一度到了 1664 点，构成了 998 ~ 1558 点的年中枢的第三类买点。此后的十几年，中国股市再也没跌破过这个第三类买点，这也验证了缠中说禅股票投资理论的有效性。2007 年上证指数日线图上发生顶背驰的情况如图 3-5 所示。

2008 年上证指数季线图年中枢第三类买点如图 3-6 所示。

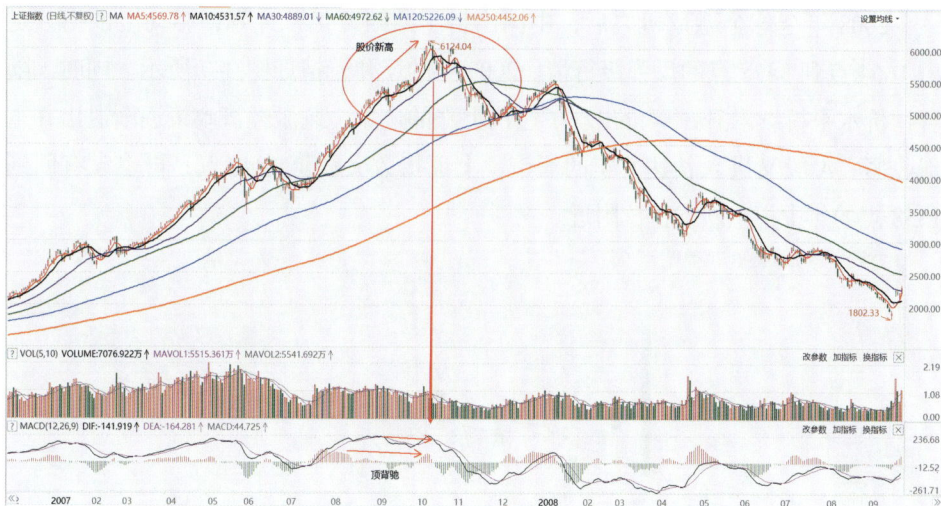

图 3-5 2007 年上证指数见顶日线图

图 3-6 2008 年上证指数季线图年中枢第三类买点

回顾 2005 年从 998 点到 6124 点的牛市，其节奏可划分为五个阶段：第一个阶段，1000 ~ 1750 点，为股改行情阶段；第二个阶段，1541 ~ 2980 点，为 QFII 主导阶段；第三个阶段，2541 ~ 4000 点，为国内机构主导阶段；第四个阶段，4000 ~ 4336 点，为散户主导阶段；第五个阶段，3404 ~ 6124 点，为公募基金主导阶段。

2008 年全球金融危机之后，中国出台了"四万亿"计划，驱动上证指数走出 1664 点到 3478 点的反弹级行情。2009 年的反弹行情如图 3-7 所示。同时，随着物价水平持续攀升，房价出现了过快上涨的迹象，刺激经济政策逐渐退出并重新收紧，A 股又进入长达 5 年的熊市，上证指数又跌至 1849 点，再也没有回到 1558 点的年中枢上轨支撑位附近。

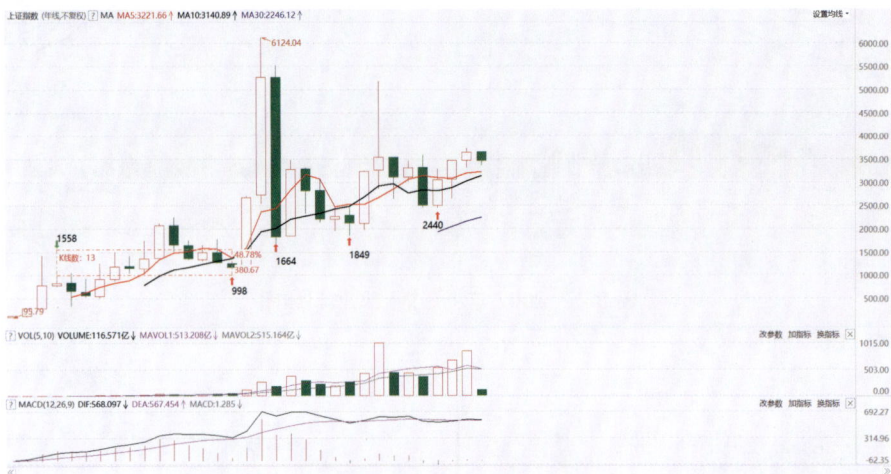

图 3-7　上证指数半年图

2012 年年底，国家的经济正在面临转型，传统行业不好做，都在尝试寻求转型。这几年开始有一个新的趋势潮流，就是"互联网+"。

2013 年，国家政策方面十分重视科技创新，各种针对新兴产业的规划相继出台。在国际市场上，科技股的牛市正当其时，加之政府的支持，国内新兴产业投资高速增长，上市公司加快兼并的步伐，2013 年 6 月股市探底，新的市场兴奋点形成。

2013 年年底，工信部发布了 4G 牌照，2014 年正式来到移动互联网的元年，这些所有的因素叠加到一起，低调地助推了 2012 年年末开启的创业板独立牛市。

同样从 2014 年开始，每一次改革文件的发布都伴随着一次行业快速炒作上涨。这期间，"新国九条"（全称叫作《关于进一步促进资本市场健康发展的若干意见》）的发布，可以说是主板在 2014 年从熊市转到牛市的核心助力，再加上当时的"一带一路"、国企改革及 2015 年流动性大放水等政策的刺激，这一波股市迅速膨胀。不论是场外配资还是场内配资，都开始迅速膨胀，这也就是大家后来所说的"杠杆牛"。

2013—2015 年的牛市，始于创业板，发轫于沪深 300，杠杆资金将牛市推向高潮，上证指数从 1849 点涨到 5178 点，最终由"去杠杆"挤破了牛市的泡沫。

牛市见顶时，市场的估值和交易热度前所未有地高涨，此时任何的风吹草动都可能成为"压死骆驼的最后一根稻草"。2015 年 6 月 13 日，证监会开始清查场外配资。从这一刻开始，这轮由金钱吹大的气球开始爆破，短短两周，A 股暴跌 35%，有一半的股票跌幅更是超过 50%，甚至出现了开盘就千股跌停的神奇景观。

可见，融资政策、资本市场政策、宏观调控政策的调整是牛市启动和见顶的标志。

2017 年，市场迎来了一波蓝筹股行情。2018 年，美国的 4 次加息终结了美股牛市，也引发全球性股灾。与此同时，中国市场在经历了"去杠杆"政策、货币政策收缩、利率上行、中美贸易战的超级利空以及对股权质押问题的恐慌后，估值处于低位的中国股市在 2018 年 10 月 19 日迎来了券商板块的涨停潮（确认市场"政策"底部的形成），同时在 2019 年 1 月 4 日再次创下新低之后被代表"市场"见底的券商和通信板块所拉动，该市场大底形成了新的市场兴奋点。

在技术面上，从图 3-8 可见，2019 年 1 月 4 日的 2440 点是上证指数半年线新中枢的第三类买点，该第三类买点成立后就需要进行完全分类。在全球经济周期以及中美贸易战、科技战、金融战、信息战等的影响下，该第三类买点后的上涨力度相较于以往历史上的牛市较弱，相较于深证成指、创业板指也较弱，于 2021 年 12 月形成了半年线图上的第二类买点。深证成指及创业板指半年线图分别如图 3-9 和图 3-10 所示，科创板月线图如图 3-11 所示。

图 3-8　上证指数半年线图 24-0 点（第三类买点）

图 3-9　深证成指半年线 7011 点（类第三类买点）

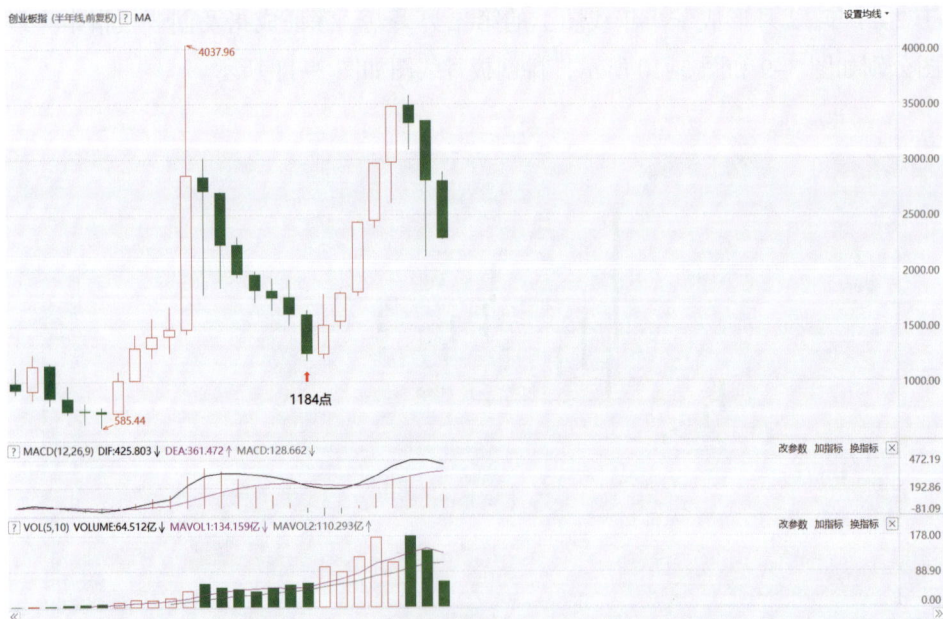

图 3-10　创业板指半年线 1184 点（第二类买点）

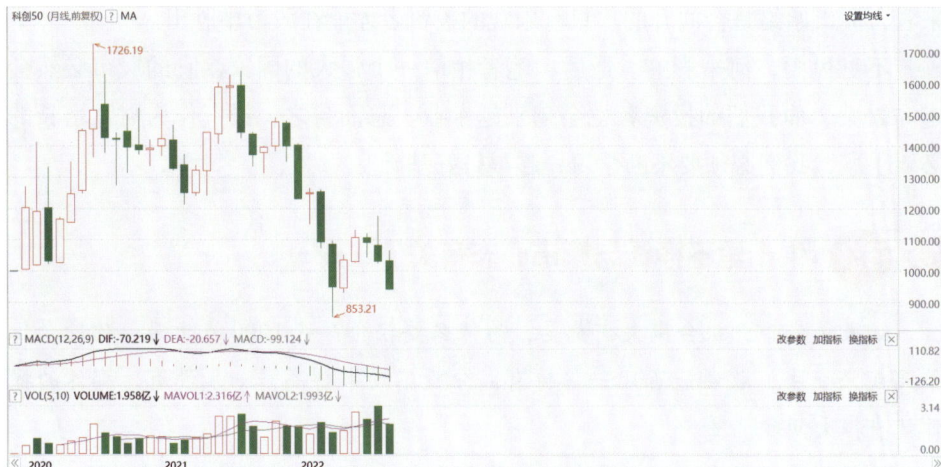

图 3-11　科创板月线图

2019—2021 年，上证指数连续三年上涨。在政策与制度方面，新证券法已实施，科创板、创业板试点注册制、北交所新三板等一系列变革也在进行中。然而，和以往常规牛市不同的是，这一波牛市是局部牛市，以前大小盘基本同步，而现如今是冰火两重天，一会儿传统经济，一会儿新经济。注册制改革、基金抱团等因素也加剧了市场的分化，新股跌破发行价成为常态。

2021 年 12 月后，全球股市在美元加息的浪潮中纷纷开始扭头下跌，中国股市也进入了下跌通道，相关的内容可参看 4.15 节和 4.19 节中的日线笔中枢下跌趋势背驰的应对和 8.8 节中的防狼术等。

纵观 A 股市场，一般而言，走势要见底，有四个标志：一是有重大利好政策出台，如 2014 年的"一带一路"政策、2008 年的"4 万亿"计划、降准和降息等；二是管理层直接表明态度，例如在 2019 年年初，多部门发声维持资本市场稳定，管理层的表态断了市场做空的氛围；三是资本市场重大制度性改革，如 2005 年的股权分置改革；四是到处都是破净股，成交量极低，估值也极低。

回望 20 世纪 90 年代初至今的资本市场，在每次财富大浪潮起潮落时，人类的情绪表现正如与巴菲特、索罗斯齐名的美国投资家约翰·邓普顿（John Templeton）所总结的那样：在悲观主义弥漫的时候牛市初生，在怀疑主义弥漫的时候牛市初成，在乐观主义弥漫的时候牛市成熟，在人人陶醉的时候牛市结束。

约翰·邓普顿还认为在面对这样潮起潮落的市场，对投资应抱有更正面的态度：虽然股市会回落，甚至会出现股灾，但不要对股市失去信心，因为从长远来看，股市始终是会回升的。只有乐观的投资者才能在股市中胜出。

不见风雨，何来彩虹。最后，笔者相信一个强大的国家，它的股市必然会走向繁荣，而我们的投资者也会越来越专业。总而言之，投资作为财富增长的必要手段，我们必须要不断学习，趁早打好基础。

▶ 3.3 牛市里不挣钱与熊市心态有关

如果是牛市，机会满大街都是，为什么要轻仓？从 1000 点上来，你的仓位整天变来变去，收益能否比一路持有成分股不动来得高？如果没有，那你的操作就有很大问题。

如果你是市场中的人，资金回来就要马上选择进入的对象，例如在 30 分钟或日线图上找符合要求的股票，或者找轮炒的股票，这样资金利用率才会高。或者干脆就长抓一些股票，根据市场的波动不断弄短差，把成本降低，这样资金利用率也高。牛市里不挣钱与熊市心态有关。

——缠中说禅（2006-12-14）

与美股百年历史中"牛长熊短"的特征不同的是，A 股素来有"快牛慢熊"的传统，其中，市场风格对投资至关重要。但在牛市中，为何还有人不挣钱甚至亏钱呢？其最主要的原因就是对牛市没有信心，对牛市的节奏没有把握。在牛市中，如果没有对全局大方向的把握，就容易患得患失，每天在市场波动中折磨自己。同理，任何操作，首先选择中长线级别作为参考前提，至关重要。

在缠师的理论中，所谓牛市，即在结构上如日线级别、周线级别甚至月线级别的上涨走势类型；而所谓熊市，即日线级别、周线级别甚至月线级别的下跌走势类型。在牛市的上涨走势类型中，首先要消灭的就是熊市心态，在熊市的下跌走势类型中也要消灭牛市心态。

▶ 3.4 选股首先要讲政治

虽然大盘不断反复，但本 ID 一直强调的农业、创投、化工、环保新能源、消耗品等行业板块，都走出了强劲行情，到今天股价依然屡创新高。连调味品的股票都可以连续涨停，为什么？因为本 ID 选股讲政治。

单独的个股行情，当然可以随意，但最终大资金，大的安排，对一个板块至少进行中线运作，如果不讲政治，那肯定有大麻烦。

你看本 ID 布局的那些板块，都是国家经济发展的方向，国家把创业板当成今年经济工作的重要任务，这是什么？这就是政治。农业一年有 5000 亿元人民币的投入，而环保新能源是经济发展的最重要方向，这一切都决定了这些板块的无限生命力。

——选股首先要讲政治（2008-03-05）

笔者通过阅读《权力资本与商帮：中国商人 600 年兴衰史》，了解过那些曾经活跃在中国这片土地上的各种商帮，无论是以行业区分的盐商、海上私商、外贸商人、买办、票号商人和近代金融实业家，还是以地域为代表的晋商、徽商、粤商、闽商和甬商等，他们的每一次崛起、没落与再出发都离不开政治、政策的变动，也都受限于社会的开放或封闭。同样，投资市场一样遵从社会的发展与政治、政策的调整。

因为政策推动资金的走向，资金推动股价，而股价的涨跌最终取决于资金买入量的多少。小级别走势服从小政策，大级别走势服从大政策。作为投资者，我们应该先了解整个国家的经济形势和产业政策，知道哪些行业是目前经济循环中的强势产业、哪些是夕阳产业。强势产业的股票往往是引导大市的主角（尤其是该行业中的龙头，往往具有指标的作用）。

投资股票就是投资未来的发展前景，对于前景看好的高精尖产业应具备长远的眼光，对高科技、高附加值的产业，应尤为注意。一般来说，一个行业的许多个股之间也会有某种联动效应，也就是所谓的比价关系，如某产业龙头股表现疲弱，那么往往也会影响其他同行业股票，而落后大势的弱势股应尽量不去介入，或及早换股；若某行业板块中的几种股票呈现强劲起势，则将带动其他同类个股，即一荣俱荣、一损俱损。

掌握产业政策的动向，是投资者不可忽略的选股要诀。相对来说，那些有国家产业政策扶持的上市企业，经营上的阻力小一些，获利能力更大一些。同时，投资者更要放眼古今中外，站在世界产业发展的趋势上，明白哪些行业是有前景的、哪些行业是面临困境的。一个优秀的投资者，应熟悉世界经济潮流，时刻关注国内政治经济动态。

▶▶▶ **3.5 最简单可靠的找牛股方法**

2006 年 5 月有色金属等板块的上涨，不过是牛市的预热阶段，而 11 月以金融股等为代表的指数股上涨，是牛市的第一阶段。1996 年，深发展（现为平安银行：000001）涨了很多倍了，很多股票还没怎么动。牛市的第一阶段都是这样的，一线股先涨，它们没涨到位，其他股票怎么涨？全世界的牛市基本都是这样的，没什么新鲜的。

错过了这个节奏怎么办？如果你的跟盘技术还行，就要在回档的时候跟进强势股票。散户就怕跌，但牛市里，跌就是爹，一跌就等于爹来了，又要发钱了。如果跟盘技术不行，有一种方式是最简单的，就是盯着所有放量突破上市首日最高价的新股以及放量突破年线然后缩量回调年线的老股，这都是以后的黑马。特别是那些年线走平后向上出现拐点的股票，一定要看好了。至于还在年线下面的股票，先别看了，等它们上年线再说。其实，这就是在牛市中最简单可靠的找牛股的方法。

——教你炒股票第 7 课：给赚了指数亏了钱的人的一些忠告（2006-11-16）

股市中获利的关键在于选股，万不可只看眼下大盘走得好，就随意选择，这样很容易"赚了指数亏了钱"。2005 年牛市启动初期，国防军工、非银金融和有色金属板块领涨市场。由于股权分置改革，市场有效性上升，行业景气能够更好地反映在股市上。国防军工股在该段时期业绩增厚，行业事件催化，且 2006 年 3—7 月，国防军工企业借助股权分置改革推进了"国防资产证券化"。

非银金融板块受益于股权分置后的扩容，而首次公开发行股票业务的重启、并购重组业务的增多也为该板块带来了后续成长。有色金属行业受益于主要金属品种的提价，国内的铜、铝、锌、铅、锡、镍 6 种主要有色金属全面上涨，国际上的铜、锌、镍价格也出现暴涨。

2006 年 5 月中旬，除铅、镍外，其余 4 种有色金属均创年内新高。2006 年 5 月中旬后，铜、铝、锌、铅、锡、镍高位回落。也就是缠师所说的 2006 年 5 月前有色金属等板块的上涨，不过是牛市的预热阶段。有色金属板块指数年线图如图 3-12 所示。

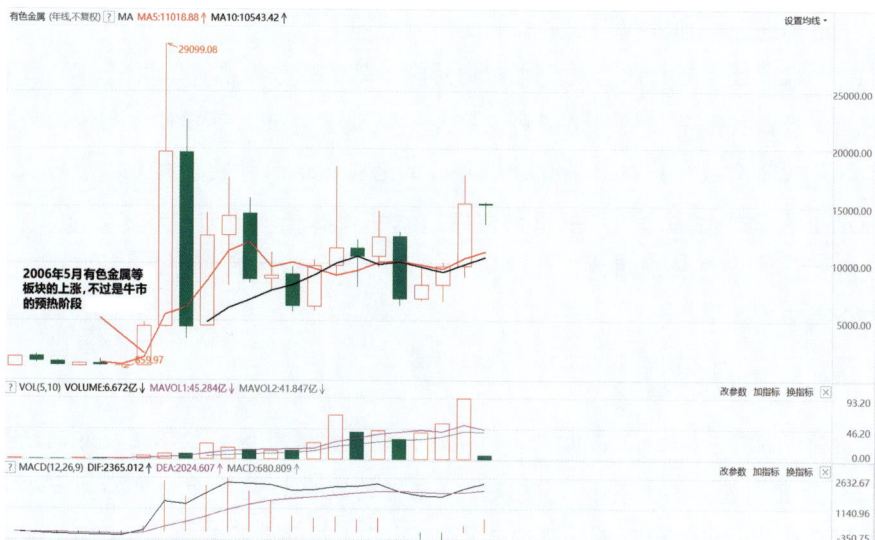

图 3-12　有色金属板块指数年线图

以金融股等为代表的指数股的上涨，是牛市的第一阶段。2005 年 6—12 月，金融板块走势与大盘涨势无显著差异。自 2006 年 3 月起，由于股改的快速推进，资本市场扩容，非银金融板块领先优势逐步扩大，券商股走出了牛市行情。券商板块指数年线图如图 3-13 所示。

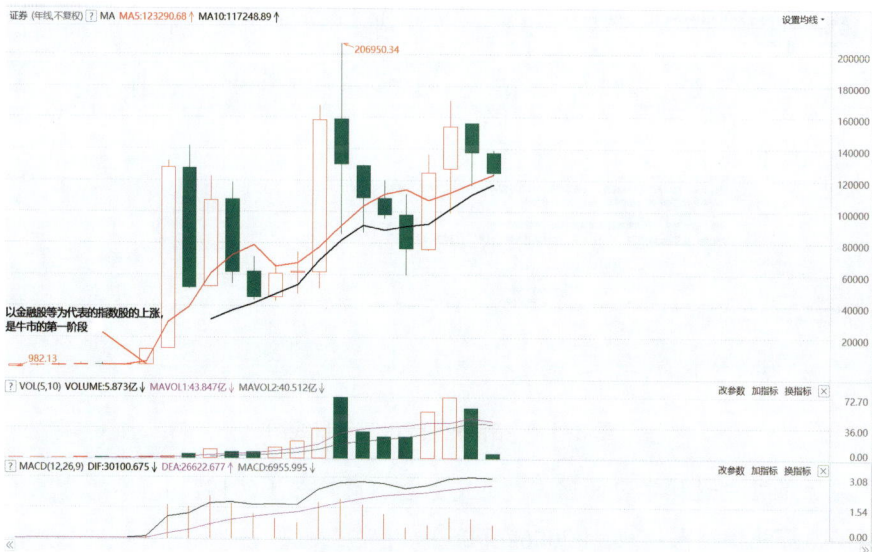

图 3-13　券商板块指数年线图

牛市初期，缠师教我们找牛股的简单方法如下。

（1）跟盘技术还行的，就要在回档的时候跟进强势股票。

（2）跟盘技术不行的，第一种是盯着所有放量突破上市首日最高价的新股，第二种是放量突破年线然后缩量回调年线的老股，这两种股票都是以后的黑马，尤其是年线走平后向上出现拐点的股票。至于还在年线下面的股票，等它们上年线再说。其中要特别注意，能够成为黑马的股票必然底部有强大的动力，否则不会大涨。

另外缠师也补充过：

上面漏说了一个最容易出黑马的情况，就是报差业绩，但不跌反涨的股票，一旦大盘有调整，其走势就变得强劲，这样的股票将是后面的黑马。有心人，可以把那些故意将业绩弄差的股票选出来，然后选择异动明显的。黑马不难发现。

——缠中说禅（2007-04-24）

首先，放量突破上市首日最高价的新股。以解盘回复的例子来说明，招商轮船2007年日线图如图3-14所示。

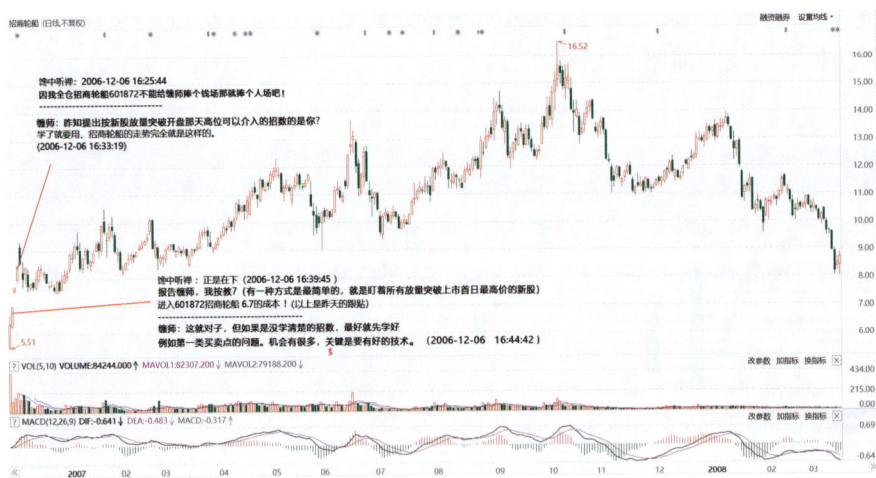

图3-14 招商轮船2007年日线图

某位跟缠中说禅学习的网友：因我全仓招商轮船（601872），不能给缠师捧个钱场，那就捧个人场吧。（2006-12-06）

缠师：昨天提出按新股放量突破开盘那天高位可以介入的招数的是你？学了就要用，招商轮船的走势完全就是这样的。（2006-12-06）

某位跟缠中说禅学习的网友：正是在下。报告缠师，我按盯着所有放量突破上市首日最高价的新股的方法买进招商轮船（601872），6.7的成本。（2006-12-06）

缠师：这就对了，但如果是没学清楚的招数，最好就先学好，例如第一类买卖点的问题。机会有很多，关键是要有好的技术。（2006-12-06）

另外缠师也补充道：对次新股，早说过了，上市第一天的高价不放量突破，看都不用看，除非在下面出现第一类买点。这样的好处就是不浪费时间。

笔者再举两个例子，晓鸣股份日线图如图3-15所示，诚达药业1小时图如图3-16所示。

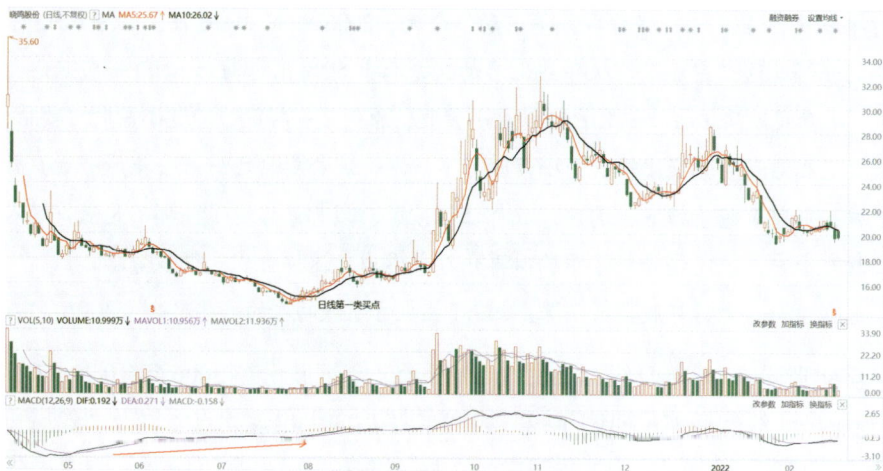

图3-15　晓鸣股份日线图

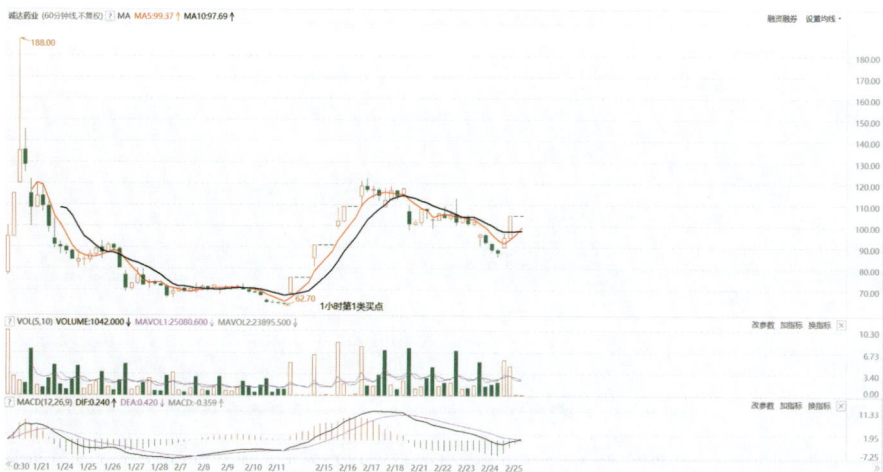

图3-16　诚达药业1小时图

近年来，新股上市的节奏越来越快，新股票越来越多。新股有一个显著特点：上方无套牢盘，也就是从上市第一天起没有复杂的历史。这种情况很容易被主力机构掌握筹码分布情况，尤其是上市后曾跌破发行价的新股，是主力难得的炒作对象。一旦出现如上述缠师所说的情况，往往就是可以介入的时机。

再者，放量突破年线250日均线然后缩量回调年线的老股。对于中长线而言，年线（也就是250日均线）是关键的，这是兵家争夺之地，即所谓的牛熊分界。当然了，这附近容易出现震荡、反复。看缠师举的例子。

以宝钢股份为例，它突破年线后缩量回调，2006年10月23日回调至4.20元，当时年线就在4.17元，然后再放量启动，今天，2006年11月16日，已经6元多了，50%的涨幅就这么完成了。从年线上启动，先涨个50%很容易。本ID一般只看大盘股票，小盘股没法进去，但散户可以看小盘股，原则是一样的，不过小盘股可要留意，一般大盘股启动的骗线比较少，小盘股可不一定，这都要自己好好去揣摩。散户就当好散户，别整天想着抄底、逃顶，底都让你抄了，顶都让你逃了，那不是散户的人吃什么呀？散户，一定要等趋势明确后再介入或退出，这样会少走很多弯路。

——教你炒股票第7课：给赚了指数亏了钱的人的一些忠告（2006-11-16）

宝钢股份2006年日线图如图3-17所示。宝钢股份在2006年10月23日前"放量突破年线然后缩量回调年线""年线走平后向上出现拐点"以及"然后再放量启动"的过程，正如1.13节所讲的一样，千万不要追高买股票，刚突破年线回试时买岂不更安全有效？

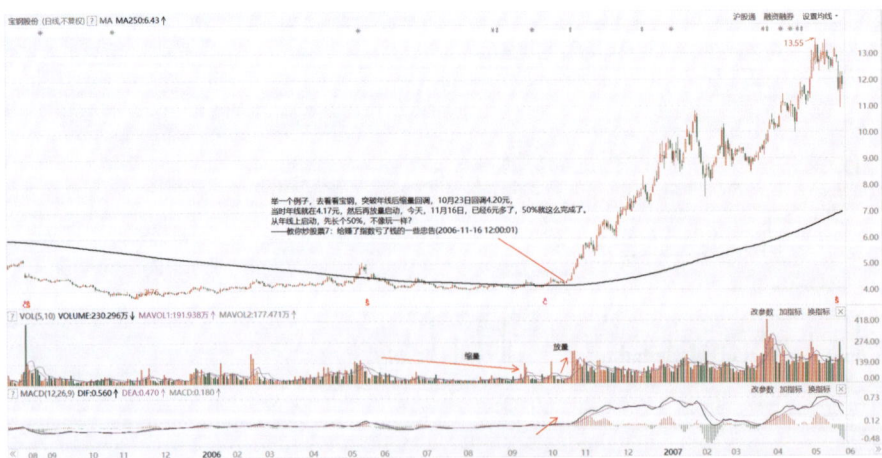

图 3-17　宝钢股份 2006 年日线图

2021 年、2022 年的几个牛股（文山电力、京城股份、西仪股份、浙江建投）的 2021 年日线图如图 3-18 ~ 图 3-21 所示。请注意量价。

关于通过"放量突破年线 250 日均线然后缩量回调年线的老股"，有缠师解盘回复的内容作为本节的补充。

石头叁：老大，年线附近的股票安全吗？下跌空间是不是相对会小一点？不过又担心是不是会弱者恒弱啊！（2007-07-16）

缠师：不是年线就一定会好，本 ID 前面说得很清楚，在年线附近有新资金进去迹象的，这从成交量不难发现。（2007-07-16）

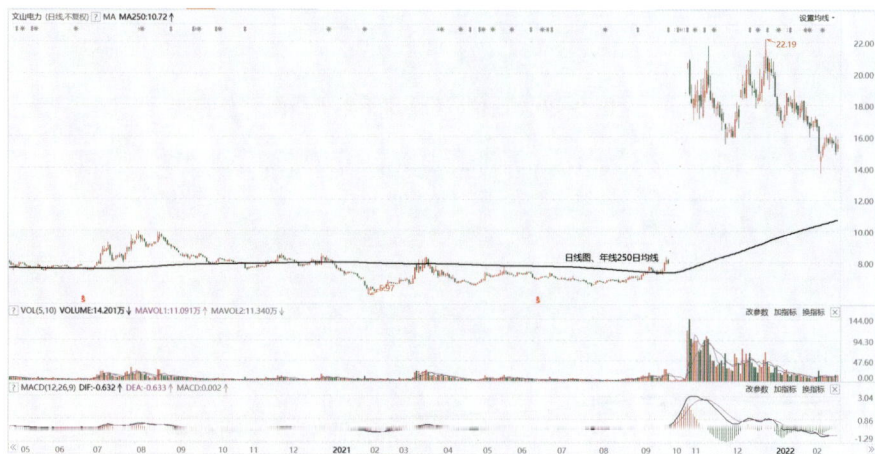

图 3-18　文山电力 2021 年日线图

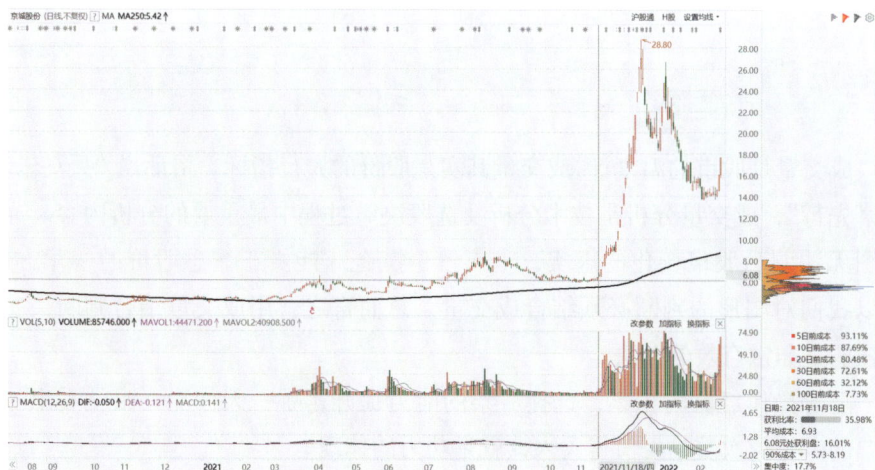

图 3-19　京城股份 2021 年日线图

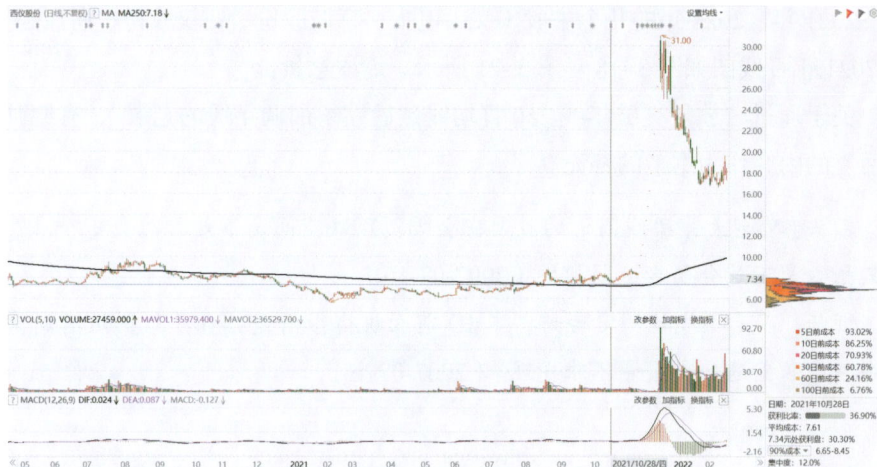

图 3-20 西仪股份 2021 年日线图

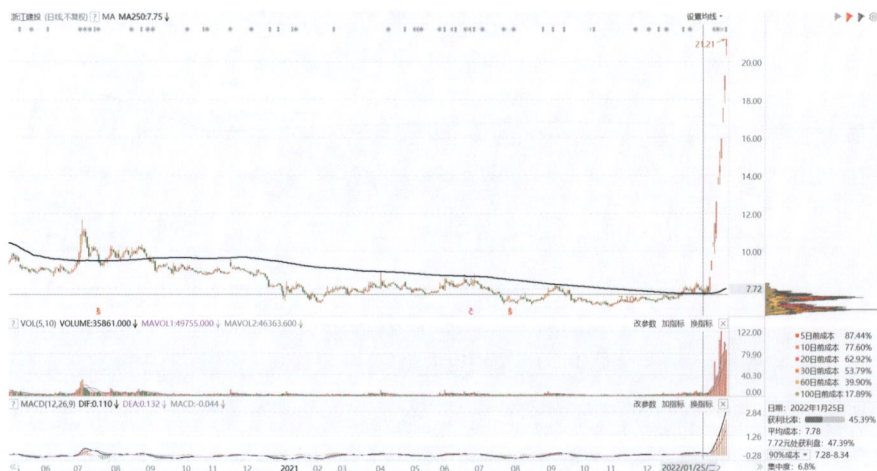

图 3-21 浙江建投 2021 年日线图

　　成交量是股市的温度计,成交量其实是股价的先行指标。俗话说"兵马未动,粮草先行",成交量分析是技术分析及选股决策过程中最重要的分析内容。光靠画图无法洞悉股市变化的虚实,唯有量价配合才能真正洞悉股价的变化方向,所以我们对图形的判断必须结合成交量。总而言之,用成交量结合判断买卖点的强弱是非常有效的办法。

　　随着操作经验的积累,选择股票的能力提升,哪一天你能一眼就看出一只股票的走势位次及是否值得买入,就是功力的体现。

3.6 在牛市中，一定要重点关注成分股

还有一点必须提醒，在牛市中，一定要重点关注成分股，特别是有一定资金规模的股票，因为成分股都是在大部队战斗。别整天跟那些散兵游勇玩，那些人自己都自身难保，本 ID 看这种所谓的游资被消灭的例子举不胜举，大资金就爱吃它们，几个亿几个亿地吃它们，这才有点意思，否则吃小散户的几万几千，是很累的。

在牛市中，最终所有股票都会有表现的机会，只是掌握了节奏，资金的利用率就会变高。一个牛市下来，挣的钱至少要超出指数最终涨幅的几倍，如果指数涨一倍，自己的资金增长四五倍，就更好了。

要达到这种水平，其实很简单，就一个原则：避开大的回档，借回档踏准轮动节奏。千万别相信什么基本面的忽悠，特别对于资金量最多也就一亿元或几千万元人民币的散户来说，有必要研究什么基本面吗？所谓基本面，只是一个由头，给自己壮胆和忽悠别人用的。对于基本面，只要知道别人心目中的基本面以及相应的影响就可以了，自己千万别信。

——教你炒股票第 7 课：给赚了指数亏了钱的人的一些忠告（2006-11-16）

在过去的牛市里，轮炒一般都会按照一线绩优股到二线股再到三线低价股的顺序进行。这是因为在行情初期，人们对后市存疑，所以一般不敢买那些业绩没有保障的个股，而那些绩优且价低、具有投资价值的股票会成为第一批投资者的首选。

当一线的股价炒高之后，二线股随后接力，随着市场氛围越来越浓，投机气氛愈加活跃，三线股就粉墨登场了。当一线、二线、三线股轮炒几番后，市场可炒的股票越来越少，直到最后行情在一地鸡毛中落幕。所以，在牛市中，一定要盯紧每个阶段的龙头。

一线成分股指的是指标股、大蓝筹，冲关龙头，需要冲破历史压力打开上涨空间。二线成长股是大多数业绩良好、市值适中、有概念的股，市场稍微回暖就是二线股全面开花的行情。新股，一般盘子只要不是太大，最多只能算二线。另外，深市成分股里，基本都是优质成长股。而三线股是业绩不好、前景不妙的成分股，吸引力不够，炒作少。其实这些都没有太严格的区分，只是一个约定俗成的概念，是历史形成的。

牛市第一波涨的是成分股，首先启动一线股，也就是盘子最大的，然后是二

线股、三线股。牛市第一阶段，大资金都忙着成分股，搞小盘股的都是小资金。高手就是跟随市场最简单的方向，紧跟大资金。成分股不涨，其他更不会涨。例如，1996年的牛市，最大的成分股就是深发展A（现更名为平安银行）；2006年5月前有色金属等板块的上涨只是牛市的预热阶段，同年6月开始的牛市，是以金融股等为代表的指数股上涨。

工商银行在2006年10月27日上市，是最大的成分股，占据着龙头地位。工商银行先上一个台阶后，然后就是二线股、三线股，同时，一线股不会大跌，在盘整中用来控盘，在上升中用来突破，大盘有要冲关之类的活动，一线股就会出来露脸，一线股可以反复炒。一线股休息时，二线股就会启动，也就是说，一线股不动了，二线股就补涨，把握这个节奏，就能玩多轮，资金利用率也就提高了。一线成分股到头了，意味着牛市第一波结束。

不过，市场不是总处在牛市中的，而且2019—2021年的牛市是局部牛市，市场冰火两重天。不同的板块、不同的股票有其不同的波动特性，谓之股性。股性好的股票往往活跃，不论上涨还是下跌的幅度都较大。而股性不好的股票往往是波动小而慢，容易停滞。当然股性的活跃程度是会变化的，原来很活跃后面不一定会再活跃，先前死气沉沉的说不准后面成了黑马，所以就需要投资者的长期了解，才能熟悉它们的"脾性"。

▶ 3.7 找大牛市底部的一个方法

盘整背驰最有用的，就是用在大级别上，特别是至少是周线级别以上的，这种盘整背驰所发现的，往往就是历史性的大底部。配合MACD，这种背驰是很容易判断的。

这一课，把找大牛市底部的一个方法说了，这个方法足以让你终生受用。随着上市的股票越来越多，老股票也越来越多，这个方法将在下一轮大牛市中大放异彩。

——教你炒股票第27课：盘整背驰与历史性底部（2007-02-02）

盘整背驰构成的买点在小级别中是意义不大的，所以没专门把它当成一种买点，但在大级别里，这就可以构成一种类似第一类买点的买点。因为在超大级别里，往往不会形成一个明显的趋势，站在最大的级别里看，所有股票都只有一个中枢，因此，站在大级别里，绝大多数的股票其实是一个盘整，这时候就要用到因为盘整背驰而形成的类第一类买点。这里所说的大级别，至少应该是周线以上的。

1.6 节中缠师解析的万科 A 季线图就是最好的例子。一般只有特别老的股票才可以用季度图。而月线图，当时的陆家嘴（600663）月线图（见图 3-22）就是一个标准的例子。

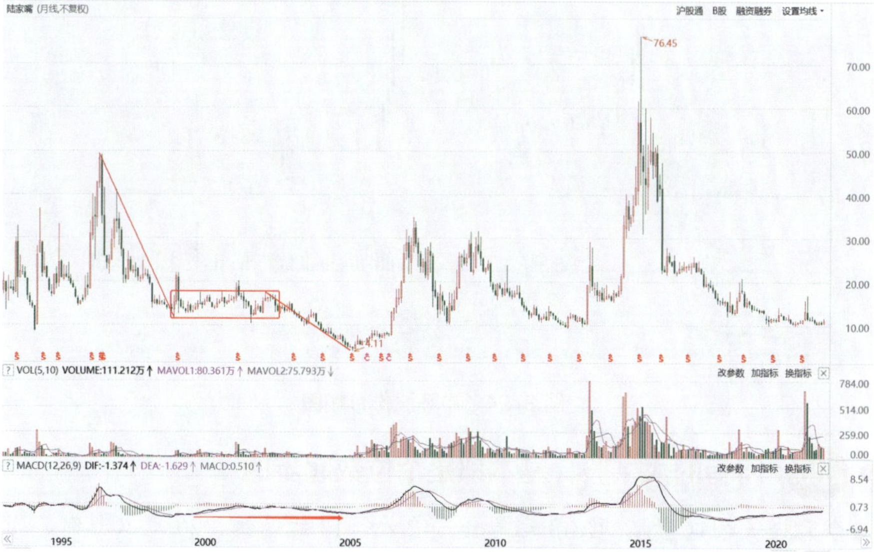

图 3-22　陆家嘴月线图

在此，笔者再举两个近年来的股票：江特电机和中环股份，它们的月线图分别如图 3-23 和图 3-24 所示。

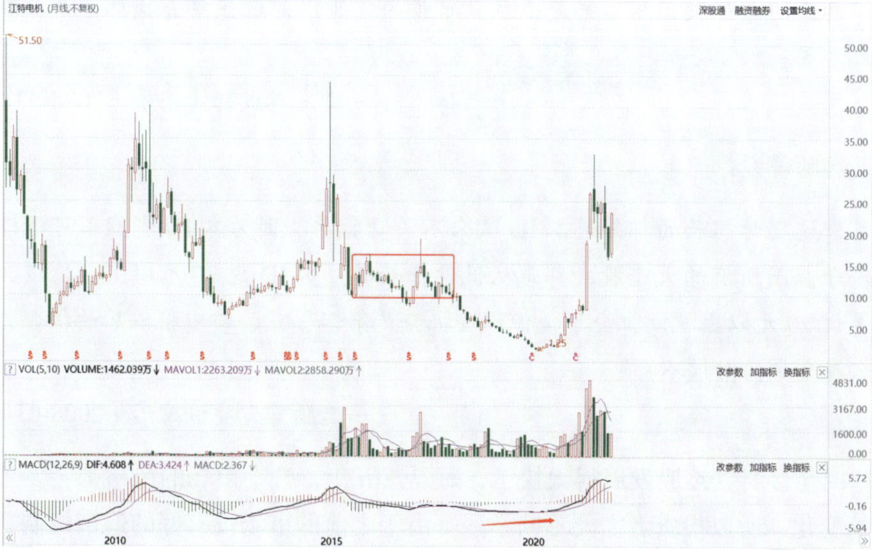

图 3-23　江特电机月线图

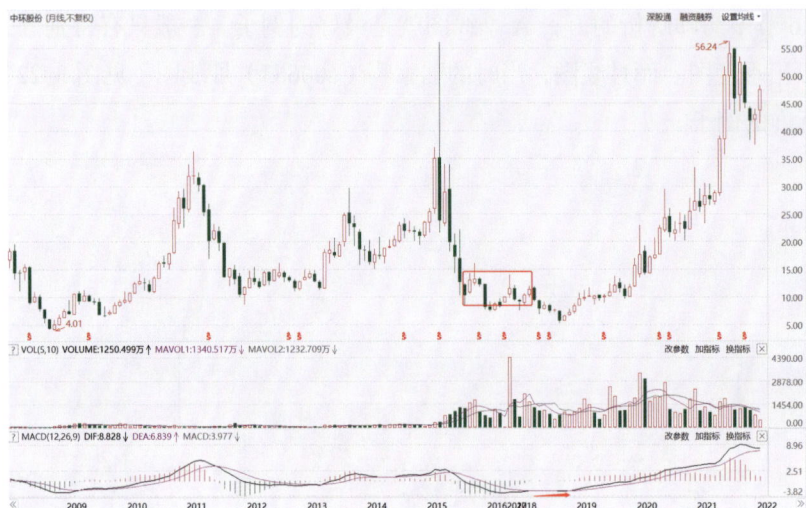

图 3-24　中环股份月线图

▶ 3.8　所有的大牛股，基本都是个位数起步的

今天提一个口号：7元、8元是金，12元、13元是银，20元以上都是垃圾。你看本 ID 说的那些股票，其股价基本都是10元以下的，中粮糖业（600737）现在股价30多元了，说的时候是8元，大众公用（600635）现在20多元，还送了股，说的时候是送股前的5元，这就是一个很好的选股思路。

真正的大牛股，基本都是个位数起步的。所以，现在要去找那些个位数的明日之星。

——增发再成行情杀手（2008-03-04）

缠师曾说：

来这里时间长的都知道本 ID 从来不买贵股票，因为本 ID 当然不可能给人抬轿子。而所有的大牛股，都是从低价开始的。本 ID 说20元以上是垃圾，并不是说20元以上就没机会了，但那些机会是第二、三、四中枢以后的机会，为什么在个位的时候不买？

——选股首先要讲政治（2008-03-05）

时至今日，A 股发展得太快了，每隔三五年，整个市场的风格都会发生很大的变化，所以投资者需要不断学习。由于之前的市场没有好的退市机制，很多投资者抱着低价股等牛市翻倍，而如今很多老股都退市了，现在一些优质股两位数起步的也多。不过纵观历史，绝大部分牛股都是从低价开始的，大家只要翻阅股票走势即可了解。

▶ 3.9 人生可能参与的最大投资机会

下面谈论的，是如何选择超大的机会。

人生有限，一个年中枢的上移，就构成了人生可能参与的最大投资机会。一个年中枢的震荡，很有可能就要持续 100 年，如果你刚好在这样的世界里，简直是灾难。而能遇到一个年中枢的上移机会，而且你抓住它了，那就是最牛的长线投资了。

当然，对于大多数人来说，可能最现实的机会，只是一个季线级别的上涨过程，这个过程没结束，没见到新的年中枢，人已经没了。这个年中枢的上移过程，有时候需要几代人的见证。看看美国股市，现在还没看到新的年中枢，依然在年中枢的上移中，想想美国股市有多少年了。

所以，对于一个最现实的获利目标来说，一个季度甚至月线的中枢上移，已经是一生中在单个品种上最大的长线获利机会。

——教你炒股票第 73 课：市场获利机会的绝对分类（2007-08-23）

美股自 1990 年至今，在年线图上目前只有一个"类中枢"，依然在年中枢的上移中，可见年中枢的上移可能需要几代人的见证。所以，对于我们现实的获利目标来说，一个季度甚至月线的中枢上移，已经是我们在单个品种上最好的长线获利机会。标普指数和上证指数的年线图类中枢分别如图 3-25 和图 3-26 所示。

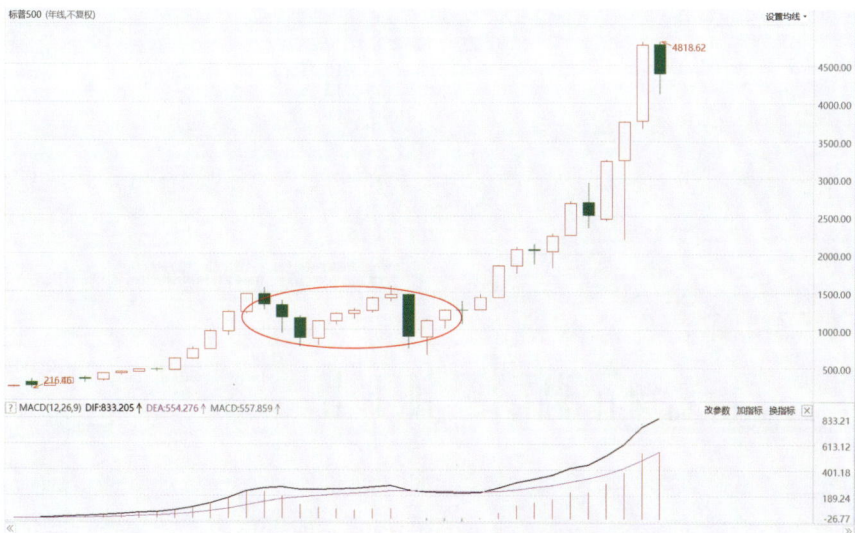

图 3-25　标普指数年线图类中枢

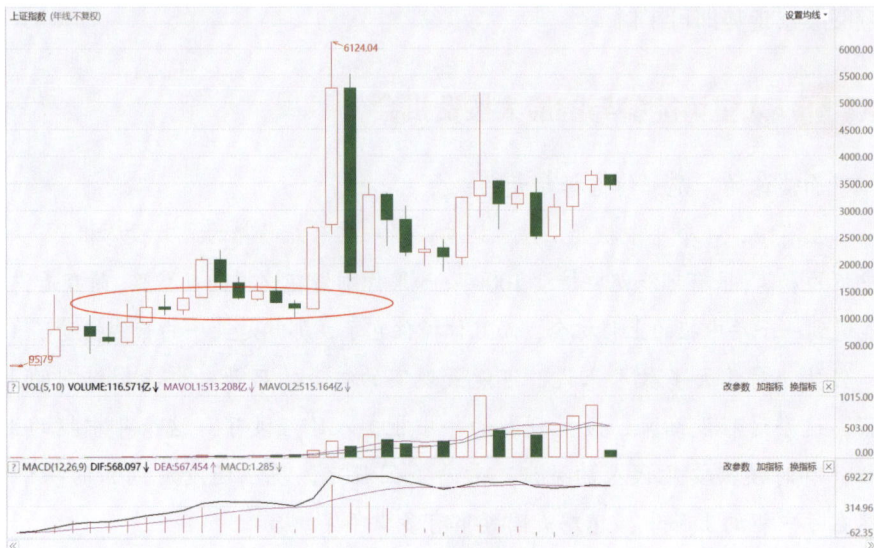

图 3-26 上证指数年线图类中枢

举例说明：贵州茅台季线图如图 3-27 所示，贵州茅台自 2001 年上市至 2022 年已有 21 年（神奇的数字）了，在季线图上生成了从 2008—2014 年的笔中枢，至今还没有第二个季度笔中枢的形成，足以说明在该级别的强势程度。又想起缠师在 2006 年曾说过的那句话："有一天，按复权算，买一瓶茅台、五粮液的钱买不来一股相应股票又有什么可奇怪的？"

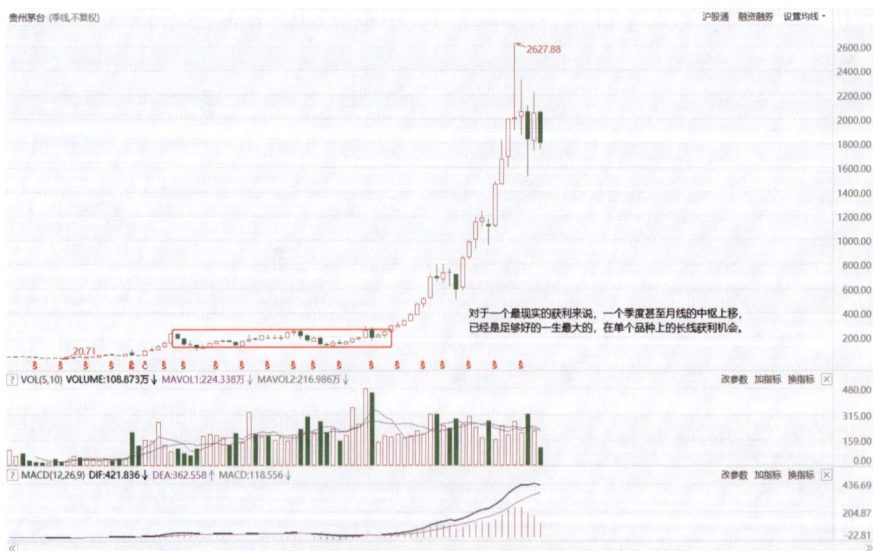

图 3-27 贵州茅台季线图

▶ 3.10 最牛的股票与最牛的企业

一个季度中枢的上移，可能就是一个十年甚至更长的月线上涨，能有如此动力的企业，需要怎么样的素质？即使在全球化的环境下，单个企业的规模也极其有限。而一个能获取超级上涨收益的公司，也不可能突破那个极限。因此，顶已经是现实存在了，根据企业所处行业的不同，其相应的极限也有所不同。对于操作来说，唯一需要知道的，就是哪些企业能向自己行业的极限冲击。

但针对中国的企业和上市公司，我们还可以给出一个判断，就是几乎所有的行业，都必然至少会有一个中国的上市公司去冲击全球的行业理论极限，这就是中国资本市场的现实魅力所在。因为有多少个行业，就至少有多少只真正的牛股。

不过，有些行业，其空间是有限的，因此可以筛选出去。这种行业的企业，注定是没有季线甚至月线以上级别中枢上移的，除非它转型。因此，远离那些注定没有季线甚至月线以上级别中枢上移的行业，这些行业的企业，最终都是某级别的中枢震荡。

这里，就涉及基本面的分析与整个世界经济的综合判断，谁说本 ID 的理论只管技术的？但任何的基本面，必须在本 ID 的几何理论的观照下才有意义，在这个视角的观照下，你才知道，究竟这基本面对应的是什么级别、什么类型的获利机会。

找到了行业，就该寻找具体的企业了。对于长线投资来说，最牛的股票与最牛的企业，是必然对应的。没有人是神仙，谁都不知道哪个是最后的获胜者。但谁都知道，如果最终的获胜者要到 10 万亿元人民币的市值，那么，它的市值必然要经过任何一个低于 10 万亿元人民币的数。

——教你炒股票第 73 课：市场获利机会的绝对分类（2007-08-23）

现在是轻指数重个股的时代。在股市中，龙头股直接影响指数的涨跌、人气的高低，以及具有良好发展前景的股票，如创业板中的宁德时代。对于当下的龙头企业，或者是在今后某一时刻超越当下龙头的企业，缠师构建出了自己认为最合理的投资方案：

（1）将投资金额最大的比例，例如 70%，投在龙头企业（可能是两家）中，然后把其他 30% 投在最有成长性（可能是两三家）的企业中。注意，在实际操作中，如果龙头企业已经在基本面上显示必然的败落，那就选择最好的替代者。

（2）只要这个行业顺序不变，那么这个投资比例就不变，除非基本面上出现明显的行业地位改变的迹象，一旦如此，就按等市值换股。当然，如果技术面把握好，完全可以在较大级别卖掉被超越的企业，在其后的买点再介入新的龙头企业。

（3）这就是本 ID 理论的独门武器了，充分利用可操作的中枢震荡(例如日线、周线等)，把所有投资成本变为 0，然后不断增加可持有筹码。注意，这些筹码，可能是新的有成长或低估价值的公司。(具体的"独门武器"可看第 4 章内容。)

（4）没有第四，如果一定要说，就是密切关注比价关系。这里的比价关系，就是市值与行业地位的关系，发现其中被低估的品种。

注意，任何投资必须是 0 成本才真正有意义。

以上这个策略，就是基本面、比价关系与技术面三个独立系统完美的组合，这样操作股票，才是按本 ID 理论操作。

当然，以上，只适合大资金的操作，对于小资金，依然可以按照类似思路，不过只能用简略版。例如，只跟踪龙头企业，或只跟踪最有成长性的那家企业。

当然，对于原始资本积累的小资金，利用小级别去快速积累，这是更快速的方法，但资金到一定规模后，小级别就没有太大意义了。

有人可能说，你怎么不说政策面？政策面只不过能制造最多是周线级别的震荡，这正是提供技术上降低成本、增加筹码的机会。第二次世界大战都没改变美国股市年线级别的中枢移动，政策面又算得了什么？

举个例子：九安医疗，作为医疗器械、新冠检测板块的龙头，全球新冠疫情期间，它的产品远销国外，2021 年前三季度整个市场的反响相当好，同时，当初它也借了这个利好题材进行炒作。九安医疗日线图如图 3-28 所示。

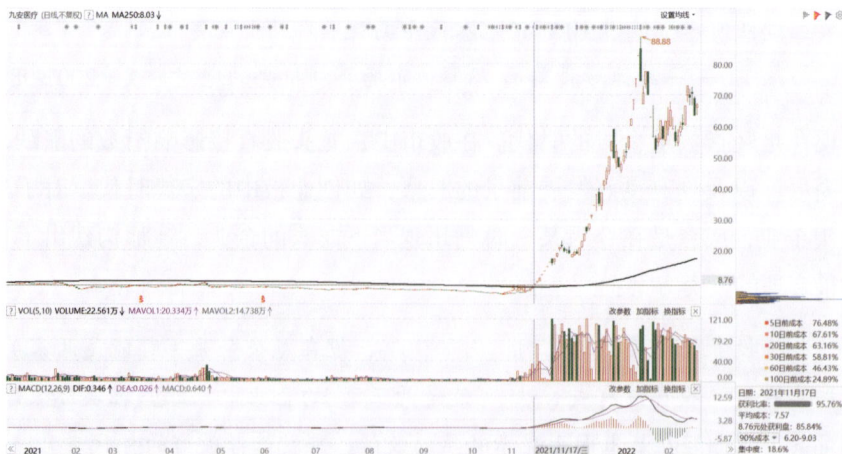

图 3-28　九安医疗日线图

另外补充说明：

ST 的股票，没技术的人不要乱碰，ST 涉及基本面的大改变，这里有不确定因素，因此才有大的投机价值。

——顶分型确立显威力（2007-12-14）

▶ 3.11 牛市炒股就是板块轮动

牛市炒股票基本没有什么技术含量，就是板块轮动。

——缠中说禅（2007-01-08）

缠师曾说：

技术图表只是一个方面，资本主义发展到这个阶段，玩的就是这虚和实的游戏，对于投机资金来说，需要的是流动，像大河一样，泥沙俱下才可能浑水摸鱼。就像物理里势能转化成动能，在投机市场里，当一个领域的势能耗尽，就必须要用时间来积聚势能，这时候，这个领域对于投机资金来说就没有任何意义。投机，只能投机于高势能的领域，只有高势能，才能引发"洪水"。就像板块轮动一样，每一轮的领头羊并不是固定的。其实随着历史的变迁，在全球范围内的强国也在轮动。

这里所说的板块轮动，也就是板块炒作，这是我国股市的一个重大特征，其实也是一种自然的市场现象。从 20 世纪 90 年代初以来，随着市场经济的建立，区域经济前提下的地区板块热炒延续至今。随着证券市场的发展，截至 2022 年 2 月 25 日，以东方财富软件计算，目前市场上已有 86 个行业板块、309 个概念板块（还在不断增加中）、31 个地区板块以及 46 个风格板块。

为什么会出现轮动效应呢？首先因为整个市场中的股票是非常多的，而所有股票一起上涨需要的资金量非常大；再者如果股票都上涨的话，投资者的注意力也无法集中。实质上，板块轮动是将大盘中的股票分割成许多自我体系的部分，然后便于集中力量炒作一批。当前一批板块股票走弱时，另一批板块股票就来代替前者支撑局面，以维持市场氛围。所以不论大盘是牛市还是熊市，板块轮动都是其中的正常现象。

牛市中一般会出现日线、周线级别的上涨趋势走势类型，牛市要用空间换时间，一般而言，在这当中不同的板块轮动，最终将指数推向一定高潮。如盘中出现大幅震荡，震荡中新板块借机启动，这就是典型的轮动，其中，任何板块的演绎，基本都是按一线股、二线股、三线股的节奏进行。所以，如果我们在牛市中拿好每个阶段的龙头，就可以玩得不亦乐乎。

回顾 2005 年 6 月至 2007 年 10 月的牛市行情，以行业板块为例，在牛市初期（2005 年 6 月 6 日至 2006 年 8 月 1 日），国防军工、非银金融、有色板块、电力设备和食品饮料领涨市场。2006 年 8 月 1 日至 2007 年 6 月 1 日，从行业角度看，房地产和非银金融券商、纺织服装、钢铁和建材领涨市场。而 2007 年 6 月 1 日至 2007 年 10 月 16 日，整体而言，非银金融、有色金属、煤炭、银行和钢铁拉动大盘。牛市尾声时期，各行业板块均大幅下跌。

我们再来回顾一下缠师关于板块轮动的部分解盘内容。

板块要轮动的，不可能永远是一个板块热，否则今天军工怎么起来？如果是散户，就要选好几个板块，有卖点就先卖，轮着炒，这样效率才高，当然还可以坚持一个板块，不断弄短差，其实这样的效率也很高。

——缠中说禅（2007-03-02）

板块是轮动的，最好的节奏当然是从这跳到那，每次都准点，但如果开始没这技术，先玩好一个，技术好了再来高难度的，那是目标。

——缠中说禅（2007-05-31）

回顾 2021 年，春节前"茅"系列（如贵州茅台）大涨，春节后画风一变，"茅"系列大跌，白酒板块跌落神坛。2021 年年初最大的概念就是碳中和，渐渐演化成光伏、风能、绿电概念。其中，华银电力首先 7 板翻倍吹响了炒作的号角。2021 年下半年发展出了储能板块、氢燃料电池板块，另一个板块是炒作通胀，先是传统能源大涨特涨，煤炭钢铁板块涨幅不小。后面传导到有色，最后在 10 月底国家出手，期货果断暴跌。其后氢能源、中药、元宇宙、冬奥概念也相当活跃。整体而言，整个 2021 年大盘处于震荡市。2022 年年初又轮到了大基建板块、概念板块等。一旦大盘处于震荡或下跌的走势，那么板块轮动相对较快，对选股的要求就很高。关于板块轮动，大家一定要多多学习。

最后请注意：概念板块是炒作的借口，也是一个赚钱的理由，但绝非简单的长线持股理由（与概念相关的内容可参考 1.4 节）。

▶▶ 3.12 下一个中线大板块是什么

现在，就要介入那些新的中线未启动的股票，下一个中线大板块是什么呢？是医药，为什么呢？因为医疗改革将逐步启动，这是一个长期有效的题材，所以那些低价的医药股，极为值得关注。

注意，一个板块的大资金布局不是一两天就能完成的，所以，可以先关注，毕竟短线最有力的还是那些已经启动的板块。那么，如果要快赚钱，就要在那些已经启动的板块中找补涨的，一旦前期没怎么动的股票，若有新资金介入，并且技术上有相应的买点，那当然可以介入了。

目前，农业、创投都挖掘得差不多了，正在主升浪阶段。而化工、环保、新能源等热度还不太猛，所以，可以寻找的、好的介入机会相应多点儿。这一切，要自己去寻找，例如本 ID 前几天说调味品板块，就只有两只股票，如果你还选择不出来，那就没什么可说的了。

至于高送配，这属于短线题材，只要行情稳定启动，肯定要表现的，只不过是除权和填权的区别而已。

——选股首先要讲政治（2008-03-05）

一般来说，在大盘震荡的情况下，板块轮动比较快，所以必须时常考虑下一个中线板块是什么？ 缠师在 2007 年认为："中国经济的大局在新的经济结构，所谓改变经济增长方式，因此站在中长线角度，前期一直强调的环保（特别是新能源）、农业、军工、科技等板块都是值得中长线关注的，这是中国经济发展的新方向。"近年来，缠师讲过的这些板块经过调整，也都创下新高。

世界是一个整体联系的世界，每个事物的存在和发展都和其他事物有联系，其他事物是这个事物的存在条件，而事物又都在一定的时间、地点下存在，一切以时间、地点、条件为转移，不以人的意志为转移。不论是丁元英、叶子农，还是缠师，他们都深谙这个法则。

下一个可以关注的板块是什么呢？可以综合宏观面、周期因素、政策面、基本面、资金面、技术面等来共同确定，同时对有前途的板块和股票进行动态关注，做到实事求是。而长期关注一组股票，可以熟悉股性，你对股性熟悉了，操作起来才会有把握，而不会一遇到变化就惊慌失措。

缠师曾说："对关注的股票，可以在反弹操作中动态介入，熟悉其股性，等中级调整完成后，再野的马也会给你驯服了，那时候全面介入完全熟悉的股票，赚大钱就是天经地义的事情了。"

缠师还曾说过："其实，股票某种程度和做生意一样，不熟不做，做熟了才能赚大钱。没有点儿耐心，整天等着天上掉馅饼，那还不把天上做馅饼的都给累着了？"

▶▶▶ 3.13 把有潜力的板块当成自选

选股票要找好买点。在牛市里，第三类买点的爆发力是最强的，例如找日线上的，如果实在找不到，就找 30 分钟上的。你可以把一些有潜力的板块、价位不高的、周线还没拉升的板块当成自选，找个几十只或上百只，然后每天在这些股票里选买点，这样就不会太累了。

节奏弄好了，基本可以达到快出快进的地步，这样资金利用率就会提高。散户资金不多，就要发挥优势，没必要参与大级别的调整。把已经走差的股票移出你的股票池，不断换入有潜力的、新板块的股票，这样不断下去，一定会有大成果。

——缠中说禅（2007-03-02）

在市场板块轮动中，比如 A 板块和 B 板块在休息，C 板块和 D 板块在启动，这就是正常的轮动。其中就需要对板块有更深入的理解，在 A 板块和 B 板块上涨中，就要跟踪有潜力的 C 板块和 D 板块，然后把上涨的 A 板块和 B 板块的股票冲高抛掉，而不是去追高，然后吸纳有启动迹象的、有潜力的 C 板块和 D 板块股票，如果没有能力做到，就先别操作。在具体的市场中，选好多只节奏有错位的股票，当成股票池，然后根据买卖点进行换股，反复操作。

举例说明：光伏设备、风电设备、能源金属板块分别在 2021 年 11 月见顶，其板块指数日线图如图 3-29～图 3-31 所示。而数字货币、中药、预制菜板块在 2021 年 10 月底—12 月初启动，其板块指数日线图如图 3-32～图 3-34 所示。正确的操作，就是要提前在数字货币、中药、预制菜板块中选好一线股。

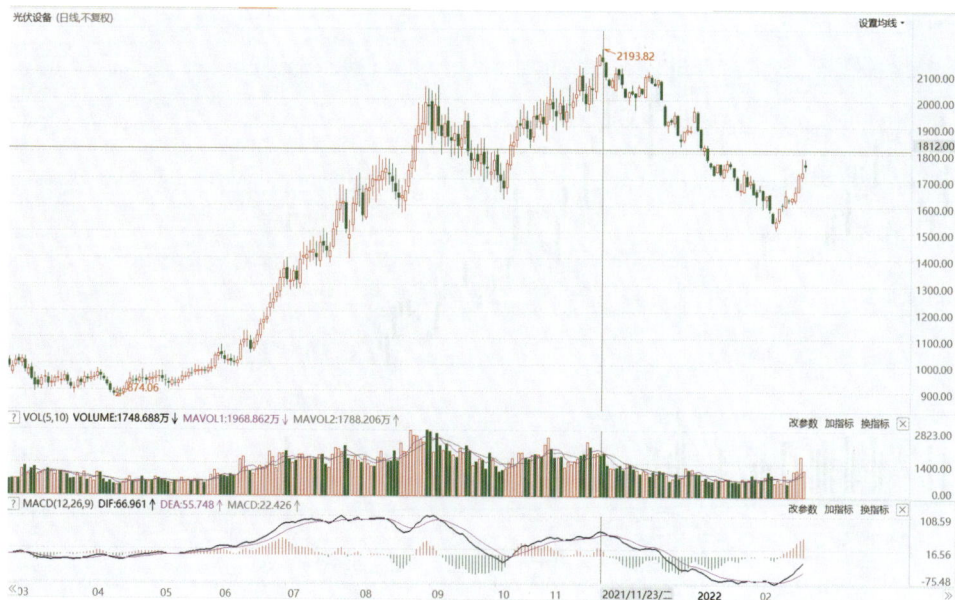

图 3-29 光伏设备板块指数日线图

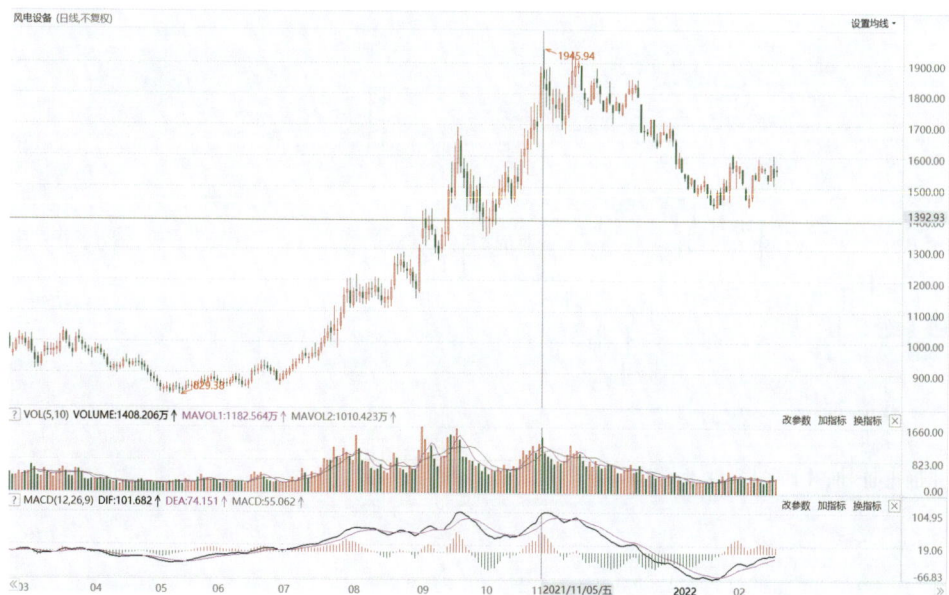

图 3-30 风电设备板块指数日线图

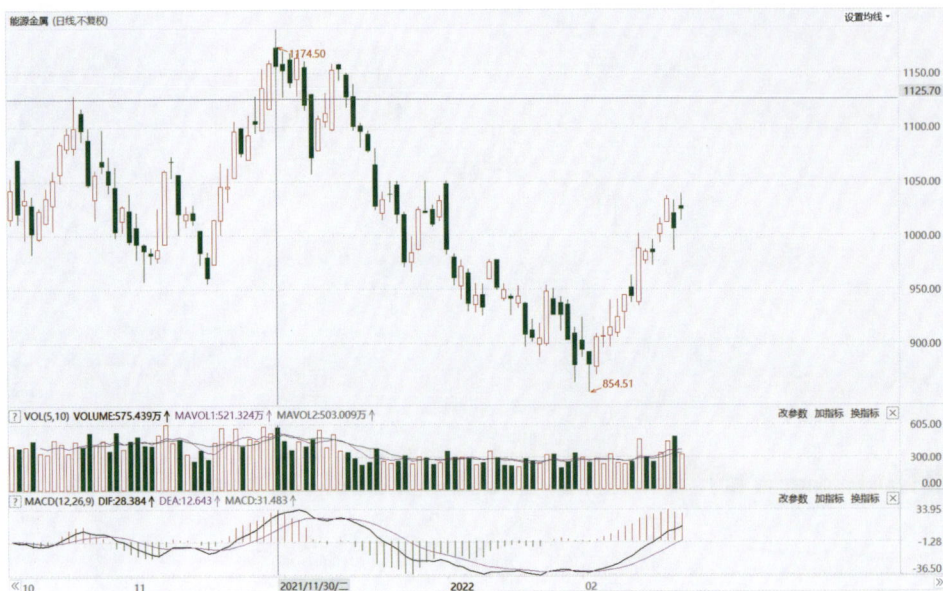

图 3-31　能源金属板块指数日线图

图 3-32　数字货币板块指数周线图

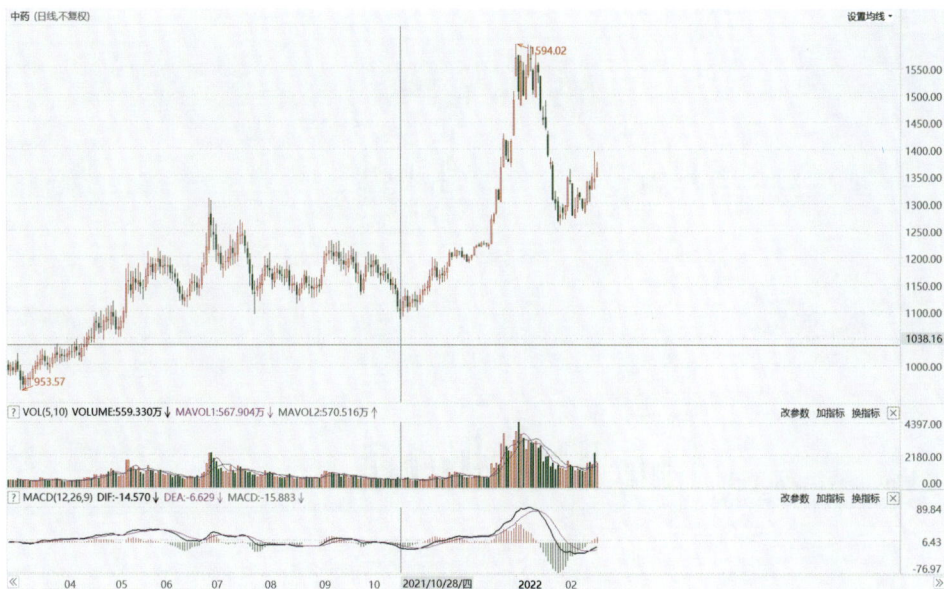

图 3-33 中药板块指数日线图

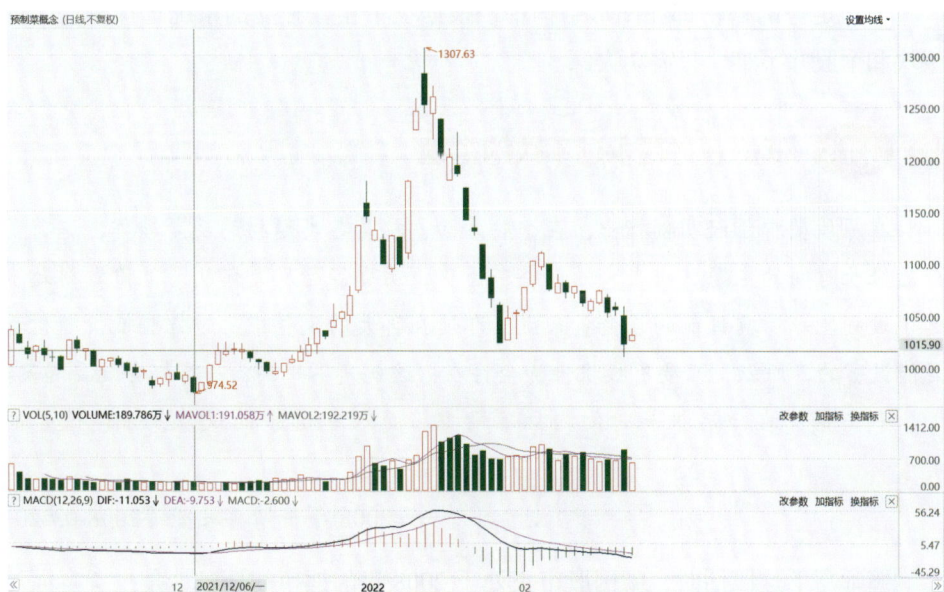

图 3-34 预制菜板块指数日线图

2021 年 9 月初诞生的元宇宙板块，在日线上产生三次高潮过后至 2022 年 2 月处于不应期。元宇宙板块指数日线图如图 3-35 所示。

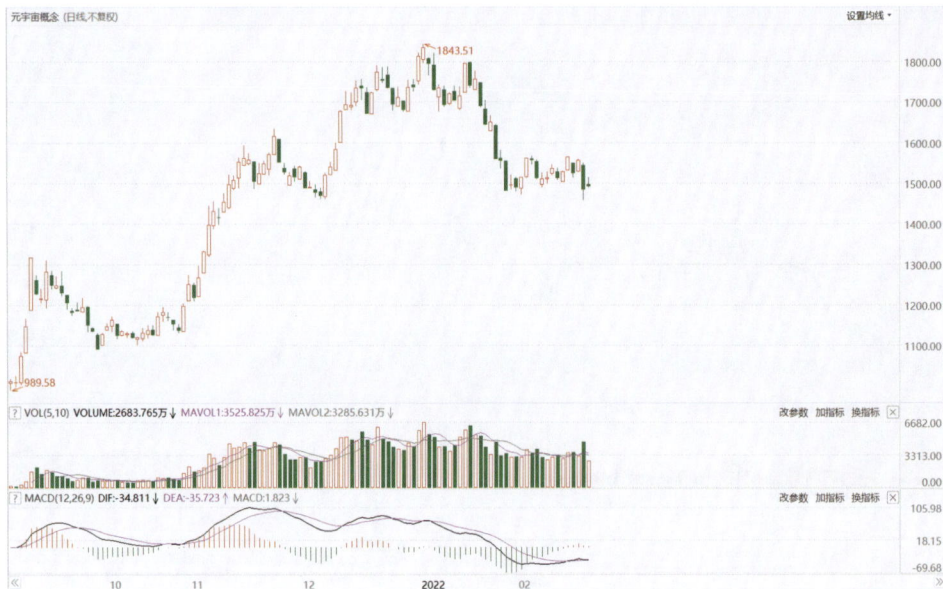

图 3-35　元宇宙板块指数日线图

一切走势的秘密都在图形结构中，根据三个相互独立的系统选择有潜力的板块和个股并不难，只需功夫深。

▷▷ **3.14** **低价题材是永远不败的主题**

在原展望中已经明确指出，在个股方面，就是各类题材的反复炒作，这将是今后很长时间的主题。*而在大的调整市道中，历史经验反复证明，低价题材是永远不败的主题*。就目前的资金量来说，即使在再大的调整中，炒作些低价题材都是能致富的，所以，只要有投机性资金存在，这就是不死鸟，一有机会就要起飞。

一句话，在今后很长时间内，市场都将是长跑选手的坟墓，短跑选手的天堂。

——2008 年行情再展望（2008-03-20）

缠师写下这段话时，中国股市正处于 2008 年的熊市初期，这是投资者面对熊市时该有的常识与经验。

投资者需要注意的是股价和业绩并非有绝对的关系，多空力量的消长与筹码供求关系的变化才是决定股价的根本原因。而有潜力的低价题材股往往是投资者最好的选择，为什么呢？因为这类股票收益大且风险小。所谓的题材，在市场上变化万千，其实就是炒作一只股票的借口，是用以激发市场人气的工具。

低价题材股之所以低价，必是因为一些众所周知的原因，但正因为大家都不看好，所以这只股票转为好股票的机会也就存在了，这就需要对股票"众恶之，必察焉；众好之，必察焉"。而低价的特性也很容易引起主力资金的关注，因为炒作的成本低，容易控制筹码。如此一来，加上群众基础好，也很容易成为大黑马。同时也要注意，对一些毫无翻身机会且亏损严重的公司，我们最好不要介入。

大盘每一次的下跌洗盘后都会重新站稳，那些题材股也会再冲新高，反复折腾，所以要关注买点。例如，2022 年年初的保利联合（002037），其周线图如图 3-36 所示。

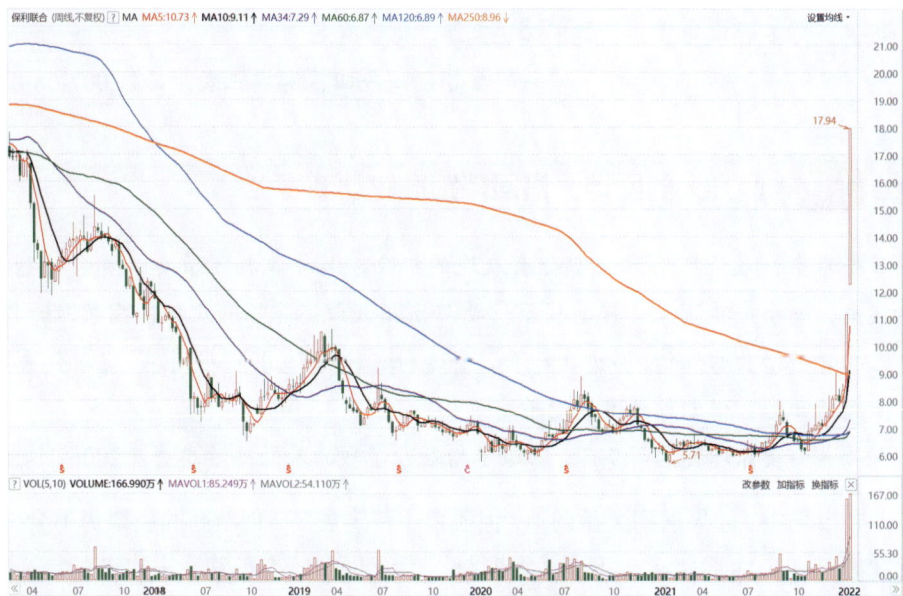

图 3-36　保利联合周线图

以下是缠师对熊市中市场资金有分歧时对题材股的部分看法，正好也对应了 2021—2022 年的市场。

游资不愿意为基金抬轿子，只能各自为战去攻击一些所谓的题材股。但这种攻击，还是有效的，因为这些所谓的题材股，基本都是中低价股票，因而群众基础好。资本市场的管理是绝对不能走群众路线的，一走群众路线，那肯定是垃圾股满天飞。

所有的所谓成熟市场，都是泾渭分明的两个世界，即正规为主的所谓蓝筹世界与负规为主的垃圾世界。这点，不用看远的，看看我国香港市场就知道。在香港资本市场，同一个世界同一个梦想从来都是笑话，仙股能和汇丰、长实同一个世界同一个梦想吗？这是世界的常态，但中国的资本市场，从大锅饭里来，总还有那无聊的做作。总有人在资本市场也想要一刀切，要问什么是蓝筹，什么是垃圾，宁有种乎？

但这种游戏，最终都要被改变的。捡垃圾，在垃圾堆里寻宝的是一拨人；拿着蓝筹自我幻想的是另一拨人。两拨人将越来越老死不相往来，这才是最终的归宿。

——资金分歧日益严重的面子与里子（2007-08-27）

注意，题材股的操作，一定不要追高，过了这个村，还有那个店，天天都有新机会，不管谁的股票，都不必追高。

——醉生梦死疯一回，游戏正式开始（2007-08-03）

3.15 避开大的回档，借回档踏准轮动节奏

牛市中，最终所有股票都会有表现的机会。只要掌握了节奏，资金的利用率就高，一个牛市下来，挣的钱至少要超出指数最终涨幅的几倍，指数涨一倍，自己的资金增长四五倍，那就更好了。要达到这种水平，其实很简单，就一个原则：避开大的回档，借回档踏准轮动节奏。

——教你炒股票第7课：给赚了指数亏了钱的人的一些忠告（2006-11-16）

在市场中，如果遇到大盘调整，但股票不一定震荡，创新高的股票仍不会少，这就要密切关注那些有大买点、大题材、大背景、逆市不跌、未启动的、逆势走强的股票。面对调整无须恐惧，技术好的人更应该偷着乐，调整正是寻找下一次上涨的好股票的时候，至少可以利用震荡调整换股或打差价，玩轮动的游戏。

再次强调一定不要追高介入任何股票，一定要在调整结束后刚启动时介入，这是在市场中生存的最好办法。例如，国联水产（300094），其1小时图如图3-37所示，由于2022年春节将近，水产养殖板块活跃，在这样的前提下，大盘虽然调整，但它依旧强势上涨。

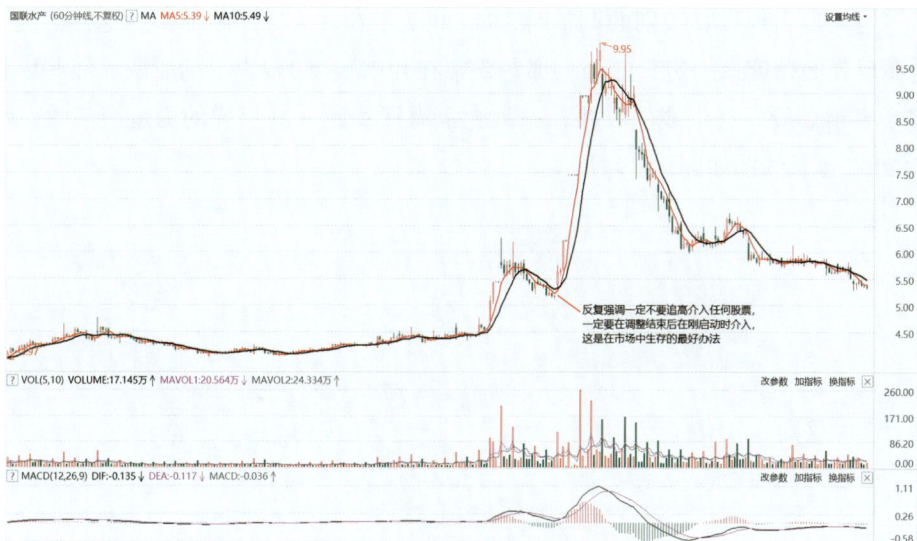

图 3-37 国联水产 1 小时图

再比如数字货币板块,这是国家数字经济的命脉。数字货币周线图如图 3-38 所示,数字货币板块出现周线卖点先卖出,也就是避开大的回档,出现周线买点继续买,利用大调整增加资金利用率。相应的个股操作也一样。但是,对于散户来说,任何一个级别大点的调整都应该避开,没必要参与,更不要随便抄底,**一定要利用回跌的低点再介入,操作时要冷静。**

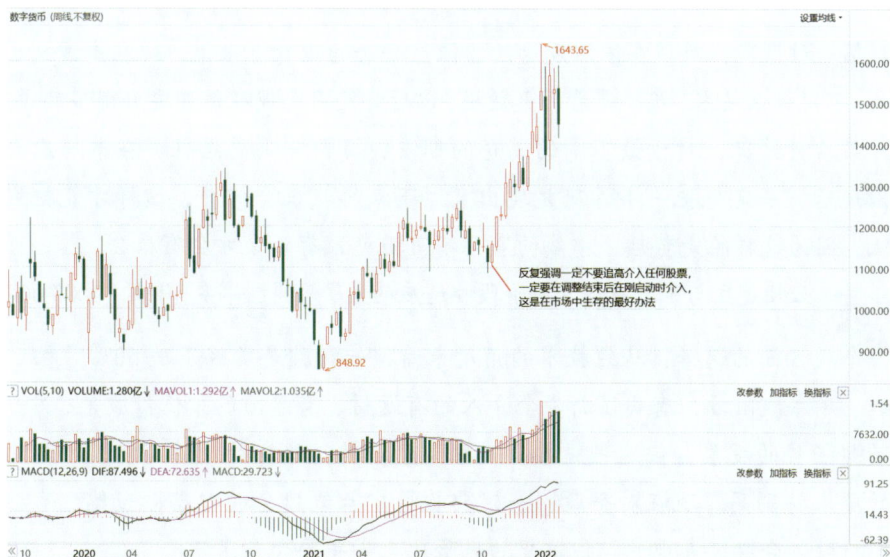

图 3-38 数字货币周线图

当大盘出现日线级别的调整时，如 2007 年 6 月 4 日，缠师认为这种情况下站在反弹的角度，一定只能介入那些跌幅在 40% ~ 50% 以上的股票。那些已经跌了半年，最好是年线的股票，一旦大盘有所稳定，其反弹的力度会较大。大盘 2007 年日线图如图 3-39 所示。

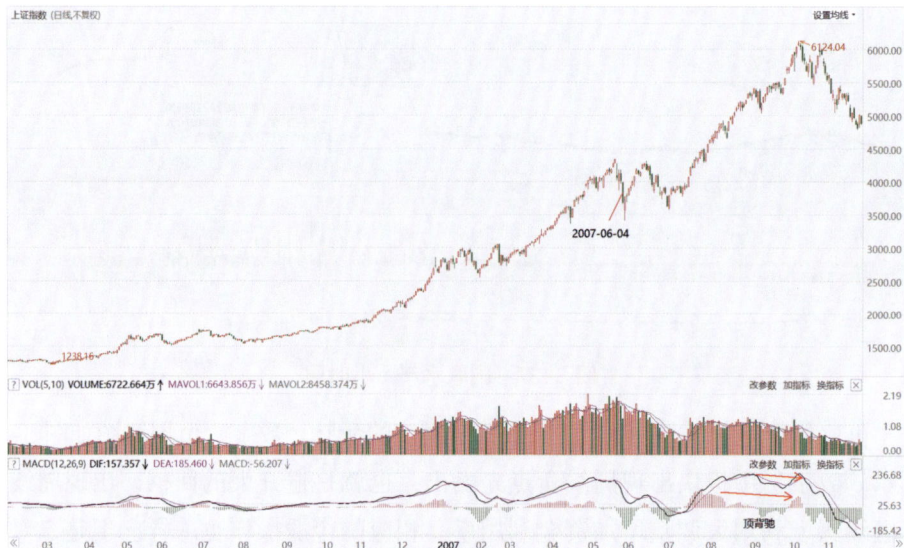

图 3-39　大盘 2007 年日线图

针对大盘或个股进行日线级别调整，缠师讲了以下两种应对策略。

第一种情况，对现在依然没走的、依然全仓的投资者来说，现在走意义已经不大，不说什么技术，就算是看历史数据，以后肯定有比现在位置要好得多的位置。

第二种情况，对于最不幸的满仓的朋友，目前一定要忍住，在第一次大反弹出现后，一定先把一半筹码兑现出来，下来再找机会回补，这样才能把成本摊低。因为这样的走势后，中线的震荡不可避免，有资金才会有机会。

——必须建立与资本市场发展阶段相适应的监管、调控体系·附录（2007-06-04）

个股方面的选择，从纯技术的角度来看，一种就是已经下跌 50% 左右，在年线、半年线附近，有明显新资金介入的有题材、有潜质的中低价股票；另一种就是超强势的股票，但这种股票，一旦大盘逆转，就有补跌的可能，因此对技术的要求特别高。现在对个股，一定要抱着中长线建仓的心态，当然，有些短线题材股，会继续表现的，但这里的风险比上半年要大多了。

并不是本 ID 上下其手的股票才是好股票，别的，有大买点、大题材、大背景的股票，都必须中长线密切关注。**但最重要的还是你的技术与心态，如果是烂技术加烂心态，任何股票都会成为烂股。**

——大盘长中短走势略说（2007-07-08）

▶ 3.16 对中长线投资者来说，什么最重要

中长线投资者只适宜战略性持有并等待中线卖点的出现，然后用部分仓位去进行降低成本或赚取筹码的操作。

——建行引领大盘前行（2007-09-06）

进行中长线市场操作，买之前必须认真分析，不能买对其基本面不太了解的股票，要有足够的信心才买，且买就一次性买，留一部分机动性资金就可以。从技术面看，长期持有某种股票的唯一理由就是，一个长期的买点出现后，长期的卖点还没到来，卖点不到来就别卖了，因为股票只要中线启动，其升势就不会随意地改变。如果按次级别进入，就要按次级别的规程来。一旦确认上涨趋势，就一定要持有到卖点出现为止。具体的操作方法可以从本书后续章节中找答案。

很多人常拿巴菲特的价值投资来教育投资者要长线持有，书店的书架上也不乏各类以"价值"命名的图书，缠师却是这样揭露何谓"价值""长线"的。

年线图就是最长线的图了，因为任何一个人大概也只能经历七八十根的年K线，一个年线的第一类买点加一个年线的第一类卖点，基本就没了。**把握好这两点，比任何价值投资的人都要厉害**，那些人，不过是在最多年线的买点与卖点间上下享受了一番而已。

——教你炒股票第28课：下一目标，摧毁基金（2007-02-06）

另外需要注意的是：

如果你选择股票时是以一个中长线的心态谨慎选择的，那么就不要随便斩仓，本 ID 反对斩仓、止蚀之类的操作，亏出去的钱是真亏出去的，而只要筹码在，不断的短线操作足以把成本摊下来，斩仓就一定能买到更好的股票吗？特别在中长线依然看好的情况下，更没必要斩仓。

——来这里，首先要洗心革面（2007-01-31）

我们再来看缠师本人是如何操作中长线的：

个股方面，**本 ID 的股票都是中长线介入的，都有足够的基本面和战略面的理由才介入**。当然，对于本 ID 这种资金来说，有时候介入的股票，不一定是基本面很明确的，但本 ID 可能是先介入，再改造其基本面。

…………

总之，股票这种东西，一定要控制成本，不要追高，有技术的，一定要通过震荡把成本往 0 甚至往负数降低，这才是玩弄股票之道。

——中国股市前途的大决战（2007-07-09）

本 ID 介入的每一只股票，都至少持有两年以上，甚至是天长地久，所以，如果你没有长期持有的目的，而只有短线的目的，那就按自己的级别去操作，这样自然没有这些问题。

——缠中说禅（2007-09-10）

▶▶ 3.17　牛市里，第三类买点的爆发力是最强的

选股票要找好买点，在牛市里，第三类买点的爆发力是最强的，例如日线上的买点，如果实在找不到，就找 30 分钟线上的买点。

——缠中说禅（2007-03-02）

在牛市中，还有一种寻找牛股的方法。就是当大盘调整时，一旦大盘稳定下来，个股机会仍会很多，除了板块题材，技术上还要注意那些在大跌中形成第三类买点的强势股票，只要大盘在一天内不大幅下跌，一般都很安全。

和第一、二类买点构造底部不同的是，第三类买点因为离开底部中枢的回抽力度小，所以后续还有拉升，反抽力度越小，后面的期待值越高。牛市中，很多离开底部的股票，在大盘调整时，用第三类买点的方法就可以找到一大堆股票。关于第三类买点，详情可见第 5 章。

例如，一个日线级别的上涨的股票，当上涨调整时，最晚就是在第三类买点介入，这是最安全的。对于散户而言，如果通道畅通，最快的方法就是用第三类买点去操作，操作完成一只继续下一只，不参与任何的中枢震荡，只搞最强势的，是快速积累财富的方法。倘若错过了日线第三类买点，那就按次级别介入，但级别越小，可操作性越差。

缠师多次说过，想快，就准确把握第三类买点，那是最快的，操作上只要把

握好两点：

（1）级别不能太小。

（2）一旦出现向上的盘整背驰一定要赶紧出来，不介入那些演化成大级别震荡的情况，只持有中枢上移的情况，一旦新中枢成立，马上走人。

2021 年虽不是大牛市，不过有大牛股，如雅本化学（300261），其日线图如图 3-40 所示。该图中已标注出第三类买点的位置。

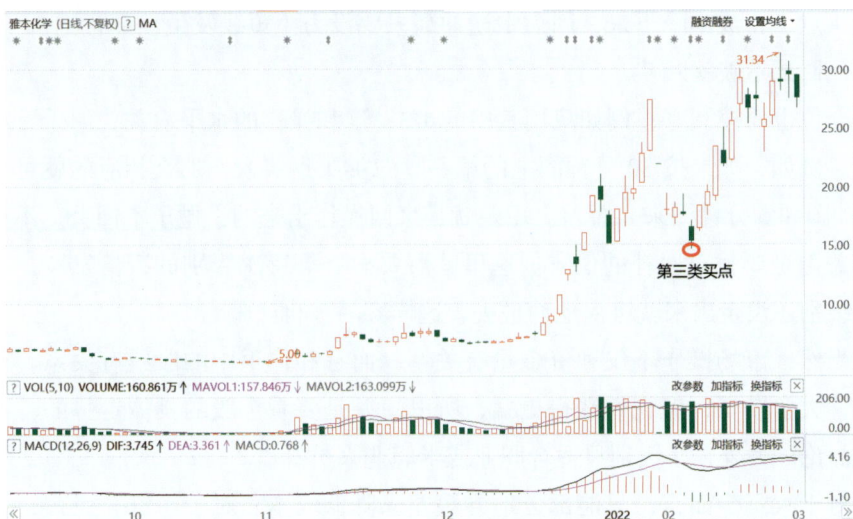

图 3-40　雅本化学口线图上的第三类买点

3.18　短线是用来摊成本的

你要经常考虑的是，大的级别是什么，才考虑 1 分钟的，除了最后的冲刺以及权证，一般都没必要看 1 分钟。当然，1 分钟背驰，在盘中肯定有回跌，但关键是这种回跌如果不及时补回来，一下就过去了。所以，除非你每时每秒都趴在股市里，否则太短的短线不一定要弄。

短线是用来摊成本的，要挣大钱，关键要看中线。

越难弄短差的，越是中线的好股票。很多人总是说，某某股票他曾买过，抛了后还涨了好几倍，这种事情少见吗？

——缠中说禅（2007-01-23）

面对市场行情时，首先必须有一个大的眼界，级别必须配合着看，单纯的短线很容易使操作者迷失自我。如果看 1 分钟就被锁在 1 分钟层面里，那 100

年都没有进步。长线短线的技术基础是一样的，只是看的图表不同，长线看年线、季线、月线，中线看周线、日线，最短线就看 1 分钟图，一般看 5 分钟图或 30 分钟图。

市场操作一定要找到自己坚固的港湾，对于任何要介入的股票，最好是日线级别的第一、二类买点进入，且一定不能远离底部，除非日线是单边上扬走势，否则可以利用中途调整用短线（可以用 30 分钟、5 分钟甚至 1 分钟等到第一、二类买点）将成本降下来，因为中途冲高只要没力（短线发生顶部背驰），就要出来，回试不破就回补。

仓位也要控制好，例如只用其中的 1/3，这和操作的水平有关，但千万不要追高。例如，如果按 30 分钟图上的第一、二类买点买入，那么相应的就可以用 1 分钟图和 5 分钟图来弄短差。短差就是来回操作出来的，抛了不回补，不如不抛。关键是要找对回补的位置。这里就需要耐心等待次级别的行情发展，不能在次级别还没走出来就饥渴地冲进去，这样容易被自己骗。

当然，市场操作不仅和资金量有关系，而且和你手中的股票有关系。有些股票，大盘跌了，但它们涨得更猛，所以短差是要看个股的具体走势的，不能一概而论。另外，小级别只适合职业或半职业人员看盘。

对于大资金而言，只能部分地弄短差来降低成本。对于小资金而言，可以天天全仓进进出出的。超短线的操作，每天进出的，卖了就要马上找到该买的对象，这样资金利用率才高，否则 T+1 很难操作。如果你是中线的，在牛市中就不要随便空仓，除非你资金特别少，可以利用震荡不断把成本降低，直到日线或周线的第一类卖点出现后一次性卖出。另外，一定要注意，缠师曾强调过：

有人误解，认为本 ID 的方法就是拼命弄短线，其实不然。用本 ID 的方法，如果你选择年线级别操作，那比巴菲特还巴菲特，大概一个年线的买点后，至少等几十年才有卖点，你就拿几十年吧，就怕你拿不住。还有，如果你是按周线级别操作，那这两年，至少指数上你根本没有卖点。至于按 30 分钟操作的，在一个 30 分钟第三类买点后的中枢上移中，如果这上移是从 10 元开始，只要不形成新的 30 分钟中枢，那么就算到了 100 000 元，你还是要拿着，为什么呢？因为没有卖点。所以那些说学了本 ID 理论就拿不住股票的，自己好好反思一下，究竟你学了什么？

——教你炒股票第 57 课：当下图解分析再示范（2007-05-31）

年线级别操作，纳斯达克年线图如图 3-41 所示。

图 3-41 　纳斯达克年线图

周线级别操作，上证指数周线图如图 3-42 所示。

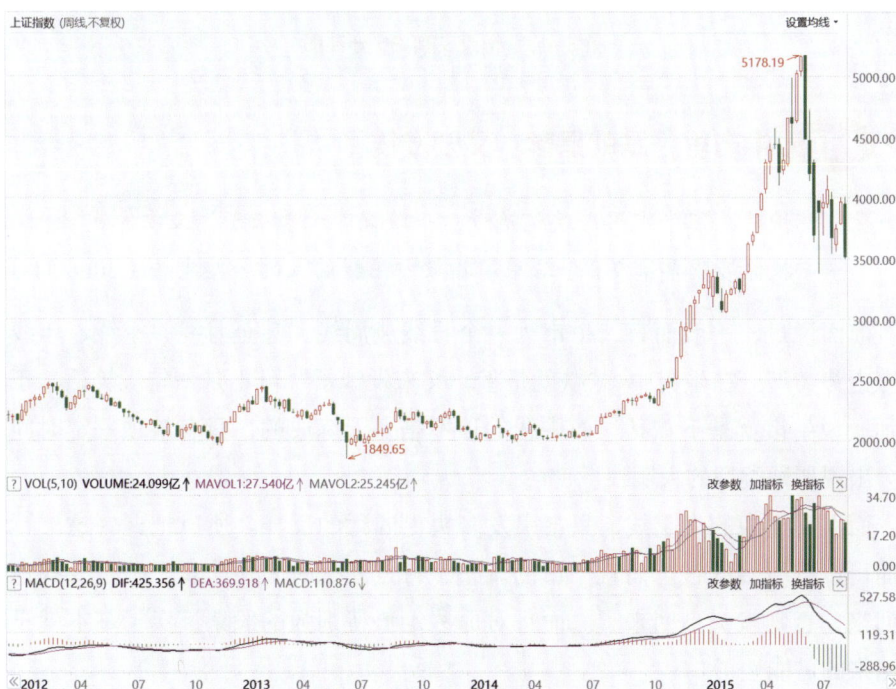

图 3-42 　上证指数周线图

30 分钟级别操作，恒泰艾普（300157）30 分钟图如图 3-43 所示。

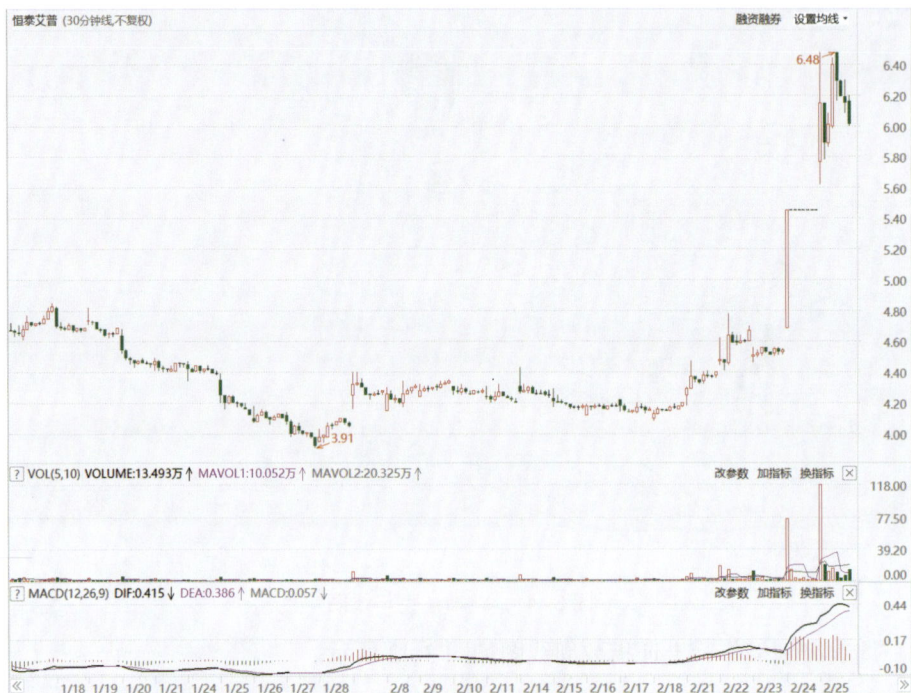

图 3-43　恒泰艾普 30 分钟图

3.19　牛市里，跌就是爹，又要发钱了

散户就怕跌，但牛市里，跌就是爹，一跌就等于爹来了，又要发钱了。

——教你炒股票第 7 课：给赚了指数亏了钱的人的一些忠告（2006-11-16）

前面说过，一般而言，牛市为一个日线或周线，甚至月线、季线、年线的上涨走势类型。在牛市中，"跌就是爹，又来发钱了"可不是一句玩笑话。正如缠师所说牛市就是下跌猛。而中线的顶不是一天炼成的，只有筑顶一定时间后才会出现那种类型的大阴线。

而上升途中的大阴线，只会引发多头更凶猛的反扑。所以把握好这类行情反而可以赚更多的钱。而且牛市的调整，特点就是时间快，卖了一定要找地方买回来，否则就买不回来了。而且对那些走势特别强的股票，卖了基本就没有买回来的可能性了。

在一些周线级别调整的行情中，这样的走势，要最终逆转，必须要有很强的政策性干预，所以有必要关注一下这方面的信息。例如，2020 年 3 月，美股四次熔断，最终以美联储无限放水政策为终结，当时道琼斯指数季线图如图 3-44 所示。

图 3-44　道琼斯指数季线图

关于应对策略，可以参考 3.20 节。

3.20　暴跌，牛市行情的应对策略

就如同能量的积聚，牛市调整能力的积聚，也需要宣泄。这种宣泄，与熊市最大的不同，就是 419 化。419，总是猛烈而疯狂，否则就没必要 419 了。牛市中的调整也一样，来了就是狂风暴雨，这和熊市中的大反弹是一样的。最出名的熊市大反弹，大概就是停国债期货那次，三天，指数从 550 点上升至 920 点以上，但后面依然跌了下来。

牛市中的暴跌，最出名的算是 1996 年 12 月那次，由于政策打击，股市连续跌停，从 1250 点跌到 850 点附近，结果依然继续上涨。所有真正的大顶，都是反复冲击出来的，有足够的时间让你做出反应、判断，那种 V 形顶，在大型走势中基本不会构成真正的顶部，就如同应对策略最后天长地久的机会基本为零。

——教你炒股票第 48 课：暴跌，牛市行情的应对策略（2007-04-24）

2007 年 4 月 19 日，指数杀跌，引起市场一阵恐慌。恐慌性抛售的关键是恐慌，表现为不理智的抛售。在牛市上涨中，尤其是一段日线笔中枢上涨的走势类型中次级别或以下级别引发的突发性下跌，这往往不是空头用嘴欢呼的借口，而是操作者降低成本、增加筹码的大好时机。上证指数 2007 年日线图和月线图分别如图 3-45 和图 3-46 所示。

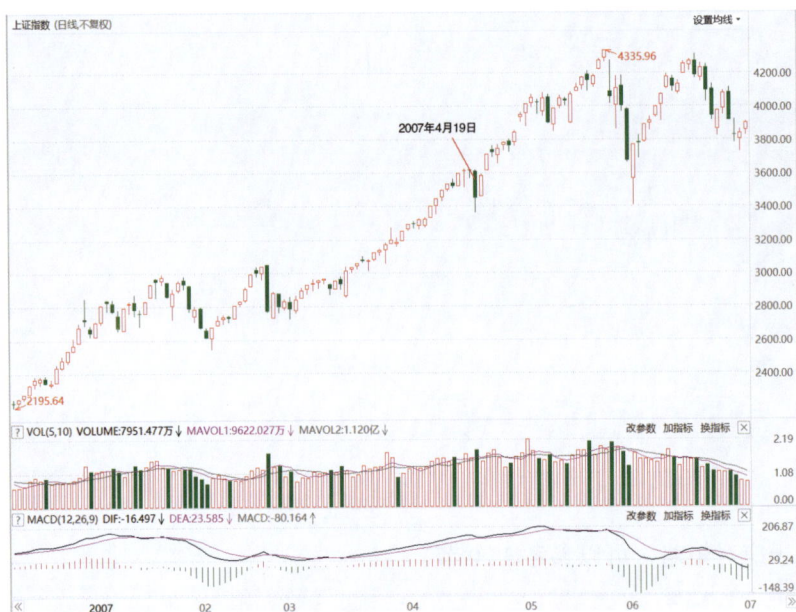

图 3-45　上证指数 2007 年日线图

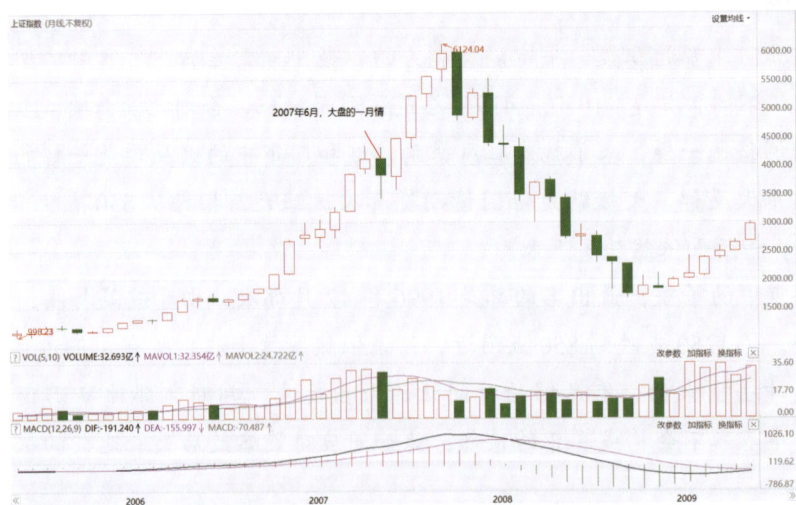

图 3-46　上证指数 2007 年月线图

缠师曾说：

站在纯技术的角度来说，把握应对策略的级别很重要。一个日线上的应对策略与一个年线上的应对策略，力度上显然不一样。如果你把握不住日线的应对策略，证明你的技术程度达不到把握日线应对策略的程度，那么就去把握周线、月线，这些对技术精确的要求较低。给自己安排一些力所能及的活动，应对策略也是有级别的，能否在各级别的应对策略中游刃有余，是对你技术把握度的考验。

——教你炒股票第48课：暴跌，牛市行情的应对策略（2007-04-24）

接下来我们沿着缠师的足迹，具体来看一看2007年4月19日暴跌行情的应对策略。上证指数2007年4月19日1分钟图如图3-47所示。

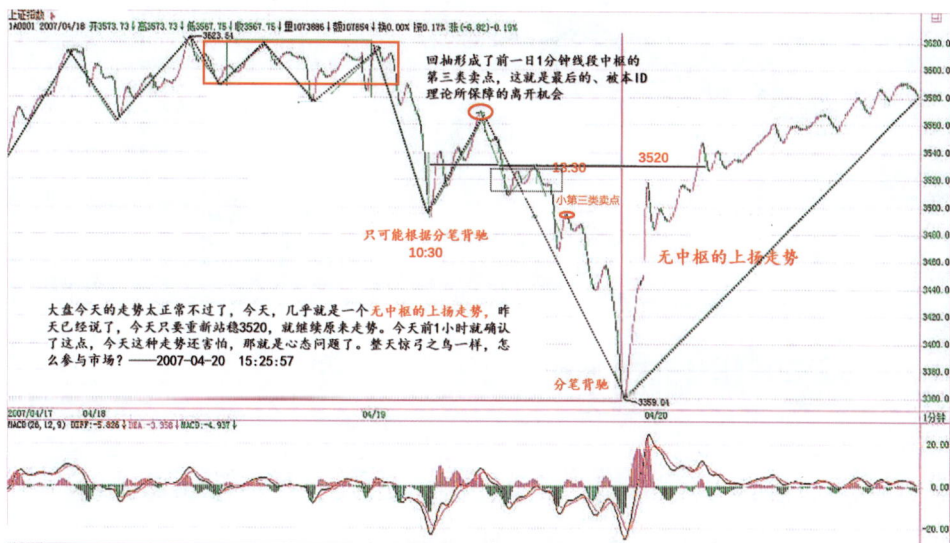

图3-47 上证指数2007年4月19日1分钟图

市场是当下的，2007年4月19日的暴跌行情中，日线图跌破5日线后，有个回抽形成了前一日1分钟线段中枢的第三类卖点，对接下来的走势就需要完全分类：

（1）一个是变成大一点级别的盘整。

（2）一个是形成下跌，至少再有两段向下。[①]

对第一种情况，在这盘整出现后，有足够的时间去选择介入，所以不用着急。而后面市场的真实选择，现在都很清楚了，就是第二种，在一个小的第三类卖

————————
① 按照严格的线段划分最终为1个1分钟下跌线段。

点后，再出现两拨下跌。

对于一个跌破中枢的下跌来说，第三类卖点后再来两拨就可以随时完美。这个完美，由于该下跌是1分钟以下级别的，因此从该下跌的细部是找不到根据1分钟背驰去确认买点的，**只可能根据分笔背驰。**

而根据预先知道的中枢震荡看法，唯一需要确认的是，1330点后的下跌力度与1030点前的下跌力度比较。从5分钟MACD两柱子面积的比较可以看到，前者并不比后者的力度大，这一点，参看深证成指的图就更明显了。深证成指2007年4月19日5分钟图如图3-48所示。所以，可以断言，这从1330点开始的下跌，一定会有强力回拉。

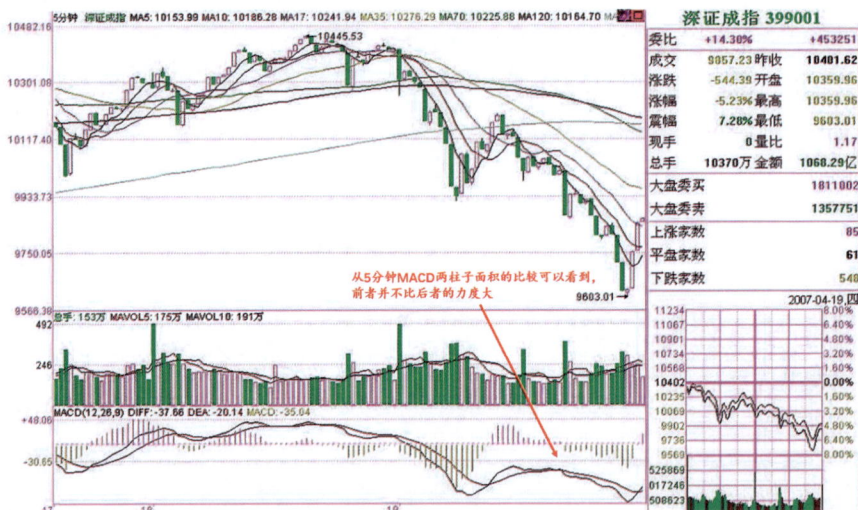

图3-48　深证成指2007年4月19日5分钟图

实际走势，在该第二拨的分笔背驰后，大盘出现大幅度回拉，这其实是理论100%保证的事情。注意，并不是下跌的分笔背驰就一定存在大幅回拉，而是这天的当日平衡市的走势类型的中枢位置与时间决定的。而且，反抽的最低位置也很清楚，就是这下跌最后一个反弹处，结果收盘也是在该位置上，这其实也是理论所保证的。

当然，如果你懂的东西更多点，就可以很精准地确定最后的位置。布林带下的上证指数2007年日线图如图3-49所示。首先，日线的布林通道中轨和20天线都在3351点，按一般的技术分析，这是一个强力支持位置，而实际低点在3358点。另外，在1分钟图上的下降通道下轨，也在该位置，几个因素相配合，该位置出现反抽就完全在把握中了。

——教你炒股票第 47 课：应对策略行情分析（2007-04-20）

图 3-49 布林带下的上证指数 2007 年日线图

市场后续在布林带中线附近的 3558 点强力反弹出一个 1 分钟级别的上涨，延续了日线上涨的一笔。

以上是针对日线图上的应对策略与 1 分钟标准级别下跌走势类型的关系，如果是发生在周线、月线，甚至季线、年线的调整，就需要放大级别，对其次级别、次次级别进行分析和操作。

缠师曾说：

技术更熟练的，应该享受更精确的买点，但节奏是很重要的。站在小级别操作的角度，就算你补早了，也比没走傻看着强。补早了，以后就多总结经验，使自己的技术精度更高。

——教你炒股票第 47 课：应对策略行情分析（2007-04-20）

不过，必须强调的是，上面说的，都是针对资金比较少、操作级别比较低的投资者而言。如果按日线级别操作，那这些震荡根本无须理会。如果真按日线操作，就应该从 1000 多点一直拿到现在，因为日线级别的卖点并没有出现，等出现了再说。而用周线级别操作的大资金，那就更无所谓了。此外，这里只是以指数为代表的一种方法，个股在自己的图上是一样分析的。

——教你炒股票第47课：应对策略行情分析（2007-04-20）

那些随大盘下跌的股票，是本来就存在卖点，大盘只是加大了卖点向买点运动的幅度，但并不会改变卖点与买点的内在逻辑结构，明白了这一点，对本ID理论的理解会更深一点。

——教你炒股票第47课：应对策略行情分析（2007-04-20）

但精确度是可以用市场磨炼达到的，而思路、方法的错误，则是不可救药的，这才是问题的根源。

——教你炒股票第48课：暴跌，牛市行情的应对策略（2007-04-24）

所以，在牛市里，不要怕股票跌，应杜绝恐惧心理，要敢于在下跌阴线上结合次级别走势发现买点，进行操作。毕竟无论哪类买点，都是在下跌或回试中形成的。

关于猛烈调整的，缠师提到的"1995年最出名的熊市大反弹"和"1996年最出名的牛市大暴跌"分别如图3-50和图3-51所示。

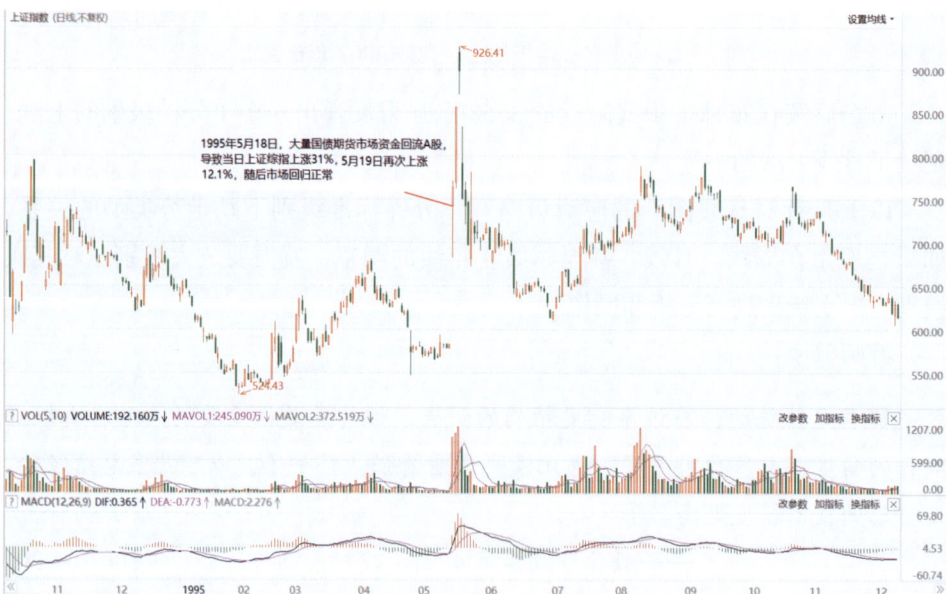

图3-50　1995年最出名的熊市大反弹

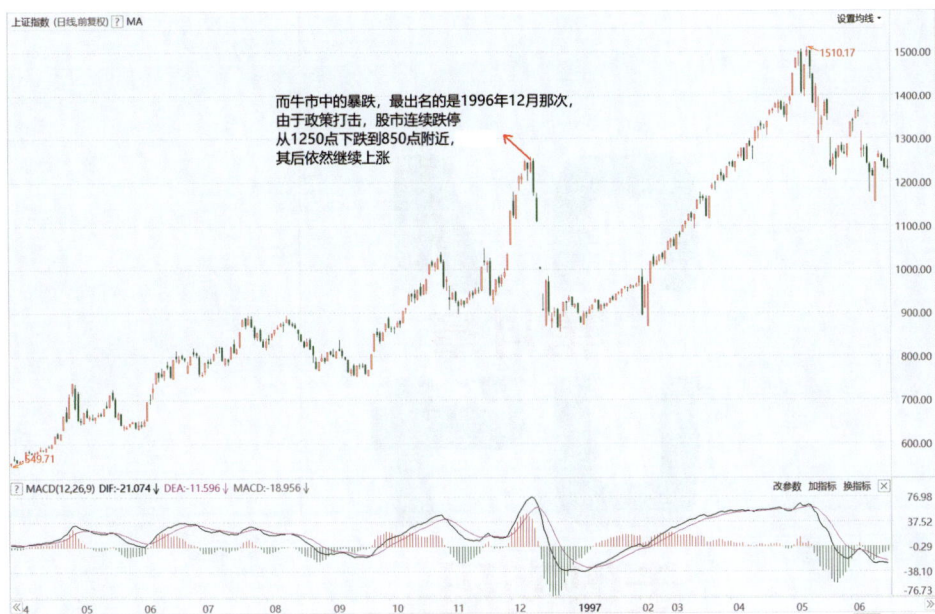

图 3-51　1996 年最出名的牛市大暴跌

　　总而言之，最大的利好就是跌得太多，最大的利空就是涨得太多。暴跌是大赚的开始，而大涨是大赔的开始。

04

第4章

走势密码

缠中说禅股票投资理论，是站在现实的大地上，用数理化的方式透视市场原理和运行法则，将动态复杂的走势纳入一套公理化系统中。就像古希腊伟大数学家欧几里得，他将早期许多没有联系和未予严谨证明的数学定理加以整理，写出《几何原本》一书，创造了一种被称为公理化的方法，缠中说禅将投资界百年来没有联系或未被严谨证明的市场技术理论加以透析，将复杂多变的走势建立在公理化推理基础上。难怪有人开玩笑地称缠中说禅与其理论为"缠几里得"与"走势原本"。

4.1 恐惧和贪婪，都源自对市场的无知

恐惧和贪婪，都源自对市场的无知。

——来这里，首先要洗心革面（2007-01-31）

贪婪和恐惧是人类永恒的主题，几百万年来，人类在贪婪和恐惧中向前发展。从生命角度看，地球上所有生物（包括人），都有保存和传播自己基因的倾向，人类为了生存和发展，就必须获取一定的资源，而资源获取得越多，产生并抚养更多后代的可能性就越大，自身基因也就能最大限度地被保留下来。

因此，贪婪是根植于人性当中的，没有了贪婪，生命就难以延续，社会可能也就失去了前进的动力。但是，贪婪也是人类发展的敌人，因为贪婪会使人失去理性，从而制造混乱。

恐惧则是对不确定事件的反应，人类存在和面临的最根本的问题或困境就是面对未知的恐惧，如人死亡之后面临的是永恒的未知，这种无知的状态构成了我们每个人最基本的生存现实。当人被恐惧的情绪所激发，会产生五花八门的反应模式，有人可能会寄托于"大救星"的出现，而有人则会反观筹划自身，如海德格尔的"向死而生"，只有这种筹划才能对自己的人生进行溯源性的探究。

回到资本市场中，在市场上涨时，人们因为贪婪而忘记风险；在市场下跌时，人们又因恐惧迷失方向，这就构成了资本市场的众生相，所以缠师曾说："市场充满了陷阱，对应着你的贪婪和恐惧。"

2008 年美国房地产次贷危机的爆发，就是在 21 世纪初对人性贪婪与恐惧最生动的刻画。巴菲特的名言"在别人恐惧时我贪婪，在别人贪婪时我恐惧"，恐怕地球上所有的投资者都知道，然而真正克服或者消灭贪婪和恐惧的人，寥寥无几。这样的故事每天都在上演，毕竟打败自身的人性弱点是人类永恒的难题，因此只要人性亘古不变，"华尔街就不会有新鲜事"。

投资心理研究方面的专家、《投资中的心理学》的作者约翰·诺夫辛格博士通过对投资者的广泛调查和研究后发现，导致人们在理性的动机下作出不理性的决策的原因有两个：一是信息不充分（专业知识不够）；二是心理因素的影响。假设在关于投资专业知识水平、信息充分程度上可以通过学习不断提高的话，那么人心的贪婪和恐惧则着实难以避免。

最典型的案例莫过于长期资本管理公司，该公司曾经拥有一支超梦幻的投资研究团队，其中有顶级投行的债券交易员、美国原副财长、诺贝尔奖获得者以及

24 名博士，还有似乎无往不胜的投资利器——复杂精准的套利模型。

1994 年，长期资本管理公司的对冲基金开始运作，一切顺风顺水。然而到了 1998 年，受俄罗斯金融危机影响，长期资本管理公司仅在一个月内就巨亏 36 亿美元，幸好华尔街资本出手援救才免于破产，至今元气未复。长期资本管理公司失败的原因就在于，在设计投资模型时没有考虑金融危机发生的小概率事件，出现了"过于自信"的贪婪侥幸心理。

回望美国的金融历史，华尔街的诞生就因贪婪而来。从某种程度上说，没有贪婪就没有华尔街。寻找制约贪婪的方法就是考验金融监管的智慧。不管华尔街的科技力量如何强大，不管进入华尔街的资金如何庞大，编织华尔街这张资本之网的仍然是华尔街上的人，只要华尔街还是由人来驱动的，它就永远如同芸芸众生，它的睿智和慷慨可以推动全球经济的发展，它的贪婪与疯狂也会给全球经济带来灾难。

在现实生活中也一样，恐惧和贪婪的情绪影响着我们所做的每一个决定，使我们常常做不到自己知道应该做的事，甚至干脆完全被恐惧和贪婪支配，任由市场百般虐待，最终要么成了"怨男"，或者一如既往地成为"面首"。而只有极少数真正的智者，才能摆脱外力、战胜未知。

市场是无限的，而人的贪婪和恐惧是有限的。所以，对市场的分析只能说明一部分问题，即使是缠师将整个市场走势的规律呈现给我们，但我们依然只能在一定程度上把握市场的运行。这点不论对我们还是对大投资家都是如此。缠师有一句名言：战胜世界的英雄，不一定能战胜自己，不能战胜自己，终将失去整个世界。

▶▶ **4.2** **钱在市场上运动的轨迹，就是走势**

走势是怎么出来的？是用钱堆出来的。在这个资本的社会里，又有什么比用实在的钱堆出来的更可信呢？除了走势，又有什么是更值得相信的呢？而那些更值得相信的东西，又有哪样不是建筑在金钱之上的？资本市场就是一个金钱的游戏，除了钱，还是钱。

只有钱是唯一值得信任的，而钱在市场上运动的轨迹，就是走势。这是市场中唯一可以观察且值得观察的东西。一切基本面、消息面等分析最终都要落实到走势上，要让实在的钱来说话，否则都只是自我安慰而已。只要有钱的运动，就必然留下轨迹，必然在走势上反映出来。

——教你炒股票第 26 课：市场风险如何回避（2007-01-30）

在这资产虚拟化的游戏里，打开板块的资金进出流向图，我们可以很清楚地看见市场上的资金去向。正是这一进一出的金钱流动，促成了某个板块或者个股起伏不定的走势图。任何战略布局、基本面或消息面等最终都要落实到资金上，也就是走势上。看破股市的本质，其背后是钱，是金融，是经济，是制度，是文化，更是历史与人性，这一切会在走势图上显现出来。

例如太阳能这只股票，其月线图如图 4-1 所示。我们现在看到的走势图都是由无数在不同环境中的人使用他们手上的资金画出来的，不论这背后是公募、私募、散户甚至是人工智能（人为设定）等，他们无一不是用钱在市场上进行交易，所形成的合力呈现给我们的正是这跌宕起伏的走势轨迹。这些用亿万资金堆砌起来的图形，就像世界上最昂贵的画作一般。

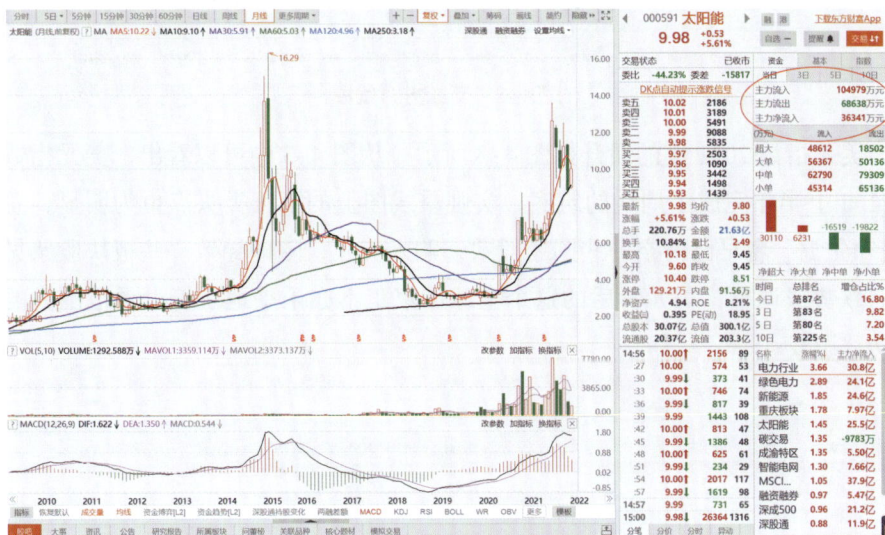

图 4-1　太阳能月线图

在成熟的资本市场中，只有用钱堆出来的市场运动走势才是唯一值得信赖的。就算是所谓的"小道消息"，同样会从一开始就已经写在走势图上。

举个例子，2021 年 7 月底，随着中共中央办公厅、国务院办公厅印发的《关于进一步减轻义务教育阶段学生作业负担和校外培训负担的意见》，这个简称"双减"政策的落地，教育板块中多家公司也在资本市场作出了反应，大量资金流出。我们从图 4-2 中能看到在美股市场上，新东方股价在当天加速下跌，而早在 2021 年 3 月就已有机构清仓新东方。你看，现实的市场其实早在 2021 年 3月就作出反应了。

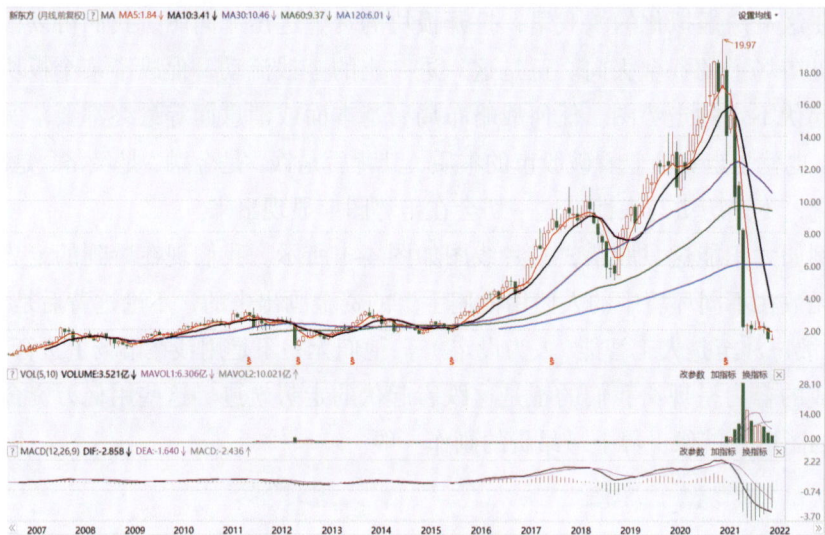

图 4-2　新东方月线图

美元指数 2021 年的回升如图 4-3 所示。从图 4-3 中可以看出，美元指数在 2021 年上半年完成了周线的筑底，实则季线图上的第三类买点更为明显，总有"先知先觉"者早已清空一些国家股票，购入美元，随即导致一些板块股票见顶开启跌势或调整，美元背后的这个全球庄家正不亦乐乎地玩着世界范围内的财富转移游戏。

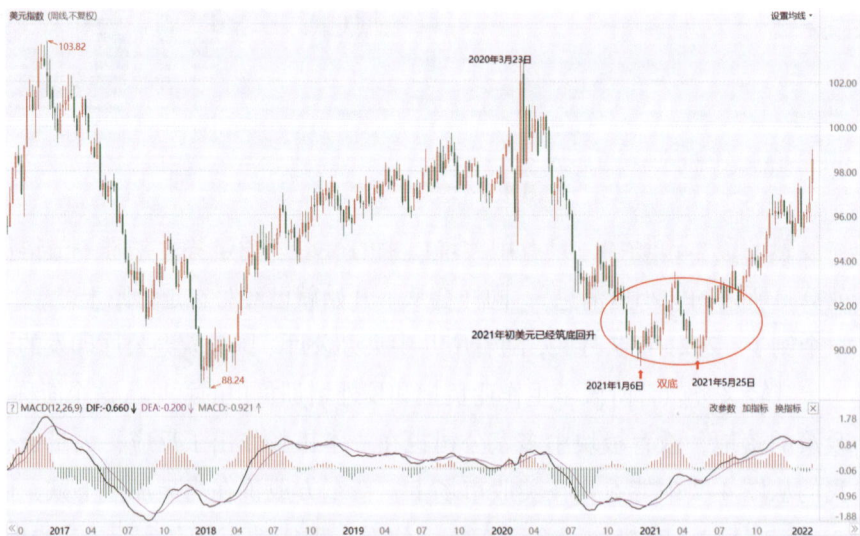

图 4-3　美元指数 2021 年的回升

2022 年 3 月美联储宣布加息，笔者的朋友圈也充斥了各种美联储加息的新闻，可谁知"先知先觉"者早就动手了。笔者想起了缠师那句话："当格老子（格林斯潘，美国第十三任美联储主席）2000 年前后的利率曲线大法玩得有点走火时，真正的杀手已经在大量收集资源类的筹码。"只不过这次相反。

说来有趣，为何各路媒体争相报道的内容往往意味着见顶、见底或者阶段性调整，很大原因就在于报道内容背后的同样也是人，有其贪婪和恐惧，所以发布出来的绝大部分信息必然有延迟，就像散户一般，涨了就疯吹，跌了就沮丧。而哲人早已洞穿资本的游戏，真正的杀手早已出发并在市场掀起一次次波涛，在一片欢呼声中离场，在市场绝望之时出手，赚得盆满钵满。

既然构成走势的是资金，而资金背后是形形色色的人，那具体又是什么左右着人的行为呢？

▶ 4.3 走势反映的是人的贪、嗔、痴、疑、慢

走势反映的是人的贪、嗔、痴、疑、慢，如果你能通过当下的走势观照其中参与者的心理，就等于看穿了市场参与者的内心。心理，不是虚无缥缈的，最终必然要留下痕迹，也就是市场走势本身。而一些具有自相似性的结构，就正好是窥测市场心理的科学仪器。

——教你炒股票第 82 课：分型结构的心理因素（2007-09-24）

市场走势归根结底来自市场参与者心理合力的痕迹。关于参与者心理，即"贪婪和恐惧"，而这里所说的"贪、嗔、痴、疑、慢"源于佛门。这些皆为人与生俱有的心理活动，类似于动物的原始本能，如饿了想吃东西。人因这些心理活动而沉沦、沦落于生死之间，描绘出人生七彩的玄幻泡沫。这五种心理活动，也被称作"五毒"。缠师认为"五毒六道不离清凉世界，烦恼而菩提，大地而黄金"，意思便是在红尘世界中超越自我，摆脱"贪、嗔、痴、疑、慢"的中枢，到达觉悟的境界，方能站在更高的维度，转"大地而黄金"。

既然走势反映的是我们自身的贪、嗔、痴、疑、慢，所以我们非常有必要先弄清楚何为人的贪、嗔、痴、疑、慢。

所谓贪，指染着于色、声、香、味、触五欲之境而不离的心理活动，因为人以眼、耳、鼻、舌、身等器官与外界相接触，产生色、声、香、味、触等感觉。这些感觉能引起我们的利欲之心，因此叫作五欲。五欲执着而产生染爱之心，就是贪。

贪有很多种，普通来讲我们有财、色、名、食、睡五欲之贪，而人一生都在其中打滚。正因为我们贪婪、贪心、贪念多，不知足、没有节制、没有界限，所以心甘情愿地被它束缚，成为它的奴隶，就像染料牢固附着在布上一样。

所谓嗔，即对违背自己心愿的他人或他物生怨恨之情，会使人的身心产生热恼、不安等精神作用，如经常生气、爱较真等。嗔的产生和作用与贪正好相反。贪是由对事物的喜好而产生无厌足地追求、占有的心理欲望，而嗔却是由对众生或事物的厌恶而产生愤恨、恼怒的心理和情绪。相对而言，嗔的危害更大，因嗔怒他人而起仇恨之心，便会发生争斗，或导致互相残杀，轻则危害一家一村，重则使整个社会，乃至整个国家、世界陷入灾难。

写到这里，不由得想起缠师解《论语》中说的"人不知而不愠"，意思是一个人"不知"，各种不好的情绪（其实就是贪、嗔、痴、疑、慢）就会"郁结"其中，就会生病。小到家庭大到国家，如果由"不知"的人组成，就会生出"郁结"，所谓民怨沸腾、夫妻不和、冷战热战等都是"不知"而"愠"的结果。而行"圣人之道"的君子就是要使得"不知之人"变得"不愠"，使得"不知之世界"变得"不愠"。这样才能实现人不愠的和谐世界、大同世界、政通人和的世界。

所谓痴，即愚痴、愚蠢，又称"无明"。痴迷，迷恋自己，认为"我"就是对的；迷于事理，由此而有"人""我"之分。不明因果道理，盲目预测，执着于错误的认知。人生的种种烦恼，世事之纷纷扰扰，均由此而起。因此痴为一切烦恼所依。《瑜伽师地论·卷五十五》又将随烦恼中覆、诳、谄、昏沉、妄念、散乱、不正知等作为痴的具体表现，对是非不分明、自以为是、过度执迷于自我的一切都视为痴。

所谓疑，即在相信和不相信之间犹豫不定、猜忌、怀疑等。就如同行情走势的中阴阶段，多空齐杀，不断折腾转换。比如当走势行情已经走出 30 分钟级别的第二类买点，我们却因怀疑踌躇而不敢买入，导致错过机会。

所谓慢，即倨傲。"倨"是指戴着冠帽盘腿坐在高位，觉得自己高高在上。倨傲有多种情况，例如，他人与我差不多，但我觉得自己比对方高一点；他人明明比我好，我又觉得他人与我差不多；他人与我只差一点，我觉得比我差太远。《瑜伽师地论》中讲到了七种慢，感兴趣的读者可自行查阅。

我们每个人身上或多或少都有贪、嗔、痴、疑、慢，只是随各自不同的境遇而表现不一，自然就显示出一定的自同构性。所有人的贪、嗔、痴、疑、慢在资本市场中交易所产生的合力结果，反映在走势中，就使得走势显示出一定的自同构性结构。在股市上，不同的股票（行业、企业）之间存在自同构性，同一只股票的不同级别如月线图和 1 分钟图呈现出自同构性。

走势从盘口走出来后的不可重复性也说明了，没有任何一段走势是可以完全相同的，犹如世上没有任何完全相同的两片树叶。但不可重复的走势和树叶一样，无一例外地复制着各自的自同构性结构。

自同构性结构除了表现在整体与局部的空间上，还表现在时间上，即"历史的重复"。这也是为何历史的某些现象总是不断在轮回的根本原因，即形成历史合力的人类共业背后的贪、嗔、痴、疑、慢没有变。所以，我们不难明白为何那些经典的历史类、文学类、哲学类等书籍或影视作品畅销全球，经久不衰，因为它们所反映的同样是人的贪、嗔、痴、疑、慢。

▶ 4.4 任何好的投资理论，最终都只面向"里子"

投资领域，任何好的投资理论，最终都只面向"里子"，就如同一只好股票，必须最终以趋势及上涨幅度来证明其是否优秀。相应地，投资市场最重要的指标就是热潮度，一个长期没有热潮的市场，是不值得关注的。期待一个长期沉闷的市场变得活跃，出现明确的趋势，那是空想家的工作，而投资市场不需要空想家。一个市场是否值得投资，关键在于资金萌动。

——教你炒股票第 8 课：投资要选好有临界点萌动的股票（2006-11-20）

古往今来，人类为了试图理解、应对和预测这个世界，把握未知和未来，诞生了一批批影响人类文明的思想家，不同因缘下的他们各自创立了具有相对独立性和主体性的思想体系，他们解释世界，从而影响人类的思想传统。归根结底，只有好的理念传统才会让人获得幸福的人生，才会源远流长、被人记住。同样地，在熙熙攘攘的百年投资市场，诞生过成千上万的理论，但唯有真正好的投资理论，才能让人有获利的可能。

▶ 4.5 请把以前学过的一切技术分析方法先放下

请把以前学过的一切技术分析方法先放下，因为本 ID 所说的，和所有曾有的技术分析方法的根本思路都不同。一般的技术分析方法，或者用各种指标，或者用什么波段、波浪，甚至江恩、神经网络等，其前提都是从一些神秘的先验前提出发。例如波浪理论里的推动浪五波，调整浪三波之类，似是而非，在实战中毫无用处，特别对于个股来说，更是没用。至于江恩理论、周期理论、神经网络等，都是把一些或然的东西当成必然，理论上头头是道，一用起来就错漏百出。那些支持位、阻力位、通道线、第三浪等，只能做庄家制造骗线的好工具。

——教你炒股票第 19 课：学习缠中说禅技术分析理论的关键（2006-12-27）

自股票市场运行以来，人类试图理解和应对市场波动的思想及技术分析方法层出不穷，直到 21 世纪初仍是一个极具挑战性的世界级难题。然而，走势行情与现实世界同样是当下的、是"无所位而生其本、无所本而生其位"的、是由当下现实逻辑所决定的、是当下所有参与者共同合力的结果，企图用一些先验的技术方法理论（如指标、波段、波浪、分型或分形、周期等）来应对鲜活的走势，正如同用某些先验的教条主义或思维定式来应对现实社会鲜活的生活一样，只可能是盲人摸象、漏洞百出。

缠师曾说：

国外几乎所有的技术理论本 ID 都研究过，和本 ID 的根本不是一个路子。这是一个公理化系统，如果你是文科生，那好好换一个数学脑子来；如果已经是理科生，那回学校重读。

理论是最基础的，关键是当下的实践，这是另一个层次的东西，那些理论根本达不到这个层次。

——缠中说禅（2007-03-08）

我们所看到的行情现象，背后的本质都是人为构造的，所以要洞悉走势动态发展的内在规律，就要明晰走势背后的参与者（人）的规律。在 4.3 节中，我们知道走势反映的是人心的贪、嗔、痴、疑、慢，而正因贪、嗔、痴、疑、慢这些心理活动的存在导致动态的走势呈现出一定的自同构性，这是市场之根。

这种自同构性结构的绝对复制性的可绝对推导性，就是缠中说禅股票投资理论的关键之处。这是超越机构与散户分野的，也是该理论对繁复、不可捉摸的股票走势的绝妙洞察之一。这构成了分析走势最坚实的基础，也就是最根本的思路。缠中说禅股票技术分析方法就是从这里入手的，这与过往所有技术分析方法的基点不同。

至于大众所熟知的那些技术分析理论如波浪、波段、江恩等早已被庄家之类的研究精通，但任何人都无法逃脱的是从现实市场之根上出发建立起的系统理论，就像任何人都无法脱离地心引力一般。

不过在这里有必要强调一下，技术分析系统是缠中说禅股票投资理论中三个独立的系统之一，最基础的是三个独立系统所依据的概率原则所保证的数学上的系统有效性。咱们先了解技术分析系统，其原因是：

技术分析系统之所以重要，就是因为对于一个完全没有消息的散户来说，这是最公平、最容易得到的信息。技术走势是完全公开的，对于任何人来说，从这里得到的信息都是第一手的、最直接的，这里没有任何的秘密、先后可言。技术分析的伟大之处就在于，利用这些最直接、最公开的资料，就可以得到一种可靠的操作依据。单凭对技术分析的精通与资金管理的合理应用，就完全可以长期有效地战胜市场。对于一般的投资者来说，如果你希望切实参与市场交易，这是一个最可靠的基础。

——教你炒股票第 19 课：学习缠中说禅技术分析理论的关键（2006-12-27）

另外，学本 ID 的理论，并不荒废任何其他的东西，但那些东西都只能是辅助，甚至，你可以去听消息，去追炒概念，怎么都可以，但必须不违反本 ID 的理论。为什么呢？因为本 ID 的理论是这市场真实的直接反映，违背本 ID 的理论，最终都会被市场教训。如果不相信，那你就在本 ID 理论的第一类买点卖，第一类卖点买，来回坚持，如果按一个较大级别去操作，一般来说，几次以后你就可以离开市场了。有了本 ID 的理论，就算去跟风、追炒，都会有章法，都会进退自如。

——教你炒股票第 50 课：操作中的一些细节问题（2007-04-27）

▶▶ 4.6 当下的走势就是一切

对于股市来说，只有走势是当下的，离开走势，一切都与当下无关。一切"闻见学行"，只能依走势而"闻见学行"，否则都是瞎闹。不符合当下走势的，上帝说正确也白搭。由此，入股市者，首先就要把所有贪婪和恐惧的情绪、基因抛掉或化解掉。如何能办到呢？这也离不开当下，需要在当下的走势中磨炼。当下的走势就是一切，一切股市的秘密就在其中。这秘密，是大道，没有任何的遮掩，对任何人明明白白地彰显，都一视同仁，你还向外求什么？而无数的人，还是要争着玩骑驴找驴的游戏。

——教你炒股票第 34 课：宁当面首，莫成怨男（2007-03-07）

在世界股票市场波动逻辑的代表性理论中，美国著名经济学家尤金·法玛（Eugene Fama）曾于 1970 年在总结了前人的理论和实证的基础上深化了"有效市场理论"，该理论简单来说就是认为市场价格反映了一切信息。

是的，在资本市场上，虽然影响市场价格波动的因素有很多，如气候、病毒、地缘政治、经济周期、货币政策、市场情绪、关键人物讲话，当然也包括了庄家的一切操作手法等，但这些所有分力的因素，无论是利好还是利空，相互叠加最终决定了下一刻市场价格的波动方向，只是可能某些时候其中某个因素（分力）占主导。其中，管理层也不一定能随时决定走势，而所有的走势最终都会在技术图表上显现出来。

缠师在《教你炒股票第 30 课：缠中说禅理论的绝对性》一文中开篇就讲道：

市场价格是否完全反映所有信息，可以随意假定，无论何种假定，都和实际的交易关系不大。在交易中，你唯一需要明确的，就是无论市场价格是否完全反映信息，你都必须以市场的价格进行交易，而你的交易也将构成市场的价格，对于交易来说，除了价格，一无所有（成交量可以看成在一个最低的时间段内按该价格重复成交的成交数量个交易单位）。

这一切，和市场价格是否反映所有信息毫无关系，因为所有价格都是当下的，如果当下的信息没被市场反映，那它就是没被市场当下反映的信息，至于会不会被另一个时间的价格反映是另外的事情。站在纯交易的角度，价格只有当下，当下只有价格，除了价格与依据时间延伸出来的走势，市场的任何其他东西都是可以忽略不计的。

价格也和人的理智无关，无论你是否理智，都以价格交易，而交易也将构成价格，这是任何人都必须接受的事实：**交易，只反映为价格，**以某种价格在某个时间进行的交易，这就是交易的全部。至于交易后面的任何因素，如果假定其中一种或几种决定了交易的价格，无论这种因素是基本面、心理面、技术面、政治面还是其他，都是典型的上帝式思维，都是无聊的勾当。

实际上，其中任一因素的发生都会牵引到价格当中形成合力，当下的价格反映了一切该反映的信息，而我们也必然是以当下的价格进行交易的，所以最后的价格走势的方向是由各个分力相互作用形成的合力方向所决定的。另外，缠师还说过：

在市场中，最能体现恩格斯有关向量加法的比喻。市场中不存在什么指引市场方向的大救星，操控市场的最终都被市场所抛弃。这一点对于所有的政府都是一样的，而对于市场中的参与者，任何企求"大救星"庇佑的想法都是幼稚可笑的。

市场中没有人会同情你，若有人哀求着股市该跌时不要跌，楼市该涨时不要涨，那么他最终都不过成为市场中的炮灰。市场只有在所有能成为炮灰的都成为炮灰后，才会休息或改变方向。市场就是市场，市场上的炮灰都是那些企图成为"大救星"的人，而人类社会这个大市场也一样！

——中国楼市股市的闹剧，都是"大救星"思维流毒所致（2006-04-24）

整体而言，研究市场各方力量综合所形成的合力可以排除很多的"噪声"干扰，因为 K 线所展示的合力走势图对每个人来说都是完全公开的，都是第一手且最直接的，这里没有任何的秘密和先后可言，这对一个完全没有消息来源的散户来说是最公平、最容易得到的信息资料。

价格已然包含了所有的信息，就算有"骗线"也脱离不了走势之根——人心的"贪、嗔、痴、疑、慢"。所以，我们需要学会听懂市场的语言，而缠中说禅股票投资理论是研究市场合力动态规律的理论，就是市场语言的语法。

▶▶ 4.7 股票走势的绝妙之处在于复制着自同构性结构

股票走势，归根结底是不可复制的，但股票走势的绝妙之处就在于，不可复制的走势，却毫无例外地复制着自同构性结构，而这自同构性结构的复制性是绝对的，是可以用本 ID 的理论绝对地证明，而不需要套用任何诸如分形之类的先验数学理论。这种自同构性结构的绝对复制性的可绝对推导性，就是本 ID 理论的关键之处，也是本 ID 理论对繁复、不可捉摸的股票走势的绝妙洞察之一。

注意，因为之前不太精确地用了自相似性结构之类的词语，自同构性结构很容易和数学里的分形以及利用这种先验性理论构造的理论中的一些术语相混淆，所以以后都统一为自同构性结构。

——教你炒股票第 84 课：本 ID 理论一些必须注意的问题（2007-10-07）

世界万物均由原子和分子自由组合而成，一切与生命和大地有关的东西都有其存在法则，如一年 365 天、一天 24 小时、太阳东升西落、潮起潮落、花开花落、生生不息、生物的同类不同种等。

自然界中的许多现象似乎都体现着某种内在的规律，比如一棵花菜，从土里生长出来逐渐长大，它的部分和整体是极其相似的，如图 4-4 所示，这种自组性生长所体现出来的就是典型自同构性。

图 4-4 花菜的整体与局部相似

物体运动所留下的痕迹或者说图形具有数学的普遍性，在不同的情境中总是会出现同一个图形，这就是大自然的节奏。这类痕迹往往具有精细化的结构，无法用传统的归纳法进行简单描述。同时，其生成的迭代性，就像非线性动力系统中的微分方程一样，似乎只要设定了某种规则，剩下的就全部是建立在该规则上的迭代。

那么人类社会的经济活动，是否也遵循着某一种法则，按照这种法则，人的行为恰好以一种相似的、恒定的模式而又不那么显而易见地自我重复着呢？

答案是存在的。作为人的交易行为的产物，纷繁复杂且多变的走势同样具备某种"自同构性"的特征。就像格律诗的韵律一般。股票的买卖是人的行为之一，所以也不例外。正如4.3节中所说的，所有人的贪、嗔、痴、疑、慢在资本市场中交易所产生的合力结果，反映在走势中，就使得走势在不同周期图上显示出一定的自同构性结构，任何庄家都摆脱不了这种根本性。正因如此，所以走势才是可以被理解的，是可以用数学方法推导其生长机理且可以把握的。

例如，在缠师的理论中，最显著也是最基础的分型、走势类型就是两种不同的自同构性结构，当然还有其他不同的相似性结构，理论和应用都可以由此扩展。在缠师看来，自己的理论还有一个暂时的问题没有解决，即走势中究竟可以容纳多少自相似性结构，还有起始交易条件对自相似性结构产生的影响，而此问题的解决，涉及对市场的科学调控。

就像花菜一般，有了自同构性结构，任意一个级别中的走势发展都是独立的。比如在30分钟级别的中枢震荡，而在5分钟正处于上涨走势，那么这两个级别之间并不会互相矛盾，而是构成一个类似的联立方程，联立解就会大幅减少可能性。缠师曾说：

所以，本ID的理论可以适用于任何操作级别的人，因为不同级别之间的基本模式是同构的，这就是市场的一个基本特征。注意，这个特征不是理所当然的，这个特征之所以存在，归根结底，就是市场参与者有着基本相同的结构，这结构，归根结底，就是贪、嗔、痴、疑、慢。

甚至可以这样说，在六道轮回中，任何的类市场形态，本ID的理论都适用其中，因为，这贪、嗔、痴、疑、慢是同构的。所以，如果本ID理论的种子种下后，就算你轮回到其他道上，那里恰好有一个股票市场，你也可以在其中如鱼得水。

——教你炒股票第52课：炒股票就是真正的学佛（2007-05-18）

每只股票都有其独特股性，涉及频率、幅度、形态、复杂度等，这些，对于每只股票都是独特的，这也就是依据同一模式展开的走势，却呈现千差万别的最终图形的原因。

——教你炒股票第 55 课：采补之关键是取其精华（2007-05-28）

人的行为因贪、嗔、痴、疑、慢而具有相似性。放眼历史，王朝的更迭甚至某些历史事件的发生本质上都存在某种时空的自同构性，所以也成就了历代以来史学家、小说家们的"绝唱"。缠师经常用股票的分析方法分析一些历史人物或事件，这兴许意味着未来历史学会被数学家所颠覆。

▷▷ 4.8 市场哲学的数学原理

1. 缘起

本 ID 的理论是最贴近市场走势、最精确的分析，必须把所有情况及其分辨方法了然于胸，才可能对市场的走势有一个精确的把握。如果本 ID 把这套理论出版，书名就可以是《市场哲学的数学原理》，因为本 ID 理论的严密性以及对市场的意义，一点不比牛顿对物理的意义差，这一点是必须逐步明确认识的。而且，本 ID 这套理论，是建立在纯数学的推理上的，完全没有发生爱因斯坦对牛顿颠覆等类似无聊事情的可能。不了解这一点，是不可能真正理解本 ID 理论的，因此，就会"学如不及，犹恐失之"。

——教你炒股票第 29 课：转折的力度与级别（2007-02-09）

在《影响人类历史进程的 100 名人排行榜》一书中，艾萨克·牛顿名列第 2 位。在牛顿诞生以后的数百年里，人们的生活方式发生了天翻地覆的变化，而这些变化大都是基于牛顿的理论和发现。作为英国皇家学会会长、全球著名的物理学家、百科全书式的"全才"，牛顿写了《自然哲学的数学原理》这一旷世巨著。在这本书中，牛顿有力地阐明了自然哲学，所以该书中的理论被称为自然哲学的"数学原理"。

然而，改变人类社会认知的伟大物理学家，同时也身为英国皇家铸币厂厂长的牛顿，在资本市场里却同样深陷凡人的贪婪和恐惧。从 1718 年开始，在南海股票上，聪明绝顶的他一样难逃被市场疯狂的情绪所左右的命运，最终钱包被踩蹒得惨不忍睹。牛顿最终无奈地说出了那句名言："我能算得出天体运行的轨迹，但无法计算人性的疯狂。"

从物理学家转行数量金融并在华尔街大杀四方的伊曼纽尔·德曼曾说："当

你研究物理学的时候，你的对手是上帝；当你研究金融的时候，你的对手是上帝制造的人类。"

20世纪数学家、有"计算机之父"称谓的冯·诺依曼先生也曾说："如果有人不相信数学是简单的，那是因为他们没有意识到人生有多复杂。"不过我们幸运的是，面对人类行为之一的产物——复杂的资本市场行情图，21世纪初缠中说禅创造了"市场哲学的数学原理"（缠中说禅教你炒股票系列，被广大学习者简称为"缠论"）。

罗马不是一天建成的，而是一天一天建成的。我们把时针拨回20世纪80年代，据缠中说禅的中学同学回忆，缠师在数学上颇有天赋，初中二年级便参加了高中级别的全国数学竞赛，荣获二等奖。高中入学时，缠师已开始阅读德国数学家菲利克斯·克莱因（1849—1925年）的著作《古今数学思想》，震惊了同桌。

20世纪90年代初，大学期间，数学系科班出身且"不安分"的他却开始潜心研究股票，写过一沓沓厚厚的股市评论稿，淡黄的纸张上布满字迹，这些评论稿曾都发表在了报刊上。20世纪90年代广为流传的"青木炒股系列丛书"疑似缠中说禅最早期的作品。在开博客之前，缠师红极一时的天涯ID是"喜欢数学的女孩"。

在博客的"数理科技"一栏里，缠中说禅专门写过关于数学系列的文章，阐述着其对数学的理解。缠师也曾受邀参加第24届国际数学家大会。颇为有趣的是，他似乎还想用数学来证明人类共业下的真理。在"教你炒股票108课"原文中，处处都有着几何、递归、概率等思想。其中，概率思想中最重要的就是完美来自独立，三个独立结构就可以组成一个相对完美的结构，这在其交易系统设置中是非常核心的思想。这些也都为缠师本人驰骋资本市场奠定了坚实的理论基础，从而也造就了他用严密的数理逻辑推演出"市场哲学的数学原理"。

缠师认为这属于人类历史上第一次用纯理论推导的方式绝对地证明了走势分解的唯一性，即使再复杂的走势都可以严格地从定义出发化繁为简。倘若没有牛顿，人类还会把星星当成神话。同样地，没有缠师的"市场哲学的数学原理"，人们一样会把资本市场当作神话。

"市场哲学的数学原理"是一套几何理论（严格来说是一套拓扑理论），其推理之严谨、思想之深邃是目前所有其他技术分析所不能及的。更伟大的一点是缠论不以某个或者某些具体的走势形态作为自己的理论基础，其理论基础是公理化的，是抽象的，而非直观的。我们来看缠师本人是怎么说的。

本 ID 的理论能解释技术图表上任何细致的问题，这才是一种真正理论所应该具有的品质。这种理论，不需要什么诺贝尔的奖励，那一百万美元在市场上算得了什么？精通这样的理论，市场会给予你多得多的回报。

——教你炒股票第 18 课：基本概念及定理（2006-12-26）

但，有一点是无疑的，就是一旦你掌握本 ID 的理论，你根本无须听任何话，无论谁的话，任何话都是废话，走势永远第一。牛顿不能违反万有引力，本 ID 也不能违反本 ID 的理论，这是最关键的地方。

——教你炒股票第 32 课：走势的当下与投资者的思维方式（2007-02-28）

然而，令人万分惋惜的是缠师在完成和反复校定这套理论之前就骤然离世，留在博客上"原汁原味"的内容也便成了众多股民心中的"炒股天书"。因为在博客原文中，有很多阐述上前后不一致之处。这些不一致其实并不是缠论本身的问题，就像微分方程，如果初始点选得不一样，那么解的形式也不一样。但这些不一致会极大地耗费学习者的心神。

总结起来，缠论"难学"的具体原因可能有三：其一，全部内容并没有按照规范的理论成书；其二，长达约 25 万字的课程仅有寥寥几张配图；其三，内容本身的广度、深度和高度使得一般人难以理解。

笔者斗胆尝试将其中的大体逻辑理顺，才有了本节的内容。然而笔者才疏学浅，其中必定有所纰漏，还望读者海涵，同时也由衷希望见识深刻的朋友指出其中问题所在，万分感谢。

2.108 课总梳理

学习缠中说禅股票投资理论，必先了解缠师写作的心路历程，如此才能更好地从主干思想入手，再将细枝末节的内容加进来，慢慢形成有效的、逻辑清晰的系统性理论。就如同一辆车的制造过程一样，只有主体和零部件等的配合才能生产出高性能的车，最终才能在运用中产生效益。在原文《教你炒股票第 72 课：本 ID 已有课程的再梳理》中，缠师为系统学习缠中说禅股票投资理论做了一次整体的梳理。

缠师认为，对散户而言，最终要战胜市场、获取高回报，只能在三个相互独立系统的乘法原则下进行操作，技术面的操作也不能脱离该原则。其中，比价关系和基本面可以综合决定介入的标的，而选择标的后，在操作上，技术方法起着决定性的作用，因为基本面，即宏观经济动向不会经常变化，但在走势面前，要把握变化的频率就需要技术面的支持，好的技术一样可以变废为宝。所以在 2005 年 6 月的大牛市之初，缠师最终的课程始于技术面是顺理成章的。

缠中说禅原本想在自己 40 岁退休时才写出来，而 2005 年的大牛市，加上中国互联网的快速发展，大概缘分到了，缠师也就随缘在博客上写出来了。

在博客中，缠师一开始并未系统且有顺序地阐述自己的理论，而是顺应当时的境况来讲课程。例如一开始说的均线系统，其实和正式理论没什么关系，如果有，那么均线系统就是起辅助作用的，还有一些技术指标如布林带、MACD 等都是辅助指标，在缠师正式理论的基础上运用就会功力大增。再如课程里，形态学和动力学也是在混着讲。前期的课程，也就是在《教你炒股票第62 课：分型、笔与线段》之前，缠师将整体理论有用的结论都提前说了，因此学习的时候必须前前后后贯通着来学习。所以，在这里，笔者愿意将自己这么多年来学习的成果带给读者，愿你我一同进步。

首先，整套理论前面课程不严格的地方，在后面引入新概念后，都可以严格定义了。如前面课程说的上涨、盘整、下跌，都是用高、低点之类的旧概念，有了中枢的新概念后，就严格定义化了。再如在第 67 课说了特征序列之类的内容后，线段就可以严格定义了。因此，以后关于线段的划分，都以此精确的定义为基础。

为什么说原来的不精确，是因为按照原来没有特征序列的定义，那么线段里都要继续存在类似小级别转大级别的情况，而有了特征序列后，就不再需要这种情况了，这样才能精确划分线段。

再者，缠师在牛市初期还把一些股票讲给学习者，等于帮读者在市场中把该交的学费先交了，可以边学边实践边赚钱，如当时股价在 6 元左右的三九制药（000999）。

其实，在复杂概念引用之前，缠师只是将大的概念、简单结论和方向先予以说明。这样的好处是有利于入门，对于实践来说是有利的，因为很多人可能容易接受简单、不太精确的方式，就像有些人会经常把"大道至简"挂在嘴上。而在入门后，当理解能力提升以后，对市场走势了解更加深刻时，再学精确的方式也是一种好的学习方法。

缠中说禅"市场哲学的数学原理"的基础理论本质上分两部分：形态学和动力学。如果有第三部分的话，那第三部分就是前两部分的结合。按照正式理论课程，首先是形态学，而后是动力学、背驰，其中中枢震荡是用类背驰的方法去判别的。在动力学的观照下，有了市场中 100% 安全的三类买卖点。当然，所有买卖点归根结底都是第一类买卖点。缠中说禅理论学习导图如图 4-5 所示。

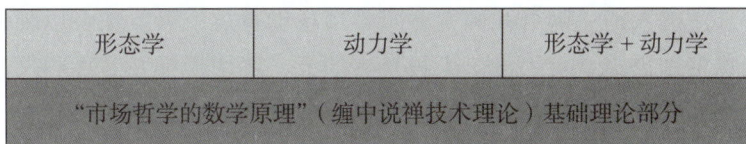

形态学	动力学	形态学 + 动力学
"市场哲学的数学原理"（缠中说禅技术理论）基础理论部分		

图 4-5　学习导图

站在整体系统理论的角度，形态学是最根本的。形态学从本质上就是几何学。不论走势行情的背后是谁在操控，哪怕就算一个主力庄家天天自己玩，也永远逃不出形态学画的圈圈。

动力学，属于物理学范畴，但现代物理学有个核心概念，就是物理与几何高度统一。以现代英国数学家阿蒂亚为首的部分数学家认为物理的本质就是几何。所以，动力学的本质也是几何，但这种几何相对特殊，需要将"价格充分有效市场"中的"非完全绝对趋同交易"这两个前提转化为某种几何结构，然后构造出理论的证明来。

在整体理论中，形态学就是中枢、走势类型、笔、线段等。任何涉及背驰的，都是动力学的范围，背驰是动力学的基本点之一。另外，中枢、走势的能量结构之类的内容，也属于动力学。只用形态学操作也是可以的，但是没有背驰之类动力学的概念，对第一类买卖点就不好把握。具体可看缠师在第 72 课中用大盘举的例子。

在具体的实际应用中，动力学和形态学结合使用的威力是最大的。但形态学是核心，如果形态没分析好，也动力不起来。在学习了 108 课后，在实际中可以灵活运用这些理论，例如理论中最精细的部分即从分型、笔、线段开始的递归定义可以不必太较真。但是，如果想把整套理论在实践中融会贯通，还是非常有必要弄清楚这部分内容的，这样才能有非常清晰的逻辑和非常安全的操作。

在整套理论中，缠师给出了懒人学习线路图，即"分型→笔→线段→最小级别中枢→各级别中枢及走势类型"，这是任何一个学习缠师理论的人都务必要弄清楚的内容。形态学的内容，还包括数学上各种与结合律相关的问题，也囊括了世界上所有与股票相关的关于形态部分的理论。从缠中说禅理论的角度出发，可以严格推算出 K 线理论、波浪理论等，还可以指出这些理论的缺陷及其原因。

接下来，笔者将沿着缠师之路带大家一起构建技术理论基础。

首先声明，这是一套迄今为止世界上较具实战指导意义的系统性技术分析理论，是金融理论中具有原创性的"中国创造"，其内容深刻、体系完整，蕴含了市场与人生的大道。随着我国金融资本市场的持续发展，笔者以绵薄之力将中国原创投资理论惠及每一位国人投资者朋友，缠中说禅及其思想理论也完全有资格写入各大高校的金融教科书，让更多的国人认识这位本土的金融大师。

3. 形态学

缠师理论中的形态学，包罗了世界上所有有关股票的理论中关于形态部分的理论。这是一套几何化的思维体系，从最基本的、最严格的定义出发对走势进行划分，将动态的行情建立起运动的位次结构，就像庖丁解牛一样，所有复杂的情况都没有任何的困难可言。在市场中，不论是什么样的买卖都逃不出形态学的范围，因为意画心描出来的几何图形是不患的。

● K 线

在讲分型之前，有必要简单地普及一下 K 线的基本知识，K 线如图 4-6 所示。

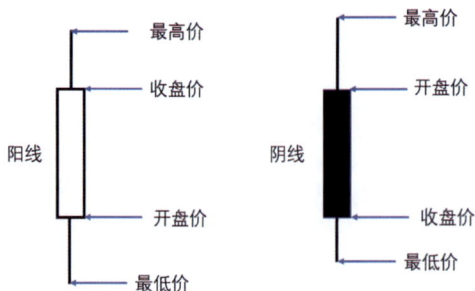

图 4-6　K 线

K 线代表市场多空博弈，阳线表明多胜空，阴线表明空胜多。K 线又被称为蜡烛图或者阴阳图。1603—1867 年，K 线就被当时日本米市的商人用来记录米市的行情与价格波动，后来因其细腻独到的标画方式而被逐渐引入股市及期市。

这样的图形为何叫"K 线"呢？实际上，在日本的 K 并不是写成 K 字，而是写作"罫"（音 kei，这个字是四象八卦，这正是《易经》的思想），K 线是"罫线"的读音，K 线图也被称为"罫线图"，西方以英文第一个字母 K 直译为 K 线，由此发展而来。例如，贵金属板块月线 K 线图如图 4-7 所示。

图 4-7 贵金属板块月线 K 线图

通过 K 线图，我们能够把每日或某一周期的市况表现完全记录下来，股价经过一段时间的盘档后，在图上会形成一种特殊区域或形态，不同的形态显示出不同意义。前辈们从这些形态的变化中归纳总结出一些有规律的东西，如各种不同的 K 线图形态，以及组合形态、反转形态、整理形态和缺口等。为了把握行情，当然也就有成千上万的指标由此诞生。关于 K 线理论，读者可以自行查阅资料学习，在此笔者不再阐述。

● **K 线的包含关系与处理**

不同于以往所有分析 K 线形态的理论，缠师通过 K 线的包含关系来处理所有变动的行情走势，化繁为简。在走势中，连续的 K 线经过严格的包含合并后所呈现的 3 根 K 线的完全分类，演化出的 4 种基础形态是所有图形的根本，也就是说一阴一阳的连续 K 线经过严格的 K 线包含关系处理后均逃不出这 4 种分类形态。恰如"太极生两仪，两仪生四象"，将纷繁复杂的行情纳入这样大统一的万物理论。这也是走势图里纷繁走势的表里关系的基础。

首先我们来看如何处理 K 线的包含合并关系，如图 4-8 所示。

在处理走势时，在实际图形里，有些复杂的关系会出现，就是相邻两根 K 线可以出现如图 4-8 所示的包含关系，也就是一根 K 线的高低点全在另一根 K

线的范围里，这种情况下，可以这样处理：走势向上时，把两根K线中的最高点当高点，而把两根K线低点中的较高者当成低点，这样就把两根K线合并成一根新的K线；反之，当走势向下时，把两根K线中的最低点当成低点，而把两根K线高点中的较低者当成高点，这样就把两根K线合并成一根新的K线。经过这样的处理，所有K线图都被处理成没有包含关系的图形。

——教你炒股票第62课：分型、笔与线段（2007-06-30）

K线合并

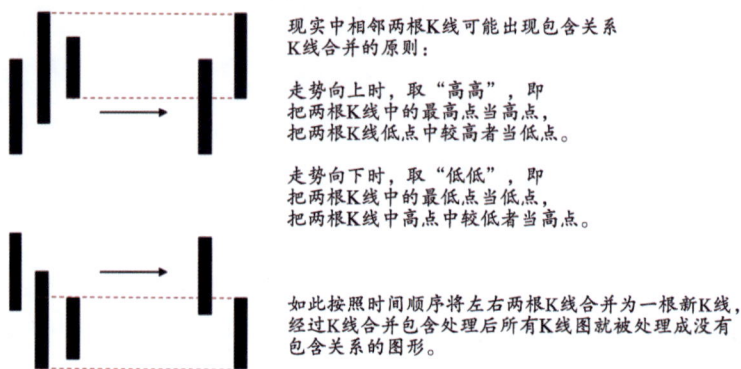

现实中相邻两根K线可能出现包含关系 K线合并的原则：

走势向上时，取"高高"，即把两根K线中的最高点当高点，把两根K线低点中较高者当低点。

走势向下时，取"低低"，即把两根K线中的最低点当低点，把两根K线中高点中较低者当高点。

如此按照时间顺序将左右两根K线合并为一根新K线，经过K线合并包含处理后所有K线图就被处理成没有包含关系的图形。

图 4-8　K 线包含关系处理

经过 K 线合并的 K 线图中，三根相邻 K 线的关系可以被完全分类为 4 种形态：上升 K 线、顶分型、下降 K 线、底分型，如图 4-9 所示。

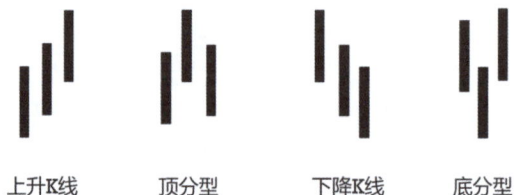

上升K线　　　顶分型　　　下降K线　　　底分型

图 4-9　三根 K 线的完全分类

既然 K 线的形态这么简单，为何蜡烛图里的形态那么多呢？其实，我们不妨将蜡烛图上所有的 K 线形态重新包含处理后再归类，当然它们一样逃不出这 4 种 K 线组合形态，所有走势皆如此，这个就如同走势的 DNA。正如缠师所说："一切理论的最大秘密其实都在起点上，就像果实的秘密在种子里。"

● 顶分型和底分型

顶分型和底分型作为走势之起始，当然是最先需要掌握的，具体示意图如图 4–10 所示。

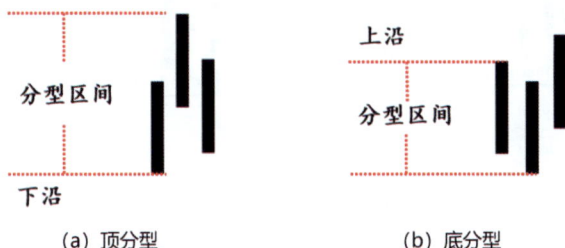

分型区间

上沿

分型区间

下沿

(a) 顶分型   (b) 底分型

图 4–10　顶分型和底分型示意图

图 4–10（a）为顶分型，第二根 K 线的高点是相邻三根 K 线高点中最高的，而低点也是相邻三根 K 线低点中最高的；图 4–10（b）为底分型，第二根 K 线的低点是相邻三根 K 线低点中最低的，而高点也是相邻三根 K 线高点中最低的。

顶分型的最高点叫作该分型的顶，底分型的最低点叫作该分型的底，由于顶分型的底和底分型的顶是没有意义的，所以顶分型的顶和底分型的底就可以简称为顶和低。也就是说，当我们以后提到顶和底时，即指顶分型的顶和底分型的底。

——教你炒股票第 62 课：分型、笔与线段（2007-06-30）

这里，本 ID 必须强调，分型与分形有着本质的不同。这里所说的分型，是建立在一个 K 线组合的纯粹分类的基础上，任何与这个纯粹分类不同的，都必然是错误的，这一点必须明白。至于所谓的分形，当然也可能是一种结构，但这种结构，本质上都是归纳性的，因此都必然是有缺陷、划分不唯一的，和在一种完全分类基础上给出的绝对结论，有着本质的区别。

——教你炒股票第 84 课：本 ID 理论一些必须注意的问题（2007-10-07）

在《教你炒股票第 65 课：再说说分型、笔、线段》一文中，关于分型中所谓的前后 K 线间的包含关系，根据定义，缠师得到以下推论。

推论 1：用 [di, gi] 标记第 i 根 K 线的最低和最高构成的区间。当向上时，顺次 n 个包含关系的 K 线组，等价于 [maxdi, maxgi] 的区间对应的 K 线，也就是说，这 n 根 K 线，和最低最高的区间为 [maxdi, maxgi] 的 K 线是一回事情；向下时，顺次 n 个包含关系的 K 线组，等价于 [mindi, mingi] 的区间对应的 K 线。具体如图 4-11 所示。

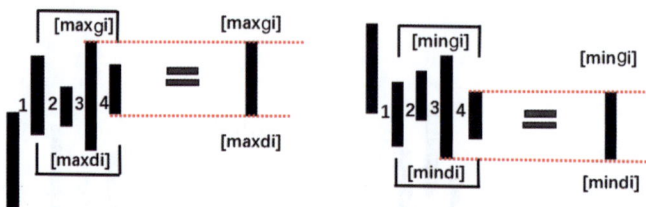

图 4-11　包含关系的推论 1

推论 2：结合律是本理论中最基础的，在 K 线的包含关系中，当然也需要遵守结合律。而包含关系不符合传递律，也就是说，第 1、第 2 根 K 线是包含关系，第 2、第 3 根也是包含关系，但并不意味着第 1、第 3 根就有包含关系。因此在 K 线包含关系的分析中，还要遵守顺序原则，就是先用第 1、第 2 根 K 线的包含关系确认新的 K 线，然后用新的 K 线去和第 3 根 K 线比，如果有包含关系，继续用包含关系的法则结合成新的 K 线，如果没有，就按正常 K 线去处理。包含关系中的结合律如图 4-12 所示。

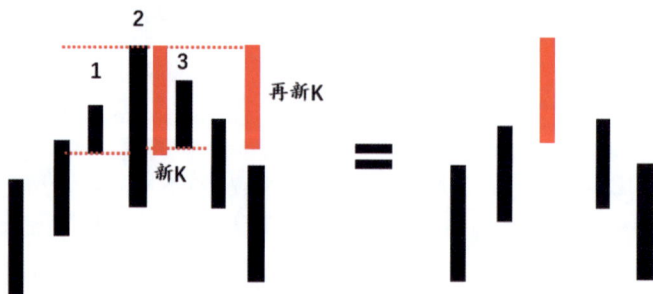

图 4-12　包含关系中的结合律

推论 3：有人可能还要问什么是向上，什么是向下。其实，这本没什么可讲的，本理论是严格的几何理论，对向上和向下也进行了严格的几何定义。

假设，第 n 根 K 线满足第 n 根与第 $n+1$ 根的包含关系，而第 n 根与第 $n-1$ 根不是包含关系，如果 $g_n \geq g_{n-1}$，那么称第 $n-1$、n、$n+1$ 根 K 线是向上的；如果 $d_n \leq d_{n-1}$，那么称第 $n-1$、n、$n+1$ 根 K 线是向下的。向上和向下的严格定义如图 4-13 所示。

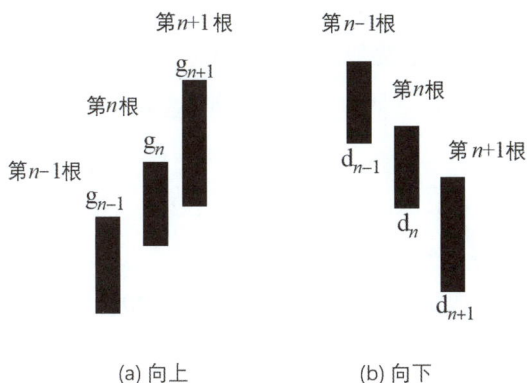

(a) 向上　　　　　　　　　(b) 向下

图 4-13　向上和向下的严格定义

有人可能又要问,如果 $g_n < g_{n-1}$ 且 $d_n > d_{n-1}$,这算什么? 那这就是一种包含关系,这就违反了前面第 n 根与第 $n-1$ 根不是包含关系的假设。同样道理,$g_n \geq g_{n-1}$ 与 $d_n \leq d_{n-1}$ 也不可能同时成立。

上面包含关系的定义已经十分清楚,就是一些最精确的几何定义,只要按照定义,任何图都可以精确无误地、按统一的标准去找出所有分型。注意,这种定义是唯一的,有统一答案的,这答案与时间无关、与人无关,是客观的、不可更改的,唯一的要求就是被分析的 K 线已经存在。

以黄金概念指数季线图为例,在走势图上的包含关系处理如图 4-14 所示。

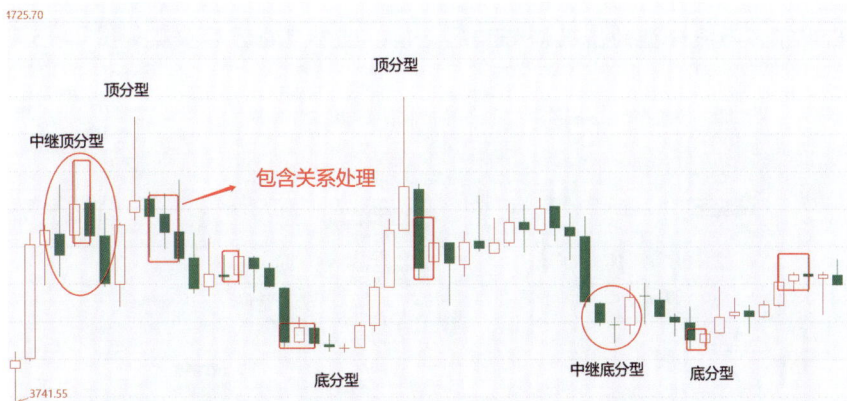

图 4-14　黄金概念季线图包含关系处理

在图 4-14 中,K 线已经进行包含关系处理,顶、底分型一目了然。其实,对于这种包含关系的处理,你熟练了以后一眼看过去就明白了。

总结一下：先处理 K 线间的包含关系。经过包含关系的处理后，顶分型与底分型不允许共用 K 线，也就是说，对于非包含关系或经过包含关系处理后，要保证有独立的顶、底。顶、底分型在高级别中的应用意义很大。

● 顶底分型的心理含义

在 4.3 节，我们知道走势反映的是人的贪、嗔、痴、疑、慢，那么顶、底分型背后的心理含义又是什么呢？

缠师在《教你炒股票第 82 课：分型结构的心理因素》一文中讲道：

显然，一个顶分型之所以可以成立，是卖的分力最终战胜了买的分力，而其中，买的分力有三次努力，而卖的分力有三次阻击。

最标准的已经过包含处理的三 K 线模型：第 1 根 K 线的高点，被卖分力阻击后，出现回落，这个回落，出现在第 1 根 K 线的上影部分或者第 2 根 K 线的下影部分，而第 2 根 K 线出现一个更高的高点，但这个高点，显然与第 1 根 K 线的高点中出现的买的分力，一定在小级别上出现力度背驰，从而至少制造了第 2 根 K 线的上影部分；最后，第 3 根 K 线，会继续受到一次买的分力的攻击，但这个攻击，完全被卖的分力击败，从而不能成为一个新高点，在小级别上，大致出现一种第二类卖点的走势。

一个分型结构的出现，如同中枢，都是经过一个三次的反复心理较量过程，只是中枢用的是三个次级别。所谓一而再，再而三，三而竭，所以一个顶分型就这样出现了，而底分型的情况恰好相反。顶、底分型的背后心理如图 4-15 所示。

图 4-15 顶、底分型的背后心理

现在，我们可以深入分析这 3 根 K 线的不同情况。首先，一个完全没有包含关系的分型结构，意味着市场双方都是直截了当，没有太多犹豫。有包含关系的分型结构（只要不是直接把阳线以长阴线吃掉）意味着一种犹豫，一种不确定的观望等，一般在小级别上都会有中枢延伸、扩展等。

以顶分型为例说明背后心理的过程如图 4-16 所示。反之即底分型背后的心理过程。

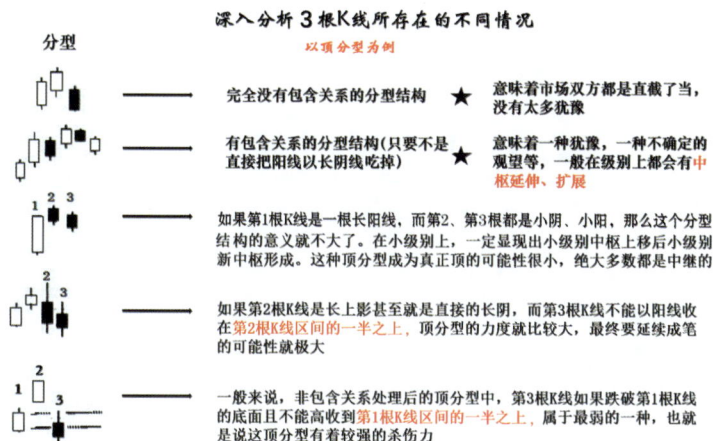

深入分析 3 根 K 线所存在的不同情况
以顶分型为例

完全没有包含关系的分型结构 ★ 意味着市场双方都是直截了当，没有太多犹豫

有包含关系的分型结构（只要不是直接把阳线以长阴线吃掉）★ 意味着一种犹豫，一种不确定的观望等，一般在级别上都会有中枢延伸、扩展

如果第1根K线是一根长阳线，而第2、第3根都是小阴、小阳，那么这个分型结构的意义就不大了。在小级别上，一定显现出小级别中枢上移后小级别新中枢形成。这种顶分型成为真正顶的可能性很小，绝大多数都是中继的

如果第2根K线是长上影甚至就是直接的长阴，而第3根K线不能以阳线收在第2根K线区间的一半之上，顶分型的力度就比较大，最终要延续成笔的可能性就极大

一般来说，非包含关系处理后的顶分型中，第3根K线如果跌破第1根K线的底面且不能高收到第1根K线区间的一半之上，属于最弱的一种，也就是说这顶分型有着较强的杀伤力

图 4-16 以顶分型为例说明背后心理

其次，还是用没有包含关系的顶分型为例子。如果第 1 根 K 线是一根长阳线，而第 2、第 3 根分别都是小阴、小阳，那么这个分型结构的意义就不大了，在小级别上，一定显现出小级别中枢上移后小级别新中枢的形成，一般来说，这种顶分型成为真正顶的可能性很小，绝大多数都是中继的。

分型是我们看走势的最基础的构件，同时分型也展现了自同构性在走势图中的一种应用。在 1 分钟图上有如此形态的顶、底分型，在月线、年线一样有如此图形。顶、底分型是走势之始，所有的上涨行情都是由底分型开始，底分型的最低点是底。所有下跌行情都是因为见顶，这个顶必须是顶分型的顶点。在顶底分型的辨析中，我们还要区分中继顶、底分型，中继的意思就是中途继续上涨或者下跌，这样的顶、底分型往往是力度不足以转折而延续的结果。

● 笔

了解了顶、底分型的定义后，接下来介绍笔的含义。假设在一张走势图上，用底分型作为起始。一般情况下，从底分型开始，上涨到顶分型；或者从顶分型跌到

底分型，这一段走势，我们称之为笔。上证指数日线图中的日线笔如图4-17所示。

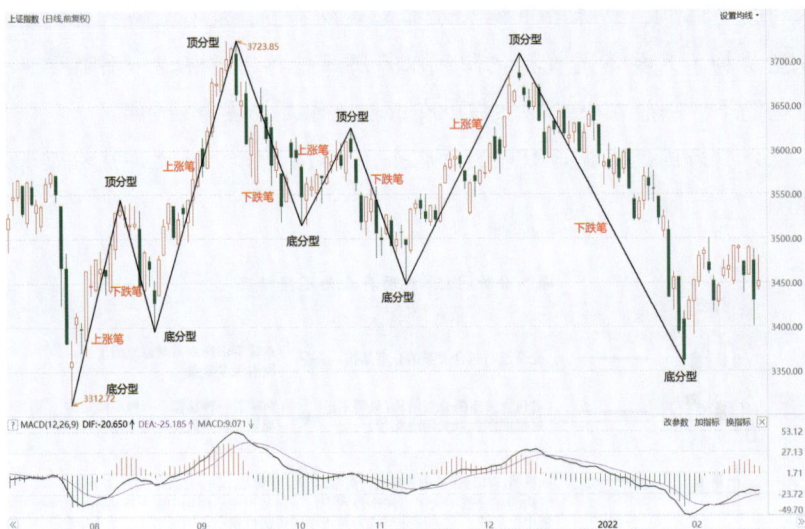

图4-17 上证指数日线图中的日线笔

不过笔有更严格的定义：

两个相邻的顶和底之间构成一笔。顶分型和底分型之间的其他波动，都可以忽略不计。但注意，一定是相邻的顶和底，隔了几个就不是了。笔的定义示意图如图4-18所示。

——教你炒股票第62课：分型、笔与线段（2007-06-30）

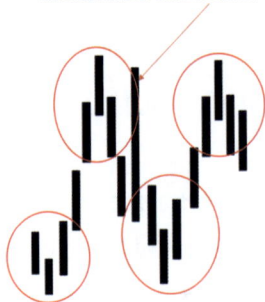

就是顶和底之间的其他波动，都可以忽略不计

图4-18 笔的定义示意图

在实际分析中，必须要求顶和底之间至少有一根K线当成一笔，这是最基本的要求。[1]

———————————

[1] 旧笔。

上升的一笔，有结合律，一定是底分型＋上升 K 线＋顶分型；下降的一笔，就是顶分型＋下降 K 线＋底分型。笔的结合律构成如图 4-19 所示。

图 4-19　笔的结合律构成

注意，这里的上升 K 线、下降 K 线，不一定都是 3 根，可以有无数根，只要一直保持这定义就可以。当然，也可以是 1 根或 2 根，甚至可以是缺口，只要不违反结合律和定义就可以。

在实际的图形中，相邻的 K 线会出现包含关系，也就是其中一根 K 线高低点都在相邻 K 线波动范围中，这种情况下，依然使用包含关系来处理。

上涨途中，把相邻两根 K 线的高点当高点，相邻两根 K 线低点中较高的当作低点，简称上涨过程中包含关系取"高高"，这样两根 K 线合并成了一根新的 K 线；下跌中，相邻两根 K 线的低点当低点，高点中较低的当作高点，取"低低"，这样把这两根 K 线合并成新的一根 K 线。上涨笔和下跌笔中 K 线的包含关系处理如图 4-20 所示。

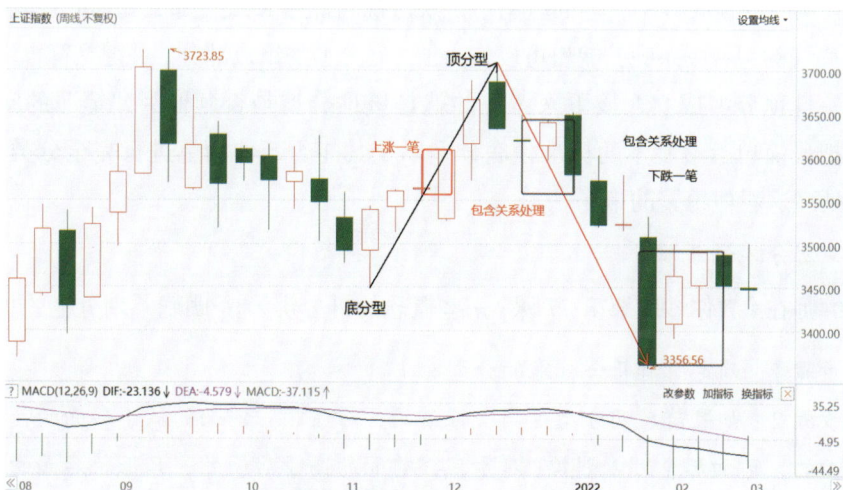

图 4-20　上涨笔和下跌笔中 K 线的包含关系处理

经过以上包含关系的处理，走势图上所有的 K 线都可以处理成没有包含关系的图形。

● 新笔

新笔的定义是建立在标准笔定义之上的，关乎本身笔的能量力度，相对旧笔，新笔的成立条件略松。

新笔必须满足以下两个条件。

（1）顶分型与底分型经过包含处理后，不允许共用 K 线，也就是不能有一根 K 线既属于顶分型又属于底分型，该条件和旧笔是一样的，这一点绝对不能放松，因为这样才能保证足够的能量力度。

（2）在满足条件（1）的前提下，顶分型中最高 K 线和底分型的最低 K 线之间（不包括这两根 K 线），不考虑包含关系，至少有 3 根（包括 3 根）以上的 K 线。显然，第二个条件比原来分型间必须有独立 K 线要稍微放松了一点。

新笔示意图如图 4-21 所示。

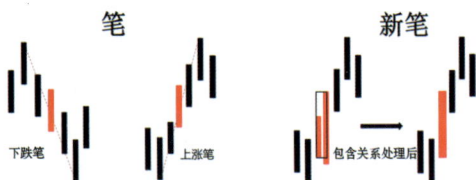

图 4-21　新笔示意图

在实际的顶底分型、笔的应用中，缺口视同普通 K 线，那么如何处理其与其相邻 K 线的包含关系呢？缺口可以作为顶、底分型的组成部分，关键是符合定义。

一旦顶分型成立，接下来考虑的就是该顶分型是否延伸为"笔"的问题。这里把最简单、最基本的标准顶底分型以及其能否延伸为笔进行完全分类，就足以处理这看似纷繁的市场。

● 划分笔的步骤

缠师在《教你炒股票第 77 课：一些概念的再分辨》中，明确了划分笔的步骤。

步骤 1：确定所有符合标准的分型。

步骤 2：如果前后两分型是同一性质的，对于顶，前面的低于后面的，只保留后面的，前面那个可以划掉；对于底，前面的高于后面的，只保留后面的，前面那个可以划掉。不满足上面情况的，如相等的，都可以先保留。

步骤 3：经过步骤 2 的处理后，余下的分型，如果相邻的是顶和底，那么这就可以划为一笔。

划分笔的处理步骤如图 4-22 所示。

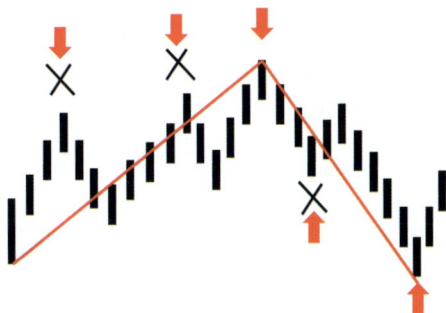

图 4-22　划分笔的处理步骤

如果相邻两分型的性质一样，那么必然有前顶不低于后顶，前底不高于后底。在连续的顶后，必须会出现新的底，把这连续的顶中最先出现的一个，和这新出现的底连在一起，就是新的一笔，而中间的那些顶，都划掉；在连续的底后，必须会出现新的顶，把这连续的底中最先出现的一个，和这新出现的顶连在一起，就是新的一笔，而中间的那些底，都划掉。

显然，经过上面的 3 个步骤，所有的笔都可以唯一地划分出来。

请注意，顶、底分型的要求。

当然，还有一个最显然的，就是在同一笔中，顶分型中最高的 K 线的区间至少要有一部分高于底分型中最低的 K 线的区间，如果这条都不满足，也就是顶都在底的范围内或顶比底还低，这显然是不可接受的。不能被接受的笔如图 4-23 所示。

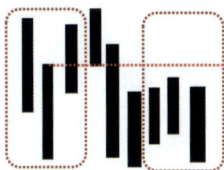

这种顶底关系是不能被接受的

图 4-23　不能被接受的笔

一个最简单的笔，里面包含了什么必然的结论？一个最显然又有用的结论就是：

缠中说禅笔定理：任何的当下，在任何时间周期的 K 线图中，走势必然落在一个确定的具有明确方向的笔当中（向上笔或向下笔）。而在笔当中的位置，必然只存在两种情况：一是在分型构造中；二是在分型构造确认后延伸为笔的过程中。

根据这个定理，对于当下的任何走势，在任何一个时间周期里，我们都可以用两个变量构成的数组精确地定义当下的走势。第一个变量，只有两个取值，不妨用1代表向上的笔，-1代表向下的笔；第二个变量也只有两个取值，用0代表分型构造中，1代表分型构造确认后延伸为笔的过程中。

例如，(1,1)代表着一个向上的笔在延伸之中，(-1,1)代表向下的笔在延伸之中，(1,0)代表向上的笔出现了顶分型的构造，(-1,0)代表向下的笔出现了底分型的构造。

当下的任何情况，都只有这4种状态，这4种状态描述了所有的当下走势。更关键的是，这4种状态是不能随便连接的，例如(1,1)之后绝对不会连接(-1,1)或者(-1,0)，只能连接(1,0)；同样，(-1,1)只能连接(-1,0)；而(1,0)可以连接(1,1)和(-1,1)两种可能；(-1,0)可以连接(-1,1)和(1,1)两种可能。

这是《教你炒股票第91课：走势结构的两重表里关系1（各周期分型影响）》一文中的内容，其中也提到要用易经进行研究，从这下手才是正道。

笔的应用，在高级别（如月线、周线及日线）中十分有效。例如，现货黄金半年线图如图4-24所示，很明显这两年现货黄金走势落在了半年线上涨一笔过程中。如果能按照半年线底分型买入，岂不是比"价值投资"还厉害！

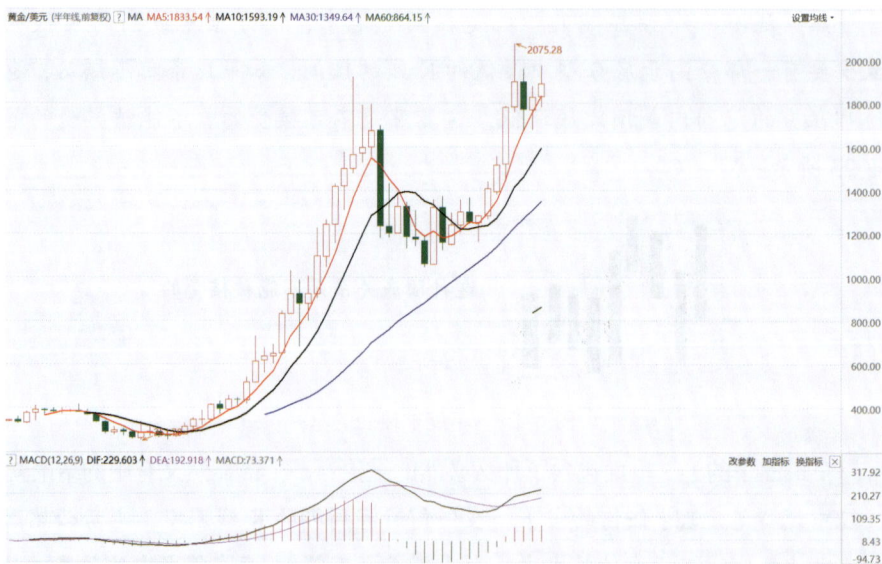

图4-24　现货黄金半年线图

缠师本人对顶分型与笔的实际应用举例，出自《教你炒股票第 80 课：市场没有同情，不信眼泪》一文。

市场，没有逻辑，本 ID 的理论给了市场以逻辑：

所有的顶点都必然是顶分型。这是本 ID 理论的一个最简单的结论。从这可以严格推导出什么？就是一旦出现顶分型，离开就是唯一的选择。至于顶分型后是否形成笔，那是离开后再判断的事情。出现顶分型后，无非两种选择：

（1）形成笔，也就是构成一个底分型与顶分型间有不共用的 K 线。

（2）不形成笔，也就是构成的底分型与这个顶分型之间只有共用的 K 线。

但无论哪种选择，都有足够的空间让你作出反应。如果是第一种选择，那调整是大的；若是第二种，调整是小的。上证指数 2007 年周线图如图 4-25 所示，可以看出，上证指数从 3600 点以来第一次有绝大的可能出现周线上的顶分型。

那么，如果明确地知道了这一点，按照市场的逻辑，就要注意，顶分型的时候是形成顶分型那天冲高卖，而不是收盘后等顶分型都很明确了再走，对于周 K 线，也是同样的操作。

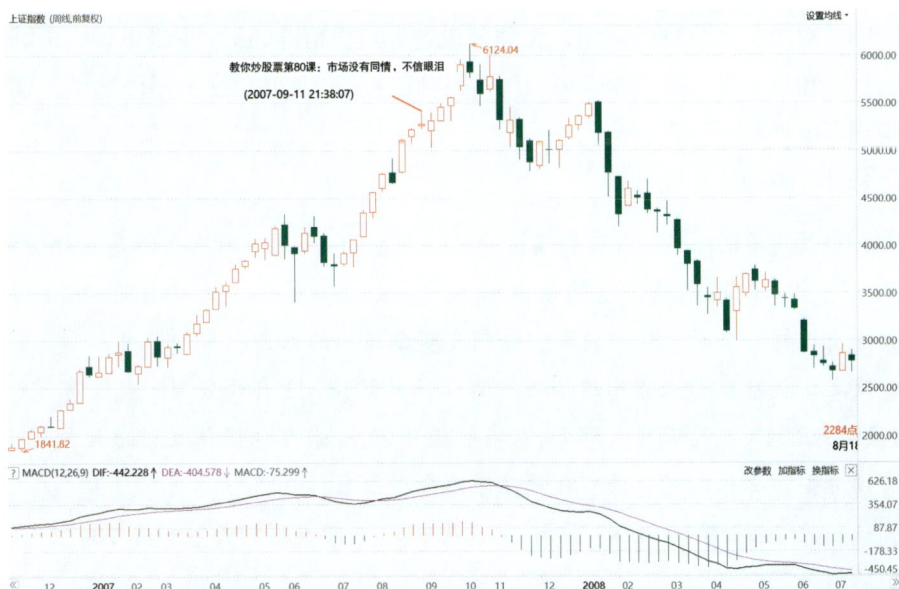

图 4-25　上证指数 2007 年周线图

上证指数 2007 年日线图如图 4-26 所示，大盘在 2007 年 9 月 7 日的顶分型已经明白无误。

图 4-26　上证指数 2007 年日线图

只不过，2007 年 9 月 7 日那个日线顶分型是中继顶分型。如何判断顶分型的有效性？我们需要级别联立来看，即利用顶分型进行操作时，必须配合小级别的图。对顶、底分型的应用，缠师曾说过一句很精辟的话：少坐电梯，多练技术。最简单的一招，见日顶分型走，见日底分型再回来，这一招练熟了，就能少坐很多电梯。

另外，缠师还曾说过：

一个最简单的结论：所有的顶必须是顶分型的；反之，所有底都是底分型的。如果没有自同构性结构，这结论当然不可能成立。但正因为有自同构性结构，所以才有这样一个对于任何股票、任何走势都适用的结论。

反之，就可以马上推出这个百分百正确的结论：没有顶分型，就没有顶；反之，没有底分型，就没有底。那么，在实际操作中，如果在你操作级别的 K 线图上，没有顶分型，那你就可以持有睡觉，等顶分型出来再说。

——教你炒股票第 81 课：图例、更正及分型、走势类型的哲学本质（2007-09-17）

● 线段

在缠中说禅原文 108 课中，具体讲线段的部分有第 62 课、第 65 课、第 67 课、第 69 课、第 71 课、第 77 课、第 78 课以及第 83 课，足见其分量之重。

线段至少由前三笔构成，且这三笔必须有重叠的部分。线段都是由奇数笔构成的。线段的构成如图 4-27 所示。图 4-27 中的虚线框为笔重叠部分，红线即为线段。线段无非分成两类：以向上一笔开始的为向上线段，以向下一笔开始的为向下线段。

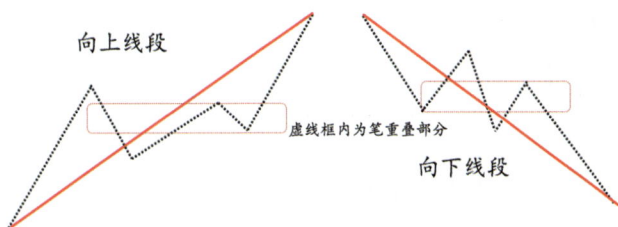

向上线段

虚线框内为笔重叠部分

向下线段

图 4-27 线段

线段，在高级别里看是笔，在低级别里看就是线段，也就是线段作为一个笔的低级别完成走势，可以在高级别里作为构建元素笔来使用。这就是非常神奇的地方。这样，线段成为连接三个相邻级别的纽带。

一个线段里的各笔之间，还可以走出三角形、扩展平台等不同形态。

低级别的笔的完成走势，形成中级别的线段，又构成高级别的一笔。"笔—线段—笔"级别生长以至于无穷。只是大部分人尚不自知，转而迷失在了因自身贪、嗔、痴、疑、慢所筑成的重峦叠嶂的森林里无法自拔。当处于走势的森林中看不清森林的全貌时，就需要提高一个级别，把它当作一笔，从高处看，也许瞬间就看清了。现货黄金半年线图——上涨一笔如图 4-28 所示。现货黄金月线图——上涨线段延伸如图 4-29 所示。

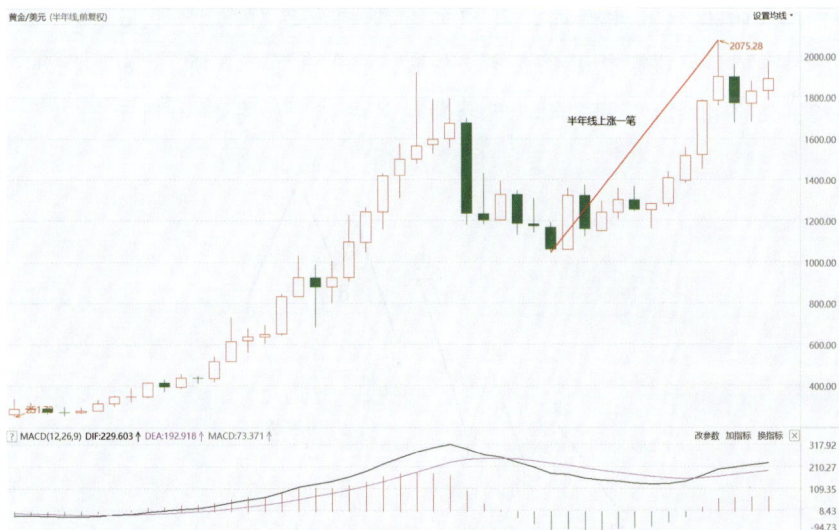

图 4-28 现货黄金半年线图——上涨一笔

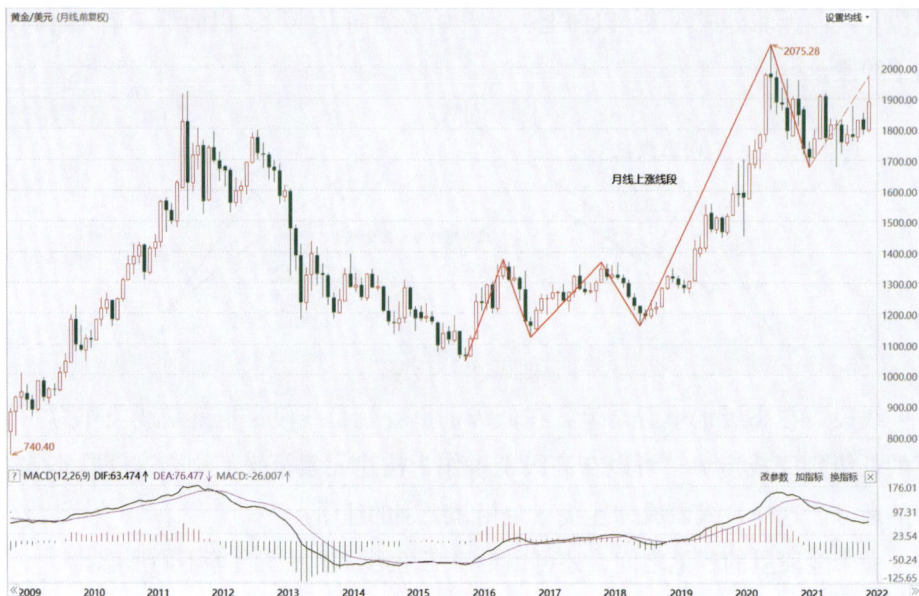

图 4-29　现货黄金月线图——上涨线段延伸

现货黄金在图 4-28 所示的半年线上为上涨一笔，在图 4-29 所示的月线上则为上涨线段，正在上涨延伸。高级别的笔和低级别的线段的关系有点像从广州到北京的路线一样，从高空看是直线，但在地面上则是弯弯曲曲的道路。

● **线段的破坏**

对于从向上一笔开始的，其中的分型构成这样的序列：d_1、g_1、d_2、g_2、d_3、g_3、…、d_i、g_i（其中 d_i 代表第 i 个底，g_i 代表第 i 个顶）。如果找到 i 和 j，$j \geq i+2$，使得 $d_j \leq g_i$，那么称上涨线段被笔破坏，如图 4-30 所示。

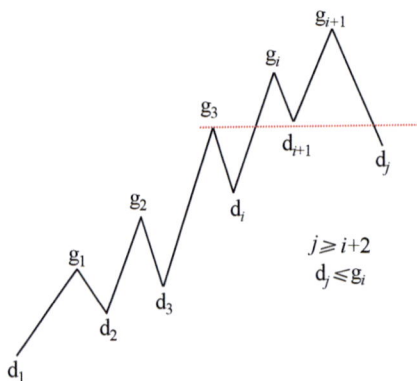

图 4-30　上涨线段被笔破坏

对于从向下一笔开始的，其中的分型构成这样的序列：g_1、d_1、g_2、d_2、g_3、$d_3\cdots$、g_i、d_i（其中 d_i 代表第 i 个底，g_i 代表第 i 个顶）。如果找到 i 和 j，$j \geqslant i+2$，使得 $g_j \leqslant d_i$，那么称下跌线段被笔破坏，如图 4-31 所示。

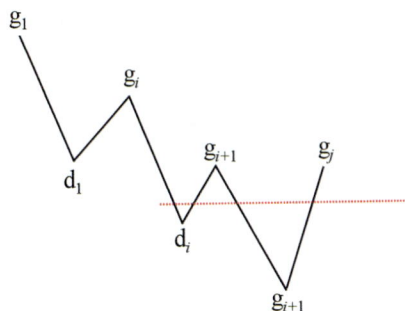

图 4-31　下跌线段被笔破坏

线段有一个最基本的前提，就是线段的前三笔必须有重叠的部分，这个前提必须特别强调。线段至少有三笔，但并不是连续的三笔就一定构成线段，这三笔必须有重叠的部分。由上面线段被笔破坏的定义可以证明：

缠中说禅线段分解定理：线段被破坏，当且仅当至少被有重叠部分的连续三笔的其中一笔破坏。而只要构成有重叠部分的前三笔，那么必然会形成一个线段，换而言之，线段破坏的充要条件，就是被另一个线段破坏。 线段的破坏如图 4-32 所示。

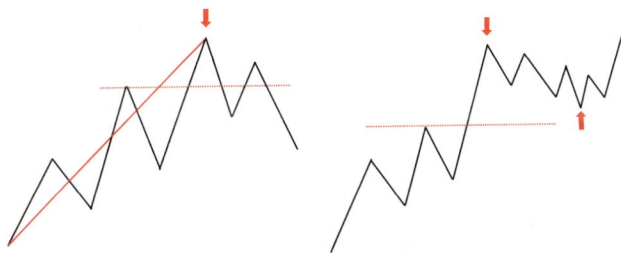

图 4-32　线段的破坏

以上都是一些最严格的几何定义，真想把问题搞清楚的，就请根据定义自己多画图，或者对照真实的走势图，用定义加以分析。注意，所有分析的答案，只和你看的走势品种与级别图有关，在这客观的参照物与显微镜倍数确定的情况下，任何的分析都是唯一的、客观的、不以任何人的意志为转移的。

——教你炒股票第 65 课：再说说分型、笔、线段（2007-07-16）

线段的破坏也就是线段的终结。掌握线段，其实就是掌握了走势的韵律。

比如在向上线段中先买后卖，在向下线段中先卖后买，这就是韵律，而不是毫无根据地买和卖。

通过长期划分笔和线段的训练，相信你一定会遇到各种线段，而有时当线段一旦延伸起来，就会"变幻多端"，可能会一下子就摸不着头脑了。怎么办呢？这时候我们就要引入特征序列，简单来说，就是给线段编码，一笔一码，可进行包含关系处理，让我们有了一个新的、更细致的线段划分标准。由于线段中存在的类似小级别转大级别的情况，有了特征序列后，就不再需要这种情况了，这样就把线段给精确划分。

换句话说，特征序列其实就是解决线段划分的疑难杂症的，但一开始理解起来需要细心，如同记数。学好特征序列，在精确划分线段时有很大用处，在之后递归走势，建立中枢、走势类型和级别、精确买卖点的判断上意义很大。所以，为了理论的系统性，学好特征序列还是很有必要的。

特征序列的标注方式如下。

在线段中，用 S 代表向上的笔，X 代表向下的笔，划分方式如下：

（1）向上笔开始的线段，标记方式为 S1、X1、S2、X2、…、Si、Xi；任何 Si 与 Si+1 之间，一定有重合区间（线段定义中，三笔之间必须有重合的前提）。上涨线段特征序列如图 4-33 所示。

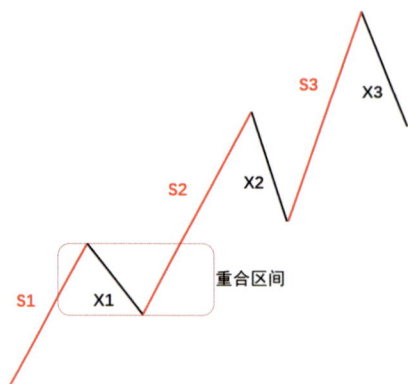

图 4-33　上涨线段特征序列

而考查序列 X1、X2、…、Xi 中，Xi 与 Xi+1 之间并不一定有重合区间，因此，该序列更能代表线段的性质。而上涨特征序列的两个相邻元素之间没有重合区间，则称为该上涨序列的一个缺口。上涨线段中的特征序列缺口如图 4-34 所示。

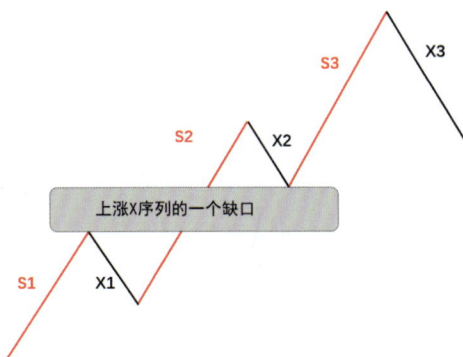

图 4-34 上涨线段中的特征序列缺口

（2）向下笔开始的线段，标记方式为 X1、S1、X2、S2、…、Xi、Si；任何 Xi 与 $Xi+1$ 之间，一定有重合区间（线段定义中，三笔之间必须有重合的前提）。下跌线段特征序列如图 4-35 所示。

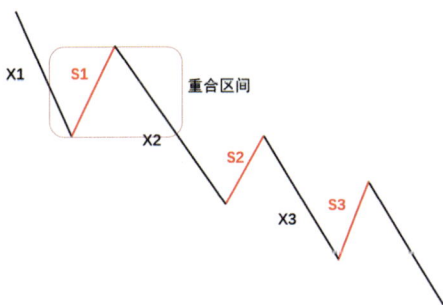

图 4-35 下跌线段特征序列

而考查序列 S1、S2、…、Si 中，Si 与 $Si+1$ 之间并不一定有重合区间，因此，该序列更能代表线段的性质。而下跌特征序列的两个相邻元素之间没有重合区间，则称为该下跌序列的一个缺口。下跌线段中的特征序列缺口如图 4-36 所示。

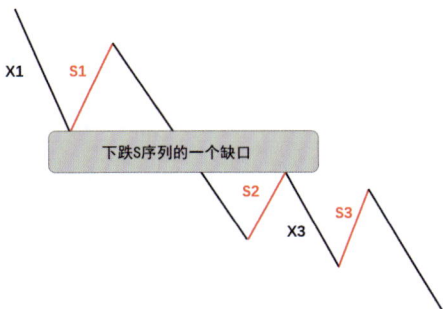

图 4-36 下跌线段中的特征序列缺口

我们把每一个特征序列元素看成一根K线，如同在K线图中找分型的方法。线段向上，只看向下的元素；线段向下，只看向上的元素。如果存在所谓的包含关系，可以对包含关系进行非包含处理，具体如图4-37所示。

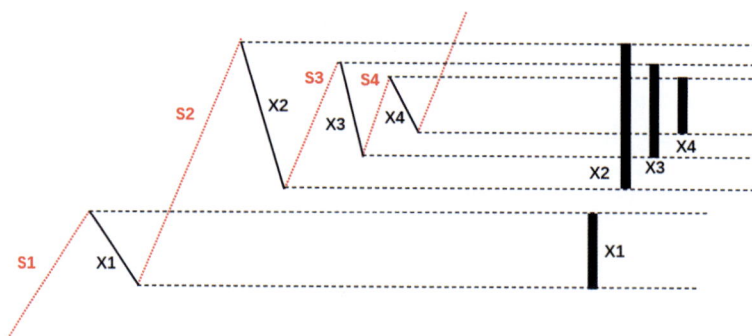

图4-37　上涨特征序列包含关系处理未形成顶分型

图4-37中的特征序列不构成顶分型。因为其中的X2和X3属于包含关系，且包含关系处理后与X4也属于包含关系。说明上涨行情延续。

经过非包含处理的特征序列，成为标准特征序列。以后没有特别说明，特征序列都是指标准特征序列。意思就是对上涨的特征序列如同上涨K线包含关系一样处理，下跌同样。参照一般K线图关于顶分型与底分型的定义，可以确定特征序列的顶和底。

注意，以向上笔开始的线段的特征序列，只考查顶分型；以向下笔开始的线段，只考查底分型。

同时，在《教你炒股票第67课：线段的划分标准（特征序列）》一文中，缠师清晰地将线段的划分分为两种情况：

第一种情况：特征序列的顶分型中，第一个和第二个元素之间不存在特征序列的缺口，也就是X2和X3元素有重合，那么该线段在该顶分型的高点处结束，该高点是该线段的终点；特征序列的底分型中，第一个和第二个元素间不存在特征序列的缺口，那么该线段在该底分型的低点处结束，该低点是该线段的终点。具体如图4-38和图4-39所示。

参照一般K线图关于顶分型的定义，可以确定该特征序列的顶分型。该上涨线段被下跌线段破坏，上涨线段结束（见图4-38）。

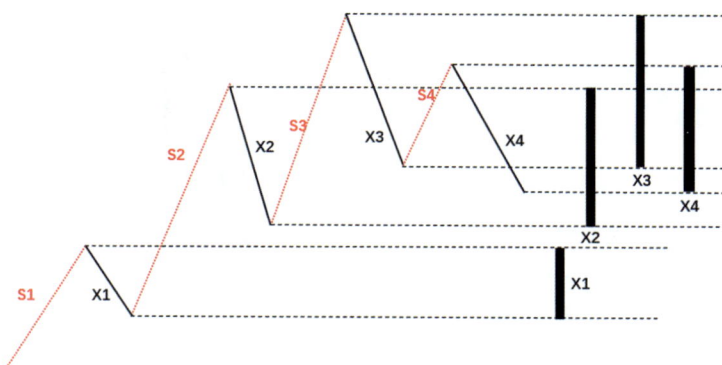

图 4-38 上涨线段特征序列形成顶分型

参照一般 K 线图关于底分型的定义，可以确定该特征序列的底分型。该下跌线段被上涨线段破坏，下跌线段结束（见图 4-39）。

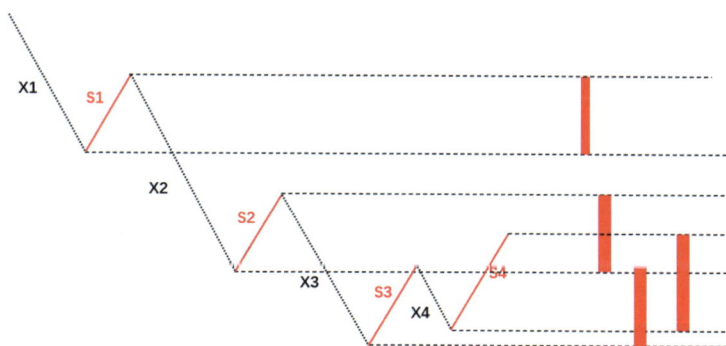

图 4-39 下跌线段特征序列形成底分型

第二种情况：特征序列的顶分型中，第一个和第二个元素之间存在特征序列的缺口，如果从该分型最高点开始的向下一笔开始的序列的特征序列出现底分型，那么该线段在该顶分型的高点处结束，该高点是该线段的终点；特征序列的底分型中，第一个和第二个元素之间存在特征序列的缺口，如果从该分型最低点开始的向上一笔开始的序列的特征序列出现顶分型，那么该线段在该底分型的低点处结束，该低点是该线段的终点。上涨过程和下跌过程中特征序列有缺口的处理分别如图 4-40 和图 4-41 所示。

上涨中的第二种情况：特征序列有缺口，也就是 X2 与 X3 元素存在缺口，一般都是在力度很强的上涨过程中发生的（见图 4-40）。

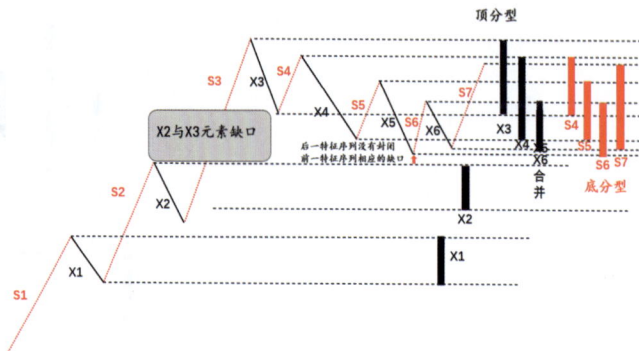

图 4-40　上涨过程中特征序列有缺口的处理

下跌中的第二种情况：特征序列有缺口，也就是 X2 与 X3 元素存在缺口，一般都是在力度很强的下跌行情中发生的（见图 4-41）。其后从该底分型最低开始的向上一笔开始的序列的特征序列出现顶分型，那么该线段在该底分型的低点处结束，该低点是该线段的终点。

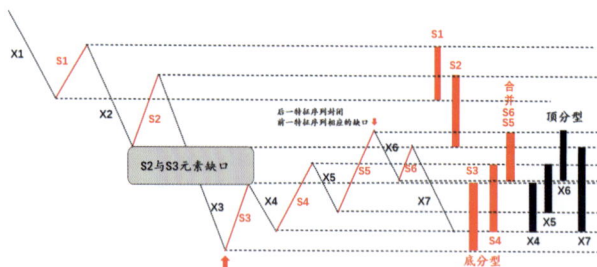

图 4-41　下跌过程中特征序列有缺口的处理

注意，在第二种情况下，后一特征序列不一定封闭前一特征序列相应的缺口，而且，第二个序列中的分型，不分第一、二种情况，只要有分型就可以。

我们再来看在第二种情况下，上涨线段仍然没有被破坏的情况，如图 4-42 所示。

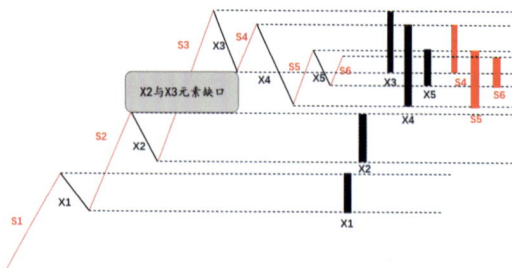

图 4-42　有缺口，但没有形成有效线段破坏

从图 4-42 可以看出，X2 与 X3 有缺口，不过 X4 没有跌破 S2，也就是没有封闭缺口，故前一上涨线段没有被破坏。

还有一种情况，即在第二种情况下，线段仍旧被过早破坏，如图 4-43 所示。

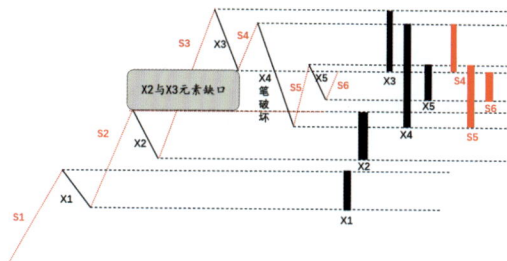

图 4-43 有缺口，形成有效线段破坏

从图 4-43 可以看出，X2 与 X3 有缺口，不过最早破坏的一笔不是转折的第一笔，而是 X4 一笔下破 S2，前一线段被笔破坏，上涨线段终结。

上述两种情况给出所有线段划分的标准。显然，出现特征序列的分型，是线段结束的前提条件。这里，就是对前面"线段破坏的充要条件就是被另一个线段破坏"的精确化。因此，以后关于线段的划分都以此精确的定义为基础。

这个定义有点复杂，首先请搞清楚特征序列，其次搞清楚标准特征序列，然后是标准特征序列的顶分型与底分型。而分型又以分型的第一个元素和第二个元素之间是否有缺口分为两种情况。

显然，按照这个划分，一切同一级别图上的走势都可以唯一地划分为线段的连接，正如一切同一级别图上的走势都可以唯一地划分笔的连接。有了这两个基础，那么整个中枢与走势类型的递归体系就可以建立起来了。这是基础的基础，请务必搞清楚，否则肯定学不好。

● 古怪线段

所有古怪线段，都是因为线段出现第一种情况的笔破坏后最终没有在该方向由该笔发展形成线段破坏所造成的，这是线段古怪的唯一原因。因为，如果线段能在该方向出现被线段破坏，那就很正常了，没什么古怪的。

图 4-44 的情况是线段被出现第一种情况的 X3 笔破坏后，延续下跌笔的方向发生了线段的终结。即前一线段被笔破坏，小转大的情况，最早破坏的一笔就是转折下来的第一笔 X3。但是如果 X3 下跌笔破坏之后的走势没有在这个方向上延伸，反而继续上涨，这就是所谓的古怪线段，如图 4-45 所示。即前一线段被笔破坏，但最早破坏的 X3 笔结束后，走势又反弹出 S4，继续上涨，且 S5

低点比 X2 低点更高，故上涨线段延续。

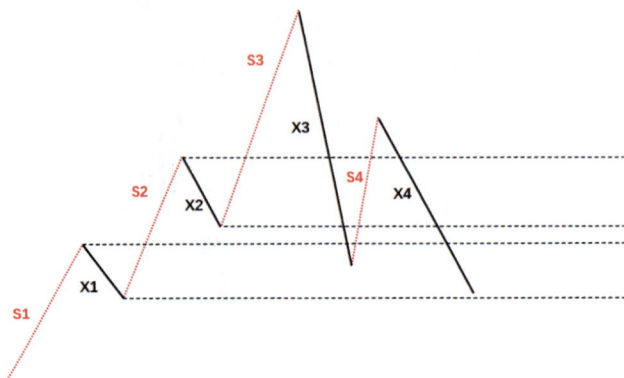

图 4-44　线段被利索的一笔破坏

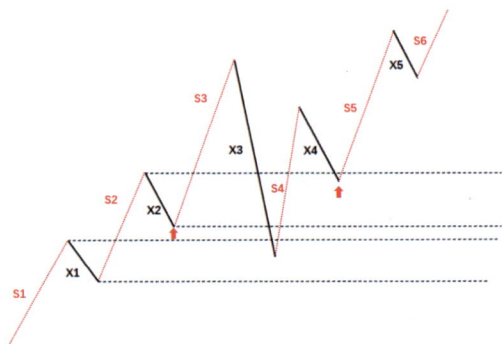

图 4-45　上涨中的古怪线段

下跌中的古怪线段如图 4-46 所示。前一下跌线段被 S3 上涨笔破坏，但随后上涨动能不足，下跌出 X4，继续下跌，且 S4 高点比 S2 高点更低，故下跌线段延续。

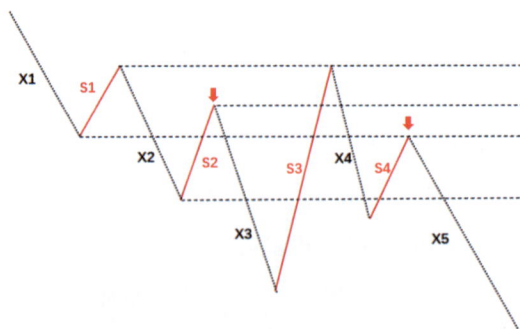

图 4-46　下跌中的古怪线段

特别说明：

分型对应的是笔，而特征序列里元素的分型对应的是线段的破坏判断。跳空缺口在笔中是笔，在线段中是线段。

——教你炒股票第 64 课：去机场路上给各位补课（2007-07-02）

如果连分型、笔、线段这些最基础的东西都没搞清楚，都不能做到在任何时刻、面对任何最复杂的图形快速进行正确的分解，就说要掌握本 ID 的理论，那纯粹是瞎掰。

——教你炒股票第 65 课：再说说分型、笔、线段（2007-07-16）

● 线段的心理含义

相比于单纯的一个笔结构，一个线段的破坏需要更大的能量，在线段的运行过程中，偶尔会被一笔所影响，形成古怪线段，这种情况从心理学来看，偶然因素是可以发生的，只要不被再次确认，就证明偶然因素对原来的心理合力没有大影响，反过来确认了该合力的有效性。正如 3.20 节中，关于猛烈调整的问题，缠师提到的"最出名的熊市大反弹"和"最出名的牛市大暴跌"。

线段是延续还是破坏，其背后是有着深刻心理因素变化的，缠师引入特征序列，本质上也是为了更细致地勾勒这种心理变化。一般而言，一个顶、底分型需要三次确认才能形成，特征序列的分型也一样。

事不过三，三生万物，这就增加了事情确认的有效性，对线段而言，一个线段的破坏需要三次反复确认，买卖双方形成的合力也得到充分体现，而对比两个不同方向的线段以及背后的心理、实力则更加一目了然，所以由线段构成的最小级别中枢作为走势的零部件是相对更合理的。

线段破坏的两种方式背后有着很大不同的心理面。

第一种方式，第一笔攻击就直接攻破上一段的最后一次打击，证明这反攻的力量是有力的，再回来一笔，代表着原方向力量的再次打击，但反攻力量扛住并再次反攻形成特征序列的分型证明，反攻至少构造了一个停歇的机会。最坏的情况就是双方都稍微冷静一下，再次选择方向。而更重要的是，线段破坏的两种方式，心理面有很大的不同。

第二种方式，本质上是以时间换空间，反攻开始的力量很弱，需要慢慢积累，这一方面代表原方向的力量很强，另一方面，又要密切关注是否会形成骨牌效应，也就是开始的反攻力量很小，却能迅速蔓延开。这往往证明，市场原方向的分力，其结构具有趋同性，一旦有点风吹草动，就集体转向，这在投机性品种中经常能看到，经常是一个小 M 头就引发大跳水。趋同性，如果对于一般性品种来说，往往意味着庄家控盘程度高。

——教你炒股票第83课：笔—线段与线段—最小中枢结构的不同心理意义1

（2007-09-26）

线段的设立是为了让图形几何化、规范化，线段的划分，其实一点都不难，关键是要从定义出发。而且用线段划分的两种情况的规定可以证明，线段的划分也是唯一的。

另外，关于不同软件存在数据差异问题，缠师认为：

在一个具体的分析中，一定要坚持用同一套软件的同一个数据源，这样，数据的连续性是保持在同一规范下的。不同软件的数据不同会导致不同的划分，不会实质影响大的级别划分。站在实际操作层面，至少要在 1 分钟级别上讨论操作问题，所以这样的测量误差，是在可接受范围内的。测量误差，是不影响理论的统一性与严谨性的。

因此可以给出一个结论：本 ID 的理论是可以进行最精确的研究的，而且这种研究是绝对科学客观的，只和分析的具体图有关，只要是同一个软件的同一张图，就有绝对唯一的答案，在这个答案面前，人人平等。并不是因为本 ID 研究出了这个理论，本 ID 就有任何权威，在理论面前，人人一律平等，本 ID 也有出错的时候，但本 ID 的理论是不会错的，结论是唯一客观的，这叫依法不依人。

——五律：席间口占（2007-08-06）

● 线段应用案例

我们再来回顾一下当初缠中说禅是如何通过线段划分来看大盘的。

大盘 2007 年日线图如图 4-47 所示。缠师最开始提到线段是在《教你炒股票第 21 课：缠中说禅买卖点分析的完备性》一文中，文中指出市场走势完全由线段构成，线段的端点是三类买卖点中的某一类；再到《教你炒股票第 53 课：三类买卖点的再分辨》一文中，缠师为了使走势更精确化，故正式用到"线段"。

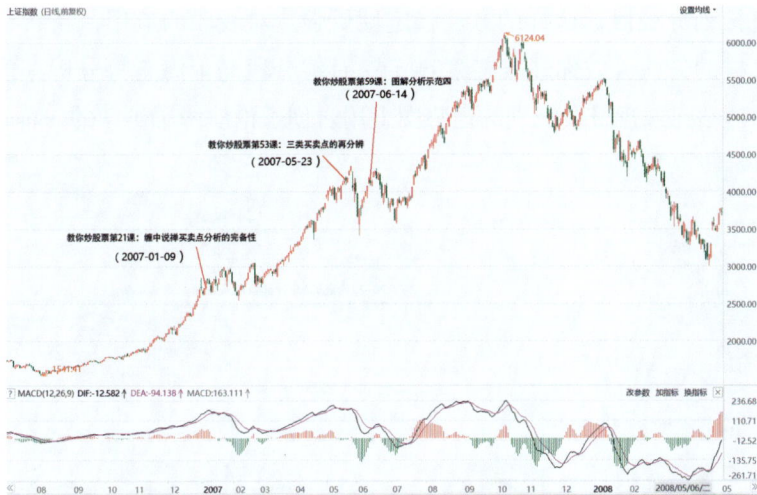

图 4-47　大盘 2007 年日线图

本节取自《教你炒股票第 59 课：图解分析示范四》一文，当时的大盘正处于日线上涨一笔，即将要调整中。显而易见，缠师为了更精准地把握当时走势的位次以及向大众阐述在先前理论基础上更为精细的理论部分，所以用线段来看待走势，这样对后面小转大就会有更清晰的认知。原文如下：

对于初学分析的人，最难搞的就是分清楚线段，所以，在每张图上，都继续用数字标记每一段线段，从中不难学会究竟线段是如何分的。

有人可能要问，为什么有些线段很长，延续了上百点甚至更多，而有些很短。这并不奇怪，是不是线段，关键看走出来的形态，如果任何低点比前一个高点都高，那么即使按这种情况无限延续下去，也依然只是一条线段，这和幅度没关系。

还有，前后两条线段之间，不可能是同向的，同是向上或向下不可能构成两条前后相邻的线段。而且，由于线段都至少呈现上下上或下上下，所以线段不存在一条直线走平的可能，由此也知道，为什么一字涨停，无论如何延续，还是低于线段的级别，是最小级别的。

笔者节选了当年缠师在大盘 1 分钟走势图上进行线段划分的一张图，如图 4-48 所示（这图可以说是古董）。

图 4-48 中，20 ~ 23 构成的 1 分钟标准的线段中枢产生延续，29 是这 1 分钟线段中枢的第三类买点。这样的例子在缠师的原文及解盘回复中非常多，所以学习一定要全面仔细。笔者认为对线段划分熟悉之后，在小级别如 1 分钟图

上可以直接划分线段，这样的方法稳定性更强。对线段的应用，当然在更高级别也是一样的。在《教你炒股票第 69 课：月线分段与上海走势分析、预判》一文中，缠师站在大盘月线级别的走势图上用自创理论演绎了绝佳的一幕。

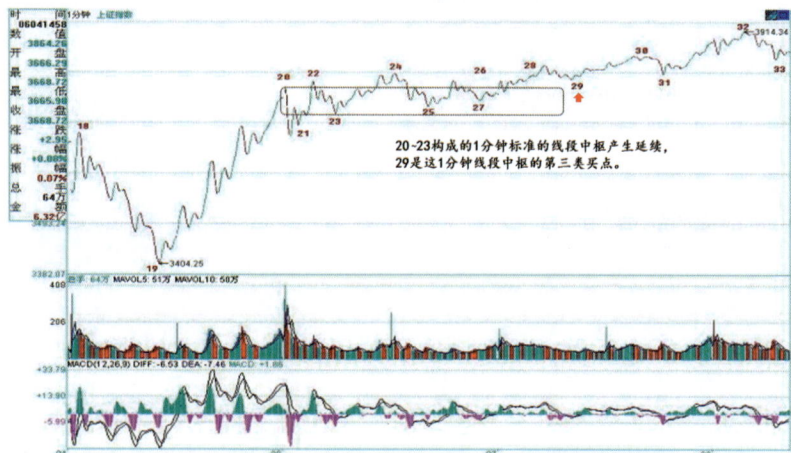

20—23构成的1分钟标准的线段中枢产生延续，29是这1分钟线段中枢的第三类买点。

图 4-48　大盘 2007 年 6 月 14 日 1 分钟走势图

我们来看缠师在 2007 年 8 月 9 日是怎么用线段来判断当时的大盘月线的。

大盘 2001—2005 年月线线段类底背驰如图 4-49 所示。显然，目前月线上的第 1、2 段已经走出来，其中，按照线段里笔的类背驰，1 的结束那顶与 2 结束那底都是极易判断的。上证指数的历史大顶与底，根据线段的划分，也很容易判断。那么，对现在依然进行中的第 3 段走势如何确定呢？

图 4-49　大盘 2001—2005 年月线线段类底背驰

（1）这一段要成为段，那至少要三笔，而现在连一笔都没走完，因此，这轮行情的幅度，可想而知。也就是说，即使该笔走完，一个笔的调整后，至少还有一个向上的笔。

（2）2245～998 点是线段的类中枢，也就是说，只要调整那笔不跌破 2245 点，那么，将构成一个线段的类第三类买点，这也支持至少要走一笔。

缠师在 2007 年 8 月大盘在 4300 点时，按照常理推断月线上涨的一笔没有完成，且月线顶分型后的下跌一笔只要不跌破 2245 点，就会构成 [2001.6—2005.6] 线段类中枢的第三类买点。然而 2008 年断崖式的下跌，指数跌出 1664 点的新低。

这里提前说一下，转折分两种，即常规转折与非常规转折。常规转折即标准级别对应形态学背驰；非常规转折即为小转大。通常，非常规转折具有非常规空间换时间的特性。缠师一开始判断后面是常规发展，结果是非常规转折。理论没问题，只是根据当时具体合力的情况来看后面是常规发展。

（3）笔的完成，必须构成一个顶分型。而一个月线的顶分型将如何构成呢？这意味着什么呢？需要学习者自己思考与实践。

4.9 何谓缠中说禅走势中枢

我们日常操作中所面对的都是动态的、当下的、鲜活的行情走势，而任何的当下走势都面临着延续或者转折。由于在盘面上的任何走势，无论是趋势还是盘整，在某个时空必然会完成，从而转化成其他类型走势，也就是走势终完美，但其中位次变化之间的拐点把握是最难的，也是所有投资者试图掌握的，也是技术分析最核心的问题之一。

为了深入研究这个复杂的问题，必须先引入缠中说禅走势中枢的概念：某级别走势类型中，被至少三个连续次级别走势类型所重叠的部分，称为缠中说禅走势中枢。换而言之，缠中说禅走势中枢就是由至少三个连续次级别走势类型重叠部分所构成的。

——教你炒股票第 17 课：走势终完美（2006-12-18）

因为一旦我们知晓"下跌"之后所面临的"盘整"或者"上涨"，这对做多者而言，必然是盈利的。只不过大小和快慢会因为不同的综合因素而不同。为了深入研究当下的走势是延续还是转折之类的复杂问题，缠师开创式地引入了缠中说禅走势中枢的概念，以此给"不患，无位"的走势一个"患，所以立"

的判断系统基础，建立起不同级别的走势位次，这也是中枢的生、"生成"问题。

解读中枢的概念，需要理解这几个关键词：三个、连续、次级别、重叠。

三个："前三个"连续的次级别走势类型，上涨中的中枢从回落的高点算起，下跌形成的中枢从回升的低点算起。

> 回升或上涨中的中枢从回落的高点算起。下落或下跌形成的中枢从回升的低点算起。中枢有点像钟摆，回升的高点，就像把钟摆拉高，然后放手，反复三次确认。
>
> ——缠中说禅（2006-12-28）

连续：这些次级别走势类型是相互连接的。

次级别：比如，日线级别的次级别是 30 分钟或 60 分钟级别，30 分钟级别的次级别是 5 分钟级别。但要注意，"某级别的图"与"某级别的走势"是两个不同的概念。"某级别的图"（如日线图、30 分钟图）就是通常所说的某周期的图，这里的"级别"相当于道氏理论的"周期"；而"某级别的走势"里的"级别"是缠中说禅理论所特有的定义，是由中枢的级别所决定的。

重叠：这几个次级别走势类型的重叠区间。注意，次级别的这三个走势类型都是完成的才构成该级别的走势中枢。重叠也意味着筹码密集成交区，多空双方交战激烈的地带。

标准中枢如图 4-50 所示。

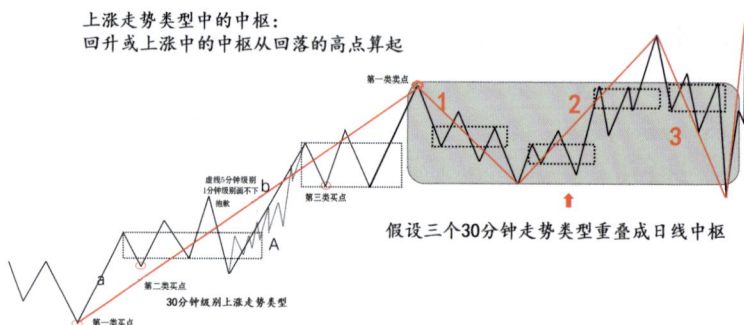

图 4-50　上涨过程中的日线中枢生成，下跌反之

具体的计算以前三个连续次级别的重叠为准，严格的公式可以这样表示：次级别的连续三个走势类型 A、B、C，它们的高\低点分别是 a1\a2、b1\b2、c1\c2。则中枢的区间就是 [max (a2, b2, c2), min (a1, b1, c1)]，而实际上用目测就可以发现。注意，次级别的前三个走势类型都是完成了才构成该级别的缠中说禅走势中枢，完成的走势类型，在次级别图上是很明显的，根本就不用再看次级别下面级别的图了。

——教你炒股票第18课：基本概念及定理（2006-12-26）

具体的实例如祥源文化周线笔中枢，如图4-51所示。

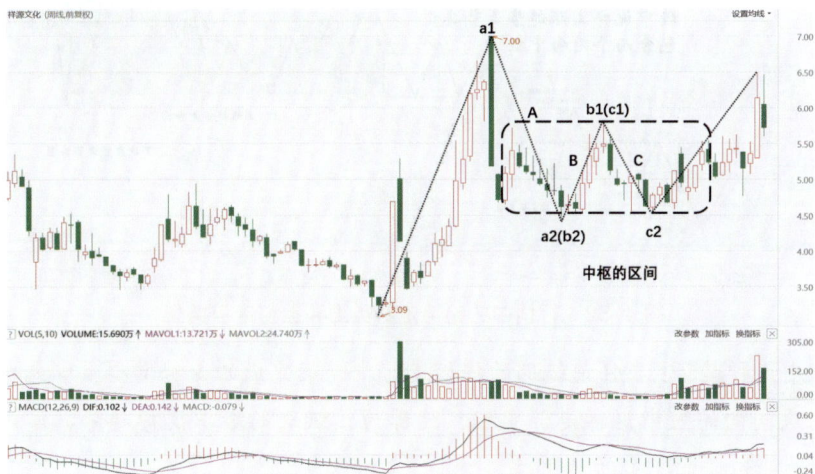

图4-51 祥源文化周线笔中枢

这里有一个递归问题，就是该次级别不能无限下去，就像"一分为二"，而"分"不是无限的，按照量子力学，物质之分是有极限的。同样，级别之次也不可能无限，在实际中，对最后不能分解的级别，缠中说禅走势中枢就不用"至少三个连续次级别走势类型所重叠"定义，而定义为"至少三个该级别单位K线重叠部分"。一般来说，对实际操作，都把这最低的不可分解级别设定为1分钟或5分钟线，当然，也可以设定为1秒钟线。

有了上面的定义，就可以在任何一个级别的走势中找到"缠中说禅走势中枢"。有了该中枢，就可以给"盘整""趋势"给出一个最精确的定义。行情中的趋势走势类型和盘整走势类型如图4-52所示。

缠中说禅盘整：在任何级别的任何走势中，某完成的走势类型只包含一个缠中说禅走势中枢，就称为该级别的缠中说禅盘整。

所谓的最低级别，就如量子力学的量子概念，物理世界不是想当然地无限连续的，而市场的交易同样如此。严格定义每笔交易是最低级别的，连续三笔相同价位的交易，就构成最低级别的中枢。有一个最低级别中枢的走势，就是最低级别的盘整走势类型。①

——教你炒股票第35课：给基础差的同学补补课（2007-03-09）

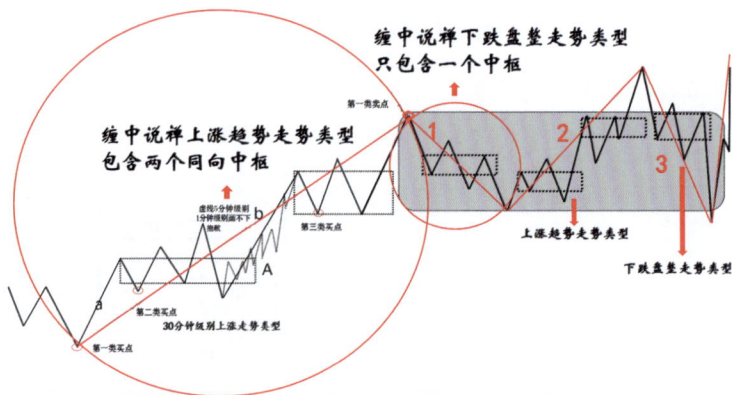

图4-52　行情中的趋势走势类型和盘整走势类型

缠中说禅趋势：在任何级别的任何走势中，某完成的走势类型至少包含两个以上依次同向的缠中说禅走势中枢，就称为该级别的缠中说禅趋势。该方向向上就称为上涨，向下就称为下跌。

对于任何级别的图形，趋势和盘整都是要完成的。这个原理的重要性，对于技术分析来说，就如同光速不变对于狭义相对论一样重要。

——缠中说禅（2006-12-15）

请注意，以往的"上涨""下跌""盘整"属于道氏理论的定义，是对各种走势形态进行的归纳，而缠论是用数学方法进行的严格定义，这两种定义的外延和内涵都不同。学习时，必须要把这两种定义区分开，才能减少不必要的困惑。趋势、盘整以及级别等关系的问题，是交易历史上最重要也是最容易混淆的问题之一。在缠中说禅的理论下该问题得以解决。

那么，是否可能在某级别存在这样的走势，即不包含任何缠中说禅走势中枢？

这是不可能的。因为任何图形上的"向上+向下+向上"或"向下+向上+向下"都必然产生某一级别的缠中说禅走势中枢，没有缠中说禅走势中枢的走势图意味着在整张走势图形上只存在两种情况，就是一次向下后永远向上，或者一次向上后永远向下。要出现这两种情况，该交易品种必然在一定时期交易后永远被取消交易，而这里探讨走势的一般情况，其前提就是该走势可以不断延续下去，

---

① 可以看出先定义了中枢，在中枢的基础上再定义走势类型。

不存在被取消交易的可能性。

缠中说禅技术分析基本原理一：任何级别的任何走势类型终要完成。

缠中说禅技术分析基本原理二：任何级别任何完成的走势类型，必然包含一个以上的缠中说禅走势中枢。

由原理一、原理二以及缠中说禅走势中枢的定义，就可以严格证明：

缠中说禅走势分解定理一：任何级别的任何走势类型，都可以分解成同级别"盘整""下跌"与"上涨"三种走势类型的连接。

缠中说禅走势分解定理二：任何级别的任何走势类型，都至少由三段以上次级别走势类型构成。

这些证明都很简单，就和初中几何的证明一样，如图 4-53 所示。

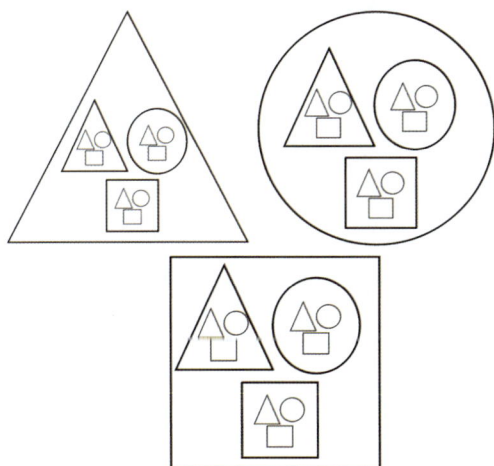

图 4-53　有趣的几何

在上涨走势类型、下跌走势类型、上涨盘整走势类型、下跌盘整走势类型的观照下，任何级别的任何走势都可以划分成这四种走势形式，这是否让你又想起了 4.8 节中关于 K 线的基础内容——"两仪生四象"。只不过不同的级别所代表的走势力度和延续时间不同，在周线级别，那肯定是牛市或者熊市，如果在 1 分钟里，上涨和下跌都是最小级别的生住坏灭。走势就是这样，生生灭灭之间如同花开花落。

关于最低级别中枢的构建，缠师说过不能由笔构成最小中枢，因为笔的稳定性不够。例如，一些瞬间的交易就可能引发结构的破坏，就像如果有人乌龙指，或者有人给老鼠仓送货，那么全天的走势分析就会大变样。而用线段构成最小中枢作为基础分析结构就不存这些问题。毕竟改变一个线段是需要更多能量的，受偶然性的影响较少。由此构成最小中枢的零件，才是合适的。严格意义上讲，线段以下是没有中枢的，可以称线段以下的"中枢"为类中枢或笔中枢。

笔中枢和线段中枢的比较如图4-54所示，两者的区别显而易见。

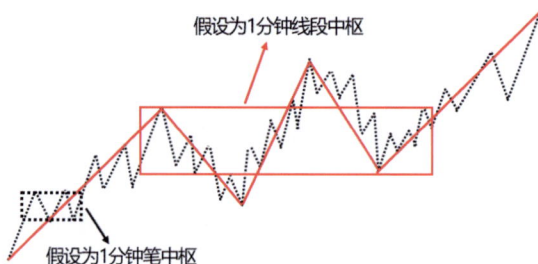

图4-54　笔中枢与线段中枢的比较

4.10　中枢其实是一个典型的递归

中枢和多少根K线没什么关系，除非是最低级别的，由于不能再用下一级别的定义，所以就可以定义为三根相连K线的重叠部分。

如果你的数学基础还可以，就知道中枢其实是一个典型的递归，即已知 A_0 的值，则 $A_{n+1}=F(A_n)$ （$n=0, 1, 2\cdots$），明白这个数学公式，就明白各级别中枢的定义了。

——缠中说禅（2007-02-12）

正因为走势具有自同构性，所以股票走势才是可以被理解的，才是可以被技术进行分析的，才是可以被把握的。如果没有自同构性，那么走势必然不可理解、无法把握。本质上要把握走势，就是把握其自同构性。缠师理论的关键之处就是对繁复、不可捉摸的股票走势进行了绝妙的洞察，发现走势这种同构性结构的、绝对复制性的可绝对推导性。不论古今中外，任何有效的技术分析，本质上都是该理论的分支。

而一个非常神奇的事情是：自同构性有一个最重要的特点，就是它可以自组出级别来。详见4.7节。

这是什么意思呢？也就是走势在生长中，级别的增大是自同构性自组出来的，或者说是生长出来的。

自同构性就如同基因，按照这个基因、这个图谱，走势就如同有生命般自

动生长出不同的级别来。不论构成走势的人如何改变，只要其贪、嗔、痴、慢、疑不改变，只要都是人，那么自同构性就存在，级别的自组性就必存在。缠师的理论并不是跛脚的死教条，而是一门真正的生命学科。所以缠师说：

> 本ID理论的哲学本质，就在于人的贪、嗔、痴、疑、慢所引发的自同构性以及由此引发走势级别的自组性这种类生命的现象。走势是有生命的，本ID说："看行情的走势，就如同听一朵花的开放，见一朵花的芬芳，嗅一朵花的美丽，一切都在当下灿烂。"这绝对不是矫情比喻，而是科学般的严谨说明，因为走势确实有着如花一般的生命特征，走势确实在自同构性和自组性中发芽、生长、绽放、凋败。
>
> ——教你炒股票第81课：图例、更正及分型、走势类型的哲学本质（2007-09-17）

那么，自同构性结构究竟是如何引发级别自组性的呢？

在实际应用中，顶底分型是中枢与走势级别递归定义的一个起始程序，是为了中枢等的递归性定义中给出其最开始的部分，当然也可以用别的定义去取代。例如，我们可以用收盘的价位去定义顶分型、底分型结构，也可以用成交量给出相应的递归开始部分，只要能保证分解的唯一性就可以。

缠师关于中枢等的定义，其实一直没有改变过，因为中枢定义的关键在于定义的递归性。一般的递归定义，由两部分组成：$f_1(a_0) = a_1$ 和 $f_2(a_n) = a_n+1$，其中第二部分的规则不会有任何改变，而等号前的部分进行随意设置也不会改变中枢定义的递归性。任何有点数学常识的人都知道，$f_1(a_0) = a_1$ 之前是不需要再有什么递归性的，也就是说，f_1 和 f_2 可以是两个完全不同的函数。

笔者在此再详细阐述中枢的递归含义，一般的递归定义，由两部分组成：

（1）$f_1(a_0) = a_1$；f_1 指分型、笔、线段构成最低分析级别中枢走势类型的规则（a_0 可以随意设置，一般 a_0 设置为分型、笔、线段），a_1 指最低分析级别中枢，走势类型。

（2）$f_2(a_n) = a_n+1$；f_2 指低级别走势类型构成高级别走势类型的规则（a_n 指低级别走势类型），a_n+1 指高级别中枢，走势类型。

级别递归函数类似于自然数的进位制，一个必然的结论就是，任何高级别的改变都必须先从低级别开始。有了这样一个最良好的结构，那么，关于走势操作的完全分类就成为可能。正是由于走势必完美，级别递归函数唯一分解了市场的整体结构，区间套才得以重要应用。

斐波那契数列（1、1、2、3、5、8、13、21）就是一个典型的递归案例，递归关系就是实体自己与自己建立关系。其递归定义方法为：F(0) = 0，F(1) = 1，F(n) = F($n-1$)+F($n-2$)($n \geq 2$，$n \in \mathbf{N}^*$)；当 n 越大时，F($n-1$) / F(n) 就越趋近于黄金分割率，比如 13/21 = 0.6190、21/34=0.6176、34/55=0.6182、55/89=0.6179、89/144=0.61806。

由于维度 D=1.618 空间是 D=0.618 空间与 D=1 空间的（垂直）叠加，于是，在时间周期上的比例也经常出现黄金分割率，这也解释了为什么缠师会以斐波那契数列来说明时间之窗的概念。

因为任何级别任何走势类型终将完成，而级别是由递归函数而来，并依次升大的。这个级别走势完美了，开始了高级别走势的不完美，生生不息，死死不息，如花开花落一般构成了绚丽的走势，也如任何实物都逃不脱死亡一样。位次也是，经历新生，生长，到最后的消亡，新的位次得以重生。所以缠师曾说："生的，总要死去，如果自然真有什么法则，这就是唯一的法则，市场上的法则也一样。所谓法则，就是宿命。"

在《教你炒股票第 63 课：替各位理理基本概念》一文中，缠师讲明了，中枢的递归定义是解决其存在性问题的。因为中枢是可以递归式地定义出来的，而该定义是可操作性的，该定义实际上是如何找出中枢的一种方法，按照这种方法，就肯定能找出定义中的中枢。

如果我们首先确立了显微镜的倍数，也就是说，例如我们把 1 分钟图作为最基本的图，那么就可以开始定义分型、笔、线段等。有了线段，就可以定义 1 分钟的中枢，然后就是 1 分钟的走势类型，然后按照递归的方法，可以逐步定义 5 分钟、30 分钟、日、周、月、季度、年的中枢和走势类型。[①]

而有的人总是不明白，例如总是在问，5 分钟图怎么看，30 分钟图怎么看。其实，如果你选择 5 分钟或 30 分钟为最基本的图，那么和 1 分钟的看法一样，只不过你的显微镜倍数比较小，看起来比较粗糙而已。而如果你已经选择 1 分钟作为最基本的图，也就是选定了 1 分钟这个倍数的显微镜，那么看 1 分钟图就可以，所以，本 ID 也就不断地在 1 分钟图上进行线段的记号来示范。

中枢的递归模式如图 4-55 所示。

---

① 这是缠师自己阐述的递归步骤。

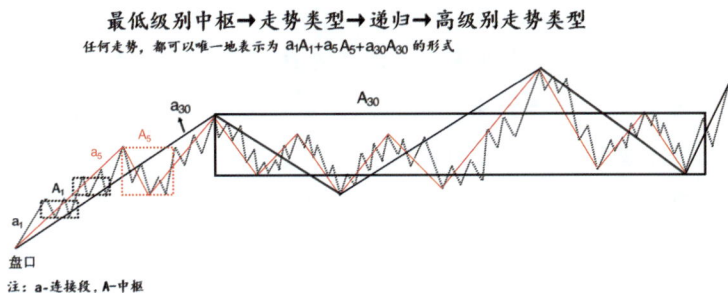

最低级别中枢➡️走势类型➡️递归➡️高级别走势类型

任何走势，都可以唯一地表示为 $a_1A_1+a_5A_5+a_{30}A_{30}$ 的形式

注：a-连接段，A-中枢

图 4-55 中枢的递归模式

笔者通过划线工具更直观地将递归逻辑展现出来，具体如图 4-56 所示。从 1 分钟线段、1 分钟线段中枢、1 分钟走势类型作为起始递归出的走势图中，我们可以清楚地看到从最低点开始，1 分钟上涨走势类型结束后回落出 1 分钟下跌走势类型，而后又反弹和回落出 1 分钟走势类型，如此生长出了 5 分钟级别中枢、5 分钟上涨走势类型，而后 5 分钟级别的走势类型下上下震荡又生成 30 分钟级别的中枢，以此类推。这个过程完全符合中枢的定义、递归的定义，如此走势的位次就清晰地建立起来了。

图 4-56 笔者标记的 2021 年 12 月 15 日左右的白银现货 4 小时递归走势图

在交易中，或者说在使用缠中说禅理论时，业余和专业是不同的。缠师曾就在音乐方面的业余和专业发表了如下述说：

业余和专业最大的差异就是对曲式或格律的把握。对于业余来说，曲式或格律都是束缚，但这对于专业来说，就不是这样了，所谓戴着枷锁跳舞。业余的人总是叫嚣曲式、格律太束缚思想，其实都是些水平太低的表现。说天才，没有人能比得上莫扎特，但他的所有音乐都是在极为有限的曲式中展开的，这些曲式的数量绝不会超过20种，而其中最常用的大概也就是五六种。

——本 ID 作曲作业录音，院士部级诗集闲谈（2006-07-16）

同样地，在使用缠中说禅理论时，一开始的递归系统是非常重要的基本功，所谓"戴着枷锁跳舞"，但日积月累，看图的能力会由内而外产生质的飞跃。108 课原文的前半部分，其实缠师从不同角度回答了同一个问题，这些问题都来源于中枢递归概念的复杂性。只是后来在定义了"分型""笔"和"线段"概念之后，就更加规范了 A_0 和 A_n+1 这个递归函数，从而也过滤掉一些细节，省去了反复纠缠于更小级别的延伸、扩展（扩张）等问题。

同时，笔者需要重点说明的是：2007 年 6 月前说的 30 分钟中枢，相当于后期的 5 分钟中枢；日线中枢相当于后期的 30 分钟中枢；5 分钟中枢相当于后期的 1 分钟中枢；1 分钟中枢相对于后期的 1 分钟图笔中枢。

这是由于后期递归体系的建立和完善所重新规定的标准。当然，运用的时候可以活用。如递归定义在实际应用上并不需要真从最低级别开始，可以从实际中最方便的级别开始。当然，如果是为了彻底穷源理论和现实走势，那可以从最低级别开始画图，感受走势生长的韵律。

缠师在行文中阐述级别时前后文的这种"矛盾"之处，从操作角度而言，其原则总方针没有任何区别。这是创造一个理论不可避免的事情。

最后，国际歌写得很明白："要创造人类的幸福，全靠我们自己。"投资者要自己画图，这样会得到一定的"感觉"。就如同打仗，看自己画的地图与看印刷的地图相比，效果肯定不同。另外，缠师在《教你炒股票第 101 课：答疑 1》一文中再论了走势终完美的问题，走势必完美在走势终完美的基础上更具理论的准确性和实操性。

在缠师设立的"游戏规则"下，分型、笔、线段、不同级别走势类型所对应的递归函数，完美地给出市场走势一个类似记数法可以将行情的任何走势唯一地分解。而唯一分解定理，在现代数学理论的任何分支中都是核心的问题。一个具备唯一分解定理的理论，一定是强有力的，这就是走势必定完美。

也正是在缠师所揭示的，在如此完美的整体规律下，所有的操作就有了保证。区间套方法的应用就是建立在这个体系下的，如果市场走势没有缠师所揭示的如此整体结构，那么区间套是不会存在的，也就是没有操作意义的，就像"碰运气"。而有了区间套，买卖点的精确定位才有可能。

任何走势，都可以唯一地表示为 $a_1A_1+a_5A_5+a_{30}A_{30}$ 的形式，如图 4-55 所示。而级别的存在，一个必然的结论就是，任何高级别的改变都必须先从低级别开始。例如，绝对不可能出现 5 分钟从下跌转折为上涨，而 1 分钟还在下跌段中。有了这样一个最良好的结构，那么，关于走势操作的完全分类就成为可能。

完全分类，其实是一个超强的实质性质。学过现代数学的人知道，绝大多数系统并不一定存在完全分类的可能，而要研究一个系统，最关键的是找到某种方式实现完全分类，说得专业点，就是具备某种等价关系。

而由于走势必完美，所以走势是可以完全分类的。而所有的分类，都有明确的界限，这样，任何走势都成为可控的。这种可控并不需要任何人的预测或干预，而是当下直接显示的，你只需要根据当下的显示内容，根据自己的操作原则进行操作就可以。

注意，完全分类是级别性的，是有明确点位界限的。而不是粗糙、上下平的无聊概念。也就是说，本 ID 的理论完全是数量化的，因而就是精确化的，里面不存在任何含糊的地方。所以，明白上面这些，就有了一个大概的框架，而不至于迷失于理论中了。

——教你炒股票第 102 课：再说走势必完美（2008-03-06）

4.11 节为中枢递归概念之前的中枢问题解析，请注意区分。

▶ 4.11 "缠中说禅走势中枢"的问题是技术分析中的核心问题

如何判别"走势类型延伸"是否结束？这里，必须首先搞清楚"走势类型延伸"的实质是什么。对于趋势来说，其"延伸"就在于同级别的同向"缠中说禅走势中枢"不断产生；而对于盘整来说，其"延伸"就在于不能产生新的"缠中说禅走势中枢"。由于"走势类型延伸"意味着当下的"走势类型"随时可以完成，相应的"类型"必然是确定的，因此"走势类型延伸"是否结束的判断关键就在于是否产生新的"缠中说禅走势中枢"。

此外，由于趋势至少包含两个"缠中说禅走势中枢"，而盘整只有一个，因此趋势与盘整的判别关键也就在于是否产生新的"缠中说禅走势中枢"。由此可见，"缠中说禅走势中枢"的问题是技术分析中的核心问题，该问题一旦解决，很多判断上的大难题也将迎刃而解。

——教你炒股票第 18 课：基本概念及定理（2006-12-26）

有以下几个关于中枢的定理：

缠中说禅走势中枢定理一：在趋势中，连接两个同级别"缠中说禅走势中枢"的必然是次级别以下级别[①]的走势类型。

连接两相邻同级别缠中说禅走势中枢的走势不必然是趋势，任何走势类型都有可能，有以下几种可能：

（1）次级别以下级别，如最低级别的，也是最极端的，是跳空缺口后形成新的"缠中说禅走势中枢"。

中枢停留的级别越小，趋势的力度越大，缺口不等于中枢，只是连接中枢的最低级别。缺口表明离开原来中枢的力量比较大，但如果缺口以后出现一个很大级别的中枢，这就证明其力度有限了。最强的当然就是缺口后一个 5 分钟甚至更短的中枢后趋势就继续，这是最强的。例如，连续直接封涨停是最强的，为什么？因为缺口后的中枢都是 1 分钟，是最低级别的。

——缠中说禅（2006-12-28）

一个最极端的例子，一个股票连续 30 天一开盘就涨停，30 条横线向上，这样，在日线上就不可能形成中枢，最多只在 1 分钟图上形成 30 个中枢。而 1 分钟不是日线的次级别。

——缠中说禅（2006-12-28）

（2）次级别走势类型。如连接两个同向的 5 分钟级别中枢的是 1 分钟级别的走势类型、连接两个同向的 30 分钟级别中枢的是 5 分钟级别走势类型、连接两同向日线级别中枢的是 30 分钟级别走势类型，以此类推。

围绕中枢的震荡，不一定都是次级别的，例如，一个日线中枢，围绕它的震荡，完全可以是 30 分钟以下的任意级别，甚至是一个跳空缺口，如有些股票，完全可以今天一字涨停，明天一字跌停，跳来跳去。这种走势，一般人看着就晕了。

---

① 次级别以及次级别以下级别。

但如果明白走势连接的结合性就知道，无论怎么跳，最终都要形成更大级别的走势，只要不脱离这日线中枢，最后都至少会形成 30 分钟级别的走势。

——教你炒股票第 36 课：走势类型连接结合性的简单运用（2007-03-13）

缠中说禅走势中枢定理二：在盘整中，无论是离开还是返回"缠中说禅走势中枢"的走势类型必然是次级别以下的。

缠中说禅走势中枢定理三：某级别"缠中说禅走势中枢"的破坏，当且仅当一个次级别走势离开该"缠中说禅走势中枢"后。其后的次级别回抽走势不重新回到该"缠中说禅走势中枢"内。

定理三中关于"中枢破坏"的两个次级别走势的组合只有三种。

（1）趋势＋盘整，如图 4-57 所示。下跌反之。

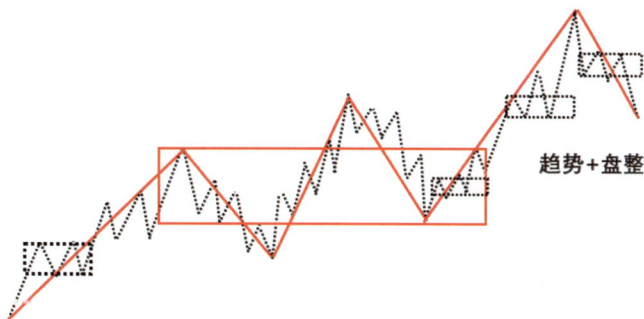

图 4-57 趋势＋盘整

（2）趋势＋反趋势，如图 4-58 所示。下跌反之。

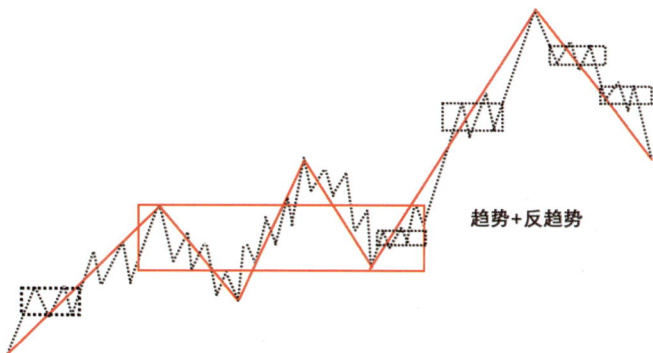

图 4-58 趋势＋反趋势

（3）盘整＋反趋势，如图 4-59 所示，下跌反之。

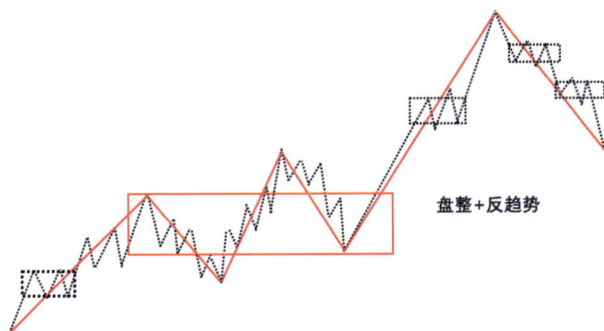

图 4-59　盘整 + 反趋势

其中，站在实用的角度，对原中枢破坏最有利的是趋势+盘整。例如在上涨中，如果一个次级别走势向上突破后以一个盘整走势进行整理回抽，那其后的上涨往往比较有力，特别是这种在底部区间的突破。这种情况很常见了，其理论依据就在这里。请注意，其实这里的两个次级别走势的组合是指以级别递归起始后的扩展中枢而言的。这与以次级走势类型组成的中枢有所不同。

这也说明：在上涨中，如果一个次级别走势向上突破后以一个盘整走势进行整理回抽，那其后的上涨往往比较有力，特别是这种突破是在大级别的底部区间。

接下来，讲讲中枢的命运。

中枢的命运（中枢的运动）有三种，即中枢延伸、中枢扩展（扩张）、中枢新生。

（1）中枢延伸。这种情况下，所有围绕走势中枢产生的前后两个次级波动都必须至少有一个触及走势中枢的区间。否则，就必然产生一个新的三次连续次级走势类型的重叠部离开原来的走势中枢，这与走势中枢的延续矛盾。中枢延伸如图 4-60 所示。

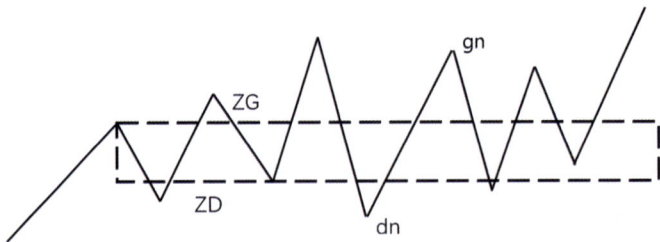

走势中枢的延伸等价于任意区间[dn，gn]与[ZD，ZG]有重叠。

图 4-60　中枢延伸

一般来说，中枢的延伸①不能超过 5 段，也就是一旦出现 6 段的延伸，加上形成②中枢本身那三段③，就构成更大级别的中枢了。

——教你炒股票第 33 课：走势的多义性（2007-03-02）

按照结合律，这属于中枢的 3+3+3 结合。这一点，只要递归后就不是问题。

（2）中枢新生。这种情况意味着同级别上产生了不重叠本级别中枢波动区间的新中枢。中枢新生如图 4-61 所示。

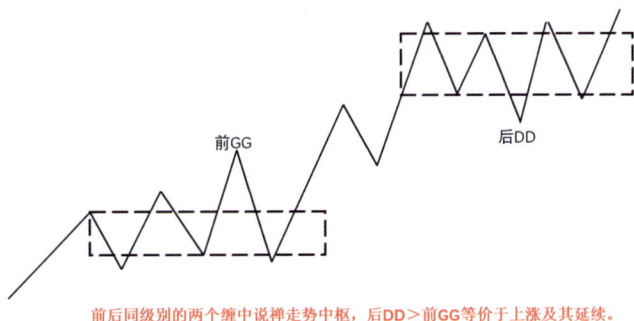

前后同级别的两个缠中说禅走势中枢，后 DD＞前 GG 等价于上涨及其延续。

图 4-61　中枢新生

针对中枢延伸和新生，有缠中说禅走势级别延续定理一：在更大级别缠中说禅走势中枢产生前，该级别走势类型将延续。也就是说，只能是只具有该级别缠中说禅走势中枢的盘整或趋势的延续。

（3）中枢扩展（扩张）。"中枢级别扩张"（中枢扩展）这个词最早出现在《教你炒股票第 20 课：缠中说禅走势中枢级别扩张及第三类买卖》一文的标题中。

然而，缠师最早提到"扩张"一词却不是在走势中，而是在音乐的谱曲中。我们看一下缠师的以下观点。

说过要把以前学作曲时写的一些作业上传上来，但一直没弄。首先最近比较忙，但最关键的是录音很占空间。目前所在的播客上传空间有限，本 ID 不会认为自己学作曲时写的一些作业比贝多芬、舒伯特们的伟大作品更值得占用网络资源，所以宁愿让多点空间给贝多芬、舒伯特们。今天尝试了一下，使得 1 分钟的录音文件的大小小于 700K，因此就上传了三个不到 3 分钟的作业上来。

---

① 次级别走势类型。

② 本级别。

③ 次级别走势。

这三个作业的特点都是由大的扩张乐段构成的一部曲式，通过这些作业顺便向各位介绍一点音乐知识。别看这三个小作品演奏长短、情绪都不一样，其实内在的曲式都是一样的，这有点像中国古典诗歌里的格律，同样的七律格式，却可以写出所有人不同的情感、境遇。

——本 ID 作曲作业录音，院士部级诗集闲谈（2006-07-16）

别忘了缠中说禅从小师从名师（冼星海的学生，德高望重的音乐界人物）学习作曲与美声，唱歌剧曾是缠师年少时候的梦想。一般而言，专家型通才在各个不同领域广泛学习，了解与这些领域相通的更深层次的法则，即所谓马斯克"第一性原则"，然后将这些法则运用到他们的核心专业中往往能惊奇地创造出非比寻常的成绩。这也正应了缠师解释的"学而不思则罔，思而不学则殆"，只有将差异性的"学"和同一性的"思"结合，才会事倍功半。

在数学和音乐的长期熏陶中，难怪缠师能写出缠中说禅理论。其实古今中外很多通才式的人物皆如此。缠师在 108 课原文中提及了不少走势与音乐之间相似性的内容，如同级别操作的多重赋格等。

在歌曲曲式乐段类型的基础知识中，笔者未找到扩张一说，但有乐段扩展一说。所谓乐段的扩展是指在较为典型的乐段结构基础上，根据歌词内容的需要和感情表达的要求，使乐段的结构规模加长，使之成为较为复杂化的乐段结构。

这里缠师对乐段用了"扩张"二字，实际上叫"乐段扩展"。正因如此，中枢扩张和中枢扩展成了一道萦绕在学习者们心中的坎：二者到底是同一个意思，还是有所区别呢？在缠师博客的所有文章中，"扩展"被提到了 212 次，而"扩张"被提到了 121 次，尤其是中后期，大盘从 6124 点跌下来的过程中，扩展被提到的次数更多。

让我们再来从一些缠师的原文中找寻线索和答案。

纯描写、叙事的音乐，就如同纯议论的诗歌，都是用力过度的结果。人的愚蠢和贪婪可以无限透支，艺术上也一样，杀死一种艺术形式的最好办法就是把它无限扩展。而当所有的形式都被无限扩张后，所有就变成了没有，唯一留下的是人的愚蠢和贪婪制造的赤字，最后在死亡中收支平衡。

——周末音乐会 11：炮火中的永恒（2006-09-29）

[匿名]：新年好，请问昨天你说的工商银行下来的第一波级别太低，是 5 分钟线吗？但是 30 分钟线上不是也形成中枢了吗？（2007-01-12）

缠师：现在已经是日线。30 分钟是后来形成的，开始的只是 5 分钟。中枢的级别是逐步加大的，这在调整中十分常见。这就是中枢扩张的意思。从一个 5 分钟的，慢慢扩张成一个日线的，甚至变成周线的。对于工商银行来说，如果这次下来后，必然有一个日线级别的盘整或上涨，但再上去如果不能突破该中枢，那肯定还有一波日线级别的盘整或下跌，这样就把该中枢进一步扩展成周线的了。（2007-01-12）

中枢有三种命运：延伸、扩展、新生。

——缠中说禅（2007-01-15）

补充一个本 ID 理论的学历标准：

精通找出各级别中枢的，幼儿园毕业；精通各级别中枢的新生、延伸、扩展的，学前班毕业；精通分辨盘整背驰与背驰，躲过盘整背驰转化为第三类买卖点的，是小学毕业。各位自己对照。

——缠中说禅（2007-02-02）

[匿名]：博主，某下跌或上涨的走势类型中，某级别围绕两个中枢震荡的次级别走势发生重叠而形成中枢扩张。

请问：

（1）这个扩张的中枢是否发生重叠后就完成了？

（2）这个扩展后的中枢如果完成或没完成，那它的次级别走势的三段该如何算起？如何区分呢？（2007-05-21）

缠师：你这样说不够严谨。中枢扩展不能预先说是某级别的，因为扩展可以不断延续下去。这个问题其实很简单，如果你明白连接的可结合性，就更简单了，其实就是 A+B+C=(A+B+C)，而后者符合更大的中枢定义，所以就可以说 A 扩展了，并没有什么高深的地方。（2007-05-21）

在这里，同学问的是扩张，缠师回答的却是扩展。综上内容，其实侧面说明：扩张和扩展在缠师的心中本来就是一个意思。

关于中枢扩张和扩展的内容解盘回复中还有很多，更有意思的是，笔者在《遥远的救世主》竟然看到这样的段子，即丁元英那首《卜算子》中都有"扩展"的应用，这似乎也是一种巧合。

丁元英说："献丑了。"于是背诵道：

自嘲

本是后山人，

偶做前堂客。

醉舞经阁半卷书，

坐井说天阔。

大志戏功名，

海斗量福祸。

论到囊中羞涩时，

怒指乾坤错。

芮小丹不会填词，但对常见的词牌还是略知一二，听出来这是《卜算子》，也知道写旧体诗词要比写自由体诗难度大一些。但是，要判断和评价一首词，仅仅靠听一遍是不行的，必须逐字逐句地看。

············

这首词平仄、韵脚、对仗都很工整，只有一处"客"字的韵脚破格，但按古词又不算破格，目是扩展词意，恰到好处。词句平淡，不生涩，活生生给自己画出了一幅酸臭书生的心态图，自我讽刺辛辣，自我解剖深刻，意境很高。芮小丹在心里禁不住暗暗赞许：好词。

诗词对缠师而言更是家常便饭，缠师的母亲是汉语言文学专业毕业的，所以也不难理解为何缠师在古文诗词方面造诣颇深。

接下来开始回顾中枢延伸、扩展、新生的原文内容。

走势中枢的延伸[①]与不断产生新的走势中枢并相应围绕波动互不重叠而形成趋势，在这两种情况下[②]，一定不可能形成更大级别的走势中枢。而要形成一个更大级别的走势中枢，必然要采取第三种方式，就是围绕新的同级别走势中枢产生后的波动与围绕前中枢的某个波动区间产生重叠，这就是中枢扩展。这是介于中枢延伸和中枢新生的一种中间状态，前后中枢"纠缠"出更大的中枢。

也就有了**缠中说禅走势级别延续定理二：更大级别缠中说禅走势中枢产生，当且仅当围绕连续两个同级别缠中说禅走势中枢产生的波动区间产生重叠。**

缠师还举了一个比喻：

这里来一个比喻就好理解了，缠中说禅走势中枢就如同恒星，和围绕该恒星转动的行星构成一个恒星系。而两个同级别恒星系要构成一个更大级别的系统，首先必然要其中的外围行星之间发生关系，这就是定理二的内容。

---

① 中枢延伸 9 段以上形成更大级别中枢是后话。

② 中枢延伸和趋势的情况下。

这里的缠中说禅走势级别延续定理二绝对是将学习者搞得团团转的地方，也是绝大部分学习者容易掉入的误区。别急，接下来缠师用公式来更加精确地讨论走势中枢的延伸、新生和扩展（扩张）问题，让我们拨云见日：

根据走势中枢的数学表达式：A、B、C 的高\低点分别为 a1\a2、b1\b2、c1\c2，则中枢的区间就是 [max(a2、b2、c2), min(a1、b1、c1)]。中枢的形成无非有两种，一种是回升形成的，一种是回调形成的。对于第一种有 a1=b1、b2=c2；对于第二种有 a2=b2、b1=c1。但无论是哪种情况，中枢的公式都可以简化为 [max(a2、c2)，min(a1、c1)]。中枢的严格表达式示意图如图 4-62 所示。

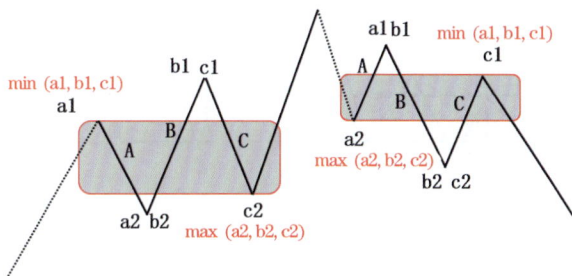

图 4-62　中枢的严格表达式

显然，A、C 段，其方向与中枢形成的方向是一致的，由此可见，中枢的形成与延伸由与中枢形成方向一致的次级别走势类型的区间重叠确定。例如，回升形成的中枢，由向上的次级别走势类型的区间重叠确定，反之亦然。

为方便起见，以后都把这些与中枢方向一致的次级别走势类型称为 Z 走势段，按中枢中的时间顺序，分别记为 Zn 等，而相应的高点、低点分别记为 gn、dn，定义四个指标：GG=max(gn)、G=min(gn)、D=max(dn)、DD=min(dn)、n 遍历中枢中的所有 Zn。再定义 ZG= min(g1、g2)、ZD=max(d1、d2)，显然，[ZD, ZG] 就是缠中说禅走势中枢的区间，由此有了如下定理：

缠中说禅走势中枢中心定理一：走势中枢的延伸等价于任意区间 [dn，gn]与 [ZD，ZG] 有重叠[1]**，如图 4-63 所示。换而言之，若有 Zn，使得 dn>ZG 或gn<ZD，则必然产生高级别的走势中枢或趋势及延续**，如图 4-64 和图 4-65 所示。

中枢的延伸和扩展，可以产生高级别的走势中枢；中枢的新生，就是趋势及延续。

---

[1] 中枢延伸 9 段以上形成更大级别中枢是后话。

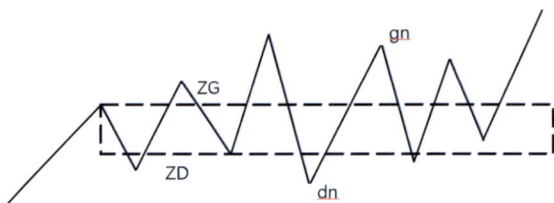

图 4-63 走势中枢的延伸等价于任意区间 [dn，gn] 与 [ZD，ZG] 有重叠

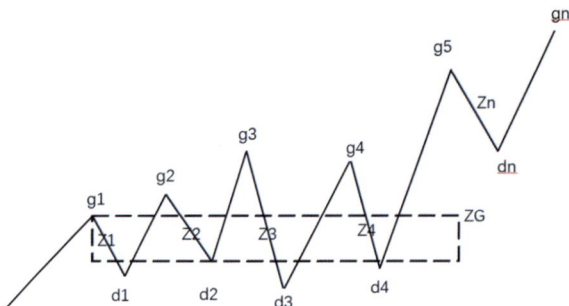

图 4-64 若有 Zn，使得 dn>ZG，则必然产生高级别的走势中枢或趋势及延续

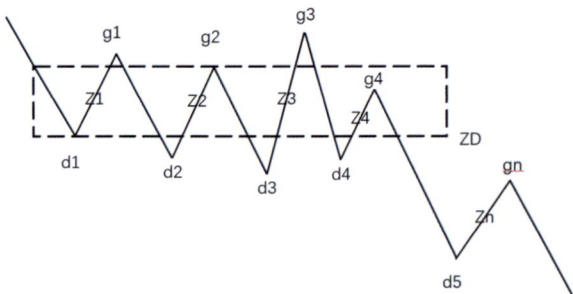

图 4-65 若有 Zn，使得 gn<ZD，则必然产生高级别的走势中枢或趋势及延续

既然"若有 Zn，使得 dn>ZG 或 gn<ZD，则必然产生高级别的走势中枢（扩展）或趋势及延续（新生）"，那么如何区分这里的中枢扩展和新生呢？

于是便有了——缠中说禅走势中枢中心定理二：前后同级别的两个缠中说禅走势中枢，后 GG< 前 DD 等价于下跌及其延续；后 DD > 前 GG 等价于上涨及其延续。后 ZG< 前 ZD 且后 GG ≥前 DD，或后 ZD > 前 ZG 且后 DD ≤前 GG，则等价于形成高级别的走势中枢。

下跌走势类型和上涨走势类型的中枢新生分别如图 4-66 和图 4-67 所示。

下跌走势中枢扩展形成高级别中枢，如图 4-68 所示，上涨走势中枢扩展形成高级别中枢，如图 4-69 所示。

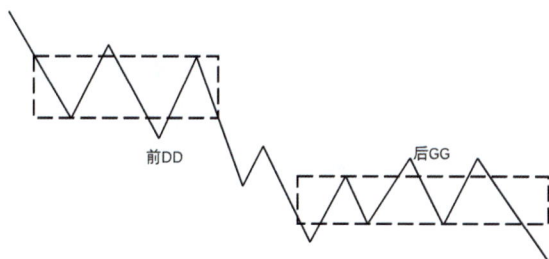

图 4-66 下跌走势类型的中枢新生

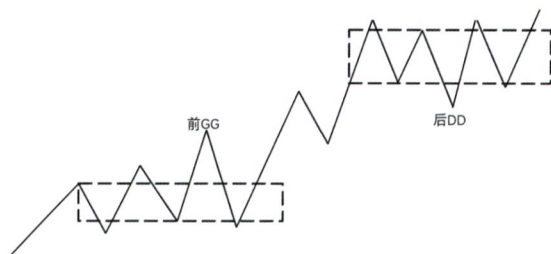

图 4-67 上涨走势类型的中枢新生

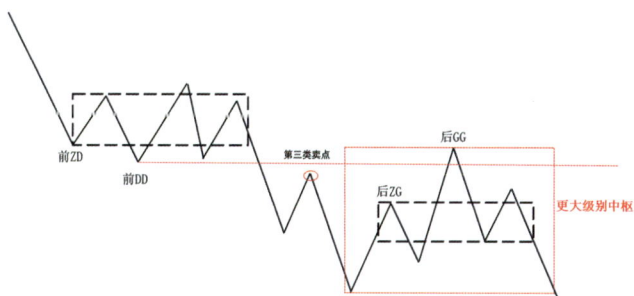

图 4-68 下跌走势中枢扩展形成高级别中枢

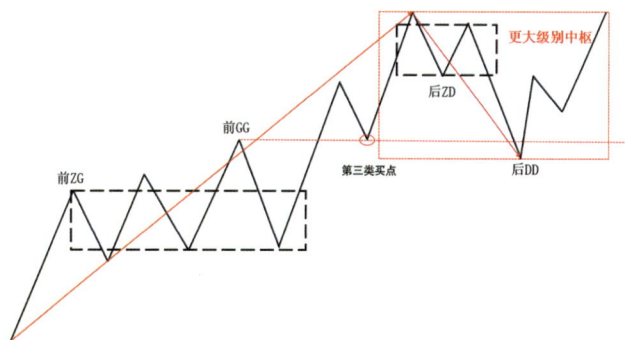

图 4-69 上涨走势中枢扩展形成高级别中枢

这正是下跌线段被上涨线段破坏了，从而导致原中枢扩展成更大级别中枢。

由缠中说禅走势中枢中心定理一（若有 Zn，使得 dn>ZG 或 gn<ZD，则必然产生高级别的走势中枢或趋势及延续），可以得到第三类买卖点定理：一个次级别走势类型向上离开缠中说禅走势中枢，然后以一个次级别走势类型回试，其低点不跌破 ZG，则构成第三类买点；一个次级别走势类型向下离开缠中说禅走势中枢，然后以一个次级别走势类型回抽，其高点不升破 ZD，则构成第三类卖点。

关于三类买卖点的问题，可以阅读第 5 章的相关内容。

在实际操作中用递归定义，不论是中枢延伸 9 段，还是前中枢 GG 和后中枢 DD 重合升级，都会使问题变得更简单。其实，不论是中枢扩展还是新生，在中枢之上都会存在买点，这类买点，就是第三类买点。也就是说，第三类买点是中枢扩展或新生产生的。中枢扩展导致一个更大级别的中枢，而中枢新生则形成一个上涨的趋势，这就是第三类买点后必然出现的两种情况。

同样是中枢扩展，第三类买点后的走势肯定还有强弱之分，较弱的如图 4-70 所示。这意味着第三类买点之后发生盘整顶背驰拉回下方中枢，而如果顶背驰后仅拉回至前 GG 而非下方中枢，那么未跌破下方中枢 ZG 的扩展力度就有限。详见本书 4.15 节。

当然，最弱的是第三类买点产生后，力度不够，不创新高，直接形成第二类卖点下跌至前中枢，扩展成高级别中枢。而这种高级别中枢震荡行情就是杀手的天堂。

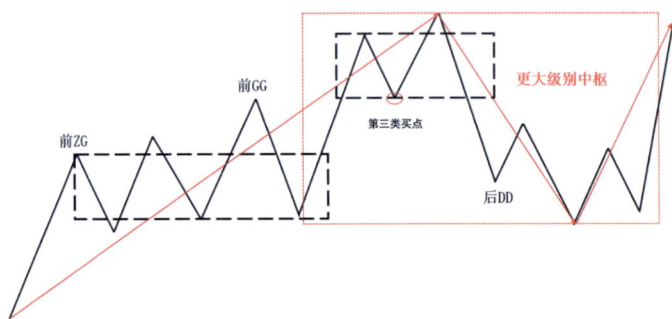

图 4-70　中枢扩展形成高级别盘整走势类型（较弱）

综上所述，中枢扩展意味着走势生长的力度，它既没有中枢延伸弱，也没有中枢新生强。这是缠师后期用笔、线段之类精确化走势递归系统之前所讲的关于中枢运动的分类说法。笔者在这里把这三种中枢运动分别比喻成红灯、黄灯、绿灯。

红灯，中枢延伸。意味着走势多空，且相对均衡，该类震荡行情出现，除非是做震荡的高手，否则可以红灯停一停。

黄灯，中枢扩展。走势试图突破中枢，形成第三类买卖点后，以为可以放心前进，没想到第三类买卖点之后的走势并不很强势，反而与先前的中枢波动区间有重合，这时就扩展出高一级的中枢。中枢的这种扩展运动是造成很多投资者失利的重要原因，是所有追高者的噩梦，本以为是趋势，没想到走势会调整。所以投资者要杜绝一意孤行，进而明白走势的完全分类与当下的重要性。一旦行情出现中枢扩展，那就要提醒自己，黄灯减速，等一等。

绿灯，中枢新生。这就是所谓的趋势走势。当走势强力突破第一个中枢，形成第三类买卖点后，又重新形成同向同级别中枢的一种模式。上涨趋势，是做多者的绿灯，却是摸顶者的噩梦；下跌趋势，是做空者的绿灯，却是抄底者的噩梦。

下面辨析不同的中枢形态。

一个线段里的各笔之间，可以走出三角形、扩展平台等形态。如果我们以笔中枢（类中枢）作为中枢形态的参照，那么根据自同构性，不同级别的中枢同样可以走出如三角形、平台型等不同的形态。

（1）收敛三角形中枢，其形态如图 4-71 所示。

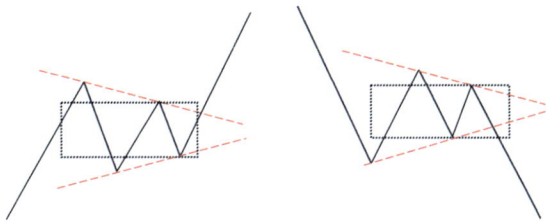

图 4-71　收敛三角形中枢的形态

中枢形成后的走势不一定要超越中枢的范围，例如收敛三角形的走势，就一定始终处于中枢范围内。这有点像空间的压缩，因此三角形的突破都比较迅猛，但回抽与骗线也较多，在波浪理论中更要把它当成第 4 浪的主要形态，其理论的依据都在这里。中枢形成后形成压缩性走势，意味着多空力量的平衡与强硬，即使突破后，反方向的压力也会很大，很容易构成最后一段的走势。但这最后的走势往往特别疯狂，在期货中更是这样。

——缠中说禅（2006-12-29）

（2）奔走型中枢，其形态如图4-72所示。这种情况，中枢区间重叠部分较少，代表走势钝化时间较短且继续沿着原走势方向进行，这种中枢形态是最强势的。

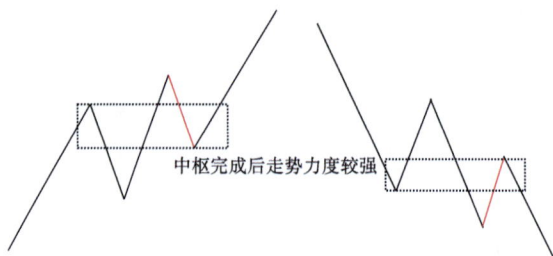

中枢完成后走势力度较强

图4-72　奔走型中枢的形态

（3）平台型中枢，其形态如图4-73所示。

平台型中枢的中枢区间和中枢波动高低点接近，这是一种多空相当的走势，一般都是投资者对后市发展方向不明确，态度迷茫和不知所措而造成的。每当股价回升，就有一批人卖出；每当股价回落，又有一批人加入，双方力量大致相当。平台型中枢要注意中枢是否延伸形成9段扩展。

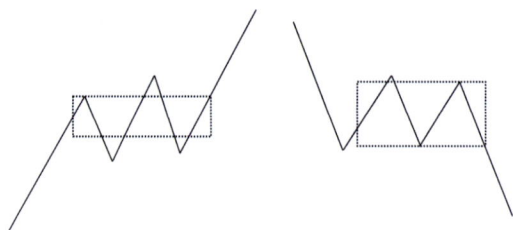

图4-73　平台型中枢的形态

（4）开放型中枢，其形态如图4-74所示。

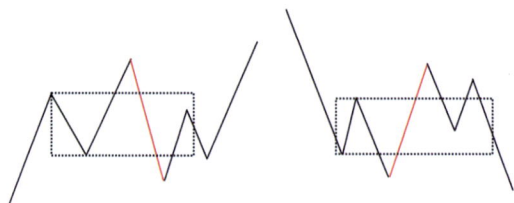

图4-74　开放型中枢的形态

这是一种反作用力释放的过程，这种中枢形态很多时候是一种陷阱，让交易者感觉走势方向可能被改变，而其真实意图是对筹码的清洗与整理。

当向上的走势出现较大获利盘后，一个波动幅度较大的向下走势足以清洗大量筹码，之后走势又拉回前中枢。而向下的走势能形成开放型中枢，一般是三段类走势形成超跌状态，之后出现一个超跌反弹上涨所构成，而之后这个超跌的反弹一般需要三段向下来消化，之后依旧按照原走势方向进行。

还有更多的中枢形态等着你发现，不同中枢形态背后的主力与散户的心理又是一个有趣的课题，笔者在此就先不展开了。

▶ 4.12　级别的关键，就是本 ID 设计的那套规则

级别，本质上与时间无关，也不是什么时间结构。级别，只是按照本 ID 的规则，自生长出来的一种分类方法。而所谓的时间结构，本质上和电脑软件上的 K 线时间周期选择一样。一个最低级别的走势类型，可以生长 100 年，而不长成更高级别的。级别与时间，本质上没有太大的关系。级别的关键，就是本 ID 设计的那套规则。级别，本质上不对任何时间结构有任何绝对的承诺，因为没有任何绝对的理论推导可以保证这一点。级别被破坏了，就是被破坏了，仅此而已，并不是因为有什么时间的因素、结构就被破坏了。

——教你炒股票第 84 课：本 ID 理论一些必须注意的问题（2007-10-07）

级别的关键，就是本 ID 设计的那套规则，这里的规则指的就是在 4.10 节中讲述的走势中枢的递归法则。缠师曾说：

不明白级别，就永远也不可能真正明白市场。

——缠中说禅（2007-03-29）

不谈级别，那什么都别谈了，因为离开级别只能是瞎谈。

——缠中说禅（2007-03-08）

因为走势是分级别的，30 分钟的上涨，可能在日线图上只是盘整的一段，甚至是下跌中的反弹，所以抛开级别前提谈论趋势与盘整是毫无意义的。

缠中说禅走势级别是站在走势自同构性的基因基础上自生长出来的分类方式。"风起于青萍之末"，级别的存在，使得任何高级别的改变都必须先从低级别开始，这是必然的。通俗地讲，级别是按一定的规则，自生长出来的一种分类方法，它的关键在于递归定义的规则。倘若不能深刻理解这点，根本就学不明白缠中说禅的股票理论。

我们从原理上理解了股票走势的自然生长，也就会明白级别本质上与时间无关。级别的生长不需要对任何时间做出任何绝对的承诺，因为没有任何绝对

的理论推导可以保证这一点，结构被终结了，就是因为被终结了，仅此而已，并不是因为有什么时间的因素，结构才被终结，但也不妨碍由于结构生长的同时有其一定的时间之窗的规律。时间只是给交易界定了顺序，并不决定交易，时间只是对级别分类的一种手段，比较符合看软件 K 线图的习惯而已。

关于对级别的划分，最严格的划分应该按递归函数计算。递归函数是有级别的，而且级别是依次升高的。然而，缠师在笔、线段、递归定义出现之前所说的级别，与其之后的级别有不同的标准。

前期说的所谓走势的级别，从最严格的意义上说，可以从每笔交易构成的最低级别图形不断按照中枢延伸、扩展等的定义精准地辨别出来；后期则是直接通过递归函数进行级别的划分，更为系统与精确。如从 1 分钟图，用笔和线段直接递推的 30 分钟中枢，相当于这个树干内的经络都可以呈现出来。在图表中，从 1 分钟到 1 年，对应着 8 个级别，为符合习惯，缠师依旧用 1 分钟、5 分钟、30 分钟、日线、周线、年线等作为级别的标记方式。

以下为缠师一些关于级别的叙述。

虽然我们没有必要精确地从最低级别的图表逐步分析，但如果你看的图表的缩放功能比较好，当你把分笔图或 1 分钟图不断缩小，你看到的走势就会越来越多。而这种从细部到全体的逐步呈现，会对走势级别的不断扩张有一个很直观的感觉，这种感觉，对你以后形成一种市场感觉是有点帮助的。

在某个阶段，你可能会形成这样一种感觉，你如同站在重重叠叠的连绵走势中，而当下的趋向，仿佛照亮着层层叠叠的走势，那时候，你往往可以忘记中枢之类的概念。所有的中枢，按照各自的级别，仿佛都变成大小不同的迷宫关口，而真正的路只有一条，你的心在当下被直观地感应着。

说实话，当你有了这种市场清晰的直觉，才算站到股票投资门口。那时候，就如同看一首诗，如果还从语法等角度去分析，就如同还用中枢等去分析一样。而真正有感觉的读者，是不会计较于各种字句的纠缠的，整体地直观当下就呈现了，一首诗就如同一自足的世界，你已经拥有全部了。市场上的直观，其实也是一样的。只要那最细微的苗头一出来，就完全领悟了，这才算是对市场走势这伟大诗篇有点儿合格的阅读。

——教你炒股票第 33 课：走势的多义性（2007-03-02）

级别在某种程度上就是一个过滤器，那些快速下跌的线中，像日线上那些很窄的通道式下跌，难道其中没有高、低点吗？

那当然有，就像每条日 K 线都有上影和下影一样。但在日线级别上，这些都必须被过滤掉，整个通道式的下跌只能算趋势中的一段，而不能算是趋势。但如果看 5 分钟或 30 分钟线，这个日线上不能算趋势的，就能明显地显示出趋势图形的基本特征。在这些低级别中，趋势就是成立的。

——缠中说禅（2006-12-15）

[匿名]：请问老师，日线的次级别类型是指 60 分钟还是 30 分钟的走势？（2006-12-19）

缠师：一般用 30 分钟。（2006-12-19）

4.13 抓住中枢这个中心，走势类型与级别两个基本点

抓住中枢这个中心，走势类型与级别两个基本点，其他都是辅助的。

——缠中说禅（2007-04-09）

中枢是走势分析的中心。而"中枢"与"走势类型及其连接"这两个方面是相互依存的。如果没有走势类型，中枢也无法定义；而如果没有中枢，走势也无法分出类型。如果理论仅限于此，那么一个循环定义就不可避免。要解决这个循环问题，就必须引入级别的概念。有了级别，一个严格的递归式定义才可以展开。

假设我们以最低级别的中枢为起始，三个连续的最低级别走势类型若发生重叠关系，那么就形成高一级别的中枢。有了中枢的定义，依照趋势、盘整走势类型分类方法，同样在高级别上可以对走势进行完全分类，三个高级别走势类型重合，又可以形成更高级别的中枢。如此过程逐级上推，就可以严格定义各个级别的中枢和走势类型而不涉及任何循环定义的问题。例如，三个连续 1 分钟走势类型的重叠构成 5 分钟的中枢，三个连续 5 分钟走势类型的重叠构成 30 分钟的中枢。

另外，缠师在《教你炒股票第 70 课：一个教科书走势的示范分析》中讲明了自己在具体的行情中，随着走势的当下发展，不断变换着所看的中枢。当然，其根本原因在结合律，因为结合律是连接走势之间关系的最重要的法则。

在实际看盘时，在某个级别中，为了更好地确定买卖点，往往会通过变换中枢（不变性）的位置来确定。这个原理是：

走势是有规律的，这规律是不患的，这不患的根源在于人贪、嗔、痴、疑、

慢的不患。为什么本 ID 要强调当下分解的多样性？因为走势本身就是当下形成中的，是市场各种预期的合力在当下画出来的。而每种画法都是不患的，都是源自人的贪、嗔、痴、疑、慢，因此每种多样性的分解都是符合理论的。多样性不是模糊性，而是多角度地让市场本身自己去画地为牢，由此使得市场的走势万变不离本 ID 理论的控制之中，这恰好是市场自身的规律之一。

——教你炒股票第 60 课：图解分析示范五（2007-06-19）

为了更好地把握中枢震荡后的方向选择，缠师在《教你炒股票第 92 课：中枢震荡的监视器》一文中阐述了中枢震荡"监视器"的使用方法。缠中说禅股票投资理论本身不废一法，所以 boll（布林带）、kdj（随机指标）等辅助性的指标一样可以用，最关键的就是可以利用这些辅助性的指标增加踏准买卖点节奏的概率。

▶▶ 4.14 低级别走势的意义，在高级别意义彰显后才能彰显

站在纯理论的角度，可以说低级别走势的积累、叠加构成高级别的走势，但这里没有什么必然的规律，如果有，就可以用这些规律构造出市场的走势，这显然是不对的。

正因为如此，分析图形就不能从低级别看起，分析图形，要从高看向低。低级别走势的意义，是在高级别意义彰显后才能彰显的。

——缠中说禅（2006-12-25）

走势生长有一定规律，也就是缠师所揭示的自同构性与自组性生长，但一个品种的具体生长情况是由各方面因素综合产生的，所以不同的股票总是有相对不同的图形。在看盘时，走势的级别是客观的，而图的级别选择是主观的，就像选择不同倍数的显微镜一样，只有看好大级别（已经把低级别的一些信息过滤了一遍），定好大方向，才有必要看小细节。正如古语所云："不谋万世者，不足谋一时；不谋全局者，不足谋一域。"

缠师在级别细节方面的叙述还有如下两段内容。

[匿名]：你好，问一个问题。不知你对一些所谓的 Leve12 的行情软件有何看法？据说可以在该软件中看到详细的分笔数据，这样缠中说禅理论是否能发挥更大的作用呢？（2007-04-26）

缠师：其实，根本不需要精确到分笔，分笔的背驰就用 1 分钟的柱子面积比

较就可以。就算看不到 1 分钟的，用 5 分钟的柱子面积比较也可发现 1 分钟的背驰。实际的操作，关键是看好各级别的相关性，而不是去研究些过小的细节。

如果要看细节，可以看盘口语言，有心人可以去观察，各级别见顶见底时的盘口语言变化，这更有意义。（2007-04-26）

[匿名]：有盘口语言一课吗？想学的应该不少。（2007-05-08）

缠师：学盘口语言，一定要先把大框架建立起来，否则很容易迷失。细节总是烦琐而让人迷失的。这些细节的盘口语言，以后会说到的，但千万别喧宾夺主了。（2007-05-08）

盘口语言是一个很有趣的课题，有时是主力交接的暗语，对最后一段走势的关键价位特别敏感，尤其是最高和最低，还有第三类买卖点。例如 2021 年的一只牛股——九安医疗，见顶的收盘价是 88.88 元。九安医疗日线图 4-75 所示。

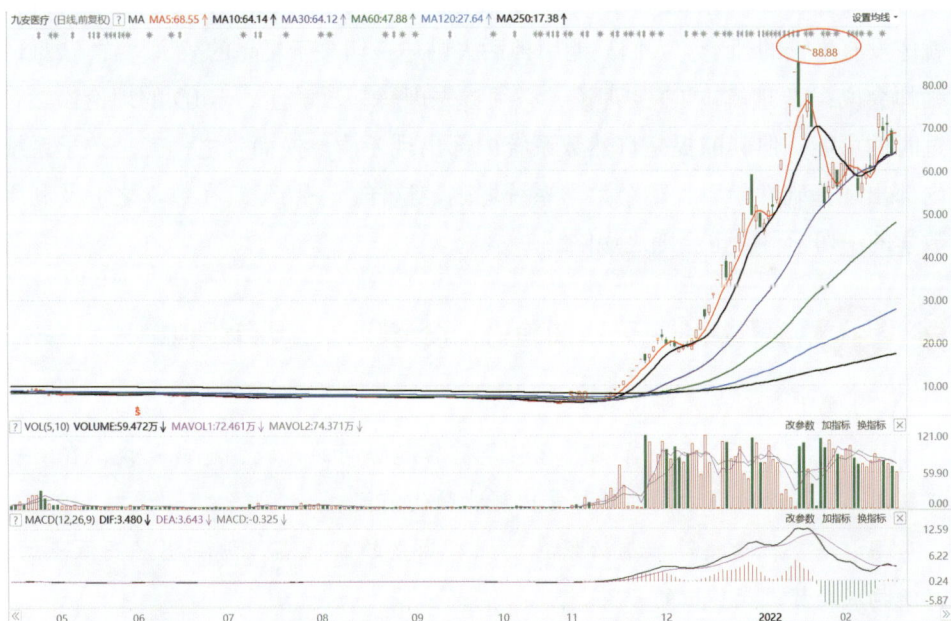

图 4-75　九安医疗日线图

下面讲解动力学的内容。

缠师在马克思系列文章中提出："只有到了近代，观照者观照的力量足够强大了，才可以发现人的有限性，人的有限性的发现是人的力量的体现，一个没有力量的人才会沉迷于虚妄的无限，例如上帝。一个不是足够强大的人，不可能如康德那样说出'为自然立法'的话。"同样，一个不是足够强大的人，不可能为走势"立法"。缠师为走势"立法"，除了上述走势形态学部分的内容外，还有一个很重要的课题就是动力学、形态学和动力学结合的应用。

动力学是理论力学的分支学科，研究的是事物运动变化的因果关系。在动力学的世界观里，世界是一张相互作用的大网，而事物运动变化的原因都可以从这张大网上观测到。说到动力学，不得不提牛顿，他在《自然哲学的数学原理》中建立了经典的牛顿力学体系，其核心就是牛顿三大定律和万有引力定律。从 19 世纪开始，动力学理论开始从机械运动领域逐步向其他领域扩散，而这一改变应归功于拉格朗日和哈密顿。在他们的思考下，动力学的全部内容都可以用几何关系表达，其中哈密顿方程背后的"哈密顿原理"是连接宏观物体运动和微观系统状态变化的桥梁。这一切又可以追溯到古希腊科学的瑰宝——量化和几何的思维，毕达哥拉斯曾说："万物皆数。"

缠师曾感慨："当然，没有本 ID 的理论，就不可能对股市有如此精确的分析，就像没有牛顿的理论，人们只能用神话去讲述一切关于星星的故事一样。"难怪缠师会说："**要理解本 ID 的理论，必须首先理解其数学性。**本 ID 的理论当然有过时的可能，但其前提是自然数系统内部出现矛盾。换而言之，就是数学系统内部出现基础性矛盾，整个数学系统塌陷，这样，一切建筑在数学之上及利用数学的一切学科，也会随之塌陷。"

▶ 4.15 离开级别，无所谓趋势；没有趋势，没有背驰

（1）**离开级别，无所谓趋势。**

（2）**没有趋势，没有背驰。**背驰是前后趋势间的比较，也就是说，在同一级别图上存在两段同方向的趋势是出现背驰的前提。

（3）**趋势、盘整等，都必须在图上有明显的高低点。**没有明显高低点的，只能构成趋势或盘整中的一段。

这几点很简单，也是基础。理解了这几点，才能继续深入学下去。

例如，第一类买点是背驰后出现的，如果你连背驰是什么都搞不清楚，在一个盘整中去找什么第一类买点，那肯定是要出问题的。

——缠中说禅（2006-12-14）

就理论而言，形态学本身就是一套有效的操作系统。但是在形态学中，一个包含两个同向中枢的趋势走势类型，如果不引入背驰的概念，我们是很难把握第

一类买卖点的。虽然从理论上来说只用形态学也可以操作，但走势是用钱堆出来的，钱是一堆能量，这就有了对力度的分析，所以在实际应用中，只有形态学和动力学结合起来才更有效。

形态学是能量的外在显化，能量又体现在动力方面，所以两者要相互结合使用，形态学分析不好，实际上动力学也用不好。在这个力的世界，无论你是主力、散户还是庄家，都逃不过这意画心描出来的走势。

缠师在引入走势中枢之前，利用均线系统定义背驰。

如何判断"背驰"？首先定义一个名为缠中说禅趋势力度的概念：前一"吻"的结束与后一"吻"的开始是由短期均线与长期均线相交所形成的面积。在前后两个同向趋势中，当缠中说禅趋势力度比上一次缠中说禅趋势力度相对较弱时，就形成"背驰"。按这个定义，是最稳妥的办法，但唯一的缺点是必须等再次"接吻"后才能判断，这时候，走势离真正的转折点已经有一点距离了。如何解决这个问题？用第一种方法，即看低一级别的图，从中按该种办法找出相应的转折点，这样和真正的低点基本没有太大的距离。判断背驰的方法如图 4-76 所示。

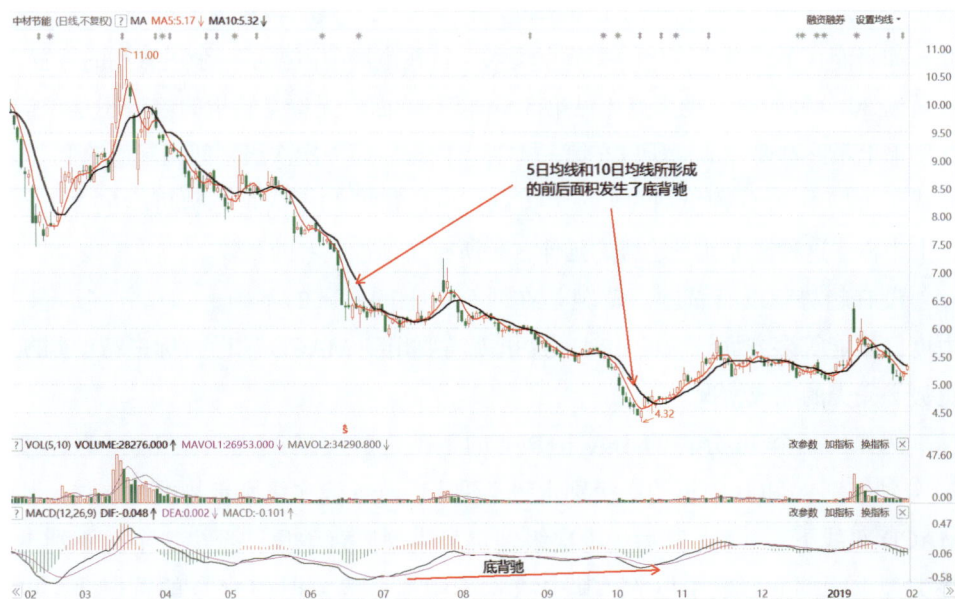

图 4-76　判断背驰的方法

还有一种判断背驰的方法，技巧比较高。首先定义一个概念，称为缠中说禅趋势平均力度：当下与前一"吻"的结束时短期均线与长期均线形成的面积除以时间。因为这个概念是即时的，马上就可以判断当下的缠中说禅趋势平均力度与前一次缠中说禅趋势平均力度的强弱对比，一旦这次比上次弱，就可以判断"背驰"即将形成，然后再根据短期均线与长期均线的距离进行判断，一旦延伸长度缩短，就意味着真正的底部马上形成。按这种方法，真正的转折点基本就可以完全同时抓住。但这个方法有一个缺陷，就是风险稍微大点，且需要的技巧要高点，对市场的感觉要好点。

——教你炒股票第 15 课：没有趋势，没有背驰（2006-12-08）

在中枢概念出来后，缠师在 K 线运动的基础上设立中枢，以此对复杂多变的走势进行分类（包含一个中枢的为盘整走势类型，包含两个同向中枢的为趋势走势类型）且建立起动态位次（递归体系的建立使走势生长的级别独立）。于是，任何级别都有了相应的走势类型，如 30 分钟上涨／下跌趋势走势类型，包含了两个同向的 30 分钟中枢。

由于走势必完美，30 分钟趋势走势类型的走势完成以后就会转化为其他类型的走势。对于 30 分钟下跌的走势来说，一旦完成，只能转化为上涨与盘整，因此，如果能在下跌走势转化的关节点买入，就在市场中占据了一个最有利的位置，这就是 30 分钟的第一类买点（见第 5 章详解）。而后无论是转折的趋势还是盘整在图形上最终都要完成，所以在第一类买点出现后第一次次级别回调制造的低点，就成了市场中 30 分钟级别的第二类买点。当然有些 30 分钟的趋势可能包含 3 个以上中枢，这种情况就是趋势的延伸，是所有摸顶抄底者的噩梦。

没有趋势就没有背驰。背驰是在两个以上的对象的基础上，双方在形态、力度、量能等多方面综合的比对，这里就需要用到 MACD 辅助指标来帮助判断走势必完美的完成情况。

例如，一个 30 分钟的 a+A+b+B+c 的下跌走势类型，其中 a、b、c 为连接 30 分钟级别 A 和 B 中枢的次级别走势类型。首先 a 段次级别走势类型下跌，其 MACD 双线下穿 0 轴；其后 a 段次级别走势类型底背驰反弹至少 3 个次级别走势类型重叠部分形成中枢 A，其中 A 这个中枢一般会把 MACD 的黄白线（也就是 DIFF 和 DEA）回拉到 0 轴附近。而在 b 段的次级别走势类型下跌过程中，MACD 双线快速下拉，次级别走势类型完成后震荡形成 B 中枢，MACD 双线又回拉至 0 轴。此后 c 段的次级别走势类型开始下跌，MACD 双线重复快速下拉，该 c 段完成时所对应的 MACD 柱子面积比 b 段对应的面积要小，那此时就会发生 c 段的反弹，构成标准的（趋势）底背驰。下跌趋势背驰如图 4-77 所示。

这样说可能还是很抽象，举个实际例子吧。金科股份日线图如图 4-78 所示，其在 2020 年 8 月 24 日至 2021 年 11 月 10 日发生趋势底背驰。

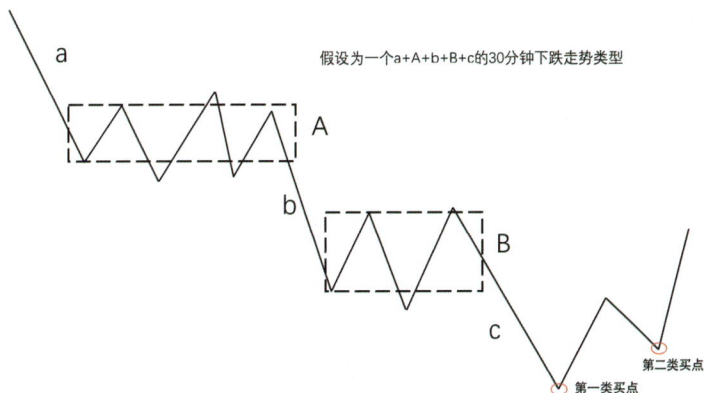

图 4-77 下跌趋势背驰

图 4-78 金科股份 2020 年 8 月 24 日至 2021 年 11 月 10 日发生趋势底背驰

缠师曾讲到趋势中产生的背驰，一定至少回跌到 B 段中，这就可以预先知道至少的跌幅。一定至少回跌 B 段的背驰是区间套标准的趋势背驰，实际上趋势背驰反弹的力度有所不同，有强有弱。缠师在《教你炒股票第 29 课：转折的力度与级别》一文中对此进行了力度分类。

对于下跌的转折，也有两种情况：上涨与盘整。转折是有级别的，关于转折与背驰的关系，有如下定理。

缠中说禅背驰——转折定理：某级别趋势的背驰将导致该趋势最后一个中枢的级别扩展、该级别更大级别的盘整或该级别以上级别的反趋势。

也就是说，下跌趋势背驰后的反弹力度，有一个很明确的界定，包括三种情况：

（1）该趋势最后一个中枢的级别扩展。

（2）该级别更大级别的盘整。

（3）该级别以上级别的反趋势。

根据走势必完美原则，30分钟级别下跌趋势的反弹必然是一段30分钟走势，即至少包含3段5分钟走势类型。我们知道中枢的GG（震荡高点）、DD（震荡低点）、ZG（中枢高点）、ZD（中枢低点）是非常重要的位置，一般都是重要的支撑点、压力点。由于这是下跌反弹的例子，所以研究该反弹的力度，主要看DD（震荡低点）、ZD（中枢低点）。

（1）反弹只触及最后一个中枢B的DD，而不能达到ZD。该下跌趋势下最后一个中枢级别扩展如图4-79所示。

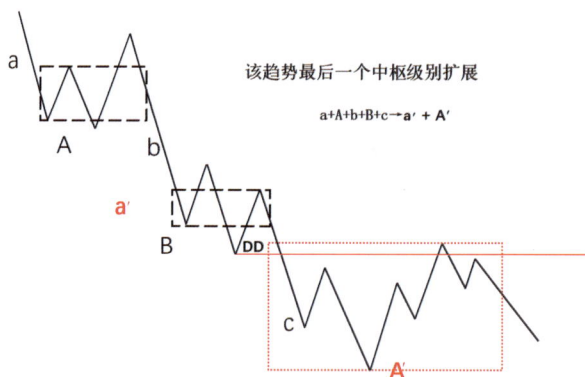

该趋势最后一个中枢级别扩展

$$a+A+b+B+c \rightarrow a' + A'$$

图4-79　该下跌趋势下最后一个中枢级别扩展

这种只触及DD的反弹，是背驰后最弱的反弹，它将把最后一个30分钟中枢B扩展成日线甚至更大的中枢，造成原趋势最后一个中枢级别扩展，这是转折的第一种情况。

那么，为什么反弹触及DD，就一定会产生更大级别的中枢呢？理论上的依据是走势级别延续定理二（更大级别走势中枢产生，当且仅当围绕连续两个同级别走势中枢产生的波动区间产生重叠）以及缠中说禅走势中枢中心定理二（后 ZG＜前 ZD 且后 GG ≥前 DD，或后 ZD＞前 ZG 且后 DD ≤前 GG，则等价于形成高级别的走势中枢，详见 4.11 节）。

这样原来的 a+A+b+B+c 的结构就会发生扩展，a+A+b 是一个 30 分钟走势，用 a′表示；而 B+c 发生中枢扩展（从 30 分钟扩展成日线），用 A′表示，则整个走势就可重新表示为 a′+A′，即 a+A+b+B+c = = a′+A′。这里，A′是一个正在演化、形成中的中枢，它的第一段是 B，第二段是 c 及反弹上来的走势组成的 30 分钟走势，第三段是反弹之后即将下去的一段 30 分钟走势。这三段的重叠区间就是该反弹与 DD 的重合区间，前两段 30 分钟走势有重合，第三段也必然与前两段有重合。

这个"最后一个中枢扩展"，是一个未完成的走势类型的延续，其后的走势还可以继续演化，形成 a′+A′+b′+B′+c′，也就是扩展成一个日线级别的下跌。当然还可以有其他的演化，总之，必须把走势类型给完成了，这和下面的"下跌＋盘整"的情况是不同的（"下跌＋盘整"是两个走势类型的连接，其中的"下跌"和"盘整"都是完成的走势类型，不存在进一步演化的情况）。

如果没有发生扩展，那么继续 a+A+b+B+c 的下跌趋势，形成 a+A+b+B+c+C+d 的包含 3 个 30 分钟中枢的下跌趋势走势类型，这是转折最弱的情况，是无数抄底者的噩梦。

（2）反弹不仅达到 DD，并且触及最后一个中枢的区间 ZD。它将造成以下两种可能。

第一种：该级别更大级别的盘整（下跌＋盘整）——转折的第二种情况，如图 4-80 所示。此时，前面 30 分钟的"下跌"与背驰后的"反弹"这两段走势类型的连接，成为"下跌＋盘整"。

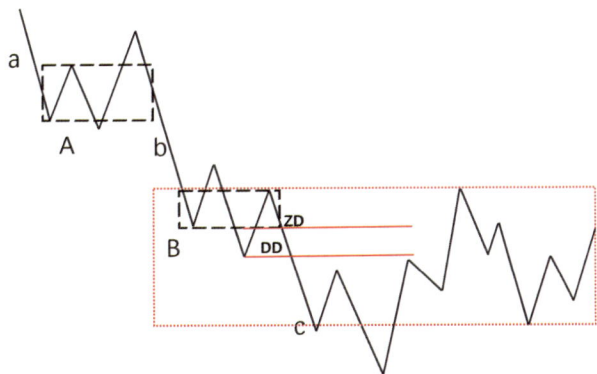

图 4-80　该级别更大级别的盘整

第二种：该级别以上级别的反趋势（下跌＋上涨）——转折的第三种情况，如图4-81所示。此时，前面5分钟的"下跌"与背驰后的"反弹"这两段走势类型的连接，成为"下跌＋上涨"。

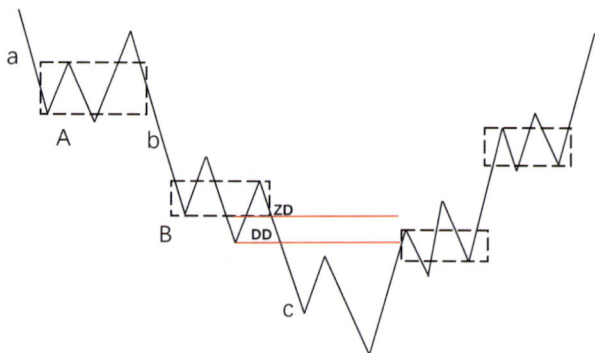

图4-81 该级别以上级别的反趋势

上涨趋势背驰如下：假设下跌结束后转折为一个30分钟的a+A+b+B+c的上涨趋势走势类型，如图4-82所示，其中a、b、c为连接30分钟级别A和B中枢的次级别走势类型。

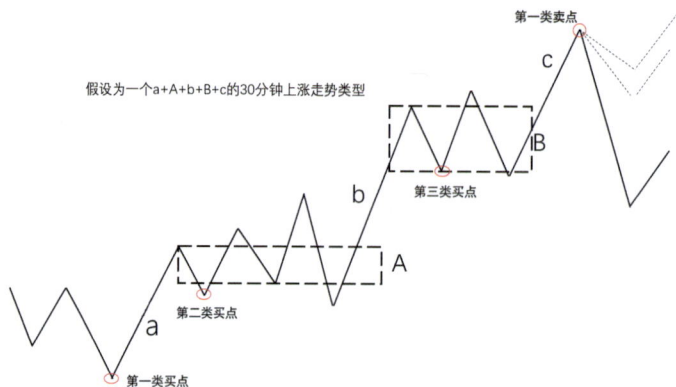

图4-82 上涨趋势背驰

其中a段的上涨，MACD双线穿上0轴，紧接着三个连续次级别走势重叠形成A中枢，这个中枢一般会把MACD的黄白线（也就是DIFF和DEA）又回拉到0轴附近；而b段的次级别走势类型上涨过程中，MACD双线快速拉起，次级别走势类型完成后震荡形成B中枢，MACD双线又回拉至0轴；此后c段的次级别走势类型开始上涨，MACD双线重复再次拉起，该c段完成时所对应的MACD柱子面积比b段对应的面积要小，那么此时就会发生c段的转折回落，拉回 B 中枢，构成标准的（趋势）顶背驰。

如果 c 段回落不拉回 B 中枢，反而继续新生出 C 中枢和 d 段次级别上涨走势类型，而后再发生顶背驰也是可以的。

其后趋势的背驰也分三种情况：

（1）该趋势最后一个中枢的级别扩展。

（2）该级别更大级别的盘整。

（3）该级别以上级别的反趋势。

具体要看该上涨趋势走势类型在大级别中的位次、边界条件，而这一切的发生是动态的，如花开花落。

晨光文具 2020 年 3 月 17 日至 2021 年 2 月 18 日的上涨趋势背驰如图 4-83 所示。

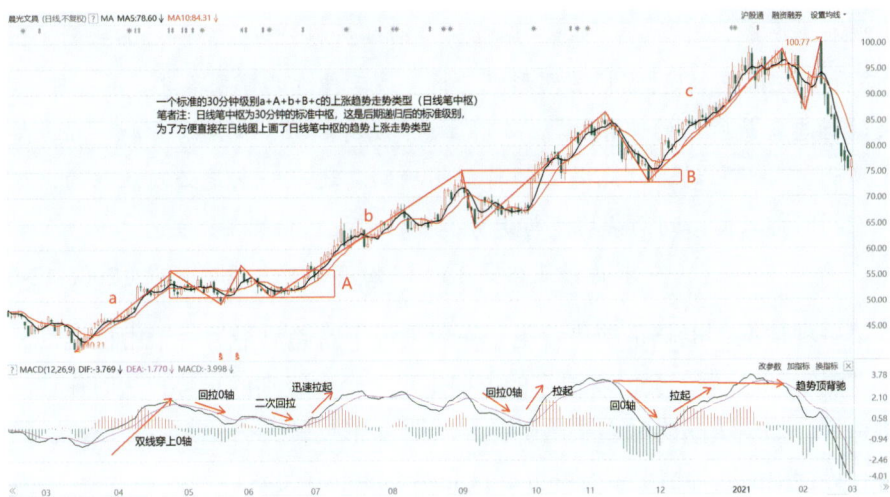

图 4-83 晨光文具 2020 年 3 月 17 日至 2021 年 2 月 18 日的上涨趋势背驰

找日线图上相对标准的这类趋势图不易，因为走势很多时候强弱不定。在具体实战中，由于走势是动态发展的，所以不能简单地去直接套用。

任何走势的变化都是由当下决定的，在下跌中，如果 c 段与 b 段没有出现背驰，就要小心抄底，必须考察 c 段内部的当下结构，只要这个当下的结构未出现符合区间套背驰条件的走势，就需要一直等待，这里考验的可不仅是技术，还有心态。由于走势必完美，走势自然会延伸出背驰，使得转折自然发生，这一切无须预测，只需自己能感应到走势当下的节奏，而这种感应没有任何的神秘可言，按照定义来就行。

以上内容恰好对应了《教你炒股票第 16 课：中小资金的高效买卖法》一文中解盘回复里缠师讲的缠中说禅定律：任何非盘整性的转折性上涨，都是在某一级别的"下跌 + 盘整 + 下跌"后形成的。上涨反之。

同时也符合了以下定律。

缠中说缠定理：任何上涨转折都是由某级别的第一类卖点构成的；任何下跌转折都是由某级别的第一类买点构成的。

缠中说缠的 MACD 定律：第一类买点都是在 0 轴之下背驰形成的，第二类买点都是第一次上 0 轴后回抽确认形成的。

在《教你炒股票第 25 课：吻、MACG、背驰、中枢》一文中，缠师详细地讲了将 MACD 当一个辅助系统还是很有用的。

▶▶ 4.16 转折，一般只有两种

转折，一般只有两种：一是"湿吻"后继续原趋势形成陷阱后回头制造出转折；二是出现盘整，以时间换空间形成转折。第二种情况暂且不说。第一种情况，最大的标志就是所谓的"背驰"。必须注意：没有趋势，就没有背驰。在盘整中是无所谓"背驰"的，这点是必须特别明确的。还有一点是必须注意的，这里的所有判断都只关系到两条均线与走势，和任何技术指标都无关。

——教你炒股票第 15 课：没有趋势，没有背驰（2006-12-08）

第一种情况，也就是趋势背驰。一般来说下跌趋势最后一个中枢震荡（也就是"湿吻"）过后，会沿着原来的方向走出一个次级别的走势，这时往往就像陷阱一样，如空头陷阱和多头陷阱等。所谓 V 形反转，会让人不知所措，但熟悉了趋势背驰的这种情况就会好办，这和熟练度也有关系。

第二种情况，此时的"盘整"与后面的定义不同。以时间换空间形成的转折往往需要长时间的底部盘整，"论持久战"尤其考验人的耐心和信念。在图形上往往表现出各种顶部或者底部形态特征，如圆顶底、双顶底、三重顶底等。

这两种情况每天都在盘面中上演，不论什么级别的走势类型每天都在上演同样的戏码，这就是走势的自同构性。例如构成一个 30 分钟的中枢的三段 5 分钟走势类型的转折就可以是以上任意一种表现形式。演绎往往不一定会很标准，是千奇百怪的，特别考验人的计算能力、反应能力和心态，所以把握起来最终要看个人的功力。

本节讨论的其实是同一级别的背驰转折情况，转折必然由背驰导致，但背驰导致的转折却并不一定是同一级别的。缠师在《教你炒股票第 43 课：有关背

驰的补习课》一文中讲到两种关于背驰级别的转折方式。

注意，这两种不同的转折方式的区分是十分关键的。所有的转折都与背驰相关，但加上背驰的级别与当下走势级别的关系，就有了这两种不同的转折方式。由于背驰的级别不可能大于当下走势的级别，例如，一个 30 分钟级别的背驰，只可能存在于一个至少是 30 分钟级别的走势类型中，所以就有这两种不同的转折方式的明确分类。

（1）背驰级别等于当下的走势级别。

例如，一个 30 分钟的走势类型，出现一个 30 分钟级别的背驰，那么这个背驰至少把走势拉向该 30 分钟走势最后一个中枢，当然就会跌破或升破相应的高点或低点。[①]

注意，这种情况包括进入背驰段的情况，[②] 例如，一个 30 分钟的走势类型，在 30 分钟级别进入背驰段，当然，这个背驰段并不一定就演化成背驰，因为，小级别的延伸足以使得大级别最终摆脱背驰，这与当下的走势判断相关。[③]

（2）背驰级别小于当下的走势级别。

在这种情况下，走势已经明显没有相应级别的背驰。例如，一个 30 分钟的走势类型，明确显示没有出现 30 分钟的背驰，也就是背驰段最终不成立，但却出现一个 1 分钟级别的背驰。用一个最简单的形式向上的 a+A+b+B+c，A、B 是 30 分钟中枢，在 c 中出现 1 分钟背驰，而 c 对 b 在 30 分钟级别并没有出现背驰，这时候并不必然保证 c 的 1 分钟转折的最终走势就一定不跌回 B 里，但即使这个回跌出现，其形式也和第一种情况不同。

而这第二种情况，必然要先形成一个比 1 分钟级别要大的中枢，然后向下突破，最终形成回跌到 B 中的走势。[④] 两种不同级别转折的区别如图 4-84 所示。

---

① 这是标准的区间套背驰。

② 趋势背驰与盘整背驰。

③ 这里就需要讲到下面的第二种情况了。

④ 这种情况其实就是在 30 分钟上涨趋势中，c 段次级别上涨走势类型里小级别 1 分钟顶背驰的力度问题，力度小就会沿着原来趋势延伸，发生 1 分钟"背了又背"的现象；力度大则有可能拉回 B 中枢，这里就需要一定条件成立才能拉回 B 中枢，那么这个条件是如何判定的？请看下面的解析。

背驰-转折方式	必然性
背驰级别等于当下的走势级别	必须回到第二中枢ZG或者ZD点
背驰级别小于当下的走势级别	回不回第二中枢两可
走势类型分解原则：一个某级别的走势类型中，不可能出现比该级别更大的中枢，一旦出现，就证明这不是一个某级别的走势类型而是更大级别的一部分或者几个该级别走势类型的连接	
分类依据：背驰的级别和当下走势的级别关系	

图 4-84　两种不同级别转折的区别

背驰级别等于当下的走势级别，这是最一般的情况，应该很好把握。唯一可能出现困难的是"背驰级别小于当下的走势级别"这种情况，也就是所谓的小级别转折引发大级别转折，俗称"小转大"。对这种情况，投资者还要进行进一步的分析，这种情况也最容易引起争论。

在向上 30 分钟级别的 a+A+b+B+c，如图 4-85 所示，此时如果 c 是一个 1 分钟级别的背驰，最终引发下跌拉回 B 里，这时候，c 里肯定发生了点什么事情。

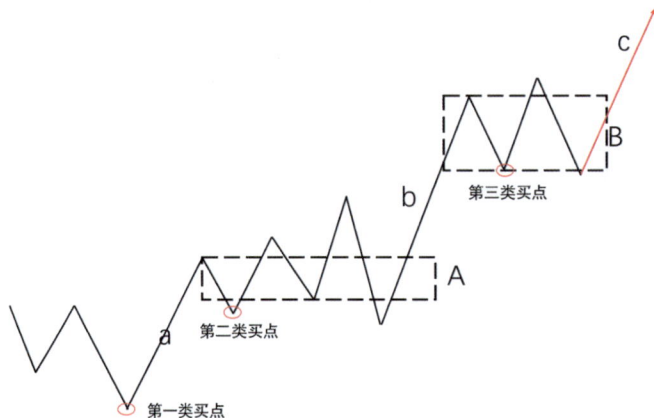

图 4-85　次级别 c 段中的 1 分钟级别顶背驰会发生什么才会跌回中枢 B

实际的 c 段递归图如图 4-86 所示。

实际的 c 段 5 分钟级别上涨走势类型递归图（30 分钟周期图）如图 4-87 所示。

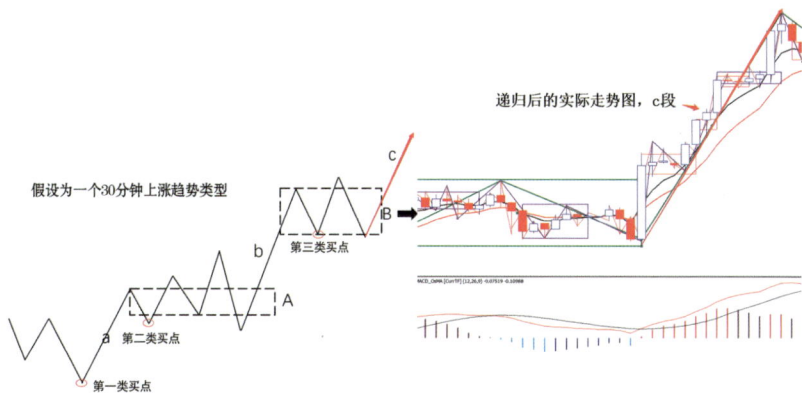

图 4-86　实际的 c 段递归图

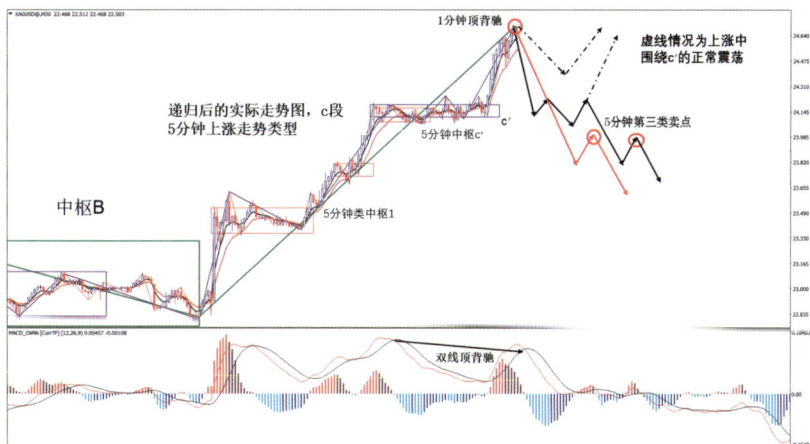

图 4-87　实际的 c 段 5 分钟级别上涨走势类型递归图

首先，c 段至少要包含一个 5 分钟的中枢，否则，中枢 B 就不可能完成，因为这样不可能形成一个第三类的买点。不妨假设 c′ 是 c 中最后一个 5 分钟的中枢，显然，这个 1 分钟的顶背驰，只能出现在 c′ 之后，而这个顶背驰必然使得走势拉回 c′ 里。也就是说，整个运动，都可以看成了围绕着 c′ 的一个震荡，而这个震荡要出现大的向下变动，显然要出现 c′ 的第三类卖点。因此，对于那些小级别背驰后能在最后一个次级别中枢正常震荡的，都不可能转化成大级别的转折。这个结论很重要，所以可以归纳成如下定理。

缠中说禅小背驰—大转折定理：小级别顶背驰引发大级别向下的必要条件是该级别走势的最后一个次级别中枢出现第三类卖点；小级别底背驰引发大级别向

上的必要条件提是该级别走势的最后一个次级别中枢出现第三类买点。

注意，发生小转大，只有必要条件，而没有充分条件。也就是说不能有一个充分的判断使得一旦出现某种情况，就必然导致大级别的转折。小级别顶背驰后，最后一个次级别中枢出现第三类卖点并不一定就必然导致大级别的转折。如果最后一个次级别中枢出现第三类卖点后又发生底背驰止跌上涨，则并不必然导致走势一定回到最后的该级别中枢 B 里，小转大成功回到中枢 B 的示意图如图 4-88 中实线下跌部分。

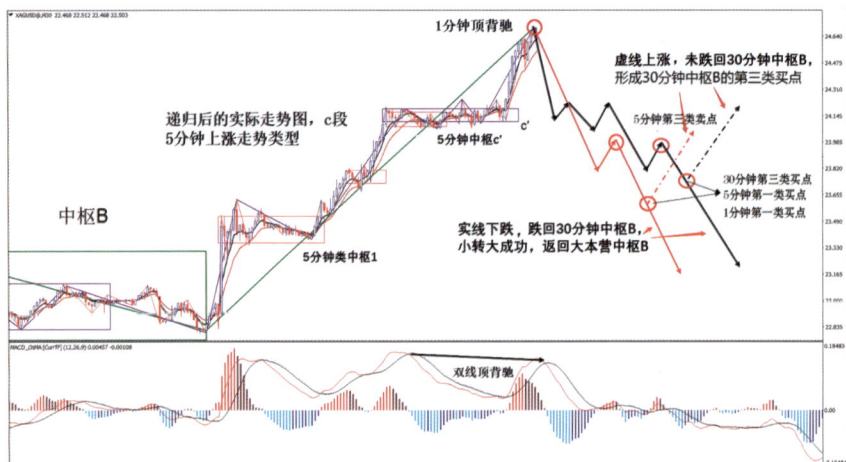

图 4-88　小转大成功回到中枢 B 示意图

要发生小转大的必要条件如图 4-89 所示。

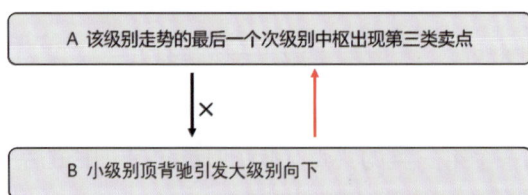

图 4-89　要发生小转大的必要条件

显然，这个定理比起"背驰级别等于当下的走势级别，必然回到最后一个该级别中枢"的情况要弱一点，这是很正常的，因为这种情况毕竟少见且要复杂得多。因此，在具体的操作中，必须有更复杂的程序来对付这种情况。而对于"背驰级别等于当下的走势级别"，如果刚好是该级别为操作级别的，只要在顶背驰时直接全部卖出就可以。

对"背驰级别小于当下的走势级别"的情况，缠师是这样说的。

有人可能要问，第一种情况中如果是 5 分钟级别的回跌，也会形成一个比 1 分钟级别大的中枢，那它和第二种情况有什么区别？这区别太大了，在第一种情况中，其回跌是必然的，而第二种情况中，在形成一个比 1 分钟大的中枢后，并不必然回跌，可以往上突破，使得 a+A+b+B+c 继续延伸。[①] 这种小级别背驰最终转化成大级别转折的情况，最值得注意的是，出现在趋势走势的冲顶或赶底之中，这种情况一般都会引发大级别的转折。

需要注意的是，"小转大"一旦不成立，形成本级别中枢 B 的第三类买点之后，需要考量上涨后是否形成本级别的 30 分钟第二类卖点。相反，下跌过程中的"小转大"，形成本级别中枢 B 的第三类卖点之后，要考虑是否在不创新低的情况下新低形成 30 分钟本级别的第二类买点。

关于"小转大"，其实很好理解，比如在上涨过程中，本来看好的人不断增加后，有的人突然不看好了卖空了，或者主力庄家强势洗盘，那时往往一个不利消息就成为压死骆驼的最后一根稻草，于是就会发生小级别顶背驰转大级别的转折。但如果大级别是买点后开始的初升，甚至是主升段，那小级别的背驰有多大意义呢？

简而言之，"小转大"即为非常规转折，具有非常规的空间换时间的特性。我们回看 2015 年的股灾，其转折所对应的即为非常规转折。

这种"小转大"是绝大多数投资者的噩梦。所谓最大的利空就是涨得太多，而很多人就只会单边运动，存在"一根筋思维"，而这样的思维会动了自己的眼睛，明明次级别发生顶背驰要导致"小转大"，自己却依然无动于衷，期盼着股价再创新高，而现实却往往很残酷。用缠师的话说就是，在行情中不会来回操作，就说明你还没入门。

▶▶ 4.17 精确地判断背驰与盘整背驰

必须说明的是，由于 MACD 本身的局限性，要精确地判断背驰与盘整背驰，还是要从中枢本身出发。但利用 MACD，对一般人而言，理解和把握起来比较简单点，而这已经足够好了。利用 MACD 辅助判断，即使你对中枢不大清楚，

---

① 不是所有背驰都会引发大的转折，走势当然可以延伸出中枢 B 的第三类买点，甚至新的 C 中枢，而这一切都是根据当下合力的结果产生的。

只要能分清楚 A、B、C 三段，其准确率也应该在 90% 以上。而配合中枢，可以达到 100%，因为这可以用纯数学的推理逻辑地证明。

——教你炒股票第 24 课：MACD 对背驰的辅助判断（2007-01-18）

要精确理解背驰（趋势背驰）和盘整背驰，首先要彻底分清楚中枢、趋势与级别，并理解级别、趋势和盘整等最基础的概念，这如同几何学上的点、线、面等概念一样，而后才考虑 MACD 等辅助指标。在两个趋势间进行趋势背驰的比较才有意义，所以先通过级别、走势类型分清楚两个同向的趋势是首要的。这不是单纯地看 MACD 的柱子长短就可以的，也不是和盘整比较的。

首先，为明确起见，一般没有特别声明，背驰都指最标准的趋势中形成的背驰。而盘整利用类似背驰的判断方法，也可以有很好的效果。这种盘整中的类似背驰方法的应用，称为盘整背驰判断。

例如，一个上涨的盘整走势类型为 a+A+b，如果 b 段不上破中枢（创新高），一旦出现 MACD 柱子的 b 段面积小于 a 段面积，其后必定有回跌。比较复杂的是如果 b 段上破中枢，但 MACD 柱子的面积小于 a 段的，这时候的原则是先出来，其后有两种情况：如果回跌不重新跌回中枢，就在次级别的第一类买点回补，刚好这反而构成该级别的第三类买点；反之就继续盘整。

同时，盘整背驰的 MACD 比较：回抽 0 轴的黄白线再次下跌不创新高，而且柱子的面积是明显小于第 1 段的。一般来说，只要其中一个符合，就可以是一个背驰的信号，两个都满足就更标准了。

也就是说，盘整背驰分为三种情况（以"盘整中往上的情况"为例），具体如图 4-90 所示。

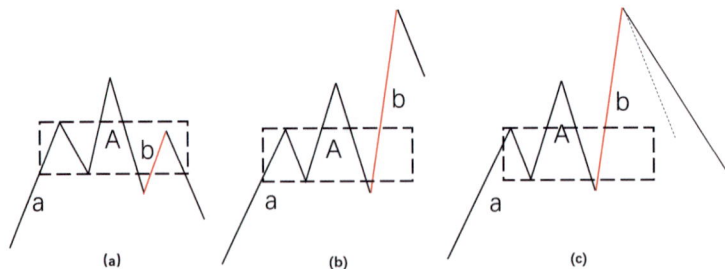

图 4-90　盘整背驰的三种情况

（1）如果 b 段不破 A 段中枢（不创新高），一旦出现 MACD 柱子的 b 段面积小于 a 段面积，也就是趋势力度减弱，其后必定有回跌。

任何转折必定对应某级别的卖点，只是这里的级别更小而已。虽然在本级别不算卖点，但是与均线系统结合起来，往往成为盘整之后变盘方向判断的可靠信号。

（2）如果 b 段上破 A 段中枢（创新高），但 MACD 柱子的面积小于 a 段面积，这时候的原则是先出来，然后关注随后的回跌是否能够跌回中枢。如果不能重新跌回中枢（在没有跌到中枢时，次级别就出现转折），就在次级别的第一类买点回补，好在这反而构成该级别的第三类买点。严格来说，第三类买点应该看次次级别的背驰。例如，日线的第三类买点，就看一个 30 分钟的回抽，而该回抽低点，就看 5 分钟的背驰，此时必须由三个级别共同来确认。

盘整背驰转化为第三类买卖点，这说明做多或做空的力量非常强，走势回不到原中枢。接下来大概率会迎来突破，会面临急速的拉升或急速的下跌。如果是第三类买点，做多的话，这是最肥美的一段；如果是第三类卖点，这将会是最惨烈的暴跌。

举一个例子，递归后的现货白银 5 分钟盘面图如图 4-91 所示，盘整顶背驰转化为第三类买点。

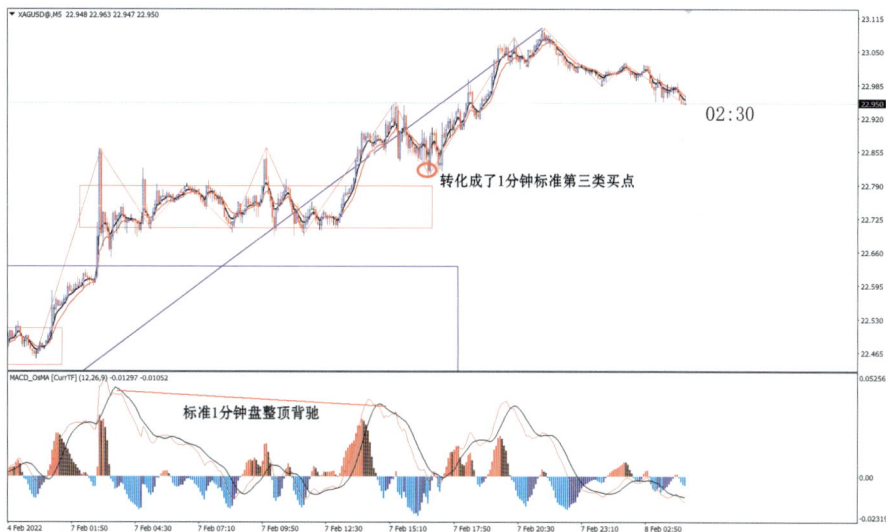

图 4-91　递归后的现货白银 5 分钟盘面图

（3）如果 b 段上破 A 段中枢（创新高），且随后的回跌如果跌回中枢（在回跌到中枢之前没有形成次级别的买点），就继续该盘整。这是"中枢震荡"——盘整中用 MACD 辅助判断和操作的真谛。

简而言之，盘整背驰有三种情况：一是 b 段上不上破中枢；二是 b 段上破中枢且不跌回中枢，从而构成第三类买点；三是 b 段破中枢但随后又跌回中枢。盘整背驰，一般会在盘整中弄短差时用到，如果其间突破中枢，其回跌必须分清楚第二和第三种情况。

实际上，站在最大的级别看，所有股票都只有一个中枢。因此，站在大级别里，绝大多数的股票都其实是一个盘整。缠师后面用第 27 课讲述了盘整背驰的历史性底部问题。

以下是缠师讲述的背驰与盘整背驰的部分内容，以供读者学习。

首先要先分清楚趋势和盘整，然后再分清楚背驰与盘整背驰。盘整背驰里的三种情况，[①]特别是形成第三类买点的情况，一定要搞清楚。

注意，盘整背驰出来，并不一定都会大幅下跌，否则怎么会有第三类买点出现呢。而趋势中产生的背驰，一定至少回跌到 B 段中，这就可以预先知道至少的跌幅。[②]

此外，背驰的回跌力度，和级别有很大关系，如果在日线上涨的中段刚开始的时候，MACD 刚创新高，红柱子伸长力度强劲，这时候 5 分钟线即使出现背驰，其下跌力度显然有限，所以只能打点短差，甚至可以不管。而在日线走势的最后阶段，特别是上涨的延伸阶段，一个 1 分钟的背驰足以引发暴跌，所以这一点必须多级别地综合考察，绝对不能一看有背驰就抛，然后等跌 50%，世界上哪里有这样的事情？

——缠中说禅（2007-01-18）

有两点要先理解：一是两段前后同向趋势间的比较；二是如果用 MACD 辅助，关键弄清楚连接两个趋势的走势类型所产生的回抽 0 轴过程。其后出现的背驰才是有效的。

——缠中说禅（2007-01-16）

一定要综合考虑 MACD 判断背驰的几个条件，不能只看柱子。如果只有柱子有效，也不需要什么背驰了。就是因为柱子经常无效，所以才需要综合性的背驰概念。

股票风险很低，正好是一个练习的好地方。在充分了解之前，千万别去碰

---

① 不创新高就回跌中枢的盘背、创新高盘背回跌不回中枢形成第三类买点、创新高盘背重新跌回中枢。

② 根据转折的力度与级别，关键看力度，有三种分类，可阅读 4.15 节的相关内容。

期货。现在就好好练习吧。

——缠中说禅（2007-01-23）

在实际操作中，走势是如生命般动态地判断走势的转折问题，不是单纯的二维问题，是三维、四维的，用简单的、教条式的眼光看走势就很容易落入形式主义的圈套。因为走势是人为生长出来的，是类生命的现象。

例如，从盘口 1 分钟级别开始上涨，总有人先抛（产生顶背驰），总有人看好买入（产生底背驰），如此生长出 5 分钟级别；5 分钟级别上也有人会抛，有人会买，一直到月线。在这个过程中，资金的流入和流出在图形上就会产生不同的样式，所以不同级别都存在背驰问题。而 1 分钟的顶背驰在绝大多数情况下不会制造出一个周线级别的大顶，这点在过去的美股上表现很明显。奔驰不动即背驰，出现背驰必然有所逆转，只是要看这个背驰所处的整体位次。毫无疑问，所有的买卖点都是因为背驰产生的。

例如，日线级别上涨趋势在第一个中枢形成后，也就是均线黏合后刚发散之初，蓄势待发，b 段继续上涨，MACD 双线拉起，红柱子伸长力度强劲。这时候即使 5 分钟级别出现背驰，其下跌力度显然有限，这刚好是做短差的好机会，也是所谓应对策略行情的时机，不过这对操作日线级别行情的人来说可以忽略。但在日线趋势最后阶段，也就是均线系统已经充分发散，均线和股价，长短均线之间距离较大，属强弩之末，尤其是上涨的 c 段延伸最后一个 1 分钟的顶背驰足以引发暴跌。看背驰，需要多级别并结合走势类型进行综合考察，眼光要全面一点，不能陷入涨跌的情绪当中。

▶▶ 4.18 一般最有效的背离是这样发生的

一般最有效的背离是这样发生的：黄白线回到 0 轴附近后再上去，股价创新高而两线以及柱子都不是新高，这时候出现的背离最有效。

——缠中说禅（2006-12-12）

背离这个关键词在缠中说禅所有博文及解盘回复中仅出现过 108 次，且99% 都出现在前半部分课程里，而背驰这个关键词整整出现了 2406 次。经过对比，笔者发现缠师讲的背离即背驰。

判断背驰是否有效，首先要确定级别、中枢和走势类型，这一步非常关键；

其次，要使用辅助指标 MACD 进行判断。这里需要注意，MACD 指标，一个是看 MACD 双线，一个是看 MACD 的柱子面积。

在股票上涨过程中，如果发生黄白线拉回 0 轴后继续拉起，此时股价创新高，但 MACD 双线和 MACD 柱子的面积均不处于最高位，往往就会发生转折。例如，景津装备（603279）周线图如图 4-92 所示。

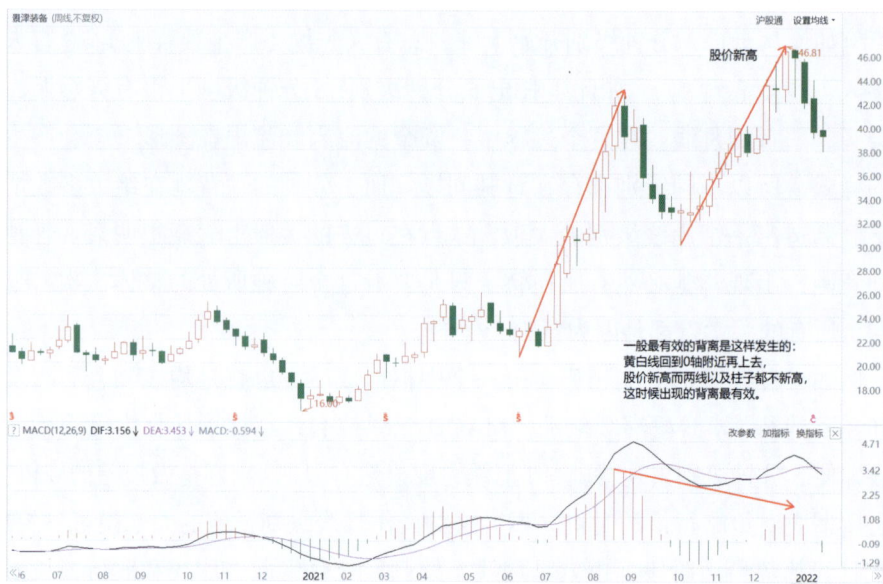

图 4-92　景津装备（603279）周线图

在股票下跌过程中，如果发生黄白线拉回 0 轴后继续下跌，此时股价创新低，但 MACD 双线和 MACD 柱子的面积均不再新低，往往就会发生转折。例如，设计总院周线图如图 4-93 所示。

在判断背驰的过程中，MACD 也有个级别问题，有个判断的小窍门，即高级别的 MACD 柱子面积中达到柱子高峰后，且双线形成死叉，同时低级别出现了背驰，这就是盘整信号。

例如，上证指数 2006 年日线图如图 4-94 所示，可以看出从 2006 年 8 月到 2006 年年底是一个小级别的趋势，先形成"日线笔中枢"。其中，从日线图的 MACD 指标可看到，黄白线到达高位后，有向 0 轴回归的需求，这个回归是从黄白线的"背离"（次级别的背驰）开始的，这就是笔者所看到的"盘整信号"，即中枢震荡的信号。缠师说过，在趋势中不能打短差，而中枢震荡则是短线的天堂。大级别出现"盘整信号"，就可利用小级别（要配合次级别、次次级别的图）打短差了。

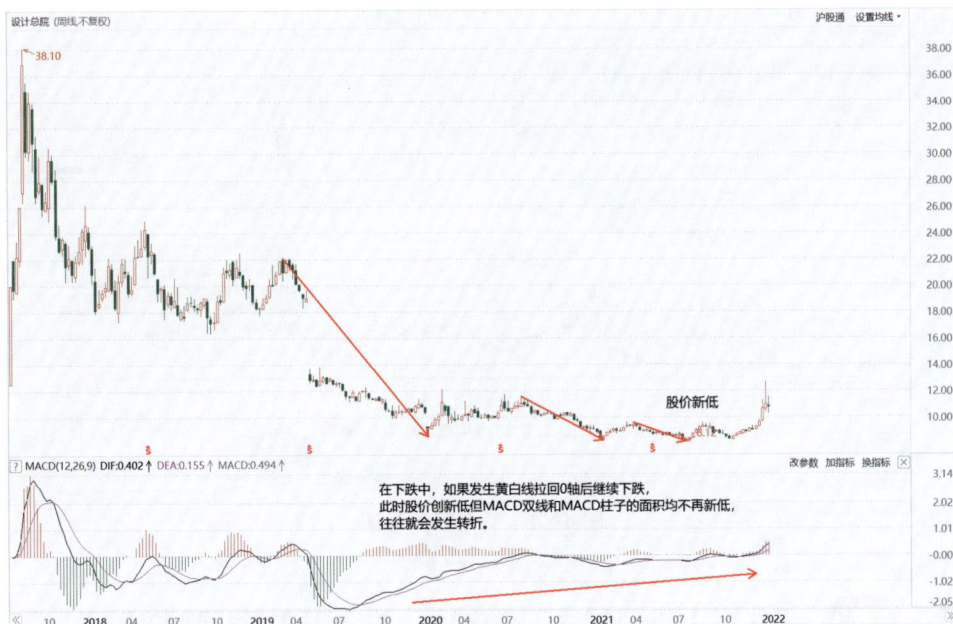

图 4-93　设计总院周线图

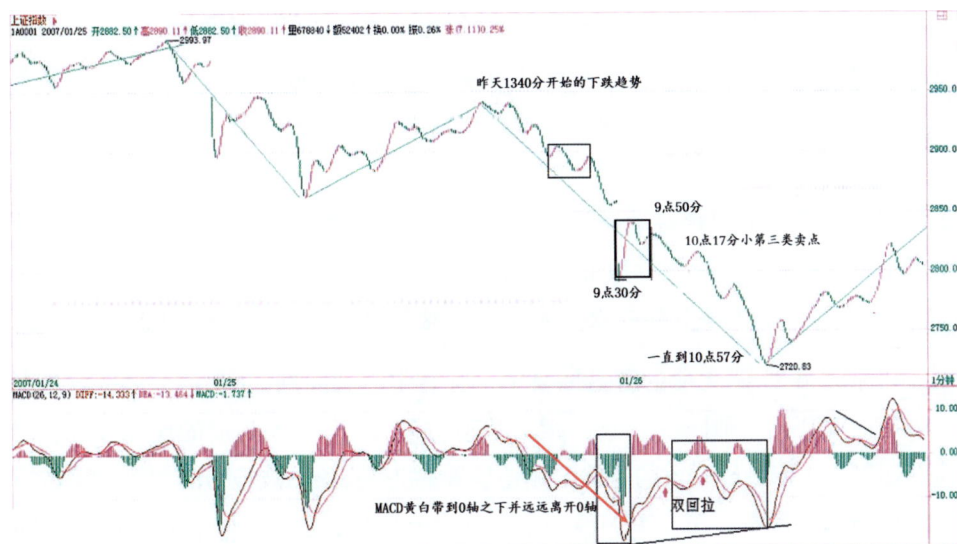

图 4-94　上证指数 2006 年日线图

还有一个顶背驰特别明显的例子,即比特币,其周线图的走势如图 4-95 所示。

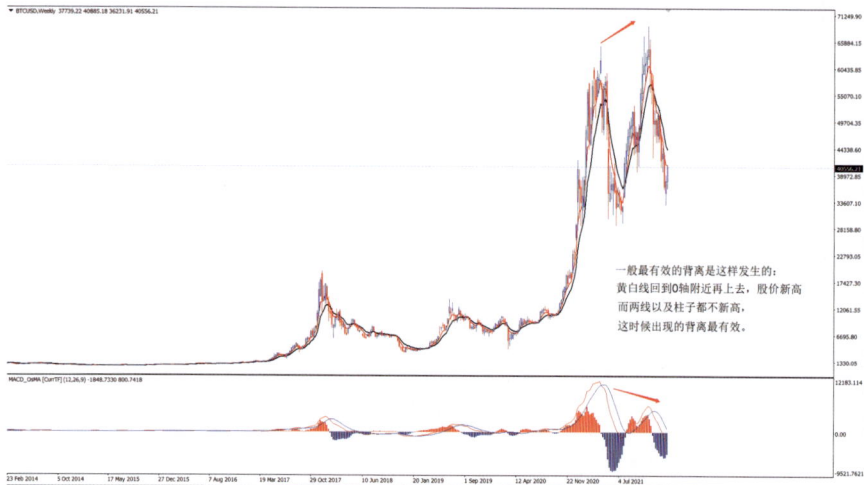

一般最有效的背离是这样发生的：
黄白线回到0轴附近再上去，股价新高
而两线以及柱子都不新高，
这时候出现的背离最有效。

图 4-95　比特币周线图

▶ 4.19　日线以上级别的第二个中枢，要密切注意背驰的出现

趋势，一定至少有两个同级别中枢，背驰肯定不会发生在第一个中枢之后，最早也是在第二个中枢之后。对于那种延伸的趋势来说，很有可能在发生第100个中枢以后才背驰，当然，这种情况一般来说一百年也见不到几次。大部分是第二个中枢后就产生背驰，特别在日线以上的级别，这种情况几乎达到90%以上。因此，如果一个日线以上级别的第二个中枢，就要密切注意背驰的出现。而在小级别中，例如1分钟的情况下，这种比例要小一点，但也是占大多数。一般四五个中枢以后才出现背驰的情况，都相当罕见了。

——教你炒股票第27课：盘整背驰与历史性底部（2007-02-02）

在原文第27课之前的解盘回复中，曾有学习者问到2007年1月是不是大盘最后的疯狂，缠师回答："这是很不精确的想法，什么叫最后的疯狂？最后的疯狂如果指牛市最后一段的走势，那还早着；如果指第一波最后的走势，那么站在深成指的角度看，第二个周线的中枢都没有出现，怎么会存在最后的疯狂问题？"2005年6月6日—2007年10月16日上证指数如图4-96所示，深成指周线图如图4-97所示。

一般来说，牛市的第一波，一定要出现两个周线中枢后再一次上涨[1]，这时

———————————
[1] 周线级别的上涨趋势类型。

候才有最后疯狂的可能。低价成分股会上演疯狂行情，那时候就要小心了。现在如果手里拿着的是涨幅不大的成分股，那就是拿着印钞机。

——缠中说禅（2007-01-15）

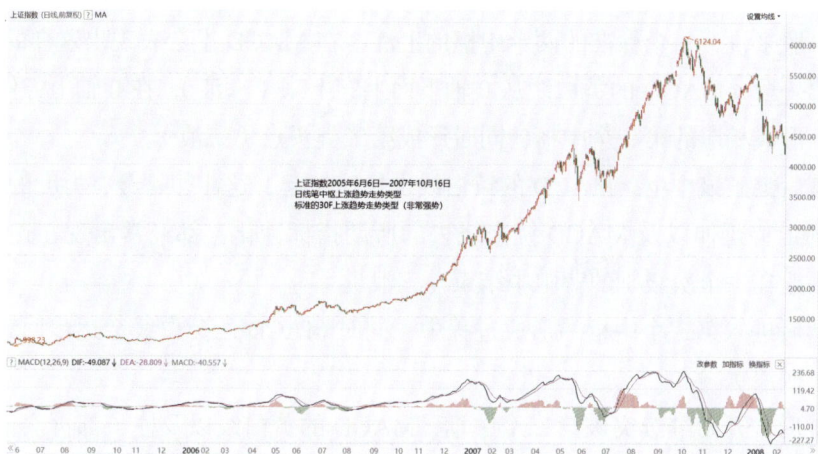

图 4-96 2005 年 6 月 6 日—2007 年 10 月 16 日上证指数

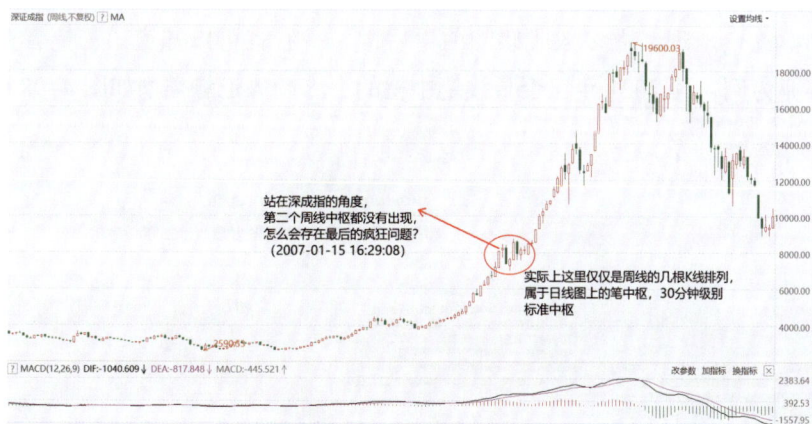

图 4-97 深成指周线图

如图 4-96 所示，实际上在 2005 年 6 月开启的大牛市中，如果按照递归后，上证指数日线图上应是一个标准的 30 分钟上涨趋势走势类型，包含了 4 个标准的 30 分钟级别中枢。2007 年 1 月是第 3 个中枢进行时，这属于相当强势的行情了。

缠师在递归前所说牛市的第一波，一定要出现两个周线中枢后再一次的上涨，应该是递归后的日线级别上涨趋势走势类型，奈何 2007 年行情强势制造出了 4 个日线笔中枢。如果懂得趋势延伸及趋势终完美，不提前下车应该不难。

一般而言，在日线上的第二个中枢后就发生背驰转折的概率达到90%以上。那么一个日线上涨的走势类型是如何发生的呢？在《教你炒股票第25课：吻、MACD、背驰、中枢》一文中，缠师在讲述上涨趋势中形态变化的同时，还运用了动力学的辅助指标MACD，并以当时的海马汽车（000572）作为例子进行说明。

一般来说，一个标准的两个中枢的上涨，在MACD上会表现出这样的形态：

第一段，MACD的黄白线从0轴下面上穿上来（一浪），在0轴上方停留的同时，形成相应的第一个中枢，同时形成第二类买点（二浪）。

其后突破该中枢，MACD的黄白线也快速拉起，这往往是最有力度的一段，一切的走势延伸以及MACD绕来绕去的所谓指标钝化，都经常出现在这一段。这段一般在一个次级别的背驰中结束（三浪）。

然后进入第二个中枢的形成过程中，同时MACD的黄白线会逐步回到0轴附近（四浪）。

最后，开始继续突破第二个中枢，MACD的黄白线以及柱子都再次重复前面的过程。但这次，黄白线不再创新高，柱子的面积或者伸长的高度不能突破新高，出现背驰，这就结束了这一两个中枢的上涨过程（五浪）。

明白这个道理，大多数股票的前生后世，一看就可以知道了。笔者在此以世龙实业为例，其2021年三个日线笔中枢的上涨趋势走势类型如图4-98所示。

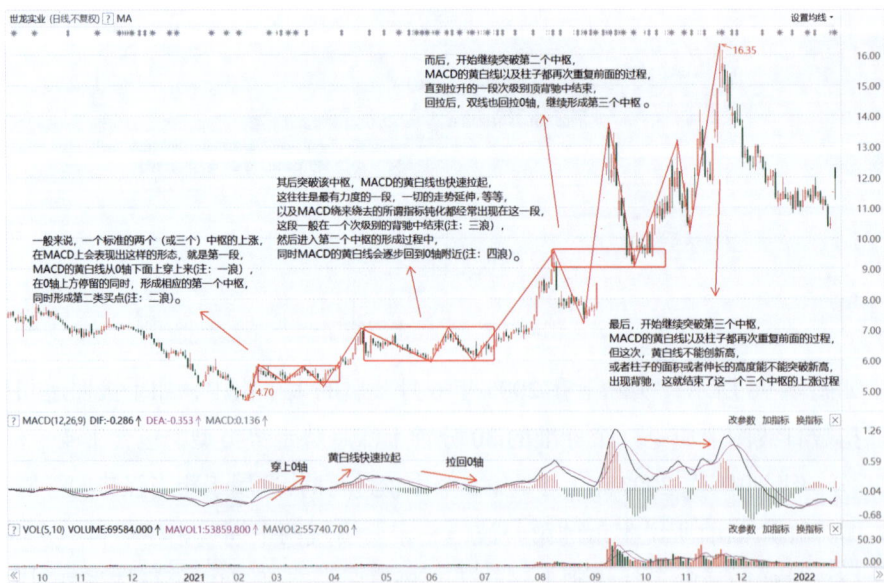

图4-98　世龙实业日线图2021年三个日线笔中枢的上涨趋势走势类型

海马汽车（000572）周线图如图 4-99 所示，该股票的力度，其实和它在日线与周线上出现双重的第二类买点有关，相应地，就有了 MACD 双重在 0 轴停留形成第一个中枢的情况。

在周线上，该股从 2005 年 12 月 9 日到 2006 年 7 月 14 日，形成第一段，同时 MACD 也回到 0 轴上。其后就开始形成第一个中枢，最终在 2006 年 11 月 17 日形成第二类买点。同时，黄白线在 0 轴附近横盘。然后，开始逐步摆脱该中枢，黄白线也逐步拉起。

图 4-99 海马汽车周线图

海马汽车日线图如图 4-100 所示，日线图上，这个过程也是一样的，从 2006 年 11 月 13 日到 2006 年 12 月 6 日，形成日线上的第一段，同时 MACD 回到 0 轴上面。然后三段回拉在 2007 年 1 月 4 日结束，形成第一个中枢，其后突破中枢，MACD 在 0 轴附近拉起，摆脱第一个中枢。该股以后的走势就很简单了。首先形成一个至少是日线级别的新中枢，同时 MACD 回抽 0 轴，然后再突破，出现背驰，构成一个大调整，从而导致一个至少周线以上级别的中枢（中枢级别扩展），使得 MACD 出现回拉 0 轴，然后再拉起来，出现背驰，其后的调整至少是月线级别的。

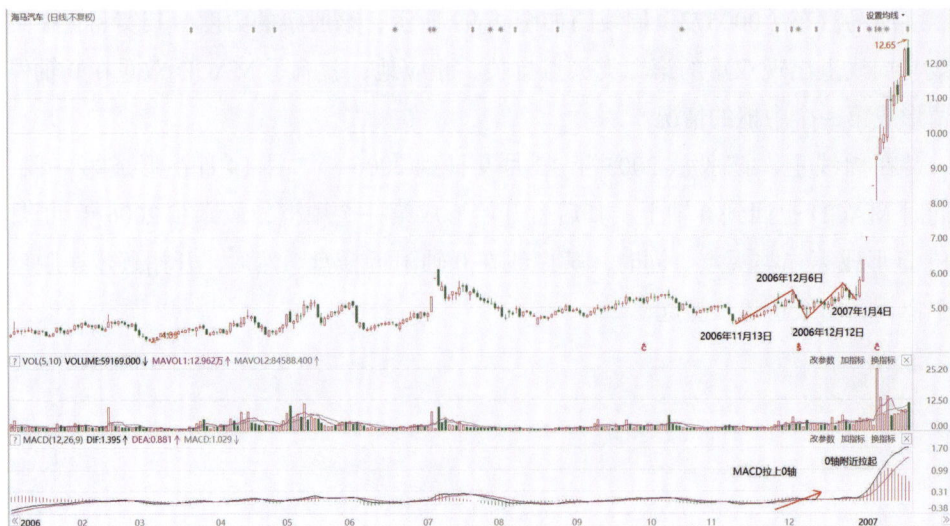

图 4-100　海马汽车日线图

结合海马汽车的周线与日线来看，在周线图上，2006 年 11 月 17 日是周线级别的第二类买点。同时，在日线图上，这周的 2006 年 11 月 13 日是日线级别的第一类买点，日线的第二类买点是 2006 年 12 月 12 日，这同时是 30 分钟级别的第一类买点。

必须注意，MACD 在 0 轴附近盘整以及回抽 0 轴所形成的中枢，不一定就是相应级别的中枢，而至少是该级别的中枢。例如，日线 MACD 的 0 轴盘整与回拉，至少构成日线的中枢，但也可以构成周线的中枢，这时候就意味着日线出现三段走势。

笔者再举一个 2021 年的例子，翠微股份的日线图和 5 分钟图如图 4-101 和图 4-102 所示。

翠微股份作为数字货币、北京冬奥、商业百货等概念股票在 2021 年年末大放异彩，当然基本面上，该企业有国资背景。技术面，在日线上，翠微股份在 2021 年 10 月 29 日产生日线第一类买点，其后在上涨的过程中，MACD 双线拉上 0 轴，其后在 2021 年 11 月 30 日起次级别上涨走势类型完成回落、缩量，MACD 双线回拉 0 轴，2021 年 12 月 13 日出现日线级别第二类买点，到同年 12 月 27 日震荡整理完成，开始上涨突破。

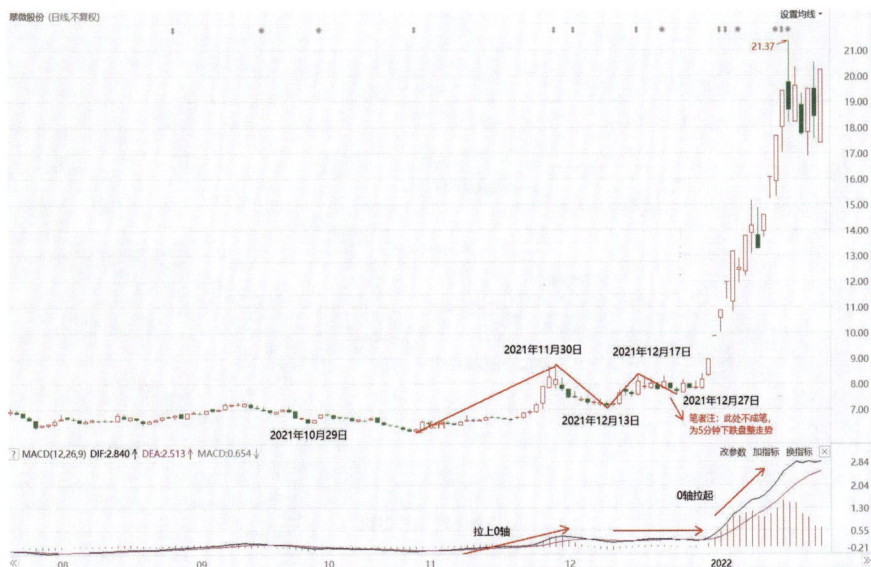

图 4-101 翠微股份日线图

图 4-102 翠微股份 5 分钟图

在股票行情中，一旦形成趋势，就可以生成两个中枢，也可以是三个或多个，在日线图上下跌趋势背驰的例子可见 2008 年的日线下跌趋势走势类型，还有 2018 年的日线下跌趋势走势类型，如图 4-103 所示。

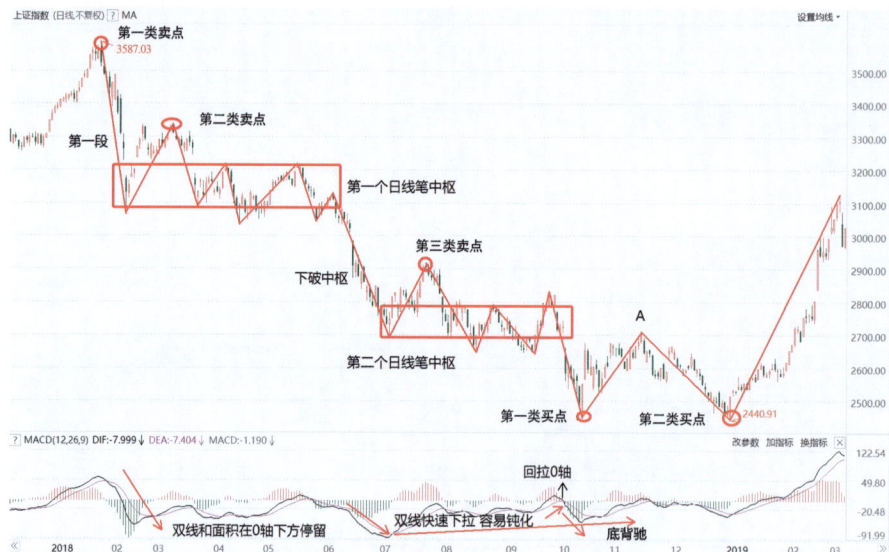

图 4-103　大盘 2018 年日线图

图 4-103 为 2018 年日线笔中枢下跌趋势走势类型。一般来说，一个标准的两个中枢的下跌，在 MACD 上会表现出这样的形态：

第一段，MACD 的黄白线从 0 轴上面上穿下来，在 0 轴下方停留的同时形成相应的第一个中枢，同时形成第二类卖点。

其后下跌突破该中枢，MACD 的黄白线也快速下拉，这往往是最有力度的一段。一切的走势延伸以及 MACD 绕来绕去的所谓指标钝化，都经常出现在这一段，这段一般在一个次级别的底部背驰中结束。

然后进入第二个中枢的形成过程中，同时 MACD 的黄白线会逐步上拉回 0 轴附近。

最后，开始继续下跌突破第二个中枢，MACD 的黄白线以及柱子都再次重复前面的过程。但这次，黄白线不再创新低，或者柱子的面积或者伸长的高度不能创新低，出现底背驰，这就结束了这次两个中枢的下跌过程。

图 4-103 中还有个小秘密，就是 2440 点为日线笔中枢下跌趋势走势类型的第二类买点，居然比第一类买点还低，这是因为第二类买点也有强弱之分，这属于最弱的一种第二类买点。不难发现图 4-103 中的 A 点其实是拉回了左边的中枢的，其后又创新低 2440 点，为最弱的日线第二类买点。第二类买点的相关内容可阅读 5.1 节。

4.20 趋势中，唯一需要干的就是等待背驰

[匿名]：越来越感觉你的理论比一些我看过的理论有用得多，不过，我还是不能很好地掌握这些理论。近段时间想试试把成本降为 0，结果却把筹码弄丢了，郁闷啊！（2007-08-21）

缠师：加大操作级别，对新手来说，应先练习持股，在一个大级别买点买入后持有到大级别的卖点，怎么都应该是 30 分钟以上的。这次从 3600 点上来，从未有效跌破过 5 日线。对初学者，用这一招就比所有的所谓专家高明多了。如果资金大的，就看 5 周线。至于中枢震荡中的短差，那是一个高难度的操作，初学者当然做不好。至于在趋势中时，根本就不存在做差价的可能，趋势中，唯一需要干的就是等待背驰。注意，上面说的，都是在自己的操作级别上。（2007-08-21）

面对趋势，形成两个依次同向的缠中说禅走势中枢后，任何趋势都可以随时结束而完美，但也可以不断地延伸下去，形成更多的中枢。这种情况在实际操作中太常见了，如果趋势是向上的，会不断上涨。很多人抓不住牛股，经常在第一个中枢时就被震下马，最主要的就是对此没有明确的认识。反之，对于下跌的延伸，是所有抄底者的噩梦。逃顶、抄底为何难？归根结底就是"走势类型的延伸"闹的。

在上涨趋势走势类型延伸中，唯一需要做的就是等待顶背驰；在下跌趋势走势类型延伸中，唯一需要做的是等待底背驰。

在实际操作中，缠师曾说过效率最高的且被证明过的方法。

在第一次抄底时，最好就是买那些当下位置离最后一个中枢的 DD=min（dn）幅度最大的，所谓的超跌，应该以此为标准。

因为"背驰—转折定理"保证了反弹一定达到 DD=min（dn）之上，然后在反弹的第 1 波次级别背驰后出掉，如果这个位置还不能达到最后一个中枢，那么这个股票可以基本不考虑。当然，这可能有例外，但可能性很小。然后在反弹的第一次次级别回试后买入那些反弹能达到最后一个中枢的股票，而且最好是突破该中枢的而且回试后能站稳的。

根据走势必完美原则，一定还有一个次级别的向上走势类型，如果这走势类型出现盘整背驰，那就要出掉；如果不出现，那就要恭喜你了，你买到了一个

所谓 V 形反转的股票，其后的力度当然不会小。

——教你炒股票第 29 课：转折的力度与级别（2007-02-09）

▶ 4.21 这就是区间套的定位方法

那么，这样一个整体结构有什么厉害之处呢？它可以推演的东西太多了，其中之一就是区间套方法的应用。如果市场走势没有本 ID 所揭示的整体结构，那么区间套就不会存在，也就没有实际操作意义。因此，区间套的方法，就是走势必完美原则的一个重要应用。有了区间套，买卖点的精确定位才有可能，也就是说走势必完美的存在促使了买卖点可以精确定位，这显然是最牛的一种操作方式了。

——教你炒股票第 102 课：再说走势必完美（2008-03-06）

区间套到底该如何应用？打个比方：如果有一天，你不小心迷失在了外太空，如何回到自己家呢？请别慌张，我们的详细地址是拉尼亚凯亚超星系团→室女座星系团→本星系群→银河系→猎户臂→古尔德带→本地泡→本星际云→博尔特云→太阳系→地球→中国→城市→区域→你家，其实这就是区间套的应用。

接下来带大家学习缠师具体应用区间套的例子。

学过数学分析的人，应该对区间套定理有印象。这种从大级别往下精确找大级别买点的方法，和区间套是一个道理。还是以万科 A 为例子，万科 A 的季线图、月线图、周线图、日线图如图 4-104 ～图 4-107 所示。

在图 4-104 季度图上的第三段，在月线上，可以找到针对月线最后中枢的背驰段。而这个背驰段，一定在季度线的背驰段里，而且区间比之更小。把这个过程从月线延伸到周线、日线、30 分钟、5 分钟、1 分钟，甚至是每笔成交，这区间不断缩小。

在理论上，甚至可以明确指出，这一笔是万科历史底部的最后一笔交易，这笔交易的完成意味着万科一个历史性底部的形成与一个时代的开始。当然，这只是最理想的情况，因为这些级别不是无限下去的，因此，理论上并不能证明就是一个如极限一样的点状情况的出现，但用这种方法去确认一个十分精确的历史底部区间，并不难。

由于万科 A 30 分钟图年代很久远，暂时无法找到，所以请读者见谅。不过方法一样，在 30 分钟的下跌走势中找到背驰段，如此往复，直到最低级别那个共振的小区间（点）。正是因为任何级别、任何走势类型都具有自同构性且必将完成，所以区间套的方法是走势必完美的一个重要应用。

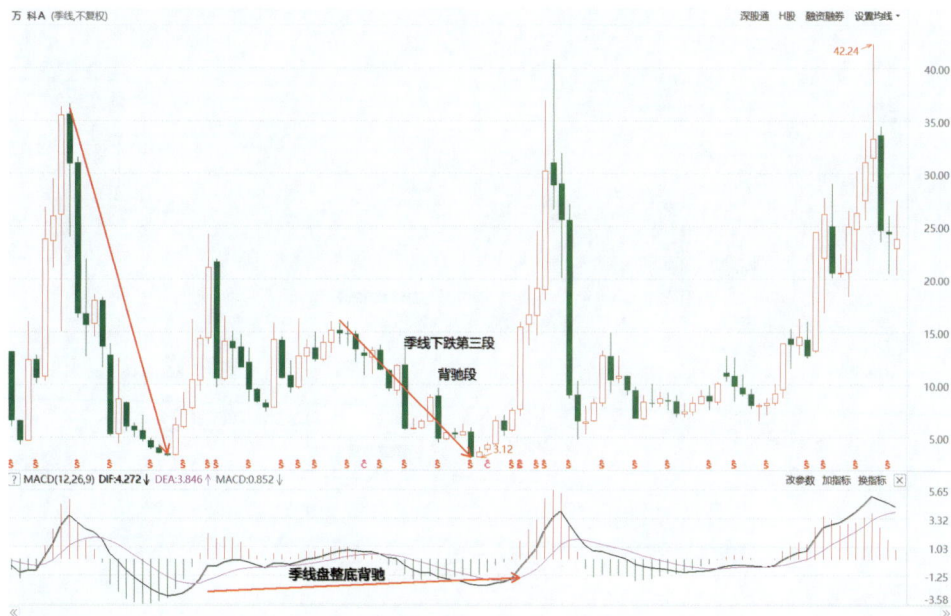

图 4-104　万科 A 的季线图

图 4-105　万科 A 的月线图

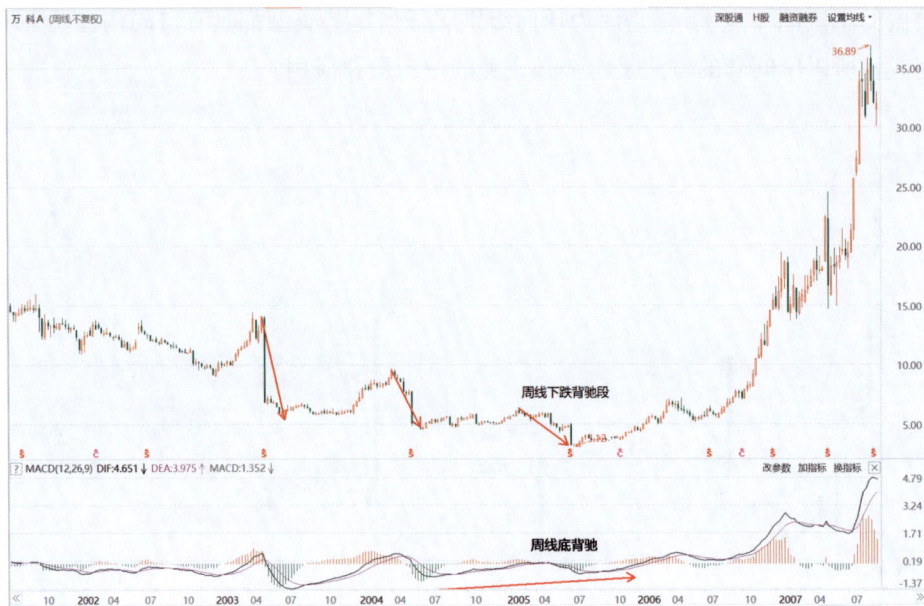

图 4-106　万科 A 的周线图

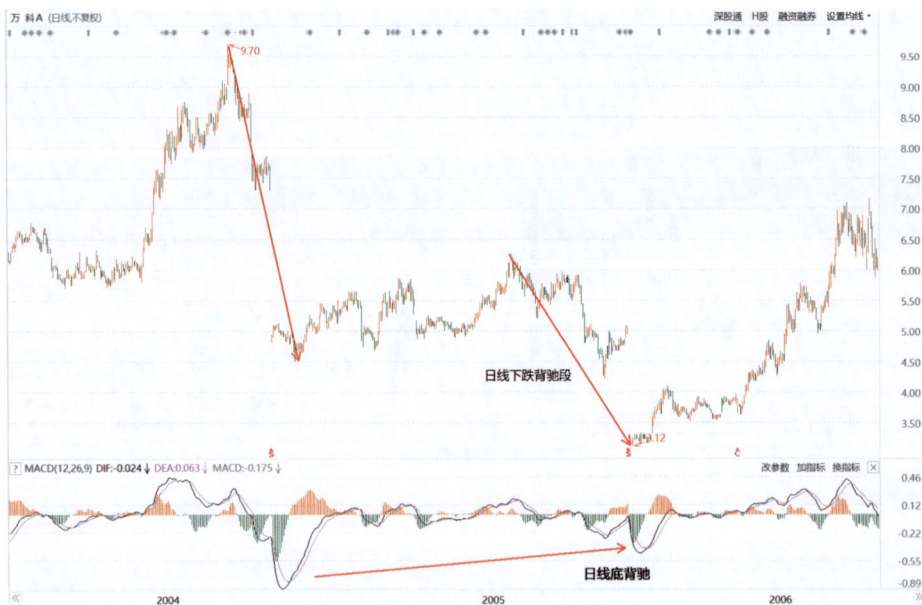

图 4-107　万科 A 的日线图

正是区间套的应用，才有了如下<u>缠中说禅精确大转折点寻找程序定理：某大级别的转折点，可以通过不同级别背驰段的逐级收缩范围而确定</u>。换言之，某大级别的转折点，可以先找到其背驰段，然后在次级别图里，找出相应背驰段在次级别里的背驰段，将该过程反复进行下去，直到最低级别，相应的转折点就在该级别背驰段确定的范围内。如果这个最低级别是可以达到每笔成交的，理论上，大级别的转折点，可以精确到笔的背驰上，甚至就是唯一的一笔。

为了加深对本节定理的理解，最好把高等数学里的区间套定理复习一下，思路是相同的。当然，由于级别不是无限可分的，不可能达到数学上唯一一点的精度。

——教你炒股票第 27 课：盘整背驰与历史性底部（2007-02-02）

《高等数学》之《在闭区间上连续函数的性质》如图 4-108 所示。

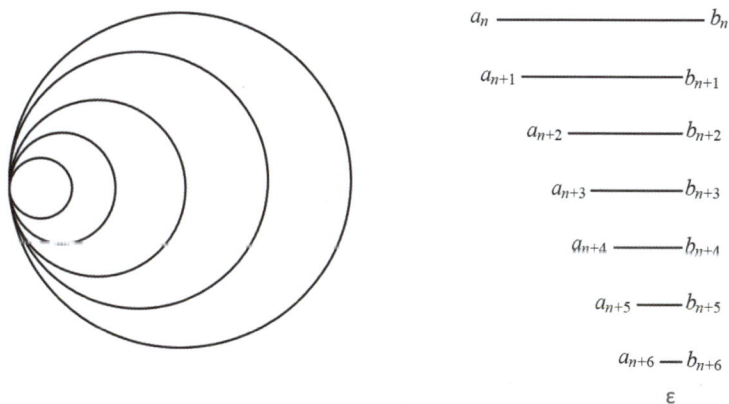

图 4-108 《高等数学》之《在闭区间上连续函数的性质》

区间套定理：设一无穷闭区间列 $\{[a_n, b_n]\}$ 适合下面两个条件。

（1）后一区间在前一区间之内，既对任一正整数 n，有 $a_n \leqslant a_{n+1} < b_{n+1} \leqslant b_n$。

（2）当 n 无穷时，区间列的长度 $\{[a_n, b_n]\}$ 所成的数列收敛于零，则区间的端点所成的两数列 $\{[a_n]\}$ 及 $\{[b_n]\}$ 收敛于同一极限 ε，并且 ε 是所有区间的唯一公共点。ε：极限存在的时候表示极限和 a 的趋近程度（越小越好）。

关于区间套到最后 1 分钟线段的内部结构，可以用类背驰来定位，如图 4-109 所示。甚至可以把定位定到精确的分笔图上某个价位，但这对大资金或者技术不熟练的人来说在实际操作中意义不大。在《教你炒股票第 61 课：区间套定位标准图解（分析示范六）》一文中，缠师已经手把手教我们区间套的定位方法。

图 4-109　区间精准定位

4.22　看走势的背驰、转折，不过是第一层次的内容

看走势的背驰、转折，不过是第一层次的内容，当你能看明白社会经济、政治等结构的背驰、转折时，那才是更高层次的内容。

——教你炒股票第 84 课：本 ID 理论一些必须注意的问题（2007-10-07）

世界虽然瞬息变化，但本质上均离不开类似走势的绝对不可重复性、自同构性结构的绝对复制性以及相应不患的、共业的绝对推理性。正如缠师所说，资本主义的发展如同一个日线上涨走势类型一样，空头和多头之间的合力造就了社会发展的大结构。

说来很有趣，缠师早年"男扮女装"，用"喜欢数学的女孩"的 ID 名在天涯论坛发表了许多文章，就经常用分析股票的方式来看待各种社会现象，如伟人成功史、富豪成长史，还有奥运会奖牌数的预测等。其中，关于富豪成长史，缠师是这样用波浪的分析模式来解析的。

其实，本女一直有这样的观点，一个最终生长、形成的现象必然包含一个 5 浪的形式，这同样可以用在富豪的现象上。波浪理论数学结构 8 浪循环如图 4-110 所示。

所谓暴发户，就是有一个爆发性的 1 浪（也就是所谓的第一桶金），其后的

2 浪调整没完没了，最终打回原形。而有些人在 2 浪调整后也有一个重新发展的过程，但总是反反复复，最终也没走出像样的 3 浪，这种人就是所谓的小老板们了。大概，最终有极少数人能经过 2 浪调整，找到属于自己的所谓盈利模式，走出 3 浪，这种人可以视为准富翁，在一般人看来，也就是所谓的大老板了。

其实，是成为真正的富翁还是昙花一现，关键是看这 4 浪的调整能否站稳，并形成稳定的企业结构和持续发展模式并最终走出第 5 浪。否则企业再大也白搭，4 浪调整完成不了反而走出崩盘走势的人，本女见过太多了。不经过这 5 浪的磨炼，一个富翁是练不成的。

虽然这 5 浪的结构异常简单，但能够明白其中的道理，也就知道富翁生长的基本模式以及关键时空位置和对应策略了。其实这 5 浪的结构可以说是我们可见的宇宙中事物生长的基本模式之一，参透其中的奥秘，那就不仅仅是成长为富豪那么简单了。

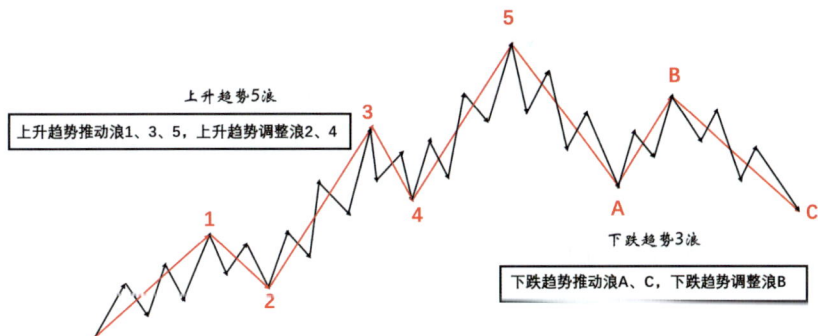

图 4-110 波浪理论数学结构 8 浪循环图

颇为有趣的是笔者 2020 年 6 月某日受邀参加某地一次文化直播节目讲述胡雪岩的故事。笔者除了讲述 5 浪的富人整体规律外，也运用股票分析方式解读了马云现象，预示阿里巴巴的走势也将会遵循走势必完美的原则。细心的读者从阿里巴巴月线图（见图 4-111）可以发现其 2020 年 10 月末发生了最有效的顶背驰，其中暗含了世界经济变动的秘密。

近年来，美国对冲基金投资人瑞·达里欧将其思想凝成了《原则 2：应对变化中的世界秩序》一书，从中可知他对历史的研究有自己独到的心得，毕竟成为真正顶级的投资高手，就像缠师说的要能看明白社会经济、政治等结构的背驰与转折。在笔者看来，这一切的核心就在于"定位"，搞明白自身所处世界发展周期的位次，才能对未来进行准确把握并制订有效的应对策略，这对优秀的投资人来说非常重要。

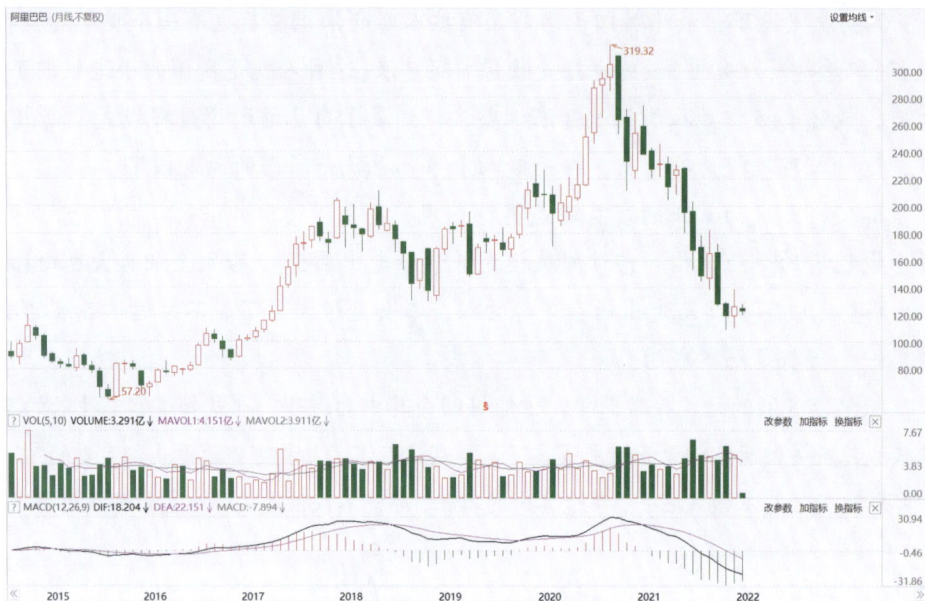

图 4-111　阿里巴巴月线图

瑞·达里欧以近 500 年来全世界主要国家的历史为样本，围绕帝国兴衰及深层机制而展开历史研究，总结出规律，重新思考投资。总体来说，他将国家的兴衰分为三个阶段，如图 4-112 所示。

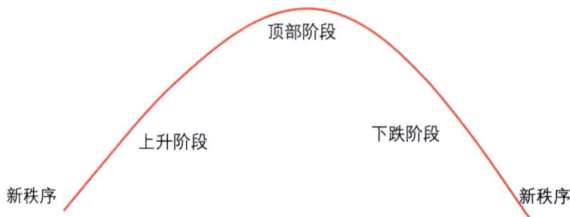

图 4-112　国家兴衰的三个阶段

上升阶段：新秩序建立之后的繁荣建设时期。在这个阶段，国家的基本面较为强劲，因为债务水平相对较低，财富、价值观和政治差距相对较小，人们通过有效合作来创造繁荣，具备良好的教育和基础设施，拥有强有力的领导者，一个或多个世界主要大国主导着和平的世界秩序。

顶部阶段：以各种形式的状况为特征，如高负债，财富、价值观和政治差距巨大，教育水平和基础设施不断下滑，国家内部的不同群体之间发生冲突，过度扩张的国家受到新兴对手的挑战并引发国家之间的争斗。

下跌阶段：这是一个痛苦的阶段，充满各种争斗和结构性重组，从而导致严重冲突和巨大变革，推动内部和外部新秩序的建立，为下一个新秩序的建设埋下种子。

笔者认为，我们在学习缠师思想的同时，也要不断接受优秀者的思想，再通过自己的思考和实践，逐步探索出自己的世界。

▶▶ 4.23 走势的中阴阶段，多空齐杀，最能搞死人

一定要注意，为什么很多人逃了顶，最后还是被套住了？为什么有的人抄了底，最终还是没赚到钱，被震出来了？这就是被相应级别的中阴阶段给搞死的，而且，越大级别转折后的中阴阶段，越能搞死人。

如同人的中阴，非人非鬼。行情走势的中阴阶段，也是多空齐杀，不断折腾转换。等最后转折确认时，就如同已经重新投胎，饭熟了，还找米，能有戏吗？

有些蠢人，经常在行情转折的中阴阶段，觉得世界又美好了，或者觉得世界又恶劣了，结果都是被业力所牵引。

——教你炒股票第 88 课：图形生长的一个具体案例（2007-11-06）

2007 年 11 月 6 日上证指数如图 4-113 所示。

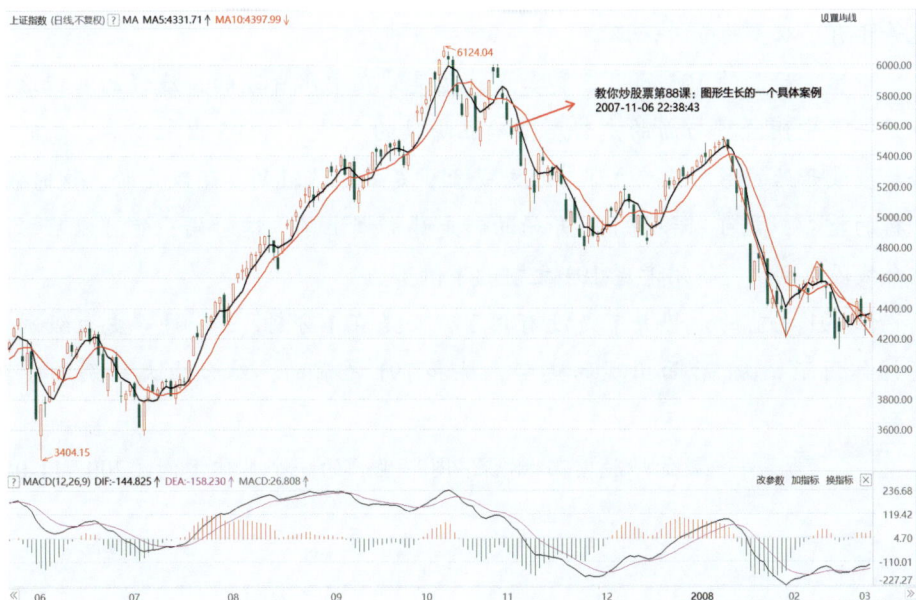

图 4-113 2007 年 11 月 6 日上证指数

中阴阶段：就是说前一种走势类型背驰或者盘整背驰宣告前一段走势类型死亡，在新的走势类型确立之前有一个模糊如中阴般的阶段。其实就是第二类买卖点所在的中枢震荡区间。这个阶段无法确定究竟会转向何种走势类型——出现转折变成新的走势类型，还是延续原来的走势类型。

那么，我们该如何把握这一阶段的走势呢？缠师认为要把握这一阶段的走势，必须将前一段的部分走势结合起来分析。也就是说，前一段走势的业力在发挥着作用，这个业力与市场当下的新合力构成了最终决定市场方向的合力。

举一个例子，就能很好地说明这个问题。

上证指数 1 分钟图如图 4-114 所示，图中 191 位置的背驰宣告前一走势类型的死亡。按道理，新的走势类型，是从 191 开始分析的，但这时候，新的走势类型连第一段线段都没走出来，甚至走到 193 的位置，但依然轮廓不明。因此，这时候，就是典型的中阴阶段，必须借助前面 189 开始形成的中枢来完成分析与相应的操作。

如果从 191 开始，192、193 都很难说有什么可依据的。当然，可以说 193 就是第二类卖点，这个自然没错。但站在 189 开始中枢的角度，这就存在一个中枢震荡的问题，这样，这个第二类卖点就有一个更大的可依靠的分析基础。一切关于中枢震荡的分析，都可以利用到关于 192、193 以及后面走势的分析中，这等于有了双重的分析保证。

当然，后面的 195 的第三类卖点，也是站在中阴阶段的角度说的。但这一点是一个中阴阶段与新的走势类型确立阶段的分界点，195 出来以后，新的走势类型最开始的形态就确立了，也就是至少是一个线段的类下跌走势。这时候，分析的重心，就可以移到 191 开始的新走势类型上了。这时候，就可以基本在这个线段级别上，不用考虑 191 之前的事情了。

但 191 之前的走势并不是没有用了，而是在 1 分钟、5 分钟等更大级别上发挥作用了。191 后面出现的走势，就和 191 之前的，结合出大级别的走势形态。

——教你炒股票第 88 课：图形生长的一个具体案例（2007-11-06）

图 4-114　上证指数 1 分钟图

上证指数 2021 年 12 月 20 到 2022 年 1 月 19 日 60 分钟图如图 4-115 所示。

图 4-115　上证指数 60 分钟图

图 4-115 中圈内即为中阴阶段，虽然表现为中枢震荡，但并非一般性的中枢震荡，因为这关系到走势的延伸或者转折。中阴阶段结束后，不一定就是真正的反转，也可能延续前一走势，如"上涨＋盘整＋上涨"，这样的结构是完全合理的。

图 4-115 中表现的是中阴阶段后出现第三类卖点，下跌幅度很大，导致直接与前期同级别走势类型重叠。这一波岁末下跌，不少人喊话 A 股要挺起脊梁，但市场是合力的结果，不是随便喊就会发生多大变化的。

中阴阶段的模糊，也就是走势模棱两可，所以造成了本来逃顶的操作者，最后以为还要上涨（陷阱，可能是 V 形反转下跌）追进去后被套住了。本来抄了底的操作者，最终担心还要继续下跌（陷阱，可能是 V 形反转上涨），所以被震出来了。2022 年 2 月 28 日大盘反弹出现 1 分钟标准级别中阴阶段，如图 4-116 所示。

图 4-116　2022 年 2 月 8 日大盘反弹出现 1 分钟标准级别中阴阶段

大盘在 2022 年 2 月 8 日假摔砸这个坑的时候，也是冬奥会花样滑冰比赛进行时。某花滑选手在比赛过程中居然踩到了可能是前面选手比赛时划出的冰坑，导致他无法顺利完成跳跃动作，不过他却依旧很淡定地继续完成了自己的动作，获得高分。就像大盘这天砸下的大坑，心态能保持淡定的操作者又有几个呢？其实淡定是有前提的，就是有对事物本质的把握能力，实力选手自然懂怎么面对"坑"。

越大级别转折后的中阴阶段，越是多空齐杀，不断反复折腾，直到最终的转折确认，这也是操作者的情绪最容易崩溃的阶段。很多人在此时之所以操作乱了节奏，很大的原因还是根本就不知道有这一复杂阶段（中阴阶段）的存在，或者知道但没有充分重视它，依旧在生死中沉浮，涨了就高兴，跌了就伤心。

中阴阶段后走势怎么走？并不是预先被设定好的，而是市场合力的结果，这里有着不同的可能性。所有的可能性都可以统一为中阴过程的处理。是否明晰中阴阶段，对整体操作节奏来说非常重要。如果技术好，就可以在这个大的中枢震荡中操作；如果技术不好，就等市场自己去选择，然后再决定操作。

行文至此，笔者认为市场操作就像冬奥上的花滑比赛一样，外行看不懂，只能看到盈利，但如果是技术裁判的话，就会看出很多问题和瑕疵，进场位次、持单能力、减仓能力、回补能力等都成了考核的标准。所以不难理解为什么缠师总强调买点买、卖点卖，这当中就是真功夫的体现。

在 108 课原文的第 90 课中，缠中说禅给出了一个利用布林通道（BOLL）来辅助判断中阴阶段结束时间的方法。一般来说，布林通道的收口，就是对中阴结束时间的最好提示。当布林通道变窄收口时，震荡走势结束的可能性大。但布林通道无法给出明确的突破时机以及突破方向的指示，只有辅助的作用，最终走势的突破还以第三类买卖点为准。当然布林带也可以很好地辅助判断第二类买卖点，有时也可以用来判断第一类买卖点。

▶▶ 4.24 均线系统的应用

所谓的"缠绕"，是和均线系统相关的。均线系统，只是走势的一个简单数学处理，离不开或然率，这和后面所说的中枢等概念是完全不同的，所以一定要搞清楚，不要把均线系统和中枢混在一起。

均线系统本质上和 MACD 等指标是一回事，只能是一种辅助性工具。由于这些工具比较通俗，掌握起来比较简单，如果不想太深究的，可以先把这些搞清楚。

——教你炒股票第 25 课：缠绕，MACD、背驰、中枢（2007-01-23）

均线系统是缠中说禅常用的一个辅助技术指标，与缠中说禅股票投资理论的形态学构建关系不大。一般来说，最简单又最实用的技术指标系统就是所谓的均线系统。均线就是成本线。对于单条均线，股价在其上，属盈利状态，人气乐观，为强；股价在其下，属亏损状态，人气悲观，为弱。因此，均线有助涨、助跌的作用，均线的方向也反映了某些特定投资行为的意愿。但若股价距均线太远（乖离率过大），则阳极生阴、阴极生阳。深成指周线图上的 60 周均线示意图如图 4-117 所示。

图 4-117　深成指 60 周均线示意图

在走势图上，以 5 日均线和 10 日均线为例，短期均线在长期均线上方为上涨，即多头模式；长期均线在短期短线上方为下跌，即空头模式。按照"走势对于原趋势的反抗程度"，也就是短期均线相对于长期均线的强弱，又可以对走势力度进行完全分类。

（1）不收敛（没有反抗）：一个趋势开始时，短期均线逐渐远离长期均线，这种"远离"，就是"不收敛"的状态。而一旦短期均线走平或开始接近长期均线，就意味着要收敛了，不过，具体的强弱，还要等到短期均线抬头的时候才能判断。

（2）弱收敛（略有反抗）：短期均线略略走平后继续按原来趋势进行下去。属于略有反抗，但基本没什么反抗力度；弱收敛出现的概率较小，一般出现在趋势较强的情况下，而太强烈的趋势本身也不可能太长久，所以强烈过后，经常出现震荡。

（3）强收敛（明显反抗）：短期均线靠近长期均线但不跌破 / 升破（走势突破长期均线后，马上形成陷阱），然后按原来趋势继续下去。这属于明显有反抗，但力度一般。"强收敛"在任意一段基本的趋势中最常见，尤其是在下跌过程中，一旦出现强收敛，意味着反弹基本就该结束了。在上涨的情况下，调整的概率也很大，但要注意的是，均线是否演变成交叉缠绕。

（4）交叉缠绕（反抗成功）：短期均线跌破或升破长期均线甚至出现反复缠绕的情况，属于有了足够的力度并反抗成功。交叉缠绕出现在一段趋势后的较大调整中，还有就是在趋势出现转折时，尤其是下跌趋势后，如果出现短、中、长各类均线长时间相互交叉缠绕，就要关注行情是否出现重大转折。不过，一般要习惯于探底时买，这样风险最小。

以上 4 种均线缠绕情况如图 4-118 和图 4-119 所示。

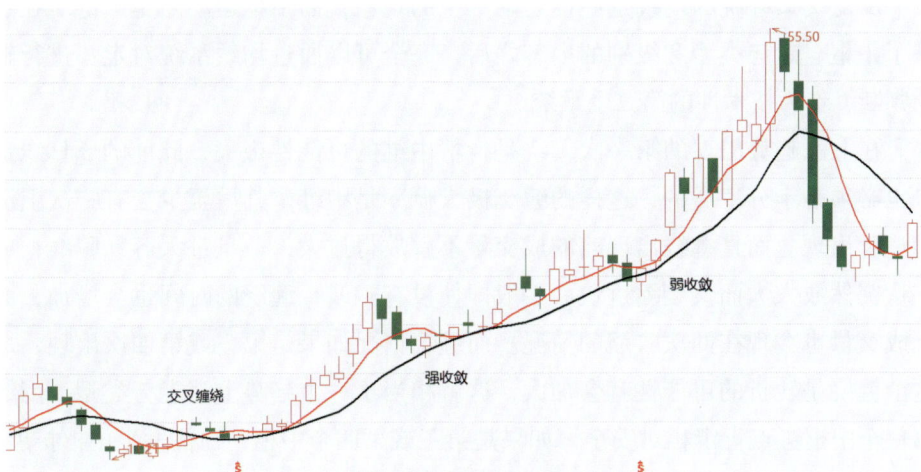

图 4-118　多头模式下的均线缠绕

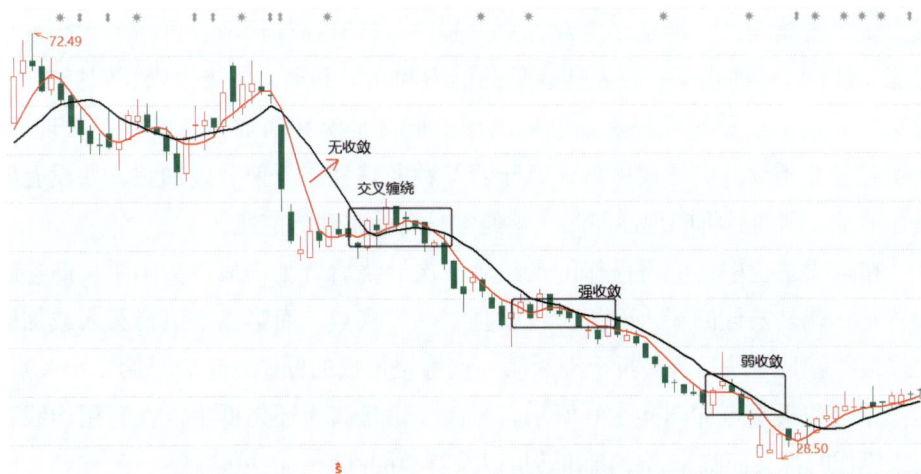

图 4-119　空头模式下的均线缠绕

需要注意的是，任何行情的转折，在很大概率上都是由交叉缠绕引发的。这里涉及两种转折方式：一种是先交叉缠绕，按照原趋势来一个大高潮，制造一个陷阱再转折；另一种是长、中、短期均线反复交叉缠绕，构造一个转折性箱体。缠师曾说过对箱型的走势，一定要在箱底买，这样止损也简单。

在图形上，从前一个交叉缠绕到下一个交叉缠绕，两条均线中间围成的面积，反映了这一段趋势在抗争之下所能维持的程度，后面缠师把这个面积定义为"趋势力度"。反抗和抗争积累到一定程度，才会达到某种短暂的平衡，在走势中产生了价值中枢。

反复交叉缠绕的均线是中枢运动产生的现象，而中枢运动才是关键。在熟练了中枢、走势类型和级别的内容之后，完全可以通过均线系统对走势进行辅助判断，作为技术性的第二个系统。

在上涨趋势出现的第一次缠绕是行情中继的可能性极大，此前的5日线走势也必须是十分凌厉的，这样的缠绕极大概率是中继，其后至少会有一次上涨的过程出现。而且缠绕出现前的成交量不宜放得过大，一旦过大容易骗线，成交量突然放太大而又萎缩过快，一般即使没有骗线，缠绕的时间也会增加，而且成交量也会现在两次收缩的情况。而缠绕情况如果是第三或第四次出现，那这个缠绕是转折的可能性就会加大，这就相当于一个趋势上涨走势类型，围绕第一个中枢买点肯定相对安全，如果是第三或第四个中枢，往往发生中枢扩展、盘整、反向三种可能。

成交量则产生于市场的分歧，一方看好而另一方不看好，有分歧才有成交。成交量严重萎缩，一种是多空双方意见趋同，这时往往伴随着价格的大幅度单边涨、跌；另一种是某一方表达意见的能力和实力衰退，阴极生阳，阳极生阴，成交量衰退到极致时往往是顶、底区域。成交量温和增加，是一种正常现象，预示趋势在延续。突然放巨量，意味着某种非理性成分使分歧加重，如没有实质性消息，则随后将向理性回归，这通常是震荡整理的前兆。

在均线系统中，值得操作的是最后一次缠绕后背驰构成空头陷阱，即急跌却背驰，就是最佳的买入时机，也就是第一类买点。而第二个值得买入或加码的位置，就是下跌趋势转折上涨后第一次缠绕形成的低位，也就是第二类买点。均线系统和买卖点如图4-120所示。然而无论是高手还是低手，在利用均线系统来操作时都会面临来自中继和转折以及背驰的判断上的风险。

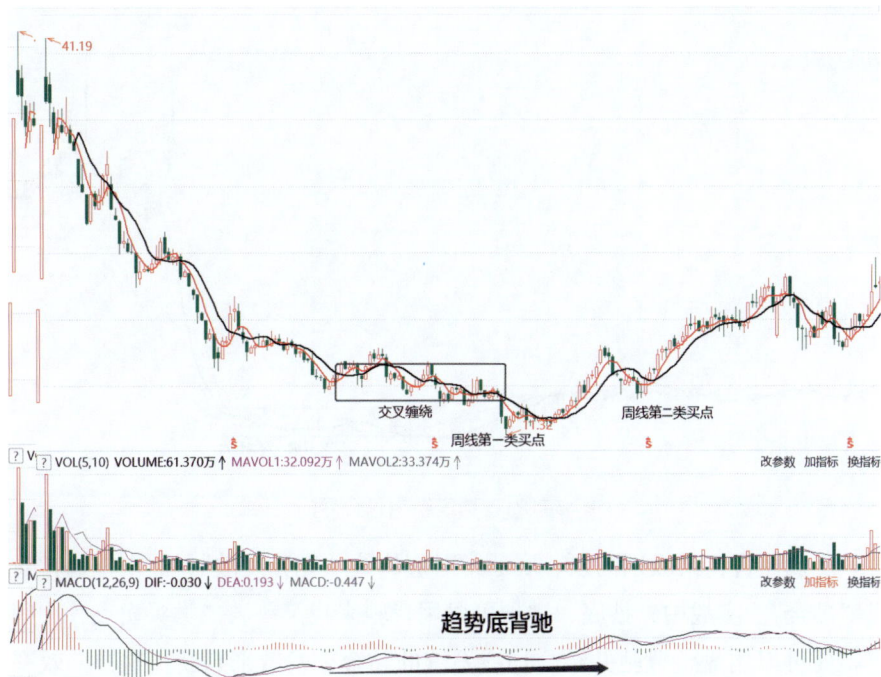

图 4-120　均线系统与买卖点

缠师在博客原文第 11 ~ 14 课讲了均线系统 5/10 周线。投资者在 5/10 周线的第一类买点入场，可用部分资金在次级别日线的第一类卖点操作短差，然后在日线的第一类买点补仓。如果第一类买卖点错过了，可在第二类买卖点操作。缠师也特别提到，如果资金量小，第一类、第二类买点都是最多按日线的，就可以相应在 30 分钟等更小的级别内找到第一类卖点而弄出短差。

另外，缠师在 106 课讲了均线、轮动与缠中说禅板块强弱指标，以此来对行情强弱进行分类。三类买卖点也可以和均线系统配合使用，均线系统在趋势明确的时候威力巨大，出场点比三个买卖点要早。道理很简单，中枢形成的过程相当于通常所说的"盘整"，股价在一定范围内窄幅波动，必然造成某些级别的平均价格趋于接近，从而使某些均线黏合在一起。

均线的黏合意味着能量的集中，黏合后的发散就是能量的释放，这种释放过程无一例外地会产生幅度较大的行情。均线缠绕黏合后的发散如图 4-121 所示。但当这些均线有上、有下，方向不一致时，则需要进一步观察或等待，其中容易出现骗线。而个别假突破的骗线，可以用盘整背驰的三种情况来应对。

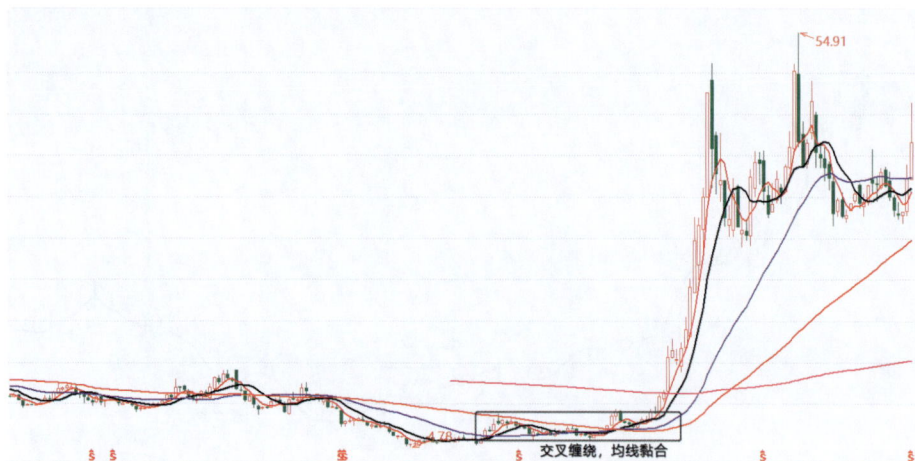

图 4-121　均线缠绕黏合后的发散

一般而言，某级别的顶、底通常对应均线"充分发散"，而中枢通常对应均线"黏合"。实战中，抄底、逃顶可以用背驰来找第一、二类买卖点，中间的中枢震荡可以用盘整背驰并结合均线系统的黏合、发散来判断。这样，效率和成功率可以更高。而均线发散的启动点往往比走势所对应中枢之后的第三类买卖点来得更早。

4.25　三个相互独立的程序

投资程序失效的根本原因在于介入程序出现漏洞，出现程序所不能概括的异常情况，这对所有程序来说都是必然存在的，只是概率大小不同而已。一个程序出现异常的概率有多大，是可以通过长期的数据测试来确定的。最简单的就是抛硬币，正面买、背面不买，这样也算一个介入程序，但这种程序的失效概率，至少是50%。

任何一个孤立的程序，都有较高的失效概率。如果一个程序失效的概率低于10%，那就是超一流的程序了。按照这个程序，你投资10次，最多失误1次，这样的程序是很厉害的，可惜几乎没有。

但问题不像表面所见的那么糟，在数学中，有一个乘法原则可以完美解决这个问题。假设三个互相独立的程序的失效率分别为30%、40%、30%，**那么由这三个程序组成的程序组，其失效率就是30%×40%×30%=3.6%，也就是说，**

按这个程序走，干 100 次，只会出现不到 4 次的异常，这绝对是一个惊人的结果。

——教你炒股票第 9 课：投资中的数学原则（2006-11-22）

如何甄别股票的强弱，如何从近 5000 只股票中选出龙头或者成长股是萦绕在每位投资者脑海中的问题，要解决这个问题就必须要建立起三个独立的交易系统。

在概率计算中，要求把概率性事件表述为"互斥事件"和"相互独立事件"。"互斥事件"与"相互独立事件"是两个不同的概念，前者是不能同时发生的，而后者可以同时发生，但其中每一事件的发生对其他事件发生及发生的概率没有影响。

求互斥事件的发生概率使用概率加法，求相互独立事件的发生概率使用概率乘法。假设三个相互独立的程序系统的失效概率分别是 30%、40%、30%，那么成功的概率就分别是 70%、60%、70%，那么组合后的概率就是最终的成功概率为 96.4%。

三个相互独立的程序的选择，在设立原则上也是需要设计和创造的，也是需要在实战中不断总结、提炼和优化的。那么，缠师本人是如何寻找三个相互独立的程序的？

首先，技术指标。技术指标都是由价量的输入而来，因而都不是独立的，只需要选择任意一个技术指标构成一个买卖程序即可。对于水平高点的人来说，一个带均线和成交量的 K 线图，比任何技术指标都有意义。

其次，任何一只股票都不是独立的。在整个股票市场中，它们都处在一定的比价关系中。这个比价关系的变动，也可以构成一个买卖系统。而这个买卖系统是和市场资金的流向相关的，一切与市场资金流向相关的系统，都不能与之独立。

最后，可以选择基本面构成一个分类的程序，但这个基本面不是单纯指公司盈利之类的。像本 ID 在前几期所说，中国国航（601111）的李总当兵出身，不会让公司的股票长期跌破发行价，还有认沽权证基本不会让兑现等，这才是更重要的基本面，这需要对市场的参与者、对人性有更多了解才可能精通。

三个相互独立的程序如图 4-122 所示。

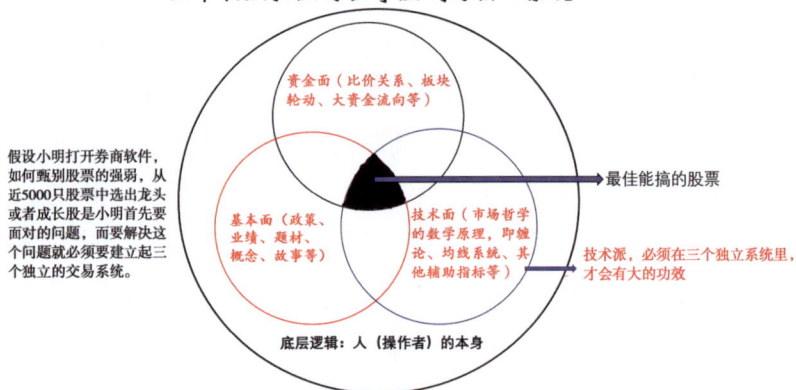

三个相互独立的程序组成的核心系统

资金面（比价关系、板块轮动、大资金流向等）

假设小明打开券商软件，如何甄别股票的强弱，从近5000只股票中选出龙头或者成长股是小明首先要面对的问题，而要解决这个问题就必须要建立起三个独立的交易系统。

基本面（政策、业绩、题材、概念、故事等）

技术面（市场哲学的数学原理，即缠论、均线系统、其他辅助指标等）

最佳能搞的股票

技术派，必须在三个独立系统里，才会有大的功效

底层逻辑：人（操作者）的本身

真正的缠中说禅股票交易系统理论

图4-122 三个相互独立的程序

以上三个相互独立的程序不是固定不变的，任何人都可以设计自己的独立交易程序组，但原则是一致的，这些原则包括三个程序组之间是相互独立的，人气指标和资金面其实是一回事情，各种技术指标都是相关的，等等。如果把三个非独立的程序弄在一起，则一点意义都没有。

关于基本面，缠师还说过下面几段话。

把基本面当上帝和把技术当上帝一样可笑。

——缠中说禅（2006-12-01）

下周，由于有宏观数据的公布，让行情的发展存在变数。但这都不是核心的问题，关键是要有新理念，才有新行情，一切不过是唯心所造。而这心，在投资市场中，就是理念。

——私募变乌龟，制造成交地量（2007-07-13）

本ID买股票从来都不是乱买的，8元让各位买000777时，各位当然不可能知道该股基本面将会怎样，但本ID就知道。这就是对基本面的把控能力，技术面其实只是一个方面。中核科技周线图如图4-123所示。

……如果没耐心的，千万别买本ID说的股票。请问，有谁能把000777从8元拿到现在？大概，除了本ID，来这里的人是不会有了。

——热点，如期蔓延中（2007-08-13）

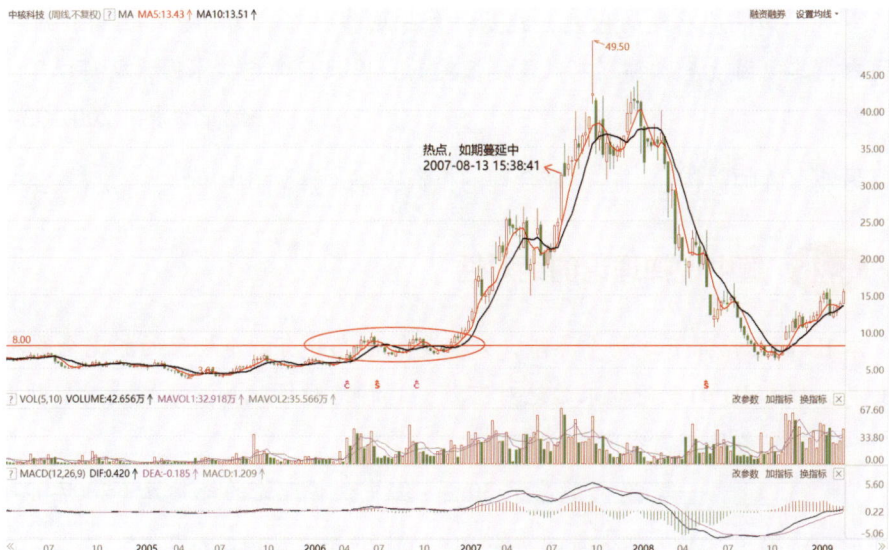

图 4-123　中核科技（000777）周线图

在原文《教你炒股票第 73 课：市场获利机会的绝对分类》中，缠师明确强调任何基本面必须在他的几何理论的观照下才有意义，在这个视角的观照下，你才知道究竟这基本面对应的是什么级别、什么类型的获利机会。而单纯的技术派是不行的，单纯的非技术派也是不行的。技术派，必须也只能在三个独立的系统中，才会有大的功效。

关于技术分析，缠师认为：

技术分析，最核心的思想就是分类，这是几乎所有玩技术的人都搞不清楚的一点。技术指标发出买入信号，对于技术派来说，就以为是上帝给了暗示，抱着如此识见的技术派几乎都很难有大的成功。技术指标不过是把市场所有可能的走势进行一个完全的分类，为什么技术派事后都是高手，真正干起来就个个不行，就是这个原因。

——教你炒股票第 11 课：均线系统的应用（2006-11-29）

至少有一点是任何技术的买卖程序不能解决的，即相同程序选出来的股票，为什么有些涨得多、有些涨得少。能不能借助某程序选出最有力度的，这在实际操作中是很有意义的问题。用一个庸俗的比喻，技术系统是"海选"，而其后需要的是"复赛""PK"，这才能选出真正可以介入的股票。

——教你炒股票第 13 课：不加防护的操作不是好操作（2006-12-04）

当然，如果是单纯的短差，就是另外一回事情了。为什么？因为在短差的时间内，其他因素基本都可以假设是恒定的，因此只考虑技术因素就可以了。

——缠中说禅（2007-02-06）

另外，缠师曾构建出一个最合理的投资方案，详见 3.10 节。

▷ 4.26 缠中说禅理论的绝对性

本 ID 的理论只有这两个界限，只要是价格充分有效市场里的非完全绝对趋同交易，那本 ID 的理论就永远绝对有效，这种绝对性就如同压缩映射不动点[①]的唯一性对完备的距离空间一样。

——教你炒股票第 30 课：缠中说禅理论的绝对性（2007-02-13）

保证缠中说禅理论的绝对性，需要满足以下两个前提条件。

其一，价格充分的有效市场：交易是现实的行为，交易以时间的不可逆为前提且完全等价地反映在价格轨迹上。这个条件适用于目前世界上所有正式的交易市场。

非价格充分有效市场的例子：

例如，你昨天花一亿元钱买了一块石头，今天卖石头的黑帮老大拿着枪顶着你说昨天的交易不算数了，钱不给了，石头也收走了，存在类似交易的市场当然不可能是价格充分有效市场。

——教你炒股票第 30 课：缠中说禅理论的绝对性（2007-02-13）

导致缠中说禅理论失效的市场，就是只有一个人交易的市场。

其二，非完全绝对趋同交易：人的反应时间、社会结构的现实多层性以及个体差异性，导致任何群体性交易不具有同时性。也就是说，交易具有延异性，不会完全趋同，交易有先后，这是交易能形成可分析走势的现实基础。

完全绝对趋同交易的例子：

等价于参加一个赌博，所有的买卖和买大小没任何区别，这样的系统是否存在呢？当然，例如一个庄家把所有股票都吃进了，而且任何一笔交易都只有他一

---

① 巴拿赫不动点定理，又称为压缩映射定理或压缩映射原理，是度量空间理论的一个重要工具。它保证了度量空间的一定自映射的不动点的存在性和唯一性，并提供了求出这些不动点的构造性方法。

个人参与，这时候，其走势等价于一个买大小的赌博。而只要有人买入或还持有这股票的1股，那么这个交易就可以用本ID的理论来描述，因为，一个不完全绝对趋同的交易就产生了，本ID理论的另一个界限就在此。

——教你炒股票第30课：缠中说禅理论的绝对性（2007-02-13）

从数学上来说，参数越多，排列组合的结果就会以几何级数增长。世界上有70多亿人，从数学角度来看，每个人都很"独特"。所以缠师曾说过这样一段话。

一个很简单的实验，同一批人，同样的资金，同样的股本，同时开始股票运行的实验，显然，这个实验是不可重复。因为，股票走势，归根结底，是参与者心理合力的痕迹，而心理，是不可重复的。请问，有谁能百分之百复制自己开盘那四小时的心理曲线？这都是一次性的、不可复制的。而几千万、上亿人的交易的可复制性，就更没可能了。为什么？每天都是新世界，影响市场的因素，每天都在变化着，而这些因素对市场参与者的心理影响，更是模糊的、混沌的，由此产生的走势，很显然不具有任何原样复制的可能性。

——教你炒股票第86课：走势分析中必须杜绝一根筋思维
（买卖点多级别联立）（2007-10-24）

缠中说禅理论是不是好的理论呢？缠师曾讲述过他认为好的思想理论应有以下三点特征。

（1）该思想理论必须要有系统性，也就是其内部没有矛盾，一以贯之。如果一种理论是由很多逻辑上各不相关的部分构成，这种理论一定是一种坏的理论。

（2）该思想理论是以现实逻辑为起点与归宿的。比如经济学的假设前提，必须有现实可观察的基础，这个基础必须在经济学论域的任何一点上都成立。没有这一点，经济学和科学无关，就剩下意识形态、行业标准了。

（3）该思想理论能够透视相同领域内的其他理论。也就是一个好的理论必须能涵盖旧理论的论域和结论，并能指出旧理论的不足之处及导致这种不足的理论上的线索。

毫无疑问，这三点同时放在缠中说禅的理论上，都是成立的。正是有了这样的系统理论，资本市场的走势才可以被技术所绝对分析。市面上任何有效的技术分析从本质上看都是该理论的分支。所以缠师也建议学习者，除了看他的理论之外，也要多看别人的理论，这样才会有比较，也才会真正意识到缠中说禅理论不仅集所有技术分析理论之大成，还完全构建在不同的思维框架下，实现了真正的逻辑化、推理化、系统化、理论化。

为什么要去了解其他理论，就是因为这些理论操作者的行为模式将构成以后我们猎杀的对象，其操作模式的缺陷就是以后猎杀它们的最好武器，这就如同学独孤九剑，必须学会发现所有派别招数的缺陷，这也是本 ID 理论学习中一个极为关键的步骤。

——教你炒股票第 84 课：本 ID 理论一些必须注意的问题（2007-10-07）

不知你看过刘慈欣的小说《三体》没有？小说中的"降维"与"打击"组成新的词语——"降维打击"，在小说中用于形容外太空生物的一种新型攻击战术，即用"二向箔"将攻击对象本身所处的空间维度降低（如将四维空间降为三维空间，将三维空间降为二维空间），致使对方无法在低维度的空间生存，以达到打击对方甚至摧毁对方的目的。

降维打击，完全就不是同一层面的了，就像人类对蚂蚁一样的，在二维的交易图表里，缠论就是可以降维破解走势密码的。就像《遥远的救世主》中丁元英破解文化密码的操作，对于林雨峰来说便是降维打击。其实，就像走势的大级别和小级别的关系，大级别的一笔直接过滤了低纬度的走势类型。

纵观整套缠中说禅股票投资理论，实则是升维人的思考力。用比别人更高的维度想清楚方向，执行的时候比别人更凶狠，找到破局点然后投入，这不正是缠师的行事作风吗？

▶▶ 4.27 对理论本身并没有任何实质的影响

有多少人学习、应用这个理论，对理论本身并没有任何实质的影响，因为，即使所有人都应用本 ID 的理论，但由于社会结构及个体差异，并不会造成绝对趋同的交易，所以本 ID 的理论依然有效。

更重要的是，本 ID 的理论并不是一个僵化的操作，永远都是建立在当下行情基础上的。例如，一个日线级别被判断进入背驰段，某种当下的绝对突发事件，使得小级别产生突发性结构破裂，最终影响到大级别的结构。这时候的整个判断就建立在一个新的走势基础上了。

一般人，总习惯于一种目的性思维，往往忽视了走势是当下构成中的。而本ID 的理论判断，同样是建筑在当下构成的判断中，这是本 ID 理论又一个关键的特征。这种理论的当下性在以后的课程中会重点介绍，按教材来说，这是初中的课程。

——教你炒股票第 30 课：缠中说禅理论的绝对性（2007-02-13）

缠师当年在微博上开博公开传授他的股票理论，大概有如下几个原因。

（1）至于说到股票，也是希望各位能自立，本 ID 将市场那点破事说说，有缘得之。对本 ID 而言，股票是末事，金钱对于本 ID 来说，十几年前就是末事了。但这点生存的小技巧，如果能被有心者用去减轻生存压力，于金钱而自由，在这现实中，也是一条方便之路。

（2）虽然理论是本 ID 个人发现发明的，但其中的理念从来都是全人类的知识，个人不应当藏着掖着，所以本 ID 把理论逐步公开，只是秉持了知识是全人类这个信念，和任何的同情或怜悯无关。因此学习得益者也不需要感谢本 ID，就像你学会了平面几何，也不需要去感谢欧几里得。至于有人要千方百计去证明平面几何的错误，那也是无所谓的，这总比打麻将和傻乎乎跑到股市中亏钱强，对本 ID 的理论也是一样的。

（3）本 ID 的理论，最终比的是人本身，就像会乾坤大挪移的第八重的人肯定打不过会第九重的，其他任何非乾坤大挪移的武功，肯定打不过第八重一样。有一种武功是高出其他孤峰的，因为起点已经大大超越了，其他那些又怎么能比？

显然，不可能所有人都相信并应用本 ID 的理论。如果有庄家、基金偷学了这种方法，这就等于他们之间相互比拼乾坤大挪移练到第几重了。对于大资金来说，功力至少要比散户高出两重，因为资金大，如果没有更高的功力，怎么能挪移起来？更重要的是，级别越大，企图控制干扰所需要的能量越大，对于周线级别以后的走势，基本就没人能完全控制了。

如果真出现庄家、基金争学本 ID 理论的情况，那么除了在小级别比功力外，功力浅的完全可以提高操作级别来加强安全性。更重要的是，应用相同的理论，在现实中也不会有相同的结果。

现实就是一个典型的非完全绝对趋同系统，就像同样的核理论，并不会导致德国和美国同时造出原子弹。同样的理论，在不同的资金规模、资金管理水平、选股策略、基本面把握、交易者性格与气质等情况下，自然地呈现不同的面貌，这就保证了同一理论指导的交易绝对不会完全绝对趋同。

对于本 ID 理论，有一点是必须明确的，即本 ID 理论是对价格充分有效市场下非完全绝对趋同交易的一个完全的数学公理化的理论。唯一需要监控的就是，价格充分有效市场与非完全绝对趋同交易这两个前提是否还存在。

更重要的是，这归根结底是一套关系人的理论，只能不断在交易中修炼，最后比的可是功力。例如，就算是背驰这么简单的事情，即便是同一种方法，当成为群体性行为时，最终比的是心态与功力。心态不好、出手早或出手迟的，就会在价格上留下痕迹，甚至当趋同性较强时，会使得级别的延伸不断出现，那就让功力深的人得到一个更好的买入或卖出价格。这些细微的差别积累下来，足以使得盈利水平天差地别。这也是为什么本 ID 可以把理论公开的一个深层原因。

本 ID 的理论是对价格充分有效市场非完全绝对趋同交易的一个客观理论，即使公开了，也不会让这一理论有任何改变，就像牛顿力学不会让万有引力改变一样，美国的原子弹爆炸了不会影响中国的原子弹按照同样的理论出现一样。至于理论可能造成的趋同交易加大，也早在本 ID 理论的计算中，这里比的是当下的功力。

——教你炒股票第 30 课：缠中说禅理论的绝对性（2007-02-13）

（4）本 ID 的理论，归根结底，就是研究贪、嗔、痴、疑、慢的。由此也就知道，为什么市场的操作，归根结底就是人自身的比较。为什么本 ID 可以把理论全面公开而本 ID 自己的操作不会受到影响？因为，只要这世界依然有贪、嗔、痴、疑、慢，本 ID 就如鱼得水。

——教你炒股票第 52 课：炒股票就是真正的学佛（2007-05-18）

以上便是缠师公布其理论的几点缘由，所以至于有多少人学习、应用这个理论，对理论本身并没有任何实质的影响。

4.28 学习理论，一定要彻底穷源

学习理论，一定要彻底穷源，然后在实践中不断升级，功夫是靠磨炼出来的。用你的第一笔钱（一笔绝对不影响你生活的钱）创造一个操作的故事，这就是市场的操作者。

——教你炒股票第 95 课：修炼自己（2008-01-22）

缠中说禅理论本身是彻底穷源的系统理论，包罗万象。同时，在原文和解

盘回复中也都曾反复强调过彻底穷源该理论的重要性。

（1）在操作上，最开始一定都是患得患失的。为什么一定要把理论搞清楚？就是先从根本上解开自己的疑惑，要知道本 ID 的理论如几何般严格精确的原因。否则，假如你对平面三角形内角之和为 180 度的证明有疑惑，一定要去通过测量加以证明，这样才舒服，不然你就永远有心理阴影，是无法去进行正常操作的。理论的探讨，是为了树立操作的信心，当然，还为了对走势有一个精确的分析进而指导操作，但其心理层面的意义也极为重要。这绝对不能迷信，绝对不能因为相信本 ID 而相信本 ID 的理论。而是要从道理、逻辑等方面彻底搞清楚理论，这样才能无疑虑地去操作，而不用瞻前顾后。

——教你炒股票第 50 课：操作中的一些细节问题（2007-04-27）

大家注意了，彻底把技术上的疑点弄清楚，你的学习就会有回报，但前提是你一定要努力而且彻底把本 ID 的理论学清楚。

——缠中说禅（2007-01-17）

（2）学任何东西，都必须究底穷源，如果你还有疑惑，操作起来怎么可能得心应手呢？特别像本 ID 的理论，实战性如此强，不透彻理解，怎么可能与走势过招呢？

当然，任何人都没有义务去学本 ID 的理论，甚至本 ID 一直都建议，如果你对本 ID 的理论在理解上还有疑问，就不要用本 ID 的理论去操作，特别是不能进行级别太小的操作。当然，本 ID 的理论包含很多方面，如果你确实理解其中一方面，例如同级别分解，那也可以按此操作，前提是你真明白了。

——股市里不动脑子只有死路一条（2007-06-22）

（3）最彻底的学习，就是把概念搞清楚，这样才可以自如地应对所有的图形。

——缠中说禅（2007-07-16）

（4）但是，理论的输出是最基础的，如果你连理论的分类等都搞不清楚，那么就不用谈应用了。所以，操作的前提是你要完全吃透理论。

——教你炒股票第 97 课：中医、兵法、诗歌、操作 1（2008-01-29）

（5）其实，操作没把握，归根结底是对理论没彻底的把握。

——教你炒股票第 107 课：如何操作短线反弹（2008-08-19）

4.29 一个懒人线路图

下面，本 ID 给出一个懒人线路图：

分型→笔→线段→最小级别中枢→各级别中枢、走势类型

上面的内容，是形态学中最基本的概念，无法再简略，所以无论你有多懒，如果真想学本 ID 的理论，就先把这几个概念搞清楚。

——教你炒股票第 72 课：本 ID 已有课程的再梳理（2007-08-21）

在实际应用中，笔者认为对走势位次的变化以及买卖点的把握可以从分型、笔、线段、中枢的递归定义出发，从最开始的级别开始递归来彻底穷源，这样整个系统的逻辑就会更顺畅。体系建构及学习的路径便是：分型→笔→线段→最小级别中枢→各级别中枢、走势类型。这就是递归走势的顺序，而且已经是捷径，前提是要明白背后的原理。

4.30 本 ID 理论的学历标准

学习本 ID 理论的学历标准：

（1）精通找出各级别中枢的，是幼儿园毕业。

（2）精通分别中枢的新生、延伸、扩展的，是学前班毕业。

（3）精通分辨盘整背驰与背驰，躲过盘整背驰转化为第三类买卖点的是小学毕业。

各位自己对照一下。

——《货币战争和人民币战略》续三（2007-02-07）

关于学习理论的学历问题，缠师也多次提到，例如：

关键是自己学好本事，就算是本 ID 也靠不住的。例如，这里的帖子突然被删掉了，那就不可能再找到了。学习，快点小学毕业吧，然后是初中、高中、大学、硕士、博士、博士后等，这样，才能真正在市场上立足。

——缠中说禅（2007-02-07）

其中关于理论的当下性，在《教你炒股票第 30 课：缠中说禅理论的绝对性》一文中提到过，按学历，这是初中的课程。在《教你炒股票第 33 课：走势的多义性》一文中，缠师又提到市场研究的另一个角度，也就是另一种释义的过程，

这算是高中课程。

现在的中国资本市场中，小学都没毕业、现货都没有搞好的人，就想搞期货上大学？谁的脑袋大、脖子粗，谁就顶吧。如果真出来，本 ID 是乐于看笑话的。

——攻克 5032，完成初步任务（2007-12-20）

在本 ID 这里达到小学毕业水平，就已经比外面的人厉害了。

不过可以告诉你，到了硕士，可以专门开些班，讲授如何坐庄、如何阻击庄家等。

——缠中说禅（2007-02-07）

05

第5章

明辨买卖点

　　100% 安全的买卖点，意味着市场到了这个点必然发生转折，没有任何模糊或需要分辨的情况需要选择。踏准市场的买卖点节奏，就如同一个修炼上乘武功的过程，最终能否成功，就要落实到每个人的智慧、秉性、天赋、勤奋上来。

▶▶ 5.1 100% 安全的买卖点只有三个

前面已经说过三类买卖点，那么还有什么其他类型的买卖点吗？答案是否定的。这里必须强调的是，这三类买卖点都是有理论保证的 100% 安全的买卖点。如果你对这三类买卖点的绝对安全性没有充分的理解，就绝对不可能对缠中说禅技术分析理论有一个充分的理解。市场交易，归根结底就是买卖点的把握，买卖点的完备性就是理论的完备性。因此，对这个问题必须进行一个概括性的论述。

所谓 100% 安全的买卖点，就是在这点之后，市场必然发生转折，没有任何模糊或需要分辨的情况。市场交易不能完全建筑在或然上，市场的绝对必然性才是交易中唯一值得信赖的港湾。有人可能要反驳说，世界上没有绝对的东西。那么，世界上没有绝对的绝对性又是谁保证的？任何绝对性，都是建立在"不患"之上的，而市场本身，也是建立在"不患"之上的，"不患"本"患"，"患"本"不患"，但这不影响其精彩与绝对。相关方面的理解，请多看本 ID 所解释的《论语》。

——教你炒股票第 21 课：缠中说禅买卖点分析的完备性（2007-01-09）

第 4 章走势密码讲的走势原理内容，即分型、笔、线段、最小级别中枢—（递归）—各级别中枢、走势类型与级别等的建立，这一套将复杂走势转为简单规律的思想理论工具，最终都是为明晰买卖点而服务的。买卖点的完备性就是理论的完备性。从中枢的运动关系可知，实际上所有买卖点都必然对应着与该级别最靠近的一个中枢的关系。

教科书式三类买卖点示意图如图 5-1 所示。注意，这只是二维的标准走势类型与买卖点的模式，先把同级别学好，打好基础后才可能在下一步进入多级别联动。

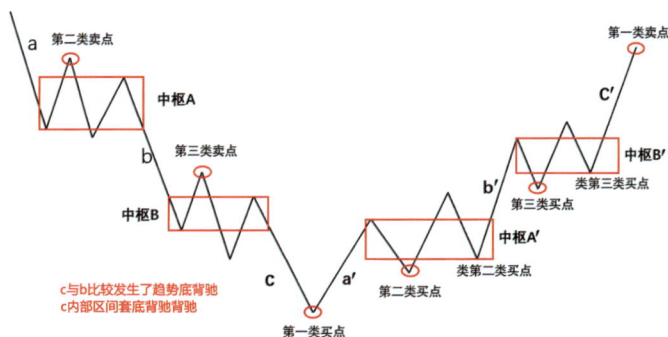

图 5-1 教科书式三类买卖点示意图

再来回顾这三个买卖点的严格定义。

某种类型的走势完成以后，就会转化为其他类型的走势。对于下跌的走势来说，一旦完成，只能转化为上涨与盘整，因此，一旦能把握下跌走势转化的关节点并买入，就在市场中占据了一个最有利的位置。而这个买点，就是前面反复强调的第一类买点。

因为无论是趋势还是盘整最终都要在图形上完成，所以在第一类买点出现后的第一次次级别回调制造的低点，为什么是市场中第二有利的位置？因为上涨和盘整必然要在图形上完成，而上涨和盘整在图形上的要求，是必须包含三个以上的次级别运动，因此后面必须还至少有一个向上的次级别运动。这样的买点是绝对安全的，其安全性由走势的"不患"保证。这就是在前面反复强调的第二类买点。买点的情况说了，卖点的情况也是如此。

——教你炒股票第 17 课：走势终完美（2006-12-18）

出现趋势背驰，也就是最后一个下跌中枢下方，才可能出现第一类买点。一旦第一类买点确定了，其后必然只会出现盘整与上涨的走势类型。4.15 节讲过趋势背驰后的走势三种情况分类。

第二类买点是和第一类买点紧密相连的，因为出现第一类买点后，必然只会出现盘整与上涨的走势类型。而第一类买点出现后的第二段次级别走势低点就构成第二类买点。根据走势必完美的原则，其后必然有第三段向上的次级别走势出现，因此该买点也是绝对安全的。

第二类买点，不必然出现在中枢的上或下，而是可以在任何位置出现。在中枢下出现的，其后的力度就值得怀疑了，出现扩张（展）性中枢的可能性极大；在中枢中出现的，出现中枢扩张（展）与新生的机会对半；在中枢上出现，中枢新生的机会就很大了。但无论哪种情况，盈利是必然的。

——教你炒股票第 21 课：缠中说禅买卖点分析的完备性（2007-01-09）

一般而言，产生第二类买点的走势背后的心理因素是这样的：前期价格的持续下跌导致持股者惜售，而另一些投资者因为新低价出现而尝试买入，加上前期做空者在低位回补，于是价格出现反弹，形成第一类买点。但反弹到某一水平时，前期买入的短线客获利回吐，上方套牢盘也趁反弹出货，迫使股价再次下跌。

　　但在这一轮下跌中，我们发现成交量明显减少，说明主动性抛盘减少。与此同时，对后市有信心的投资者觉得错过了上一次买入的机会，于是趁回调买入，这样多空双方力量对比发生变化，使得股价无法跌至上次低位，从而就形成了第二类买点。当越来越多的人发现股价跌不下去的时候，便纷纷改变立场开始买进，这样跌势逆转，新的上升开始。

　　中枢 B 下出现的第二类买点扩展如图 5-2 所示。

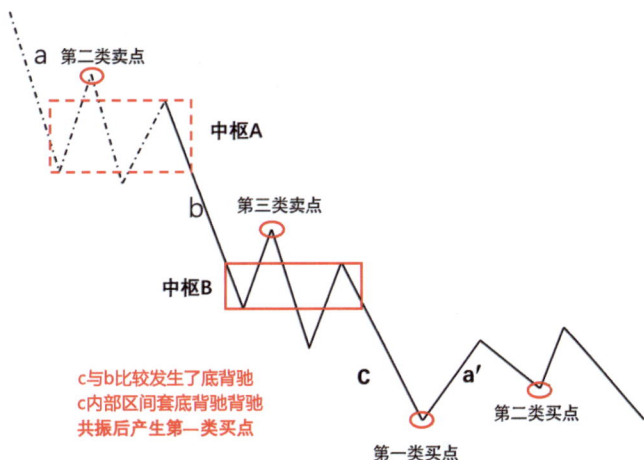

图 5-2　中枢 B 下出现的第二类买点扩展

　　图 5-2 中的第二类买点，出现在中枢 B 下属于该走势的扩展行情，是相对较弱的反弹。还有些走势在形成第二类买点后不创新高直接继续下跌，这种情况当然是最弱的。

　　第二类买点出现后，不创新高后形成下降三角形，如图 5-3 所示。其意义是价格形成在某个特定水平稳定的购买力，因此股价每回落至该水平便会回升，形成一条水平的需求线。但由于市场的沽空力量在不断加强，股价每次波动的高点都比前一次低，于是形成一条下倾的供给线。

　　成交量在整个过程都比较低沉，仔细观察该形态，每次股价反弹成交量总是呈现缩小趋势；每当股价下跌之时，成交量有放大的趋势。这种不健康的量价关系往往是跌势未尽的表现。

　　这里还有一种情况要补充，即比第一类买点还低的第二类买点。前面的趋势底背驰形成第一类买点之后拉回中枢 B 后，可惜又继续跌出新低，产生最弱的第二类买点，如图 5-4 所示。

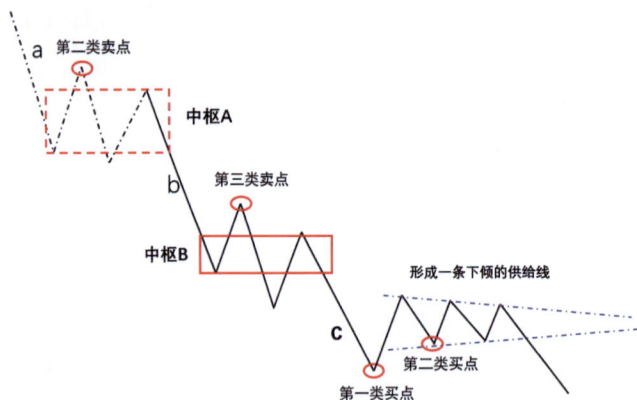

图5-3　第二类买点后形成下降三角形

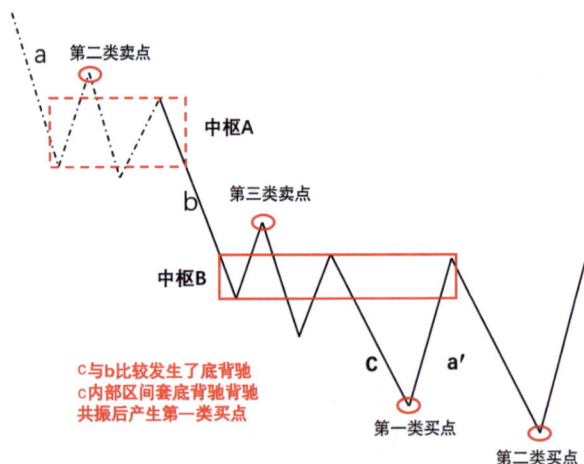

图5-4　比第一类买点还低的第二类买点情况

第二类买点跌破第一类买点，也就是第二类买点比第一类买点低，这是完全可以的。此处一般都构成盘整背驰，后面对应着从顺势平台到扩张平台等不同的走势。

——教你炒股票第 101 课：答疑 1（2008-03-04）

这种情况在反弹力度非常弱的时候会出现，也叫强势整理或者弱势反弹，虽然少见，但也有。

第二类买点出现在中枢 B 中的情况如图 5-5 所示，这种情况出现后，中枢扩展和新生的机会对半。

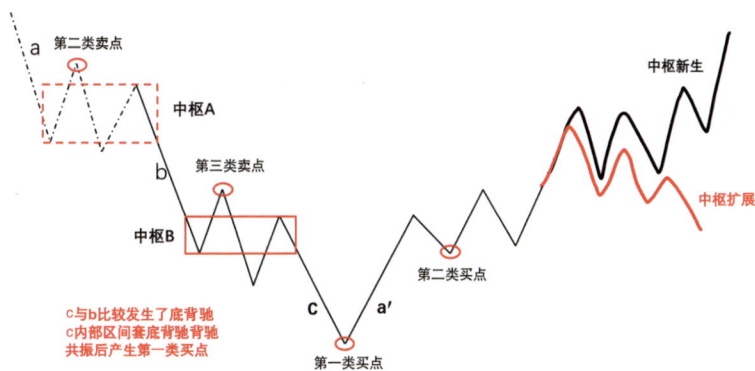

图 5-5 第二类买点出现在中枢 B 中的情况

关于这种情况，下面这位学习者的感悟有一定参考意义。

在一个（底）背驰反弹后达到第一个反弹高点时，接下来盘整的话，很多短线散户就会抛货的。所以 V 形反转如何能持仓，那就是学会缠师中枢。有理论的支持，心里才不会慌，才能真正做到反弹的高点或者真正拿到反转的底部货而不被中途震出仓。中枢，厉害就厉害在这，指引着我们的买卖点。

——西门学缠（2009-08-31）

这里以韩建河山（603616）、中曼石油（603619）和家家悦（603708）为例，讲解三类买卖点，分别如图 5-6、图 5-7、图 5-8 所示。

图 5-6 韩建河山周线图买点图示

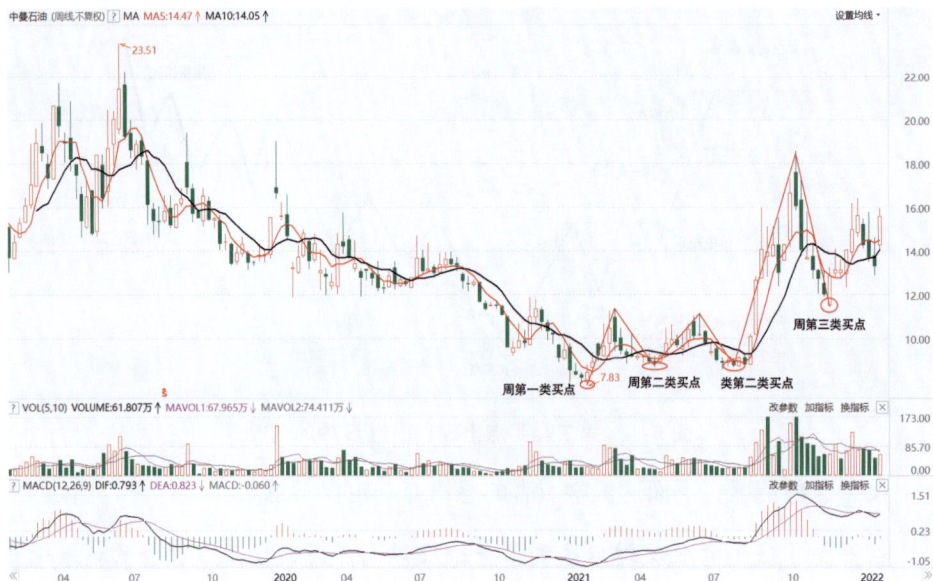

图 5-7　中曼石油周线图三类买点图示

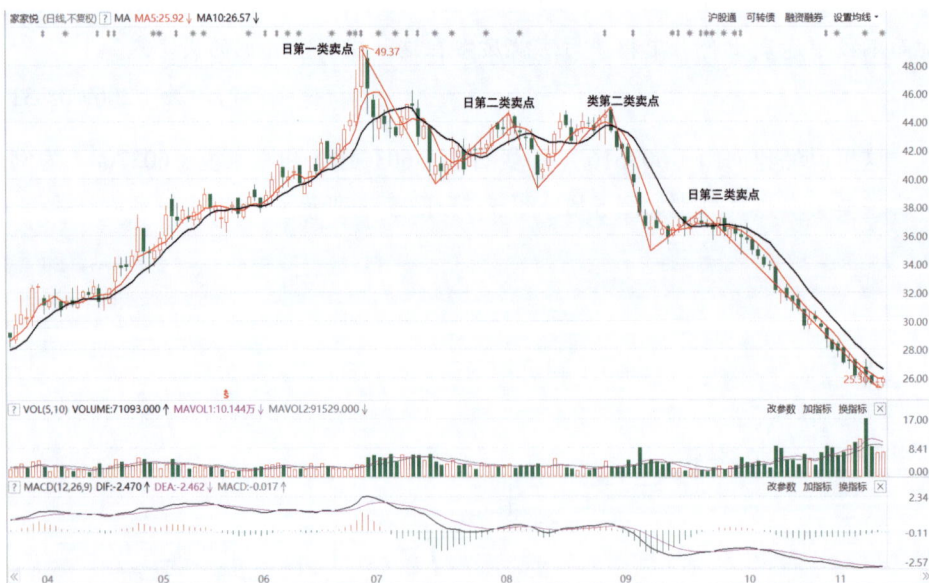

图 5-8　家家悦日线图三类卖点图示

缠师曾说：

站在周线的角度，一个漂亮的第一类买点与第二类买点相组合的，都应该持有。（2007-01-09）

中枢 B 之上出现的第二类买点如图 5-9 所示，这种情况下，中枢新生的概率大。

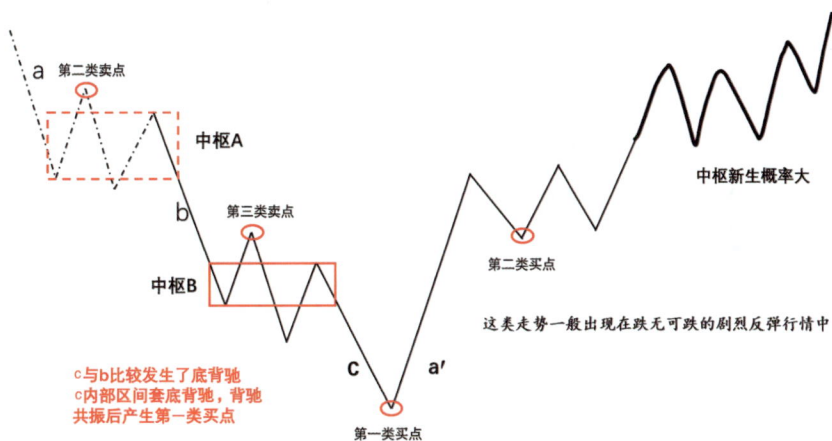

图 5-9 中枢 B 之上出现的第二类买点

简而言之，趋势背驰是制造底部和第一类买点的，而中枢扩展、延伸和新生是制造第二类和第三类买点的。缠师的表述如下。

一个上涨趋势确定后，不可能再有第一类与第二类买点，只可能有第三类买点。中枢扩张（展）或新生，在中枢之上都会存在买点，这类买点，就是第三类买点。也就是说，第三类买点是中枢扩张或新生产生的。中枢扩张（展）导致一个更大级别的中枢，而中枢新生，就形成一个上涨的趋势，这就是第三类买点后必然出现的两种情况。

对于更大级别中枢的情况，肯定没有马上出现一个上涨趋势的情况更诱人，所以在实际操作中，如何尽量避免第一种情况就是一个最大的问题。但无论是哪种情况，只要第三类买点的条件符合，其后都必然要盈利，这才是问题的关键。

——教你炒股票第 21 课：缠中说禅买卖点分析的完备性（2007-01-09）

再来回顾第三类买卖点定理。

第三类买卖点定理：一个次级别走势类型向上离开缠中说禅走势中枢，然后以一个次级别走势类型回试，其低点不跌破 ZG，则构成第三类买点；一个次级别走势类型向下离开缠中说禅走势中枢，然后以一个次级别走势类型回抽，其高点不升破 ZD，则构成第三类卖点。

第三类买点如图 5-10 所示，第三类卖点如图 5-11 所示。

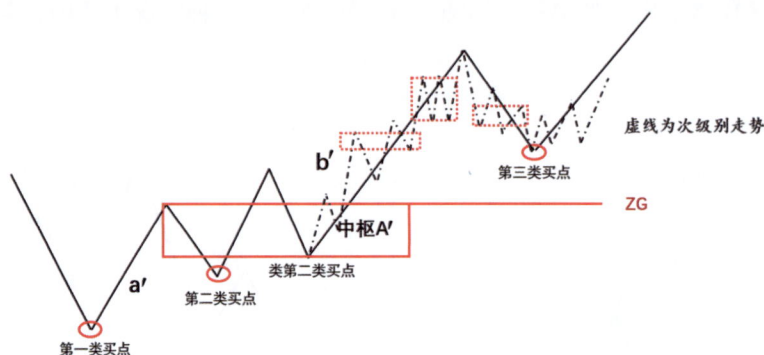

图 5-10　第三类买点

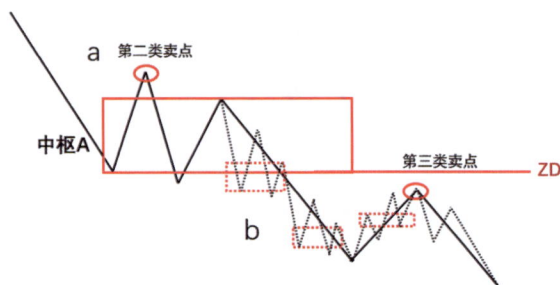

图 5-11　第三类卖点

注意，第三类买点的结束位置不一定是整个回拉的最低位置。因为一个三段回来，c 段并不一定创新低。在复杂的回拉中，还有三角形 5 段回拉的，只要最后一次回拉不回到原来的中枢就行。本级别第三类买点与次级别走势如图 5-12所示。

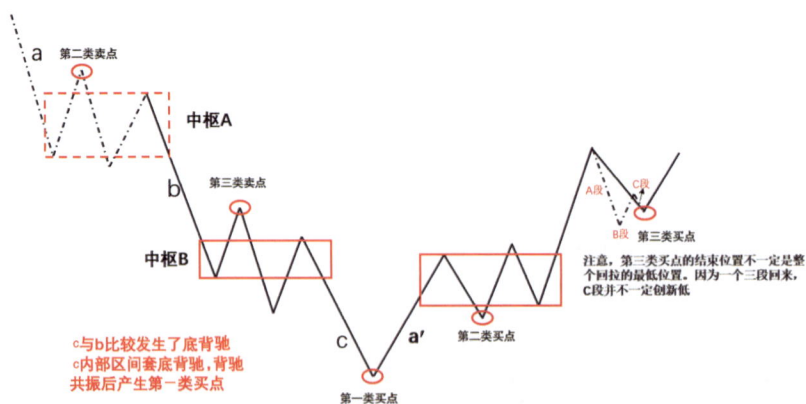

图 5-12　第三类买点与次级别走势

解决第二类买点和第三类买点发生重合的情况。

显然，第一类买点与第二类买点是前后出现的，不可能产生重合，而第一类与第三类买点，一个在中枢之下，一个在中枢之上，也不可能产生重合。

只有第二类买点与第三类买点是可能产生重合的。这种情况就是：第一类买点出现后，一个次级别的走势凌厉地直接上破前面下跌的最后一个中枢，然后在其上产生一个次级别的回抽不触及该中枢，这时候就会出现第二类买点与第三类买点重合的情况，只有这种情况才会出现两者的重合。

当然，在理论上没有任何必然的理由确定第二类和第三类买点重合后一定不会只构成一个更大级别的中枢扩张（展），但实际上，一旦出现这种情况，一个大级别的上涨往往就会出现。

——教你炒股票第 21 课：缠中说禅买卖点分析的完备性（2007-01-09）

第二类买点刚好构成原来下跌的最后一个中枢，开始的震荡走势的第三类买点，也就是第二、三类买点合一了，这是最强的走势。这种情况下，一般都对应 V 形反转的快速回升，是最有力度的。

——教你炒股票第 101 课：答疑 1（2008-03-04）

第二类和第三类买点重合的情况如图 5-13 所示。

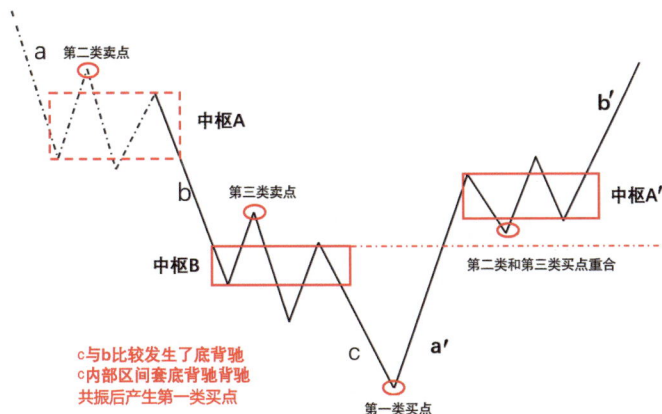

图 5-13　第二类和第三类买点重合的情况

缠师曾举过一个最典型的实际例子（以 1994 年上证指数为例）其日线图如图 5-14 所示。

图 5-14　1994 年上证指数日线图

大盘在 1994 年 7 月底部跌到 325 点后，在 1994 年 8 月 1 日跳空高开，5 分钟上形成单边上涨突破前面的 30 分钟中枢，第二天大幅上冲后突然大幅回洗形成 5 分钟的走势级别的回抽，那时候最高已经快摸到 500 点了，一天半上涨 50%，又半天回跌 15%。

这样的回抽，一般来说是很恐怖的，但如果明白第二类买点与第三类买点的重合道理，就知道这是最好的补进机会。结果第三天又开始单边上扬，第六天达到 750 点。这是指数上最典型的一个例子了。而且，325 点留下的缺口至今未补，中国几十年的一个大牛市，从指数上看，这是一个最重要的缺口了，将支持中国股市几十年甚至上百年的大牛市。

——教你炒股票第 21 课：缠中说禅买卖点分析的完备性（2007-01-09）

第一类、第二类和第三类买点的位置（卖点的位置与此相反）如下。

（1）第一类买点的位置：只在（下跌确立后的）中枢下方。

（2）第二类买点可以在任何位置出现。

如果在中枢下出现，其后的力度就值得怀疑了，出现扩张（展）性中枢的可能性极大；如果在中枢中出现，出现中枢扩张与新生的机会对半；如果在中枢上出现，中枢新生的机会就很大了。

（3）第三类买点的位置：在中枢上方（对应中枢的扩张或新生）。

另外，缠师在《教你炒股票第 101 课：答疑 1》一文中的前半部分再次详解了关于第二类买卖点的分辨内容。我们都已经知道第一类买卖的就是背驰点，第三类买卖点就是中枢破坏点，这都是很清楚的。

第二类买卖点就是第一类买点的次级别回抽结束后再次探底或回试的那个次级别走势的结束点。例如，一个 5 分钟底背驰后，第一类买点上去的 1 分钟走势结束后，回头肯定有一个 1 分钟的向下走势，这走势的结束点，就是第二类买点。

第二类买点的强弱位次分布图如图 5-15 所示。

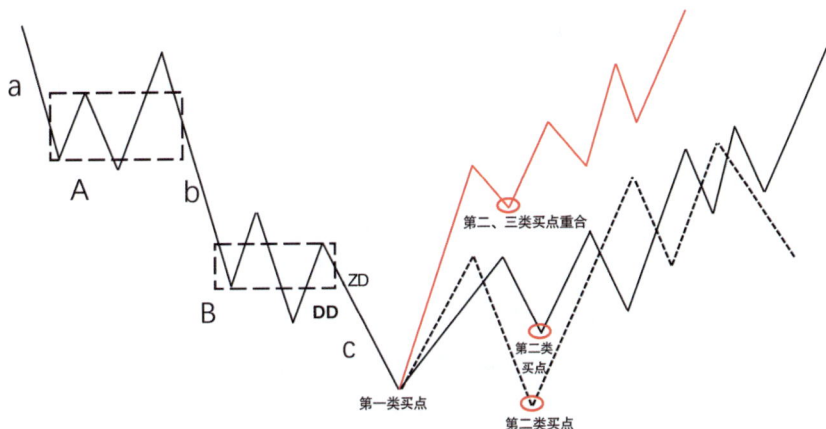

图 5-15 第二类买点的强弱位次分布图

站在原来下跌最后一个中枢的角度，第一、二、三类买点都可以看成是中枢震荡的结果，因此，在第二类与第三类之间，可能会存在着更多的中枢震荡走势，不一定如第一、二类之间是紧接的。那第二类与第三类买点之间的震荡买点，一般就不给特别的名称了，当然，也可以看成是第二类买点，这样，并没有多大的影响。

注意，只有在这回升的中阴状态下才有第一、二类买卖点，中阴状态结束后，所有的中枢震荡只存在第三类买卖点以及中枢震荡的买卖点，就不存在第一、二类买卖点了。

——教你炒股票第 101 课：答疑 1（2008-03-04 ）

第一、二类买卖点是针对走势类型的结束，第三类买卖点是针对中枢的结束。友情提醒，初学者在买卖点的把握上，要学会主动止损。

最后，有关买卖点的缠中说禅定理还有以下几个。

缠中说禅买卖点的完备性定理：市场必然产生盈利的买卖点，只有第一、二、三类。

缠中说禅升跌完备性定理：市场中的任何向上与下跌，都必然从三类缠中说禅买卖点中的某一类开始以及结束。换而言之，市场走势完全由这样的线段构成，线段的端点是某级别三类缠中说禅买卖点中的某一类。

缠中说禅买卖点定律一：任何级别的第二类买卖点都由次级别相应走势的第一类买卖点构成。

缠中说禅趋势转折定律：任何级别的上涨转折都是由某级别的第一类卖点构成的；任何的下跌转折都是由某级别的第一类买点构成的。

一段下跌的走势类型完成后转为上涨走势类型，就如同：行到水穷处，坐看云起时。山重水复疑无路，柳暗花明又一村。又与《老子》中的"祸兮福之所倚，福兮祸之所伏"不谋而合。走势的起承转合间，生生灭灭中也让人备感中国古典哲学与诗词的魅力。

不过摆在每位投资者面前的问题是，在实际行情中并不是每个走势类型都是非常标准的，就像不同的人一样，成长轨迹不同，所呈现的样貌也不同，这点就需要"阅人无数"、积极总结了。

关于买卖点的掌握问题，缠师这样认为：你只要精通一个就足够了，像第一类买卖点，如果你精通了，95%的人不是你的对手，关键是精通。

▶▶ 5.2 买卖点是有级别的

买卖点是有级别的，大级别能量没耗尽时，一个小级别的买卖点引发大级别走势的延续，那是最正常不过的。但如果一个小级别的买卖点和大级别的走势方向相反，而该大级别走势没有任何衰竭，这时候参与小级别买卖点，就意味着要冒着大级别走势延续的风险，这是典型的刀口舔血。

——教你炒股票第41课：没有节奏，只有死（2007-03-30）

中枢是有级别的，走势类型也是有级别的，递归解决了中枢与走势类型的循环问题，进一步解决了买卖点的级别问题。级别其实就是时空的概念，而买卖点是不同的转折点在这个时空的位次。

由于所有的买卖点最终都可以归到某级别的第一类买卖点，背驰与该种买卖点密切相关，所以说，任何逆转必然包含某级别的背驰，那么可以证明如下定理。

缠中说禅背驰 – 买卖点定理：任意背驰都必然制造某级别的买卖点，任意级别的买卖点都必然源自某级别走势的背驰。

该定理的证明这里暂且不说了，换句话说，只要你看到某级别的背驰，必然意味着要有逆转。但逆转并不意味着永远，例如，日线上向上的背驰制造一个卖点，回跌后，在 5 分钟或 30 分钟出现向下的背驰制造一个买点，然后由这买点开始，又可以重新上涨，甚至创新高，这是很正常的情况。

——教你炒股票第 24 课：MACD 对背驰的辅助判断（2007-01-18）

缠中说禅买卖点级别定理：大级别的买卖点必然是次级别以下某一级别的买卖点。

——教你炒股票第 35 课：给基础差的同学补补课（2007-03-09）

正是因为买卖点是有级别的和时空位序的，所以年线的第一类买点，估计在我们这一生中最多只出现两次，日线上的第一类买卖点，可能两年才会出现一次，而 5 分钟上的，可能两天就出现一次。走势就是如此客观地呈现在我们面前，而用什么级别去分析走势却是主观的。

一定要搞清楚的是任何上涨，肯定都是某一级别的某类买点出现后造成的，但并不是每个买点都值得去操作，级别越大的买卖点越有价值。级别的意义就在于此，这样才能把控好买卖的量，例如日线级别的买卖量一定会比 1 分钟级别的要多，因为买入量可以是 100 万股、1000 万股，甚至更多。

另外，要弄清楚 T+1 或者 T+0 的市场操作规则，分清楚级别对 T+1 或 T+0 的市场操作有很大的好处。例如，在 T+1 的制度下，1 分钟以下级别的操作，就要面临无法顺利兑现的风险，因此只有在 T+0 的制度下，才可能完全按 1 分钟以下的级别操作。所以缠师曾说：

一般最好别早上买股票，因为没有 T+0，经常下午可以有很好的选择。当然，如果是中线着眼，逐步建仓，则是另一回事。

——缠中说禅（2006-11-27）

而且操作的级别越小，波幅也越小，交易成本也会更大，误差也大，所以长期来看太小级别的操作是没有意义的。其实，操作股票市场并不需要天天买卖，没有机会就不要入场，一年只要做对几次就足够了。而且如果你能完全熟练判断各级别买卖点，那就不需要任何特别的"止损"。但如果对走势的理解不到位，在大级别的卖点上买了而不加以"止损"，只会酿成大错。

另外，与股票相比，外汇买卖有什么特别之处呢，请看如下"解盘回复"内容。

[匿名]：请问，与股票相比，外汇买卖有什么特别的吗？或者说使用博主的中枢理论进行外汇买卖需要注意些什么？如果方法完全一样，炒外汇似乎可以有更多时间去操作，毕竟是 24 小时交易。而且现在交通银行也推出了 5 ~ 15 倍杠杆的外汇保证金交易，算起来一天的波动与股票接近。（2007-03-20）

缠师：期货趋势的延伸性特别强，所以非熟练的期货交易员用第二类买卖点比较安全。就怕你判断错误，在趋势延伸时当成第一类买卖点，问题就大了。还有很多不同的地方，以后会说到的。不过，如果股票走势都判断不好，那就别玩什么期货了。先学会走，才能跑。（2007-03-20）

[匿名]：楼主，为什么对我提出的涉及股指期货的问题都一概不回呢？（2007-01-30）

缠师：先把股票弄好再说期货，否则等于去送死。（2007-01-30）

▶ 5.3　忘记内幕，只看买卖点

[匿名]：楼主，说说五粮液有啥内幕？（2007-04-12）

缠师：忘记内幕，只看买卖点。有卖点，天王老子不让你卖也要卖。（2007-04-12）

价格反映在盘面上就形成了波澜壮阔的走势图，一切价格因素都反映在了走势上，即以走势为准，无论什么花招，最终合力的结果还是买卖点，买卖点是不患。所以在缠中说禅理论的观照下，走势没有牛市和熊市，只有不同级别的买点和卖点。不难理解，为何缠师一开始就说：真了解市场的人，就知道市场都是一样的，就像穿着各种衣服的人，脱光了都一样。真明白市场的人，无所谓牛熊，市场永远都是提款机。

大部分人在面对投资市场操作时，常常会只根据盈亏进出，这样就相当于把自己的脑袋拴在了不确定的波动里，而盈亏不是靠天上掉馅饼的，而是由当下的走势类型决定的，只有分清楚级别与走势才不至于太被动。所以缠师也说过："来这里，如果最终不能脱胎换骨，在投资上换一双眼睛，那你就算白来了。"

诚然，如果你真是按缠中说禅理论操作，那么走势在你面前就没什么顶和底，也没什么抄底不抄底之说，只有你操作级别的买点和卖点。也就是缠师所说的：精通本 ID 的理论后，涨跌的分别就会消失，在你的脑子里，只有买点与卖点，没什么涨与跌，达到这种境界，就算初步有成了。

缠师本人也正是这样做出榜样的。他曾说："本 ID 只是一个观察者，只在买点出现时介入，然后持有等待卖点的出现，其他本 ID 一律没兴趣。"所以，面对走势不是盲目地预测，而是等待买卖点自然生长出现后的自然反应。面对走势时，先不急着入场，而是要冷静地问问自己，有买点吗？有符合自己操作级别的买点吗？这才是我们受用一生的思维模式。而当犹豫不决的时候，坚决不盲目冲动行动。

▶ 5.4 买点上的股票就是好股票

市场中，买点上的股票就是好股票，卖点上的股票就是坏股票。除此之外关于股票的好坏分类，都是徒劳无益的。你的命运，只能自己去把握，没有任何人是值得信任的，甚至包括本 ID。唯一值得信任的就是市场的声音、市场的节奏，这需要你用心去倾听，用一颗战胜了贪婪与恐惧的心去倾听。

——教你炒股票第 41 课：没有节奏，只有死（2007-03-30）

以往的经验告诉我们，不要轻易投资过分热门的股票，因为过分热门的股票往往是人为操作过分激烈的股票，这类股票上涨时虽然涨幅大，但下跌起来也会很猛。同时，也不要投资过于冷门的股票，因为这样的股票可能一年到头都毫无起色。

一个市场能进入投资的视野，首先要显示其量价萌动。这里的萌动有一点非常重要，即买点。如果没有买点，没有量价配合，筹码相对集中度高，那么不论基本面再怎么好，也要忍受一定的煎熬；如果，基本面和结构面都不错，但没有资金介入，也需要耐心等待启动。假设基本面、资金面等都不错，那么买点上的股票很可能就是好股票。

关于买卖点和心态的问题，可见缠师在解盘回复中的内容。

[匿名]：从昨天起开始对第二、三线股进行清洗了吗？二线蓝筹近期还有戏吗？我是刚换到这个板块的，刚冲了一下，就被套住了。（2007-03-29）

缠师：只要不是过度炒作的题材股，当然没有问题。不过请注意，任何被套的股票肯定都不是在买点买的。本 ID 反复强调过，心态最重要。很多人，明明知道不是买点，就是手痒忍不住，这就是心态问题，不解决这个，任何理论都没用。

股票只有两种，买点上的股票都是好股票，否则就是垃圾股票。大级别买点的就是最好的绩优股，耐心等待股票成为真正的绩优股，这才是真正的心态。（2007-03-29）

▶▶ 5.5 底部构造的过程

何谓底部？这里给出精确的定义。底部是分级别的，如果站在精确走势类型的角度来看，那么第一类买点出现后"一"直到该买点所引发的中枢第一次走出第三类买卖点前，都可以看成底部构造的过程。只不过如果是第三类卖点先出现，就意味着这底部构造失败了；反之，出现第三类买点，则意味着底部构造的最终完成并展开新的行情。当然，顶部的情况与此相反。

——教你炒股票第 108 课：何谓底部？从月线看中期走势演化（2008-08-29）

本节内容主要来自教你炒股票第 108 课，也就是缠师教你炒股票理论的最后一课，因为彼时的大盘正处在标准的 30 分钟下跌趋势当中，也就是日线笔中枢的下跌趋势中。作为顶尖的投资高手，缠师完全可以在股市见顶后，"事了拂衣去，深藏身与名"，但如果这么做就不是缠师了。2005 年，他义无反顾地在一片哀号中剑指大牛市。同样，他在熊市中将理论完整地倾囊相授，足见其慈悲。2008 年熊市走势分解如图 5-16 所示。

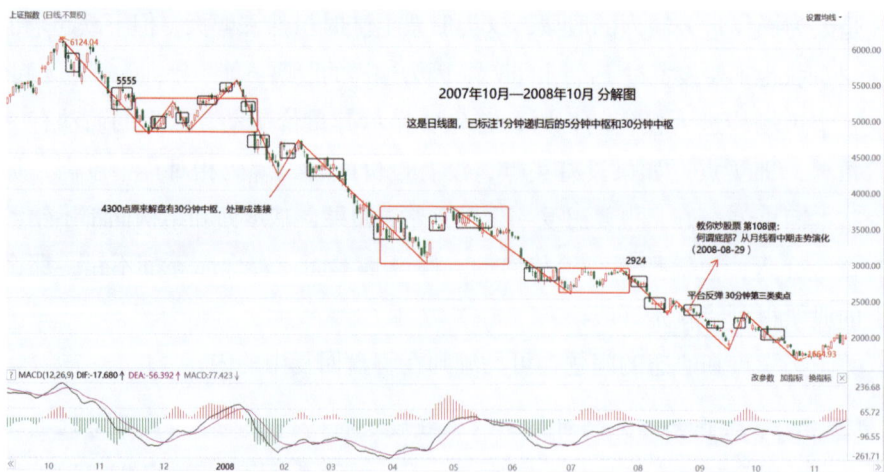

图 5-16　上证指数 2007 年 10 月—2008 年 10 月熊市走势分解图

正如图 5-16 所示，该下跌走势类型在下跌一年左右的时间后，它终于丧失下跌的动能而趋于横向乃至转向发展，此时买卖双方步入平衡，在这之前卖方的力量太强。底部形成时，成交量通常也会趋于萎缩。一旦发生末期成交量放大，股价却维持不变的情况，说明斩仓的持股者已无法迫使股价进一步下跌，而先知先觉者们开始进场吸纳筹码。

在这里，缠师将底部构造定理化了，也就是：底部都是分级别的。如果站在精确走势类型的角度，那么第一类买点出现后"一"直到该买点所引发的中枢第一次走出第三类买卖点前，都可以看成底部构造的过程。

很好理解，就是某级别第一类买点出现后，发生反弹，反弹回跌出第二类买点，之后引发中枢震荡。这个过程其实也是中阴阶段。而只有走出该中枢的第三类买点才能确认上涨的趋势或扩展，又或者出现该中枢的第三类卖点则延续之前的下跌走势。所以走势在第一类买点和第二类买点出现后，在没有第三类买卖点出现之前的震荡整理过程可以看作底部构造的过程。就如 2005 年 6 月 6 日到 2006 年 3 月 8 日的走势，2005 年 6 月开始的牛市底部构造如图 5-17 所示。

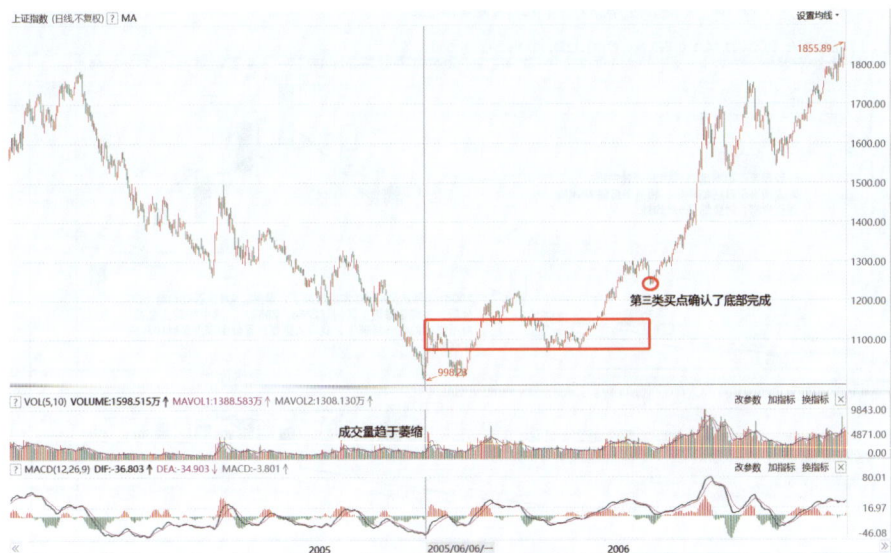

图 5-17 2005 年 6 月开始的牛市底部构造

在教你炒股票第 108 课中，缠师重点讲述了底分型的应用在判断底部时的作用，因为从分型的角度同样可以给出底部的概念，但这是相对粗糙的方法，对把握大级别意义很大。

站在分型的角度，底部就是构成底分型的那个区间，而跌破分型最低点意味着底部构成失败；反之，有效站住分型区间上边沿，就意味着底部构造成功并至少展开一笔向上行情。其实，这都不是什么新鲜内容，但这里统一说出来，还是有好处的。同样，顶部反过来就是。

注意，有了这个定义，就一定要搞明白，不是在底部的区间上买，而是相反，应该和中枢震荡的操作一样，在区间下探失败时买，这才是最好的买点。你若连这都搞不明白，就白学了。此外，底部是有级别的，日线图上的底分型，当然就对应着分型意义上的日线级别底部。

现在就有一个现成有意义的例子。2008年8月这月K线基本走出来了，显然，9月是否能构造出底分型，关键是看这个区间（2284，2952），其中2284点是绝对不能破的，一旦破了，就马上宣告月底分型至少要到10月后才有戏。

大盘月线下跌笔底分型确立如图5-18所示，因此，即使9月没到，我们已经可以有一个大致的操作强弱分类空间了，只要回2284点不破的任何分型意义上周级别以下走势，都必然成为一个良好的短线买点，而且其中可以充分利用类似区间套的方法去找到最精确的买入位置。

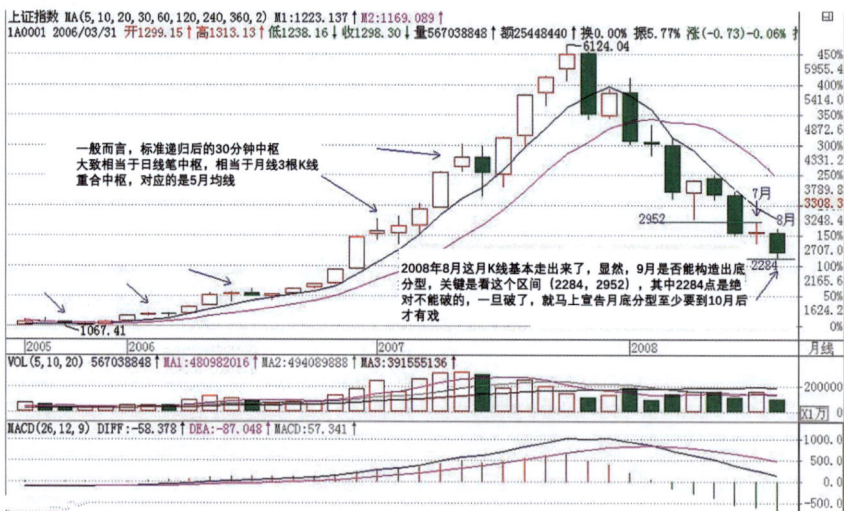

图5-18　2008年大盘月线下跌笔底分型确立

同样，马上可以断言的是，在2008年10月有效确认站住2952点前，月线意义上的行情是没有的，最多都只能看成是分型意义下月线级别的底部构造过程。因此，这对我们操作参与的力度与投入就有了一个很明确的指引。

当然，对于一般投资者，月线图太大了，因此可以看周线图。大盘2008年周线图如图5-19所示。例如，本周与上周比，到目前为止就是一个包含关系，因此，下周是能否构成底分型的关键日子，而真正要走出底部，那还需要对（2284，2601）突破有效的确认。也就是说，在中秋节前，要确认一个分型意义下的周线行情是不可能的，除非在本周最后一天能突然突破2523点，否则就绝对不可能了。

图 5-19　大盘 2008 年周线图

从更短的日线看，目前无非就在 2008 年 8 月 18 日开始那个底分型引发的底部构造中，是否最终有效，就看（2284，2455）区间走势的演化了。大盘2008 年日线图如图 5-20 所示。

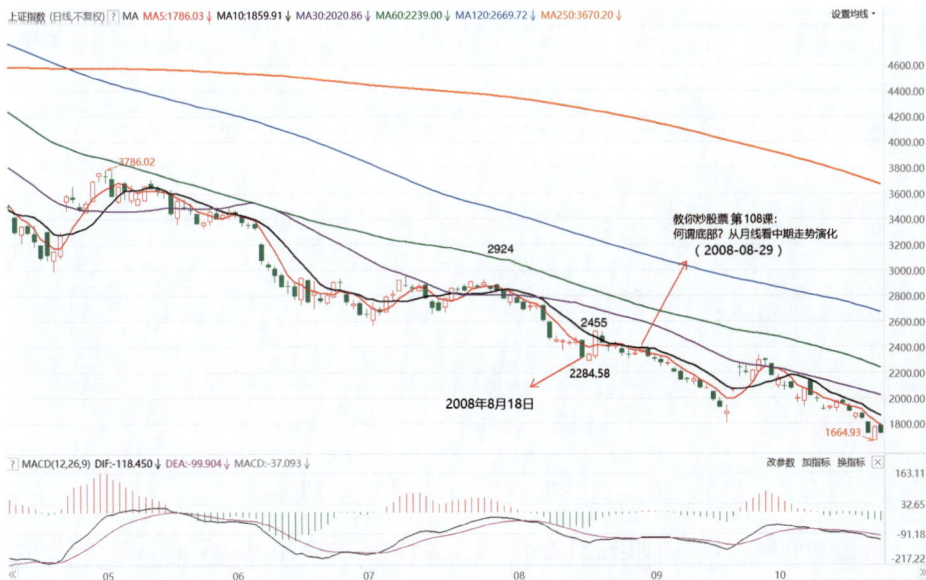

图 5-20　大盘 2008 年日线图

操作的一个基本的原则就是，任何走势，无论怎么折腾，都逃不出这个节奏，就是底、顶以及连接两者的中间过程。因此，两头的操作节奏就是中枢震荡，只是在底的时候要先买后卖，在顶的时候要先卖后买，这样更安全点。至于中间的连接部分，就是持有，当然，对于空头走势，小板凳就是一个最好的持有，一直持有到底部构造完成。

而有技术的，根本就不需要什么小板凳，按操作级别，分清楚目前是三阶段中的哪一段，然后"日日是好日，时时是花时"。亏钱都是错误操作引起的，不断反省，才会有进步。

——教你炒股票第 108 课：何谓底部？从月线看中期走势演化（2008-08-29）

经典的 108 课就此戛然而止，留下了太多的遗憾，也只有我们自己不断领悟了。没有底分型就没有底，所以对于月线下跌一笔而言，只有等到月线有效转折底分型成立是相对安全的。2008 年 10 月 28 日大盘见底 1664 点，出现日线第一类买点，如图 5-21 所示。此后相继出现日线第二类买点及第二类买点的中枢震荡，中阴身结束后，大盘向上开启了 2009 年的行情。

图 5-21　2008 年 10 月 28 日大盘见底

大盘 2008 年月线图如图 5-22 所示，大盘在 2008 年月线下跌一笔的转折底分型构造成功，站上底分型上沿，开启了月线上涨一笔。

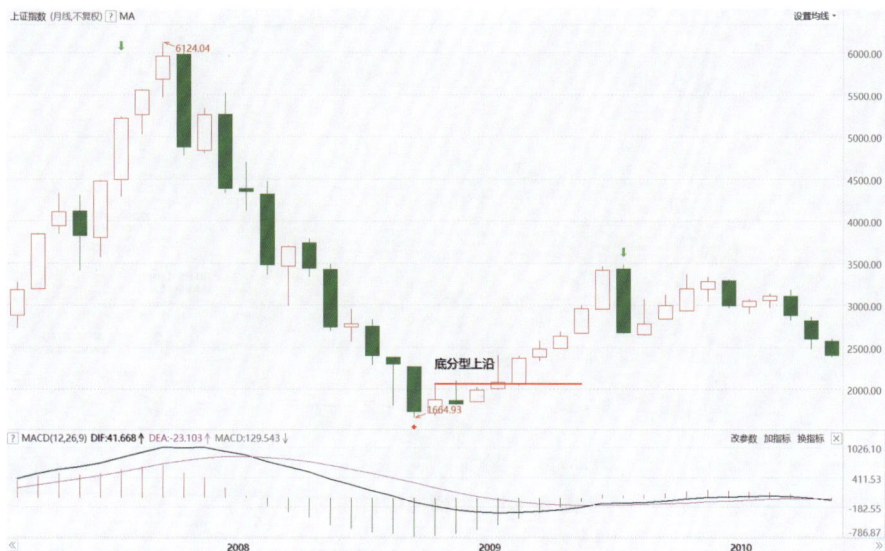

图 5-22 大盘 2008 年月线图

月线底分型成立，关键是它的次级别在干什么是最重要的，也就是次级别底部形态的构造，以纵横通信为例，月线图如图 5-23 所示。

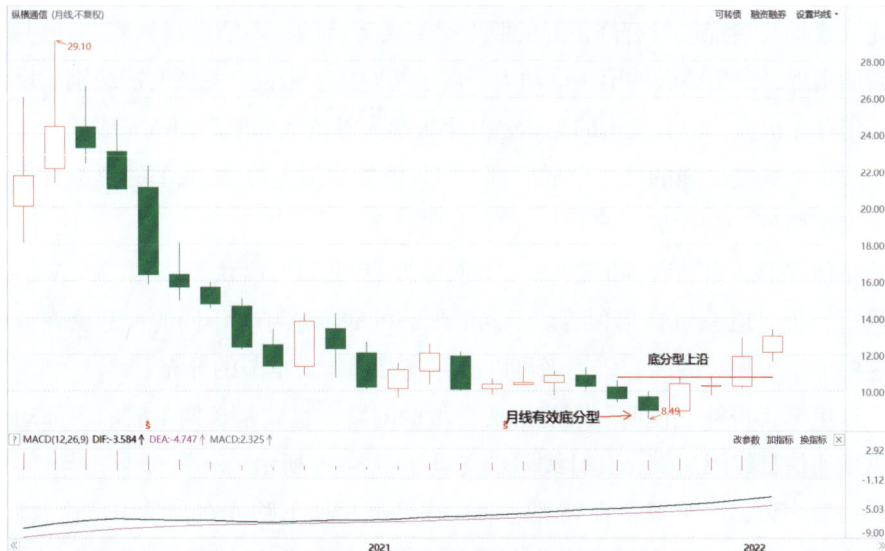

图 5-23 纵横通信月线图

在图 5-23 中，纵横通信在 2021 年 10 月末走出了最低价 8.48，我们看到月线上正在走月线上涨的一笔，而月线一笔的上升必须突破底分型的上沿且有效站稳。纵横通信日线图如图 5-24 所示。

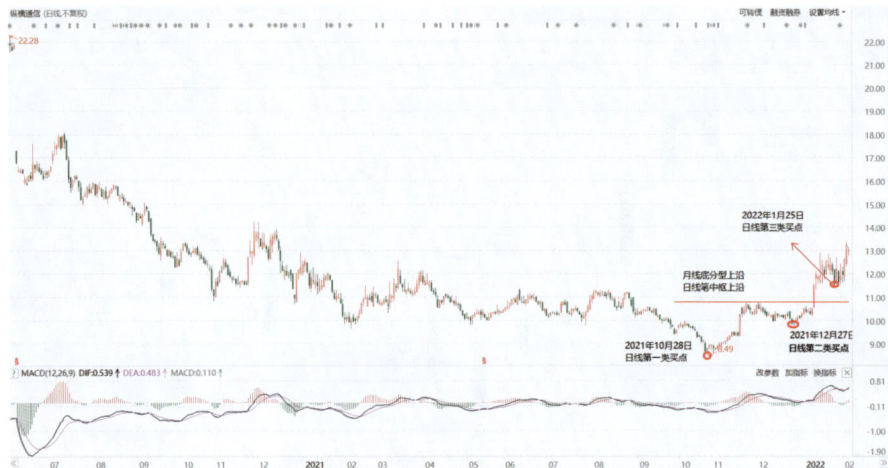

图 5-24 纵横通信日线图

纵横通信日线图其实走得很漂亮，在这种情况下，第一、二、三类买点，依次向上，一个比一个高。这个第三类买点奠定了月线上涨一笔的可能。

通常来说，一般大级别底部的产生往往需要的是政策、资金、技术、心理等多方面共振，所以一些在政策面上效率不高、在技术面上如下跌趋势走势类型没有完成或均线系统也没有修正好的股票是需要等待的，不能盲目抄底。等到共振时间的出现，产生突破的第一推动力。对于短跑选手来说，只要有次级别的反弹，就一定存在机会，没有技术的当然坐好小板凳，等待底部形态构造完成。

股价从弱变成强的转折形成底部。在具体的实际走势中，底部的形态有很多，主要有圆弧底、潜伏底、多重底（W 形底、多重底、头肩底）和 V 形底等，有趣的是顶部形态也与底部形态一一对应，主要有圆弧顶、潜伏顶、多重顶（W 形顶、多重顶、头肩顶）和 V 形顶等。不同的形态的底部意味着不同的上涨反弹力度。与这些形态学相关的内容，读者可以上网查资料作为本节的补充。

这里笔者再补充说明一下底部成交量的问题，也就是长期牛股的底部动量。以纵横通信日线图为例，其日线图成交量如图 5-25 所示。

一般来说，一只股票在狂涨之前往往已经长期下跌或在盘整中，这时候成交量会大幅萎缩，再出现连续放大或者成交量温和递增而股价上涨。一个日线下跌的趋势走势类型完成后的转折性反弹，就如同马斯克要发射的大火箭，底部拥有牢固的发射台和充足的燃料。图 5-25 中的纵横通信在日线图上就表现出了底部成交量的放大，俗称量价齐升。

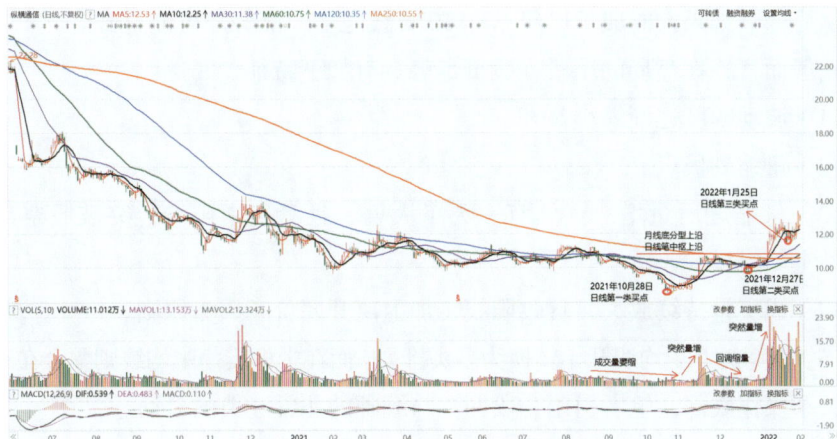

图 5-25　纵横通信日线图成交量

成交量是衡量买气和卖气的标准，它对股价的走势方向有所确认，所以，精明的投资人对底部出现巨大成交量的股票必须进行跟踪，因为股票供需关系发生变化会决定未来的走势，一旦量价配合，介入后股价也会急速上扬。再以翠微股份为例，其日线图成交量如图 5-26 所示。

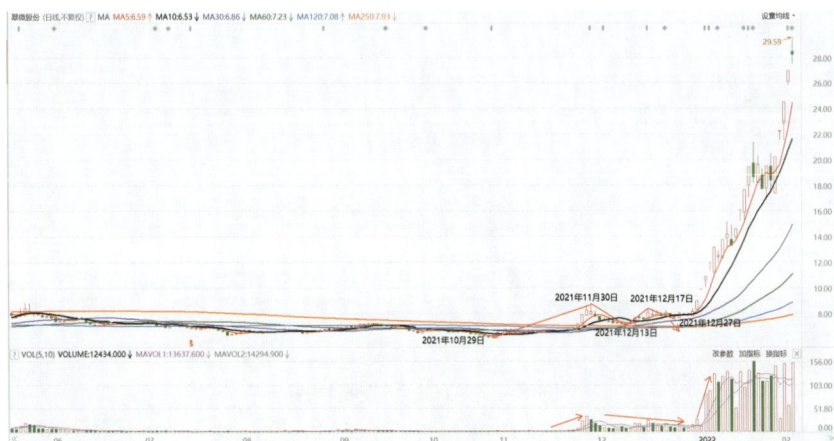

图 5-26　翠微股份日线图成交量

翠微股份在 2021 年 10 月 29 日到 2021 年 12 月 27 日进行了日线笔中枢的震荡，震荡完成的股票就要特别注意，因为这种股票的机会远大于风险。盘整的末期成交量萎缩，代表着抛盘力量的消竭，所以缩量在此时是一种反转的信号。在下跌走势中，成交量必须逐渐缩小才有反弹的机会，但是缩了之后还可以继续做缩头乌龟，到底何时才是底部呢？只有等到量缩之后又是到量增的一天才能确认底部，如果此时股价已经站在 10 日线之上，涨势才可能打开。

一般而言，在盘局的尾段，股价走势具有如下特征。

（1）波动幅度逐渐缩小。

（2）量缩到极点。

（3）量缩之后量增，突然有一天量大增，且盘出中阳线，突破股票盘局，股价站上 10 日均线。

（4）成交量持续放大，且收阳线，加上离开底价三天为原则。

（5）突破之后，均线开始转换为多头排列，而在中枢震荡中均线则黏合在一起。

关于操作底部，笔者引用一段网友与缠师的非常经典的对话。

[匿名]：请教 TCL 科技（ 000100 ）高位被套，成本价 5.6 元，后期该如何操作？多谢了！（2006-11-23）

TCL 科技日线图如图 5-27 所示。

图 5-27　TCL 科技日线图

缠师：这个成本估计是抄底抄出来的。首先要吸取教训，尤其是散户，绝对不要抄底，一定要等股票走稳将启动时再介入。目前该股正在磨年线，一旦站稳会有一波行情。但你的成本太高了，能否回到你的成本还真不好说。如果有可能，趁调整时补点仓，把成本调整到 3 元附近，那解套时甚至有挣个百分之几十的机会。

如果你短线技术好一点，可以不用那么死板，补三分之一到一半的仓，根据短线指标做短差把成本降下来。你现在的问题是成本太高了，以后千万别去

抄底，千万记住。（2006-11-23）

关于操作底部，缠师还有以下箴言。

注意，对于散户来说，建仓完全可以是动态的，也就是说，你可以反复操作一只股票，这样把成本减下去，在市场上要生存，关键的就是成本。

一般股票在构筑底部时，震荡都比较大，其实是很容易把握的。而且，万一大盘逆转，有些股票会顺势砸出空头陷阱，如果不会动态建仓，就会有短线被套的痛苦。所以，如果你技术还可以，就要让自己动态起来，这当然，如果你没什么技术，那就分析好基本面，研究透了，然后就靠熬的功夫，逐步建仓后就熬着，把牢底坐穿了，自己就解放赚大钱了。

每个人的操作方法，必须根据自己的实际情况来，千万不要盲目行事。这样才是真功夫。

——3919 点继续折磨你（2007-07-10）

但一定要注意，底部不是一天构成的，必然会来回折腾，因此，操作上一定要把握节奏，在底部震荡中就把成本降下来。一旦行情真启动了，个股刚开始涨，你的成本已经低了 30%，这样不是最美妙的事情吗？

——新基金难敌乱增发（2008-02-25 15）

学东西，必须搞清楚细节。就像现在，依然有很多人把分型上边沿站稳作为最好的买入点，但不知道，这只不过是判断是否延伸为笔的一个简单方法。如果说买点，必须从走势类型去判别，分型上下边沿之类的东西，最多就类似于第三类买卖点，因此以这当成买卖的根据，将不时面临买后第二根 K 线就会转折的尴尬。道理很简单，如果抛去包含关系，6 根 K 线就可以构成笔，而确认站稳上下边沿的那至少是第 4 根，而转折在第 5 根，这意味着什么？

因此，各种方法，必须知道其使用范围，在什么情况下如何用是最有效率的，否则如此圆圆吞枣，不亏钱真是没天理了。课程里也有单纯用分型的不同级别，用类似区间套的方法确定买卖点，这可不是单纯的上下边沿判别，千万别搞糊涂了。

——什么才是真正的"和"（2008-08-14）

▶▶ 5.6 最好在第二类买点买入

注意，买的时候一般最好在第二类买点买入，而卖尽量在第一类卖点卖出，这是买和卖不同的地方。

——教你炒股票第 12 课：一吻何能销魂（2006-12-01）

由 5.5 节可知，站在精确走势类型的角度，某级别走势类型底部构造就是第一类买点出现后一直到该买点所引发的中枢第一次走出第三类买卖点前，都可以看成底部构造的过程。而第二类买点就是介于第一类买点和第三类买卖点之间的买点。相对于第一类买点来说，初学者不容易把握，所以缠师建议买的时候最好在第二类买点买入。

首先，我们先用 5 日、10 日均线系统看周线第二类买点，以缠师当年解盘回复所举的东方能源（000958）为例说明，其周线图均线版如图 5-28 所示。000958 的周线的第一类买点出现在 2005 年 7 月 22 日的 2.2 元附近，这里有一个典型的背驰，第二类买点出现在 11 月 3 日的 2.6 元附近。

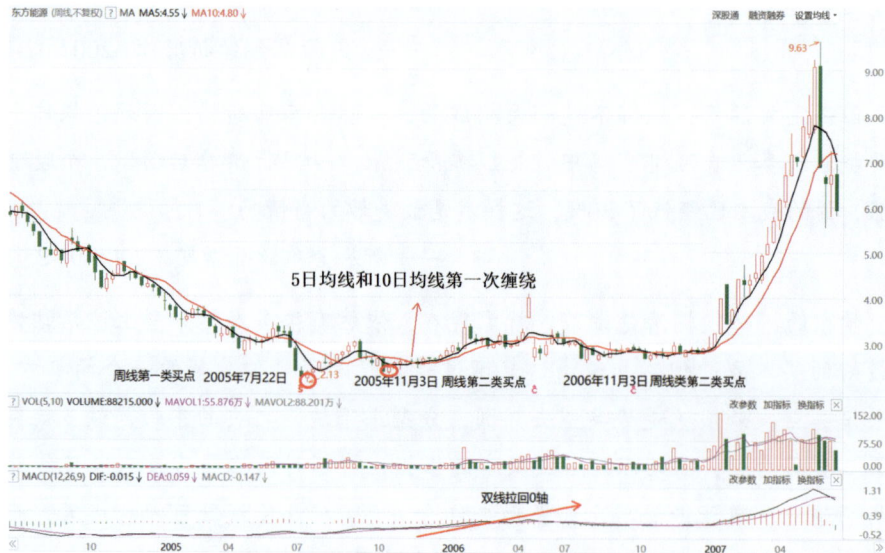

图 5-28　东方能源（000958）周线图均线版

接着，通过中枢来分析该周线第二类买点，000958 周线图中枢版如图 5-29 所示。

图 5-29 中，000958 在发生前期周线级别的底背驰后，在 2005 年 7 月 22 日创出新低 2.13 元，此后一个次级别上涨，次次级别顶背驰，导致一个次级别的回跌，在 2005 年 11 月 3 日出现周线级别的第二类买点。2006 年 11 月 3 日又形成一个周线级别的类第二类买点。此后，一个次级别走势类型强势突破该周线笔中枢。

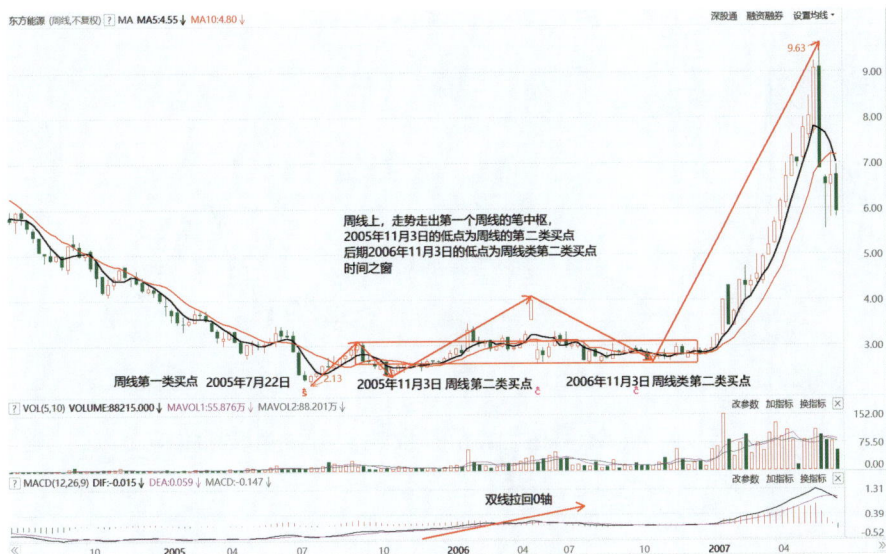

图 5-29　000958 周线图中枢版

由上可知，第二类买点距离底部很近，成本相对较低，是相对安全的买点。

周线第二类买点的例子在 5000 多只股票里比比皆是，再如锡业股份（000960）和华东医药（000963）周线图分别如图 5-30 和图 5-31 所示。

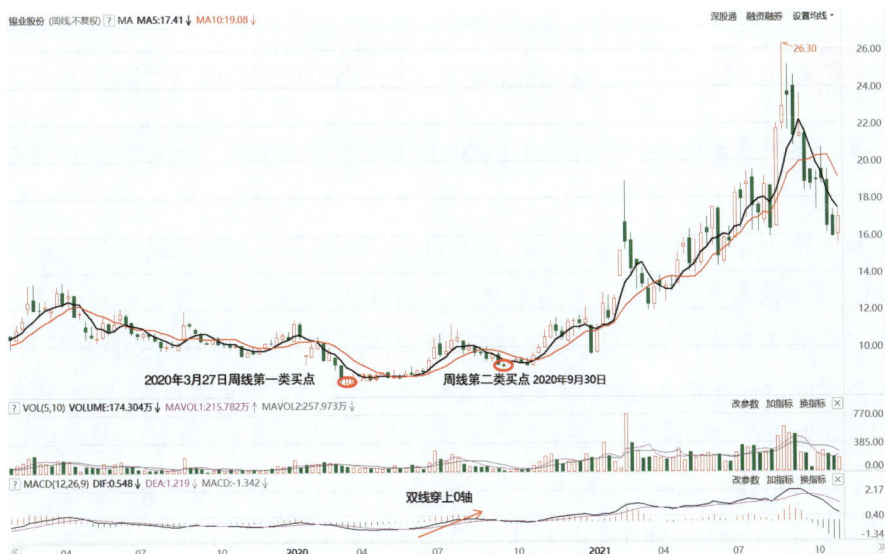

图 5-30　锡业股份（000960）周线图

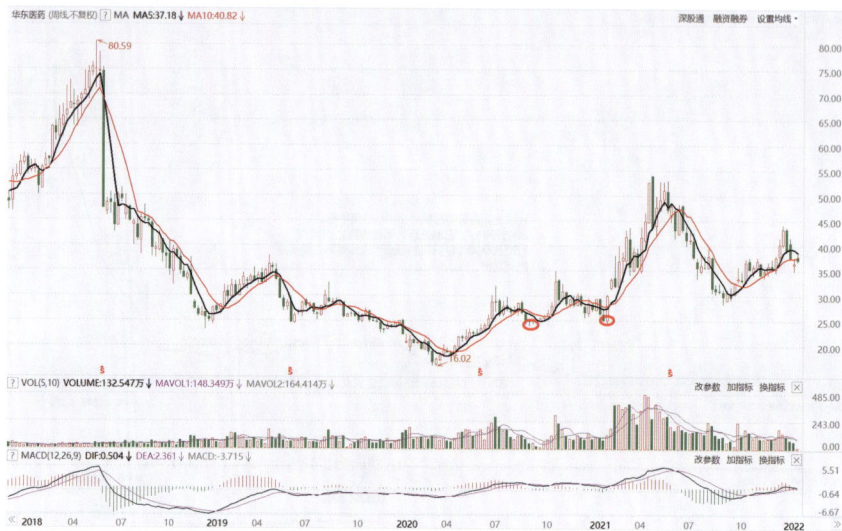

图 5-31　华东医药（000963）周线图

无论是何种级别的图，根据自同构性，在理论上是无区别的。也就是说，用相同的理论工具可以对任何一个级别的图进行相应的分析，准确程度是一样的。所以同样的结构在日线、30 分钟，或者月线、季线、年线都适用，只是在应用时要明白其中变化的边界条件。

▶ 5.7　大级别的第二类买点由次一级别相应走势的第一类买点构成

第一类买点出现后，贵州茅台（600519）进入多头模式。一直到 2004 年 6 月 4 日的那一周，出现多头模式的第一次缠绕，其后的下跌构成周线上的第二类买点。

这里有一个很重要的技巧，就是如何精确把握第二类买点的问题。在周线图上，多头模式第一次缠绕之后的调整不构成明显的下跌走势，此对于第一类买点的背驰走势就无法出现。这时候应该降低 K 线级别，从日线上寻找最佳买点。

这里给出一个缠中说禅买点定律：大级别的第二类买点由次一级别相应走势的第一类买点构成。例如，周线上的第二类买点由日线上相应走势的第一类买点构成。

有了这个缠中说禅买点定律，所有的买点都可以归结到第一类买点。

对于贵州茅台，2004 年 6 月 4 日那一周出现多头模式的第一次缠绕后，对应的日线图上是明显的空头模式。该走势中出现了三次缠绕，分别在 2004 年 4 月 29 日、5 月 18 日、6 月 1 日，都是典型的交叉缠绕。但前两次其后的下跌都没有出现背驰，只有第三次缠绕之后，出现了明显的背驰性走势。

2004 年 6 月 18 日创下低点后，MACD 的绿柱子明显比前面的要短，这就构成了日线上的第一类买点，而这个买点，在周线上就是第二类买点。

——教你炒股票第 14 课：喝茅台的高潮程序（2006-12-05）

贵州茅台周线图和日线图分别如图 5–32 和图 5–33 所示。

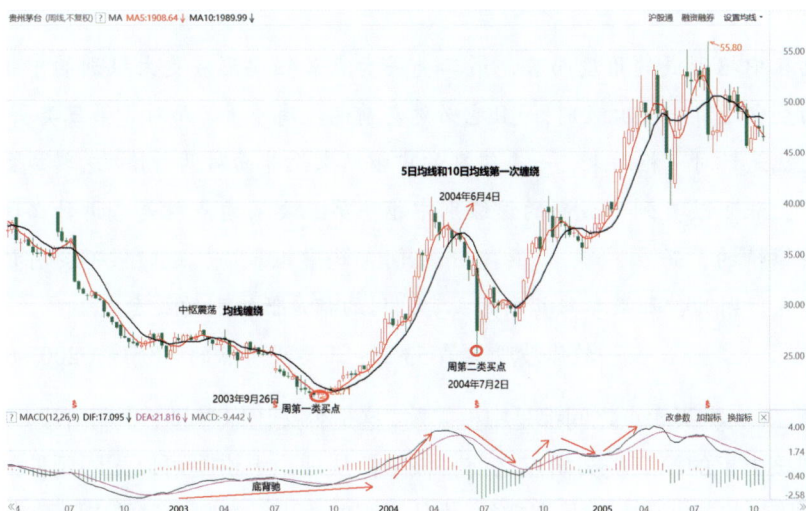

图 5–32　贵州茅台周线图

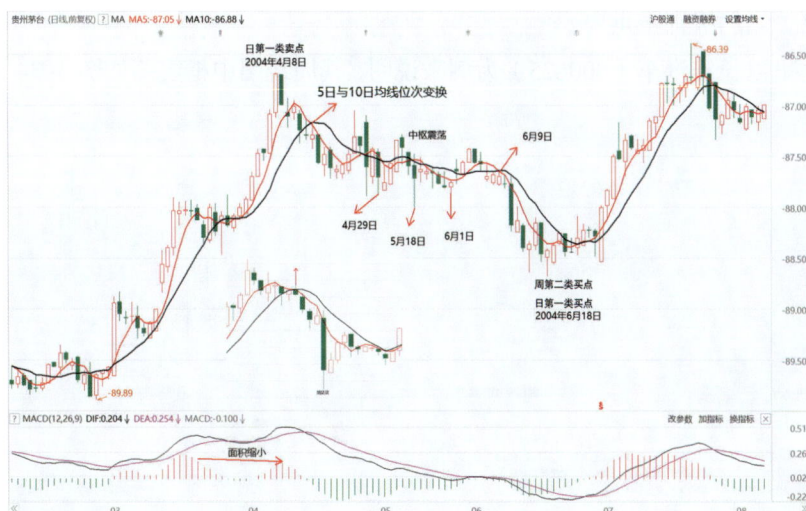

图 5–33　贵州茅台日线图

说明一下，图 5–32 中的贵州茅台周线图上的第二类买点，在日线图上是一个下跌线段的完结，实际上是 30 分钟标准的下跌的盘整走势类型完成。

其实这样的操作方式产生了缠中说禅短差程序：大级别买点介入的，在次级别第一类卖点出现时，可以先减仓，其后在次级别第一类买点出现时回补。这样才能提高资金的利用率。

▶ 5.8 第二、三类买卖点之间，都是中枢震荡

站在中枢形成的角度而言，第二类买卖点必然要形成更大级别的中枢，因为后面至少还有一段次级别，而且它必然与前两段有重叠。而对于第三类买卖点，其意义就是针对中枢结束，一个级别的中枢结束无非面对两种情况：转成更大的中枢，上涨下跌直到形成新的该级别中枢。第三类买卖点就是告诉什么时候发生这种事情的，而在第二、三买卖点之间都是中枢震荡，这时候不会有该级别的买卖点。因此，如果参与其中的买卖，用的都是低级别的买卖点。

——教你炒股票第53课：三类买卖点的再分辨（2007-05-23）

第二、三类买卖点之间都是中枢震荡，这是否又让你想起了中阴阶段。是的，在出现该中枢的第三类买卖点之前，该中枢从理论上讲是可以无限延伸的，而判别这段走势是非常关键且有趣的，为什么呢？这也是缠师讲过的"真正的杀手，盘整就是天堂"。所以，如果能判断出中枢震荡，那么高抛低吸将是非常好的赚钱利器，当然级别很重要。

这里以长安汽车（000625）为例来说明，其周线图中枢震荡如图5-34所示。

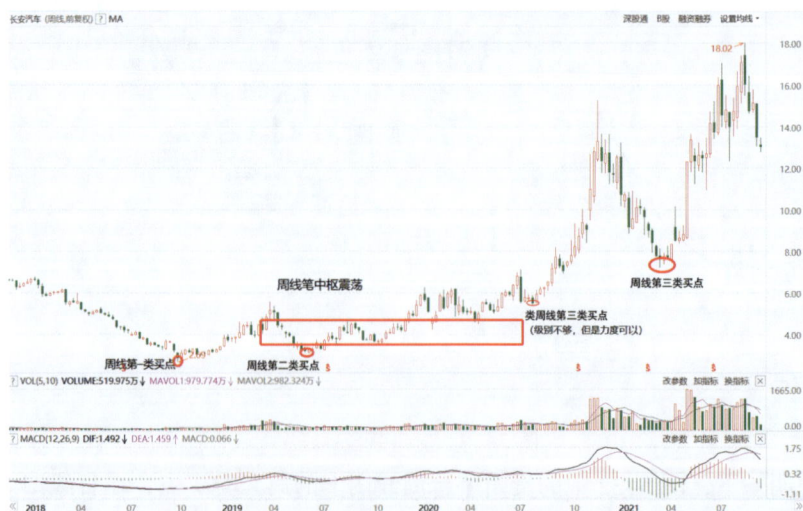

图5-34　长安汽车（000625）周线图中枢震荡

图 5-34 中的周线第二类买点产生后，站在中枢形成的角度来看，其后便形成了周线的笔中枢震荡。该中枢震荡结束的标志是出现第三类买点。

在实际操作中，对于水平有限的投资者来说，最直接的做法就是不参与中枢震荡，只在该级别的买卖点上交易。不过，对于有足够操作时间和熟练度的投资者来说，中枢震荡当然是可以参与的，而且如果中枢级别足够，其产生的利润往往更大。而在趋势的情况下，一般小级别的买卖点不一定要参与，因为小级别的延伸性会比较强，技术好的操作者除外，毕竟这是提高资金利用率的好方法，可以使自己买入的成本加快变成 0 或者增加筹码。

▶▶ 5.9 动态把握第三类买卖点

在《教你炒股票第 86 课：走势分析中必须杜绝一根筋思维（买卖点多级别联立）》一文 中，缠师补充说明了第三类买卖点的内容，而早在第 20 课时我们就学过了第三类买卖点的定义。

必须动态地把握各种概念是最基础的一步。在此举个例子，例如在不同的情况下，第三类卖点的操作意义显然是不同的，接下来仔细分析。

（1）在一个大级别的中枢上移中，一个小级别的第三类卖点如图 5-35 所示，唯一需要注意的是，这个卖点扩展出来的走势是否会改变大级别中枢上移本身。这里，根据大级别的走势，不难发现其界限。因此，这种第三类卖点的操作意义就不大，它的意义关键在警戒。如果是短线的短差，那也是在小级别的中枢震荡中来回操作，因此这个第三类卖点也只是构成一个震荡意义的操作点。

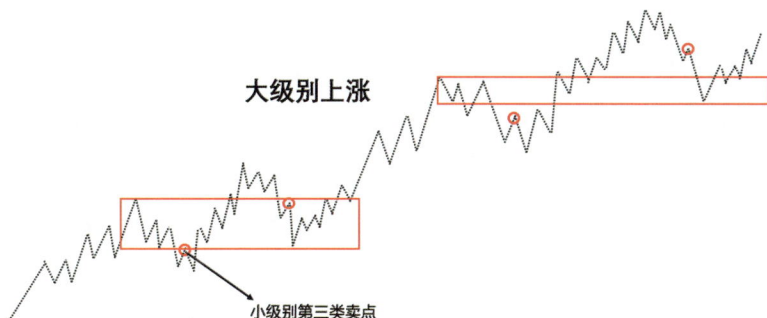

大级别上涨

小级别第三类卖点

图 5-35 在大级别上涨中不同位次的小级别的第三类卖点

（2）在一个大级别的中枢下移中，一个小级别的第三类卖点如图 5-36 所示，其意义就是这卖点是否让大级别中枢的下移继续，如果继续，那就意味着这里没有任何的操作价值（当然，如果有卖空的，那就另说了）。这个第三类卖点的操作意义，基本没有，如果说卖，大级别都中枢下移了，好的卖点估计都过去很久了。也就是说市场已经给你多次卖的机会，你还没卖，那就是错过了。

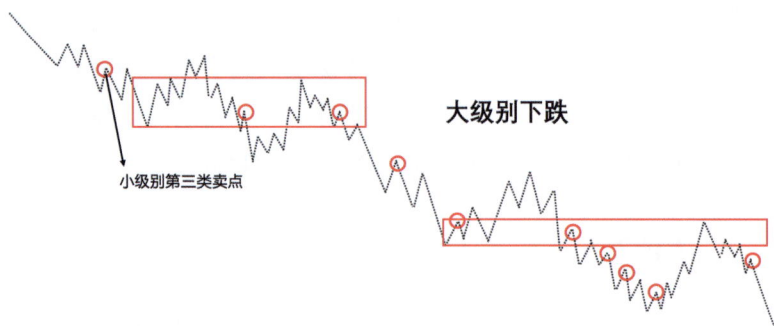

图 5-36　在大级别下跌中不同位次的小级别的第三类卖点

（3）在一个大级别的中枢震荡中，不同位次的小级别的第三类卖点如图 5-37 所示，其意义就看这是否延伸出大级别的第三类卖点。如果没有，这本质上不构成大的操作机会，而只是一个短线震荡机会。而且，在一个小级别的第三类卖点后，反而有可能延伸出大级别的买点，这在震荡中太常见了。

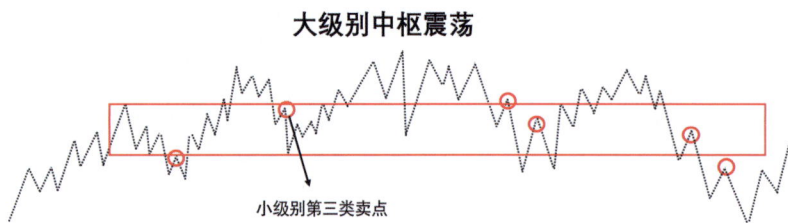

图 5-37　在大级别中枢震荡中，不同位次的小级别第三类卖点

第三种情况，就是多空通杀中经常用到的一种技巧。通杀，就是要把所有人的舞步错乱。怎么搞乱？就是买点卖点轮番转折，而且模式不断变化，让不同的操作模式都被破裂一次。而这种舞步错乱的本质，就是要触及不同的突破、止损位置，让止损的刚卖出又回头，对刚买入追突破的马上给一巴掌。

本 ID 理论，从来没有任何止损之类的概念。有什么可止的呢？三大卖点，给三次机会，加上不同级别的买卖点，机会很多。

而只要掌握了本 ID 的理论，那么第三种情况（大级别中枢震荡中），正好适合去凌波微步一番。这里，还可以更精确地分析一下。根据买卖点的级别，存在以下几种情况。

1．大买点后小买点

大买点后小买点如图 5-38 所示。这种情况，后面的小买点，往往构成相对于大买点的第二次介入机会，但不一定是最精确的机会。因为最精确的机会，一定是符合区间套的，而不是任何的小级别买点，都必然在大级别买点对应的区间套中。也就是说，这种小级别买点，往往会被小级别的波动所跌破，但这种破坏，只要不破坏前面大级别买点所有构造的大级别结构，那就一定会有新的小级别波动，重新回到该买点之上。

大买点后，必然产生相应级别的结构，因为后面的小买点，不过是构造这大结构中的小支架，明白这个道理，相应的操作就很简单了。

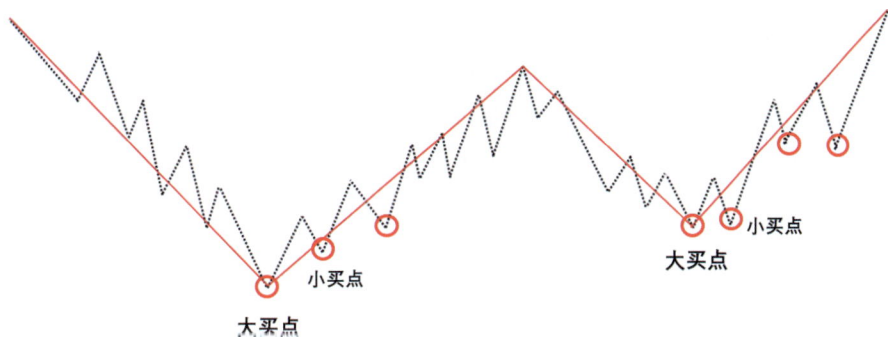

图 5-38　大买点后小买点

2．大卖点后小卖点

和大买点后小买点情况相反，大卖点后小卖点如图 5-39 所示。

这种情况，后面的小卖点往往构成相对于大卖点的第二次卖出机会，但不一定是最精确的机会。因为最精确的机会一定是符合区间套的，而并不是任何的小级别卖点，都必然在大级别卖点对应的区间套中。也就是说，这种小级别卖点，往往会被小级别的波动所升破，但这种破坏，只要不破坏前面大级别卖点所有构造的大级别结构，那就一定会有新的小级别波动，重新回到该卖点之下。大卖点后，必然产生相应级别的结构，因为后面的小卖点，不过是构造这大结构中的小支架。

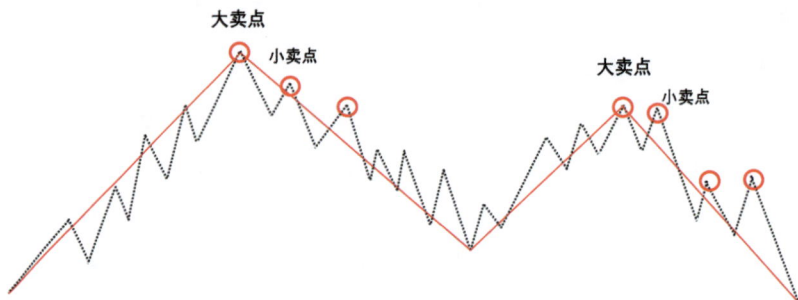

图 5-39　大卖点后小卖点

3．大买点后小卖点

大买点后小卖点如图 5-40 所示。如果两点间有一个大卖点，那么，就可以归到第 2 种情况。如果没有，那么这个小卖点后，将有一个小级别的走势去再次考验或者确认这个大买点后形成的大级别结构，只要这个走势不破坏该结构，接着形成的小买点，往往有着大能量，为什么？因为大结构本身的能量将起着重要的作用，一个结构形成后，如果小级别的反过程没有制造出破坏，一种自然的结构延伸力将使得结构被延伸，这是一种重要的力量。

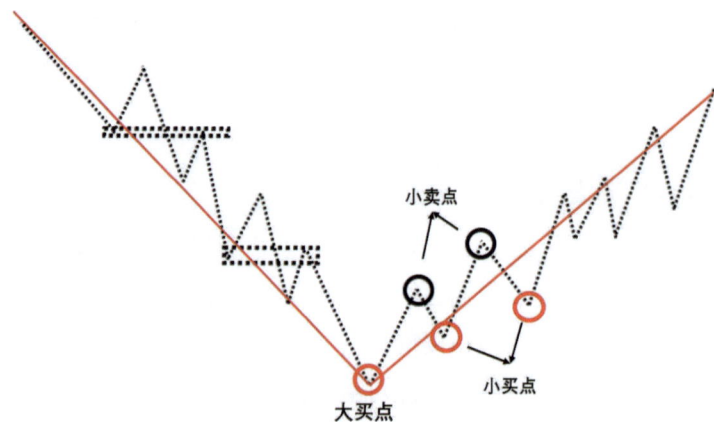

图 5-40　大买点后小卖点

4．大卖点后小买点

与大买点后小卖点情况相反，大卖点和小卖点如图 5-41 所示。

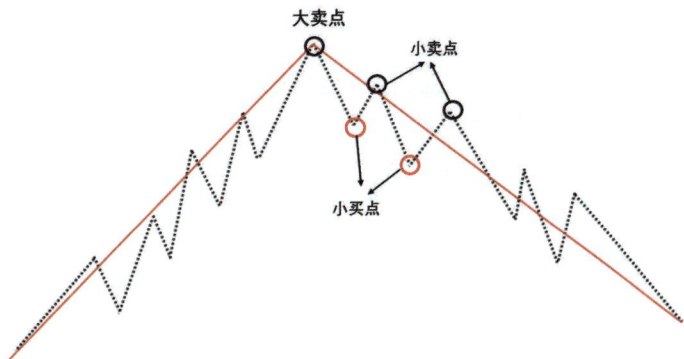

图 5-41　大卖点后小买点

如果两点间有一个大买点，那么，就可以归到第 1 种情况去。如果没有，那么这个小买点后，将有一个小级别的走势去再次考验或者确认这个大卖点后形成的大级别结构，只要这个走势不破坏该结构，接着形成的小卖点，往往有着大能量，为什么？因为大结构本身的能量将起着重要的作用，一个结构形成后，如果小级别的反过程没有制造出破坏，一种自然的结构延伸力将使得结构被延伸，这是一种重要的力量。

5．大中枢中的小买卖点

在一个大中枢里，是没有大买卖点的，因为出现第三类买卖点就意味着这个中枢被破坏了。这种大中枢中的小买卖点，只会制造中枢震荡。因此，这里所说的买卖点，一般不具有小级别的操作意义，是最容易把多空搞乱的。

但是，其中有一种买卖点，往往具有大级别的操作意义，就是大级别中枢震荡中的次级别的买卖点。例如，一个 5 分钟的震荡里面的 1 分钟级别买卖点，就具有 5 分钟级别的操作意义。因为在该买卖点后，无非会出现下面两种情况。

其一，就是持续 5 分钟中枢震荡。

其二，刚好这次的次级别买卖点后的次级别走势构成对原中枢的离开后，回抽出第三类买卖点。这样，原来这个买卖点就有点类似第一类买卖点，那第三类买卖点，就有点类似新走势的第二类买卖点（注意，这只是比喻，不是说这就是大级别的第一、二类买卖点）。

不同级别买卖点如图 5-42 所示。

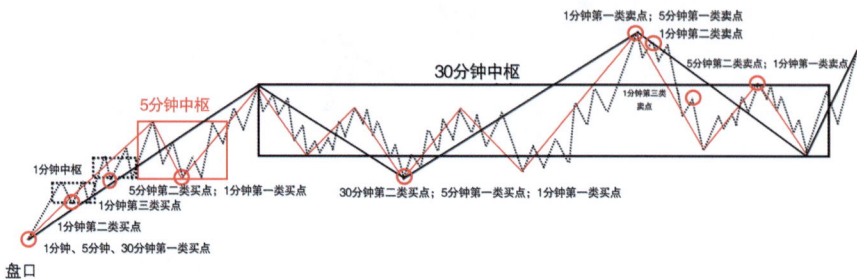

图 5-42 不同级别的买卖点

注意，有些买卖点的意义并不大。例如，一个1分钟的下跌趋势，在第二个中枢以后，相对的中枢的第三类卖点就没有什么操作意义了，为什么呢？趋势，本质上说就是中枢移动的延续，第一个中枢的第三类买卖点，本质上就是最后一个合适的操作机会。到第二个中枢以后，反而要去看这个趋势是否要结束了。

必须注意，对于趋势的转折来说，例如1分钟下跌趋势，最后背驰转折后，第一个上去的线段卖点很有可能刚好形成最后一个1分钟中枢的第三类卖点。这时，这个卖点几乎没有任何实际的操作意义，反而是要考虑下来的那个第二类买点。很多抄底的人，经常在第一次冲起后就给震掉，然后再追高买回来，就是没搞清楚这种关系①。

如果你抄一个1分钟级别的底，后面最少有一个1分钟的盘整，连这盘整的格局都没有走势必完美，也就是最基本的三个线段都没形成就跑，不给震出来才怪了。

当然，那些对大级别背驰判断没信心的，有一种稳妥的办法就是都在第二类买点介入。当然，在实际操作中，你可以完全不管第二类买点形成中的背驰问题，反正第一类买点次级别上去后，次级别回跌，只要不破第一类买点的位置，就可以介入。这样，只要在下一个次级别不破第一个次级别上去的高点，就坚决卖掉；如果破，就拿着，等待是否出现第三类买点，出现就继续拿着，不出现就卖掉。

按上面的程序，你甚至连背驰的概念都可以不用管。所以，分清楚走势类型，其实就可以完美地操作了，其他概念，只是如虎添翼。

最后，笔者以缠师应对第三类买卖点的当下性相关内容作为本节的补充：

① 这又是中阴阶段。

当下性，如果大盘的急跌破坏了内在结构，自然就不会呈现出第三类买点，当下性是最关键的。

——缠中说禅（2007-03-06）

5.10 第三类买点，一定是在第一个中枢后效果最好

第三类买点，一定是在第一个中枢后效果最好。如果它是在趋势的第 N 个中枢后，这样当然还是有利润的，不过没必要了。

——缠中说禅（2007-02-12）

这句话配合前面两节的内容就非常好理解了。底部构造结束后，也就是第二类买点震荡结束后，走势上涨突破中枢回踩确认的第三类买点当然是所有该级别第三类买点中最好的，因为最靠近底部，卖点与之相反。教科书式的第三类买点位次图如图 5-43 所示。

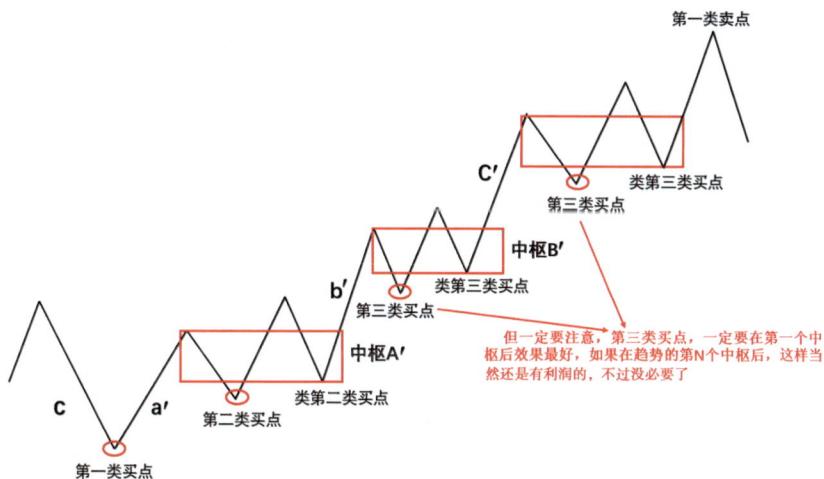

图 5-43　教科书式的第三类买点位次图

第三类买点，必须在回拉的力度没有离开的力度大时才可能形成。而在操作的时候，要耐心等待第三类买点的次次级别的底部背驰或双次回拉确认出现，才可以应用区间套，这也是大部分人所忽略的地方。因为次次级别底背驰后有该级别的第一、二类买点，如果是第二类买点就可能会发生 MACD 双线双回拉。第三类买点与次次级别示意图如图 5-44 所示。

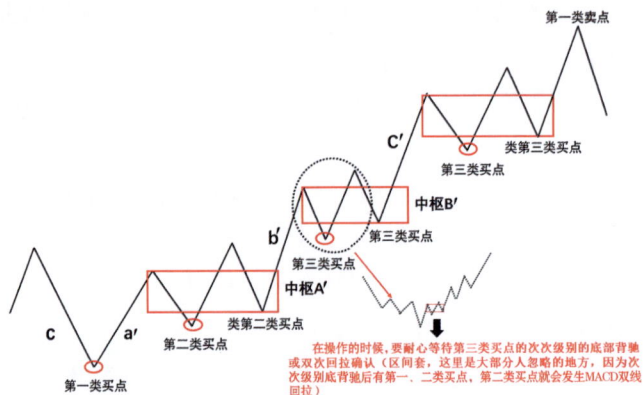

图 5-44　第三类买点与次次级别示意图

而且这个第三类买点的回拉，次级别第三段后无非就是几种构成的可能：三角形、奔走型、之字型、平台型。

通常，在走势上，相比第二个中枢，第一个中枢的第三类买点形成上涨的概率要大很多。对于上涨中第二个中枢以后的第三类买点，其后形成上涨趋势延伸的概率越来越小。也就是说，越往后的第三类买点的参与价值越来越小。在实质操作中，最好在第一个中枢的第三类买点介入，根本无须等到第二个以后中枢的第三类买点才介入，这是反应迟钝的表现。以中青宝为例，其不同位次的日线第三类买点如图 5-45 所示。

图 5-45　中青宝不同位次的日线第三类买点

作为元宇宙板块第一波龙头的中青宝，其很明显在日线上的第一个第三类买点更具投资价值。

▶▶ 5.11 第三类买卖点抓得好

例如，工商银行在 2007 年 12 月 14 日构成典型的日线级别第三类买点；北辰实业在 2007 年 11 月 14 日构成典型的日线级别第三类买点；北清环能（000803）在 2007 年 1 月 20 日构成典型的日线级别第三类卖点。

注意，第三类买卖点比第一、二类买点要后知后觉，但如果抓得好，往往不用浪费盘整的时间，比较适合短线技术较好的资金。但一定要注意，并不是任何回调回抽都是第三类买卖点，必须是第一次回调回抽。而且，第三类买卖点后，并不必然出现趋势，也有进入更大级别盘整的可能，但这种买卖之所以必然盈利，就是因为即使是盘整，也会有高点出现。操作策略很简单，一旦不能出现趋势，一定要在盘整的高点出掉，这和第一、二类买点的策略是一样的。

——教你炒股票第 20 课：缠中说禅走势中枢级别扩张及第三类买卖点

（2007-01-05）

首先需要注意一下，缠师这里举例说明的三只股票的第三类买点都是在大牛市的上涨趋势背景下讲的，同时也都是在分型、笔段、递归等概念出来之前讲的，所以没有后期规范。在本书 3.17 节曾讲过，在牛市中，第三类买点的爆发力是最强的，同样熊市中的第三类卖点，其后就出现大幅度的跳水，也十分典型。缠师在这里讲的第三类买点如果抓得好，其意思就是避开前期的中枢震荡，因为中枢震荡对高手来说是天堂，但对低手来说是地狱也不为过。

所以，如果用户不想参与盘整，而是等趋势明朗再介入，那么第三类买点是最好的选择。不过，第三类买点所处在不同的走势位次有强弱之分。如果在震荡市或者熊市，那么第三类买点成立的概率要低于牛市，尤其考验投资者对政策、板块、产业、个股的认知。笔者在此列举几个不是严格意义上的周线图上出现的第三类买点的例子。

风电等新能源是 2021 年的热门板块，作为其板块的龙头股大金重工（002487）在 2021 年大放异彩。这种上涨强势的股票出现第三类买点的位置本来就高，所以其实不必非要等该周级别第三类买点才介入，只要在趋势启动过程中的次级别的第三类买点介入就好。毕竟这种强势上涨后才出现第三类买点的情况也是存在的，只不过极容易发生在龙头股里。大金重工周线图第三类买点如图 5-46 所示。

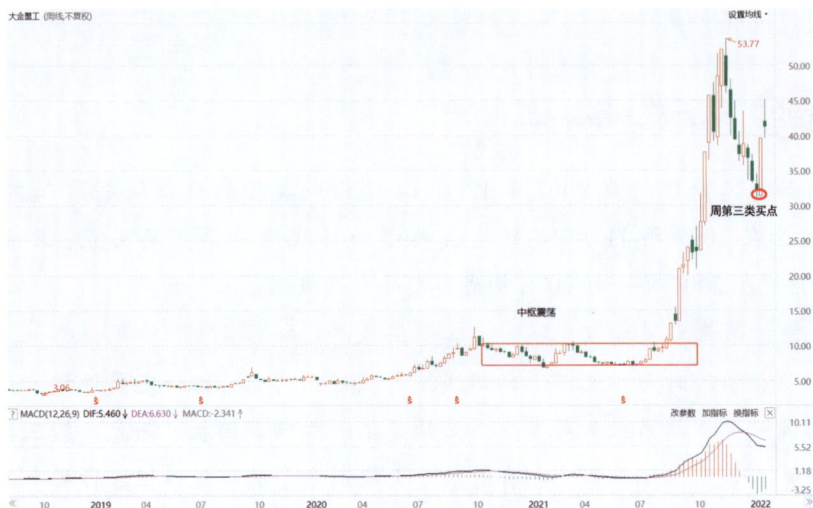

图 5-46　大金重工周线图第三类买点

在国家大力发展新能源汽车行业的背景下，锂盐市场需求旺盛。锂盐产品价格不断上涨，所以雅化集团（002497）在 2020—2021 年的整体表现不错，不过中途调整也出现了周线的第三类买点，这个买点相比大金重工还算"平庸"。雅化集团周线图第三类买点如图 5-47 所示。

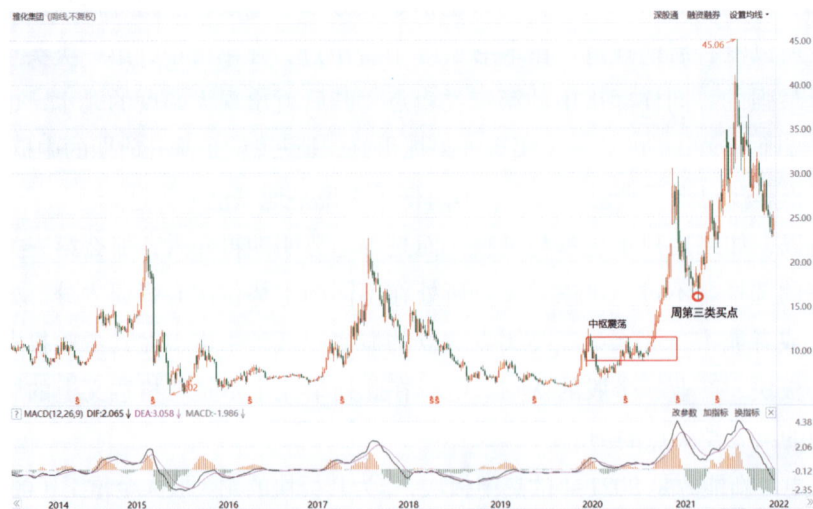

图 5-47　雅化集团周线图第三类买点

作为半导体概念板块的小盘股旷达科技，在 2020—2022 年整体还是上涨的，不过它的周线图第三类买点就相对靠近下方的中枢了（见图 5-48）。

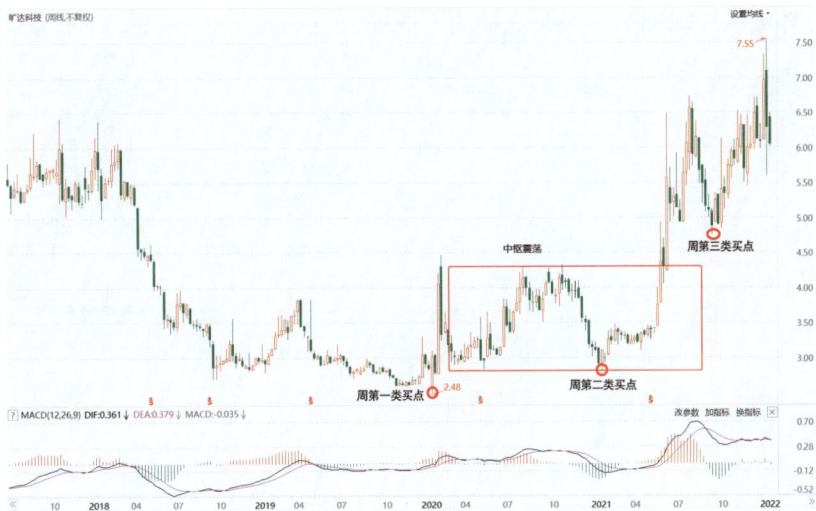

图5-48 旷达科技周线图第三类买点

光伏、储能板块的科士达（002518）是国内充电桩企业第一梯队，在2018年10月中旬后开始上涨，一个周线的上涨走势类型如花开一般。不过其周线的第三类买点后力度不佳，这种就是第三类买点后不创新高形成第二类卖点的情况，具体要去关注其内部的次级别及次次级别走势类型。当然第三类买点过后新高或者不创新高是综合因素的综合体现，反映在图形上就是次级别的走势类型背驰演化。科士达周线图第三类买点如图5-49所示。

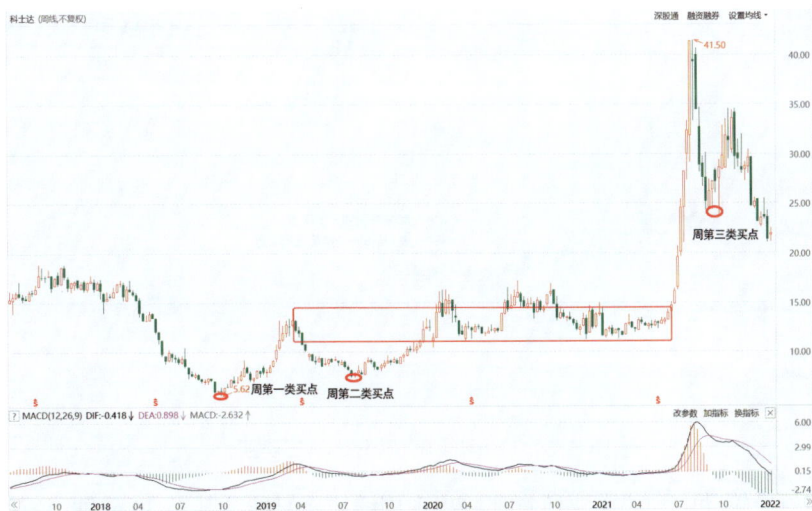

图5-49 科士达周线图第三类买点

金杯电工周线图第三类买点如图 5-50 所示。

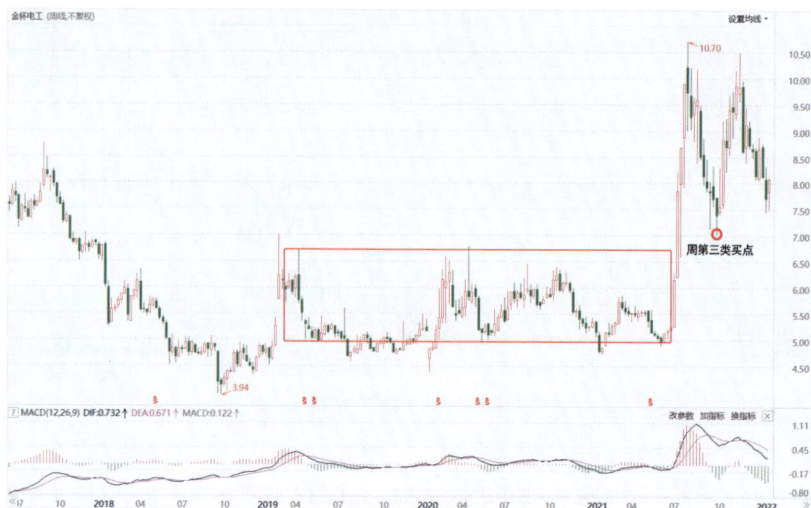

图 5-50　金杯电工周线图第三类买点

　　虽然第三类买点没有下方中枢震荡那么麻烦，但要等到在周线图上的第三类买点，则需要几个月的时间，所以完全可以去日线图 30 分钟图上介入相对低级别的第三类买点。中国能建 30 分钟第三类买点如图 5-51 所示。

图 5-51　中国能建 30 分钟第三类买点

　　在板块轮动中，一定要留意那些出现周线或者日线，甚至 30 分钟第三类买点的股票。如果是以日线的第三类买点为操作点来找这个买点，就得看一个 30 分钟的回抽，而该回抽低点，就看 5 分钟的背驰。**必须三个级别共同来才行。**

缠师在解盘回复中曾说过，学好一招就可以了。例如，把第三类买点搞清楚，在牛市中足以战胜 95% 的人。具体的操作方法可以是：倘若按日线第三类买点进入的，只要资金量不太大，而且判断不出问题，离开也及时，而且够勤奋，每天都选好下一个可介入的品种，那么，一个月内至少可以操作七八次，一个月资金翻倍并不是太难的事情。

▶▶ 5.12 市场的节奏只有一个，即买点买、卖点卖

市场的节奏只有一个，即买点买、卖点卖。这么简单的问题，但是能遵守的人，能有几个呢？是什么阻止你倾听市场的节奏？是你的贪婪与恐惧。买点，总在下跌中形成，但恐惧阻止了你；卖点，总在上涨中，但贪婪阻止了你。一个被贪婪与恐惧所支配的人，在市场中唯一的命运就是：死！

——教你炒股票第 41 课：没有节奏，只有死（2007-03-30）

买点永远都是在下跌的过程中形成的，而不是眼睁睁看着股价回升以后再追高介入。这里其实对应着我们的恐惧与贪婪，下跌的时候总是伴随着恐惧，而上涨的时候总是伴随着贪婪。而市场的节奏不以你个人的意志为转移，所以一定要先分清楚级别与三类买卖点，如果错过第一类买点，就等第二、三类买点，而绝对不能养成不在买点买股票的坏习惯。一定要把这些追高或不在买点买、卖点卖的坏毛病改了，否则很难进步，因为正确的操作远比结果重要。

在市场中，小聪明要不得，必须要有大智慧才行，这种智慧是应无所住的，不是要小聪明的。是"宠辱不惊，看庭前花开花落"地面对走势的波动，静待走势自然生长出买卖点，然后"三千弱水，只取一瓢"地操作符合自己资金量和操作风格的买卖点。而不是单纯看所谓的目标位或涨跌停板，"天真"在市场中是要付出代价的。市场是有节奏的，如果你能把握当下节奏，就是无敌的。这其中有五项要诀，即忍、等、稳、准、狠。

下面再来看看缠师关于"买点买、卖点卖"的部分箴言。

为什么要到第三类卖点才卖，第一、二类卖点时为什么不卖？还有，第三类卖点是必然有的，但这是该级别中最后一个逃命机会，在急促的走势中往往是一闪而过，期货中更是这样。

——缠中说禅（2007-01-08）

就在买点买、卖点卖，当然，买点并不一定是一个点，而是一个价位，级别越大的，可以容忍的区间越大。之间之类的概念是模糊的，卖点还没出现，什么叫买点和卖点之间呢？以后会说到如何精确地控制买点的区间问题，这里就不详细说了。

——缠中说禅（2007-01-10）

对，卖点过了，那就随便干什么都可以，反正都不是必须要干的事情了，就听天由命。但你愿意一直都这样吗？为什么不自己把握自己的命运呢？**把握自己的命运，只在买点买、卖点卖。**

——缠中说禅（2007-01-12）

你要真能按买点买、卖点卖操作，那肯定是最高效的。当然，选择股票也是很重要的，不同股票的买点和卖点的幅度，决定了成果的大小。这是后面的话题了。

——缠中说禅（2007-02-05）

节奏，永远只有市场当下的节奏，谁只要与此节奏对抗，那么等待他的只有痛苦与折磨。注意，一定要注意，所谓的心态好不是如被虐狂般忍受市场节奏错误后的折磨。很多人做错了，就百忍成钢，这在市场中是完全错误的。市场中，永远有翻身的机会，前提是你还有战斗的能力。一旦发现节奏错误，唯一正确的就是跟上节奏，例如，错过第一类买卖点，还有第二类买卖点。如果你连第三类买卖点也错过了，连错三次，死了也活该。

为什么有三类买卖点？市场太仁慈了，给你三次改错的机会。你如果连这都不能改正，那就休息去，喝茶去。三次都不能改错，还犯同样的错误，不休息、不喝茶，还能干什么呢？有些人在一只股票上涨很多倍后还问能不能买，甚至还追高买，对这种人还能说什么？难道上涨多倍还看不到买点吗？看着很多散户在连续拉升后还赌后面的所谓涨停，本 ID 只好不客气地说：死了活该。

——教你炒股票第41课：没有节奏，只有死（2007-03-30）

▶ 5.13 涨了想卖点，跌了想买点

一句话，涨了想卖点，跌了想买点，这才是正确的节奏。

——关于博客的一些问题（2007-09-20）

买点总在恐慌的下跌中形成，卖点总在疯狂的上涨中形成。所以，下跌时要考

虑买点，只不过要注意跌的级别。而卖点往往出现在人人叫好的情况下，这就要想着慢慢退场了。用巴菲特的话来说就是：在别人贪婪时恐惧，在别人恐惧时贪婪。

关于这一点，缠师有如下箴言。

这不早说了？轮动。一线不动，其他补涨。熊市心态千万别再有了。不要因为股票涨得多了卖，卖股票唯一的原因就是卖点出现，没出现卖点，涨一万倍也不卖。

——缠中说禅（2007-01-08）

先卖后买也是可以挣钱的，不要光知道先买后卖。

——来这里，首先要洗心革面（2007-01-31）

跌，只能考虑买；涨，只能考虑卖。要把整个思路要扭过来。

——缠中说禅（2007-03-06）

这问题说过多次，除非是有较大级别的买点，否则，买股票都应该在下午，特别是在走势不明朗的时候。

——缠中说禅（2007-04-19）

▶▶ 5.14 大跌，就把眼睛睁大

有一种更坏的毛病就是涨了才高兴，一跌就哭丧着脸。请问，光做多，怎么把成本降为 0？股票都是废纸，光涨光做多，永远顶着一个雷。在前面的章节中已经多次强调，只有 0 成本的股票才是真正安全的。

如果"死多死空"思维不改变，永远都是股票的奴隶。而且，跌完以后涨得最快的是什么？就是跌出第三类买点的股票，看看民生控股（000416）跌的那一次，一个完美的第三类买点，后面是一个月 100% 幅度的上涨，中间还带了一周的假期。民生控股（000416）日线图如图 5-52 所示。

大跌，就把眼睛睁大，去找会形成第三类买点的股票，这才是股票操作真正的节奏与思维。本 ID 的理论里没有风险的概念，风险是一个不可操作的上帝式概念，本 ID 的眼里只有买点、卖点，只有背驰与否，这些都是可以严格定义的、可操作的，这才是让股票当你奴隶的唯一途径。

——教你炒股票第 32 课：走势的当下与投资者的思维方式（2007-07-28）

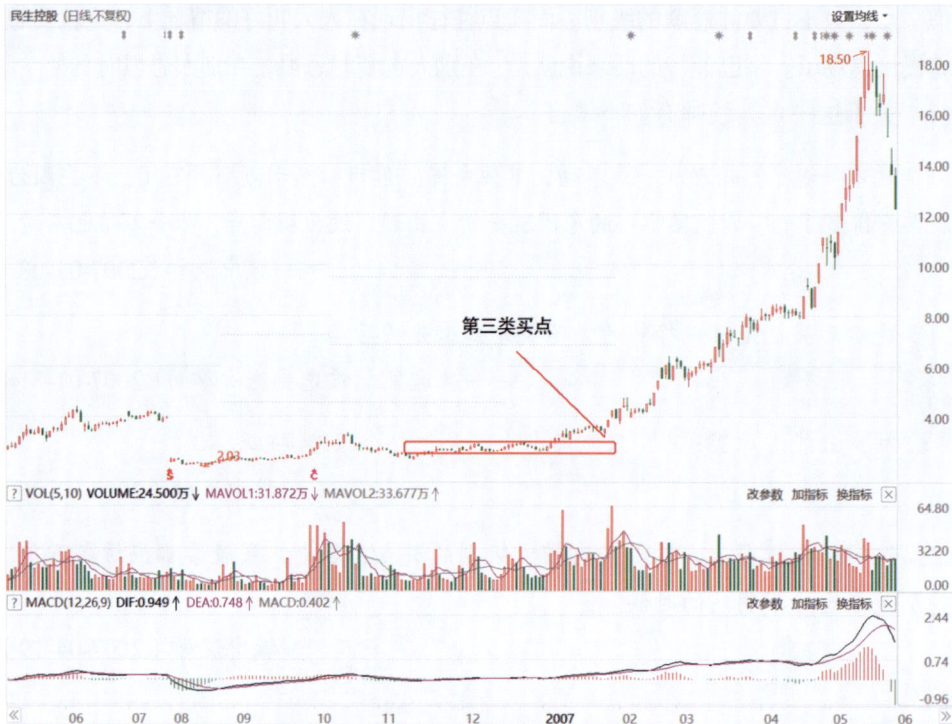

图 5-52　民生控股（000416）日线图

　　笔者猜你肯定也遇到过原先看好的基本面或资金关注度较好的股票大涨而惋惜自己为何不早点买的情况。而当该股票上涨一段之后又开始大跌，这时候你是否又庆幸自己还好没买，否则竹篮打水一场空。再过一段时间，这只股票居然又出现在龙虎榜单之中，于是又开始自责？是的，这是自己被内心的小恶魔（贪婪和恐惧）所支配后的表现，而不是按照实事求是的态度面对走势。

　　在市场中操作，就要思路清晰，根据相应级别买点买、卖点卖，睁大眼睛等待回补的买点出现。即使你是中线持有某只股票，在其 5 分钟、30 分钟发生顶背驰时，也可以先卖部分卖出去，下来后再回补，这样就灵活机动地降低成本了。一般来说，在牛市里操作，就要敢于在阴线时买，但要结合次级别走势有买点的。其实无论哪类买点，都是在下跌或回试中形成的。

▶ **5.15　长期投资，要在大级别买点介入**

　　本 ID 反对用长期投资掩盖任何失误操作。**长期投资，就是要在大级别买点**

介入，例如年线、季线、月线的买点，然后一直持有到大级别卖点再卖，这才是真正的长期投资。

——缠中说禅（2007-08-16）

短线是银，长线是金，真正的投资家无不是看准市场长期趋势、把握先机、长抱等待的人。例如，锂电池板块的龙头宁德时代（300750），绝对是 2018 年 6 月中旬后长线最靓的股票，其周线图第三类买点如图 5-53 所示。

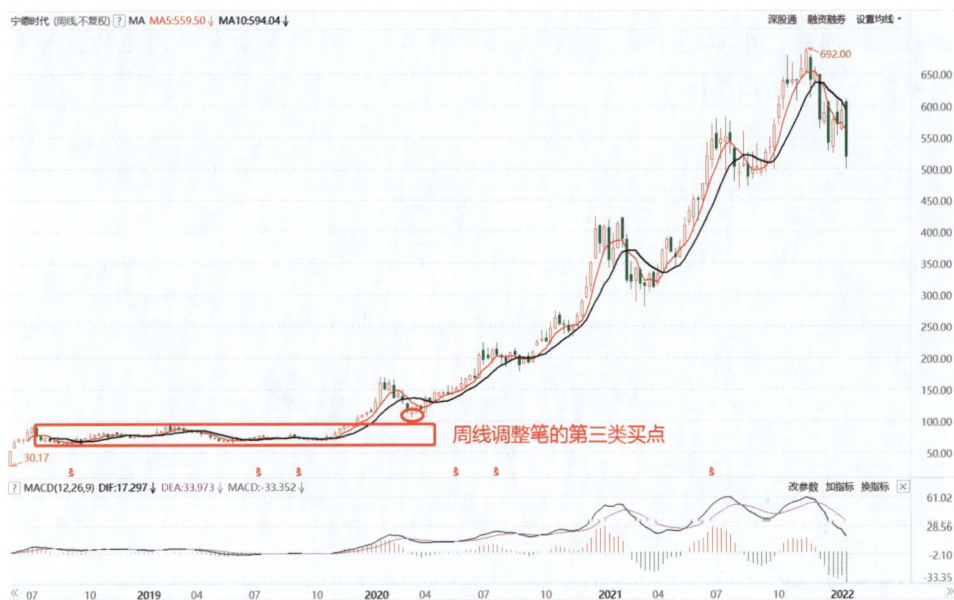

图中标注："周线调整笔的第三类买点"

图 5-53　宁德时代周线图第三类买点

在周线第二类买点（或者盘口刚开始的小级别买点介入）后，宁德时代上涨依次不断形成周线第三类买点，形成了一个周线的上涨线段，直到出现该周线顶背驰的第一类卖点，其后的走势根据线段被线段破坏的原理即可理解与判断。

接下来，让我们回顾部分缠师解盘回复中关于长线的内容。

最开始以中长线心态进入时，尽量熟悉一下基本面的情况，不能搞太烂的股票，而短线就不大需要考虑这些问题，只看技术就可以。

——来这里，首先要洗心革面（2007-01-31）

[匿名]：刚开始学习您的理论，所以想请您分析一下手里的 000690 和

000858 这两只股票长期持有是否有问题？（2007-02-09）

缠师：**本 ID 不喜欢所谓的长线概念。如果你是说从长线买点持有到另一个长线卖点，那本 ID 可以接受，否则那都是技术不过关的借口。**五粮液（000858）周线图如图 5-54 所示，一个大的周线中枢，除非你有巨量资金，这种级别的回调至少也该采取变成负成本后再长线持有的操作，这样就有更多的钱出来干别的事情。

当然，没走就算了，不过这调整的时间短不了，上下还要反复折腾。至于长线，那当然没问题，牛市还早着，最终几乎所有不太差的股票都会没问题的，都要创新高的。（2007-02-09）

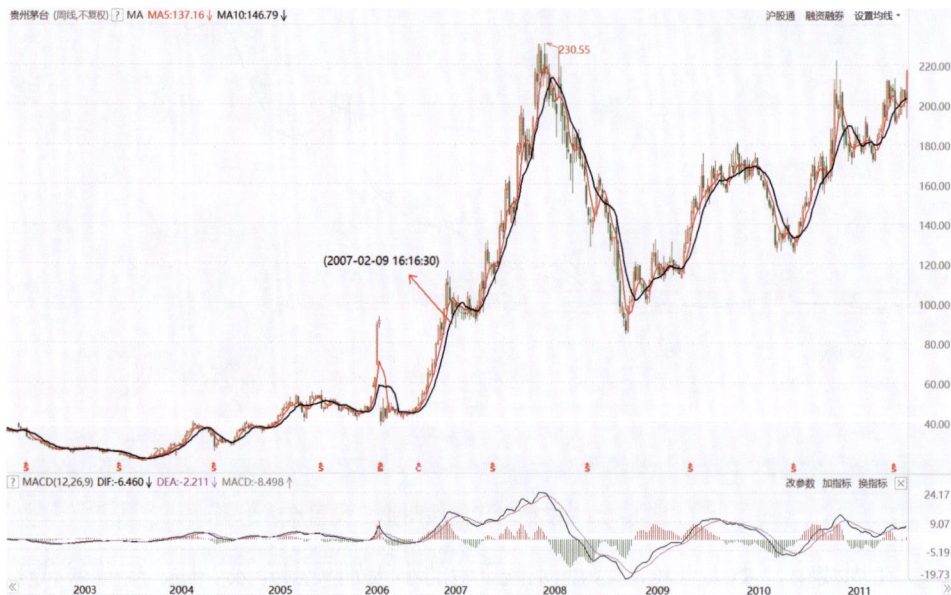

图 5-54　五粮液（000858）周线图

对于一个大级别的买的过程，或者说一个大的建仓过程，买必然是反复的，买中有卖，不断灵活地根据当下的走势去调整建仓的成本与数量，底部区域可以进行最复杂的中枢延伸与扩展，目的只有一个，取得足够的、成本不断降低的筹码。这和坐庄不一定有关，当然也可以相关。一个大级别的买的过程，某种程度上还兼备着改造这股票股性的任务，而且这也是一条底线，也就是能顺利退出的底线。

注意，底部不一定就是在一个平衡的水平线上中枢震荡，还可以是比较复杂的通道式上升。当然，一般来说，这种通道都是斜率很小的，充满激烈的震荡，具体的以后再说。

——教你炒股票第 55 课：采补之关键是取其精华（2007-05-28）

对于中长线投资者来说，只要战略性持有等待中线卖点的出现，然后用部分仓位去进行降低成本或赚取筹码。

——建行引领大盘前行（2007-09-06）

06

第6章

知行合一

　　"知行合一"思想是由明朝嘉靖年间的王阳明提出的，他是哲学家、思想家、政治家和军事家。他的"知行合一"思想远播海外，对日本明治维新产生了巨大影响。掌握"知行合一"，不仅要靠学习知识，更要在实践中磨炼，并最终悟道。在资本战场上，股票是用来操作而不是用来预测的。"知行合一"同样是缠师理论的特点，是成功的四字诀。

6.1 市场无须分析，只是看和干

猎手只关心猎物，猎物不是分析而得的。猎物不是你所想到的，而是你看到的。相信你的眼睛，不要相信你的脑筋，更不要让你的脑筋动了你的眼睛。被脑筋所动的眼睛充满了成见，而所有的成见都不过是把你引向那最终陷阱的诱饵。猎手并不畏惧陷阱，只是看着猎物不断地、以不同方式却最终都掉入各类陷阱。这里无所谓分析，只是看和干！

猎手的好坏不是基于其能说出多少道理来，而是其置于其他的直觉。好的猎手不看而看，心物相通。如果不明白这一点，最简单的办法就是把你一个人扔到深山里，只要你能活着出来，就大概能知道一点了。如果觉得这有点残忍，那就到市场中来，这里有无数的虎豹豺狼。用你的眼睛去看，用你的心去感受，而不是用你的耳朵去听流言蜚语，用你的脑筋去抽筋！

——教你炒股票第 5 课：市场无须分析，只要看和干（2006-06-21）

股票是炒出来的，是干出来的，一名驰骋疆场的战将只可能产生于硝烟弥漫的战场，而不可能生成于温室中。只有见识没有胆识的人也永远赚不到大钱。缠师在原文第 5 课就说明了这个道理，可见他本人从一开始就强调实践的力量。

英国军事理论家托·富勒有句名言：“知识是宝库，但开启这个宝库的钥匙是实践。”缠师也曾说：“当然前提是你必须把理论掌握好。没有实践，理论的掌握是很难的，纸上谈兵是没用的。”任何走势都逃不过缠中说禅理论，大盘每天的走势就是免费的、最鲜活的教程。你必须随时能回答，现在大盘在干什么。真实走势是唯一正确与可信赖的，所以缠师也反复强调当下的重要性，在这套完整的系统理论的观照下，要相信自己的眼睛、自己的直觉。

一双智慧的眼睛、钢铁般的意志、果断的执行力、得心应手的自信，皆离不开当下的磨炼。而任何事物，通过不断的磨炼，最终形成的就是那 1 秒的判断力。

朋友圈经常看到有人转发电影《教父》原著中的一句经典台词：“半秒钟看清事物本质的人和一辈子都看不清事物本质的人，命运注定会是不同的。”一只股票是否值得买入，在森林中是否有危险，往往都是 1 秒内的一种强大的直觉。由此可见那位半秒教父多厉害了。当然，为了这 1 秒，只要付出该领域大量辛苦的练习，才可能让你的行动有好的结果。梅花香自苦寒来，看看冬奥赛场上的运动健儿，哪一个不是在数年甚至数十年的磨砺中成就自我的。

缠师强调实践的作用，所以他对在工作日每天4小时的看盘活动非常重视。

本ID最鄙视一种人，就是从来不看走势的人。请你自己反省一下，开盘4小时，你都干了些什么？每天的走势、无数的资金在那里勾画出世界上最昂贵的图画，你不去好好欣赏，从中修炼，想想自己都干了些什么？

对于初学者来说，走势中的每一秒钟，你都要尽可能学会解读市场的语言，你不从此全身心地和走势合为一体，就想战胜市场？做梦去吧。

本ID的理论，就是市场语言的语法，但只会语法，你能真正学会语言吗？你每天不去练习，有学会的可能吗？

你想想，现在最牛的画家的画，一般级别的也就几千万元。而在股市中随便找一个图，几乎都要上亿元才能划一个日分时，更别说日线图、周线图、年线图了。这么昂贵的画，不好好欣赏，岂不太浪费了？

——缠中说禅（2007-09-17）

功夫在诗外，笔者认为除了阅读或操作大盘的4小时之外，闲暇时更要去研究资本市场。

▶▶ 6.2　真正的理性从来都是当下的，从来都是实践的

很奇怪，在资本市场中经常有人在教导别人要理性。而所有理性模式的背后，都毫无例外地有一套对应的价值系统为依据。企图通过这所谓的依据而战胜市场，就是所有这些依据最大的心理依据，而这，就是所有资本的谎言和神话的基础。真正的理性就是要去看破各种各样的理性谎言，理性从来都是人想象出来的皇帝新衣，这在哲学层面已不是什么新鲜的事情。

更可笑的是，被所谓理性毒害的人们，更经常地把理性当成一种文字游戏。当文字货币化以后，这种文字游戏就以一种更无耻的方式展开了。但真正的理性从来都是当下的，从来都是实践的；而实践，从来都是当下的理性。

——教你炒股票第4课：什么是理性？今早买N中工就是理性（2006-06-19）

笔者写本节时正值冬奥会举办之际，看到某花滑运动员在赛场上挑战花滑界最高难度的动作时，以及了解到他待人处事的细节后，不禁感慨，一名伟大的运动员、艺术家，他的一言一行所透射出的正向力量是可以如此感染人的。

能做到这种境界，必然是真心的、是实践出来的，不可能是用嘴说出来的。

同样地，在交易市场上，唯有实践的，才是真正的理性。可以说"理性是干出来的"，没有干就没有一切。买入是干，卖出是干，持股持币表面上是在看，在某种意义也是重要的干。缠师曾说：

先把各种图看好，各种情况分析好，关键在实践中把握。

——缠中说禅（2007-01-15）

看出是第一步[①]，操作是第二步而且是最重要的一步。这里并不培养股评家，光知道有什么用，关键是操作。说起操作，这里就有一个量的问题，而且还有个股与大盘不同的问题，这都要在实践中不断提高。

——缠中说禅（2007-01-30）

▶▶ 6.3 "只做能做的"，而不是"只做喜欢的"

股票,恶之,必察焉;股票,好之,必察焉。由孔子的话,不难明白以上的道理。明白了这个道理,就明白了投机市场第一原则"只做符合标准的股票"的依据。智慧都是相通的,"只做能做的",而不是"只做喜欢的"。是否能做是需要"察"而得之,不是靠喜好厌恶而来的。随便在市场里抓一个人,问他为什么买手里的股票,10000 个人中有 9999 个人告诉你因为他的股票如何如何好,这种人能在市场上长久活下来就是世界上最大奇迹了。本 ID 从来不觉得自己手里的股票有什么好,只知道它们能操作。

但几乎所有的人,包括庄家、散户,都喜欢为自己股票的好找理由。别以为庄家就不这样,庄家里的傻人从来不比散户少,本 ID 见多了。这些人,拿了股票就到处找理由为其持有、上涨编故事,就算股票已经从 10 跌到 1 了,还乐此不疲。

市场里的所有亏损,都是因为持有了不能做的股票。但任何股票,能做总是相对的,不能做却是绝对的。如果你眼里没有趋势,只是因为喜欢某股票而去操作,那你已经变成了该股票的附属物。这种人在市场中的结局往往是悲惨的。

——教你炒股票第 10 课：2005 年 6 月，本 ID 为何时隔四年后重看股票

（2006-11-24）

---

① 即完全分类。

关于"好恶"的论述，其实在《天道》《天幕红尘》中都出现过类似"众生没有真相，众生只有好恶"这句话。缠师在其《〈论语〉详解：给所有曲解孔子的人》中解析了"子曰：众，恶之，必察焉；众，好之，必察焉"这句话。

认为好的喜欢，认为恶的厌恶，这都是人之常情。而人之"远虑"，离不开对现实中一切现象的"察"。"察"，无所谓好恶，而带着各种好恶去"察"，就无所谓"察"了，只不过是继续"我本位"逻辑的把戏。何谓"察"？分辨、明察、知晓也。只有排除一切好恶，当下直观，才有真正的"察"。

任何人都有其情绪、好恶，但这情绪、好恶就是对"察"的最大干扰，"远虑"离不开"察"，而"察"就要摒弃一切好恶，当下直观，这样才有可能进而"远虑"。"焉"是"于此"的合音。当下直观，就是"于此"直观，离开了现实的此岸，幻想那虚无缥缈的彼岸，是没有"察"之直观可言的。

"无远虑"之人，没有深远的审察、思虑、谋划，在"必有近忧"的缠附祸患里，归根结底，最大的祸患就是以一己之私对"众"、对"众相"、对一切现象恶之或好之，不能摒弃一切好恶当下直观。用主观的臆测替代客观的观察，用彼岸的幻想替代此岸的现实，这种事情，无论是在现实中还是在历史中，难道还少见吗？由此而产生的祸患、酿造的悲剧，难道还少见吗？两千五百多年前，孔子已经给出了明确的警示。

缠中说禅白话文释义：

孔子说：一切现象，当被认为是恶的就会被厌恶，对此必须摒弃一切厌恶当下直观；一切现象，当被认为是好的就会被喜好，对此必须摒弃一切喜好当下直观。

缠师详解的《论语》诠释着世间大道，股票只是其中的小道，当然不妨碍由小道到大道。所以，股票，恶之，必察焉；股票，好之，必察焉。

如果一只股票被认为是不好的，就会被厌恶、忽视、砍仓等。对此必须摒弃自己厌恶的情绪并在当下直观该股票的大小级别走势类型，明晰其所处的位次，是否有相应的买卖点；如果一只股票被认为是好的，就会被喜好，容易抄底追高。对此必须摒弃一切喜好并在当下直观该股票的大小级别走势类型，明晰其所处的位次，是否有相应的买卖点。在此前提下，只做有相应级别买点（级别不能太小）的股票才是赚钱之道。如此才能逐渐把握自己的命运，而不是被自己的喜好厌恶所控制。

杜绝好恶之后，能做和不能做是每位投资者需要面对的问题。这就需要建立起一套分类的原则，把能做的先放在 A 类，不能做的先放在 B 类。

不过，不论资金面还是基本面最终都会反映在走势图中，所以用缠论进行分类就尤为重要了。不过分类原则因人而异。例如，分类原则可以是周线级别底部构造的，也就是产生了周线第一类、第二类买点的，经过技术面海选之后，再通过基本面和资金面等再次过滤，将能做的划入 A 类。当然能做的最终也会花开花谢，所以当其变为不能做的时，就要主动提前撤出，在 B 类中继续选出能做的划入 A 类，继续做。如此反复。

以下为笔者摘录的部分缠师关于能否操作的解盘回复箴言。

[匿名]：请教楼主，航天电子（600879）在这周行情中向上空间有多大？谢谢！（2006-11-27）

缠师：预测是股评干的事情，本 ID 不是股评。要在投资市场成功，唯一只需要知道，此时此地能操作吗？如果仍在能操作的标准下，就继续持有，否则抛弃，就这么简单。（2006-11-27）

[匿名]：请教楼主，紫江企业（600210），2.40 元买入可否继续持有？谢谢！（2006-12-04）

缠师：学了这么多，你应该问自己。目前根据自己设定的标准，判断它是否能做，能就持有，不能就不持有，就这么简单。没有先验标准是四海皆准的。（2006-12-04）

▶ 6.4 任何市场的获利机会只有两种

说起获利，最一般的想法就是低买高卖获利，但这是一种很笼统的看法，没有什么实际操作和指导意义。任何市场的获利机会，在本 ID 理论下，都有一个最明确的分类，用本 ID 理论的语言来说，获利机会只有两种：中枢上移与中枢震荡。

显然，站在走势类型同级别的角度，中枢上移就意味着该级别的上涨走势；而中枢震荡，有可能是该级别的盘整，或者是该级别上涨中的新中枢形成后的延续过程。任何市场的获利机会，都逃脱不了这两种模式。

——教你炒股票第 73 课：市场获利机会的绝对分类（2007-08-23）

如图 6-1 所示，在市场中获利的机会只有两种，即中枢上移和中枢震荡。而该级别中枢 A′、B′ 震荡，就是短差的天堂。

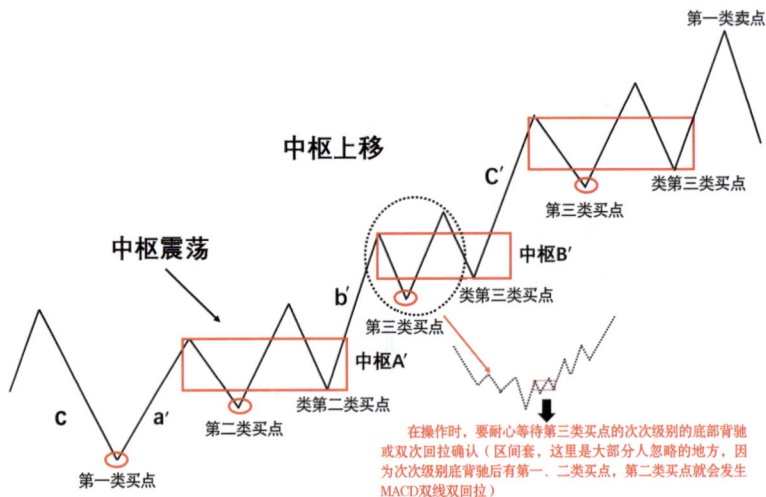

图 6-1　标准的上涨走势中的中枢上移和中枢震荡

在该级别的中枢上移中，也就是次级别 b′ 或者 c′ 上涨走势类型的过程中，是不存在任何理论上短差机会的。除非这种上移结束进入新中枢的形成与震荡，或者是 b′、c′ 的次级别里，但是级别太小。

而只要在任何中枢震荡向上的离开段卖点区域走掉，必然有机会在其后的中枢震荡中回补回来。唯一需要一定技术的，就是对第三类买点的判断，如果出现第三类买点时没有回补，那么有可能错过一次新的中枢上移。当然，还有相当的回补机会，当进入一个更大的中枢震荡时，回补的机会还是绝对的。

这种操作直到该上涨走势类型完结，这种模式的级别越大，获得的利润也越大。不由想起缠师的那句话：多头，不是傻多头，是要充分利用震荡降低成本的快乐多头。

▶ 6.5　任何操作必须以完全分类为基础

人，总爱编造一些故事来给自己一个支持的理由，那都是弱者的表现。在本 ID 这里，只有当下的走势，任何所谓的预测都是闲谈。

实际上，对于真正的操作者而言，本 ID 每天写的就是一个操作的完全分类。

任何操作必须以完全分类为基础，否则，只有死路一条。这句话也说过无数遍了，又有多少人能真正做到？

——超短线就看周一及 2403 点（2008-08-29）

技术分析最核心的思想就是分类。因为操作中最大的敌人往往是不能把所有特殊的情况都考虑到的。不论走势怎么走，都要按照强弱来完全分类。就如战场上的将军率领一支军队，市场的机会就是战机，但战机能不能战，战有多大风险，都需要提前计划。

要真正战胜市场，必须要有完全分类的思想。某投资品种当下的走势都可以根据缠中说禅股票投资理论进行完全分类。例如，中枢震荡后有哪几种情况，是围绕中枢继续震荡还是出现三类买卖点，这在理论上是明确的。因此，如果你的技术不好，就要问问自己能否应付最坏的情况，如果不能，就不操作。就这么简单，坚决不做模棱两可的事情。

举一个经典的具体实战实例，2008 年 1 月 23 日上证指数 1 分钟图如图 6-2 所示。缠师亲自解盘：

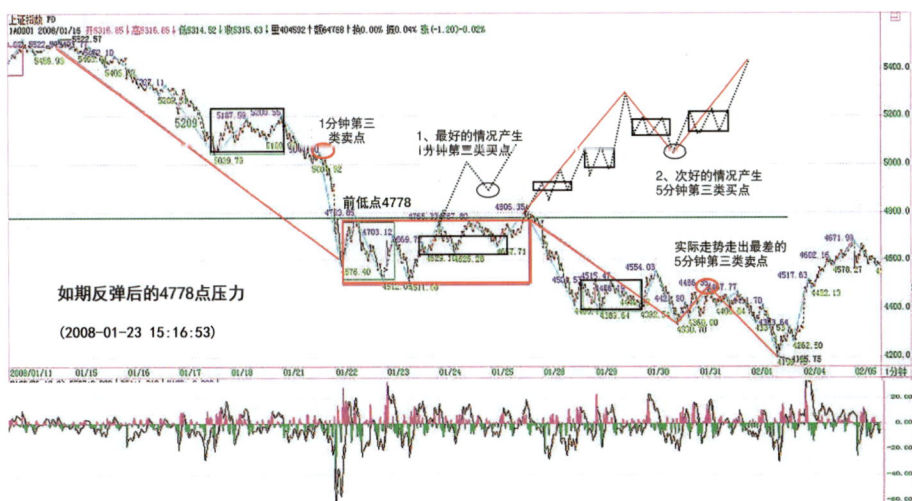

图 6-2　2008 年 1 月 23 日上证指数 1 分钟图

回到大盘本身，第二个 1 分钟中枢如期到来，但只要这 1 分钟没有出现第三类买点，不能有效重新站上 4778 点，后面的震荡依然少不了，但这将提供更多的短线获利机会。

该日大盘的走势大致有如下三种情况：

最好的情况，就是直接形成这 1 分钟中枢第三类买点，然后形成线段或 1 分钟式的上涨，重新回到 5100 点上，这种走势的前提就是产生第三类买点。

次好的情况，就是在这里形成 5 分钟中枢后再出现第三类买点，这里有两种途径：一种是 9 次级别的震荡扩展出 5 分钟，另一种是先 1 分钟的第三类卖点后底背驰上来再出来 5 分钟。这里就必然构成了多次的短线机会。

最坏的情况，就是在这里 5 分钟后出现第三类卖点，这里甚至构成一个 5 分钟下跌的第一个中枢。这样，后面的走势就比前面还要恶劣。

由于现在的走势有向以上复杂情况演化的可能，所以操作上必须严格根据图形来判断，一旦出现 5 分钟不能重新站住 4778 点[①]的情况，就一定要注意后面可能向最坏情况演化的任何苗头。

正如本 ID 在大盘在 5209 点上说的，大盘站不住 5209 点[②]就把多头当青蛙煮了。这里一样，在这后面的震荡反弹中，我们用技术赚足钱，然后，一旦多头不行，我们就再次把多头当青蛙煮了当汤喝。

当然，如果多头行，我们不介意陪着多头再到 5000 点上走一趟。但是，我们只看图形，多头有本事画出那样的图形，我们就跟着走，否则，就煮开水等青蛙跳下来。

思维方式，要彻底改变。让所有一根筋的青蛙去，这就是市场。

——缠中说禅（2008-01-23）

上述的完全分类思想更要结合高级别的走势，如同联立方程组，得最优解。上述走势实际出现的是完全分类中的第三种，也就是最坏的情况，出现了 5 分钟中枢的第三类卖点。缠中说禅股票投资理论把所有的机会无一遗漏地展示出来，关键是我们自己能否正确地认识自己，能否去把握这机会是否适合自己。理论观照下的机会展示是基础，读懂它且做到就考验人的境界，其中就有对边界管控的能力。

6.6 走势的当下和投资者思维

缠师在"教你炒股票第 30 课"中讲到的初中课程，就是这走势的当下性与理论的应用。在第 30 课中缠师强调："一般人，总习惯于一种目的性思维，往往

---

① 前低点 4718，30 分中枢 DD。
② 即 5209 双底颈线。

忽视了走势是当下构成中的。而本 ID 的理论判断，同样是建立在当下构成的判断中，这是本 ID 理论又一个关键的特征。"这在原文《教你炒股票第 32 课：走势的当下与投资者思维》一文中有详细阐释。这也是为何缠师反复强调市场只需看和干，极其注重当下的原因。

世界是现实的，是合力的结果，通过缠师"一以贯之"的思想解析的《论语》或马克思主义经典著作等内容，无一例外都是建立在现实逻辑基础上的。在股市上应用缠中说禅投资理论更是如此，资本市场每分每秒都是金钱的游戏，不是单纯的上班。

本节之前的内容大多偏理论化，本节讲的则是面对动态走势当下的应对思维和心理，属于实践性超强的内容，就让顶级高手自己来讲。

感应，是当下的，如果当下你还想着前后，那你一定跳不好舞。股票也一样，永远只有当下的走势状态，股票的走势没有一个必然的、上帝式的意义，所有的意义都是当下赋予的。

例如，一个 30 分钟的 a+A+b+B+c 的向上走势，具体如图 6-3 所示。你不可能在 A 走出来后就说一定会有 B，这样等于是在预测，等于假设一种神秘的力量在确保 B 的必然存在，而这是不可能的。

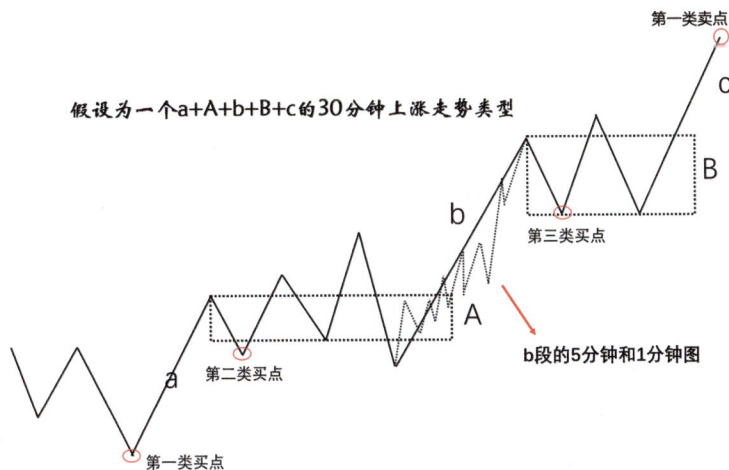

图 6-3　30 分钟上涨趋势走势类型关于 b 段

那么，如何知道 b 段里走还是不走？这很简单，不需要预测，因为 b 段是否走，不是由你的喜好决定的，而是由 b 段当下的走势决定的。

如果 b 段和 a 段相比，出现明显的背驰，那就意味着要走，否则，就不走。而参考 b 段的 5 分钟以及 1 分钟图，你会明确地感觉到 b 段是如何生长出来的。这就构成一个当下的结构，只要这个当下的结构没有出现任何符合区间套背驰条件的走势，那么就一直等待着，走势自然会在 30 分钟延伸出足够的力度，使得背驰成为不可能。这都是自然发生的，无须你去预测。

详细说，在图 6-3 中 30 分钟的 a+A+b+B+c 里，A 是已出现的，是一个 30 分钟的中枢，这可以用定义严格判别，没有任何含糊和可预测的地方。而 b 段一定不可以出现 30 分钟的中枢，而最多只能是 5 分钟级别的。

如果 b 段一个 5 分钟级别的开始上涨已经使得 30 分钟的图表中不可能出现背驰的情况，那么你就可以有足够的时间去等待走势的延伸，等待它形成一个 5 分钟的中枢，一直到 5 分钟的走势出现背驰。这样就意味着 B 要出现了，即一个 30 分钟的新中枢要出现了。

是否走，和你的资金操作有关。如果你喜欢短线，可以走一点，等这个中枢的第一段出现后回补，第二段高点看 5 分钟或 1 分钟的背驰出去，第三段下来再回补，然后就看这个中枢能否继续向上突破走出 c 段。

注意，c 段并不是天经地义一定要有的，就像 a 也不是天经地义一定要有的。要出现 c 段，如同要出现 b 段，都必须有一个针对 30 分钟的第三类买点出现，这样才会有。上涨趋势走势类型关于中枢 B 如图 6-4 所示。

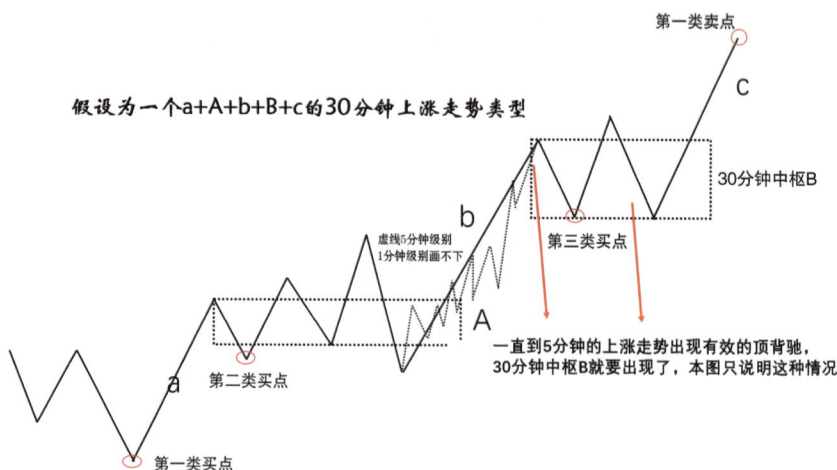

图 6-4　30 分钟上涨趋势走势类型关于中枢 B

所以，你的操作就很简单了。每次5分钟的向上离开中枢后，一旦背驰，就要出来，然后如果一个5分钟级别的回拉不回到中枢里，就意味着有第三类买点，那就要回补，等待 c 段的向上。而 c 段和 b 段的操作是一样的，是否要走，完全可以按当下的走势来判断，无须任何的预测。不背驰，就意味着还有第三个中枢出现，如此类推。显然，上面的操作，不需要你去预测什么，只要你能感应到走势当下的节奏，而这种感应也没有任何神秘的地方，就是会按定义去看而已。

——教你炒股票第 32 课：走势的当下与投资者的思维方式（2007-07-28）

接下来，缠师讲的其实是中枢级别扩展问题的当下性。

那么，在 30 分钟的 a+A+b+B+c 中，B 一定是 A 的级别吗？假设这个问题同样是不理解走势的当下性。当 a+A+b 时，你是不可能知道 B 的级别的，只要 b 不背驰，那 B 至少和 A 同级别，但 B 完全有可能比 A 的级别大。那这时，就不能说 a+A+b+B+c 就是某级别的上涨了，而是 a+A+b 成为一个 a′，成为 a′+B 的意义了。30 分钟上涨趋势走势类型的走势扩展 a′+ 新 B 如图 6–5 所示。

但无论是何种意义，在当下的操作中都没有任何困难。例如，当 B 扩展成日线中枢，那么要在日线图上探究其操作的意义，其后如果有 c 段，那么用日线的标准来看其背驰，这一切都是当下的。至于中枢的扩展，其程序都有严格的定义，按照定义操作就行了。在中枢里，是最容易打短差降成本的，关键是利用好各种次级别的背驰或盘整背驰[①]。

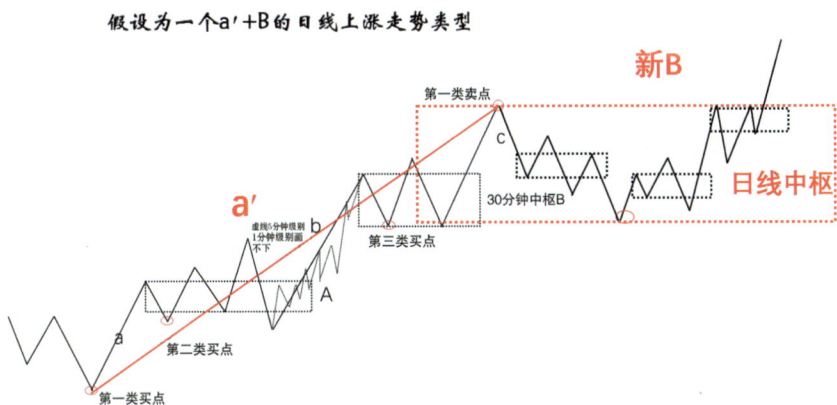

图 6–5　30 分钟上涨趋势走势类型的走势扩展 a′+ 新 B

① 盘整就是天堂的由来。

所以，一切预测都是没意义的，当下的感应和反应才是最重要的。你必须随时读懂市场的信号，这是应用本 ID 理论最基础也是最根本的一点。如果你连市场的信号、节奏都读不懂，其他一切都无意义。但是，还有一点很重要，就是你读懂了市场，却不按信号操作，那这就是思维的问题了，老存在侥幸心理，这样也是无意义的。

按照区间套的原则，一直可以追究到盘口的信息里，如果在一个符合区间套原则的背驰中发现盘口的异动，那么，你就能在最精确的转折点操作成功。①

本 ID 的理论不废一法，盘口功夫同样可以结合到本理论中来，但关键是在恰当的地方，并不是任何的盘口异动都是有意义的。

由于本 ID 的理论是从市场的根本上考察市场，所以掌握了该理论，你就可以结合各种因素，例如基本面、政策面、资金面、庄家等因素，这些因素如何起作用、有效与否，都可以在这市场的基本走势框架上反映出来。

由于市场是当下的，那么，投资者具有的思维也应该是当下的，而任何习惯于幻想的，都是把幻想当成当下而掩盖了对当下真实走势的感应。这市场，关键的是操作，而不是吹嘘、预测。

——教你炒股票第 32 课：走势的当下与投资者的思维方式（2007-07-28）

这样的由小级别长成大级别的走势生长过程，每时每刻都在世界金融市场上演。懂得理论是一方面，更重要的是"当下"应用理论。另外，所有走势的多义性，都与中枢有关。多义性，即站在一个严格且精确的理论基础上，用同一理论的不同视角对同一现象进行分析。为了更好地分析变动的行情，可以多义性地把握走势。

走势的秘密在于走势本身，破解走势密码的理论就在缠师的原文中，你只需要付出比别人多的勤奋和认真，自然会懂得其中的秘密。

▶▶ 6.7 假设你是一个 30 分钟级别的操作者

假设你是一个 30 分钟级别的操作者，那么，任何 30 分钟级别下跌及 30 分钟级别以上的盘整，你都没必要参与。因此，当一个 30 分钟的顶背驰出现后，你当然就要绝对退出，为什么？因为这个退出是在一个绝对的预测基础上的，

---

① 这是很多人追问的到底如何抓到最精确点的问题所在。

就是后面必然是一个 30 分钟级别下跌或扩展成 30 分钟级别以上的盘整，这就是最有用、最绝对的预测，这才是真正的预测，这是被本 ID 的理论绝对保证的，或者说这是被市场参与者的贪、嗔、痴、疑、慢所绝对保证的。

——教你炒股票第 52 课：炒股票就是真正的学佛（2007-05-18）

如图 6-6 所示，缠中说禅走势类型分解原则：在一个某级别的走势类型中，不可能出现比该级别更大的中枢，一旦出现，就证明这不是一个某级别的走势类型，而是更大级别走势类型的一部分或几个该级别走势类型的连接。

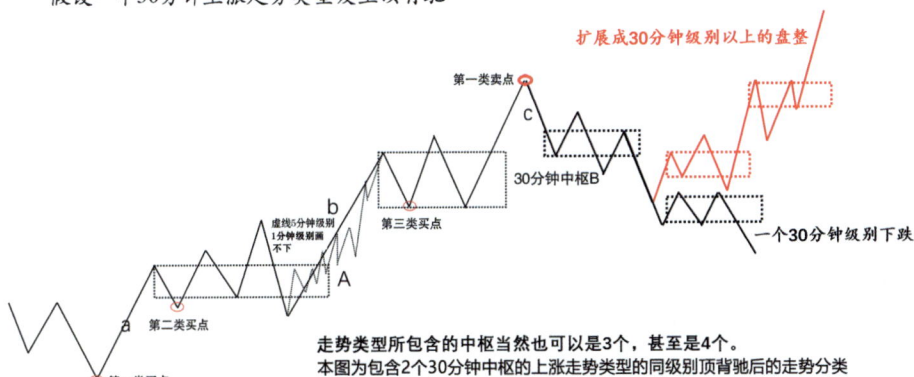

图 6-6　30 分钟上涨趋势走势类型发生同级别顶背驰的走势分类

对于"背驰级别小于当下的走势级别"的情况，为了简单，不妨还是用图 6-6 所示的例子。如果是一个 30 分钟级别操作的投资者，那么，对于一个 5 分钟的回调，必然在其承受的范围之内，否则可以把操作的级别调到 5 分钟。那么，对于一个 30 分钟的走势类型，一个小于 30 分钟级别的顶背驰，必然首先要导致一个 5 分钟级别的向下走势，这是最起码的。[①]

如图 6-7 所示，如果这个向下的走势并没有回到构成最后一个 30 分钟中枢的第三类买点那个 5 分钟向下走势类型的高点，那么就不必要理睬这个向下走势，因为走势在可接受的范围内。

---

① 这是指 5 分钟顶背驰，因为 1 分钟顶背驰是不一定会使 5 分钟级别向下的。

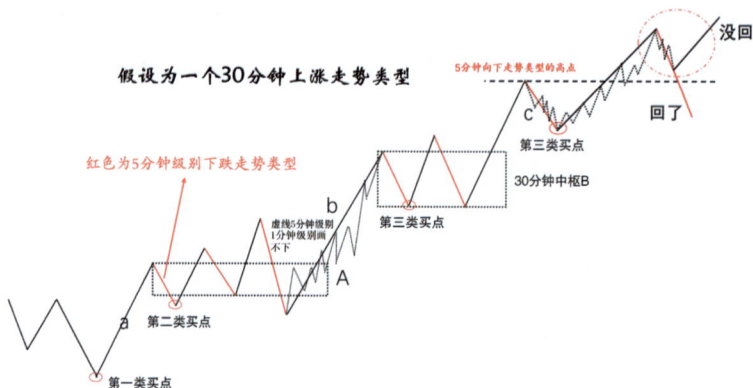

图 6-7　30 分钟上涨趋势走势类型发生次级别顶背驰情况的走势分类 ①

当然，在最强的走势下，这个 5 分钟的向下走势，甚至不会接触到包含最后一个 30 分钟中枢第三类买点那 5 分钟向上走势类型的最后一个 5 分钟中枢，这种情况就更无须理睬了。如果向下的那 5 分钟走势跌破构成最后一个 30 分钟中枢的第三类买点那个 5 分钟回试的 5 分钟走势类型的高点，那么，任何的向上回抽都必须先离开。

以上是全仓操作的处理方法。如图 6-8 所示，如果筹码较多，那么当包含最后一个 30 分钟中枢第三类买点那 5 分钟向上走势类型的最后一个 5 分钟中枢出现第三类卖点时，就必须先出一部分，然后在出现上一段所说的情况时再出清。当然，如果没有出现上一段所说的情况，就可以回补，权当弄了一个短差。

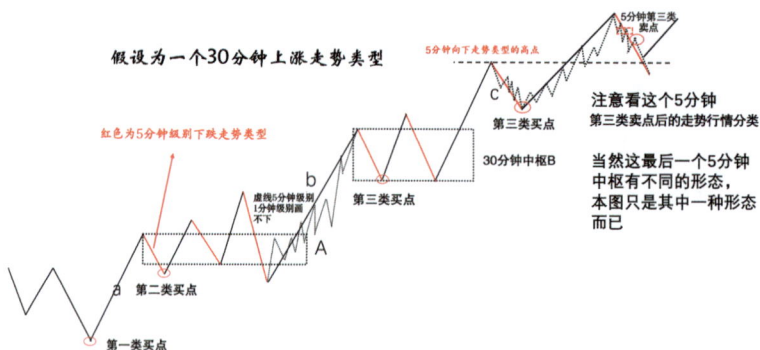

图 6-8　30 分钟最后一个 5 分钟中枢出现第三类卖点后的情况走势行情分类

① 跌破那个高点后可能会扩展成更大级别日中枢，根据定理，原 30 分钟走势类型结束，所以先离开。

有人可能会问，为什么那1分钟背驰的时候不出去呢？这是与你假定操作的级别相关的，走势不能采取预测的办法，因为不可靠。由于没有预测，所以不可能假定任何1分钟顶背驰都必然导致大级别的转折，其实这种情况并不常见，你不可能按30分钟操作，而一见到1分钟顶背驰就全部扔掉，这就变成按1分钟级别操作了。如果你的资金量与操作精度能按1分钟操作，那就没必要按30分钟操作，而按1分钟操作的程序和按30分钟操作的程序是一样的，不过相应的级别不同而已。

当然，对于有一定量的资金来说，即使按30分钟操作，当见到1分钟的顶背驰时，也可以把部分筹码出掉，然后根据后面的回调走势情况决定回补还是继续出。这样的操作，对一定量的资金是唯一可行的，因为这种资金不可能在任何一定级别的卖点都全仓卖掉。至于底背驰的情况，将上面的操作反过来就可以。

——教你炒股票第44课：小级别背驰引发大级别转折（2007-04-10）

以下为笔者补充的有关缠师解盘回复中关于30分钟级别操作的问题。

一般，按本ID的术语，30分钟背驰就制造了一个至少30分钟级别的第一类卖点，如果这30分钟级别的卖点刚好在日线的背驰段，那就同时也是日线的第一类卖点。背驰出现后，首先会有一个5分钟级别的向下走势完成，然后有一个反抽，一个5分钟级别的向上走势。注意，这些走势都不一定是趋势，盘整也是可以的。第二个5分钟的背驰就构成了第二类卖点。第三类卖点，一般是没有马上形成下跌、形成一个盘整，最后盘不住了，跌破中枢，次级别反抽不上中枢后形成的。

因此，对卖货来说，最好还是在上涨中抓住背驰。这样的技巧要求当然很高，但其效益与回报也是最高的。为此，必须进行艰苦的学习与实践，没有捷径。

——缠中说禅（2007-02-07）

▶▶ 6.8 买入前的六问

市场不是赌场，市场的操作是可以精心安排的。当你买入时，你必须问自己，这是买点吗？这是什么级别的什么买点？大级别的走势如何？当下各级别的中枢分布如何？大盘的走势如何？该股所在板块如何？而卖点的情况类似。你对这只股票的情况分析得越清楚，操作才能更得心应手。

——教你炒股票第 41 课：没有节奏，只有死（2007-03-30）

我们可以发现，缠师之所以投资成功，操作顺畅，很大原因就在于他的冷静判断，对走势位次的建立，对走势背后情况的了解，对时机的准确把握。这些无一不是其功力的体现。

操作者在面对行情时，有必要每天问自己这六个问题，同时反复训练、反复练习，直到形成潜意识。

6.9 真正的预测，就是不测而测

今天说说预测。何谓预测？一般的预测是什么把戏？而科学严密的预测究竟是怎样的？本 ID 的理论是如何成为当下最精确的预测？这都要在这里说明。**真正的预测，就是不测而测。当然，这和通常的预测不是一个概念。**在通常预测概念的忽悠、毒害下，很多人那根爱预测之筋总爱不时不自主地晃动几下，这里也算给那些被预测毒害的人治疗治疗，也算死马当成活马治一治了。

——教你炒股票第 68 课：走势预测的精确意义（2007-08-05）

市场的所有走势，都是由当下合力构成的。而技术分析的最终意义不是去预测市场要干什么，而是观察市场正在干什么，这是一种当下的直观。市场上所有的错误都是离开了这当下的直观，用想象、情绪来代替。这里的直观就需要有一套行之有效的系统操作原则来观照当下的走势进行分类，然后，把所有情况交给市场本身，让市场自己在当下选择，而操作者根据市场的当下来应对不同分类下可能发生的情况。换句话说就是，**最本质的预测，是不测而测，让市场自己去选择，然后做出反应。**写到这里，笔者想到了"禅"，想到了王阳明的"此心不动，随机而动"。

缠师曾说："世界金融市场的历史一直在证明，真正成功的操作者，从来都不预测什么，即使在媒体上忽悠一下，也是为了利用媒体。"真正的操作者，都有一套操作的原则，按照原则来，就是最好的预测。这套原则可以确定分段边界，发生哪种情况就进行相应的操作，也就是把操作分段化了。缠师的股票投资理论就是最好的一套分段原则，在这套原则下，复杂的市场行情都可以在其分解下变成不同级别的走势类型的连接，所以随时能根据当下走势的变化给出分段的标记。如果你是 30 分钟级别操作者，就严格按照 30 分钟的走势类型的演化来给当下走势进行完全分类，顺着合力然后反应，买点买、卖点卖。

6.10 等待时机的显现，当机立断

练习的第一步，很简单，就是在任何时刻点位，都能第一时间根据理论把机会找出来。

注意，任何机会，必然在本 ID 理论的输出中。市场的机会与本 ID 理论的输出是严格一一对应的，这就是本 ID 理论厉害的一面。

练习的第二步，即根据自己当下的心情、资金等，选择介入的机会，放弃不想介入的机会。

然后就等待时机的显现，当机立断，就这么简单。

——教你炒股票第 94 课：当机立断（2008-01-21）

缠师认为学习他的理论，在走势面前只有严格分类后的不同操作类型，而第一层次就是要达到"当机立断"，并举了 2008 年 1 月 21 日大盘走势的例子。其 1 分钟下跌走势类型 1 分钟图如图 6-9 所示。

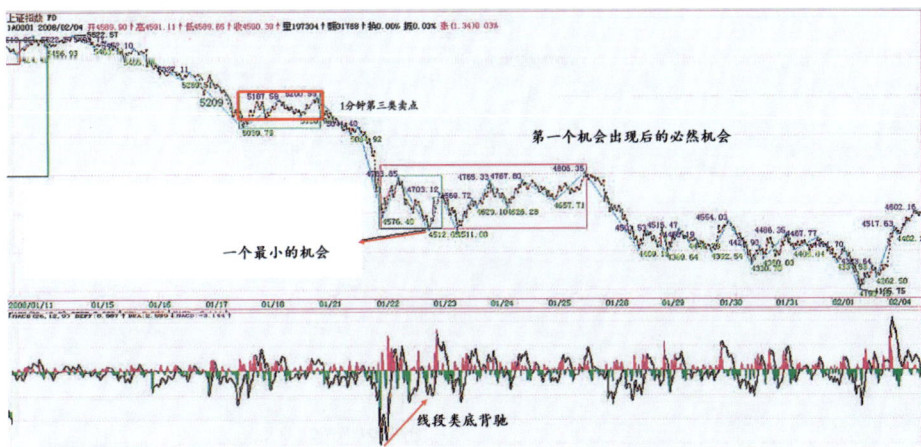

图 6-9　2008 年 1 月 21 日 1 分钟下跌走势类型 1 分钟图

按图 6-9 所示的大盘走势，我们可以分析出以后的大盘走势所有必然出现的机会：

（1）一个最小的机会，就是大盘线段下移后形成的线段类背驰，这里对应

两个目标，最好的是回拉上面的 1 分钟中枢从而形成 5 分钟中枢，剩下的就是形成第二个 1 分钟的下跌中枢。

（2）第一个机会出现后，根据演化的当下选择，马上可以找到下一个必然出现的机会。如果是 5 分钟中枢，那么就有着一个中枢震荡的机会；如果是 1 分钟的第二中枢，那么就等着后面的底背驰或者这中枢扩展为 5 分钟后的震荡机会。

类似地，对任何走势，我们都可以根据理论快速准确地给出必然出现的机会。市场就是这样，虽然折腾过无数的人，但从来没有偏离本 ID 的理论。

——教你炒股票第 94 课：当机立断（2008-01-21）

在缠师理论的观照下，任何机会都被一一输出。操作者只需根据自己当下的能力、心情、资金等选择介入的机会，放弃把握不好或者不想介入的机会。等待机会的显现，当机立断，但这需要多年的修炼。

笔者再举一个例子。2022 年 1 月 19 日开始下跌的走势也一样精彩，只不过与 2008 年 1 月 21 日的例子相比，这是下跌过程中的第 2 个 1 分钟标准中枢下跌情况，具体如图 6-10 所示。

图 6-10　2022 年 1 月 19 日开启的 1 分钟下跌走势类型 5 分钟图

在这 1 分钟下跌过程中，到第 2 个 1 分钟标准中枢形成前的线段类底背驰时，其分类方法和上述讲的出现"第一个机会"的分析方法一致。该 1 分钟下跌走势类型趋势底背驰后，面临的机会就需要分类：一是反弹到 1 分钟标准中枢 2 形成中枢扩展；二是继续下跌出第 3 个 1 分钟标准中枢，然后继续发生下跌背驰反弹。这里就是反弹的力度问题，显而易见，该走势后续发生了中枢级别的扩展，变成了 5 分钟中枢。

▶ 6.11 股票，只有四个字：级别、节奏

务必注意，任何股票都不值得追高，本 ID 也不需要任何散户来抬轿子，没有永远上涨的股票，股票涨多了就要歇一歇。有本事的操作者，在歇一歇期间也能震荡出利润；没本事的操作者，涨多了，就该把本金拿出来了。

任何持有的股票，都以能吃能睡为最基本的持仓标准。如果你持有的一只股票，已经影响到你的睡眠与吃饭，请马上退出。

股票，说白了只有四个字：级别、节奏。参透了这一点，就大块吃肉，大碗喝酒，日日好时光。否则，就被股票带节奏去吧。

——又被暗算的多头尚能饭否（2008-01-21）

如果只用四个字来高度概括整个缠中说禅交易体系，还能把握古往今来所有投机市场的秘密，像定海神针一般让我们看透走势汹涌的大海，那么这四个字便是：级别、节奏。

通读缠师约 1800 篇文章后，笔者明晰了缠师的操作级别和操作节奏，缠师也在 108 课中对其进行了详细说明。在实践中，缠师自 2001 年退出股市到 2005 年再入股市江湖，将活脱脱的日、周线级别把握自信了，剩下的就是节奏问题。他还通过年线级别分析过中国股市的未来，参见本书 3.2 节。

我们知道走势是分级别的，在 30 分钟上的上涨，可能在日线上只是盘整的一段甚至是下跌中的反弹，所以抛开级别的前提去谈论趋势与盘整是毫无意义的，这必须切实把握。而市场的声音是当下的，所以操作买卖的节奏很重要，节奏对了，才是真对。在实际应用中，不同的品种有不同的特性，所以在"外貌上"会有所差异，把握起来就特别考验人的功力。

在一个走势上涨的过程中，合力的作用是当下的，买卖点的出现是自然的。因此，一旦自己被贪婪和恐惧的情绪掌控且忽略市场本身的声音时，等待自己

的就只有死亡。一旦节奏错了，要立刻停下脚步纠正自己的心态，继续按照市场的节奏来，而不是无视市场本身，一条路走到黑。

在股市上操作股票时，也要记得指数和一些个股经常不同步，所以在关心指数的同时，也要关心股票的具体走势，否则节奏也容易乱。总之，一定要多看图，多画图，根据自己的资金量和性格来制定适宜的操作级别，然后就进行千百次甚至上万次的练习，直到熟练掌握，能应对各种情况。千万不要觉得练习这么多太吓人，要知道一名花滑运动员，通常练习一个三周或四周以上的跳跃都需要约10 000次的训练。当然这也和天赋有关，天赋型人才也需要至少5 000次。

关于节奏，缠师还说过：

先有节奏感，再完善准确率。

——缠中说禅（2007-04-11）

先保证操作正确，再保证结果更好，这是两个层次的东西，没有第一层次，后面就是妄想。而要保证操作正确，最好就是一心一意，选好一定的股票，反复操作。如果你把所有该级别的震荡都基本把握，其实效率并不低。

——缠中说禅（2007-04-11）

▶▶ 6.12 要逐步让自己和走势合一

理论，只是把现实解剖，但真正的功力都在当下，不光要用理论的眼睛看清楚现实，更要逐步让自己和走势合一。而行的初步功力是什么？归根结底就是"恰好"，这个"恰好"是动态的。无论多少人，如果把每个人的行为当成一个向量，那么所有人的行为最终构成走势的向量。而所谓的"恰好"，就是这个总向量本身。

那么如何才能永远和这个总向量一致呢？首先要把自己变成一个零向量，有也只有将一个零向量加入任何一个向量叠加系统里，才不会影响到最终的总向量。把自己的贪婪与恐惧去掉，让市场的走势如同自己的呼吸一般，看走势如同看自己的呼吸，慢慢就可以做到下单如有神了。

你的交易，就是顺着市场的总向量的方向增加其力度而已，这才是真正的顺势而为。只有这样，才算初步入门，才能逐步摆脱被走势所控制的可悲境地，才能让自己和走势合一，和那永远变动的总向量一致而行。至于走势分析的学习，只不过是门外的热身而已。

——教你炒股票第30课：缠中说禅理论的绝对性（2007-02-13）

　　笔者有过多年学习国标舞的经历，体会过那种人与人、人与地面之间力量的和谐推动，与音乐的节奏为一体跳出一支舞的感受，所以也非常能理解花样滑冰赛场上某运动员那种人与冰面、音乐合一所呈现出的极致艺术感。正因为他拥有非常细腻的外功招式以及深厚的内功心法，并且能将功力推导至动作的一个个细节上，所以他的每次比赛或者表演都是值得反复品味的。正如缠师所说的真正的艺术都是向死而生的。

　　缠师在交易上的行云流水，所展现出的是一种禅的力量。同样地，笔者在某运动员的身上也看到了禅，看到了缠师讲解的《论语》中的君子成圣人之道的力量。其实道理都是相通的，君子成圣人之道，同样也是运动员成为伟大运动员的必经之路，也是交易员成为伟大的交易员的必经之路。

　　好了，回到正题。缠师也曾用跳舞来比喻，他认为："走势有其节奏，你操作股票，如同和股票跳舞。你必须跳到心灵相通，也就是前面说的，和那合力一致，这样才是顺势而为，才是出色的舞者。"

　　如果我们的欲念过重、纠结过多，被僵化的思维、概念和逻辑所束缚，就无法听见自己内心深处最真实的判断，无法做到知行合一。

　　"知行合一"是明朝思想家、"三不朽圣人"之一王阳明先生在 500 年前提出的。要有效战胜市场，就要学会在缠中说禅股票投资理论的观照下去做当下的操作。股票是用来操作的而不是用来预测的，所以必须明白缠中说禅股票投资理论知行合一的特点。

　　这里的"知"，不单纯是对走势的认知，更是零向量般最纯粹的认知状态。只是我们在生活和操作中习惯了各种概念、好恶的"知"了，却不知其中有一不变的底色。

　　笔者认为的心学就如缠师的操作，都在细节中，都在无言中，这才是真正的心学，真正的知行合一。难怪缠师会说：市场就是一个狩猎场，首先你要成为一个好猎手，而一个好猎手，首先要习惯于无言。

　　交易的过程能最快速地反映出你是否"知行合一"：如果是，那么你将获取利润；如果不是，则将面临亏损。在交易的艺术之路进阶，缠师也曾告诉我们：

　　不过，任何事情都应该究底穷源，这有点像练短跑，跑到最后，提高 0.01 秒都很难，所以越往后，难度和复杂程度都会越来越高。如果一时啃不下来，就可以选择有把握的，先按明白的知识选择好操作模式，等市场经验多了，发现更多需要解决的问题，有了直观感觉，再回头看，也不失为一种学习的办法。

当然，都能看懂并能马上实践，那最好。

——教你炒股票第 38 课：走势类型连接的同级别分解（2007-03-21）

6.13 要改变习惯性力量，不可能是一天两天的事

对本 ID 理论对走势分析以及操作的绝对性有把握后，以后解决的都是一个操作精确度的问题。一个正确的理论，在应用到实践中特别是面对瞬息万变的市场时，因为应用的人的经验与心理状态不同，其结果自然有很大差异。如何提高操作的精确度，这是一个长期实践的问题。但无论如何，只有在操作中才能解决这个问题，否则永远都在纸上谈论，那是毫无意义的。

一个最常见的心理就是，看到是买点或卖点了，但买了还跌、卖了还涨，所以下次就不敢尝试了。这对于操作不熟练的人来说太正常了，因为绝大部分人对买卖点的判断，开始时肯定达不到理论所确立的精确度。毕竟是人，人总有盲点与惯性。例如对于习惯性多头来说，经常就是买早卖晚；而对习惯性空头来说，就是买晚卖早。就算对理论在认识上没问题了，这种习惯性因素也会导致真正的操作与理论所要求的操作时间有偏差。要改变这种习惯性力量，不是一天两天的事情。

——教你炒股票第 50 课：操作中的一些细节问题（2007-04-27）

金融交易心理辅导师马克·道格拉斯在《交易心理分析》一书中指出：长期赢家和他人有一个不同的决定性质，就是他们建立了一种独一无二的心态，能够维持纪律与专注，最重要的是能够在逆境中保持信心。这就是长期赢家的一种优良习惯。在刀光见血的资本市场，一个好习惯比任何短线所获得的蝇头小利重要多了；而一个坏习惯，不论自己前期赚多少钱，哪怕 1 亿元，亏起来的速度和 1 万元是一样的。

我们在通过深刻的体验发现自己在认知上确实存在问题时，就要透彻思考其底层逻辑来找到相应的解决方法和形成新的认知，这还需要通过持续的实践来内化这个新的认知，从而改变自己的习惯。同时，要改变习惯或养成新的模式，都是需要一定方法的。这就是要遵循精进的五个要素：清晰目标，已经验证的提升方法论；超出当下能力范围的练习；全力投入，专注 ；及时反馈，驱动。持续的实践可以让我们从"有意识、有能力"逐步变成"无意识、有能力。"

缠师曾反复强调习惯的重要性，他认为：

养成好习惯是投资第一重要的事情。别怕机会都没了，市场永远有机会，关键是有没有发现和把握机会的能力。而这种能力的基础是一套好的操作习惯，这样所有的操作都没有什么难的地方，都很简单。

真正的高手从来不迎难而上、把自己整天搞到置之死地而后生，看看庄子里庖丁解牛的故事，好好想想。

——缠中说禅（2006-11-24）

[匿名]：你好，能帮我看看600262、000301、600082这三只股票吗？先谢了。（2006-11-29）

缠师：这三只股票中线问题都不大，耐心点。市场中不要习惯于问为什么，而要习惯于问现在是什么，符合什么。只要符合持有的就持有，符合卖出的就卖出，就这么简单。（2006-11-29）

[匿名]：因为可能要出去一段时间，我想把满仓的600653和000822换成000932，值得吗？（2006-12-04）

缠师：要养成完成整个操作的好习惯，如果持有的股票没有出现卖出信号，就要一路持有。没有人能保证换回来的一定是金子，即使真是金子，那也是事后，但却养成了一个坏习惯。（2006-12-04）

市场里，好习惯是第一重要的。一个坏习惯可能会让你一度盈利，但最终都是坟墓。

——缠中说禅（2006-12-11）

千万要养成好习惯，买股票只在理论规定的买点里买，不能一路上涨一路买，一旦一个小的震荡就受不了了。

千万要记住，在底部买股票然后一路持有，不能一路追买。

来这里学了那么久还不能养成只在买点买的习惯，那是很不好的，需要加倍补课。

——缠中说禅（2007-01-04）

大家一定先要把自己的坏习惯找出来，写下来，坚决改掉。否则，现在是牛市，错了还有改正的机会；如果是熊市，连改正的机会都没有。一个坏习惯就足以让你的所有投资最终一场空，一定要改掉坏习惯，否则麻烦太大了，即使现在并不一定吃大亏。

——缠中说禅（2007-01-04）

思维方式一定要变，股票没有什么可补救的。唯一正确的，就是养成在符合自己实际情况的级别的买点买、卖点卖的习惯。好习惯是无须补救的，需要补救的都是坏习惯，坏习惯不改，什么办法都没有。即使有，也只是用一个更坏的习惯来掩盖问题。

——缠中说禅（2007-01-12）

一个坏习惯足以毁掉一切，每次操作后一定要不断总结，逐步提高。

——来这里，首先要洗心革面（2007-01-31）

最开始进入股市的时候，最好把每次的买卖操作都写下来。如果是短线的技术进出，那么根据什么级别、什么原因，一定要写下来，这样才有对照。即使你买对，明天有差价，如果你说你是根据5分钟图买的，那赚钱了也是错的，因为5分钟图上根本没有买点。1分钟上有没有是另外的事情了。关键不是赚钱，而是不能糊涂地去赚钱，要明白地去赚钱。所以还要努力。

——缠中说禅（2007-01-31）

成本降低了就是成绩，从一种思维和操作到另一种思维和操作，是一个艰难的过程，很多人会走回头路，贵在坚持。如果不熟练，可以先降低操作资金。

——缠中说禅（2007-02-06）

注意，任何一次失误都要马上总结，不能连续失误两次以上再调整。如果真的出现连续失误，那就是你的方法有很大问题，必须改进，好好想好再操作。

问题无非有几种：参与过小级别的操作、没有按买卖点操作、参照过于频繁、对图形判断不熟练、有盲点、乱听消息等。先把问题找出来，究竟是什么问题。

注意，失误的原因永远与市场无关，找原因，只能找自己的原因。

——缠中说禅（2007-03-12）

股市永远有机会，路长着，要百炼成钢，关键要总结。不怕犯错，就怕总犯同一个错误，永远检讨，永不改正。

——缠中说禅（2007-03-22）

▶▶ 6.14 战胜市场，需要准确率，而不是买卖频率

买卖点是有级别的，大级别能量没耗尽时，一个小级别的买卖点引发大级别走势的延续，那是最正常不过的。但如果一个小级别的买卖点和大级别的走

势方向相反，而该大级别走势没有任何衰竭，这时候参与小级别买卖点，就意味着要冒大级别走势延续的风险，这是典型的刀口舔血。市场中不需要频繁买卖。战胜市场，需要的是准确率，而不是买卖频率，只有券商与税务部门才喜欢你高频率买卖。

——教你炒股票第 41 课：没有节奏，只有死（2007-03-30）

做得越多，错得越多，为何？因为人始终无法摆脱宿命——贪、嗔、痴、疑、慢。追求频率的人，往往高估了自己的能力，也一定会经常换股，遇到一点风吹草动，就惊慌失措。来听听缠师本人怎么说：

有些特别简单又标准的图形，先看这些操作，那些因为你的看图水平还达不到的，就避开，这样是一个比较可行的办法。随着你的水平提高，能处理的图形就越来越多。

——缠中说禅（2007-02-05）

有些人整天换股，换股其实没问题，但换股需要好的技术支持。如果你经常换股后，被换的股票大涨而换的不涨，那就证明你没资格去换股，乖乖拿着等着，你的技术达不到换股、弄短差的水平。人，贵有自知之明，市场操作，这点更重要。不是什么活都适合所有人的，如果你希望能达到更高的水平，就需要更刻苦地学习，在没学好之前，就采取相对保守的做法，这才是可行的。

——"全民炒股"，市场经济走向成熟的必由之路（2007-04-23）

▶▶ 6.15 初学者一定不能采取小级别的操作

对于初学者一定不能采取小级别的操作，因为你对买卖点的判断精确度不高。如果你还用小级别操作，不出现失误就真是怪事了。初学者按照 30 分钟来进出是比较好的，至少不能低于 5 分钟，5 分钟都没有进入背驰段，就不能操作。级别越小，对判断的精准度要求越高，因频繁交易而导致的频繁失误只会使心态变坏，技术也永远学不会。先学会站稳，再考虑行走，否则一开始就要跑，可能吗？

——教你炒股票第 41 课：没有节奏，只有死（2007-03-30）

初学者在没有学好之前，一定要注意风险，可以采取相对保守的做法。对于新手而言，选择基本面有支撑的、股价距离底部不远的、大级别如周线有买点的股票反复操作，这样的效率更高。当然了，熟练了后可以在一个股票组里不断变换。初学者一定不能采取小级别操作，缠师曾忠告：

> 级别越小，判断需要的经验与熟练程度越高，所以刚开始学时，别为一些小级别而折腾，这样很容易搞坏心态。如果你能把30分钟级别的节奏抓住，这市场95%的人都不是你的对手了。

> ——缠中说禅（2007-04-16）

> 先从大级别开始，别一开始就玩1分钟、5分钟的操作，这样的操作要求精确度高，而且对交易通道要求也高。刚开始，最少应该按30分钟操作。

> ——缠中说禅（2007-04-25）

> 必须再次强调，不熟练的投资者，一定不能全仓进行操作。基本的仓位应该持有中长线的股票，部分仓位可以用来练习。如果全仓操作，一旦来几次半生不熟的折腾，到时候连本都没了。

> ——教你炒股票第57课：当下图解分析再示范（2007-05-31）

> [匿名]：老师，对于技术不好的新手，可不可以做长线投资，不理会一时的震荡或调整？（2007-07-31）

> 缠师：技术不好的，可以把操作级别扩大为30分钟以上，甚至日线。这样，一个月也就操作一两次，而且心态要好点，不要强迫自己一定买卖在最好的位置。最好位置的买卖，那是要靠磨炼的，不可能一上手就达到，所以一定不能有不切实际的想法。（2007-07-31）

> 除非你觉得自己交易通道特别好，判断又能特别精确，否则不要太多参与线段的操作。至少要参与1分钟以上的操作。

> ——缠中说禅（2007-07-31）

> 背驰的概念，标准的在最低级别之上用，线段上的，只能是类背驰的判断。因为，在线段里，如果是类小转大的，判断起来就不能光靠MACD了，那时间太短，不够灵敏。一般来说，小转大都有一个小平台，等小平台确认向上再介入更好，因为小转大的平台是可以往下突破的。不过还是要强调，除非技术已经很好，否则不要参与1分钟以下的操作。

> ——缠中说禅（2007-07-31）

> 另外，除非你技术特别过关，否则不建议频繁买卖，因为谁都不能保证你

今天买的，不会在晚上就碰到一个利空的消息。对于心态、技术特别好的，当然对此类消息无所谓，要有斩仓的魄力和心态。

一定要注意，长线介入点，一定是在长线买点，如果在一个短线买点介入却要长线持有，那是绝对违反本 ID 的理论的。短线买点的介入就只意味着短线的操作，除非你有最坚强的意志，任何牢底都可以坐穿，否则，就别玩这游戏了。

——吃得咸鱼抵得渴（2007-09-03）

因此，从最开始的时候，就必须要有一个大的眼界，如果看 1 分钟就被锁在 1 分钟层面里，那做 100 年都进步不了。

——教你炒股票第 86 课：走势分析中必须杜绝一根筋思维
（买卖点多级别联立）（2007-10-24）

实际上，真正的高手只关心命门，只有低手才在细枝末节上花费时间。

6.16 最懒的办法，看5日线、5周线

开始时，本 ID 并没有想认真写整套理论。当时本 ID 说的只是均线系统，它和本 ID 的理论没什么关系。当然，你如果真掌握了均线系统，也可以应付一定的情况了。例如，在日线单边走势中，最偷懒的方法就是看 5 日线，而 5 周线是中线的关键，5 月线是长线的关键。

例如，为什么现在牛市的第一轮肯定没走完？很简单，你什么时候见过牛市的第一轮调整不跌破 5 月线的？这两年多，5 月线被有效跌破过吗？显然没有。而第一次跌破 5 月线后，下面的 10 月线、30 月线上来，自然构成新的调整底部，后面自然还有一波大的。

——教你炒股票第 72 课：本 ID 已有课程的再梳理（2007-08-21）

2005—2007 年的牛市上证指数月线上涨一笔威力很大，其月线图如图 6-11 所示。其日线图上出现了将近 4 个日线笔中枢（递归后为 30 分钟级别标准中枢），其日线图如图 6-12 所示。但是每次日线笔中枢震荡在月线上都没有跌破 5 月线，所以缠师说 5 月线是长线的关键。

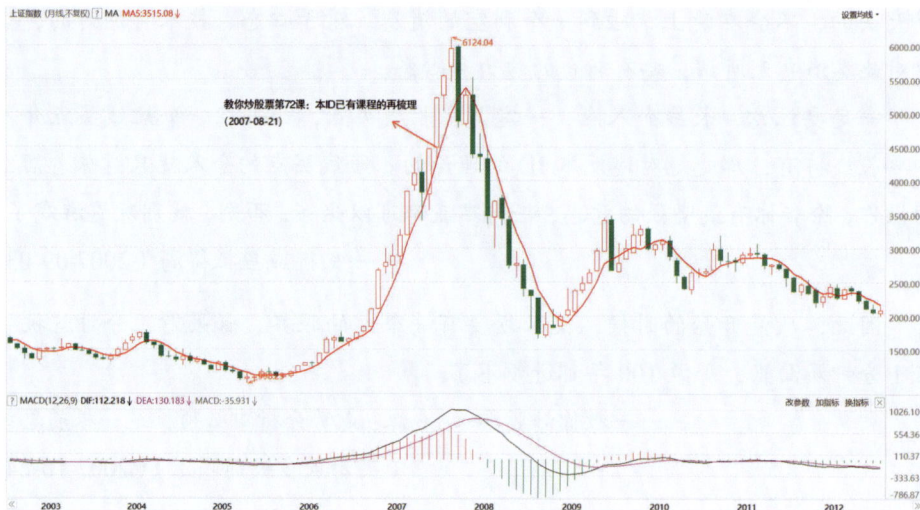

图 6-11　2005—2007 年的牛市上证指数月线图

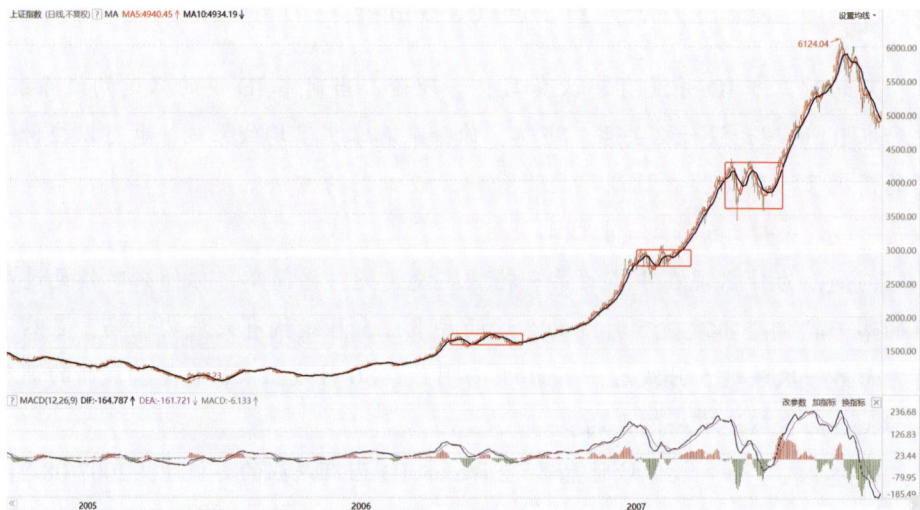

图 6-12　2005—2007 年的牛市上证指数日线图

　　而中短线的关键就在于 5 周线和 5 日线。一般来说，日、周顶分型后关键看 5 日线、5 周线，很多时候中继分型是因为 5 日线、5 周线没有效跌破，从而在次级别构成一个完美回补点。顶底分型对应均线的关系，均线提供了一个便捷的看走势的工具。上证指数 2021 年 11 月 10 日—2022 年 1 月 28 日周线图和 30 分钟图分别如图 6-13 和图 6-14 所示。

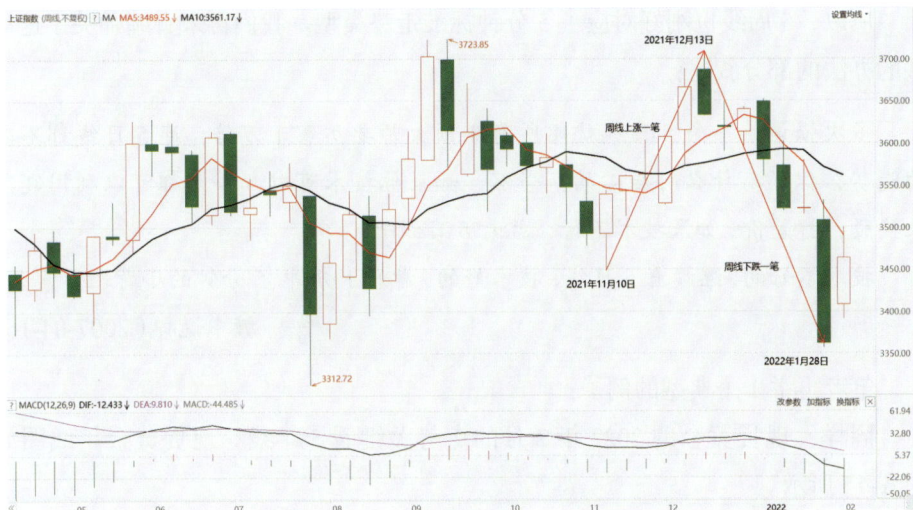

图 6-13　上证指数 2021 年 11 月 10 日—2022 年 1 月 28 日周线图

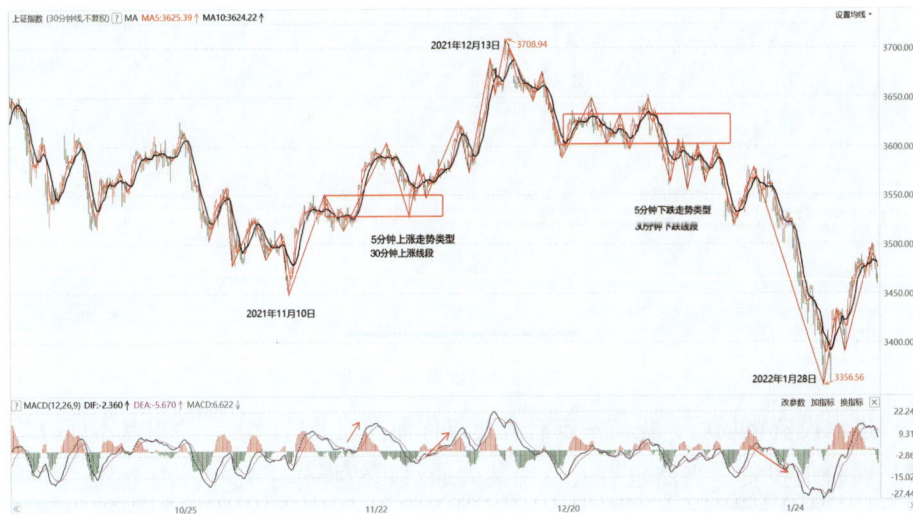

图 6-14　上证指数 2021 年 11 月 10 日—2022 年 1 月 28 日 30 分钟图

在图 6-14 中，大盘从 2021 年 11 月 10 日开始上涨，当周线上涨一笔时，不跌破 5 周线的同时，标准 5 分钟上涨走势类型进行中，5 分钟中枢震荡的低点成了最佳的回补买点。一旦出现周线顶分型后跌破 5 周线，就要倍加小心了，这意味着大盘可能要进行 5 分钟级别的下跌走势类型，关键在于 5 分钟级别的第三类卖点。

所以，5周线也刚好对应了5分钟标准走势类型。我们再来看缠师关于这最懒的办法的部分叙述：

多次强调，一条5日线就比所有测顶大师要厉害1万倍，连5日线都不破的走势，你还有什么可担心的？当然，如果你技术可以，每天都可以利用震荡来换股，打差价；如果技术不行，就看5日线吧。

技术不好的，继续看5日线；技术好的，看好1分钟、5分钟的小背驰做震荡。

——缠中说禅（2007-04-16）

笔者再举1个典型的例子：

同样，现货黄金的2022年2月的走势关键看5年线。现货黄金年线图如图6-15所示。

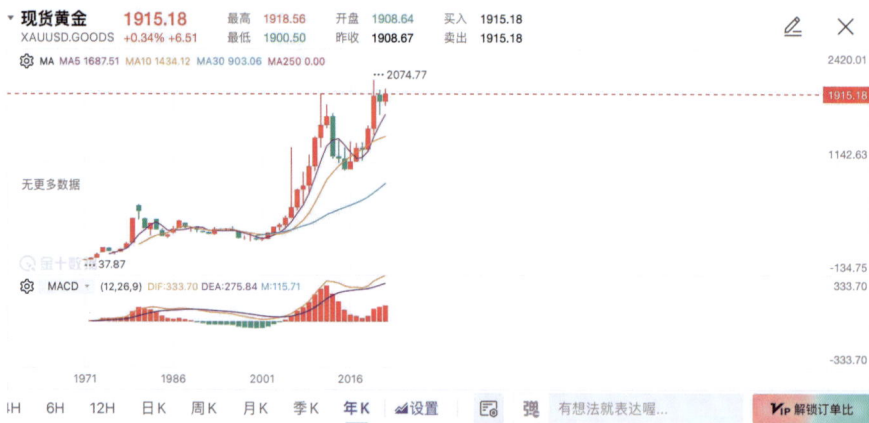

图6-15 现货黄金年线图

进入投资市场后，相信一定有人建议你要向巴菲特学习，注重基本面分析，做长线价值投资。当然也有人会说某人通过短线操作了几年，现金翻了几倍。于是长线和短线成了众说纷纭的话题。实际上，长线的干扰因素太多，短线的随机性太强，反而中线是一个不错的选择。

在缠师理论中，长线、中线和短线有明确的区分。

中线就是在周线级别上，中短线指日线级别，短线指30分钟，超短指5分钟或1分钟的最小级别。

——缠中说禅（2007-01-05）

周线级别的，日线算中短线，月线以上算长线，30分钟算短线，5分钟只能算超短线，而 1 分钟只做 T+0 有意义。

——缠中说禅（2007-01-25）

上班的看日线就可以。

——缠中说禅（2006-12-14）

所以，月线级别以上属于长线，周线级别为中线，日线级别为中短线，30 分钟为短线，5 分钟甚至 1 分钟为超级短线。其中，1 分钟级别适合 T+0 市场。

6.17 一定要习惯于在放量突破回调时买股票

不要等 000039 拉了大阳线才买股票，一定要习惯于在放量突破回调时买股票，这样风险小很多。中集集团（000039）股票中线没问题，短线有一定折腾，因为刚好在前期缺口位置上。

——缠中说禅（2006-11-24）

在走势类型结构的观照模式下，学习者一定要养成在放量上涨突破后，回调缩量形成的买点时再买，这样风险会小很多。中集集团（000039）周线图和日线图分别如图 6-16 和图 6-17 所示。

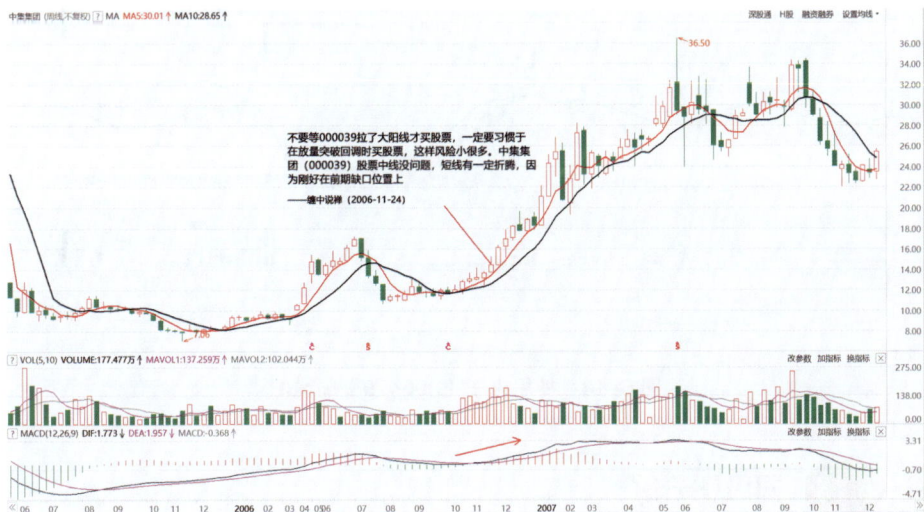

图 6-16　中集集团（000039）周线图

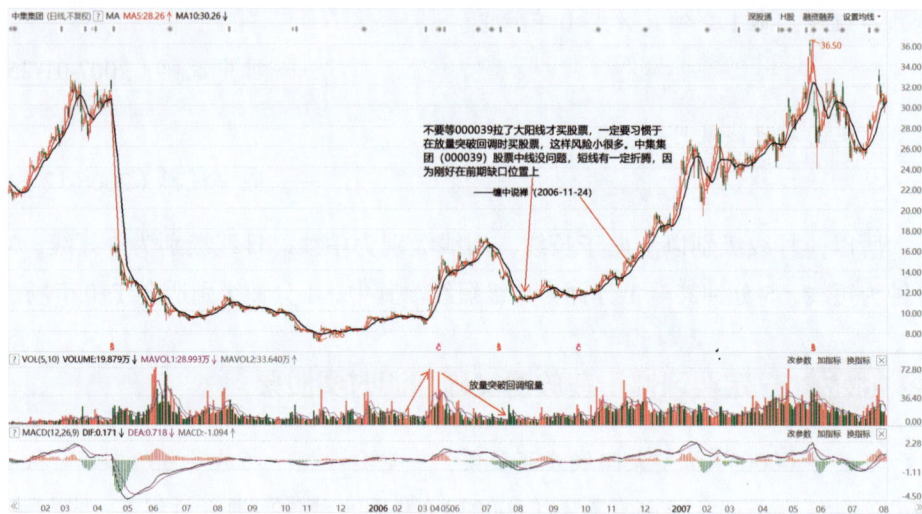

图 6-17　中集集团（000039）日线图

笔者再举个例子：神思电子（300479）周线图如图 6-18 所示。

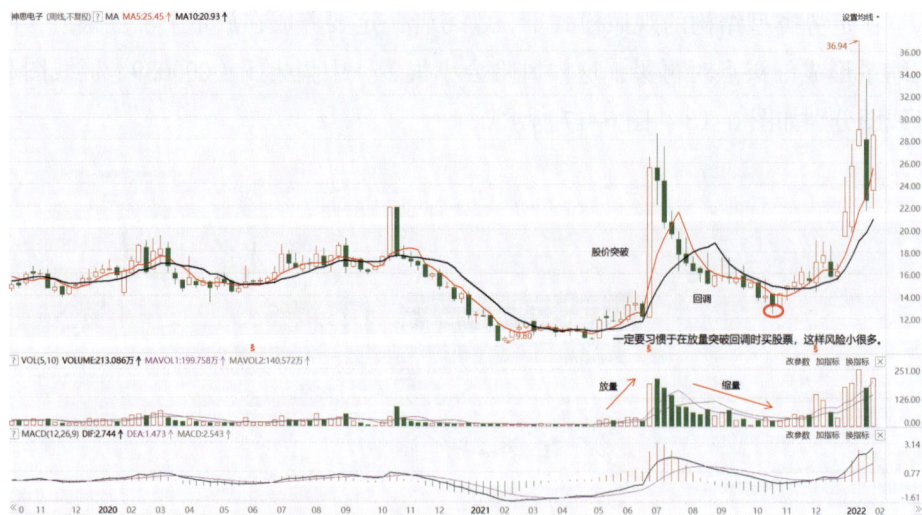

图 6-18　神思电子（300479）周线图

6.18　同级别分解

能准确地把握市场走势的转折点（区间），就等于找到了股市提款机的密码。

只有把同级别的事情弄明白了，才可以把不同级别走势组合在一起研究，所以同级别的分解是非常重要的看盘视角，或者说是一种把握当下走势的分解方式。根据"缠中说禅走势分解定理"，同级别分解具有唯一性，不存在任何含糊乱分解的可能。

在同级别分解的视角下，走势无所谓牛市熊市。例如，如果分解的级别规定是 30 分钟，那么只要 30 分钟上涨就是牛市，下跌就是熊市，完全可以不管市场的实际变动如何。在这种分解的视角下，市场被有效分解成一段段 30 分钟走势类型的连接，如此分解，如此操作。我们来看看缠师怎么说。

例如，你的资金有一定规模，那么你可以设定某个量的筹码按某个级别的分解操作，另一个量的筹码按另一个更大级别的分解操作。这样，就如同开了一个分区卷钱的机械，机械地按照一个规定的节奏去吸市场的血。这样不断地机械操作下去，成本就会不断减少，而这种机械化操作的力量是很大的。

具体的操作程式，按市场最一般的情况列举，注意，这是一个机械化操作，按程式来就行。不妨从一个下跌背驰开始，以一个 30 分钟级别的分解为例子。图 6-19 所示为按 30 分钟级别的同级别分解，必然首先出现向上的第一段走势类型，根据其内部结构可以判断其背驰或盘整背驰结束点，先卖出，然后必然有向下的第二段，这里有以下两种情况。

（1）不跌破第一段低点，重新买入。

（2）跌破第一段低点，如果与第一段前的向下段形成盘整背驰，也重新买入；如果没有形成盘整背驰则继续观望，直到出现新的下跌背驰。

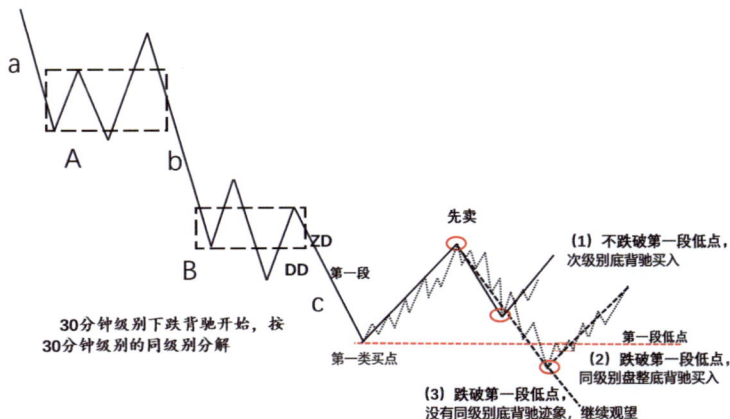

图 6-19　30 分钟同级别分解操作先卖后买

在第二段重新买入的情况下，出现向上的第三段，相应面临两种情况：超过第一段的高点，低于第一段的高点。具体如图 6-20 所示。

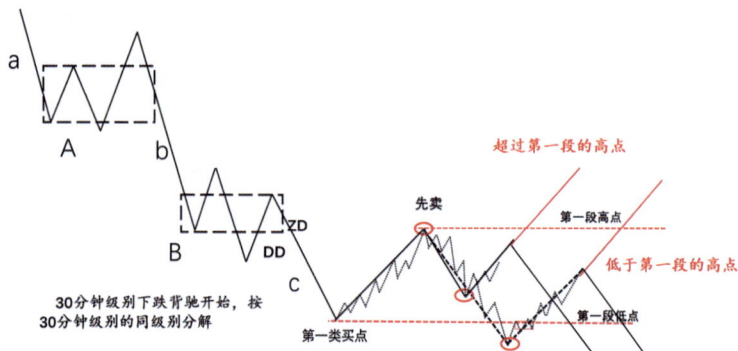

图6-20　30分钟同级别分解操作先卖后买不破前高再卖

对于第二种情况，一定是先卖出。而对于第一种情况，又分两种情况：第三段对第一段发生盘整背驰，这时要卖出；第三段对第一段不发生盘整背驰，这时继续持有。这个过程可以不断延续下去，直到下一段向上的30分钟走势类型相对前一段向上的走势类型出现不创新高或者盘整背驰为止，这就结束了向上段的运作，如图6-21所示。

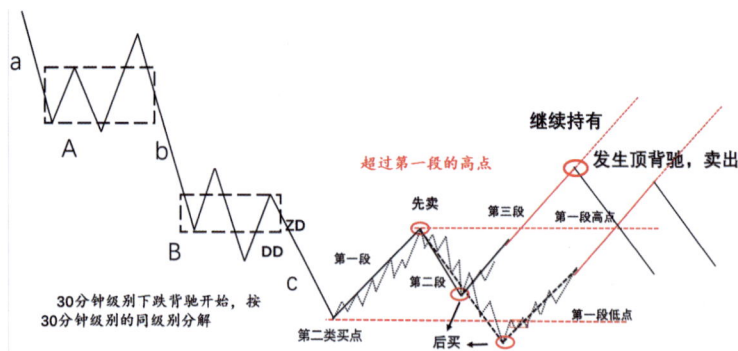

图6-21　超过第一段高点的情况分类

向上段的运作，都是先买后卖的。一旦向上段的运作结束后，就进入向下段的运作。向下段的运作刚好相反，是先卖后买，从刚才向上段结束的背驰点开始，所有操作刚好反过来就可以。

——教你炒股票第38课：走势类型连接的同级别分解（2007-03-21）

后期，缠师对同级别和不同级别的应用总结为：

用同一级别的视角去看走势，就如同用一个横切面去考察，而当把不同的级别进行纵向的比较，对走势就有了一个纵向的视野。

——教你炒股票第73课：市场获利机会的绝对分类（2007-08-23）

▶▶ 6.19 要把自己培养成一个赚钱机器

各位在股市心态要平稳,不要整天去计算诸如"今天少挣多少"之类的问题。说白了,如果你没有一套有效的方法,只要你在市场里,你赚的钱从本质上讲就不是你的,只是暂时存在你那里的。而要把自己培养成一个赚钱机器,就如同前锋把自己培养成射门机器一样,方法学了都会,却不一定都是神射手,这需要更多的努力。

投资市场的技术,是需要磨炼的。关键是真正掌握技术,只要掌握了,赚钱就成了自然的事情,只要有足够的时间,就自然产生足够的钱。为什么?因为这已经被本 ID 的理论如几何般严密地保证了。

——教你炒股票第 50 课:操作中的一些细节问题(2007-04-27)

掌握提款机密码的方法如下,此方法也不是第一次说了,就是教科书走势的应用。

第一步,从一个下跌背驰开始,以一个 30 分钟级别的分解为例子,按 30 分钟级别的同级别分解,必然先出现向上的第一段走势类型,根据其内部结构可以判断其背驰或盘整背驰结束点,先卖出。30 分钟趋势底背驰如图 6-22 所示。

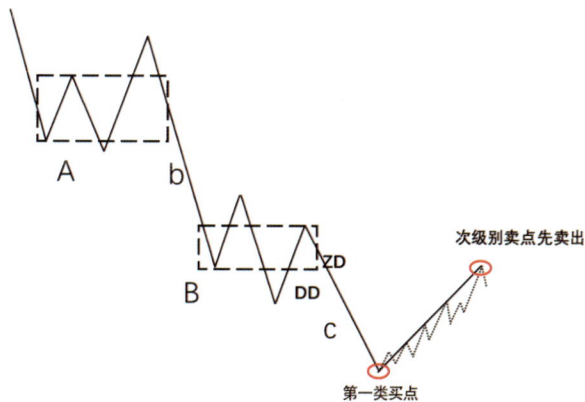

图 6-22　30 分钟趋势底背驰

第二步,必然有向下的第二段,这里分两种情况:不跌破第一段低点,重新买入;跌破第一段低点,如果与第一段前的向下段形成盘整背驰,也重新买入;如果没有形成盘整背驰,则继续观望,直到出现新的下跌背驰。30 分钟回跌力度如图 6-23 所示。

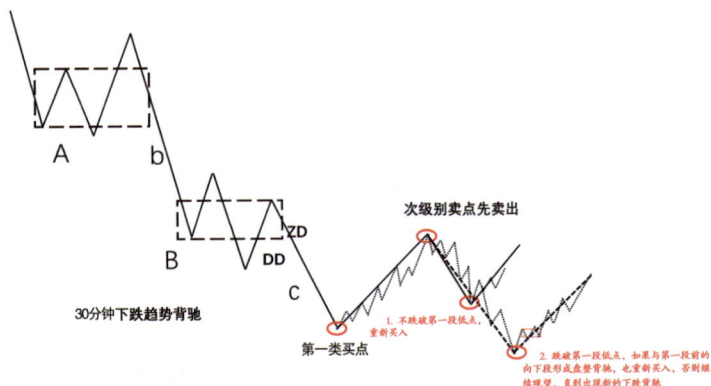

图 6-23 30 分钟回跌力度

第三步，在第二段重新买入的情况下，出现向上的第三段，相应也面临两种情况：超过第一段的高点；低于第一段的高点。对于第二种情况，一定是先卖出。而对于第一种情况，又有两种选择：如果第三段对第一段发生盘整背驰，这时要卖出；如果第三段对第一段不发生盘整背驰，这时候继续持有。第三段走势反弹力度如图 6-24 所示。

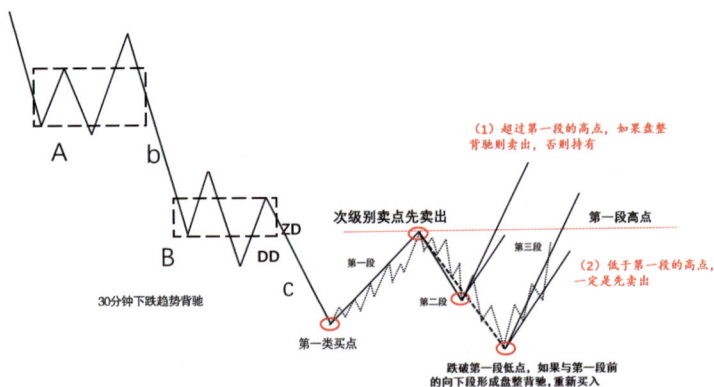

图 6-24 第三段走势反弹力度

以上就是 30 分钟级别买卖机械化操作方式。以下内容所表达的意思很有意义。

股票都是废纸，还怕有钱买不着废纸？因此，对于任何操作来说，只要赚钱卖出，是无所谓错误的；反过来，股票是吸血的凭证，没这凭证，至少在股票市场里是真吸不了血的，因此，只要卖了能低价位回补，就无所谓错误。至于卖了可能还涨，回补可能还跌，这是技术的精确度问题。就像练短跑，如果你永远只会撒腿乱跑，那你不可能达到高水平。

而基础的练习都很枯燥，100 米中，每段怎么跑，跑多少步，可能都要按一个机械的要求来，最终形成一个韵律，这才有可能达到高水平。与股票的操作一样，首先就要培养这样一个韵律，不排除在这个培养、训练的过程中，开始还比不上以前撒腿乱跑的速度，但坚持下去，等韵律感形成，那进步就不是撒腿乱跑能比得了。

而且，当你按这个机械节奏不断操作下去时，人的身体的生物节奏都会慢慢有所感应，甚至可以达到这种程度，就是那种该操作的图形出现时，生理上就仿佛有感应一般。其实，这一点都不神秘，就好像有些人睡觉，无论多晚，早上到点都会自动醒来。股票的操作，都有一定的紧张度，而同级别走势类型分解的节奏，大致有一定的周期性，长期下来，生理上有自然的反应就一点都不奇怪了。

——教你炒股票第 39 课：同级别分解再研究（2007-03-23）

▶▶ 6.20 市场操作成了一首美妙的乐曲演奏

在这种同级别分解的多重赋格操作中，可以在任何级别上进行操作，而且都遵守该级别的分解节奏与波动，只是在不同级别中投入的筹码与资金不同而已。

对于大资金所具有的整体筹码与资金来说，就永远在一种有活动的多重赋格中，实际的市场操作成了一首美妙的乐曲演奏，能应和上的知音，就能得到最大的利益与享受。每一层次的操作虽然都是独立的，但又在一个整体的操作中。对这种操作如果没有什么直观感觉，那就去听听巴赫的音乐，那不仅是音乐的圣经，对股票的操作同样有益。

——教你炒股票第 40 课：同级别分解的多重赋格（2007-03-27）

为什么说市场的操作可以变成一首美妙的乐曲演奏呢？

投资，往往会碰到这样两难的事情，例如一个小级别的进入，结果出现大级别的上涨，这时候应该怎么办？

此时有两种选择：继续按小级别操作，这样的代价相当大，而且小级别操作对精确度的要求比大级别高，而且资金容纳程度低；在升级为大级别操作的基础上，部分保持小级别操作。对于资金比较大的投资，后者是比较实用的。

——教你炒股票第 40 课：同级别分解的多重赋格（2007-03-27）

其实这种情况的发生是因为走势正常地生长，走势因人的贪、嗔、痴、疑、慢从盘口生长出来，由小级别不断生长转成大级别。这个过程就如同一棵树的生长，一朵花的开放，一首乐曲的演奏。因此，在同级别分解下，一个小级别的操作可以按一个自动模式换挡成一个高级别的操作。例如，5分钟的操作可以换挡成30分钟，因为5分钟的下跌走势类型刚好是30分钟级别的买点。

在这种情况下，对于不同资金量的操作，缠师给出了如下建议。

但本ID还是建议，可以进行这种短线变中线的操作，即使你的资金量很小。但如果出现一种明显的大级别走好，这种操作会让你获得稳定的大级别波动利益。

对于大资金来说，这种级别的操作可以一直延伸下去，可以变成多重层次的操作，每一重都对应着一定的资金与筹码，而相应对应着不同的节奏与波动。如果对古典音乐有所了解，就知道，这种操作如同赋格曲，简单的动机、旋律在多个层次上根据不同的转位、移位、对位等原则运动着，合成统一的乐曲。市场的走势，其实就是这样的多重赋格，看似复杂，其实脉络清晰，可以有机地统一在多层次的同级别分解操作中。

——教你炒股票第40课：同级别分解的多重赋格（2007-03-27）

6.21 真正的杀手，盘整就是天堂

技术不过关的，在盘整时完全可以离开，等大盘走强再说。例如一个周线中枢的形成，怎么都要持续几个月，这段时间你完全可以休息。但真正的杀手，盘整就是天堂，盘整往往能创造比上涨更大的利润，抛了可以买回来，而且可以自如地在各板块中活动。要达到这种境界，就必须刻苦地学习与训练，如果学不了，可以先离开。本ID教你一种最简单的办法，就是等大盘周线出现底背驰时再来，这样，你几年才需要看一次盘，多轻松！

盘整就要敢抛敢买，一旦出现第三类卖点进入破位急跌，就要等跌透，有一点级别的背驰再进入，这样才能既避开下跌，又不浪费盘整的震荡机会。如果技术不熟练，就减少仓位操作。

——附录，怕大家看不到，放到这里来（2007-03-05）

缠师曾说："在盘整中，绝对不能小看小级别的背驰，特别是那种离开中（枢）产生的背驰。"这是因为，在盘整中"小转大"频繁出现，次级别以下的背驰就足以产生幅度很大的行情，所以，这时候，不能完全按照"区间套"去守株待兔、

苦苦等待次级别的背驰。

关于追涨杀跌，如果在中枢震荡中，一定左右挨巴掌。震荡，是短线客的天堂。30 分钟图上若出现"盘整信号"，那么打短差、玩轮动的游戏，需要到 5 分钟甚至 1 分钟图上去找精确的买卖点。

以下为缠师关于中枢震荡操作的部分内容。

注意，玩震荡一定要等适合自己资金的针对具体个股的较大买点，然后到较大级别卖点一定要卖，否则就是坐电梯，没什么意义。这种活动必须多练习才有感觉的，如果觉得自己没有这方面的天赋，那至于走势，没什么可说的，就是震荡。这里是本 ID 理论的天堂，如果说单边势傻瓜都能赚钱，那么这种市场，就不是一般人能把握的了。能把握，就有了一个好的吸血机器，练习好了，那算有点模样。

——一根筋是不适合玩震荡行情的（2007-06-28）

多空齐杀，找准机会落井下石、突施冷箭，这从来都是震荡行情中的不二法门。震荡中的利润，从来都是在多头空头的尸骸中炼出来的，虽然残忍，但却是震荡行情的生存之道。

——人气，在震荡中汇聚（2007-07-17）

震荡是好事，特别对手脚麻利、技术高强的人来说，最好就荡个千把回，3000% 的利润都出来了。当然，对于技术不好的，震荡就是坐电梯，上上下下享受；对于心态更不好的，那震荡就是噩梦，左右被打巴掌。

——5462 点如期较大震荡（2008-01-08）

▶▶ 6.22 宁愿不断跌不断买，也绝对不往上加码

有些人喜欢越买越多，倒金字塔式加仓其实不是什么好习惯。这只股票该买多少，该占总体资金的多少比例，一开始就应该研究好，投入以后就不能再增加。

——教你炒股票第 31 课：资金管理的最稳固基础（2007-02-15）

股票不断上涨，不断加仓，一旦出现调整，就很容易把心态搞坏，乱了阵脚，进而把事情搞砸。举一个缠师解盘回复中的实例。

[匿名]：经您这么一说，我算是明白了，为什么今天中国银行涨停，而工商银行并没怎么涨。① 郁闷的是我今天还补了一些工商银行，希望明天就回到中

---

① 缠师曾说过当第二龙头的补涨比第一龙头还有力时，往往是该板快要进入调整的标志。

枢里，不然我可要赔钱卖掉了。（2007-01-04）

工商银行 2007 年 1 月 4 日走势图如图 6-25 所示。

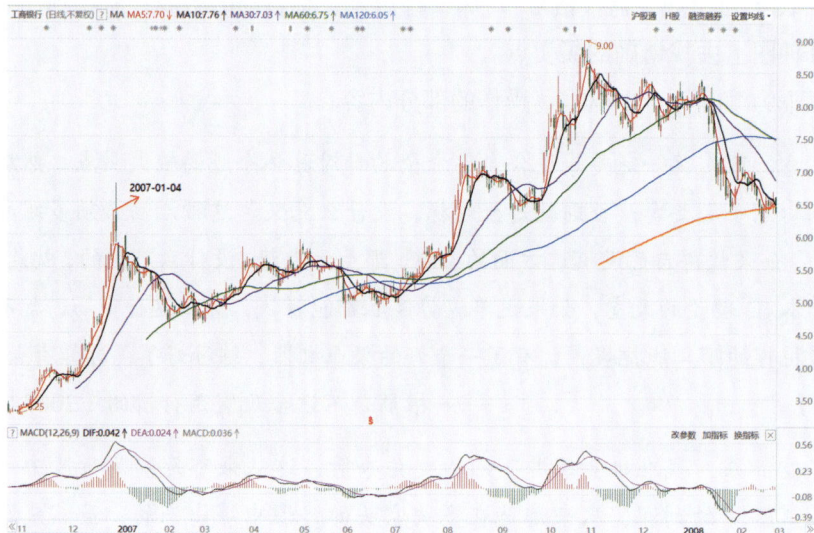

图 6-25　工商银行 2007 年 1 月 4 日走势图

缠师：千万要养成好习惯，买股票只在理论规定的买点里买，不能一路上涨一路买，一旦一个小的震荡就受不了了。站在理论规定的角度，工商银行在日线上的最后一个买点就是本 ID 要和各位所说的第三类买点，也就是 15 日以后从来没有任何理论上值得介入的买点。

千万要记住，在底部买股票一路持有，不能一路追买。

工商银行中线问题不大，短线人寿上市前后出现调整是很正常的，这个调整的规模取决于是否能快速重回今天的 5 分钟中枢。能，就是一个 30 分钟级别的调整；不能，就至少是日线级别的调整。[①]（2007-01-04）

在上涨中不断加码，其实是存在赌徒心理和思维的。

▶ 6.23　宁愿卖错，绝对不能买错

本 ID 在昨天特别强调，有时候宁愿卖错，绝对不能买错。为什么？因为很多人被自己的贪、嗔、痴、疑、慢所迷惑，宁愿用十几点去对赌几百点，用 1% 的可能去对赌 99% 的可能。如果 1% 可以换来 100 倍的收益，那当然没问题，

---

① 实际上其后的工商银行扩展出了日线级别标准中枢。

但事实上根本不是这样，那为什么还要坚持这么做？说白了，只有五个字：贪、嗔、痴、疑、慢。

对于散户来说，本质上没有卖错，只有买错。为什么？卖错又不会亏钱，买错就不同了。卖错了，有钱，这么多股票可以操作，为什么要一棵树吊死？

而且实际上，只要你不被自己的贪、嗔、痴、疑、慢所左右，根本也不存在卖错的问题，很多人在连日顶分型的雏形都没有的情况下就卖，为什么？不过是贪、嗔、痴、疑、慢，觉得高了、觉得恐慌了、觉得惊吓了。而到真正的顶分型出来了，反而要假设这顶分型是假的，调整一下就可以突破，就不觉得高了、不觉得恐慌了、不觉得惊吓了，人的颠倒，往往如此。

——教你炒股票第80课：市场没有同情、不信眼泪（2007-09-11）

在上涨过程中，怕高，先卖了，这问题不大，问题大的是在顶部刚开始下跌没多久就买入，也就是走势刚刚开始下跌扩展的时候就急匆匆地进场，相当于站岗，这是绝不允许的。卖错了不亏，买错了就是亏，所以宁愿卖错，绝对不能买错。

卖股票，当然是卖得准最好，但如果是卖错，宁愿卖早，也不要卖晚。因为背驰肯定是出现在上涨之中的（就像刹车的过程），没把握的，可以分批卖，越涨越卖。到跌的时候，卖点已经过去了。卖早，有钱，就可以把握新的机会。卖晚，不仅坐电梯，还会增加机会成本。至于把握卖点的精度问题，这是一个不断"势上磨"的过程。只要功夫深，对理论的把握自然好，精度自然高。

▶▶ 6.24 下跌才出货，都是有毛病的行为

为什么下跌等反弹？出货永远都是在上涨中出的，一旦出现背驰性的上涨，就要出货，当然，这和你操作的级别有关，如果你是长线的，当然不用考虑1分钟图上的背驰。

下跌才出货，都是有毛病的行为。

——缠中说禅（2006-12-27）

作为投资者，不要因为涨得太多而抛股票，而是要看具体情况。如果在自己的操作级别上出现顶背驰性的上涨，就要出货了，毕竟局中的获利只是纸上富贵，入袋为安才是钱。等到大势不好时，更要快刀斩乱麻地出局，以防止更大的损"害"，千万别学《三国》里的马谡，把股票困在高高的山峰上。

所以缠师曾说："股票就是废纸，该卖的时候不卖，把股票当宝，这就是投资的最大软肋。"其实，这不只是技术问题，还有心态问题。从来，绝大多数人都是买对容易，卖对很难，结果往往就是坐电梯。其实，这都是贪婪惹的祸。

▶ 6.25 有一个抛股票的原则，分两种情况

一只股票长起来千万别随意抛了，中线如果连三十天线都没跌破，证明走势很强，就要拿着。当然，如果你水平高一点，在上涨的时候，根据短线指标可以打短差，这样可以增加资金的利用率，但高位抛掉的，只要中线图形没走坏，回档时一定要买回来，特别是那些没出现加速的股票。

有一个抛股票的原则，分两种情况：一种是缓慢推升的，一旦出现加速上涨，就要时刻注意出货的机会；另一种是第一波就火爆上涨，调整后第二波的上涨一旦出现背驰或放巨量的，一定要小心，找机会走人。具体的操作是一个火候的问题，必须自己用心去体会，就像煲汤，火候的问题是没法教的，只能自己在实践中体会。还有，对抛弃的股票一定不能有感情，玩过就扔，千万别有感情。

——教你炒股票第7课：给赚了指数亏了钱的人的一些忠告（2006-11-16）

缠师这里所说的一个抛股票的原则分两种情况：

一种是缓慢推升的，一旦出现加速上涨，就要时刻注意出货的机会。以飞荣达（300602）为例，其日线图如图6-26所示。

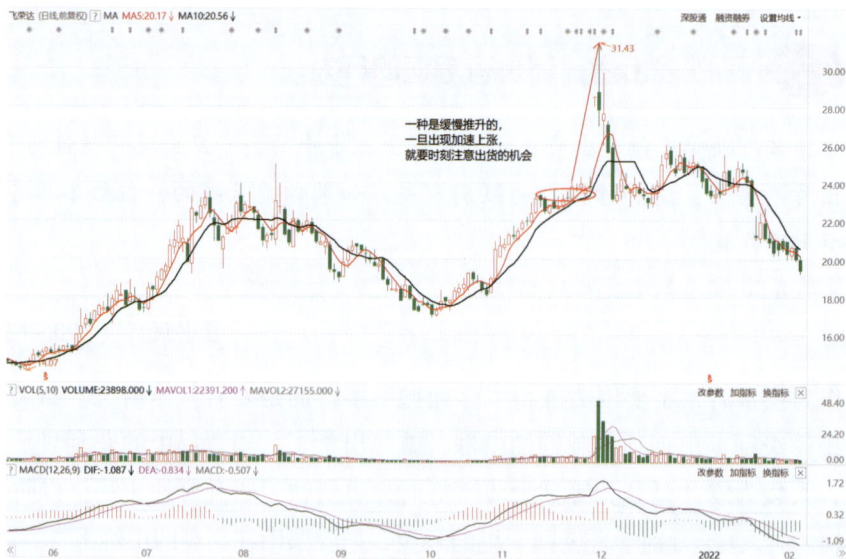

图6-26　飞荣达（300602）日线图

还要注意这里面的一个细节，就是小转大。以下摘自缠师解盘回复，以便读者学习。

知道为什么一个 1 分钟图上的背驰就有如此大的杀伤力吗？

因为一个快速赶顶的股票，最后段的上升往往就是 1 分钟上的趋势的延伸，这时候，一旦出现背驰，就会急促下跌到延伸的启动位置。

看背驰，一定要结合趋势来看。特别在快速的市场变动节奏中，往往一个很低级别的背驰就会造成很快速的下跌，因为这种背驰是和上涨同样快速和幅度大的。

——缠中说禅（2007-01-18）

另一种是第一波就火爆上涨，调整后第二波的上涨一旦出现背驰或放巨量的，一定要小心，找机会走人。以万里马和广发证券为例进行说明，万里马日线图如图 6-27 所示。广发证券周线图如图 6-28 所示。

总而言之，多头一定要保持获利了结的心态，而空头一定要保持回补的心态。

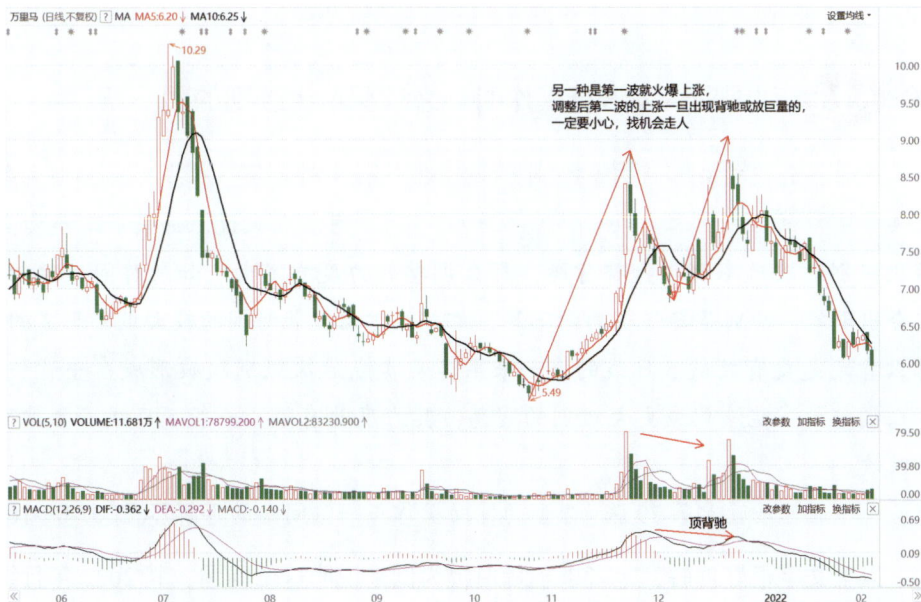

图 6-27　万里马日线图

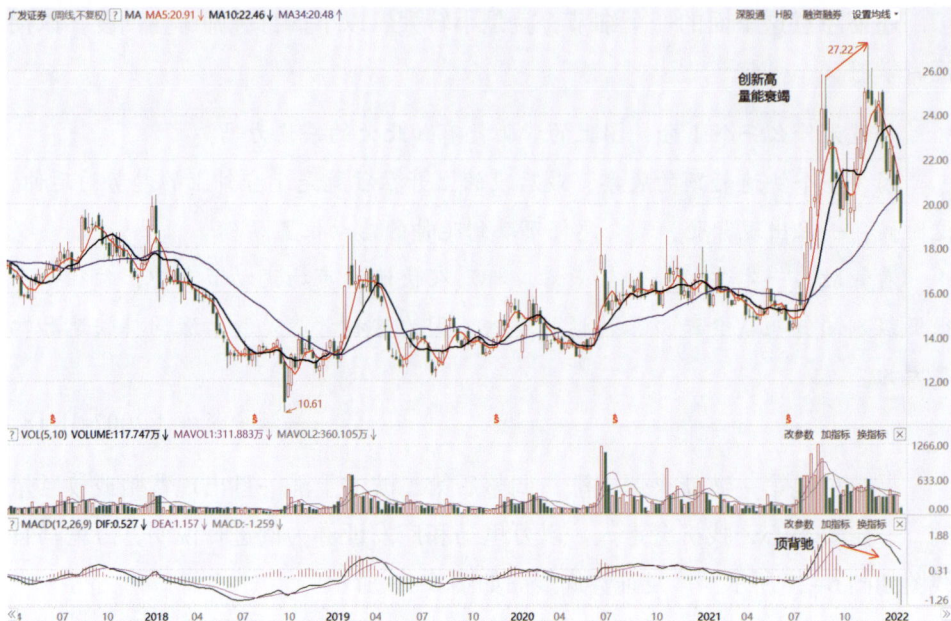

图 6-28　广发证券周线图

▶▶ 6.26　利用顶分型进行操作时，必须配合小级别的图

注意，利用顶分型进行操作时，必须配合小级别的图。本质上，分型都是在某小级别的第一、二类买卖点成立后出现的。用卖点来说，如果第二类卖点后次级别跌破后不形成盘整背驰，那么调整的力度肯定大。如果时间一延长，就会出现笔，特别是日线上的向下笔，都是经过比较长时间的较大调整形成的，那么肯定是要有效破 5 日线的。如果第二类卖点后次级别跌破形成盘整背驰，那么调整最多就演化成更大级别的震荡，其力度就有限，一般 5 日线不会被有效跌破。

——教你炒股票第 79 课：分型的辅助操作与一些问题的再解答（2007-09-10）

以上文字很好理解，笔者以现货白银为例来说明这个问题，其 2022 年日线图如图 6-29 所示。

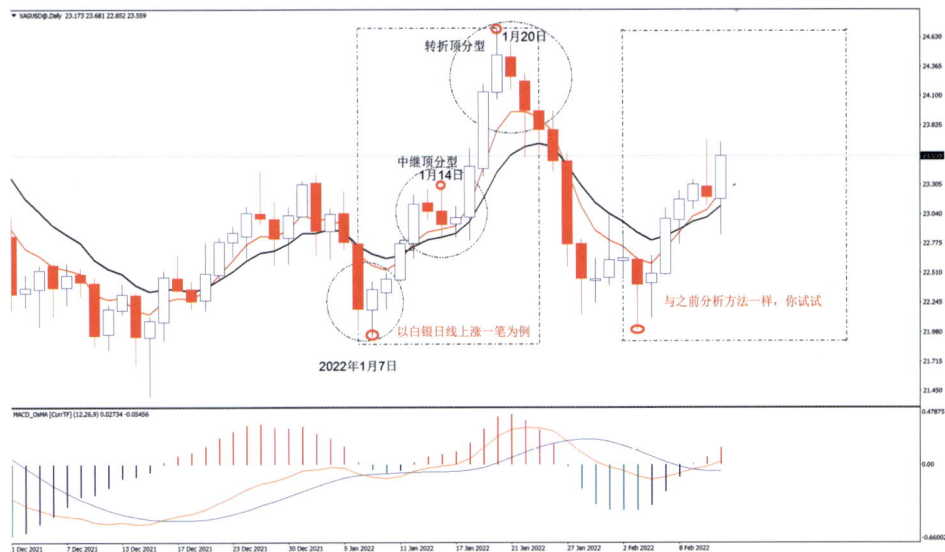

图 6-29　现货白银 2022 年日线图

　　现货白银走势在 2022 年 1 月 7 日迎来了一个日线底分型，该底分型延续上涨一笔。到了 1 月 14 日，出现了日线中继型顶分型，当时是不知道它是直接形成有效转折顶分型还是中继上涨顶分型的，就像一个"盲盒"，只有在次级别上观察，也就是在这个顶分型所对应的小级别中枢里，是否出现了第三类卖点。所以可以找到相应的 5 分钟中枢、1 分钟中枢。现货白银 2022 年 1 月 30 分钟图如图 6-30所示。

　　现货白银内部情况是，1 分钟走势小转大形成 5 分钟的下跌线段类走势且发生了盘整底背驰，这属于强势的情况。因为前期 5 分钟上涨走势类型于 1 月 14日顶背驰见顶后，先是 1 分钟下跌走势里有一个 1 分钟的第三类卖点，然后 1分钟中枢扩展成了 5 分钟级别的类下跌盘整走势，该走势在 2022 年 1 月 18 日雄起，此后一个 5 分钟上涨走势类型延伸出日线上涨一笔的延续。同时在日线上没有跌破 5 日均线，可见是否有效跌破 5 日均线是一个判断顶分型类似走势很好的操作依据。这已经属于很强势的类型了，意味着双方交战没有太多的犹豫。关于顶分型背后的心理分析可见图 4-16。

图 6-30　现货白银 2022 年 1 月 30 分钟图

现货白银在 2022 年 1 月 20 日的顶分型，发生了图 6-31 所示的情况。

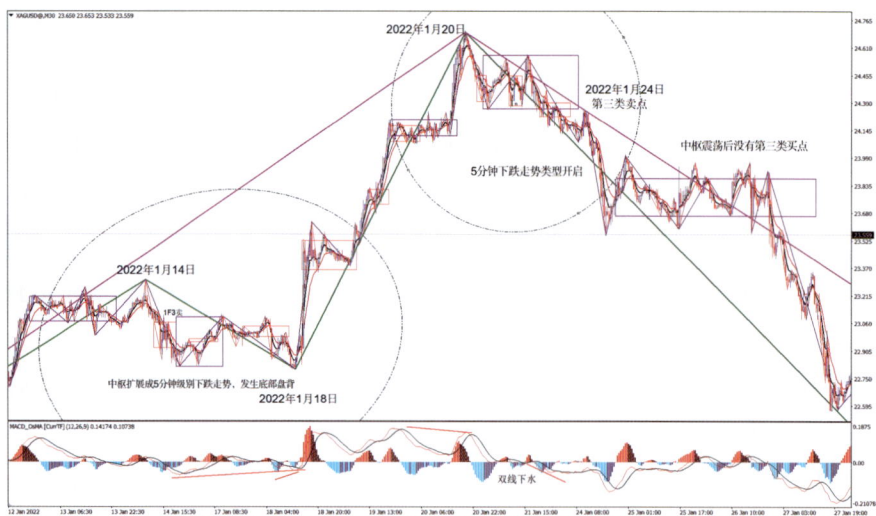

图 6-31　2022 年 1 月 20 日现货白银 30 分钟图

从图 6-31 中可以看出，2022 年 1 月 20 日发生转折的日线顶分型其内部情况是，5 分钟级别出现了第一、二类卖点后，形成了 5 分钟类中枢，并且该中枢在 2022 年 1 月 24 日形成了该 5 分钟类中枢的第三类卖点，并且之后的下跌并没有及时扩展，而是继续下跌。一个日线下跌笔进行时，在日线上也很明显地跌破了 5 日线。

用日线判断笔时，在5分钟级别中枢震荡中其实是很好做短差的。以下是缠师的总结。

注意，利用分型，例如顶分型，卖了以后一定要注意是否要回补，如果一旦确认是中继的，应该回补，否则就等着笔完成再说。

但一定要注意，中继顶分型后，如果其后的走势在相应小级别出现背驰或盘整背驰，那么下一顶分型，是中继的可能性将大幅度减少。中继顶分型，有点类似刹车，一次不一定完全刹住，但第一次刹车后如果车速已明显减慢，证明刹车系统是有效的，那么第二次刹住的机会就极大了，除非你踩错，一脚踩到油门上去了。[①]

——教你炒股票第82课：分型结构的心理因素（2007-09-24）

6.27 如何操作短线反弹

如何操作短线反弹是教你炒股票第107课的内容，缠师因时势施教，当时讲107课时大盘正处于日线下跌中。上证指数2008年日线下跌线段如图6-32所示。

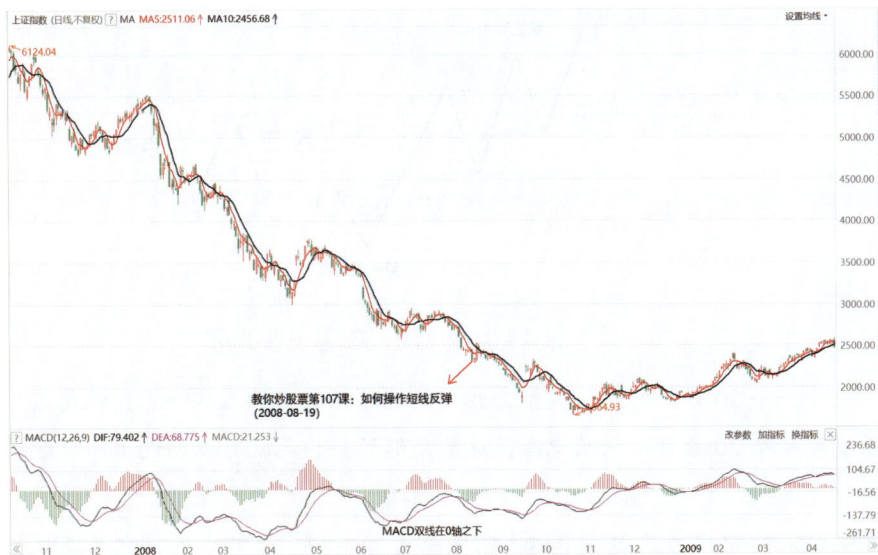

图6-32 上证指数2008年日线下跌线段

---

① 次级别的走势类型几个中枢的问题，越往后的中枢发生扩展或者转折的概率越大，不过要注意级别。

操作要有所把握，归根结底就是要对理论完全彻底的把握。假设自己为30分钟级别操作者，那么操作短线反弹的方法就是之前反复讲过的转折力度与级别的理论与 6.18 节、6.19 节中操作的方法都是一模一样的。

假设 30 分钟下跌趋势底背驰，背驰级别等于当下级别，那么至少有一个 30分钟的反弹，如何操作这个反弹呢？缠师是这样说的。

首先，你必须搞清楚反弹可能的具体走势形式，因为同样是 30 分钟级别，不同形式，对应的操作难度与方式都是不同的。而最大的难点在于，你并不能事先知道反弹究竟用的什么方式，因为这涉及预测，而一切预测都不能纳入操作计划的范围，只能在聊天吹牛时使用。所以要解决这个难点，必须从绝对性出发，里面不能涉及任何预测。

下跌走势类型背驰反弹教科书走势图如图 6-33 所示。

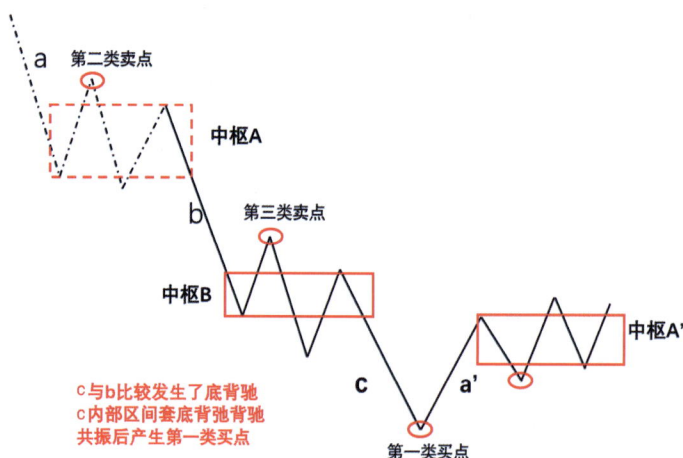

图 6-33 下跌走势类型底背驰反弹教科书走势图

对于一个 30 分钟的走势类型，我们能绝对性指出的无非一点，就是这个反弹至少有一个 30 分钟级别的中枢，这就足够了，为此就可以构造出一套绝对性的操作方法。

某级别的中枢都是由三个以上次级别走势类型重叠构成的，也就是说，一个 30 分钟的中枢，一定涉及上下上的三个 5 分钟走势类型。这是构成我们操作绝对性的最坚实基础。

显然，没有任何绝对性可以保障上下上中，最后一个上一定比第一个上有更高的高点，特别是那种所谓奔走型的反弹，后上的高点可能只是刚好触及前上的低点。因此，如果你一定要等上下上都完成才抛出，那很可能面对这样的尴尬，就是你在第一个上的最低点买的，在上下上的电梯过后，你只有一个可能连手续费都不够、稍纵即逝的卖点。

因此，这种操作，注定只有相对的理论上的绝对安全性，而没有具体操作上的绝对安全性。要解决这个问题，只能从第一上就开始分解操作，也就是说，没必要等待第二个上了，既然每次上之后都必然有一个同级别的下，而这下的幅度又是不可能绝对控制的，所以还不如把操作分段，让分段给你提供绝对的具体操作安全。

因此，在这种分析下，具体的反弹操作一定是按照同次级别分解方式进行的，也就是说，30 分钟级别的反弹，是按 5 分钟的节奏去处理的。

注意，这只是统一的处理方法，其实在实际操作中，一旦第一次上与下出现后，可能的走势形式就有了很大的绝对性确认了。例如，一个 30 分钟中枢后接一个第三类买点，然后非背驰力度地强劲拉升，那么你就完全可以开始坐轿子，等第二中枢，甚至第三、四、五中枢完成出现背驰后第三类卖点再说了。

其次，更要注意，这绝对性的具体操作还不是平均效率最高的，最高的就是保持部分仓位，用余下仓位进行换股轮动操作，对于资金少的，这时更可以全部仓位进行，不过这种操作要求技术更高，就不多说了。

最后，一定不要去预测什么反弹还是反转，这根本没意义。反弹越搞越大[①]，最后就自然成了反转，而是否如此，根本没必要知道，你唯一需要知道的就是，在第一中枢后出现第三类买点并形成非背驰类向上，才可以流着口水地持股睡觉等其余中枢形成，否则，随时都有被反回来的风险。

有人喜欢精确定义，那么这里其实也给出了什么是上升趋势形成的最精确定义，就是在第一中枢后出现第三类买点并形成非背驰类向上。趋势形成，只要趋势没有扭转的信号，当然就可以睡觉，这是常识性的东西了。本 ID 的理论，并不一定要违反常识，只是本 ID 的理论可以给正确的常识以合理的理论基础，这才是关键。

——教你炒股票第 107 课：如何操作短线反弹（2008-08-19）

操作短线，还有一招叫"三十六计走为上计"。

[匿名]：看出楼主今天搏杀得壮烈了，性情中的楼主真是可爱啊，为你

---

① 扩展。

喝彩！（2007-02-14）

缠师：也没什么，这种事情经历太多了。**本ID可没硬抗的习惯，打不赢就跑，找机会再来，这才是阻击的要点。**（2007-02-14）

另外，每只股票的特性自然不同，下跌得少，反弹得也少，而操作短线时最好选择波动大的股票，这类股票最适合短线客。不过波动大也意味着风险大，所以务必要学好以上缠师的短线操作方法。如果是抢反弹，缠师曾说："一般有两类是肯定没问题的，一就是指标股，不拉指标股，人气起不来，所以是必须拉的；二是跌得很多后背驰的，一个小反弹，就有10%以上的空间。"而高手，就像缠师说的该短线能短线，该长线能长线，能控制住买卖的量。

6.28 市场，总是在各级别的相生相克中前行

市场，总是在这种各级别的相生相克中前行，一根筋思维注定没戏。

——教科书式突破如期而至（2007-12-27）

本文为走势在各个级别相生相克前行的教科书案例，缠师以2007年12月27日的大盘为例，亲自解盘，其1分钟图如图6-34所示。

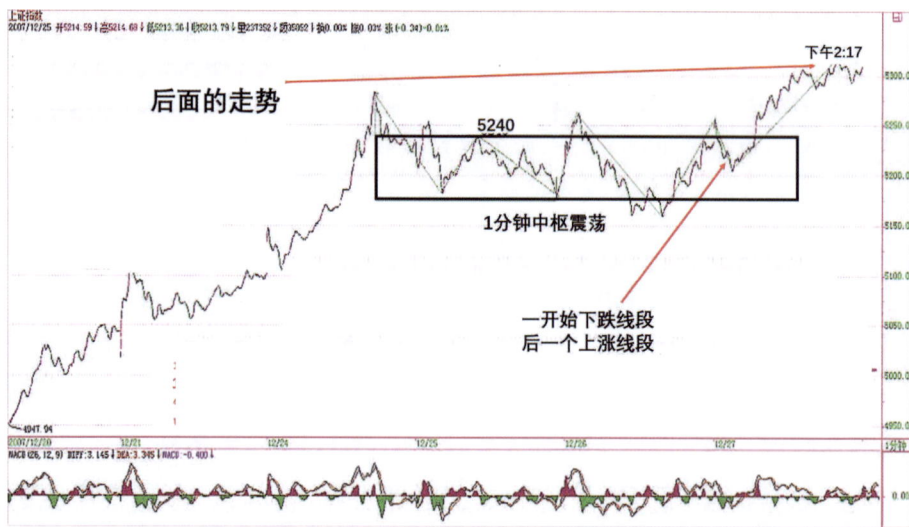

图6-34 2007年12月27日大盘1分钟图

今天大盘的走势，一开始走一个向下段后，就一直运行在一个向上段中，直到下午2点17分。站在1分钟走势类型的角度，这里不存在背驰的问题，顶

背驰必须发生在中枢第三类买点之后，连第三类买点都没出现，哪里会有背驰？

后面的走势很简单，只要向下笔的回跌不回到 5240 点以下，那么就是第三类买点成立，后面只有两种情况：①顶背驰回跌构成 5 分钟中枢；②没顶背驰，继续中枢上移构成第三个 1 分钟中枢。

注意，纯理论上说，一般第二个中枢以后的第三类买点都没有介入的价值，你只要持有等到整个走势类型完成就可以。因为根据正确的操作，你必须在第一个中枢的第三类买点完成最后介入，以后的介入都没多大意义。

如果这次又回跌到 5240 点以下，那么其实已经有 9 段线段的震荡了，也将扩展成 5 分钟中枢，所以后面的走势，无论是否形成第三类买点，都只有两种选择：①继续 5 分钟震荡；②继续 1 分钟中枢上移。

你根本无须预测，让市场自动当下告诉你。当然，如果你看不懂市场的语言，那是你自己的问题，而不是市场的问题。

站在中线角度，其实哪种走势都没有大的问题。为什么？即使是在这里震荡出 5 分钟甚至 30 分钟中枢，最终只要出现第三类买点，就可以延伸出 5 分钟或 30 分钟的上涨类型，这在中线上更牛。至于，继续 1 分钟中枢上移，只不过是把最终必然要形成的 5 分钟中枢位置同时上移，站在中枢角度，第一个 5 分钟中枢太高，不一定是好事，因为，一旦不能构成第二个，就只能是盘整走势，这样后面回杀的力量更大。

市场，总是在这种各级别的相生相克中前行，一根筋思维注定没戏。

当然，站在日线角度，用分型去判别，现在根本没有任何危险，所以，可以继续睡觉。至于，是明天大涨，还是元旦后大涨，这根本没有任何区别。只要图形没有信号，一切继续冬眠中。

——教科书式突破如期而至（2007-12-27）

▶▶ 6.29 利润率最大的操作模式

在 6.4 节讲到任何市场的获利机会只有两种，即中枢上移与中枢震荡。所以利润率最大的操作模式的关键是只参与确定操作级别的盘整与上涨。

打开走势图，首先找当下 30 分钟级别之前最后一个操作级别中枢，显然会出现三种情况，笔者重新整理如下。

1. 当下在该中枢之中

处理：因为在中枢之中，由于这时候怎么演化都是对的，不操作是最好的操作，等待其演化成第2、第3种情况。当然，如果操作者技术好，可以判断出次级别的第二类买点，这些买点很多情况下都会在中枢中出现，也是可以参与的。但如果没有这种技术，就等有了再说。只把握自己当下技术水平能把握的机会，才是最重要的。

2. 当下在该中枢之下

（1）当下之前未出现该中枢第三类卖点的处理：中枢震荡依旧，先找出该中枢前面震荡的某段，与之用类似背驰比较力度的方法，用MACD辅助判断，找出向下离开中枢的当下该段走势，看成背驰判断里的背驰段，然后根据该段走势的次级别走势逐步按区间套的办法确定尽量精确的买点。注意，用来比较的某段，最标准的情况，当然是前面最近向下的那段（当下一段和最近向下那段或中枢前那段比较）。

当然，还有些特殊的中枢震荡，会出现扩张（扩展）的情况，就是比前一个的力度还要大，但这并不一定会破坏中枢震荡，最终形成第三类卖点，这个问题比较复杂，在后面谈论中枢的各种图形形态时，才能详细说到。一般来说，这种情况，用各种图形分解与盘整背驰的方法就可以完全解决。

——教你炒股票第49课：利润率最大的操作模式（2007-04-26）

（2）当下之前已出现该中枢第三类卖点的处理：由于该中枢已经结束，那么就去分析包含该第三类卖点的次级别走势类型的完成，用背驰的方法确定买点。背后只保证有一次级别走势类型。更干脆的办法，就是不参与这种走势，因为此后只能形成一个新的下跌中枢或者演化成一个更大级别的中枢，那么完全可以等待这些完成后，再根据那时的走势来决定介入时机。这样，可能会错过一些大的反弹，但没必要参与操作级别及以上级别的下跌与超过操作级别的盘整，这种习惯，必须养成。

3. 当下在该中枢之上

（1）当下之前未出现该中枢第三类买点的处理：这时候不存在合适的买点，要等待。

（2）当下之前已出现该中枢第三类买点的处理：如果离该买点的形成与位置

不远，可以介入，但最好就是在刚形成时介入，如果一旦从该买点开始已出现次级别走势的完成并形成盘整顶背驰，后面就必须等待。因为后面将是一个大级别盘整的形成，按照上面的习惯，可以不参与，等待该盘整结束再说。

不参与中枢震荡，只在第三类买点买入，一旦形成新中枢就退出。例如，如果操作级别是 30 分钟，那么中枢完成向上时一旦出现一个 5 分钟向下级别后，下一个向上的 5 分钟级别走势不能创新高或出现背驰或盘整背驰，一定要抛出，为什么呢？因为后面一定会出现一个新的 30 分钟中枢，用这种方法，往往会抛在该级别向上走势的最高点区间。

当然，如果整个市场都找不到值得介入的机会，而又希望操作，那么可以根据这些大点级别的中枢震荡来操作，这样也可以获得安全的收益。

利润率最大的操作模式示意图如图 6-35 所示。

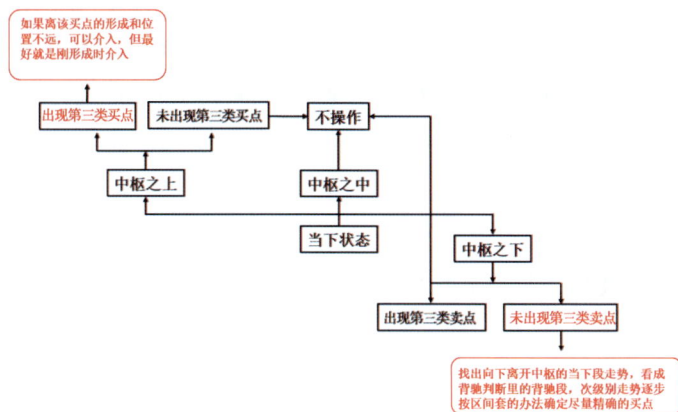

图 6-35 利润率最大的操作模式示意图

我们再来看缠师本人的描述。

上面已经把一个固定操作级别的可能操作情况进行了完全分类与相应分析。显然，对于一个中枢来说，最有价值的买点就是其第三类买点以及中枢向下震荡力度出现背驰的买点。[①] 前者，最坏的情况就是出现更大级别的中枢，这可以用其后走势是否出现盘整背驰来决定是否卖出，一旦不出现这种情况，就意味着一个向上走势去形成新中枢的过程，这种过程当然是最能获利的。至于后面一种，就是围绕中枢震荡差价的过程，这是降低成本、增加筹码的。

---

① 其实还有中枢震荡出的第二类买点也是很值得操作的。

注意，一定要注意，很多人不知道怎么去操作差价，似乎所有机会都可以去操作。但如果从最严格的机械化操作意义上说，那么只有围绕操作级别中枢震荡的差价才是最安全的，因为肯定能做出来，而且绝对不会丢失筹码。在成本为0后的挣筹码操作中道理是一样的。

也就是说，在确定了买卖级别后，那种中枢完成后的向上移动时的差价是不能做的。中枢向上移动时，就应该满仓，这才是最正确的仓位。而在围绕中枢差价时，在中枢上方仓位减少，在中枢下方仓位增加，注意，前提是中枢震荡依旧存在，一旦出现第三类卖点，就不能回补了。用中枢震荡力度判断的方法，完全可以避开其后可能出现第三类卖点的震荡。

那么，如果这个中枢完成向上移动出现背驰，就要把所有筹码抛出，因为这个级别的走势类型已完成，要等待下一个买点了。如果不背驰，就意味着有一个新中枢的形成。注意，小级别转大级别其实并不复杂，一样可以看成一个新中枢，只是该中枢有可能和前面的重合，而趋势中是不可能出现的。该中枢，就可以继续用中枢震荡的方法进行短差，然后再继续中枢完成向上移动，直到移动出现背驰。

其实，可以用严格的方法证明。

缠中说禅利润最大第一定理：对于任何固定交易品种，在确定的操作级别下，以上缠中说禅操作模式的利润率最大。

该模式的关键只参与确定操作级别的盘整与上涨，对盘整用中枢震荡方法处理，保证成本降低以及筹码不丢失（成本为0后是筹码增加，当然，对于小级别的操作，不会出现成本为0的情况），在中枢第三类买点后持股直到新中枢出现继续中枢震荡操作，中途不参与短差。最后，在中枢完成的向上移动出现背驰后抛出所有筹码，完成一次该级别的买卖操作，等待下一个买点出现。

这里必须注意，中枢震荡中出现的类似盘整背驰的走势段，与中枢完成的向上移动出现的背驰段是不同的，两者分别出现在第三类买点的前后。在出现第三类买点之前，中枢未被破坏，当然有所谓的中枢震荡，其后，中枢已经完成就无所谓中枢震荡了，所以该问题必须清楚，这是有严格区分的，不能搞糊涂了。

还有，在中枢震荡中，本质上是应该全仓操作的，也就是在中枢上方全部抛出筹码，在下方如数接回。当然，这需要很高的技术精度，如果对中枢震荡判断错误了，就有可能抛错了。所以对不熟练的，可以不全仓操作。但有一个风险，就是中枢震荡后，不一定就能出现第三类买点，可能直接出现第三类卖点就下跌，这在理论与实际中都是完全允许的。

如果在中枢震荡上方没完全走掉，那么有部分筹码就可能需要在第三类卖点处走，从而影响总体利润。如果完全按照以上缠中说禅的操作模式，就不存在这个问题了。至于能否达到缠中说禅操作模式的要求，是技术精度的问题，需要在实际中磨炼。

当然，有一种磨炼方式是可行的，就是宁愿抛错了，也要严格按方法来操作。毕竟就算你的技术判断能力为0，抛错的概率也就是50%，后面还有一个第三类买点可以让你重新买入，但如果抛对了，那么可能每次的差价就是10%以上。别小看这中枢震荡的力量，中枢震荡弄好了，比所谓的黑马来钱快且安全，可操作的频率高多了，实际能产生的利润更大。

以上方法是对固定操作品种来说的，也就是不换股。还有一种更激进的操作方法，就是不断换股，也就是不参与中枢震荡，只在第三类买点买入，一旦形成新中枢就退出。例如操作级别是30分钟，那么中枢完成向上时一旦出现一个5分钟向下级别后下一个向上的5分钟级别走势不能创新高或出现背驰或盘整背驰，那么一定要抛出。为什么？因为后面一定会出现一个新的30分钟中枢，用这种方法，往往会抛在该级别向上走势的最高点区间。当然，实际上能否达到，那是技术精度的问题，是需要干多了才能干好的。

其实，同样可以用严格的方法证明。

缠中说禅利润最大第二定理：在不同交易品种的交易中，在确定的操作级别下，以上激进的缠中说禅操作模式的利润率最大。

注意，并不是说缠中说禅利润最大第二定理就一定比第一定理更牛、更有意义，这里所说的利润率，是指每次操作的平均利润／需要占用资金的平均时间，但是，真正能产生总体利润的，还与操作的频率有关。

第二定理虽然激进，但也需要有激进的市场机会，如果市场没有可操作级别的第三类买点，那么也只能干等。而第一定理不需要这么强的市场条件，基本上除了最恶劣的连续单边下跌、连大点的中枢都没有的情况下不操作外，其他都可操作，所以在实际操作中，两者不能偏废。

显然，对于大资金，以上的方法需要有特殊的处理。资金越大，利润率显然越低，因为很多级别的操作不可能全仓参与，会影响资金的总体利用率。一般来说，小资金增长极为迅速，用本ID的方法，无论是牛市还是熊市，最笨的人完全随机挑股票，完全找不到所谓的黑马，每年保持200%以上利润是一点问题都没有的。

如果你技术精度高，即使在熊市里，每年来个 500% 的增长，也是不难的，因为在熊市里，中枢震荡的机会反而多，而且大反弹，本质上也就是大级别中枢震荡的机会不少，处理好了，并不比牛市来钱慢。但这种增长只能维持几年，一旦资金大到一定程度，就会遇到资金增长瓶颈。如何突破该瓶颈，这是另一个问题，以后会说到。

——教你炒股票第 49 课：利润率最大的操作模式（2007-04-26）

所以现在，我们也不难理解为何缠师一开始就说即使在牛市中，高手和低手之间的盈利程度也是区别很大的。

▶ 6.30　一个严格的操作程序，足以保证你长期的成功

市场真正的成功，都是在严格的操作下完成的。操作失误了有什么大不了的，市场的机会不断涌现，一个严格的操作程序，足以保证你长期的成功。

——教你炒股票第 96 课：无处不在的赌徒心理（2008-01-23）

严格的操作程序的建立可以参照 6.29 节，从一开始就可以练习完整的操作模式，一开始先把握神韵，然后在实践中提高自己。操作的关键就是纪律，是长期的规范操作。以下是缠师的忠告。

注意，市场考验的是长期的盈利能力，而不是一次爆发的能力，关键是长期有效的交易策略。买入时要把各种情况想好[1]，持有要坚决，卖更要坚决，这才能逐步提高。

——缠中说禅（2007-01-16）

操作是一种精细的活，那些囫囵吞枣之辈肯定没戏。学技术就不能盲目盲从，只懂狂热耍情绪扮忠诚是不行的。

——博客后的留言（2008-09-20）

▶ 6.31　成功操作一只股票，就是对自己心态最好的锻炼

成功操作一只股票，就是对自己心态最好的锻炼。

其实，每一只股票的故事都大同小异，就如同每一个故事，归根结底，都

---

[1] 一般指不测而测的前提。

只是故事般平常。

——缠中说禅（2007-09-26）

成功操作一只股票的标准可以是把握住了市场获利的两种方式，也可以是把握住了利润率最大的操作模式。这个过程是需要不断修炼的，而当自己不断判断和操作正确时，心态就是达到一定境界了、人生也就达到一定境界了。

▶▶ 6.32 只要扛不住那 1 秒，什么技术、理论都白搭

本 ID 曾反复说过，心态的磨炼对于市场操作的重要性，但这事情要分开看。有些人，心态就是这样的，天性如此，改无可改，到了关键时刻就是顶不住。例如，明明脑子里知道不能买了，但手就是发痒，像毒瘾发作一般，不受控制。

现在的买卖操作又特简单，以前最早时，机构大户都有报单、红马甲之类的东西，现在随便一个散户，在网上 1 秒钟就可以完成买卖，只要扛不住那 1 秒，什么技术、理论都白搭。

这时候应该怎么办？最好的办法，当然是"戒毒"，这必须从最基础的心理训练开始，但这不是任何人都有条件办到的。还有，就是远离股市。股市只是生活的一部分，一个没有股市的生活依然是生活，活着就好。还有，就是换一个环境。

——教你炒股票第 42 课：有些人是不适合参与市场的（2007-04-04）

拿破仑·波拿巴，法国革命的伟大军事将领和拓展帝国的建立者，他的一生充满了壮丽和荣誉。然而，在滑铁卢战役中，他经历了他人生中最关键的一秒钟，也是最致命的一秒钟。

1815 年 6 月 18 日，拿破仑领导法国军队与第七次反法联盟军队在比利时的滑铁卢展开决战。这场战斗决定着整个欧洲的未来。拿破仑深知胜败之间仅在一线之差，他率领法军英勇作战，但在决定性的时刻，一位名叫米歇尔·尼耶尔的中将犹豫不决，没有迅速执行拿破仑的命令。

这一秒钟的迟疑，葬送了拿破仑的一世英名。英联邦军队趁机反击，改变了战局。拿破仑最终战败，被流放到圣赫勒拿岛，结束了他的统治生涯。

滑铁卢战役的一秒钟迟疑，成为决定历史的瞬间之一，改变了整个欧洲的命运。这次失败标志着法国的帝国梦破灭，为维也纳会议和百日王朝的结束铺平了道路。而拿破仑也成了法国和全世界历史上备受争议的人物之一，他的传

奇仍然影响着历史学家和政治家的思考。

同样地，在资本战场上，面对行情，只要扛不住那1秒，什么战术、理论都白搭。

▶▶ 6.33 本ID的理论，适用于各种层次的游戏

本ID的理论，适用于各种层次的游戏，当然，越高的层次，技术面的因素就越来越不重要，因为技术面不过是合力的结果，而如果你有高超的调节各种分力的能力，那么一切的技术面都可以制造出来。但必须注意，任何制造出来的技术面，无一例外，不能违反本ID技术理论中的最基本结论。

有人可能会提这样无聊的问题，在背驰的地方让它不背驰继续上涨难道不可以吗？这是一句废话，没有任何地方是该背驰的，背驰是一个合力的结果，如果合力最终的结果把可能的背驰给破坏了，就证明这地方没出现背驰，这也是合力的结果。

注意，任何力量，即使能调节合力结果本身，但绝对调节不了合力结果的结果，除非这是一个完全没有对手的、一个人的交易。

——教你炒股票第79课：分型的辅助操作与一些问题的再解答（2007-09-10）

以下为第79课原文中缠师对各个层次操作者的说明。

任何人进入市场，不是要求一个万能的宝贝，然后抱着就想什么得什么了。本ID的理论，只是其中的因素。利用本ID理论操作的人对理论的把握程度，是一个因素，利用本ID理论操作的人的资金规模以及操作时间，又是一个因素，这些因素加在一起的合力，才是你最终用本ID理论操作的结果。世界上的一切事情，都是各种因素和合而生的，没有任何事情是主宰，是唯一的决定力量，这是必须明确的。

第二个因素，因人而异，无法分析；第三个因素，资金量和操作时间，这个可以进行一定的分类分析。

（1）**对很忙、根本没时间操作的人**，最好的操作是去买基金。但本ID对基金没有任何信心，而且可以肯定地说，基金肯定会在可见的将来内出大事，有些基金要被清盘，最终严重影响市场，这都是正常的事。美国每年死掉的基金还少吗？中国为什么就不能有基金死掉？证券公司可以死，基金公司凭什么就不能死？

但对基金，是可以对指数基金进行定投，这样等于直接买了中国资本市场这个股票，对该股票，本 ID 还是有信心的。这样，如果最终牛市上到三四万点，那么至少你不会丢掉指数的涨幅。

其次，一定要投那些与指数关系不大的成长股。因为如果你投了指数基金，再投和指数关系特别大的基金，就没什么意义了。而成长股，往往在熊市或指数表现不好时有大表现，关键这些成长股有足够的成长性。但唯一不能确定的是，你买的基金的管理者是否有足够的能力去找到有足够成长性的股票组合。

如果很忙，就用这两种方式进行一个基金组合，例如 60% 买指数基金，40% 买高速成长股的基金，这样自己就不用操作股票了。采取的投资方式很简单，就是定投，每个月投一次。对于一般的散户投资者，这是最好的方法，至少可以保证能得到市场波动的平均收益。

买基金，等于把自己托付给别人，是生是死，就看你的运气了，不过指数基金稍微好点，毕竟对管理者的要求比较低。

（2）对于有充足时间的散户，如果交易通道还行，那就用本 ID 在前面多次说过的第三类买点买卖法，方法再说一次：

① 选定一个足够做出反应的级别，例如，30 分钟或 5 分钟的，或者干脆就用日线级别的，这样选择的目标相对少点，不用太乱。

② 只介入在该级别出现第三类头点的股票。

③ 在买入后，一旦新的次级别向上不能创新高或出现盘整背驰，坚决卖掉。这样，只要级别足够，肯定是赚钱的。走了以后，股票可能经过二次回抽会走出新的行情，但即使这样也节省了时间，有时间就等于有了介入新股票的机会。

④ 如果股票没出现③的情况，那一定是进入了新一轮该级别的中枢上移中，一定要持有到该上移的走势出现背驰后至少卖掉一半，然后一个次级别下来（这里可以回补，但如果有新股票，就没必要了），再一个次级别上去，只要不创新高或盘整背驰，就一定要把所有股票出掉。注意，还有一个更狠的做法，就是一旦上移出现背驰就全走，这样的前提是你对背驰判断特别有把握，不是半桶水，这样的好处是时间利用率特别高。

⑤ 尽量只介入第一个中枢的第三类买点。因为在第二个中枢以后，形成大级别中枢的概率将急速加大。

⑥ 使用本方法时，一定不能对任何股票有感情，所有股票，只是烂纸，只是用这套有效方法去把纸变成黄金。走了以后，股票经过盘整可能还会有继续

的新的中枢上移，这时是否要介入，关键看高一级别中枢的位置。如果继续是在高一级别中枢上有可能形成第三类买卖点，那么这时介入就有必要，否则就算了。天涯何处无芳草，把所有的草都搞一遍，你自然就从散户变成大散户了。

（3）**对资金量比较大的大散户，**这时候，用所有资金去追逐第三类买点已经不切实际了，那么就可以对基本面上有长期价值的股票进行附骨抽髓式的操作，例如利用各种级别的中枢震荡去降低成本，增加筹码。这样，资金的效率肯定没有第二种散户的高，但资金量不同，操作方法自然不同。

（4）**对专门的猎手，**经过前面的训练和操作，资金量变得比较庞大了，就可以对选定目标进行猎杀式的攻击。有些人会问，把庄家都杀死了，有什么好处？这不是好不好的问题，资金大了，又不坐庄，又要快点把资金效率提高，唯一的办法就是吃大鱼，吃小鱼还不够塞牙缝，有什么意思呢？

（5）**就是组织大规模的战役，**这必须要有猎手的良好基础，否则根本做不了。但这种做法，有时候法律的界限比较模糊。例如，对一个或多个板块进行攻击，这和坐庄是什么关系？当然，如果对原来潜伏在一个或多个板块中的所谓大鳄进行围歼式攻击，那么很多时候，解决问题的，就不光是盘面本身了。

（6）**全局式的战争。**这里涉及的面太多，没有一个全局式的战争是只依靠市场本身就能解决问题的，而且资本市场的全局战争，更多时候是更大范围的金融战争的一部分，这是全方位的立体战争，这时主要考虑的，反而不是市场本身了。

6.34 散户三大纪律

对于散户，一定只能拿出空闲的钱来参与资本市场，任何有压力的钱，都不能也不应该来到这个战场中。对于个人来说，资本市场不过是生活的一部分，没必要为此而付出所有的生活。

如果你在市场中的钱不符合以上要求，那么请等待一个好的机会，把该留的钱留好，绝对不能因为股票而影响正常的生活。而对于那些无压力的钱，也不能去当炮灰，风险太大的活动是绝对不能参加的。而且，大兵团作战，其实散户们帮不上什么忙，一定要等到买点，尤其是大级别的买点出现后才介入。

市场是合力的结果，等大兵团作战打出结果来，合力出方向来，才好介入，否则刀光剑影、飞机导弹，弄伤了就不好了。像本ID这种人，就算打败了，也是好吃好住，一生无忧，但散户就不同了，所以一定记住下面几点。

（1）只用空闲的钱参与市场。

（2）必须等大兵团作战有结果后才介入，要等大级别的买点。即使是本 ID 输了，"汉奸""鬼佬"赢了，他们最终也是要搞上去的，这种复仇的种子才能保存。楚虽三户可亡秦，有种子就有希望。

（3）坚决不抬"汉奸""鬼佬"的高位轿子，要练好技术，从低位开始，逐步抽光他们的血。

盘子控在"汉奸"与"鬼佬"手里，是没有金融安全可言的，这需要中国的散户、大股东、庄家、基金及管理层共同努力。为了打乱"汉奸""鬼佬"的节奏，本 ID 可以牺牲掉，但希望能换来中国的散户、大股东、庄家、基金及管理层共同努力，一致对外。中国的资本市场，只能中国人说了算。

——告全国散户、大股东、庄家、基金及管理层书（2007-07-04）

2007 年 7 月 4 日上证指数日线图如图 6-36 所示。

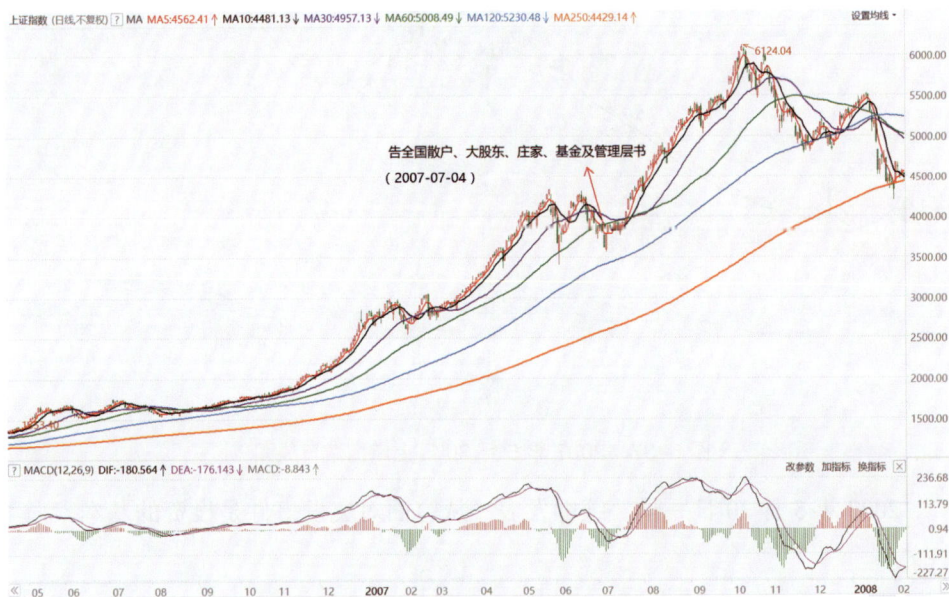

图 6-36　2007 年 7 月 4 日上证指数日线图

主力是市场中的大兵团，中小投资者只是市场中的游击队。大兵团可以凭借资金优势逆势拉台，可以借助信息优势抢先一步，也可以凭借舆论优势兴风作浪。但散户就不同了，因为散户资金有限，散户的信息相对闭塞，常被舆论牵着鼻子走。当然，主力也有弱点，资金一动就会风声鹤唳，散户就比较灵活，进退自如。而这里，缠师给出了散户的三大纪律。

6.35 从容面对突发事件是投资的基本素质

2007 年 5 月，A 股市场盛传上调印花税，财政部出面澄清，然而就在 5 月 30 日凌晨，财政部突然宣布上调印花税，由 1‰ 提高到了 3‰，这成了压死骆驼的最后一根稻草，此后股市在短短一周内从 4300 点一路狂泄至 3400 点，众多股票连续遭遇 3 个跌停板，广大投资者因猝不及防而损失惨重，被称为"530"事件，也有股民戏称财政部"半夜鸡叫"。2007 年 5 月 30 日上证指数日线图如图 6-37 所示。

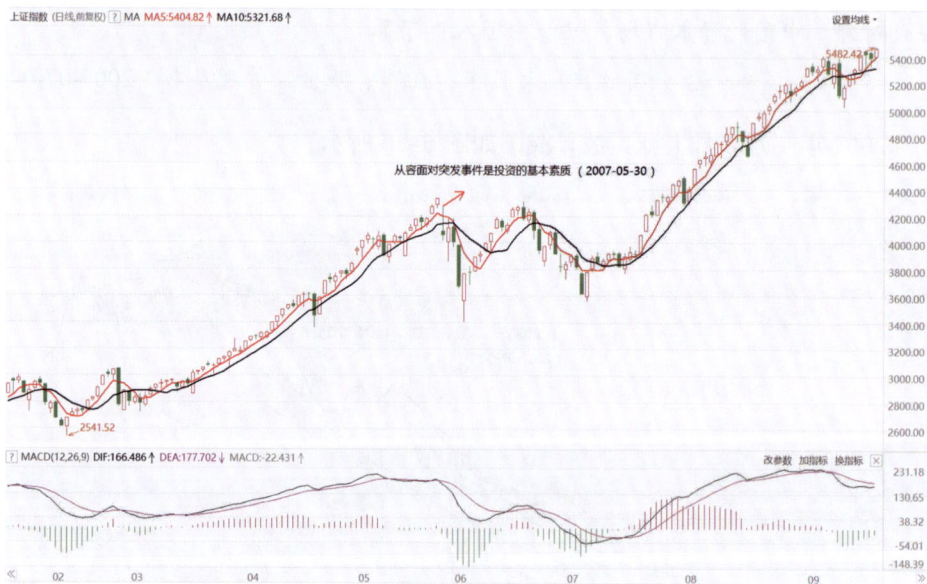

图 6-37　2007 年 5 月 30 日上证指数日线图

2007 年 5 月 30 日一早，缠师发表《从容面对突发事件是投资的基本素质》一文：

首先，必须再次明确，要改变大牛市性质的只有经济的倒退，否则都不过是造成市场不同级别震荡的诱因，一个正确的操作，足以应付。其次，面对突发事件，仓位、成本控制比较重要，这也是本 ID 为什么反复强调股票是废纸，必须成本为 0 的原因，因为突发事件，在市场中本来就不可避免，一个良好的操作习惯，足以应付任何突发事件，一个成本为 0 的筹码，是应付突发事件最好的工具。

在投资市场上，必须大气点，无论这次震荡的级别有多大，你走了没走，都是一个小事情，走了不是胜利，没走也不是末日，关键是你正确的操作习惯与长期的坚持。1996 年 12 月，上证指数在经历 5 个月的连续跌停后，市场依然重新创出新高。1996 年 12 月上证指数日线图如图 6-38 所示。1987 年的美国股市大跌，在现在看来，只不过是在山脚上的一次小颠簸。从容面对突发事件，这才是投资的基本素质。

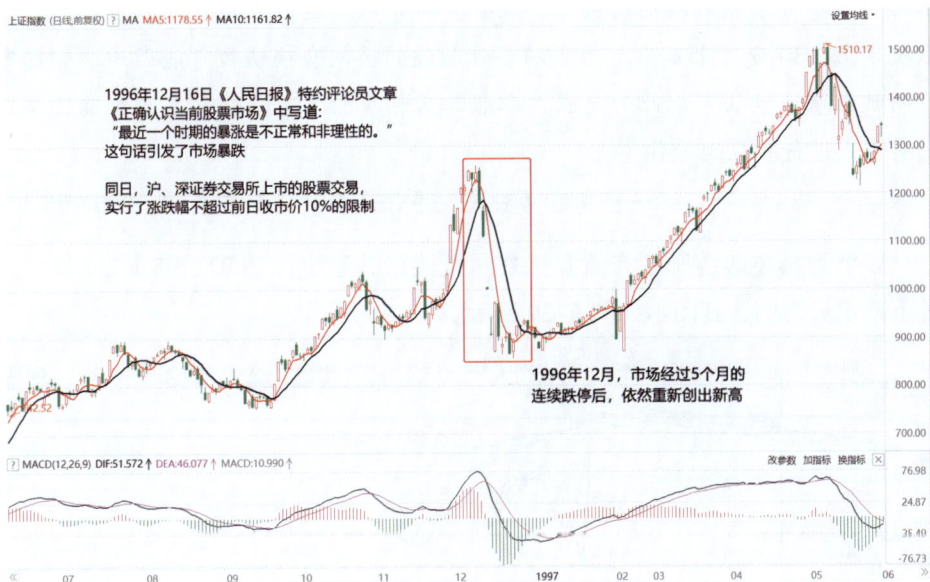

图 6-38　1996 年 12 月上证指数日线图

技术上，这几天反复强调的月线收盘将引发多空相争的惨烈，当然也包括政策面这个市场合力之一。相应的分析依然有效，如果月线留下长上阴，则 6 月份调整压力就大了，显然，管理层也知道这个技术上的意义，在这最关键的最后两天出手。这里，必须表扬一下管理层，不像以前一样一点儿技术都不懂了。站在大的技术层面，本来那关键的 1/2 线就需要更多的考验，该线将至少影响 3 个月走势的结论依然有效，而那 3 种模式的选择，现在依然没有最后确认。这里无须预测什么，看图操作就可以。

本 ID 知道，昨天有人看了本 ID 的帖子阴错阳差地就清了仓的，有些人把本金拿走了，这都很好，虽然这里有点阴错阳差，但也算得了好报，这和本 ID 无关。至于仓位依然比较重，如果一直从低位守着均线等上来的，有足够多的利润空间，特别是成本已经是 0 的，就更无所谓了，只要按正常的操作，无论什么情况，就算没在第一类卖点走，也可以在第二、三类卖点走，这没什么难的。

至于最近追高买股票的，那就得到一个教训，然后才能刻骨铭心地记住本ID的话：股票都是废纸，必须在选好级别的买点买、卖点卖，把成本降为 0，只有成本为 0 的股票才是真正安全的。

由于以后的交易成本会大幅度提高，因此相应的操作级别必须大幅度提高，最低的操作级别至少是 5 分钟甚至 30 分钟以上，同样按买点买、卖点卖的原则永远不变。有了相应级别的买点，就要重新介入，这一点是没什么可说的。短线技术上，30 分钟上本来就形成的顶背驰段的区间套确认极可能因为这突发事件而被粗暴地确认，以此为起点，参照其后相应的当下走势，去逐步确认今后的买卖点进行相应的操作。

——从容面对突发事件是投资的基本素质（2007-05-30）

以下为具体的缠师亲自看盘操作示范附录，这里以 2007 年 5 月 30 日 1 分钟下跌走势为例，其图示如图 6-39 所示。

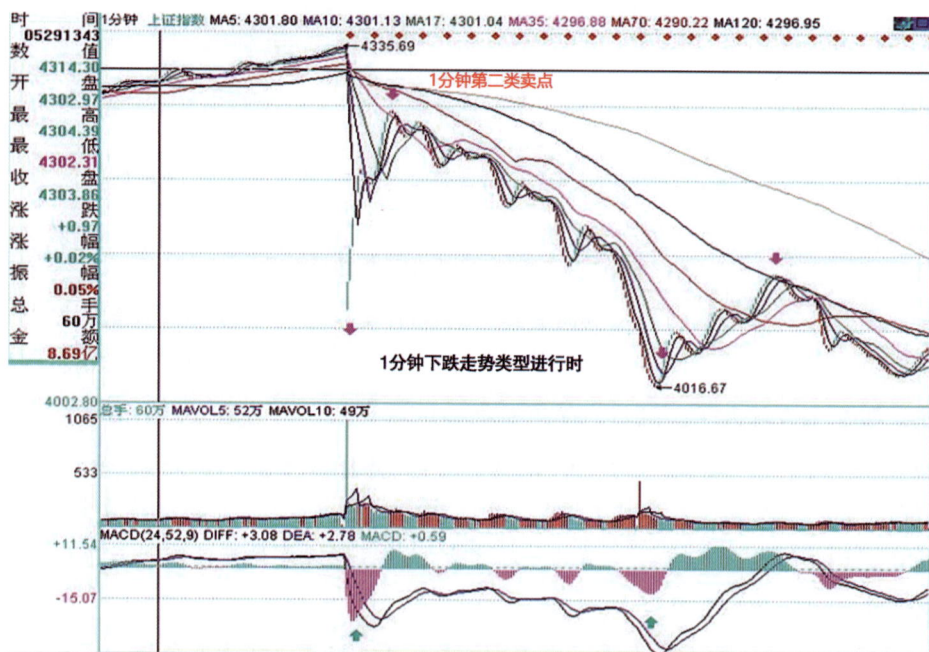

图 6-39　2007 年 5 月 30 日突发事件引发 1 分钟级别走势迅速下跌

从今天的走势，就知道为什么本 ID 的理论要分第一、二、三类买卖点了。例如像今天这种突然的事情，可能错过了第一类卖点，但第二类卖点是不会错过的。因此早上本 ID 专门提醒第二、三类卖点，在实际图形上，如果你认不出 05300947（5 月 30 日早上 9 时 47 分）这个第二类卖点，或者知道了却没操作，那么学习就比较失败了，还要努力。

本 ID 的理论是实战的，在第二类卖点走，即使不知道什么消息，和高位比也差不了多少，有些股票今天还新高，可以对照不同股票的图形感受一下第二类卖点在这种突发事件中的实用之处。

对一个操作者来说，不要有这么多抱怨，第二类卖点不走，那就是节奏错误，后面就没有资金等待买点。不过，市场的机会很多，经历一次这样的大跌，也会收获点儿经验。这 30 分钟的顶背驰压力，怎么都需要一个至少 1 分钟的底背驰才能有比较有力度的反弹，而且还要参考 5 分钟、30 分钟等的走势。真正的底部构筑，必须让这些级别的图形重新走出买点来。

…………

对于短线有能力的操作者，可以参照短线指标回补第二类卖点卖掉的股票，然后进行中枢震荡操作。本 ID 的所有观点，没有任何变化，就不多说了。另外，一旦大盘稳定下来，个股机会将很多，中报业绩好的相关个股会逐步走强，技术上注意那些在这次大跌中形成日线第三类买点的个股。

——从容面对突发事件是投资的基本素质（2007-05-30）

从本质上说，政策是合力的一部分。任何突发消息，只是增加了一个市场预期的当下分力，最终还是要看市场走势本身。该突发消息究竟破坏了多大级别的走势，这一切都会反映在具体的实际走势中，我们只需看图作业。正如缠师所说的，一旦突发消息破坏的级别越大，就越不一定要等相应级别的第二类卖点。

例如，一个向下缺口就可以将一个日线级别的上涨给破坏了，那么消息出来当天盘中的 1 分钟，甚至线段的第二类卖点，都是一个好的走人机会，如果非要等到日线级别的第二类卖点，可能就要等很长时间，而且点位可能还比不上这一点。

正所谓大浪淘沙，能从容面对这样的市场情况，是投资生涯的重要一课。

07

第7章

资金管理

市场上的真正成功，是以 10 年为单位的，无论你开始有多少资金，10 年足以让你上一个足够大的台阶，一笔 0 成本、0 投入的钱，可以让你在市场中无比轻松。

7.1 投资的艺术归根结底是资金管理的艺术

投资是一门艺术，而投资的艺术归根结底是资金管理的艺术，这就像歌唱的艺术，归根结底是呼吸的艺术一样。而市场的波动，归根结底是在前后两个高低点关系构成的一个完全分类中展开的，明白了这一点，市场就如同自己的掌纹一样抬手可见了。以上这些理论，不但对散户，对庄家也是一样的，能明白这一点的，就可以在市场中游刃有余了。当然，这个境界还有向上一路，这就不是能对一般人说的，而且说了也白说，就不说了。

——股市闲谈：大牛不用套（2006-05-12）

缠师说的看市场如同看自己的掌纹一样，这就是在我们熟练递归走势之后，就会明白走势从盘口长成 1 分钟级别，扩展成 5 分钟，再扩展成 30 分钟，一直到年线的过程，自然会像看掌纹一般，前提就是先理解缠师理论的本意，再通过不断画图实践，领悟出来。而人的觉悟能力也会不断提升，也就是缠师说的境界还有向上一路，笔者认为那便是禅的境界。

万事万物都有其波动的频率，缠师用他的理论将小级别生长成大级别的股市波动的秘密揭露了，强调节奏这些，最终都是为了资金管理，也就是为资金的安全与利用率服务的，毕竟在市场中买卖，赚钱才是强势文化所在。这样，我们就不难理解投资的艺术归根结底是资金管理的艺术，就如歌唱的艺术归根结底是呼吸的艺术一样，都在于把握节奏。

纵观 108 课的课文内容，其中《教你炒股票第 31 课：资金管理的最稳固基础》一文重点阐述了资金管理的重要性。其中有句最经典的话：

什么是真正的高手，什么是永远不败的高手？就是有本事在相应的时期内把任何的凭证变成负价格的人。对于真正的高手来说，交易什么其实根本不重要，只要市场有波动，就可以把任何价格的凭证在足够长的时间内变成负价格。本 ID 的理论的本质只探讨一个问题，即如何把任何价格的凭证，在足够长的时间内变成负数。

换句话说，资金管理的最稳固基础就是"成本变为 0"，而这个将成本变为负数的过程，就是用缠中说禅理论不断赚钱的过程。如何实现这个过程呢？缠师这样说：

一个最简单又最有效的管理，就是当成本为 0 以前，要把成本变为 0；当成本变成 0 以后，就要挣股票，直到股票见到历史性大顶，也就是至少出现月线以上的卖点。一些最坏的习惯，就是随着股票的价格不断上涨而不断加仓，这样一定会出问题。

买股票，宁愿不断跌不断买，也绝对不往上加码。投入资金去买一只股票，必须有仔细、充分的准备，这如同军队打仗一样，不准备好怎么可能赢？在基本面、技术面等方面都研究好了，介入就要坚决，一次性买入。如果你连一次性买入的信心都没有，证明你根本没准备好，那就一股都不要买。

买入以后，如果你技术过关，马上上涨是很正常的，但如果没这水平，下跌了，除非证明你买入的理由没有了，技术上出现严重的形态，否则一股都不能抛，而且可以用部分机动资金去弄点短差（注意，针对每只买入的股票，都要留部分机动资金，例如 1/10），让成本降下来。

但每次短差，一定不能增加股票的数量，这样成本才可能真的降下来。有些人喜欢越买越多，其实不是什么好习惯。这股票该买多少，该占总体资金多少，一开始就应该研究好，投入以后就不能再增加。

——教你炒股票第 31 课：资金管理的最稳固基础（2007-02-15）

补充说明机动资金：

注意，本 ID 这里说的机动资金，一般应该占仓位的 1/4 到 1/3，大盘走势特别不好时，甚至应该提高到 1/2。在牛市里，即使是中期调整，也没必要完全空仓，因为在调整中，来回的次数很多，把这些都把握住，拿着比不拿挣的钱多多了。

——缠中说禅（2007-01-26）

股票开始上涨后，一定要找机会把股票的成本变成 0，除了途中利用小级别不断弄短差外，还要在股票达到 1 倍升幅附近找一个大级别的卖点出掉部分股票，把成本降为 0。这样，原来投入的资金就全部收回来了。

有人可能要说，如果股票以后还要上涨 10 倍呢？这没问题，当股票成本为 0 以后，就要开始挣股票。也就是利用每一个短差，上面抛了以后，都全部回补，这样股票就越来越多，而成本还是 0。

这样，股票就算再上涨 100 倍，越涨，你的股票越来越多，而成本永远为 0，这是最可怕的吸血，庄家、基金无论如何洗盘，都使得你的股票越来越多，而你的成本却是 0，然后，等待一个超大级别的卖点，一次性把他砸死，把那庄家、基金给毁了。想想，成本为 0 的股票，在历史大顶上砸起来是最爽的。

这就是资金管理中针对每只股票的最大原则，按照这个原则，你不仅可以得到最安全的操作，而且可以赢得最大的利润。特别是挣股票的阶段，一般一只股票，盘整的时间都占一半以上，如果一个股票在上涨后出现大型盘整，只要超大级别卖点没出现，这个盘整可以让你不仅把抛掉的全挣回来，而且挣得比底部的数量还要多，甚至多很多。一旦股票再次启动，你就拥有比底部还多的但成本为0的股票，这才是最大的黑马，也是最大的利器。

一个合理的持仓结构，就是拥有的0成本股票越来越多，一直游戏到大级别上涨结束以后，例如这轮大牛市，直到牛市结束前，才把所有股票全部清仓。而资金就可以不断增加参与的股票种类，把这程序不断继续下去，这样，操作资金不会增加，特别是大资金，不会经常被搞到去当庄家或钱太多买了没人敢进来，这样就不会增加操作的难度，虽然股票种类越来越多，但成本都是0。这样，才会有一个最稳固的资金管理基础。

——教你炒股票第31课：资金管理的最稳固基础（2007-02-15）

[匿名]：请问股票上涨一倍后，出一半股票，成本为0后，去做短差时，是用退出来的全部本金来买卖相应股票数量，还是买卖的股票数量和原来卖出的股票数量一样？（2007-02-15）

缠师：成本为0前，只补进相同的数量，仓位不增加。成本为0后，抛出后，跌回来，就把抛出的钱，全补进去，这样买回来的数量一定多了，股票才会越来越多。（2007-02-15）

对不起，本ID只会把股票变0成本后，然后海枯石烂地持有，除此之外，对大资金，本ID不知道任何在大牛市里更好的操作方法。当然，在一个大级别的回调中，本ID也会弄一个短差去增加筹码数，这大概就是本ID唯一能再干的活了。

——刀锋上的行走（2007-08-31）

任何不确定时，唯一确定的做法就是控制仓位，如果你能自如地控制仓位，那你的水平就能上一个台阶。控制仓位，并不是说一定要空仓，而是把仓位控制在一旦发生特殊情况能够做出反应的水平。任何连最后一分钱都想赚的人，最终的命运只能是倾家荡产。

——阴线迎春给一根筋上了生动一课（2008-02-05）

笔者认为，短差不是谁都可以随便做的，做不好反而会增加成本，所以做短差的前提一定是把技术先学好。

▶▶ **7.2** 放在股市的钱，不能有任何的借贷

投资的第一要点就是"你手中的钱，一定是能长期稳定地留在股市的，不能有任何的借贷之类的情况"。而基金，不过是所谓合法地借贷了很多钱而已，即使是没有利息的，性质也一样。一旦行情严重走坏，基金必然面临巨大的风险，一次大的赎回潮就足以让很多基金铩羽而归。

传销，通常只有一个后果：归零。基金，至少对大多数人来说，是一样的结果。这是基金一个最大的、严重违反投资要点的命门：它的钱都不是它的。对于开放式基金，这点更严重，因为这种赎回是可以随时发生的。而中国的开放式基金就更可怕，中国人的行为趋同性极为可怕，国人一窝蜂去干一件事的后果是什么，大概也见过不少了，无论政治、经济、学术上，无一例外。

——教你炒股票第 28 课：下一目标，摧毁基金（2007-02-06）

在博客中，缠师曾多次提到无压力资金的重要性。

投资最重要的一条就是用来投资的钱必须是多余的，是可以长期利用的。本 ID 不想当算命先生，希望你好运吧。

——缠中说禅（2006-11-27）

首先，市场不是赌场，把买房钱用到市场里，就是一个错误的行为。市场中的钱，一定要是闲钱，可以放着不动的，没有提走压力的，只有这样，操作心态才能平稳。

——缠中说禅（2006-12-12）

资金，必须长期无压力，这是最重要的。有人借钱投资，然后盈利后还继续加码，结果都是一场游戏一场梦。1996 年，本 ID 认识一位东北的朋友，他的起始资金大概有 10 万元，当时，可以高比例透资，1 比 2、1 比 3 很普通，1 比 10 也经常见，当时市场的疯狂，不是现在的人能想象的。

在 1996 年的牛市中，他的 10 万元很快就变成了 2000 多万元。当时，透资的比例也降下来了，大概就 1 比 1 多点，如果当时把所有透资还了，就没有后来的悲剧了。对于他来说，1996 年最后三个星期一定是他人生中最悲惨的时期，在三个星期内他持有的股票从 12 元急跌到 6 元以下。

这时，有人可能要问，那他为什么不先平仓呢？老人都知道，那次下跌是突然转折，瀑布一样下来的，如果没有走，根本没有走的机会。最后能走的时候，

由于快触及平仓点，他的仓位在 6 元多往下一直平下去，根本没有拒绝的可能，证券部要收钱，最后，还了透资，只剩下不到 20 万元，真是一场游戏一场梦，又回到原点。

但这还不是最戏剧性的，最悲惨的是，这只股票从他平完仓的当天开始到 1997 年 5 月，在不到 5 个月的时间，从不到 6 元一直涨到 30 元以上，成了当年最大的黑马，这只股票是深圳本地股，后来从 30 多元反复下跌，到 2005 年跌到了 3 元以下，目前价位在他被开始平仓的位置，6 元多点。

以上说的股票就是当年的深天地 A（000023），其 1996 年走势如图 7-1 和图 7-2 所示。

一个无压力的资金，是投资的第一要点，虽然前面反复说过，但说完上面的例子，还是要再次强调。另外还需要强调的一个点，就是自己的资金，一定不能交给别人管理，自己的盘子，一定要自己负责，不要把自己的命运交给别人。

再来讲一个故事，那是发生在 1992 年的事情了。这位朋友，1992 年时在股市已经有几千万的资金，在当时也算可以了。结果，因为家里有事要他去处理，他把盘子交给一个朋友管理。

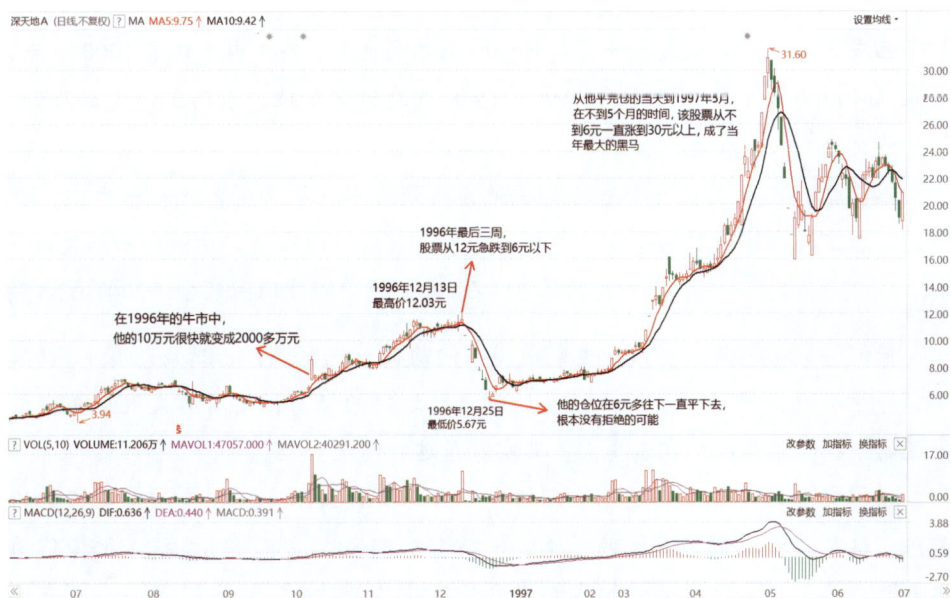

图 7-1　深天地 A（000023）1996 年走势（1996 年 12 月 13 日走势小转大杀了一波多头）

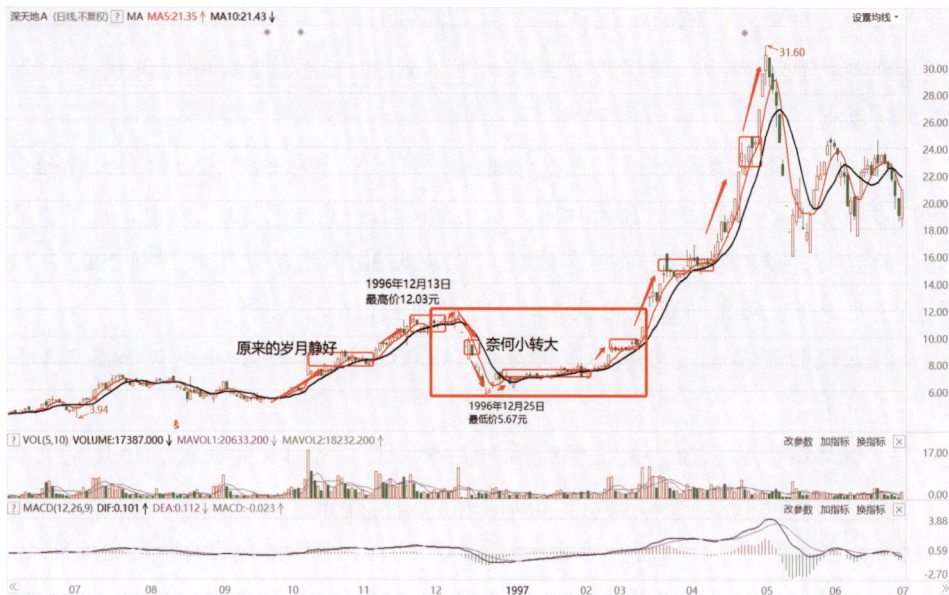

图 7-2　深天地 A（000023）1996 年 12 月小转大

当时大盘从 1400 多点回跌，已经跌了很多，他的朋友以为到底部了，结果他就自作主张透资抄底，大盘却一直在下跌，等这位朋友过了两三周回来，一切早已灰飞烟灭。那次大盘一直跌破 400 点才到底部，半年内下跌了 1000 多点，后来从 400 点以下不到 4 个月又创出 1558 点的历史高位，市场就是这么残酷，把命运交给别人，就是这样了。

不能把自己放置在一个危险的境地，所谓背水一战、置之死地而后生，都不是资本市场应该采取的态度。这样的态度，可能一时成功，但最终必然失败。

——教你炒股票第 31 课：资金管理的最稳固基础（2007-02-15）

任何的交易都必须有钱，也就是交易的前提是先有钱，一旦钱是有限期的，那么等于自动设置了一个停止交易的时限，这样的交易，是所有失败交易中最常见的一种，很多人死在透支上，其实就是这种情况。

任何交易的钱，最好是无限期的，如果真有什么限期，也应该是足够长的期限，这是投资中极为关键的一点。一个有限期的钱，唯一可能就是把操作的级别降到足够低，这样才能把这个限期的风险尽量控制，但这只是一个没有办法的办法，最好别出现。

——教你炒股票第 26 课：市场风险如何回避（2007-01-30）

　　基金这种模式是有很大弱点的，特别在一个心态浮动的市场里，基金被阻击而清盘的可能性是很大的。市场最安全的资金，就是稳定、长期、没有套现压力的资金，显然，基金并不符合这一要求。

——缠中说禅（2007-03-28）

　　但本 ID 还是不得不提醒，股票都是废纸，如果你在股票中已经获得利益，那首先去改善自己的生活条件，去孝敬那些值得孝敬的人。本 ID 看到的有博客上的网友"白玉兰"说用股市挣的钱给父母买房子，那就是很好的事情。赚钱不花，只当守财奴，是不可取的。先把自己以及家人的生活安置好，把本金拿出去，用股市挣的钱继续股市的游戏，这样无论天空有多少黑云、多少风雨，你都可以毫无顾忌了。

——两年来股市晴空飘过的第一朵黑云（2007-05-29）

▶▶ 7.3 市场，就是要 0 投入去赚钱

　　缠师本人在市场中，就是从 0 投入不断将资金滚大的。

　　对于市场，本 ID 有一个观点，大概有点过分，但确实是对的。市场，就是要 0 投入去赚钱。

　　很多人很关心本 ID 的投资历史，当然，有很多事情，不能说，因为涉及太多的东西。但有一样事情，本 ID 是可以说的，就是本 ID 在市场中，等于没有投入过 1 分钱。

　　本 ID 的第一笔钱是 20 世纪 90 年代初打新股赚回来的，那时候买新股的钱，不是本 ID 的，新股上市后，就把本钱还了，剩下的利润，就是本 ID 在市场中的第一笔钱。从此，无论本 ID 操作的钱有多少，从来没有在市场中再额外投入过 1 分钱。

　　当然，现在还按 20 世纪 90 年代初那种操作肯定是不行了，但本 ID 还是觉得，你投入市场的钱，一定不能无限增加。如果你第一笔投入 100 万元，还不能赚到钱，那你还投什么啊？你 100 万元都搞不好，难道想搞 100 万元的平方？

　　只要你有稳定的技术和操作，初始投入多少根本不重要。就算你只有 1 万元，10 次翻倍操作后也就 1000 万元了；即使你开始有 1000 万元，10 次连续的亏损后，你也就没有多少钱了。

　　问题不是投入的多少，而是技术与操作。所有把市场当赌场的，最终的命

运都只能是悲惨的。

对于市场上的众生，本 ID 给的第一忠告就是，把你的第一笔钱运作好，然后把本拿走，最后把这利润变成巨大的数字，这才是市场中的真正操作。

市场上的真正成功，是以 10 年为单位的，无论你开始有多少钱，10 年都足以让你上一个足够大的台阶，一笔 0 成本、0 投入的钱，让你在市场中无比轻松。

绝大多数的人，因为贪婪而不断投入，又因为恐惧而落荒而逃。但市场，进来过一次，就很难再离开了。落荒而逃的，最终都是在高潮中被忽悠进来，最终还被当青蛙给煮了，这种事情，难道还少见吗？

还有不少人，以评价别人为己任。在市场中，唯一应该评价的，就是你的操作。

股票市场，不是选秀场，别把自己当超男、超女或他们的粉丝。在股票市场里，有的是刀和血，超男、超女和他们的粉丝，只有被煮的份。

——教你炒股票第 95 课：修炼自己（2008-01-22）

关于缠师在股市中更多的成长经历，还可以参看以下内容。

不过网络左派对本 ID 的私人情况好像很希望知道，人都有好奇心，也没什么。其实本 ID 的情况以前都说过，首先资产方面。本 ID 从来没有任何公职，又没有偷逃过任何税款，而且绝对是纳税大户，因为本 ID 每次买卖都要交印花税，虽然印花税现在比较低了，单向 1 亿元人民币的交易量要交 10 万元的印花税，以前这个数字要高好几倍。而本 ID 每年的交易量要远远高于 1 亿元人民币，所以说本 ID 是纳税大户是理直气壮的，想偷逃税款都没机会。虽然本 ID 不知道具体这些税有多少能为穷人帮上忙，但至少本 ID 可以很理直气壮地面对任何人。

另外，本 ID 所有的钱都是在资本市场上得到的，本 ID 一分钱都没投入过，因为家里刚好有些原始股票，上市以后翻了很多倍，本 ID 就和家里对半分了，这就成为本 ID 的原始启动资金，结果在股市挣了比这多很多的钱。

今年的有色和权证又让本 ID 的资产翻了好多，现在本 ID 的资产除了期货、一些外面的股票、几套房子外，其余的资金基本配置在国内机械、港口和快速消费品的股票上。

——既然有人这么好奇，本 ID 就介绍一点隐私（2006-07-11）

前面说，你要用 0 成本投入。当然，实际上也没必要这样严格。你可以把完全不影响你生活的钱拿出来，告诉自己，这就是你唯一的资本，你没有后援，然后就用这创造你自己的神话。当然，如果你输光了，你可以再给自己一次机会，但在给自己这次机会之前，你必须把自己彻底解剖一次，把你所有失败的根源都挖出来，然后你告诉自己，这是你最后的尝试。

如果你又输光了，那么，你就退出吧，不是每一个人都适合股票市场的，不是每一个人都要去当市场的高峰的，我们有时候必须面对的最客观的事实就是：我不行。

然后给自己一个机会，去学习、去历练，在多年以后，你觉得你有足够的信心重新回到市场了，你再给自己一次机会。如果还不行，那这一生，你就和市场永远再见。买基金、买国债，什么都可以，但还是别亲自到市场来了。

市场，只是生活的一部分，仅此而已。

——教你炒股票第 96 课：无处不在的赌徒心理（2008-01-23）

▶▶ 7.4 首要的就是严格的资金管理

那么，如何降低投资程序失效的概率呢？首要的就是严格的资金管理，一旦出现失效的征兆，就必须马上退出。即使走势后来突然回光返照了，甚至起死回生了，又疯狂上涨了，也必须这样干。而且一个图形走坏了的股票，要重新再来，还要等待一个较长的调整期。一个长期的调整过后，即使再度不断上涨，也浪费了时间。有这时间，可操作的股票多了去了，这世界又不是只有一只股票。

——教你炒股票第 9 课：投资中的数学原则（2006-11-22）

投资中，符合自己投资原则的股票一旦出现调整下跌，就要手起刀落，必须马上退出，这是最严格的资金管理。就像古代的将军出征，一旦发觉战局非常不利，当然要先撤兵。

笔者想起了孙皓晖先生写的《大秦帝国》第一部中的秦国公子嬴渠梁在即位后，释放魏国被俘的丞相公叔痤归国，以示停战修好，不再大动兵戈，换来默默重振国力的时间与精力，而魏国连连征战，越打越穷，人心不安。面对持续战争，他选择退而支持商鞅变法，才免于亡国并且使秦国强大起来。

回到资本战场，正如缠师说的："不能把自己放置在一个危险的境地，所谓背水一战、置之死地而后生，都不是资本市场应该采取的态度。这样的态度，可能一时成功，但最终必然失败。"而这都是真刀真枪才能发现的，如何甄别对象的强弱，可以参考 4.25 节的内容。

7.5 小资金，最重要的就是不要参与太长时间的盘整

对小资金来说，最重要的就是不要参与太长时间的盘整，这样太浪费机会。最后一个忠告，股票是一个快乐的游戏，别把自己搞得那么苦。坚持只选择第一、二类买点进入，就是保持快乐的好方法。

真正的高手是什么？就是庖丁解牛，选择难度最小的方向去，整天爱玩高难度的，成不了高手。

——缠中说禅（2006-12-12）

7.6 关于中小资金的高效买卖

在第一类买点买入后，一旦出现盘整走势，无论后面如何发展，都马上退出。这种买卖方法的实质，就是在六种最基本的走势中，只参与唯一的一种："下跌+上涨"。对于资金量不大的投资者来说，这是最有效的一种买卖方法。

——教你炒股票第16课：中小资金的高效买卖法（2006-12-14）

操作一定要按照标准来，机械化操作的效率是最高的。对于中小资金来说，最高效买卖法就是股票要选择那些"下跌+盘整+下跌"类型，其实就是前期为下跌走势类型的股票。

买入品种的标准程序为：

（1）只选择出现"下跌+盘整+下跌"走势，也就是下跌走势类型的股票。

（2）在该走势出现趋势背驰第一类买点时介入。

（3）介入后，一旦出现盘整走势，坚决退出。虽然反弹的次级别走势的利润可以拿到手，但是为了避免震荡就要退出。这种情况意味着反弹力度不是很强，盘整过后有一半概率继续下跌，所以对中小资金来说，根本没必要参与。相关内容可以参考6.18节和6.29节相关内容。

（4）如果是前期趋势底背驰后小转大甚至转向，特别是在日线或周线上出现这种情况，进而发展成为大黑马的可能是相当大的。出现这种情况时，持仓是最佳的。高手还可以在其中做短差、降低成本。

7.7 资金不大的，最多在两三个板块持股就可以

[匿名]：您认为像我们这样的收入（年薪 10 万～ 20 万元）的投资金额，进行中线投资（当然留出 20% 短差），是在每个板块选择一只股票分散投资，还是重仓投入一只股票？（2007-03-27）

缠师：如果每个板块，一只足够。之所以不敢集中，是因为没把握。而要进步，就一定不断强迫自己更精细地分析，提高把握性，这样才能进步。一般，资金不大的，最多在两三个板块持股就可以，这样在轮动时可以互相照应。（2007-03-27）

选股在精不在多，请看笔者补充的部分缠师有关该内容的解盘回复。

[匿名]：楼主，当前点位，更适合分散持仓还是集中持仓，资金 50 万元左右。（2006-12-14）

缠师：最多不要超过 3 只股票。你这种资金，学好这种方法，用 30 分钟图或日线图，1 年下来达不到 300% 的盈利，那算太差劲了。（2006-12-14）

注意，对中小资金来说，股票不能太多，太多就成基金了。还不如自己去买基金。

——缠中说禅（2006-12-15）

这问题在课程里曾多次提过，这在某种程度上是一种毛病，一定要强迫自己把股票的种类降下来，对于小资金来说，一定要集中，一般来说，100 万元以下的资金，超过 5 只股票就太多了。

——缠中说禅（2007-05-08）

7.8 大资金，最后比拼的，就是资金管理水平

对于小资金来说，资金管理不算一个特别大的问题，但随着盈利的积累，资金越来越大，资金管理就成了最重要的事情。一般来说，只要有好的技术，从万元级到千万元级，都不是什么难事。但从千万元以后，就很少有人能稳定地增长上去了。所有的短线客，在资金发展到一定程度后，就进入滞涨状态，一旦进入大级别的调整，就会被打回原形，这种事情见得太多了。因此，在最开始就养成好的资金管理习惯，是极为重要的。

投资，是一生的游戏，被打回原形是很可悲的事情，好的资金管理，才能保证资金积累的长期稳定，在某种程度上，这比任何的技术都重要，而且越来越重要。对于大资金来说，最后比拼的，其实就是资金管理的水平。

——教你炒股票第 31 课：资金管理的最稳固基础（2007-02-15）

来看看缠师在解盘回复的字里行间对大资金如何操作的描述。

你按照某级别的图进出，但你首先要搞清楚，你这级别的走势究竟是怎样产生的，而且，趋势的改变往往是从其他级别的改变开始的，所以当然要看不同级别的图。但进出，就要根据资金等决定进出的级别。

这个问题很简单，例如，你有 10 亿元资金，一个 30 分钟的买点，肯定对你没意义，所以你根本无须看 30 分钟的图来进出。例如，你是看日线图进出的，你就必须时刻关注 30 分钟图。为什么？因为日线的改变，首先从 30 分钟开始，你必须知道 30 分钟究竟发生了什么事情。当然，5 分钟太短，就没必要看了。

——缠中说禅（2006-12-14）

资金量不同，操作的时间也不同，如果本 ID 这么大资金也按突破后介入，这样别人就会害本 ID，本 ID 就要被迫当庄家了。本 ID 对当庄家没兴趣。当然，本 ID 不是对所有新股都会在开盘后的第二天介入的，现在是超级大盘股的天下，便宜筹码不能让别人抢了，否则会影响行业地位的。

但对于散户来说，突破以后再跟进是有好处的，这样，你资金的利用率会提高很多。

——缠中说禅（2006-12-28）

大资金不可能随时买到足够的量，一般来说，本 ID 只在月线、最低是周线的买点位置进去，追高是不可能的，这样会让变负数的过程变得太长，而且都是在庄家吸得差不多时进去，一般都是第二类或第三类买点，这样可以骗庄家打压给点货。从散户手里买东西太累，一般不在月线的第一类买点进去，这样自己容易变成庄家。

对于庄家来说，本 ID 是最可怕的敌人，本 ID 就像一个吸血的机器，无论庄家是向上还是向下都只能为本 ID 制造把成本摊成负数的机会，他无论干什么都没用。庄家这种活，本 ID 早就不干了，本 ID 只当庄家的庄家。

——教你炒股票第 26 课：市场风险如何回避（2007-01-30）

[匿名]：如果能够利用资金不断买卖股票盈利，为什么还要降低持股成本

至 0, 并持有到牛市结束? 这样不会浪费资源、降低效率吗? (2007-04-25)

缠师: 如果你只有 10 万元, 当然没必要这样做, 但如果你有 10 亿元, 那就要这样做了。资金大了, 怎么可能整天换来换去? 而且, 换股需要的精确度高, 对操作时间与通道的要求也高。本 ID 说的是一种终极的方法, 对任何人来说, 资金增长到一定规模后, 都需要这样做。这也是为什么很多人到一定规模后会碰到瓶颈的重要因素。(2007-04-25)

对于大资金来说, 有时候买股票不一定是为了马上挣钱, 市场的领导权才是最重要的。

——缠中说禅 (2007-01-08)

7.9 任何时候, 都要集中兵力

不能买太多股票, 而是要集中点, 然后用机动的资金不断弄短差把成本降低, 这才是最安全的做法。任何时候, 都要集中兵力, 而且要有机动的资金。

本 ID 资金量大, 当然不能太集中, 否则就要举牌了。只要不是本 ID 这种情况的, 都应该集中点。

——缠中说禅 (2007-01-25)

任何时候都要集中兵力, 关键还在于准确率, 把握级别与买卖点。缠师曾说过他自己的仓位是一直不变的, 最开始多少就是多少, 上上下下, 卖点的时候变少, 买点的时候又恢复原来的数量, 但绝对不加仓, 而是一开始就研究好、就买够。

7.10 复利的威力是最大的黑马

高手并不一定都能拿到每一只黑马, 但高手一定能在该走的时候走, 该留的时候留, 走了又能找到新的猎物, 复利的威力是最大的黑马。

——缠中说禅 (2007-01-10)

1900 年, 由诺贝尔捐款 920 万美元的诺贝尔基金会在瑞典成立。随着每年奖金发放与运作开销, 到 1953 年, 基金会的资产只剩下 300 多万美元。而且因为通货膨胀, 300 万美元只相当于 1900 年的 30 万美元。于是, 基金会请专业金融机构将原来存在银行的基金在全球范围内进行价值投资, 扭转了基金的命运。

自 2005 年后，诺贝尔基金会总资产通过平均 20% 的年复利，达到近 7 亿美元，产生了取之不尽、用之不竭、越发越多的效果。这就是复利的力量。

爱因斯坦说过："宇宙间最大的能量是复利，世界的第八大奇迹是复利。"巴菲特一生中 99% 的财富都是他 50 岁之后获得的。也就是说，50 岁之前，他也是一个普通的中产阶级。27 岁，他投资的年复利是 20.5%。50 岁之后，进入财富爆炸期，靠的就是时间和复利的力量。巴菲特曾说："人生就像滚雪球，关键是要找到足够长的坡和足够湿的雪。"

这里的"雪"是指投资，"足够湿"就是投资收益，"足够长的坡"就是投资的时间。财富的积累也是如此，多数有钱人并非生下来就很有钱，赚取的第一桶金也不足以暴富,生财的方法都是通过时间来使钱生钱。当你有了盈余资金，只要能产生盈余，哪怕很低，不断重复，利滚利，长时间下来，也会是一笔很大的资金。

关于复利，缠师的表述还有：

就算你有最好的技术，也要先把风险放在第一位。市场中最大的风险就是没时间让你改错，让错成为永远。在市场里，复利的力量是最大的。只要有好的心态与技术，复利是必然的，这就可以战胜一切。

——缠中说禅（2007-01-29）

第8章

规避风险

使交易毫无风险，唯一的可能，就是拥有一个负价格的凭证。将任何价格的凭证最终在足够长的时间内变成负数才是在市场中要干的事。

▶ 8.1 风险是第一的

要长期胜利，就一定要坚持用最小风险换取最大利润，风险是第一的，这里没有什么高低之分。亏损是按百分比的，一百亿元和一百万元，亏了百分之百，都是零。

人弃我不一定取，人抢我一定给。

——缠中说禅（2006-11-21）

对于散户来说，首先要做的不是获利，而是认识风险、避免损失。试想，假设 100 万元赔到 50 万元，赔了 50%；但要从 50 万元再赚回到 100 万元就需要 100% 的利润，难度无疑要大很多，亏损的可怕就在这里。所以任何时候都要记住：风险是第一的，危险往往发生在大意时。其实对任何投资者来说，首先要做的就是规避风险，在刀光剑影的资本战场上，1 亿元亏起来的速度有时比 1 万元还快。

缠师认为，市场的唯一风险就是你投入的钱在后面不能用相应的凭证换成更多的钱。而任何的凭证以 0 以上的任何价格进行的任何交易都必然包含风险，也就是说，都可能导致投入的钱在后面的某一时刻不能换回更多的钱，所以，交易的风险永远存在。若使交易毫无风险，唯一的可能，就是拥有一个负价格的凭证，而将任何价格的凭证最终在足够长的时间内变成负数才是在市场中要干的事。

▶ 8.2 所有的风险，最终都反映为价格波动的风险

首先要搞清楚，什么是市场的风险。有关风险，前面可以带上不同的定性，政策风险、系统风险、交易风险、流通风险、经营风险等。但站在纯技术的角度，一切风险都必然体现在价格的走势上。所有的风险，归根结底，最终都反映为价格波动的风险。例如，某些股票市盈率很高，但其股价就是涨个不停，站在纯技术的角度，只能在技术上衡量其风险，而不用考虑市盈率之类的东西。

——教你炒股票第 26 课：市场风险如何回避（2007-01-30）

风险对于市场而言是绝对的，只要你踏入市场，任何时候都在风险之中，甚至我们每天平凡的生活也存在不同的风险。站在社会财富增长的趋势下，最大的风险就是自己的财富增长跟不上社会平均财富的增长，这同样适用于资本

市场这个社会系统中的子系统。而在成熟的资本交易市场中，不论什么风险都会反映在价格走势上，来看缠师怎么说。

有人可能要问，如果股票的业绩突然不好或政策面有什么坏消息怎么办？其实这种问题没什么意义，即使在成熟的市场里，这类影响也会事先反映在走势上，更不用说在中国社会里，什么消息可以没有任何人事先知道？你不知道不等于别人不知道，你没反应不等于别人没反应，而这一切，无论你知道与否，都必然会反映到走势上，等消息明朗，一切都晚了。

——教你炒股票第 26 课：市场风险如何回避（2007-01-30）

8.3 政策性风险本来就是要随时预防的

327 国债事件的时候，成交都可以不算，所以政策性风险没有什么可奇怪的。政策性风险本来就是要随时预防的，所以一定要记住，股票是废纸，一定要买点买。只有 0 成本才是相对安全的，否则毫无安全可言。

…………

至于交易所，是真正的垄断性机构，如果对它的规则有疑问，可以去外面的交易所；如果一定要在这里，那么就必须知道，你面对的是一种什么样的规则。先把先决条件设定好了，否则，那是你的问题，而不是交易所的问题。

——缠中说禅（2007-08-02）

缠师在《教你炒股票第 75 课：如何躲避政策性风险》一文中较系统地阐释了政策性风险以及如何规避。

政策性风险，属于非系统风险，本质上是不可准确预测的，只能进行有效的相应防范。

首先，中国政策性风险将在长时间内存在，这是由目前中国资本市场的现实环境所决定的。一个成熟的资本市场，应该是重监管、轻调控，而目前中国的资本市场，至少将在很长时间内，监管和调控都同等重要，甚至在一些特定的时期，调控将成为最重要的方向。这是客观现实，是由中国经济目前的发展阶段所决定的，其实并不是任何人故意要这样的，所以，任何对政策性风险的指责，其实都是不可取的。

调控，有硬调控与软调控两种。例如发社论、讲话、严查之类的，就是明显的硬调控，这种调控方式是否永远不再发生，谁都不敢保证；至于软调控，就是调控中不直接以资本价格为最直接的目的，而是结合更大的方面考虑，在政策上软调控有着温和连续的特征。

当然，站在调控的角度，如果软调控不给力，那么硬调控成为唯一选择的时候，这其实不是调控者的悲哀，而是市场的悲哀。当市场的疯狂足以毁掉市场时，硬调控也是不得已而为之。这方面，也要对调控者有足够的理解。

有一种错误的认识，就是认为中国的调控只调控上涨，不调控下跌，其实，站在历史实证的角度，这种说法是没有事实根据的。因为，实际上，调控下跌的情况一点儿都不少，最著名的就是 1994 年 325 点的时候，三大政策的缺口，现在还在那里，这难道不是对过分下跌的调控吗？只不过，那是一次最成功的调控，而对下跌的调控，或者说是救市，经常都很失败，这些只能说明调控的水平需要在实践中不断提高。

必须旗帜鲜明地反对这样的观点：调控者都是坏蛋，散户都是受害者，机构都是串在一起和调控者一起算计散户的。这不过是一些市场的失败者或别有用心者的无耻谰言，根本没有任何事实根据，纯粹出于自我想象。

一个政策的出台，绝不是任何一个人拍脑袋就可以决定的。在任何一个体制下，只要是一个体制，就有均衡，那种个人任意超越体制的事情，已经越来越没有发生的可能了。而且，散户、机构都不是一个抽象的名词，企图用抽象的名词掩盖一个个现实的实体而达到互相斗争的结果，不过是某些运动逻辑的僵尸版。

其次，必须明确，政策只是一个分力，不可能单独改变一个长期性的走势。例如，就算现在有一个硬调控使得中短期走势出现大的转折，但也改变不了大牛市的最终方向。政策只有中短期的力量，而没有长期的力量，这点，对经济的作用也是一样的。经济的发展，由经济的历史趋势所决定。中国经济之所以有如此表现，就是因为中国经济处于这样的历史发展阶段，任何国家在这样的阶段，都会有类似的发展。但并不是说政策一无所用，一个好的政策，能促进、延长相应的历史发展进程，是一个好的分力。

所以，政策是一个分力，但作用时间和能量不是无限的，而且政策也是根据现实情况而来的。任何政策，都有其边界，一旦超越其边界，新的政策就要产生，就会有新的分力产生。而且政策分力，即使在同一政策维持中，也有实际作用的变化。一个政策，5000 点和 1000 点，效果不可能一样。

明白了政策的特点，对政策就没必要像对洪水猛兽一样，以下几点是可以注意的：

（1）一个最终结果取决于价格与价值的相关关系。当市场进入低估阶段，就要更注意向多政策的影响；反之，在市场的泡沫阶段，就要更注意向空调控的影响。

（2）最终的盈利，都在于个股。一个具有长线价值的个股，是抵御一切中短分力的最终基础，因此，个股对应企业的好坏与成长性等，是一个基本的底线，只要这个底线不被破坏，一切都不过是过眼云烟，而且中短的波动，反而提供了长期介入的买点。

（3）注意仓位的控制。现在透支已经不流行了，但借贷炒股还是不少见，这是绝对不允许的。把资本市场当赌场的，永远也入不了资本市场的门。在市场进入泡沫阶段后，应该坚持只战略性持有、不再战略性买入的根本原则，这样，任何的中短波动，都有足够的区间做出反应。

（4）养成好的操作习惯。本 ID 反复说了，只有成本为 0 才是安全的，这大概是彻底逃避市场风险的唯一办法。

（5）贪婪与恐惧。贪婪与恐惧同样是制造失败的祸首，如果你保持好的仓位，有足够的应对资金以及低成本，那么就让市场的风把你送到足够远的地方。你可以对政策保持警觉，但没必要对政策如惊弓之鸟，天天自己吓自己。

（6）不要企望所有人都能在硬调控政策出台前一天跑掉。可以明确地说，现在政策出台的保密程度已经和以前有较大的不同，很多政策的出台，都十分高效保密。当然，一定范围内的预先，那肯定是有的，但这种范围已经越来越小，而且让你做出反应的时间也越来越短，对于大资金来说，那点儿时间，基本无效。本 ID 可以开诚布公地说，现在政策的公平性已经越来越高，有能力预先知道的，资金量小不了，因而也没足够的时间去全部兑现。这与以前有很长的时间去组织大规模撤退的时候，绝不是一回事了。

（7）必要的对冲准备，例如权证等。最近，认沽热销，也和一些资金的对冲预期有关。

（8）一旦政策硬调控出现，则要在一切可能的机会出逃。在历史上，任何硬调控的出现，后面即使调整空间不大，时间也少不了。

（9）关键还是要在上涨时赚到足够的利润，如果你已经赚到 N 的平方倍的利润了，即使将 10%—20% 留给这飘忽不定、神经叨叨的非系统风险，那还不是天经地义的事情？成为市场的最终赢家与是否提前一天逃掉毫无关系，资本市场，不是光靠这种奇点游戏就能成功的。心态放平稳点，关键是反应，而不是神经叨叨的预测。

另外，在原文的其他关于政策风险内容中，缠师这么说：

市场做多资金最害怕的是政策强力打压。

…………

请记住本ID一句话：在中国，最后的胜利者一定是政策。因为有技术，所以我们可以在刀锋上凌波微步，但是刀锋依然是刀锋。现在的政策信号已经足够频繁，如果如此大力的密集的新股发行都不能平息资金的冲动，那么更严厉的政策一定会出来。

所以，刀锋就是刀锋，虽然这个游戏，我们无所畏惧，但一定要有一根弦紧绷着，对政策的动向，要1000%地密切关注。而对于一般投资者，必须适当控制好仓位，没那技术的，就把均线看好。

——空头完败：必须让预测者出丑（2007-09-20）

8.4 唯一要提防的风险

在应用本ID的理论时，唯一需要提防的风险就是交易能否延续以及是否算数。对那些要停止交易的品种，最好别用什么理论了，直接去赌场算了。至于股票停牌之类的，不影响理论对风险的控制。其他的一切风险，必然会反映在走势上，而只要走势是延续的，不会突然被停止而永远没有了，那一切的风险都在本ID的理论控制之中，这是一个最关键的结论，这也是应用本ID的理论，首先要明确的。

——教你炒股票第26课：市场风险如何回避（2007-01-30）

在缠师理论的观照下，唯一需要提防的风险就是交易是否在政策上运行，且买卖的单子能否作数，这也是理论绝对性中强调过的。对此，缠师举了他在327国债事件中的经历：

当然，有一种更绝的就是交易不算了，这和停止交易是一个效果，这绝对不是天方夜谭，在不成熟的市场里一点儿都不奇怪，例如著名的327事件，本ID肯定是那次事件的最大冤家。

本ID当天在高位把一直持有多天的多仓平了，因为按技术肯定要回调。在最后万国发疯打跌停时，本ID又全仓杀进去开多仓，价位147.5元，结果第二天竟然不算，幸亏本 ID 反应快，在别的品种封停前抢进去了，后来都集中到319 上，一直持有到 190 附近平仓，然后马上转到股票上。刚买完，第二天就公布停发国债期货，经过三天，股市从 500 多点涨到 900 多点。

所以本 ID 对国债期货是很有感情的，最主要是一次交易被不算了，幸亏当时守纪律，不贪小便宜开空仓，否则就麻烦大了。还有就是最后一天走掉，免去了最后的所有麻烦，还赶了一个股票的底。

——教你炒股票第 26 课：市场风险如何回避（2007-01-30）

▶ 8.5 唯一的办法，就是设置一个系统

熟悉本 ID 所解《论语》的都知道，风险是"不患"的，是无位次的，任何妄求在投资中的绝对无风险，都是痴心妄想。唯一的办法，就是设置一个系统，使得无位次、"不患"的风险在该系统中成为有位次、"患"的系统，这是长期战胜市场的唯一方法。

必须根据自己的实际情况，如资金、操作水平等，设置一套分类评价系统，然后根据该系统，对所有可能的情况都设置一套相应的应对程序，这样，一切风险都以一种可操作的方式被操作了。而操作者唯一要干的事情，就是一旦出现相应的情况，采取相应的操作。

对于股票来说，实际的操作无非三种：买、卖、持有。当然，在实际中，还有一个量的问题，这和资金管理有关，暂且不考虑。那么，任何投资操作，都演化成这样一个简单的数学问题：多种完全分类的风险情况，对应三种（买、卖、持有）操作的选择。

——教你炒股票第 12 课：一吻何能销魂（2006-12-01）

不言而喻，缠中说禅股票理论或者说《市场哲学的数学原理》就是最好的分类评价系统，在中枢、走势类型与级别的观照下，完全分类将各种可能出现的情况进行分类，制定好应对策略，严格按照纪律执行就是最好的风险管控。当然，熟练了以后，也可以采取简单的均线系统作为辅助进行分类，在 2008 年的熊市中，缠师写的《教你炒股票第 106 课：均线、轮动与缠中说禅板块强弱指标》一文中的内容可作为参考。

▶ 8.6 0成本就是绝对的无风险

本 ID 曾多次强调，风险对于市场是绝对的，任何时候都在风险之中，如果你对本 ID 的理论能有所理解，那么，不仅能让风险在操作级别的绝对控制之中，而且还能利用风险降低成本。**无风险是可以创造出来的，0成本就是绝对的无风险。**如果不理解，那么最简单的均线系统就可以控制住风险。

——教你炒股票第 48 课：暴跌，牛市行情的应对策略（2007-04-24）

市场风险无处不在，所以一定要记住，股票是废纸，一定要买点买。只有 0 成本才是相对安全的，否则无安全可言。

▶ 8.7 一旦有致命的消息，手起刀落，让股票见鬼去

一旦有致命的消息，手起刀落，让股票见鬼去。

——建行引领大盘前行（2007-09-06）

2007 年 9 月 6 日上证指数如图 8-1 如示。

在图 8-1 中，从 MACD 的红柱子面积缩短及双线交叉可知，大盘在 2007 年 9 月 6 日逐步发生次级别的调整，而此时一旦有一个不利的消息出现，就会像压死骆驼的最后一根稻草般厉害，当然要手起刀落，让股票见鬼去。

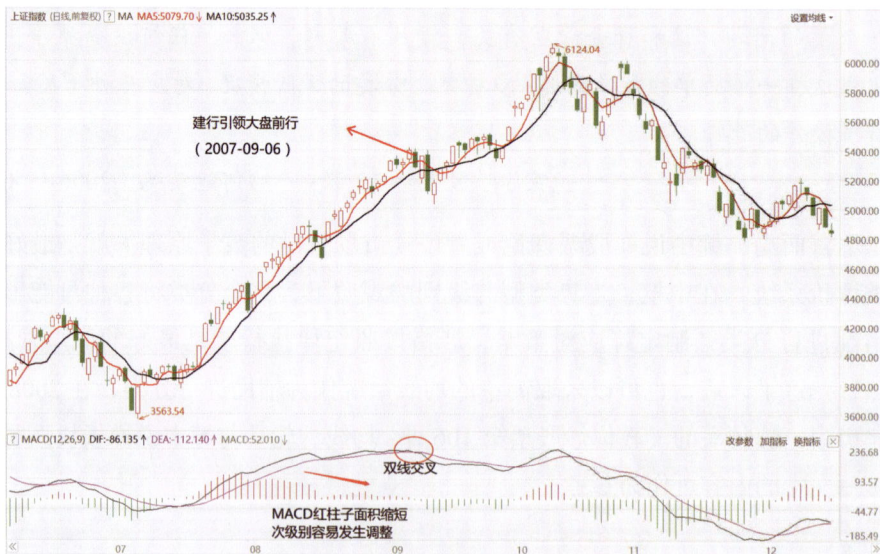

图 8-1　2007 年 9 月 6 日上证指数

缠师还说：

在市场里要成功，除了比市场还要强悍，别无他法。市场出现卖点，你还幻想着火星，那就回火星去吧，地球需要的是手起刀落的强悍。

——教你炒股票第 80 课：市场没有同情、不信眼泪（2007-09-11）

▶▶ 8.8 回避所有 MACD 黄白线在 0 轴下面的市场或股票

就一个最简单 MACD 指标，0 轴分为多空主导，也就是说，一旦 MACD 指标陷入 0 轴之下，那么就在对应时间单位的图表下进入空头主导，而这是必须远离的。

——教你炒股票第 103 课：学屠龙术前先学好防狼术（2008-03-19）

2008 年 3 月 19 日上证指数日线图如图 8-2 所示。

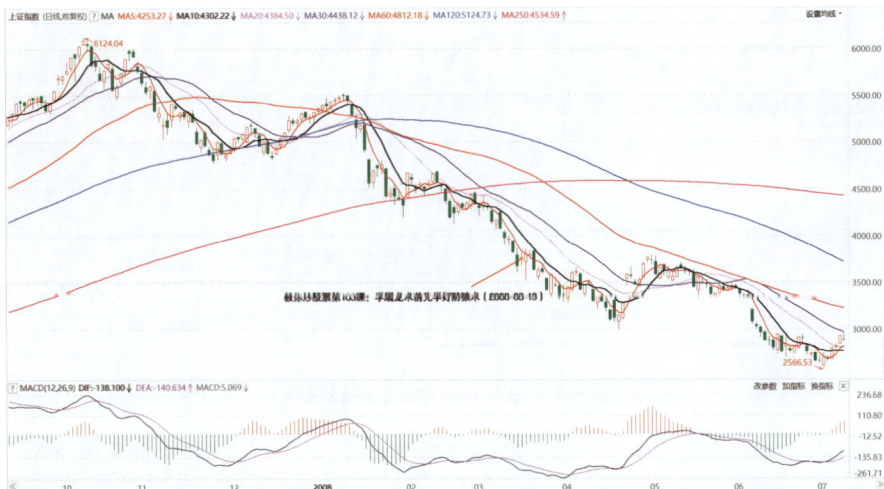

图 8-2 2008 年 3 月 19 日上证指数日线图

教你炒股票第 103 课的内容主要讲的就是"学屠龙术前先学好防狼术"。防狼术是至关重要的，因为我们只有在安全的前提下规避风险，才能求得更多发展，所以这一课的内容甚至比之前所学的缠论系统还重要。缠师曾讲：

回避所有 MACD 黄白线在 0 轴下面的市场或股票，就是最基本的防狼术。

当然，这涉及时间周期。例如，如果是 1 分钟，那就经常在 0 轴上下。这里，你可以根据自己的能力，决定一个最低的时间周期。例如，60 分钟图上的或 30 分钟图上的，一旦出现自己能力所决定的最低时间周期的 MACD 在 0 轴以下情况，就彻底离开这个市场，直到重新站住 0 轴再说。

当然，如果你技术高点儿，完全可以在背驰的情况下介入，这是最高的，但这里不能提太高的要求，一切都要傻瓜化。如果你连 MACD 黄白线是否在 0 轴以下都看不懂，那就彻底离开股票市场吧。地球很危险，回火星去吧。

——教你炒股票第 103 课：学屠龙术前先学好防狼术（2008-03-19）

2008 年上证指数日线图如图 8-3 所示。它的表现就是很好的例子，从图 8-3 中可以看出 MACD 双线在 0 轴之下。

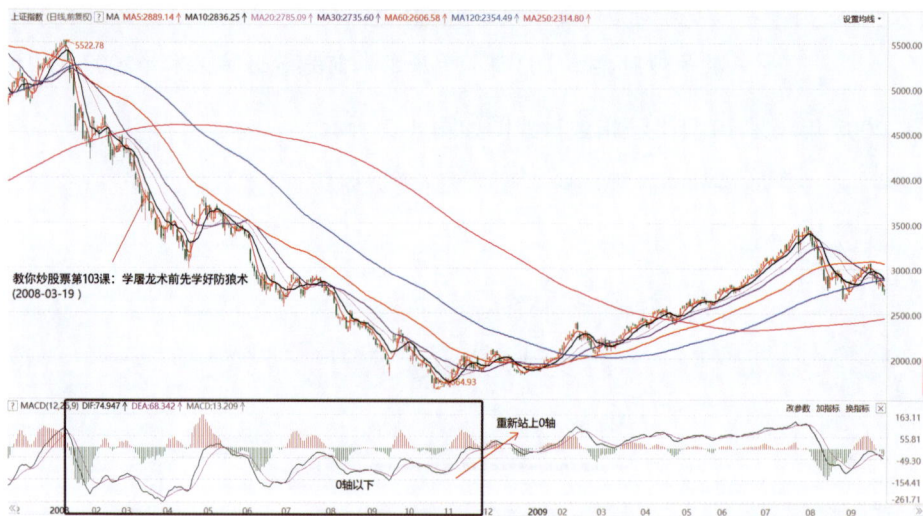

图 8-3　2008 年上证指数日线图

面对这样的日线下跌行情，如果技术高，完全可以在背驰的情况下介入，或者干脆就彻底离开这个市场，直到重新站住 0 轴再说。

笔者在此再举个例子，上证指数 2018 年 2 月—2019 年 1 月日线图如图 8-4 所示。

图 8-4 中的上证指数也在日线下跌中，MACD 双线也都在水下。个股的防狼术也一样。

在熊市中，第一要务是生存，只有生存才能看到后面光明的转折，死在黎明前那是最悲惨的。

图 8-4　上证指数 2018 年 2 月—2019 年 1 月日线图

8.9　只有长阴线才是有巨大风险的

下周线无非三种：长阴线、十字星或小阴小阳、带长上影的 K 线。而其中，**只有长阴线才是有巨大风险的。**

——对不起，刚回，说两句（2007-07-27）

长阴线又称大阴线。其特征是当天几乎以最高价开盘，以最低价收盘，它表示多方在空方打击下节节败退，毫无招架之功。浙文互联周线图如图 8-5 所示。

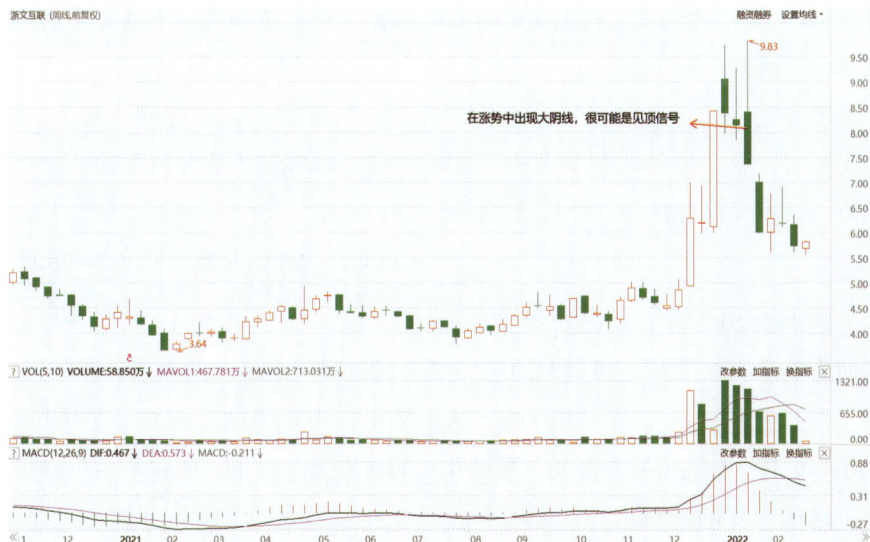

图 8-5　浙文互联周线图

这种大阴线可以出现在任何情况下。阴线实体较长，可略带上、下影线。在涨势中出现大阴线，很可能是见顶信号；在下跌刚开始时出现大阴线，后市看跌；在下跌途中出现大阴线，继续看跌；在连续加速下跌行情中出现大阴线，有空头陷阱之嫌疑。阴线实体越长，则力量越强；反之，则力量越弱。

大阴线的出现对多方来说都是一种不祥的预兆，但事情又不是那么简单，有时出现大阴线后会出现不跌反升的情况。如何来分辨大阴线出现后是升还是跌，这里有几种情况：

（1）大阴线出现在涨势之后，尤其出现在较大的涨幅之后，它表示股价即将回档（内部小转大）或正在做头部。此时应卖出股票为宜，如图 8-5 所示的浙文互联。

（2）大阴线出现在较大跌幅之后，暗示做空能量已经释放得差不多了，根据"物极必反"的原理，此时要弃卖而买，考虑做多，逢低吸纳一些股票。

具体的做法就是一定要通过多级别联立来对走势进行分类操作，尤其是看其内部次级别是否走势完美，以及完美的方式有哪些。只有明确边界进行分类，才能做到心中有数。

▶▶ 8.10 危险之下坚持小板凳，也是智慧之一

本 ID 可以自豪地宣告，本 ID 的所有财富都是靠自己的智慧从既得利益者手中抢来的，要击毁他们，就要把他们的血吸光。资本市场是一个最公平的地方，关键你是否有如此的智慧。

没有智慧，就等着陪葬，这有什么可说的？当然，自我有清楚的认识，危险之下坚持小板凳，也是智慧之一。自知之明，从来都是最大的智慧。没能力，练能力，没人可以替你。

——先密切关注买点出现（2008-08-11）

上证指数 2008 年日线图如图 8-6 所示。

何为危险？在下跌走势类型的延伸中随意抄底就是最大的风险，正如图 8-6 中的上证指数月线图，在一个月线下跌走势里，不带量的反弹在弱势中也都是要无赖。记住，1 亿元与 1 万元，变成 0 元的速度是一样的，前者甚至可以更快。所以，这里需要的是对市场深刻的洞悉能力和对自我的清晰认知能力，即能反观自身面对走势时大脑所产生的念头，是贪婪、是恐惧、是复杂的一锅炖情绪，

还是依缠中说禅理论和走势本身的如实观照。

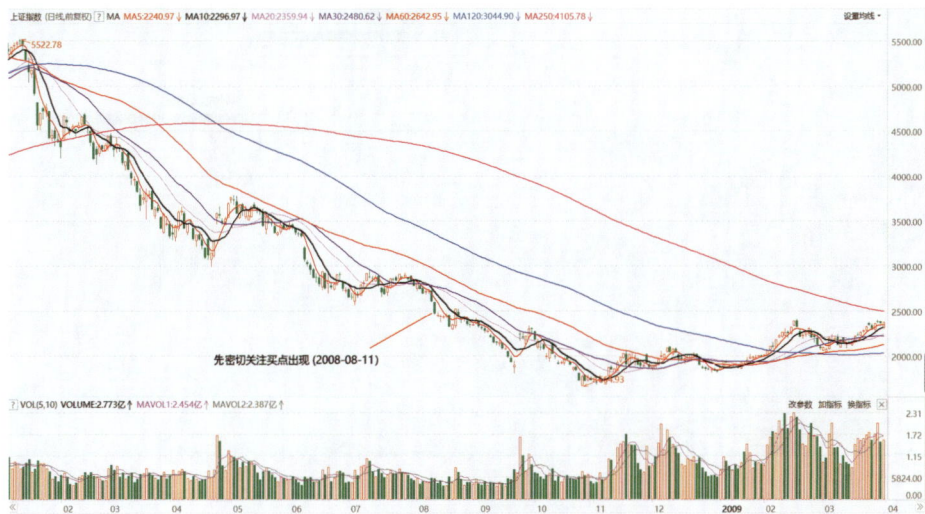

图 8-6　上证指数 2008 年日线图

　　一念天堂，一念地狱。2021 年末大盘出现周线顶分型，随后的周线下跌一笔很凌厉，如果对此没有认知的话，在小级别中看到反弹就追，或者干脆抄底的做法是高风险的。在这种周线下跌笔次级别反抽中介入，就是投资的大忌。上证指数 2021—2022 年周线图和 1 小时图分别如图 8-7 和图 8-8 所示。

图 8-7　上证指数 2021—2022 年周线图

图 8-8　上证指数 2021—2022 年 1 小时图

在图 8-8 中的 1 小时图上，我们能看到一个 5 分钟下跌走势类型，这个 5 分钟下跌的过程中出现的第三类卖点其实是一次逃命的机会。同时，在这段下跌中，MACD 双线一直在 0 轴以下，所以在下跌途中不适合随意做多。"留得青山在，不愁没柴烧。"危险之下坚持小板凳，也是智慧之一。

09

第9章

市场即人心

人心，是市场中的一切根源。兵法云："攻心为上，攻城为下"。武侯祠评诸葛亮对联有曰："能攻心则反侧自消，自古知兵非好战"。投资也如此，不仅斗钱，更斗心。

▶▶ 9.1 资本市场是人类当下的命运

有一种人，自以为清高，自以为远离金钱、市场就是所谓的道。他们所谓的道不过是自渎的产物，道不远人，道又岂何市场相违？人的贪婪、恐惧，市场的诱惑、陷阱，又哪里与道相远？

在当代社会，不了解资本市场的人，根本没有资格在市场中生存，而陷在资本市场的生存只能是一种机械化的生存。当代社会，无论有多少可以被诟病的，都构成了当下唯一现实的生存。当然，你可以反抗这种生存，但所有的反抗，最终都将资本化，就如同道德资本、权力资本的游戏之于资本的游戏一般。

了解、参与资本市场，除了以此兜住天上的馅饼等小算计外，更因为这资本、这资本市场是人类当下的命运，人类所有贪、嗔、痴、疑、慢都在此聚集，不与此自由，何谈自由？不与此解脱，何谈解脱？自由不是逃避，解脱更不是逃避，只有在五浊恶世才有大自由、大解脱，只有在这五浊恶世中最恶浊之处才有大自由、大解脱。

——教你炒股票第 23 课：市场与人生（2007-01-15）

资本市场是人类当下的命运，我们先来看缠师对社会发展阶段的叙述。他曾用"打喷嚏打喷嚏"ID 于 2003 年在强国论坛上发表《何新先生有关中国历史上五阶段与封建问题的高论可休矣》一文，其中讲到社会中现实人与人以及人与自然的处境的一个分类。

（1）社会中不存在一部分人对另一部分人的依附，但全社会必须整体性地依附于自然界，就是原始社会。

（2）在对自然的依附前提下，社会中一部分人对另一部分人存在以人身为前提的依附关系，就叫作奴隶社会。

（3）在对自然的依附前提下，社会中一部分人对另一部分人的依附不再以人身为前提，而是换成身外之物，如土地、官爵等，就叫作封建社会。

（4）社会中一部分人对另一部分人不再存在依附关系，而是全社会的人都毫不例外地依附于一个非自然的身外之物：资本，就叫作资本主义社会。[1]

（5）把（4）中最后那个依附也给干掉，达成现实中人和社会、人和自然的

---

[1] 西方人在他们的文化和社会历史进程中诞生出资本主义这种现代生产关系。

完全和解，就是共产主义社会。

上面的分类是十分清楚的：人与人之间没依附但整体依附自然，人与人之间的依附以人身为前提，人与人之间的依附不以人身为前提，人与人之间没依附但整体依附非自然的资本，人与人之间没依附且整体和自然达成和解。

从这里就可以知道，这 5 个阶段是基于人和人以及人和自然这两重关系的一个最完全的分类，就是 5，不会多也不会少。而这 5 种可能相应可能的顺序组合有 5！=120 种，而再加上生产力的因素，就在这 120 种中只剩下上面唯一一种可能的排列。

没有任何现实社会的发展可以在这个唯一的顺序中缺胳膊少腿，但在具体的某一个阶段就可以百花齐放。其实，说到这里，即使只有何先生十分之一智力的人都会明白所有的问题：中国一样是 5 个阶段一样不少，当然具体现实的表现肯定是中国式的，而现在的中国处在哪个阶段，自己对比上面的分类就可以明白。

经过 40 多年的改革开放，市场经济在中国全面展开，资本逻辑已渗透中国的经济生活，缠师曾在《人只不过是人——本女所交往的亿万富豪们》一文中说道：

1979 年以后，有了所谓的万元户，但这只不过是中国特色的、特定语境下一种过渡性质的东西，真正意义上的富豪以及最终群体的出现，当然就是 1989 年以后，特别是苏联解体以后的事情了。之所以有这种时间和空间的有趣配合，确实有点情场失意、赌场得意的感觉，其中的奥妙足够写一本书了，有兴趣者可以慢慢参详（此处似乎有豆豆著小说《天幕红尘》的影子）。

从此，有了所谓的太子党、海归派、土鳖派，富豪们也雨后春笋般地冒出来，有了所谓的权钱交易，也有了所谓的白手起家。一轮轮的经济热潮对应了一群群人的沉沉浮浮、悲欢离合，这大概都是一切世间游戏所共有的。

资本主义全球化中，要在资本主义社会中生存，就要明白资本主义社会的最高生存原则。缠师曾说：

没有生存，一切都是瞎掰！要在资本主义社会生存，像陶渊明那样生活是没用的。陶渊明不为那几斗米折腰，回老家还经常能找个人弄点酒喝，还有地种种豆子、采采菊花。现在有可能吗？只有脑子锈着的人才会觉得有可能！

在封建社会，有闲是可以没钱的，那时候说"莫非王土"，其实随便找个山头，当绿林大盗也行，当采薇之人也行；而现在，就是真真正正的"莫非王土"了，这个王就是资本，就是 MONEY，就是钱。这个王比封建时代的皇帝可要厉害多了，每一寸土地都在它的统治下。

在资本主义时代，你的每一秒都生活在钱眼里，上网不会免费，连你睡觉的床也等价于一叠厚薄不一的钱。想采菊、采薇？那是私有财产，没钱就没门！陶渊明来到这个时代，可能也活不过7天。

资本主义社会的最高生存原则：必须有钱！钱是衡量资本主义社会中人的生存能力的唯一标准，是一切前提的前提。你可以找出一万条道德、哲学、宗教的理由来反对这个，但很不幸，本ID要告诉你，你这些道德、哲学、宗教的理由的获得，也是以钱为前提的。

在资本主义社会，谈论陶渊明是需要经济基础的，资本主义社会就是要把一切彻底简单化、货币化、全球化，正是这种最残酷、最机械性的简化，才构成了资本主义发展的最终动力，同时也是资本主义最终自杀的最好武器。

资本主义早已进化成这样一只魔兽，任何社会资源的交换与利用，都成了促使其更有力量的行为。所有人都在资本魔性中迷失，所有在资本魔性中沉浮的，都为这资本魔兽提供动力。而那虚实的游戏，同样要席卷一切。

反对资本主义的，最终被资本主义所吞没，就算是死了，其葬礼也构成其交易，构成其GDP，为资本主义添砖加瓦；反对资本市场的，最终被资本市场吞没。资本市场高效地配置社会的资源，资本市场的采阳大法，只采集其精华，而所有的交易、所有的人，都被其筛选着、吞噬着。

本ID从来不反对这种游戏，因为玩这个游戏的人必然被游戏着，而且是现实地、不可逆转地被游戏着。一个不可掩盖的事实，就是人的可牺牲性是有限度的，如果一个人的生存已普遍不成为问题，希望以人的牺牲为代价的所有运动，归根结底都不可能被运动。

一切企图用正义、主义、理想等把戏来战胜资本主义的把戏归根结底都是把戏，而一个高度发达的资本主义社会，必然是高度痴呆化的。资本主义的发展程度与人的普遍痴呆程度成正相关，因此，我们有了垃圾商品、流行文化。流行、垃圾，是能产生大量交易的，这就是问题的关键。

这里有一个显然的逻辑推理，生命之所以是生命就是因为生命是生命，只要让生命不再是生命，那生命的一切力量都不足以为患了。而让生命不再是生命，最简单的方法就是物化之、异化之、机械化之、全球化之、快餐化之、娱乐化之、弱智化之、零件化之等。

——资本主义社会的最高生存原则（2006-09-14）

综上所述，资本世界中的资本市场就是人类当下的命运，人类所有的贪、嗔、痴、疑、慢都在此聚集了，但五毒六道不离清凉世界，不在此超越和解脱自己，化烦恼为菩提，转大地为黄金，获得身心与金钱的自由，又怎能算真正的自由与解脱呢？

9.2 消息面、政策面、资金面，最终作用的都是人心

消息面、政策面、资金面，这面那面，最终作用的都是人心，人心因预期而交易，这里涉及的就是人的贪婪与恐惧，人的贪、嗔、痴、疑、慢。而本 ID 的理论从不预测，没有预期，只跟随着市场合力、市场走势而行，这里无须贪婪恐惧，看图作业，如此而已。但光知道这点还远远不够，因为没有预期可能就是最大的预期，没有贪婪与恐惧可能就是最大的贪婪与恐惧。不预测、不预期，并不是不可预测、不可预期，而是不为贪婪恐惧而预期、预测，是根据走势的自身规律操作。

——教你炒股票第 60 课：图解分析示范五（2007-06-19）

从本质上讲，真正推动资本市场运转的并不是推理、逻辑或者纯粹的经济学，而是背后的人的心理，就像一切果实的秘密都在种子里。心理并不是虚无缥缈的，凡事作用于心理，必然留下痕迹，于是产生了各类社会现象，在资本市场上就生成了我们现实所见的市场走势。从新闻，到政治，再到地缘，最后到深究都是文化属性，即人心的作用。

2008 年 8 月 3 日，缠师在《谨防奥运后经济出现断崖走势（一）》一文中阐述过政策面和人心的关系。

…………

何谓真正的宏观调控？归根结底，就是对人心的调控。如果在实体经济占绝对地位的经济体系中很难体会这一点，那么，随着虚拟经济的比重不断提高，这点将越发明显。

而实际上，所谓市场，不过是人与人关系的一个经济物化形式。市场经济，归根结底，不过是人心合力的结果。没有了人，哪里有什么市场经济？没有了人，那些投资、需求等词汇还不是空话？

人心，是市场中的一切根源。当然，在道德上，我们可以用最强烈的语言去抨击市场经济对人心的异化，但其实这都是无用之言，也不是通透之言。市场的现实，就是人心合力的当下体现，哪里有什么异化？

心者，聚也、机也。在市场经济中摸爬打滚的人，都不过是逐机而聚之徒，

对这种人实施调控、打压甚至镇压都是没用的。那些整天就会叨唠这过热那过热的人，不过都是读书而死之徒，他们的企图比打压、镇压更甚，玩的是改造人的游戏，要把逐机而聚之徒改造成他们心目中所谓的合格品，可惜，这种企图永远都只能是企图。

一切都是人心的合力，也就是参与其中的众生共业，市场经济亦如此。而调控，不管是宏观还是微观，都不过是合力之一分力、众缘之一缘，如果调控者对此没有清楚认识，那么永远都只能是盲人摸象。

…………

市场经济，是人类天性无限放大的地方，且不管其如何不道德，要调控人心，如果不顺天性而行，都只能是白费劲而已。打压只能压制天性，结果市场经济的热情散去，再想聚集，那就是二三十年的工夫了。现在到处都在说所谓的日本式危机，其实又有多少人真明白那危机不过是瞎调控而造成的人祸。

——缠中说禅（2008-08-03）

最后，兵法云："攻心为上，攻城为下"。投资也如此，不仅斗钱，更斗心。缠师这里说的："预测、不预期，并不是不可预测、不可预期，而是不为贪婪、恐惧而预期、预测，是根据走势的自身规律来。"说的其实就是见路不走（实事求是），不测而测，以当下物来顺应的心法。

▶▶▶ 9.3 股票从来就不是股票，而是你的贪、嗔、痴、疑、慢

股票从来就不是股票，而是你的贪嗔、痴、疑、慢；没有任何投资的失败与股票相关，而只与你的贪、嗔、痴、疑、慢相关，股票不过是一个幌子、一个道具。

——教你炒股票第80课：市场没有同情、不信眼泪（2007-09-11）

在一段指数或者个股上涨的行情中，大多数人的心理和行为是这样的：

指数涨5%，不愿相信；

指数涨10%，目瞪口呆；

指数涨15%，心里难受；

指数涨20%，追高买入；

反弹结束，开始回调，卒。

你看，这一切无一不是人的贪、嗔、痴、疑、慢的表现，而交易市场存在的基础，

就是人的贪婪与恐惧。假如没有了贪、嗔、痴、疑、慢，那么也没有资本市场了。正如《遥远的救世主》中芮小丹所说："没有贪、嗔、痴的女人是天国的女人。"

很显然，贪、嗔、痴、疑、慢就像地心引力一样存在于每个人的心中，很多人说资本市场会把所谓人性放大，是的，贪婪与恐惧每天都在投资者的心中，跟随着"噪声"波动。股票就像我们贪、嗔、痴的载体，而只有极少数的真正高手才能脱离人心震荡的引力。主力庄家的成功建立在散户贪婪与恐惧的错误之上，智者快乐是因为战胜了自身的贪婪与恐惧。

没有对人心的深刻洞察，永远成不了高手。所以，我们也不难理解，历史上那些有所成就的投资家到最后都成了哲学家。

另外，缠师在行文中经常用一些刺激性的词语对待读者，其目的就如当头棒喝一般，来刺激、刺痛学习者的内心，激发其内心的贪、嗔、痴、疑、慢，这样才能让其意识到自己的贪、嗔、痴、疑、慢。

9.4 股票就是废纸一张

股票都是废纸，一个好的策略与心态，能让你把废纸变黄金。

——缠中说禅（2007-08-03）

"股票就是废纸"被缠师在行文中多次提道。

股票都是废纸，你要的不是任何股票，而是通过股票把血抽出来！

——来这里，首先要洗心革面（2007-01-31）

基金，无论是公募还是私募，说白了就是合法传销，本 ID 从来就看不起任何基金，无论是公募还是私募。理论上，只要这个合法传销无限延伸下去，那最开始的人肯定要多牛有多牛了。很多人爱用巴菲特说事，所谓价值投资，其实不过是一种传销手段而已。

股票，归根结底就是废纸一张，而其传销本性决定了股票的所谓价值可以是这样一个完美的圈套，就是在股票所代表的公司上有 1 元的利润，在股票上就可以产生至少 10 元的增值，这无非就是资产虚拟化中的放大功能。因此，任何一个空壳公司，理论上，只要能合法地发行基金，然后把传销得到的钱部分地投入该空壳公司，就可以在股票上产生 10 倍以上的增值。

只要有钱，还有什么优质资产不可以买入、注入？只要有钱，还有什么优质资产不被优先选购？然后，投资股票的基金就挣钱了，接着新一轮的传销又开始了，如此而已。

任何不承认股票废纸性质的理论，都是荒谬的。任何股票，如果是因为有价值而持有，那都不过是唬人的把戏。长期持有某种股票的唯一理由就是，一个长期的买点出现后，长期的卖点还没到来。

——教你炒股票第 28 课：下一目标，摧毁基金（2007-02-06）

9.5 市场总是少数人成功，为什么

面对该问题，缠师回答如下。

市场总是少数人成功，为什么？因为只有少数人能真正把握自己。征服世界，并不意味着你能把握自己。认识自己、把握自己，比征服世界更难。

当然，站在市场逻辑的角度，没必要为那些待宰的羔羊而煽情。最重要的问题是，千万别把自己往羔羊里挤。因此，本 ID 也只能抱着能惊醒一个是一个的心态。

没有人天生是羔羊，是你的心、你的眼界、你的行为让你成为羔羊。不修炼自己，不在市场中磨炼，羔羊永远只能是羔羊。

——市场总是少数人成功（2007-11-13）

市场总是少数人成功，因为这部分人能达到知行合一的境界。当我们的心灵能量不足时，对自己知道的理念、认知就不会坚定，不够信任自己内心本真的想法，不相信自己的判断，做的决定不够坚定、左右摇摆，就无法做到知行合一。

孟子"虽千万人吾往矣"的大无畏，便是一种心灵能量足的表现。《西游记》中，唐僧师徒四人踏上取经之路，孙悟空可以回花果山，猪八戒可以回高老庄，但唐僧绝不会回头，虽然他的本领最低，但他的意志最坚定。而志者，心力者也。

心灵的能量或许高于认知，高于方法论。怪不得，近年来流行那句"欲成大事者，必读王阳明"。

9.6 看明白和行得通是两回事

本 ID 理论的基础部分，只是把现实的真相解剖出来，但这远远不够，看明

白与行得通是两回事。当然，看都看不明白，是不可能真行得通的。而行，就是修行，"见、闻、学、行"，缺一不可。本 ID 的理论如同大道，不需要私藏着，每个人都可以学，都可以行，但能否行到不退转的位置，是否最终还是"学如不及，犹恐失之"，那就要靠每个人自身的修行了。

——教你炒股票第 30 课：缠中说禅理论的绝对性（2007-02-13）

《遥远的救世主》（电视剧《天道》）中，芮小丹曾对丁元英说过："只要不是我感觉到的、悟到的，你给不了我，给了我也拿不住，叶晓明他们就是例子。只有我自己觉到的、悟到的，我才有可能做到，我能做到的才是我的。"看不明白，当然行不通、拿不住，但是看明白了和行得通中间还隔着觉悟。

在资本市场上，行情的规律是看明白了，但是行动起来屡遭碰壁，是大脑动了我的眼睛，是私欲蒙蔽了信心，要做到知行合一是一个长久的训练过程。

▶ 9.7 认清自己的能力，这比什么都重要

市场上不是每一笔钱都适合任何人去赚的，面对市场的机会，少点贪、嗔、痴、疑、慢，认清自己的能力，这比什么都重要。

——教你炒股票第 80 课：市场没有同情、不信眼泪（2007-09-11）

人的视角都是由自己过往的经历和外在的影响塑造的，所以认清自己和打破自己的认知局限的关键一步是将自己一些错误的认知和信念发掘出来。可能也正是基于此，所以缠师写了教你打坐系列文章。

在市场操作中，大级别的方向和买卖点不先确定下来，一味地想赚更多的钱，没有金刚钻却揽瓷器活，可想而知其命运的惨烈。市场分析的核心是充分利用自己能够把握的机会赚钱，对于把握不住的机会敬而远之。这其中最重要的便是重新认识自己。

重新认识自己，需要具备一种极度坦诚、真实的态度面对自己，没有这种心态，就无法发现和真正解决自己的问题。如果经历失败，却不愿意承认自己的错误，习惯性地将失败归咎于外在的原因，这种不诚实的态度往往会阻碍你再次获利。即便外在环境再顺利、条件再好，如果自己内在的核心问题没有解决，依然会面临不好的结果。不愿承认自己的不足，并不去弥补自己的不足，那么皇帝的新衣终究有被拆穿的那一天。

同时，对自己认知的不断剖析、反思，并实践新的思维、情绪和行为模式，就像 6.13 节中讲的改变习惯的力量一样，需要一个过程。这个改变的过程其实不需要刻意获取外部的认可，或盲目追逐外界定义的成功，一旦自己排除一切干扰、专心致志地做好自己认为真正正确的事情，就是踏上了人生的捷径。

关于认清自己，缠师曾说：

投资，是一种专门的学问，前提是，你首先是一个有思想的人，而不是一个木偶。

操作，不是一个纯学院的讨论，操作都在细节之中。何谓细节？你自己的水平，就是第一大的细节。然后选择符合自己水平的操作，这就是第二大的细节。最后，按规程操作细节去操作，这就是操作的全部。

在市场中，不首先认识自己，一切都瞎掰。

——今年投资者的四种命运（2008-01-18）

人，一定要有自知之明。例如，你必须对你自己的性格有足够的把握。有些性格是绝对不适合在市场中混的，例如，一根筋、依赖心理等性格。[1]

市场的特点就是千变万化，你不能要求市场如何，因为市场永远正确，错的永远是你。但有些人的性格，就是死不认错，那唯一的归宿就是死在市场中。

——自知之明（2008-03-18）

那么，知识是如何转化为能力的？

经验是对过往经历的总结归纳，当把这种经验传授给别人时，这种经验对别人来说就是知识，所以知识是人脑对客观事物的信息沉淀。技能则是通过练习而获得的动作方式和系统，如操作技能中的种植技术、木工技术、电工技术、水工技术等，而能力是内化的知识和技能。

那么，知识和应用如何内化成能力？知识和应用内化为能力的四个阶段如图 9-1 所示。

明晰自己所处的阶段，诚实面对自己，不妄自菲薄，也不妄自尊大。这个过程也让笔者想起了"邓宁-克鲁格效应"，即达克效应（Dunning–Kruger effect），这是一种认知偏差。图 9-2 为达克效应示意图。

---

[1] 资本市场绝对是强势文化才能生存的，看看开局就满级存在的丁元英就明白了。

无意识、无能力	没有意识到自己不具备投资这方面的能力。例如，缠中说禅理论，很多人没有听说过，对这种能力没有意识。很多人的家庭环境也不具备培养和锻炼这种能力的场景，这种环境中的人就会处于无意识、无能力的状态
有意识、无能力	在把投资相关的理念、知识和技巧内化之前，就处于有意识、无能力的状态。为什么说没能力呢？因为能力是指知识和技巧经过内化以后可以较好地使用出来的状态，如果不能自然、自发地应用，那么不能算作具备这种能力
有意识、有能力	虽然具备了交易的能力，但你需要有意识地提醒自己去应用这种能力，或者有意识地去分辨哪些情况适合应用这种能力
无意识、有能力	不经过思考，能够自然而然地运用某种能力。例如，你不仅具备交易能力，还能自然而然地在合适的时机应用这种能力

图 9-1　知识和应用内化为能力的四个阶段

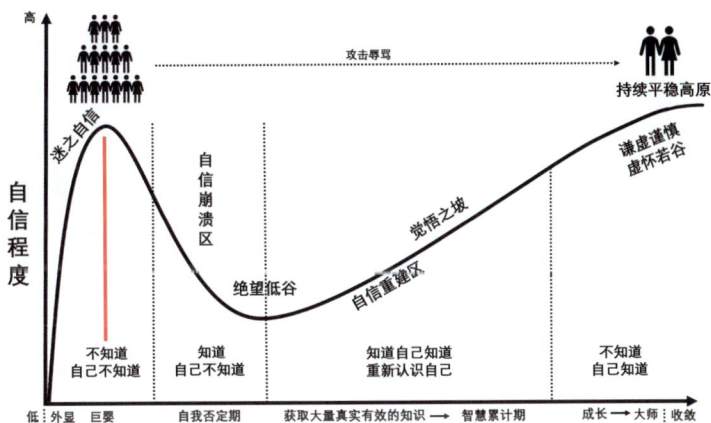

图 9-2　达克效应示意图

9.8　不适合市场的十种人

缠师在教你炒股票第 42 课中阐明了以下不适合参与市场的十种人。

（1）耳朵控制大脑型。这种人，一旦听到什么，就可以完全不经过大脑，立即由耳朵直接操纵手。如果你每一次的买卖都是这样完成的，那么你根本不适合参与市场。

（2）疯狂购物型。这种人，最大的特点就是可能只有几万元的资金，竟然可以拥有十几甚至几十只股票，什么股票都想拥有，什么股票涨了，都说我也有，以此来安慰自己。这种人，根本不适合参与市场。

（3）不受控制型。每次操作，明明知道不对，就是控制不住自己，心里有一股顽劲，一到需要抉择的关键时刻，永远掉链子。这种人，根本不适合参与市场。

（4）永远认错型。典型的永远认错，死不改错，同样的毛病，可以永远犯下去却永远改不了。而在市场中，一个毛病就足以致命，一个死不改错的人，是不适合参与市场的。

（5）祥林嫂型。这种人，永远就是唉声叹气，甚至会演变成特别享受这种悲剧情调，市场不是用来受罪的，何必这么折腾，市场外的天空广阔，离开吧。

（6）赌徒型。对于这种人来说，市场就是赌场，这种人根本没必要在市场里。

（7）股评型。市场中喜欢吹嘘的人多了去了，有些人明明亏得一塌糊涂，就是爱吹牛，市场对于他来说不是用来操作的，是用来侃、用来吹的。这种人，不适合参与市场，可以去当股评。

（8）入戏太深型。这种人，把股市的波动当成电视连续剧，每一个细微的变动都可以让他情绪失控，上涨也失控、下跌也失控、盘整也失控，开盘4小时，就煎熬4小时。这种人，在市场上太累，还是回家看肥皂剧好。

（9）偏执狂型。这种人，就爱认死理，一万头牛也拉不回。偏执，对搞理论或其他事情可能影响不大，甚至有好处，但在万变的市场中，偏执狂是没有活路的。

（10）赵括型。市场操作，不同于纯粹的理论研究。市场就是市场，就如同战场，赵括之流同样是没有活路的。

以上十种人，是特别不适合在市场中生存的。当然，并不是有这种表现的人就一定要永远离开市场，关键是先要调节过来，所谓功夫在诗外，市场中也一样。真正能在市场上登顶并长期领先的，有可能是一个大傻瓜、心理有顽疾的人吗？

所谓性格决定命运，要认清市场，首先要认清自己，知道自己的弱点在哪里，自己在市场中的每个行为都要清楚地意识到。每天收盘后，都找十分钟，把自己当天的操作以及看盘时的心理过程复一次盘，这是十分必要的。

——教你炒股票第42课：有些人是不适合参与市场的（2007-04-04）

▶▶ 9.9 要战胜市场首先要了解众生

本ID觉得，当人被刺激后，大概学习的效率会高点，所以就连续写课程了，让有缘人得之。

要战胜市场，首先要了解市场的众生。市场是合力的，而产生这合力的不是机械，而是活生生的人。

市场中大多是糊涂蛋，赚钱了不知道为什么，亏钱了不知道为什么，最后变青蛙了，也会说，井上面的天空好大，好复杂，怎么处理啊？哪里有拐杖啊？

几乎绝大多数的人，进入市场时，根本不知道市场是什么，然后就不断投入，最后有些人输红眼了，砸锅卖铁也就进来了。

——教你炒股票第 95 课：修炼自己（2008-01-22）

了解众生，了解历史。笔者通读《遥远的救世主》《天幕红尘》以及缠中说禅的《〈论语〉详解：给所有曲解孔子的人》《给所有曲解马克思的人》等，不难理解其背后的原理都是相通的，强势文化与弱势文化属性组成了不同的人文社会、政治经济等。在市场中，不了解众生的文化属性又如何能战胜市场？

你是否想起，缠师在原文第 30 课中说的："要在本 ID 的理论里功力大增，就先要成为一个顶天立地的人，这也是本 ID 让各位多看本 ID 所解释《论语》的原因。交易，不过是人类行为的一种，要成为成功的交易者，首先要对人类的行为穷其源、得其智慧，否则，一个糊涂蛋，什么理论都是白搭。"

▶▶ 9.10 战胜市场，就是战胜自己的贪婪、恐惧、愚蠢

本 ID 觉得，如果你只是想挣点钱，那么没必要学什么技术分析，在牛市里，买基金就可以了，特别是和指数相关的基金，你至少能跟上指数的涨幅。但市场不单单是为挣钱而存在的，市场是一个最好的修炼自己的地方，人类的贪婪、恐惧、愚蠢，哪里最多？资本市场里，每时每刻都在演绎着。在这个大染缸里修炼自己，这才是市场最大的益处。

战胜市场，其实就是战胜自己的贪婪、恐惧、愚蠢。本 ID 的理论只是把市场扒光给各位看，而扒光一个人并不意味着征服一个人，对于市场，其道理是一样的。不干，不可能征服市场。对于市场来说，干就是一切。技术分析的最终意义不是预测市场要干什么，而是市场正在干什么，是一种当下的直观。在市场上所有的错误都是因为离开了这当下的直观，用想象、用情绪来代替。

——教你炒股票第 19 课：学习缠中说禅技术分析理论的关键（2006-12-27）

我们先来看一位当年学习缠中说禅理论的网友的提问与缠师的回答。

[匿名]：喜欢看楼主写的关于孔子的文章。做股票其实和其他事情一样，

关键是个人的修为，真功夫都在股票外。（2007-01-04）

缠师：如果某人在理论上很清楚，要在第一、二、三类买点买，但一看盘一操作就什么都忘了，那么什么理论、方法都没用。为什么呢？因为他根本就是被自己的贪婪与恐惧控制着。一个好的投资者，首先要战胜自己，成为一个自觉的人，否则一切都没意义。（2007-01-04）

在市场中，贪婪总使我们在最该抛售的时候买入，恐惧又使我们在最该买入的时候抛售，与其说战胜市场或者所谓的庄家，不如战胜自己的贪婪和恐惧。只有做到一般人做不到的事，才能得到市场丰厚的回报。这不仅是市场逻辑，也是自然法则。而这个自然法则决定了只有少数人才能够战胜自己，欣赏到天边之明月。

缠师还给了如下忠告。

这市场，永远不缺卖在最低点、买在最高点的人。这世界上没有什么是可以让所有人赢钱的，连大牛市中都有很多人亏损累累。而市场中的行为，就如同一个修炼上乘武功的过程，最终能否成功，还是要落实到每个人的智慧、秉性、天赋、勤奋上来！

——教你炒股票第3课：你的喜好，你的死亡陷阱（2006-06-09）

面对市场，不经过一番洗心革面，是不可能战胜市场的。在市场里，任何的侥幸都只能是暂时的，而且会被市场加倍索还。

——缠中说禅（2007-01-09）

知道，明白，看得懂，和能操作好，这里的差距大了去了，所以以前本ID就说过，都学本ID的理论，并不会影响本ID，最后比的是人本身。

如果连最基本的永远不追涨杀跌都做不到，那就没什么可说的了。

——缠中说禅（2007-04-19）

股票不是吃饭，一顿不吃就饿得慌。理论是让你心里不受贪婪恐惧的影响，别明明知道是刀子还跑过去大吃一顿。

——说说股票和咒语（2008-07-11）

▶▶ 9.11 一个初级的有自我意识的操作者

在9.6节中笔者讲到了知识和应用内化为能力的四个阶段，本节来看缠师具体怎么说。

操作，是一种能力。能力强的，就可以参与更多的战机，这就像打仗，有多大能耐打多大的仗。没能耐的，就在小板凳上待着，等看到适合自己能力的机会再出手。

其实，操作就是这么简单。首先你要明白自己的能力，然后判断这机会的难度你能否胜任，你不胜任，就闪开，就这么简单。事情总是简单的，只是人把事情搞复杂了。人的贪念，总是看到别人抓住机会就不爽，那样，你就永远不可能进步。

对于真正的操作者，只倾听市场与自己的声音。本 ID 的理论把所有的机会无一遗漏地输出，关键是你能否正确地认识自己，能否去把握这机会是否适合自己。

本 ID 理论中机会的输出是最基础的，只要读懂了谁都可以做到。但这机会如何进入操作的层面，最终修炼的是人，这才是最关键的。

再把前面说过的重复一次。

首先，你必须能在任何时刻正确无遗漏地给出所有机会的输出，这是最基本的。如果连这都达不到，那么你就根本不适宜用本 ID 的理论去操作。

很简单，你要考查自己的水平，请回答下面的问题：请列出最近三个必然发生不会遗漏的机会，并说明其必然的级别。

注意，本 ID 的理论与所有技术分析理论都不同的，就是本 ID 不关心这些机会的具体点位和时间，因为点位和时间涉及预测。而机会的显发，就如同花的开放，你看到了，就是了，就这么简单。

说得更明白些，本 ID 的理论把所有级别的机会逐一列出，这些机会是必然要出现的，你只需要等待它出现就可以，就这么简单，你何必去预测什么点位和时间？

机会出现，你必须能看出来，看不出来，就错过了，就这么简单。能否看出机会，这是第二步的问题。任意一个机会如何成立、确认，在课程里都有，你看明白就知道了。多看，就不会漏过了。

例如，你知道按理论下一个是 1 分钟底背驰这个机会，但你连底背驰都不会看，那就不行了。

看，有一个逐步精确的问题，你看的水平有多高，这和你对理论的把握程度有关。你连用 MACD 去辅助都不知道，以为 MACD 就等于背驰，那么这种水平是无论如何都看不出背驰来的。看出来了，就要操作了。要决定操作，就要把下一步想清楚，就是下一个必然的卖点是什么，一旦这个卖点出现后，最坏的情况是什么，每种可能的情况如何去分类，界限在哪里，每种界限触及后如何处理等。如果你连这个都不明白，事先没搞清楚，心里不是明镜似的，那不被市场搞就怪了。

你能把上面三步搞清楚，熟练了，那么你就算是一个初级的有自我意识的操作者了；否则，你不过是糊涂蛋。对于糊涂蛋，谁都救不了，而且谁又何必去救一个糊涂蛋呢？

再说一次，本 ID 只是陪练，最终要靠自己。

——吃完饭上来说两句（2008-01-28）

对比以上内容，经典的实战可以阅读 6.5 节中的相关内容。

▶▶ 9.12 生命是用来参透生命的

说了这么多技术上的问题，暂且停一期，说说技术外的事情。技术只是最粗浅的东西，同样的技术，在纯技术的层面，在不同人的理解中，只要能正确地理解里面的逻辑关系，把握是没有问题的，但关键是应用，这里就有极大的区别了。市场充满了无穷的诱惑与陷阱，对应着人的贪婪与恐惧。

单纯停留在技术的层面，最多就是一个交易机器，即使能在市场中得到一定的回报，但这种回报是以生命的耗费为代价的。无论多大的回报，都抵不上生命的耗费。生命，只有生命才能回报，生命是用来参透生命的，而不是为了生不带来、死不带走的所谓回报。

——教你炒股票第 23 课：市场与人生（2007-01-15）

千江有水千江月。技术对任何人来说，或者对于任何有不同人生境界（人生境界有个说法，即你大脑的计算复杂度）的人来说，是完全不同的概念。

假设有甲、乙二人，甲达到了某级别人生境界，乙到达了另一级别人生境界，而后以甲、乙二人不同的人生境界观照缠中说禅股票技术理论，这样就形成了各自的操盘技术。此时，甲、乙都自称掌握了缠论技术，实际上，他们都只是在各自不同的人生境界下观照缠论后形成了他们自己的投影。没有脱离观照者／学习者而有的所谓技术，最终而言，技术是完全个性化的。

理解和掌握某个层级的技术，诚然与你的人生境界有关。这就意味着操作的结果必然是有不同位次的，即有很大不同，或者暴富或者倾家荡产。成败荣辱，看似由充满无穷诱惑和陷阱的市场所导致，深入挖掘一下便知道是我们对走势的理解和把握程度所导致的，更深入一步可以说其实是由自我的人生境界所导致的。

正如马克思所说的"认识世界"和"改造世界"的关系。从根本上说，这些都受制于观照者之人生境界，观照者之人生境界决定了这两者的水平。回报就是这一不同境界操盘最终形成的结果。

单纯停留在技术层面，就像将"患"的东西当作"不患"，将有限的生命殆尽在无尽的宿命之中。而生命，只有生命才能回报，生命是用来参透生命的，而不是为了生不带来、死不带走的所谓回报。正如缠师曾说的："如果人只是人，那么人如何去安顿只不过是一个审美问题；如果人还有穿越的可能，那么人就是一个真实的生命实践。"

▶ 9.13 智慧指引下的洞察才是心态好的唯一保证

没有技术保证的心态是傻子心态，傻子心态最好，见什么都没反应。智慧指引下的洞察才是心态好的唯一保证，这点可以看看本 ID 解释的论语。

——缠中说禅（2007-02-01）

华尔街有句名言：失败起因于资本不足和智慧不足。在市场中，没有智慧是万万不行的，这里的智慧是指对整个宇宙、人生、社会大系统的认知智慧，或者称这样的智慧为丁元英所说的"觉悟天道"，而资本市场是社会系统里的一个子系统，道理是相通的。

缠师将自己对市场的认知智慧和经验总结成市场理论，即《市场哲学的数学原理》（又称缠论），又通过自己几十年的学习研究和领悟，前所未有地全新解释了《论语》，这些都是极其智慧的人才才能做到的。由缠师的智慧所得出的这些理论，对我们而言就像指向天边月亮的手指，而只有真正领会其中，并结合自身的特点，不断领悟后才是属于我们自己的智慧。没有这样的智慧，又怎能有自如于走势的心态？

关于智慧，缠师还说过：

错了，要自己站立起来，谁都不值得依靠。患得患失，是因为本来就糊涂。本 ID 的理论，就是要消除这样或那样的糊涂，让你对股市一目了然，知道股市在干什么，你自己该干什么。破患得患失、恐惧、贪婪，靠的是智慧而不是其他。

——缠中说禅（2007-01-10）

市场上，对任何股票都不值得产生感情，没有任何股票可以给你带来收益，能给你带来收益的是你的智慧和能力，是那种把钱在另一个时间变成更多钱的智慧和能力。

——教你炒股票第 26 课：市场风险如何回避（2007-01-30）

只有智慧才可以战胜贪婪、恐惧，而当所有的贪婪与恐惧被战胜后，贪婪与恐惧所物化的资本主义社会本身，也就丧钟敲响了。

——教你炒股票第30课：缠中说禅理论的绝对性（2007-02-13）

▶ 9.14 在市场中，只能存天理、灭人欲

在市场中，只能存天理、灭人欲。

——缠中说禅（2007-06-12）

什么是天理？什么是人欲？其实这是一个百年争议的哲学问题。回顾中国历史，长期以来，"存天理、灭人欲"一直被当作朱熹的发明而流传。然而，笔者认为程朱理学的"只知理不认事（人欲）"，也就是"存天理、灭人欲"，那么人的欲望是否有价值和意义呢？当时的主流对此是倾向于否认的，这就导致了此后硕儒们反人性、扼杀欲望只限道德说教，并没有身体力行。

言行不一造就了历朝历代大批腐儒最终走向坐以论道。到了明中期，王阳明综合儒释道，在理和人欲方面，偏向于事（人欲）、理合一。王阳明提倡理在心中，人人可向自身求理，而自身之心，就源于实践和周围。明后期王夫之（王船山，也就是缠师较为认可的明末清初思想家）、顾炎武、黄宗羲等人的思想，之所以被称为启蒙，就是因为他们提倡欲在理先。

了解了"存天理、灭人欲"的出处及历史发展脉络，我们再回到资本市场走势上。缠师认为，"所谓市场，不过是人与人关系的一个经济物化形式，市场经济，归根结底，不过是人心合力的结果。没有了人，哪里有什么市场经济？没有了人，那些投资、需求等词语还不是空话一堆？"所以说，人心是市场中的一切根源。也就是说，人欲是市场的一切根源，没有人欲就没有华尔街了。

正因为不论消息面、政策面、资金面，这面那面，最终作用的都是人心。人心因预期而交易，而人心又有贪、嗔、痴、疑、慢，从而诞生意画心描、波澜壮阔的走势图，这团"纠缠"的"人欲天理之物"，反过来对操作者的要求就是"存天理、灭人（自己）欲"。不预测，没有预期，只能跟随着市场合力、市场走势而行，根据走势的自身规律来，看图作业。这里的看图作业，就是存走势之理，灭自己的人欲，即杜绝贪婪和恐惧，做到买点买，卖点卖。

具体怎么做呢？缠师强调了"闻、见、学、行"的重要性。

正闻、正见、正学、正行，无此四正，要在股市里终有成就，无有是处。正，不是正确的意思。所谓正确，不过是名言之争辩。正，是正是、是当下，只有当下，才是正是，才是这个。要当下闻、当下见、当下学、当下行，才是正闻、正见、正学、正行。

对于股市来说，只有走势是当下的，离开走势，一切都与当下无关。一切"闻、见、学、行"，只能依走势而"闻、见、学、行"，离开此，都是瞎闹。不符合当下走势的，上帝说正确也白搭。由此，入股市者，首先要把负面的情绪、基因抛掉或化解掉。如何能办到？也离不开当下，离不开在当下的走势中磨炼。

…………

没有任何走势是值得恐惧的，如果你还对任何走势有所恐惧、有所惊喜，那么你还是"面首""怨男"级别的，那就继续在当下的走势中磨炼，让这一切恐惧、惊喜灰飞烟灭。

——教你炒股票第34课：宁当面首，莫成怨男（2007-03-07）

其实可以用另一个比喻来说明。缠师在《教你炒股票第30课：缠中说禅理论的绝对性》一文中讲到的零向量的作用，可参看6.12节的内容。

▶▶ 9.15 洗心革面的十条总结

来到市场，首先就要洗心革面，以下是缠师给出的十条总结。

（1）你手中的钱，一定是能长期稳定地留在股市的，不能有任何借贷之类的情况，这太关键了，本ID见过太多的人就是死在钱的非长期性上。

（2）级别必须配套来看，最好不要单纯的短线。任何进入的股票，至少是日线级别的买点进入的，一定不能远离底部，特别是对于生手来说，这点更为重要。短线是让你把成本降下来，而且确保持有的安全性，除了日线的单边上扬走势，短线必须坚持。但仓位可以控制，例如用其中的1/3，慢慢养成好习惯以后，就可以更随心所欲一点儿。

（3）如果判断不准确，那么卖点卖错了无所谓，这么多股票还怕找不到好的吗？但买点一定要谨慎，宁愿筹码少，也不能追高买回来。操作中，开始时熟练程度差，不奇怪，这种事情要不断实践才能提高。

（4）最开始以中长线心态进入时，尽量参考一下基本面的情况，不能搞太烂的股票，而短线就不大需要考虑这些问题，只看技术就可以。

（5）不要有依赖心理。只有自己在实践中成为自己的一部分，才是真实的。

（6）一个坏习惯足以毁掉一切，每次操作后一定要不断总结，逐步提高。

（7）如果你选择股票时是以一个中长线的心态谨慎选择的，那么就不要随便斩仓。本ID反对斩仓、止蚀之类的操作，亏出去的钱是真亏出去的，而只要筹码在，不断的短线足以把成本降下来。斩仓就能一定买到更好的股票吗？特别在中长线依然看好的情况下，斩仓更没必要。

（8）先卖后买也是可以挣钱的，不要光知道先买后卖。

（9）股票都是废纸，你要的不是任何股票，而是通过股票把血抽出来！

（10）恐惧和贪婪，都源自对市场的无知。

——来这里，首先要洗心革面（2007-01-31）

9.16 修、齐、治、平，同样适用于股票市场的交易

股票市场的问题，不是一个单纯的理论问题。虽然在理论上，本ID可以向所有人揭示其买卖点的完备性，但买卖点不可能自动去买卖，最终的交易是人去完成的。相同的工具，在不同人的手里就有了完全不同的结果，而市场只看结果。任何人，哭着喊着说自己所用的理论是完备的、最好的都没用，是人使用理论，而非理论使用人，要让这人使理论达到完美，最终只能靠自己在市场中的修炼了，这就与《论语》有着密切的关系了。修、齐、治、平，同样适用于股票市场的交易。

——教你炒股票第21课：缠中说禅买卖点分析的完备性（2007-01-09）

在详解《论语》中，缠师认为："对于《论语》、儒家来说，客观规律的有无并不是一个首要的前提，无论有无，都是'人'必须承担的。在'天地人'模式中，客观规律属于'天地'范畴，构成'人'展现的舞台。打个比方，对于'人'这个演员来说，无论舞台如何，演好戏是最重要的，而好的演员，无论怎样的舞台，都会充分利用构成这个舞台的当下、现实的条件。"

同样地，对于交易者、投资者而言，对走势的规律性把握问题，归根结底是由人来承担的，人成法成，人不成，法何成？

在交易中，是"我"在交易，即使理论再完善也代替不了自己去行，而要让"我"使理论达到完美，最终只能靠自己在市场中的无尽修炼。在资本时代，"修、齐、治、平"同样适用于股票市场的交易。

▶ 9.17 挣钱，本来就是很简单的事情

每天，用一个最简单的分型以及能否延伸为笔的最基本标准进行分类，就完全可以处理如此震荡的行情。人总爱复杂的东西，看不起简单的，才是真功夫。挣钱，本来就是很简单的事情，不过就是一个良好习惯与操作策略的结果，一点儿劲都不用费。人总爱贪多。请问，分型这个最简单的分类导致的操作，你把握了吗？如果连这个都没有熟练把握，你再学其他的又有什么意义？

——教你炒股票第 105 课：远离聪明、机械操作（2008-04-13）

挣钱，本来就是很简单的事情，不过就是一个良好的习惯与操作策略的结果。在《教你炒股票第 96 课：无处不在的赌徒心理》一文中缠师说过：

生活，很简单，一天三顿，五谷为养、五果为助、五畜为益、五菜为充，而不是那些古灵精怪的玩意；市场很简单，就如同生活，在一定的韵律中生长出利润。只有那韵律，那平凡但又能长久的盈利模式，才能使你战胜市场。

你不需要如赌徒一样整天烦躁不安，又期盼又恐惧，折腾不休。你只要平静地按照自己的韵律、按照市场的显现与日俱增地强大自己。错过了，就错过了，后面还有无数的机会。

▶ 9.18 文学、艺术与市场是相通的

很多事情都是相通的，例如在顶部的时候，就是以乐景写哀倍增其哀，文学、艺术与市场是相通的，只不过看你有没有这种修养和感触而已。

市场，最终是人的修炼，你的全部修养是不是花架子，在市场中一下就可以检验出来。很多所谓的文化人看不起市场，是因为他们拥有的不过是些花拳绣腿而已。

一个真正成功的操作者，一定是有幽默感的人。否则，市场中任何的弱点，可能就足以致命。在和平时代，没有比市场更能提高人的地方了，好好珍惜吧。

——没有幽默感与修养成不了好的操作者（2008-02-01）

明末清初王夫之在《姜斋诗话》中说："以乐景写哀，以哀景写乐，一倍增其哀乐。"这就是在诗词中以景衬情的手法之一。文学、艺术与市场是相通的，就像晚清学者王国维在《人间词话》中所说的"古今之成大事业、大学问者，罔不经过三种之境界"，不正是每位投资者所经历的三个阶段吗？

王国维以"独上高楼，望尽天涯路"形容学海无涯，只有勇于登高远望者，才能寻找到自己要达到的目标；只有不畏怕孤独寂寞，才能探索有成。

同样地，对于刚接触资本市场的人来说，难免有陌生悠远之感，一旦踏入这个市场，就会有"路漫漫其修远兮，吾将上下而求索"的"孤寂"。

王国维以"衣带渐宽终不悔，为伊消得人憔悴"比喻为了寻求真理或者追求自己的理想，废寝忘食、夜以继日，就是累瘦了也不觉得后悔。

王国维用"众里寻他千百度。蓦然回首，那人却在，灯火阑珊处"这句话比喻经过长期的努力奋斗而无所收获，正值困惑难以解脱之际，突然获得成功的心情。踏破铁鞋无觅处，得来全不费工夫，乃恍然间由失望到愿望达成的欣喜。

我们一直在学习操作探索的路上，我们的能力也如同走势一般，稍不认真就容易退转，所以需要坚持不懈。

▶▶ 9.19 无我无股票，只有走势图形

大盘大跌，除了清洗筹码，还可以清洗一下人。本 ID 说过，这里没必要有这么多人，来这里的，如果不是希望成为猎鲸者的，就没必要来了。那种跌个40% 就惊慌失措的，也不大适合市场。市场从来都是血腥场所，这点在前面已经反复说到，见不了血腥场面的，还是拿钱好好去买国债，这样比较安心。

股票就是废纸，该卖的时候不卖，把股票当宝，这就是投资的最大软肋。如果你看图形操作时，做不到无我无股票，只有走势图形，那基本可以不看图了，因为有我有股票，被自己的贪婪与恐惧所牵引，你看的图，也不过就是自己的贪婪与恐惧，那何必看图？

——教你炒股票第 58 课：图解分析示范三（2007-06-04）

无我的状态，即不思多、不思空，如零向量般与合力随波逐浪，这样才能真正感应到市场合力本身的节奏，感应它的转折、破裂，才可能最终踏准级别与买卖点，实现财富增加。很多人之所以出差错，就是因为心里总是先假设一个可能的走势，觉得不会有事，这就是住念。而无我的意思，就是无贪、无嗔、无痴、无疑、无慢。

不论是对走势，还是对自己已学的相对系统的市场兵法、理论、招数，最终都要有招归于无招，做到手中有招，心中无相；手中有股，心中无股。

▶ 9.20 一个能在市场中自如的人，没什么能打扰他了

各位，在市场中反复磨炼，一个能在市场中自如的人，没有什么能打扰他了。

如果你的情绪，能让你看不到买卖点，那么什么技术都是没用的。一定要感觉市场的节奏，这样才能降低成本。在大牛市里，筹码是不能丢的，且成本一定要不断下降，这已经反复说了。成本不降，就抗拒不了短线震荡的风险。

技术好的，见到震荡就高兴，成本又可以降下来。否则就是坐电梯，上上下下享受。

——缠中说禅（2007-04-13）

一个能在市场中自如的人，首先必然是对市场走势原理通透的，其次也一定对自己、对人心有深刻的认知。不仅能清楚地认知到市场走势运行的边界，也明白自己思想行为的边界。这样的人，还有什么能打扰他呢？

▶ 9.21 你的眼睛看得清，你的心才会敏感

首先不要受消息、情绪等因素的影响，这样你的眼睛才看得清楚，然后你的心才会敏感，慢慢对市场就有了一种灵感，市场仿佛就是你的身体一样，它有什么风吹草动、头疼脑热的，你马上就有感应。但是这要慢慢来的，先把一些基础的东西变成自己的一种本能反应，例如建立符合自己的有效操作程序等，这是初学者最基本的东西。

——缠中说禅（2006-11-24）

很多人喜欢看消息，受情绪影响，看到股价上涨时，不敢相信它是涨的，反而担心假突破，担心庄家出货；看到股价下跌时，又想着主力在洗盘，又希望庄家是打压进货。这就像惟信禅师在参禅的 30 年里经历过的"看山不是山，看水不是水"一样。

30 年后的惟信禅师证悟了大乘境界，超然的心境与实际生活浑然一体。他的心中没有了疑惑与焦虑，所见到的一切依旧那么自然而然。同样地，我们在资本市场所追求的理想境界，其实就是能够消除妄想，让自己和走势合一，所见与内在融合统一。看股价的变动既像看绵延起伏的山峦，也像看蜿蜒徘徊的江河，所见即是山，即是水。

▶▶ 9.22 半部《论语》治天下，更别说股市了

[匿名]：孔子的思想最终的指归都是天下，修身最终也是为了天下，不理解这点是白学了。这几天股票比较火，问的人多，等几天股市大调整了，人自然就少了，股市里的人都这个德行。如果不从根子上改变，依然悲剧不断。（2006-11-30）

缠师：*所以看股市的，也好好学学《论语》，半部《论语》治天下，就别说股市了。*（2006-11-30）

小道而大道。学习缠中说禅股票理论的人终究走上君子、圣人之道，这也是他儿时立下的志向。要在股市中有所成就，必然要洞观世事人生的真谛，那么学习缠师的《〈论语〉详解：给所有曲解孔子的人》是最好且最基础的选择，如此才能对缠师教你炒股票108课理论有更深刻的认知。缠师曾数次在原文及解盘回复中提到《论语》的重要性。

对于走势，可能是无位次的，而实现是有位次的。因此任何的操作，只能建立在有位次的基础上，这对于熟悉本ID所解《论语》的人应该能理解。半部《论语》治天下，就别说股市了。要在股市上脱胎换骨，多看本ID说的《论语》，*那是源泉。*

——教你炒股票第13课：不加防护的不是好操作（2006-12-04）

要在本ID的理论里功力日增，首先要成为一个顶天立地的人，这也是本ID让各位多看本ID所解释《论语》的原因。交易，不过是人类行为的一种，要成为成功的交易者，首先要对人类的行为穷其源、得其智慧，否则，一个糊涂蛋，什么理论都是白搭。

——教你炒股票第30课：缠中说禅理论的绝对性（2007-02-13）

[匿名]：楼主，你这样精细地教我们，是不是想把我们也培养成你这样的高手？（2006-12-04）

缠师：本ID只能教最基本的技术，心态没法教，要学，就要多学本ID说的《论语》等，然后反复在实际中修炼，才有提高的可能。（2006-12-04）

10

第10章

经典战例

缠中说禅于幻海中拈起一朵空花，在股海中扛起一面红旗，以现场直播的方式，为我们展示了一轮长达两年的牛熊的操作。想起《遥远的救世主》中的肖雅文和欧阳雪，她们真正见过丁元英在股市中的能力，当然对这个大哥有十足的信心。而叶晓明、冯世杰、刘冰三位受困于自己的眼界和格局，半途而废——井底的人扒着井沿看一眼又掉下去了。

▶▶ 10.1 现在这些股票的成本都是 0

只要精通本 ID 的理论，任何股票在任何价位买，其实都不是问题。通过震荡，通过不断差价，本 ID 总能把它们的成本变成 0，只是时间长短的问题。

现在本 ID 做盘已经很温和了，多年前，本 ID 的风格可不是这样的。例如，有一只东北企业的股票，当时本 ID 抢筹码，从 9 元开始，一直抢到 26 元，然后展开大幅震荡，多家人在里面打架，成本也大幅度减少，最后拍上 38 元飞流直下三千尺，前后不过几个月。这只是本 ID 干过的一件小事，那次基本没散户什么事。谁告诉你股票一定要有散户才好玩的？

从 2006 年底开始来这里的人都知道，本 ID 在这里说的股票，第一只就是 000999（华润三九），当时是 2006 年 12 月 20 日前后，价格在 6 元，本 ID 也就是这时进去的，后面 000416（民生控股）在 3 元、600635（大众公用）在 5 元、600777（新潮能源）在 4 元，本 ID 说的时候，也就是本 ID 开始买的时候。所以，本 ID 所持有股票的时机、成本是完全公开的，但成本只是当时的，现在这些股票的成本都是 0。

——股市里不动脑子只有死路一条（2007-06-22）

华润三九（000999）、民生控股（000416）、大众公用（600635）、新潮能源（600777）在 2006 年 12 月 20 日周线图分别如图 10-1 ~ 图 10-4 所示。

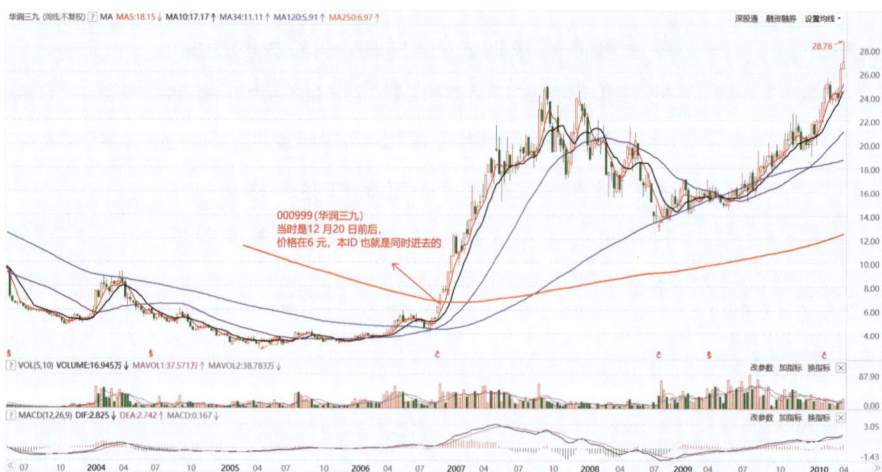

图 10-1　华润三九（000999）2006 年 12 月 20 日周线图

图10-2　民生控股（000416）2006年12月20日周线图

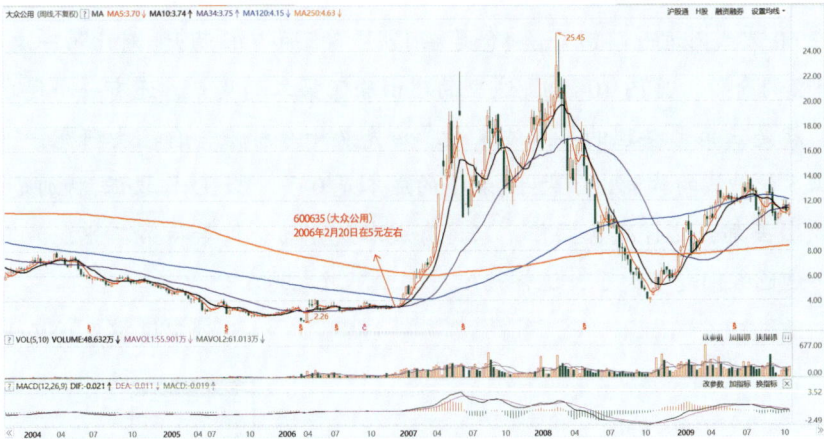

图10-3　大众公用（600635）2006年12月20日周线图

图10-4　新潮能源（600777）2006年12月20日周线图

2007年6月，缠师通过操作使这些股票的成本都已经为0，从图10-1～图10-4中可以明显看到缠师都是在周线第二类买点买这几只股票，正好对应他在原文第26课中讲过的："一般来说，本ID只在月线、最低是周线的买点位置进去，追高是不可能的，这样会让变负数的过程变长，而且都是在庄家吸得差不多时进去，一般都是第二类或第三类买点，这样可以骗庄家打压给点货。从散户手里买东西太累，一般不在月线的第一类买点进去，这样自己容易变成庄家。"

关于如何将成本降为0甚至负数，在8.6节中有具体论述。

▶ 10.2 这样就绝对立于不败之地了

2006年10月23—25日是本ID的建仓期。第一波上去后，11月8日减了一半，后来在60天线附近一路回补，加仓是在12月6日和7日两天，对比第一次买的，加了1/2的仓位（见图10-5）。这里的理由除了第二类买点，还有一个现在没说到的，就是三角形整理的第五波末段。该走势十分标准，自己去研究一下。昨天根据5分钟线的背驰出了大半，剩下的成本是0了。本ID作权证，特别是认沽，第一轮上去都会这样减仓操作，只持有成本是0的仓位等待第二波，第二波是否有，这已经问题不大了，这样就绝对立于不败之地了。

——缠中说禅（2006-12-13）

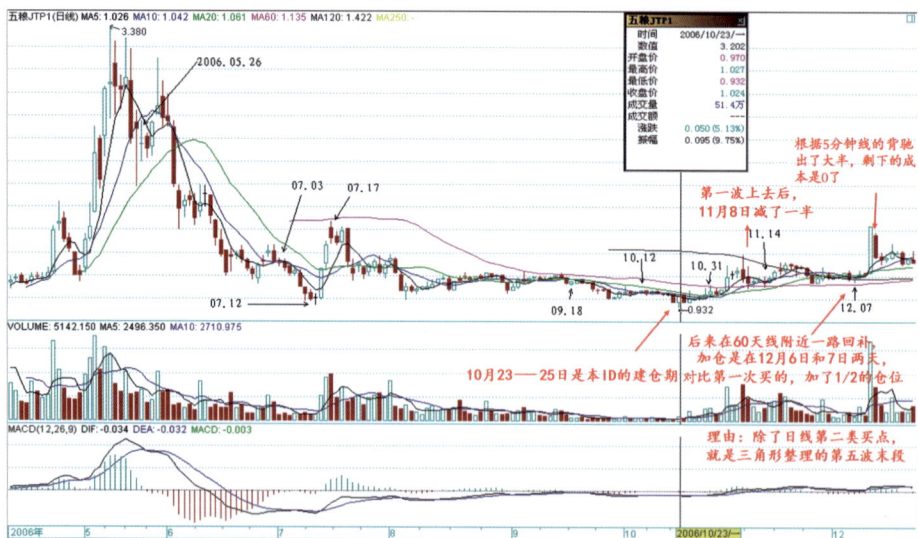

图 10-5　五粮液（038004）权证，缠师操作案例

很多人搞不懂学了技术怎么运用的问题，以上为缠师将成本降为 0 的一个的实战案例之一。其中还包含以下知识点。

三角形的判别不看均线，直接看图形。2006 年 11 月 8 日—12 月 7 日，是一个完美的三角形，还告诉你一个秘密，这刚好是一个时间周期点。这就是本 ID 能十分准确地加仓的原因，几个因素都结合在一起了。

——缠中说禅（2006-12-13）

10.3 将 8 亿大米装到 5 个庄家肚里

不同于小资金，大资金不想变庄家的操作是需要很高技巧的。所以缠师写下《教你炒股票第 22 课：将 8 亿大米装到 5 个庄家肚里》一文作为大资金的教科书。

这里的 8 亿大米是指 8 亿元资金。这里的 5 只股票分别是华润三九（000999）、建投能源（000600）、中核科技（000777）、新潮能源（600777）、新兴铸管（000778）。

买入的时机为 2006 年 12 月 20 日。

资金管理方式是先用 7 亿元买入这 5 只股票，留了 1 亿元作为机动资金。这部分钱每天在 5 只股票上进行操作："这部分的大米是不能固定在任何一个庄家肚里的，要每天在 5 个庄家肚里流动，有时候会变成 1.5 亿元，有时候可能变成 5000 万元，这都是根据盘面的情况来的。"

第一只股票：华润三九（000999），其月线图和日线图分别如图 10-6 和图 10-7 所示。

现在，医药类股票整体表现强势，因此首先要拥有药。这药，刚好是一个典型的第三类买点，而月线上一个典型的圆底呼之欲出，看着圆底上那高高的山崖在上面，耳边一些精确的风声（指利好消息）精确地晃动，那还有什么可怕的！先把他拱到圆底的边缘再说，然后就大干起来。

里面那家伙被搞得很冲动，不断有筹码喷涌出来，本 ID 就不断地接货。两天后，那家伙怕起来了，但周围那些基金蜂拥而至，这药又坚挺起来。一挺就挺到月线圆底的边缘，好性感的圆底呀。

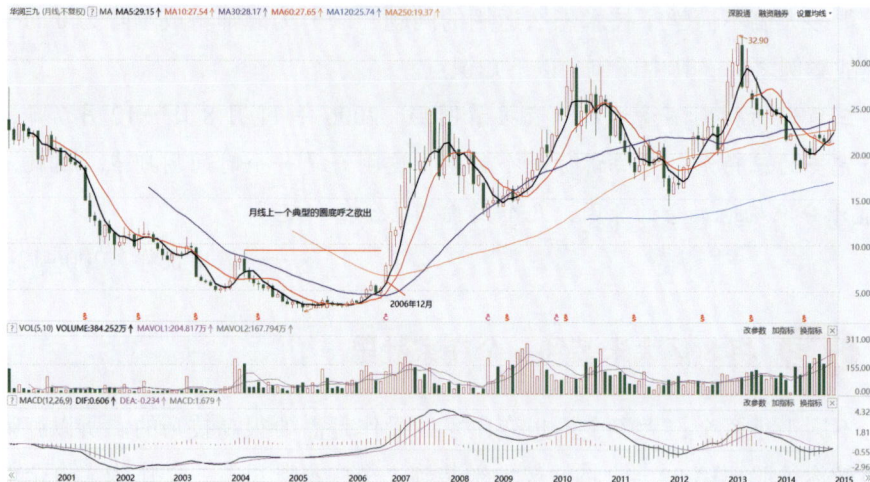

图 10-6　华润三九月线图

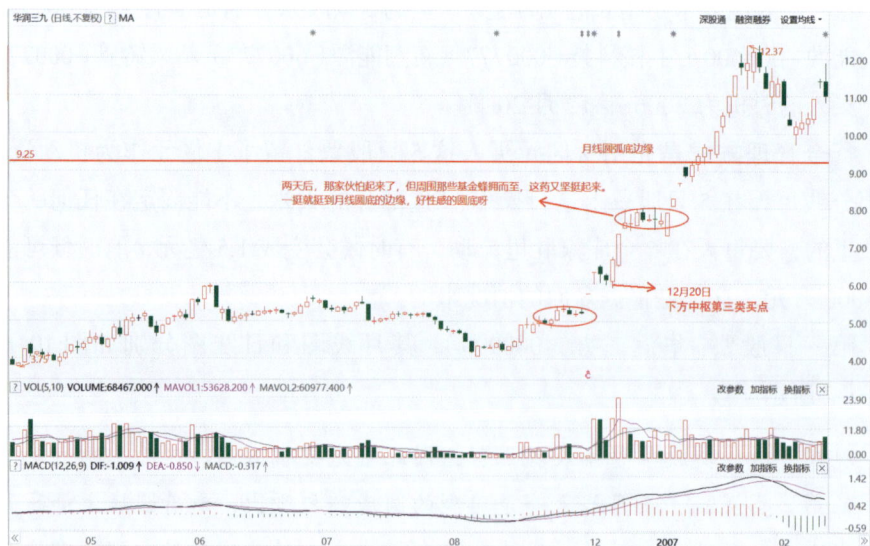

图 10-7　华润三九日线图

第二只股票：建投能源（000600），其月线图和日线图分别如图 10-8 和图 10-9 所示。

五个手指夹着一个异物。本 ID 的耳边传来该股票整体上市的消息。该股还**晃动着第三类买点**，那不是天生就想挨揍吗？所以它就被揍了。

第一天轻轻碰了一下，没什么筹码，这庄家够抠门的！第二天，轻轻突破一下，货多了点。其后两天，股价盘中上蹿下跳的，但就是没有太多筹码流出。

碰到一个更年期的主儿！

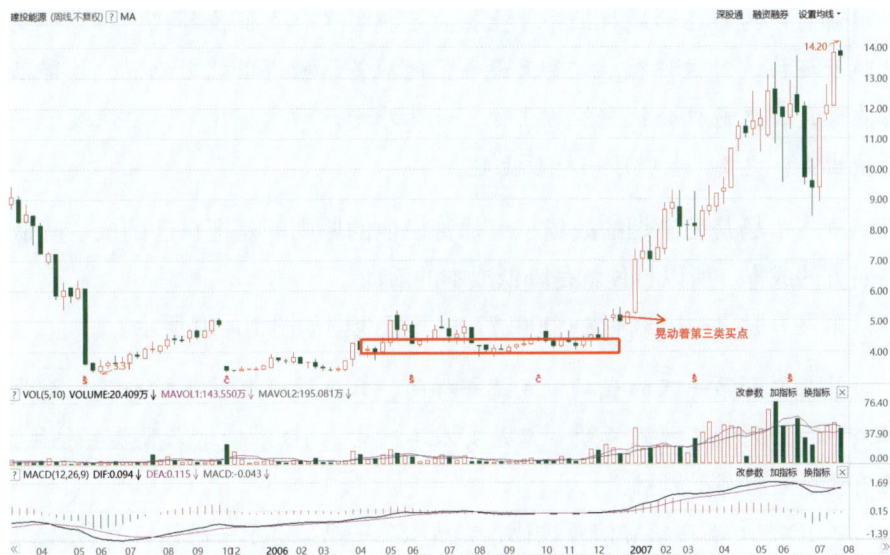

图 10-8　建投能源周线图

一般这种主儿不能硬来，闪一个身，让他摆摆庄家的威风。一根吸管（机动资金），顺着慢慢往下边走边吸。跌破某整数位后，那家伙也被吸得没了力气，下不去了。本 ID 突然晃动明晃晃的大刀，一副抢筹状，吓得这抠门的家伙飞一样就起来了。

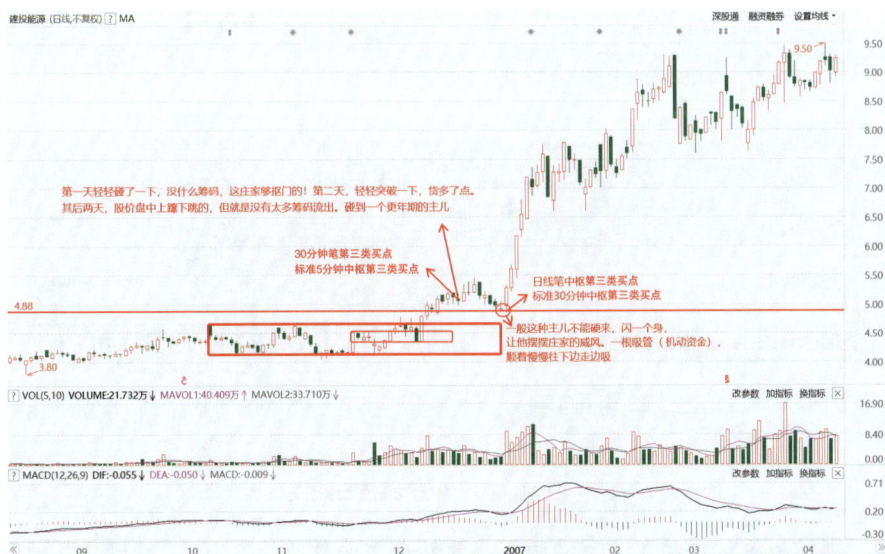

图 10-9　建投能源日线图

对付这种抠门的家伙，就要这样以吸为主，偶尔恐吓。这种抠门的家伙，一般都自以为自己的题材很牛，生怕自己损失了什么低价筹码，一恐吓就飞得比鸭子还快。对这种人，就要天天弄他的短差，砸得狠就顶死他，拉得狠就先躲在旁边，瞧好机会就突然袭击他，让他难受。对这种庄家，要像蚊子一样不断地出击，更要像赶鸭子一样往上赶。

资本市场是无硝烟的战场，缠师曾说他的原则就是把自己的成本降低，垫高对方的成本，所以打仗就是降低成本的活动。

第三只股票：中核科技（000777），其日线图如图10-10所示。

第三只和第一只的代码模式是一样的，只是这只股票比较秀气，是典型的江浙派，一看就不讨人喜欢。只是有人不断向本ID灌输这只股票要整体上市，又有这个题材那个题材。

本ID想起多年前曾消费过他，突然心里一动，有了一种怀旧的感觉，因此，就在一个小级别的第三类买点开始下手了。第一天没动手，对一个江浙派，太粗暴是不好的，先用目光杀死他。第二天，为了表示对他的旧情依旧，把他的代码当成买单输进去，买单扫过N个价位，砰的一声，成交上出现了他的代码。

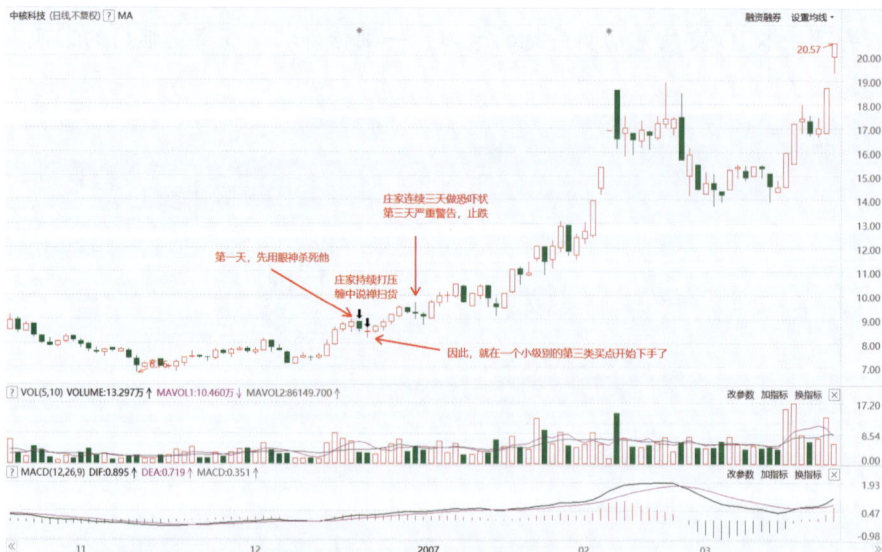

图10-10　中核科技日线图

那江浙派被惊动了，窜动两下，开始在上面放单，本ID又轻轻扫了他几下。突然，本ID在下面放上一个9999的买单，对他这类轻盈的体形，9999已经足够耀目了。

江浙派定了一定，正想反应，突然那买单又没了。惊鸿一现，已经在江浙派的身上留下了印记。一种被轻薄的感觉在江浙派身上晃动，他开始向下打压。本 ID 顺着打压的轨迹轻扫着，还真有点儿货。

第二天，江浙派没有从被轻薄的愤怒中清醒过来，继续往下打压，本 ID 的扫动越来越快。江浙派大概突然发现，这样继续下去，他就有被吸干的危险，尾市几笔就拉起来。

从第三天开始，江浙派开始挺立，但就是没什么牛劲，不断重复着每天尾市的游戏。

突然有一天，他也玩起打压恐吓的游戏。一个江浙派，水一样的男子，一副恐吓状，真是太滑稽了。前两天，本 ID 就看热闹，不管他。第三天突然发狠，严重警告他，再乱恐吓就把他给杀了。江浙派一碰到比他还凶恶的人，也只好温柔起来了。

第四只股票：新潮能源（600777），其日线图如图 10-11 所示。

第四只和江浙派的代码几乎一样，唯一不同就是一个在深圳、一个在上海。第一天的浮动筹码很多，十几个交易日前那两根大量暗示着，这只股票是刚启动没多久的。这样最好了，浮码多，水就混，藏点大米还不简单？这大米藏得又快又多，这种打乱仗的感觉真不错。

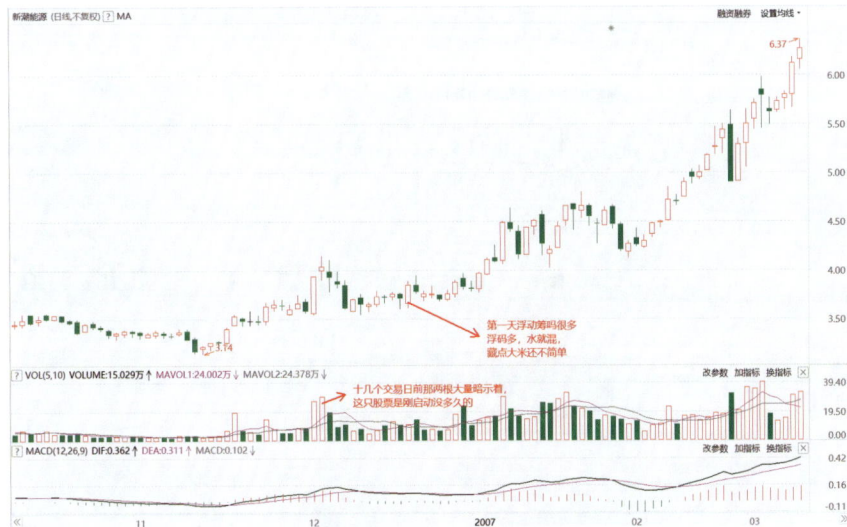

图 10-11　新潮能源日线图

一般来说，对于大资金来说，打乱仗是最好玩的。记得几年前那一次，把一只股票从 7 元多一下拉起来了几倍，中途就在 20 多换了一口气。四家人，一直打乱仗，其他人在周围进进出出晃悠着，好玩透了。

第五只股票：新兴铸管（000778），其周线图及前复权周线图分别如图 10-12 和图 10-13 所示。

虽然第五只和江浙派差一个尾数，但性格相差很远。典型的山里男子，老实巴交的，没有激情，却很稳健，像个仆人。本 ID 随便就把大米藏好了。

为什么是他呢？不为什么，仅仅是因为他和江浙派尾数差一个，而山东人是前面差一个，这样好记。周线图上的中枢强烈地勾引着走势往上[1]，这种老实巴交的，就算没有什么大惊喜，只要让人放心就好。

一般在一个投资组合里，一定要放这样一个老实巴交的股票。万一其他股票出现什么特殊的情况，马上可以变现去增援，这样就一定不会出大乱子。市场里，安全是第一位的。对于资金的总体安全来说，一定的快速变现能力是最重要的。

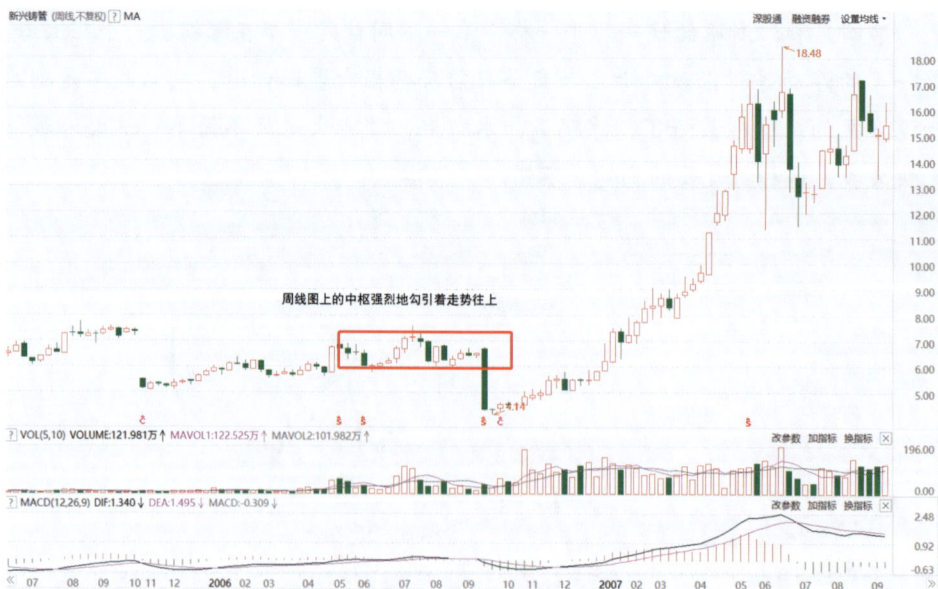

图 10-12　新兴铸管周线图

---

[1] 中枢乃密集成交区，是一堆能量，自然有吸引作用。

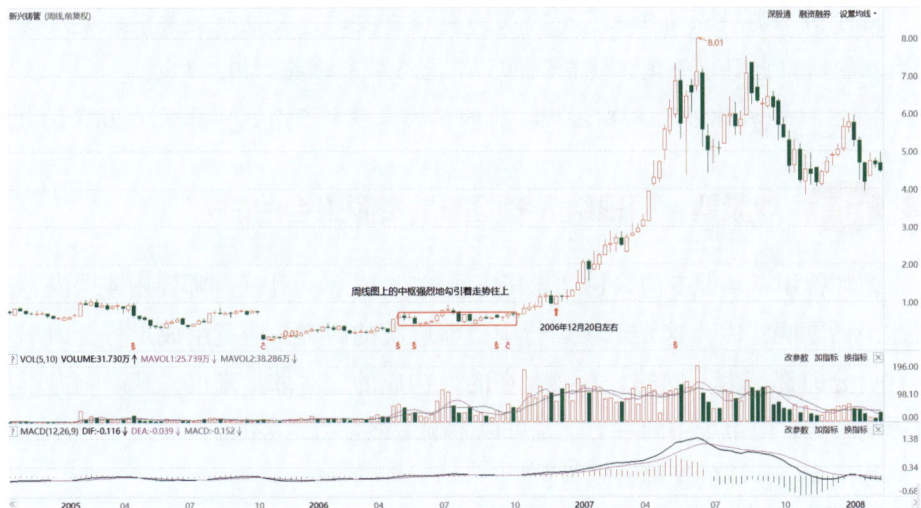

图 10-13 新兴铸管前复权周线图

一般而言，大资金既不想做庄，又想资金利用率高，其中一种相对安全的方法就是介入一个低位的大级别第三类买点。

首先，第一类买点不适合，你先进去，大家都看着你，找机会吃你，你在哪里潜伏下来？

第二类买点是可以的，但一般都采取比较温柔的办法，慢慢来。第三类买点介入，有点硬来的感觉，这要求有一定的功力，否则被吃了都不知道怎么死的。这样的安全性在于时间利用率高。第三类买点等于箭在弦上了，你这样突然进去横插一刀，除非实力特别强，而且所用资金又没有什么期限，题材也没到迫在眉睫的地步，这样，他会留下来和你折腾，从而变成持久战。

高手就是高在一定要对盘中庄家的脾气有充分的感觉，而且对阻击的目标有充分的了解，这样就能避免陷入持久战，互相在那里干耗着。当然，干耗其实也不怕，就是不断进行短差，把成本降下来。这样的前提是资金必须绝对自由、没有期限。一笔自有的、没有利息压力的资金，是阻击的一个最安全的保障。

阻击一定要控制好量，最失败的阻击就是阻击成了庄家。为什么要在低位的第三类买点出手？因为这个位置，庄家的货已经不少了，而成本还在附近，如果大力打压，除非其钱出问题了，否则不可能亏钱把所有货倒给你。如果真是这样，就成全他算了。

对于第三类买点的阻击，资金实力是很重要的，关键就是要顶住突然变向的打压，所以也要求一定只能在低位，不能与庄家的成本相差太远。

——教你炒股票第 22 课：将 8 亿大米装到 5 个庄家肚里（2007-01-11）

▶ 10.4 炒股票，归根结底考验的是资源组合的能力

缠师曾用了 4 课专门来讲"逗庄家玩的杂史"，为什么缠师要用 4 课内容来讲这个话题呢？因为这是市场运行中更深层次的内容，毕竟组成走势合力本身的背后分力都是由不同的、真实存在的人构成的。对散户来说，其影响力不足以影响大势，但市场中的主力，是可以影响最终合力走势的。

一位久经沙场的统帅曾感言：

说句实在话，炒股票，归根结底考验的是资源组合的能力，功夫在诗外，组合能力强，资金能长期坚持，有什么不能成功呢？本 ID 有一个不大好的习惯，就是对被打压的人，从来都不关心。但这两年，本 ID 不断发现，有好几个多年前被本 ID 打压的，竟然都坚持到了大牛市。他们控盘的股票，都成了这两年最牛的股票之一。一打听，人还是那些人，歌还是那些歌。这些人身残志坚，把 N 年的生命都奉献给了某只股票。连本 ID 都不得不说，人的无名之力，真是强大，佩服佩服。

为了表彰这些人的惊人业绩，本 ID 对其中几只股票不点名地表扬一下。

（1）那年夏天后，最后一次交叉缠绕，市场就走入漫漫熊途，你也留下一个个向下跳空的惊人缺口。大概除了本 ID，没有人知道你的痛苦。那高高的山岗，你只能用一个个除权缺口去追赶大盘下跌的速度。你在最悲壮时，依然站在实际的山腰之上，离那令你疼的顶峰依然不远。终于，你熬过那最后的血腥日子。春天来了，你跨过那一个个缺口，冲出那曾经绝望的顶峰。原来，山峰之外依然有山峰，你应该释怀了。

有学者猜这只股票是辽宁成大（600739），其 2000—2007 年日线图如图 10-14 所示。

（2）山顶到山谷，90% 多的落差并不一定是故事的终结。后来你终于明白，在山谷回到山脚后，继续半年就可以飞升 1000%，就可以走上更高的山峰。这时候，N 年的煎熬，大概就是最好的人生回忆了，你现在最感谢的，是否就是那 N 年前给了你最好回忆机会的人？

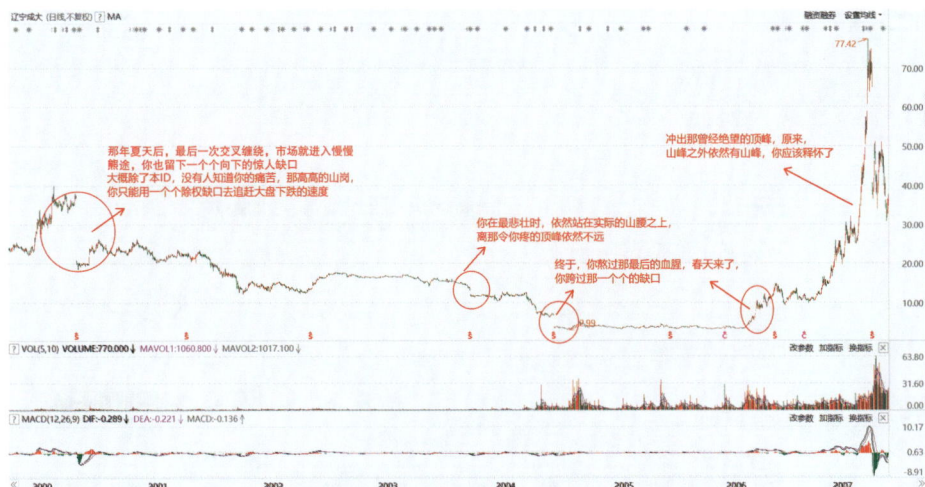

图 10-14　辽宁成大 2000—2007 年日线图

有学者猜这只股票是浪莎股份(600137),其 2001—2007 年日线图如图 10-15 所示。

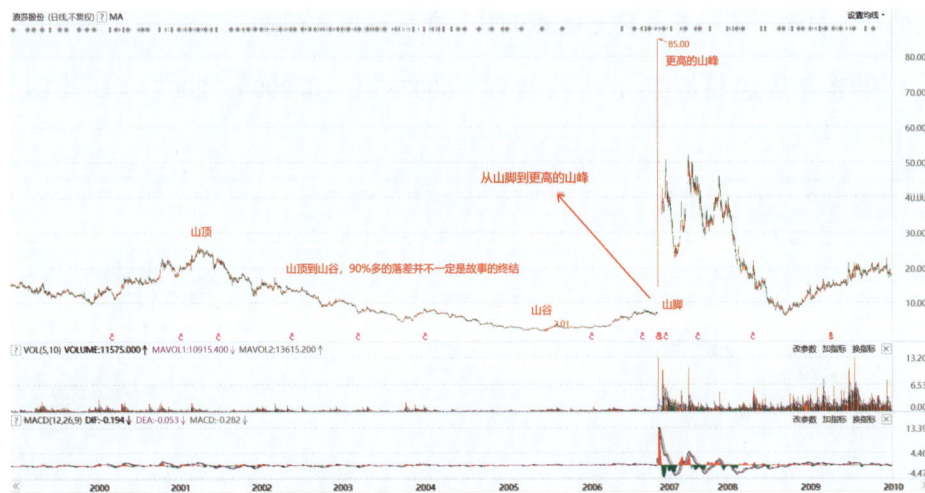

图 10-15　浪莎股份 2001—2007 年日线图

（3）惨跌超 80% 依然能站住的,才能引来 2000% 以上的升腾。本 ID 不会为曾经的残酷而有丝毫歉疚,但为了这能站住的,本 ID 送你五个字:还算爷们儿。

有学者猜这只股票是哈投股份（600864）,其 2000—2007 年日线图如图 10-16 所示。

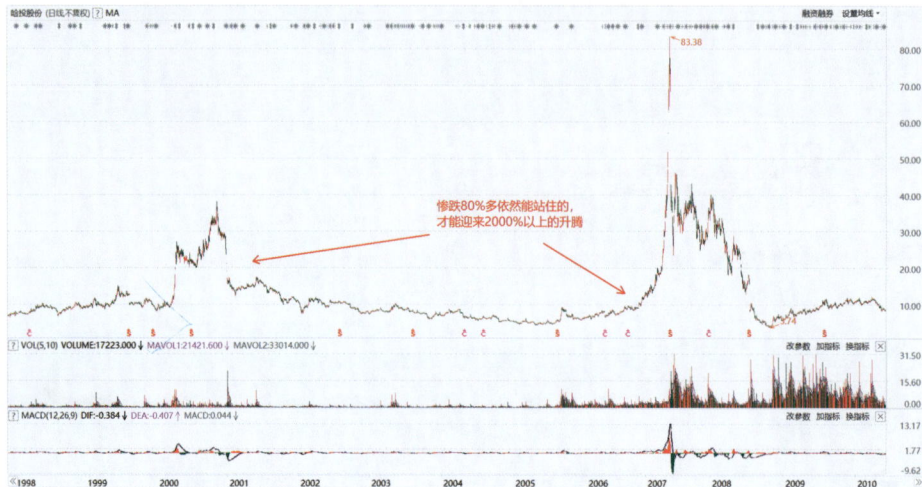

图 10-16　哈投股份 2000—2007 年日线图

（4）当你用一字涨停铺起台阶冲破所有顶峰时，又有多少人知道你 N 年前的痛苦？那些台阶已经名扬天下，而 N 年的那些日夜，究竟是什么缝补那颗破裂的心？粗略看了一下，最大跌幅 94%，真是梅花香自苦寒来啊。

有学者猜这只股票是北汽蓝谷（600733），其 2000—2007 年日线图如图 10-17 所示。

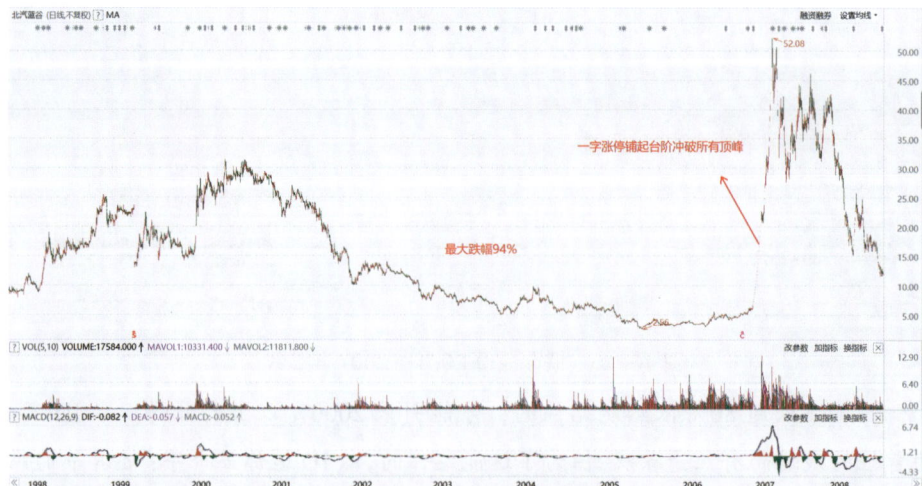

图 10-17　北汽蓝谷 2000—2007 年日线图

不要以为，庄家就是好差事，一般的散户，有上面四位优秀吃苦耐劳模范的一点功力，你想不成功都难。看看人家，94% 还可以梅花香自苦寒来，那些被十天半月洗盘就搞得精尽人亡的，还不如去买豆腐回家算了。

能熬住的少，熬不住的，最后都给人做了嫁衣。那些在大峡谷底买货的新人，要知道，这些骨头里，可能最多的，就是所谓庄家的。看到 100 元的 000338（潍柴动力），本 ID 就仿佛看到了那铁窗下唐家兄弟的灰影。

打压庄家，首先要对其资金面、来路等要有充分的了解。那些光有几个钱，靠收买个把刺史、郡守就蚁假猫威的暴发户，是最该收拾的，也是最容易收拾的。一般来说，资金上的弱点是攻击的最好前提。当然，资金上没什么弱点的，也可以攻击，特别是那些水平不高的新庄家。在市场上，新人、新猪肉，被吃是天经地义的。

当然，有些老狐狸，也是可以攻击的，但一旦介入，就要做好长期作战的准备。所以，除非有特别的理由或特别无聊，要找点乐，否则，一般不和老狐狸们玩。但实际上，本 ID 经常不遵守这个所谓的一般。

▶▶ 10.5　一般庄家就这么几种

缠师的《人只不过是人——本女所交往的亿万富豪》系列文章中的第 10 篇对庄家有如下分类。

庄家也没有什么可神秘的，一般庄家就这么几种。

一种是国家机构的钱，以前最牛的就是所谓的 333 主力。这钱的来源本女就不说了，但像他们这种背景、政策、资金全面超前的东西，弄几个行情又有什么牛的；

次一等的像君安、中经开之类的，纯粹就是当时市场太小，猴子也能称大王；

另一类就是港台一带的游资，后来还有一些国外的资金，这些人也能搞些东西出来，但毕竟不是地头蛇，也没什么厉害的；

还有一类就是所谓的私募基金，后来连涨停板敢死队都被吹了一轮，这类资金又能牛到什么地方；

至于那些所谓正式的基金，开始是为相应的证券公司或机构接货，后来又鼓吹各种理念去蒙散户，一点儿技术含量都没有，就更没什么好说的了。

▶▶ 10.6　所谓庄家，层次上有几种

缠师的《人只不过是人——本女所交往的亿万富豪》系列文章中的第 11 篇对

庄家层次进行了如下描述。

当然不仅仅是股票市场有庄家，任何大众参与的活动最终都会有庄家出现，形式可能各异，其实是一回事。政治、经济、文化等，最终都是一个庄家和散户玩的游戏，看透了就明白了。

所谓庄家，层次上有以下几种。

一种是最傻的，道听途说，以为庄家很好玩，蒙着头就跑进来或被人忽悠进来了。一般人认为，庄家喜欢吃散户，其实庄家经常吃庄家，吃庄家比吃散户爽多了，而这第一种，就是最大的猎物。

这种人，本女从来不会同情他们。一般这种人都是趾高气扬的主，以为拿着8亿元、10亿元就很牛，却不知道市场亏起来的速度是一样的，投得越多经常死得越快。这类资金一般都是每轮行情中的新资金，而且国企特别多。市场中有一批人就经常去忽悠这些人。例如，几年前，有人打着旗号，忽悠一个中国最出名的企业用10亿元去炒一只股票，当时这只股票的市值有17亿元左右，10亿元打光了，最终股票还跌了80%。当然，10亿元对那个企业来说只是小钱，挂在那里也不影响什么。

还有一种是自己也有一点想法，但对这个市场完全不明白，结果运气好了火爆一两年就歇了，有些连火都没见到就歇了。例如，10年前曾有人在一个沿海发达地区办了一个很大的贵族学校，他的想法很简单，就是先把几年的学费一次性收了，然后承诺几年以后大部分退回，这样一下就筹集了几亿元的资金。1996年的行情中，深圳的成分股基本涨疯了，翻10倍、20倍的很多，他合庄炒了其中一个，也是其中的明星股。

后来出来以后，大概觉得自己很厉害了，刚好中国股市开始重组，他就在内地创建了一个上市公司也玩起来，后来很快就歇了菜，当然还包括那所学校。

还有一种就是知道所谓庄家也就是一个游戏，准确点就是利用人类贪婪与恐惧的游戏，然后就利用这来设局。想法是不错，却不知道"只缘身在此山中"，不知道游戏过了一关还有一关，用过这关的方法过那关，可能会死得很惨，虽然名动一时，最终可能玩出一个大炸弹出来。运气好一点儿的就苦苦支撑，不好的就逃的逃、进去的进去。

当然，还有一种是炒完后就离开了，金盆洗手，或者干实业去了，或者干脆归隐起来，靠回忆过日子。这种人却不知道，游戏永远游戏着，归隐也不过是游戏，干实业也是游戏，最终都有被转进去的一天。特别是干实业的，死起来一点儿都不比资本市场慢。

最后一种，就是庄家的庄家，高手中的高手，一直引领着行业的潮流，对这个行业完全洞悉，知道这只不过是一个帝网中的以幻戏幻的游戏，无进退而潇洒进退，而且知道市场非市场所以为市场，在时空的变幻中不生生而生、不死死而死，从容于市场的生死。这种人当然十分稀少，但还是有的。

在股市中，庄家的玩法也可分为正庄和邪庄。正庄一般并不完全违法，属正规军作战，通常有市值管理（如经营好公司、提升业绩；与实力大的机构搞好关系），重组收购（利好之前、资金潜入等），蹭热点题材，业绩牌，抱团炒作等。邪庄分为两种：一种是长庄，周期较长，几个月到一年左右，先慢慢拉升操盘，后涨停板拉升出货，出货后跌停板暴跌；一种短庄，一般几天左右，直接用拉涨停板，然后跌停板手法出货。关于长短庄，缠师曾这样说：

长庄和短庄当然不同，长庄在推升前期，基本不会拉什么大阳线，特别是通道式上升那种，一旦突破通道上轨就会出现调整。

短庄是快，基本就是三段，拉一段，歇一下，再拉一段就收工。对于大一点的资金来说，都跟短庄是不切实际的，只能小部分资金参与其中，特别现在越来越集团化运动，以后短庄会越来越少。

——缠中说禅（2007-01-11）

10.7 视角越全面，才会有更大的成就

技术只是其中一方面。视角越全面，才会有更大的成就。

股票是公开的，谁都可以买卖，这就是其复杂所在。一般来说，单纯犯坏的难度当然比建设的难度小。如果你技术过关，你可能只拥有流通量5%，但你就能阻击一个有流通量50%的人。

玩死一个庄家，归根结底，就是两种：时间上害死他；空间上害死他。有些心理有毛病的庄家，最容易在时间上被害死。特别是那些有洁癖的，总是希望把盘洗得一尘不染的人。你只要不断在里面折腾，让他感觉到里面人特乱、筹码特乱，这些无聊的家伙就是洗呀洗的，洗到行情都走完了，还在那里洗。很多庄家，就是太有洁癖了才被害死的，特别是那些经验不足、资金实力又有限的。

——教你炒股票第76课：逗庄家玩的一些杂史2（2007-09-03）

▶▶ 10.8 看看股市里是如何做顶的

顶部，天下无不散之宴席。这是在《教你炒股票第85课：逗庄家玩的一些杂史3》一文中缠师讲的一个做顶的例子。

干这活的手法，就按现在的证券法算来，也完全没有一点儿违法的地方。**这绝对是一个经典案例，看看股市里是如何做顶的。**

当时要干的事情，就是要把一只股票① 的货出掉，而且还不是现价，必须在某个位置上。这不算难，关键是持有也就30%多，已经上涨几倍，而且里面有不少小家伙的老鼠仓，多的有10%。由于这个游戏最终把一个所谓的牛人给套住了，现在这个牛人还出现在市场上。最重要的是，这只股票这么多年都没回到当年的高位，所以为了不让那个被套住的中年男人知道后有磨墙的心，更为了保护北京的文物，本ID就不说当时的价位和股票了。

先把1/2的筹码集中调到一个八卦人最多的证券部，然后，告诉他们，过三周内要陆续调几亿来，很认真地找了人去谈手续费分成问题，而且要求最高的比例，特别强调了对倒时比例要更高。注意，去谈的人也不知道想干什么，只是告诉他要在那边干点活儿，找一个成本最低的。

然后，该股就从几元开始异动起来，涨了20%后，就在别的证券部开始出，但手法很特别，总是在低位出，出了以后又摆出一副痛不欲生的样子，关于某股票被人抢筹码的消息就此流传。

接着，把出的钱以及部分其他的钱提前划到第一个证券部，然后再告诉他们，还有更多的钱要划过来。

很快股价就比开始上涨40%了，继续在其他地方逢低出货，被彻底夹空。这下戏演得连老鼠仓都知道损失无数筹码，要压盘把货补回来，老鼠仓也开始大幅度增仓。接着，已经不用逢低出货了。只要压单，就给扫掉，好过分呀。

这时候，开始在第一证券部谈透支问题，说要用筹码压钱，希望是1比2，但对方说他们最多只能1比1.5，因为最近这只股票涨太多了。所以让人很气愤，告诉他们，找了一个可以1比3透支的，马上就把筹码转了一半去别的证券部，然后对方就开始很恐慌地要挽留我们。其实，是别的地方出得差不多了，需要筹码。

---

① 原北京天桥，其2000年日线图如图10-18所示。

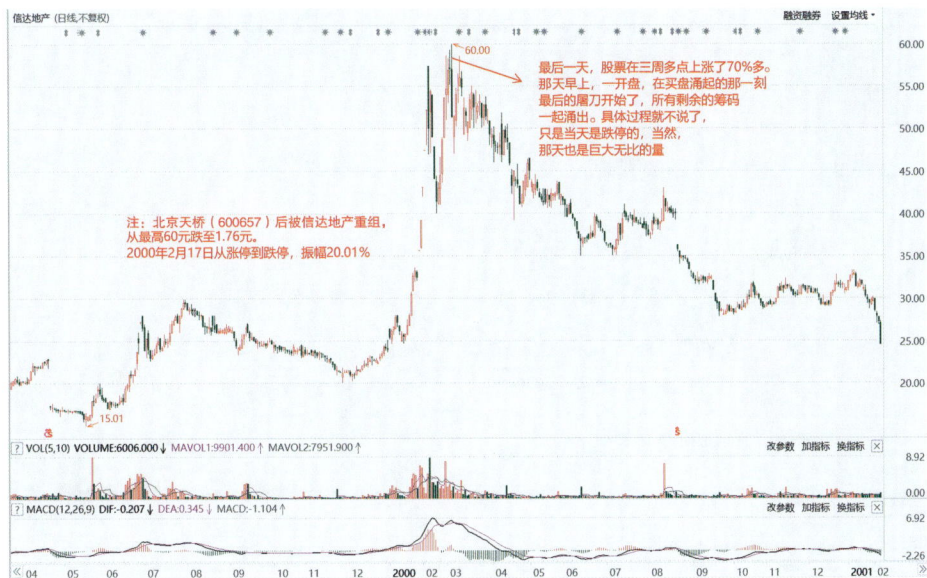

图 10-18 信达地产（原北京天桥）2000 年日线图

最后一天，股票在三周多点上涨了70%多。那天早上，一开盘，在买盘涌起的那一刻，最后的屠刀开始了，把所有剩余的筹码一起涌出。具体过程就不说了，只记得当天是跌停的，当然，那天也是巨大无比的量[1]。

最后，派人和第一家证券部说：不想玩了，你们那里风水不好，不能为客户保密，消息封锁不住，让我们被人砸盘、套住，亏死了，这里的资金要去别的地方救火去，走人了。

信达地产（原北京天桥）2000—2007 年日线图（不复权）如图 10-19 所示。

只想说最后那股票的命运，就是从最高位下跌了 90% 以上，至于比最开始的几元下跌了多少，大概不是一个困难的问题了。

注意，这次游戏之所以经典，就是因为在整个做顶过程中，根本没拉抬过一笔，都是分批出货，用的是最正常的手法，没有任何违规的地方，也没说任何一句影响股价的话。那么为什么成功了？只是因为那些人的贪、嗔、痴、疑、慢。

最绝的是，该股后来一直翻不过身来。自最后一天后就再没买卖过该股，该股价却一直下跌，甚至到后来 2001 年的历史高位 2245 点时，也没靠近过那历史高位。

---

① 这里的最后一天是股价 60 元的那天，即 2000 年 3 月 6 日。

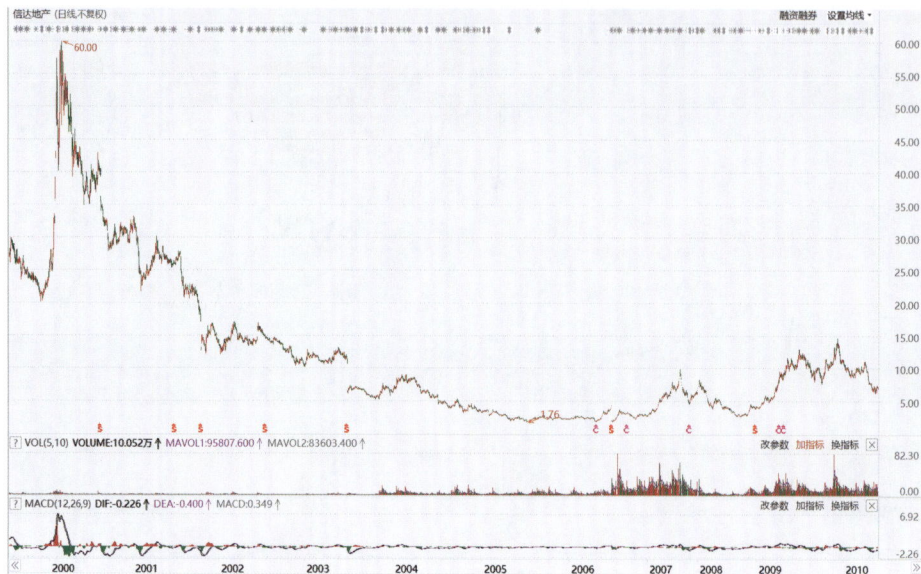

图 10-19 信达地产（原北京天桥）2000—2007 年日线图（不复权）

当然，做顶的手法千百种，本 ID 也玩过无数花招，有时候一顶就是一顶，有时候一顶不做一顶，千变万化。兵者，诡道，股票又何尝不是？

大盘的顶部和个股的顶部不同，要复杂得多，因为其集中的分力更多，所以其合力当然更复杂。一般来说，大盘的顶部都不会是简单的图形，都十分复杂。而且即使真的形成，最后破位前反而会有很多犹豫，越大型的顶部越是这样。

大盘的顶部都是折腾出来的，所以一般在大盘顶部时，机会多多。为什么？因为很多不死心的人会不断折腾，比如板块个股，就会跳来跳去。那些认为大盘顶部一形成就一下死掉的人，都是脑子里的水太多了。

个股的顶部，大多都不复杂，除非很多人参与大型股票，原因和大盘的相反，就是分力少，对比太明显，所以复杂不起来。

当然，顶部是有级别的，一个中期顶部，中期调整后，就不是顶部了，所以顶部以后，也不一定是世界末日。但顶部以后是不是世界末日，这是由走势今后的发展决定的。如果你对任何顶部都想长线一把，那么最终的命运多数是被股票上上下下地玩弄了。真正解决问题的，还是要通过本 ID 的理论去分清楚级别，按照买卖点去操作。

必须注意，无论什么花招，最终合力的结果还是买卖点，买卖点是不患，任何庄家、大资金，包括本 ID，都不可逃避。所以，对于散户来说，其实不需要知道里面的故事，只要看好走势，一切就尽在掌握之中了。

▶ 10.9 如果是吸货，无所谓底部（亿安科技）

本节讲述《教你炒股票第 87 课：逗庄家玩的一些杂史 4》一文中缠师讲的一个做底吃货的例子。

前面说了做顶出货的，今天说说做底吃货的。准确说，如果是吸货，无所谓底部。只要有筹码、有钱、有足够的时间，什么成本拿的货，其实都可以摊下来。特别是那些对走势有足够影响的分力，后面各级别的顶是自己的，底也是自己的，差价都是自己的，什么成本不能下来？

为什么很多庄家最后都做死了，就是没有什么成本概念。说实在的，很多投资者，甚至可以说大多数庄家，都还是散户心态，见到市值起来就晕头，却忘记了，股票只是一个凭证，一个抽血的凭证，能把血抽到才是真本事。

大多数愚蠢的庄家，都希望玩一种收集派发的游戏，但这种游戏经常会把自己放到火上去。实际上，最关键是成本的下降。一般来说，如果成本没有到 0，根本没有大力拉抬的必要，就要来回折腾，等把筹码成本都洗到 0 了，才有必要去拉抬。而真正的拉抬，是不需要花钱的。如果拉抬要花钱，证明价格已经高了，资金流入已经跟不上，早该回头砸了。

经常是早砸一天或晚砸一天，情况就是两重天地，这里需要的是经验、悟性以及感觉。基本的 0 成本筹码，然后反复拉抬就变成纯负数的，最后搞出 N 的 N 次方倍后，实在不想玩了，满手都是负成本的筹码，再大甩卖，这才是真的最安全的方法。当然，甩卖不一定是跳楼的，还可以是跳高的，甚至可以是批发的，手法多多，只是不同的故事而已。

因此，要玩这个游戏，关键是要有基本的筹码，这筹码，当然可以抢回来。例如，以前就说过，曾经和别人抢东西，从 8 元一口气抢到 20 多元，然后一个大平台，最后再飞起一波，然后就该干什么干什么了。这是一种方法，但这种方法过于无聊，一般都不这样干。

当然，最直接的就是能在最低的位置把该拿的全拿了，这是最考功夫的。这里说一个曾经的经典例子。[①]

这只股票，还没动手，老鼠仓就抢起来了。因此，后面的任务十分艰巨，

---

① 亿安科技（000008），1998 年 12 月日线图如图 10-20 所示。

首先要抢到足够的东西；其次成本还不能太高；再次还要把老鼠仓洗出来；最后这时间还不能太长。这怎么看都是一个不可能完成的任务。

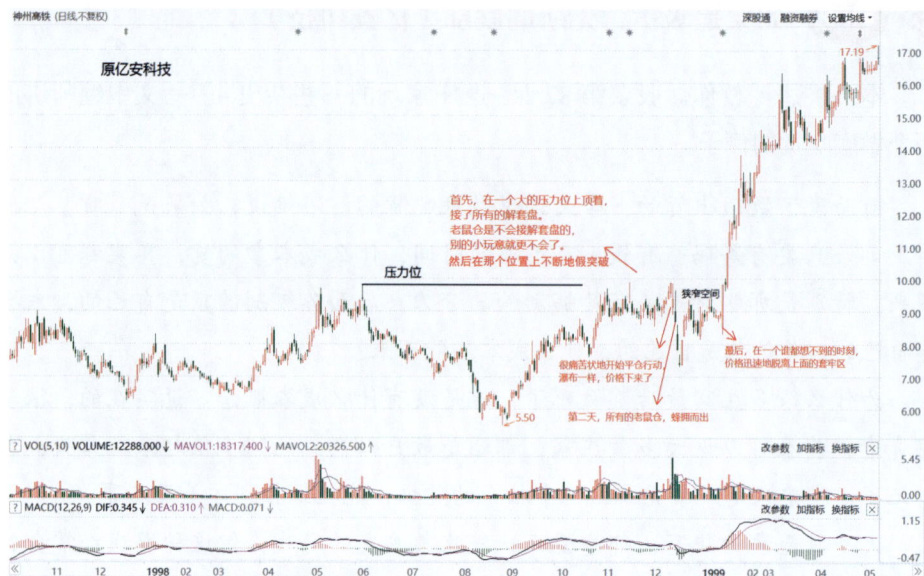

图 10-20　亿安科技 1998 年 12 月日线图

首先，在一个大的压力位上顶着，接了所有的解套盘。老鼠仓是不会接解套盘的，别的小玩意就更不会了。然后在那个位置上不断地假突破。一般在强压力位上，一般人不会拼命给你冲关的，而不断地假突破，就是让所有技术派的人把筹码交出来。这时候买到的，是最高的成本，除了历史上的高位套牢，所有人的成本都要比这低。

这时候，账上的钱还有一部分。当时，有一种透支是需要当天平仓的，用剩下的钱做了透支。接着就开始疯狂地买，早上就把所有的钱加透支全买完了，因为有前面几次的假突破，突破后根本没人管，需要的就是这种效果。

下午，需要平仓了。不断交涉是否可以不平，结果是不可以。于是，很痛苦状地开始平仓行动，瀑布一样，价格下来了，早上买的，亏损着全砸了出去，结束一天悲惨的交易。价格也砸穿前面一直坚持的平台，收盘后，有人被套、有人被追债的传闻到处流传。

第二天，所有的老鼠仓，所有知道消息的都蜂拥而出，第三天也是这样。

缠师本人曾说自己是庄家中的庄家，可以说是庄家的鼻祖，他深刻理解操盘中这类问题，并自创了跌停板洗盘法。其实这类方法玩的就是心跳。当所有的抛盘在某一个时间被揽入一个人的口袋中，在连续跌停的压力下，你会恐慌，促使你交出手中带血的筹码，然后以迅雷不及掩耳之势一飞冲天，筹码瞬间被一扫而光，任何人都没有反应过来就已经被卖完了，让你再也没有上车的机会。

《遥远的救世主》中，丁元英用超低价卖音响其实就和缠师的跌停板洗盘法如出一辙。在小说里的第十三届国际音响展会上，丁元英在幕后突然宣布格律 1 号双组分音箱大幅降价，利用市场的信息认知差暴力洗盘。而后，乐圣公司也选择了"顺势砸盘"，因为它自认为按照工业生产的成本估算，格律诗公司低于成本销售产品，属于商业欺诈，触犯不正当竞争法，格律诗公司业力巨额赔偿，足够破产好几次。

面对丁元英的降价洗盘和林雨峰的顺势砸盘，格律诗公司的三个合伙创始人叶、冯、刘一起缴械投降，撤资退出，扒了一下井沿，被从即将走上人生康庄大道的幻想中打回井底。相比金钱、利润，他们更难受的是被洗的心理，这种失落比损失金钱更加痛苦。类似地，这种情况相比套牢更让股民痛不欲生，尤其是没有忍住割肉的，最终被超级大牛击溃他们的心理底线。

类似于散户炒股的心理，在这三个人中，叶晓明知道自己几斤几两，断然止损，安全度过了这次心理冲击。冯世杰心存良善，为了村里的百姓留了一点底仓。而刘冰作为低价持仓的原始股东之一，等股票暴力洗盘跌破成本价时，他内心侥幸原价退出，自作聪明地在叶、冯恩赌服输出局的情况下保留身份继续观察。当看到股价反身向上边拉一字板、自己再也没有上车机会的时候，他心里彻底失衡崩溃，最终自杀。

这时候，几个在别处的、遥远的地方，所有的抛盘都被吸到一个无名的口袋里，所有出逃的人都在庆幸，因为第四天依然大幅度低开。

突然，强力的买盘如同地底喷出的熔岩，所有挂出的筹码都被一扫而光。在其他人都还没反应过来时，他们已经没有任何买入的机会了。第五天，依然如此，一开盘，就迅速让其他人失去买入的机会，而前面来不及逃跑的，却依然抛着。

第六天，快回到原来的平台了，在那里，买盘突然没了，仿佛从来没有任何买盘出现过，所有人都不知道该怎么办好。如果是 V 形反转，那么上面平台的巨大套牢却没人敢去顶破；如果是超跌反弹，那么所有的空间都会耗尽。

经过一段的市场沉寂后，卖盘再次涌出，多杀多又开始了，没人敢接，价格却永远也回不到反弹第二天的位置了。在一个狭窄的空间里，抛掉该股的人，没空间回补；想买的人，又怕上面不远的地方存在巨大套牢区，以及可能存在超跌反弹骗线。但价格不跌了，所有的筹码，都掉入了一个巨大的口袋。

最后，在一个谁都想不到的时刻，价格迅速地脱离上面的套牢区，也就是技术上的巨大压力区。突破时，连15分钟不到就过去了。

至于老鼠仓的命运，在砍掉价格几倍的位置，老鼠仓最后又重新进来，那就是另一个故事了。

亿安科技成为中国股市第一只百元股，其周线图如图10-21所示。

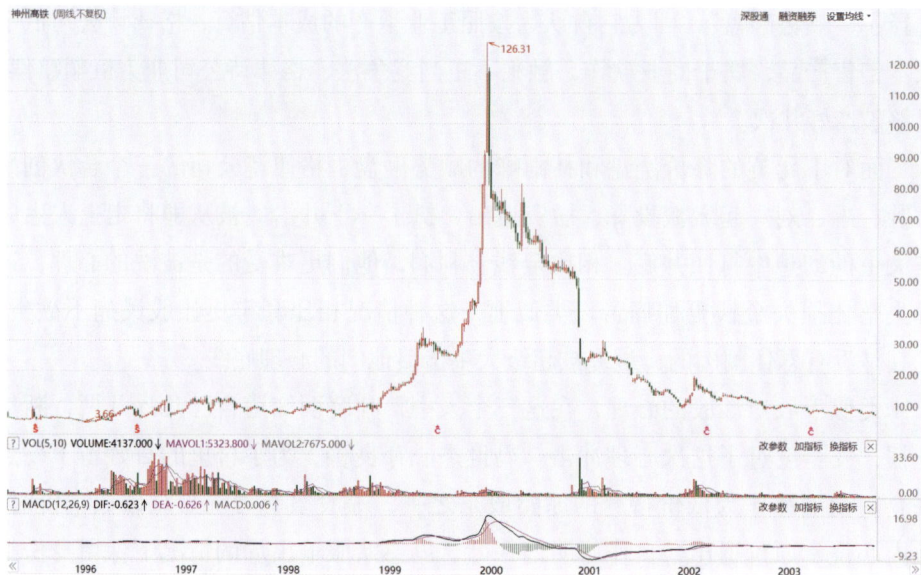

图10-21 亿安科技周线图（中国第一只百元股）

▶ 10.10 操纵最终只是操纵人心

有一些书呆子一说起汇率，就会背一大堆定义，但那没用。就像在股票市场说市盈率一样，这些都是一些无聊的把戏。汇率说白了就是大国间的游戏，和庄家坐庄没有什么区别。有人可能说，货币交易量每天那么大，怎么操纵？坐庄不一定要靠钱去拉抬，那是最笨的方法。操纵最终只是操纵人心，只要有人就能操纵，在金融市场不明白这个，不亏钱就怪了。

——货币战争和人民币战略（下）（2006-03-07）

股市（市场）即人心，操纵股市（市场）当然是操纵人心。

11

第 11 章

经验常识

　　"其实地上本没有路，走的人多了，也便成了路。"这句话出自鲁迅的作品《故乡》。在资本市场上，也正是因为前人的操作，才有了路。

11.1 最基本的技术常识

注意，一个最基本的技术常识，任何技术位置都有一个上下 3% 的允许空间。

——3424 点初显威力（2008-03-28）

这个道理可能就是由次级别中阴震荡导致的。其实这个技术常识也像之前说的对于时间之窗的预测，即一个窗口打开、关闭的问题，正负三天，都在其中。

11.2 缺口不补，表示强势

缺口不补，表示强势，特别是突破性的缺口，或岛型反转的缺口，是不补的。上证指数 1994 年在 300 多点留的那个缺口，十几年都没补过。唯一肯定要补的缺口，就是盘整中的、已经上涨最后的衰竭性缺口。

——缠中说禅（2006-12-13）

缠师在《教你炒股票第 77 课：一些概念的再分辨》一文中详细讲过缺口的分类。

先用缺口的例子说明基于严格分类基础上的正确预测的思维方法。任何预测，都必须基于严格分类的基础上，这是一个最基本的思维，否则，整天陶醉在纯概率的游戏中，只能是把无聊当有趣。

例如缺口，用向上的作为例子，如图 11-1 所示。首先，给缺口一个明确的定义，这定义是有利于分类的。只有明确的定义才有明确的完全分类。何谓缺口？就是在该单位 K 线图上两个相邻的 K 线间出现没有成交的区间。

例如，在上证指数日线单位的 K 线图里，1994 年的 7 月 29 日与 8 月 1 日，就出现区间 [339,377]，在这个区间内没有成交。那就是说，[339,377] 是一个缺口。而缺口的回补，就是在缺口出现后，该缺口区间最终全部再次出现成交的过程。这个过程，可能在下一 K 线就出现，也可能永远不再出现。

例如，[339, 377] 这一缺口，虽然不敢说永远不再回补，但在股市被消灭前，大概也没什么机会回补了。像本 ID 有幸经历这一天的人，有福了。本 ID 还记得，本 ID 当时在 1994 年 7 月 29 日最大量买入的股票，深圳是老星源，上海是大飞乐。

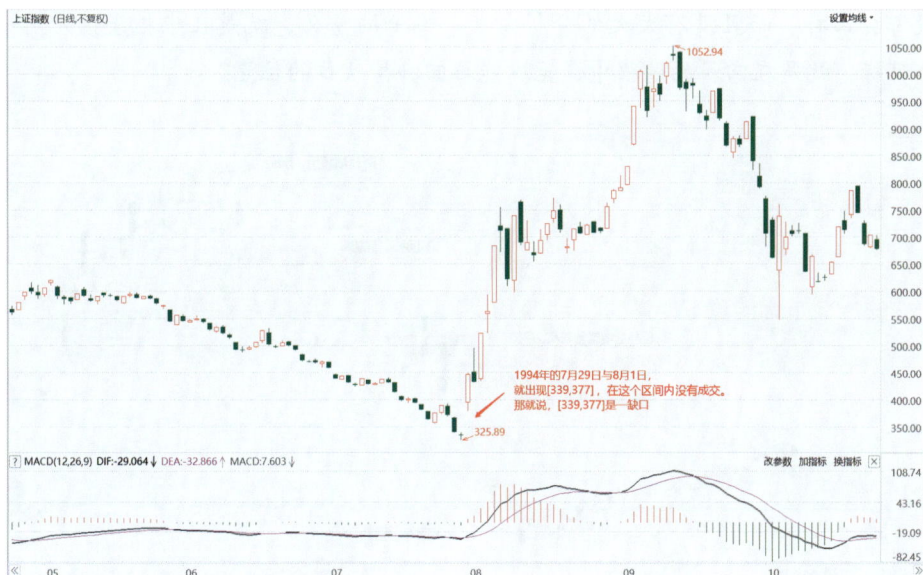

图 11-1　大盘日线图 1994-7 月 29 日至 8 月 1 日的向上跳空缺口

　　根据缺口是否回补，就构成了对走势行情力度的一个分类：①不回补，这显然是强势的；②回补后继续创新高或新低，这是平势的；③回补后不能创新高、新低，因而出现原来走势的转折，这是弱势的。

　　上证指数 1994 年日线图走势如图 11-2 所示。

　　一般来说，突破性缺口极少回补，而中继性缺口，也就是趋势延续中的缺口，回补的概率对半，但一定会继续创新高或新低，也就是至少是平势的。而一旦缺口回补后不再创新高或新低，那么就意味着原来的趋势发生逆转，这是衰竭性缺口的特征。一旦出现这种情况，就一定至少出现较大级别的调整，这个级别至少大于缺口时所延续的趋势的级别。也就是说，一个日线级别趋势的衰竭性缺口，至少制造一个周线级别的调整。而一个 5 分钟级别的衰竭性缺口，至少制造一个 30 分钟级别的调整。

　　注意，这里的级别与缺口所在的 K 线图无关，只与本 ID 理论中的走势类型级别有关。不同周期 K 线图和走势的级别，就如同用不同倍度数的显微镜观察物体，这个比喻已反复说过，不能再混淆了。

　　显然，日 K 线图有缺口，在日线以下的任何周期的 K 线图都会相应有缺口，而回补日线的缺口，不一定能回补日线以下周期 K 线图上的缺口。另外，在盘整走势中的缺口，与在趋势中的缺口性质不同，属于普通缺口。这种缺口，一般都会回补，而且没有太大的分析意义。唯一的意义，就是在中枢震荡中有一个目标，就是在回拉的过程中，至少能拉回补掉缺口的位置。

图 11-2　上证指数 1994 年日线图走势

▶▶ 11.3　不同风格、背景、势力的资金

在单一的股票市场中，不同风格、背景、势力的资金，各自控制着不同的板块，最大的几个资金，构成食物链的最上层。

一般来说，这几个资金都是老油条，互相也知根知底，其根底往往不在市场中，而在市场之外。各方在一般情况下都会保持江湖规矩，不会轻易与某一方开战。但是，绝对不是说，最大的家伙间就没有战争，而是这战争无时不在，只是在等着一方出现破绽，余下的各方一拥而上，分而吃之。中国资本市场的历史上，出现过好几次这样的事情，都是陈年旧事，不说也罢。

当然，最大的家伙，也不是一成不变的，不同的年代也会改变点包装，换些名头。

从食物链的最高端开始，逐级下去，到最后的散户个体，分好几个层次。对于最大的主力来说，会维持下面几个层次的生态状态。

——教你炒股票第 66 课：主力资金的食物链（2007-07-30）

10.5 节和 10.6 节中讲解了缠师对市场背后主力的分类，本节将对这一分类进行更细的阐述。在股市中，除了有原始股东外，在 A 股中还有如下几类。

国家队——传说中护盘的"天使"，每次大跌，国家队就来护盘了，让散户们对未来市场继续产生幻想，殊不知，国家队是来捡筹码的。国家队一般有养老金、社保、中央汇金、证金等。如果你在股票中看到这些人的影子，基本上这只股票的基本面相对都可以，且大多数是龙头企业，盘子特别大，慢悠悠地往上涨。

国家队的操作手法比较简单，以维稳为主，持有时间一般在一年以上，一般会持有如中国平安、贵州茅台、格力电器、海康威视等股票。因为国家队的资金是国家的钱，尤其是养老金，他们会在众多公募基金里面挑出最优秀的基金来管理资金，所以投资风格是谨慎，不允许亏损。

公募基金——就是大家常说的"基金"，有易方达、广发、华夏、嘉实、长城、招商、国泰、海富通、汇丰、宝盈、中银等各式各样的股票基金。基金由各个基金经理在打理，股票基金里面大部分都是股票。

基金的涨幅是根据持有股票的涨幅乘以持有比例所得出来的数据来判断的，但很多基金都有限制，就是不允许空仓，所以基金的涨跌不会特别大。有时候还要考虑对冲，就是下跌的时候要买入对冲的股票才能避免大幅下跌。基金对基金经理的要求特别高。基金经理一般拿管理费，管理费的多少根据基金总金额来定。不过私募基金没有太多限制，最重要的是私募基金经理可以拿提成。

私募基金——私募基金就是私下筹集的，这里主要说阳光私募（在国家基金管理局有备案）和个人私募。阳光私募的基金经理很多都是从公募基金过去的，像上海高毅这类。个人私募就是以个人名义成立的一个私募基金，大多是牛散成立的，这些人一般都会出现在妖股的庄家中，连续涨停板。

游资——如游资敢死队，就是一日游的，专门打板，当天横盘吸筹，尾盘拉升至涨停，第二天拉高甚至打压出货，主要参与一些炒次新股、人气热点题材股，经常上龙虎榜。不过游资会被监管，生态链一时就会被破坏。

外资 QFII——这部分外资是中国股市的新血液，像法国兴业银行、挪威中央银行、富达基金等，它们主要也是买龙头股、题材股、白马股等。

按照资金流派来划分主力有四类：超级主力和一级主力属于机构投资者，私募是一类主力，庄家是一类主力，游资是一类主力，这就是股市的生态圈。对于最高级别的主力来说，一个各层次的生态平衡是最有利的。

机构投资者玩绩优蓝筹、行业龙头。庄家的套路是低吸→打压洗盘→拉升→

高位派发，选的股票都是夕阳行业、盘子小、基本面偏差的品种。游资玩人气旺、换手高的强势股，优势资金快进快出。私募选材不固定。而对于最低层次的散户来说，紧跟市场一线资金的动向，是最现实可取的。

这里再科普一个小知识。

我们经常看到十大股东中有个机构叫香港中央结算（代理人）有限公司。所谓香港中央结算有限公司并不是说这家机构是大股东，其实是香港股民的持仓都挂在这家公司下面，该公司后面显示的股份数对应着很多股民。

例如，你在香港买了招商银行的 H 股，或者通过沪港通渠道买了招商银行的 A 股，你的股份就会挂在香港中央结算有限公司的名下。我们经常看到所谓的北上资金，也都体现在结算公司这里。

▶▶ 11.4 新资金介入迹象

个股方面，强调的是短线下跌 40% 以上的中低价中小盘股。例如，已经 4 个涨停的天鹅就是最典型的例子。下一次，要找的依然是这种股票，*但注意要找有双底支持的，而且一定要有新资金介入迹象，也就是放量后有一个缩量站住的股票。*

——3780 生命线失守再次探底（2008-03-24）

股价上涨的动力是什么？是资金，它是推动股价的唯一动力。那么，资金受什么因素影响？

第一，就是政策面。当某个行业政策出现大利好时，资金就会青睐于它，然后找到其中相关的个股，这些相关的个股会有一波上涨。

第二，就是公司业绩较好。抗跌，这也是股价上涨的动力之一。

第三，就是我们的情绪面。市场价格是围绕价值上下波动的，当大众的情绪逐步看好某只个股时，哪怕它是垃圾股，也能涨起来；当大众都不看好某只个股时，哪怕该公司业绩再好也很难涨动。

所以，资金流入流出才是市场涨跌的核心。用一句话概括，就是货不易变动，钱多的时候货就贵，钱少的时候货就便宜。世界经济也如这般潮起潮落的游戏。

2022 年 2 月的热门板块"智慧政务"中的热门股票之一零点有数，其日线图如图 11-3 所示，从图中可见新资金介入的迹象。

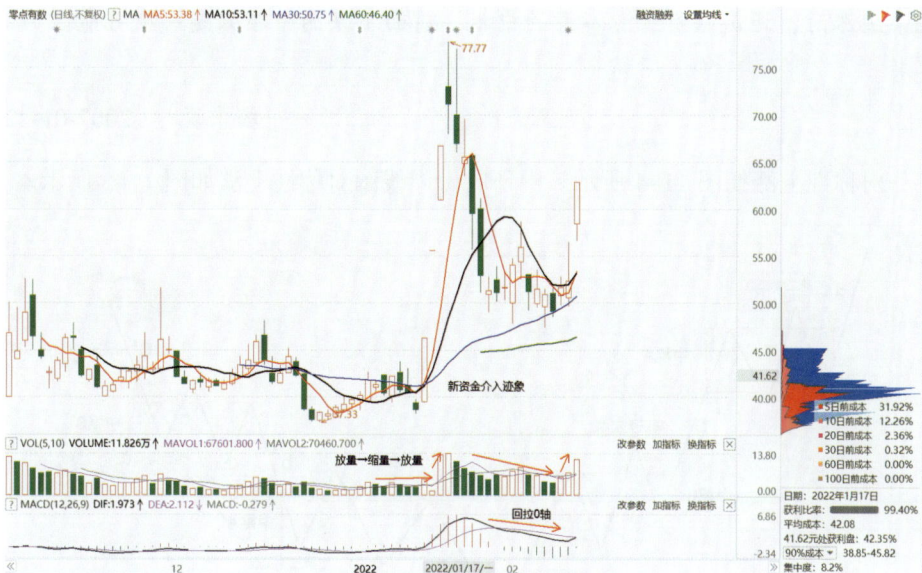

图 11-3　零点有数日线图

11.5　有集团进驻的领域会反复活跃

[匿名]：楼主，能说说股指期货前后股市的变化吗？（2007-01-10）

缠师：股指出现后，资金会更加集团化，风险最大的不是散户，反而是不大不小的所谓游资。所以，跟就跟大部队，别和游击队玩，不然怎么死的都不知道。

有集团进驻的领域会反复活跃，而没有集团进驻的，就可能出现长期不动的局面。这种情况会越来越明显。当然，在这几年还不会太严重，毕竟中国平均主义的习惯还改不了，而且目前股票种类也太少了，但这是大方向。（2007-01-10）

只有主力们青睐的板块领域才会反复活跃。

一个长期没有资金介入的市场是不值得关注的，只有主力们青睐的领域才会活跃，相应地，所有投资都要投相对活跃的市场。

11.6　股市经常会出现所谓的对称性上涨

下跌中枢对后面的上涨，当然会有影响，所以股市经常会出现所谓的对称性上涨，怎么跌下来的就怎么涨上去，这主要是受前面下跌中枢的影响。但在观察上涨时，还是只看上涨本身的中枢，前面下跌的中枢只是一个可能阻力的参考。

——缠中说禅（2007-01-22）

对称性上涨如图 11-4 所示。中环股份周线图对称性上涨如图 11-5 所示。

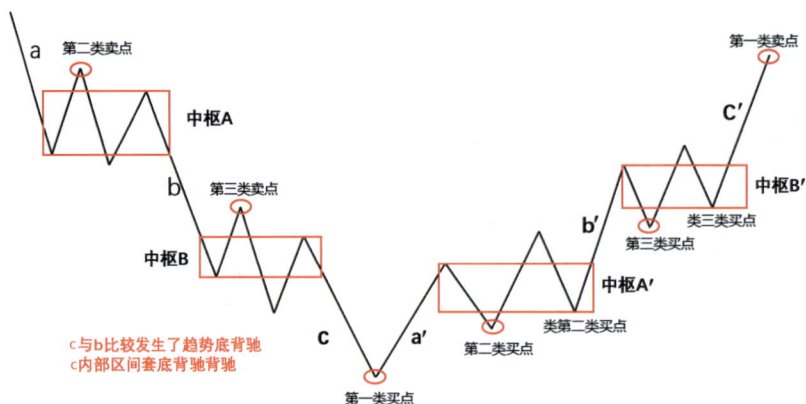

图 11-4　对称性上涨

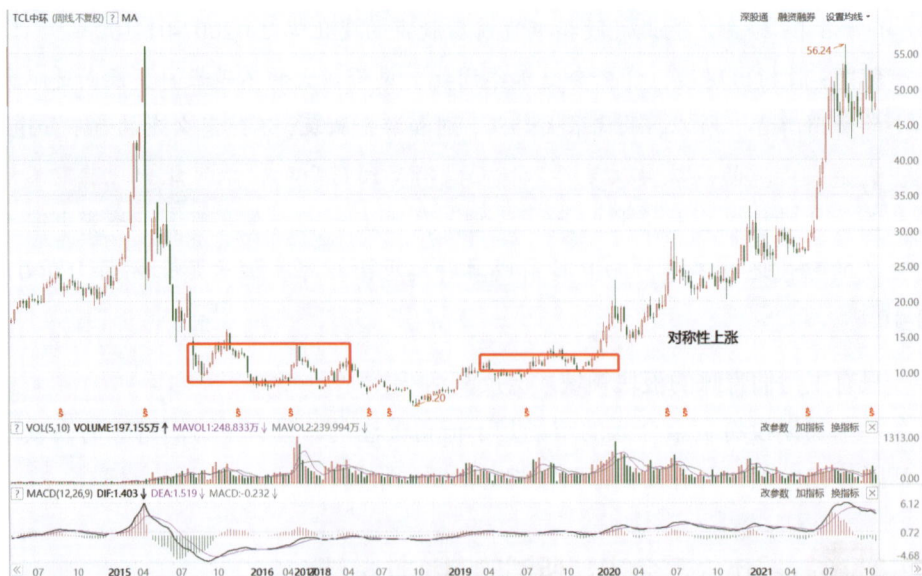

图 11-5　中环股份周线图对称性上涨

11.7 连续三次高潮之后的调整

对大盘的走势，本 ID 从 2005 年 6 月重新天天看盘以后，就从来没怀疑过。这大盘还早着呢。想想，1996 年的行情，实实在在地走了 5 年，即使按照 1996 年的标准，现在还早着呢。当然，短线走势会调整、会反复，但真正的行情还没有真正地展开，让本 ID 给各位回忆一下 1996 年到 2001 年行情的走势：

第一阶段，走得最牛的都是成分股票，这也是为什么本 ID 反复强调让大家现在注意成分股。而事实上，现在的走势就是这样；第二阶段走得最牛的是所谓的成长股；第三阶段走的是所谓的重组股。

等大盘大面积地炒所谓的重组股时，这大盘的大牛市才有结束的风险，也就是 2001 年见顶的时候发生的事情，这也是本 ID 2001 年能从容退出且 4 年不看股市一眼的理由。连续三次高潮之后，再牛的股票也有一个大的不应期了。

——经典回放：市场原理（2006-11-27）

从字面上很好理解，也就是一个上涨走势类型完成了类似三个中枢或者类中枢的情况，往往容易发生走势终完美。教科书走势类型如图 11-6 所示。

图 11-6 是一种相对标准的走势，在具体的股票行情中需要具体情况具体分析，因为组成合力的成分不同、时间不同、政策不同，所以形态必然有所差异。宁德时代三次高潮后的调整如图 11-7 所示。

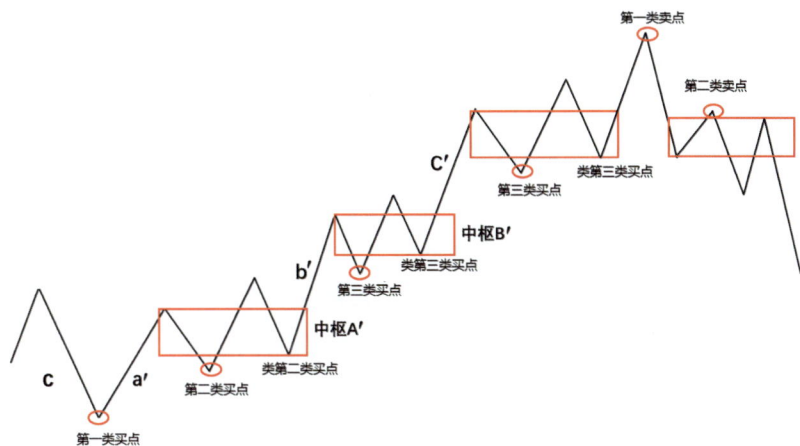

图 11-6 教科书走势类型

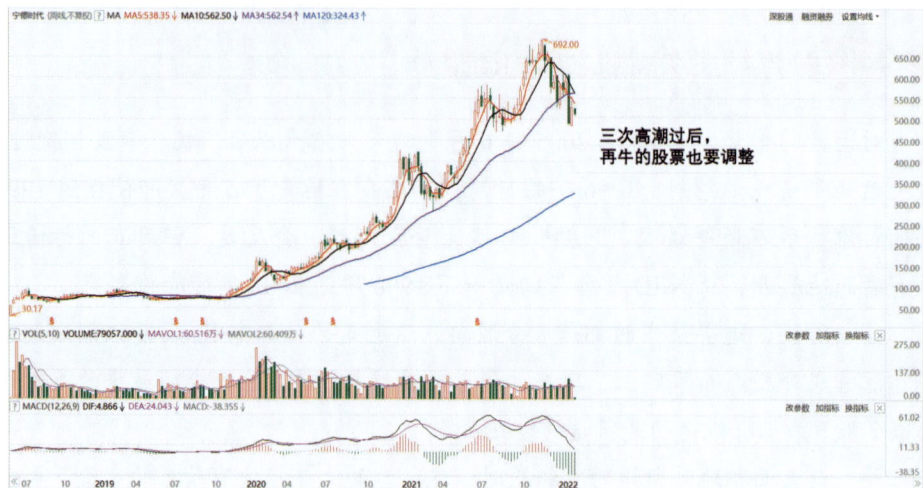

图 11-7 宁德时代三次高潮后的调整

笔者在这里举的例子并不是说它一定会像图 11-6 那般发展，具体的发展是合力的结果，图 11-6 只是其中一种分类。

▶▶ 11.8 现实的市场，总存在先知先觉

现实的市场，总存在先知先觉。所谓的利空，都是二手货。

——缠中说禅（2007-02-12）

什么是先知先觉？缠师曾在他的一篇纪实小说中写道：

现在连国内都在爆炒网络经济，在全球化背景下，国内有点儿类似三线股，总是在行情的最末才发疯。由此可见，网络经济即将破灭。而网络经济的破灭，必然引发投机资金向实物领域大规模转移，这是一个大行情，所有与资源类相关的领域都会大涨。

这么肯定？是从技术图表上看出来的？

技术图表只是一个方面，资本主义发展到这个阶段，玩的就是虚和实的游戏。对于投机资金来说，需要的是流动，像大河一样泥沙俱下才可能浑水摸鱼。就像物理里势能转化成动能，在投机市场里，当一个领域的势能耗尽，就必须用时间来积聚势能。这时候，这个领域对于投机资金来说就没有任何意义。投机，只能投机于高势能的领域，只有高势能，才能引发洪水。

经过前两年的风暴，这种投机力量，不会受到各国政府更严厉的干

预吗？

政府永远是后知后觉的，而任何在恰当时机先进入高势能领域的投机资金都是最安全的。当政府干预时，先知先觉的人早就跑得无影无踪了，埋单的永远都是自以为是、好大喜功的傻瓜。

——缠中说禅（2006-10-08）

这不正是缠师对 21 世纪初国际、国内市场发展的深刻洞察吗？在整个世界经济循环中，美国互联网泡沫叠加 2001 年的"9·11"事件，美元震荡随后处于贬值通道中，投机资金转移去了资源类相关领域，就像板块轮动一样，而先知先觉的投资者早就去收集资源类筹码了。缠师彼时就在各种场合谈到必须注意资源以及资源的战略，因为虚拟经济的破灭，会影响资源类的暴涨，该资源类价格上涨到最高的时间都集中在 2006—2007 年。这也正好对应了第五波康波的大宗商品牛市（2001—2011 年）。

当然，在市场中总是后知后觉者占大多数，否则先知先觉者怎么挣钱呢？实际上，真正懂缠中说禅理论的人明白，风起于青萍之末，一切风吹草动都会反映在图形上，这价值亿万元的图形，你能感应吗？

▶▶ 11.9 消息是来测试市场体质的，而不是用来预测的

[匿名]：今夜外汇市场中美元大跌，会对下周的股市有何影响？（2006-11-24）

缠师：这种思维方式是完全错误的，不要预测任何消息带来的影响，而是要仔细观察市场对消息的综合反应，也就是市场的走势本身。就像感冒之于人的体质，消息是来测试市场体质的，而不是用来预测的。（2006-11-24）

学习者类似的提问还有：

[匿名]：现在利空的消息真是满天飞啊，如加息、取消利息税、新股申购等，会不会太可怕了？（2007-07-11）

缠师：消息跟着走势走，空头主控，当然利空满天飞，哪天等多头主控了，你想听多少消息都有。（2007-07-11）

面对走势需要"众好之，必察焉；众恶之，必察焉"，脱离当下的喜好、偏见来观察，对走势最好的观察方法或者说测量工具就是缠师的理论。

▶▶ 11.10 市场总是以不理性的行为为基础

现在有一种极为有害的观点，认为现在资产价格已经大幅度调整，其他经济指标也没有进一步恶化，因此认为本轮调整将很快过去。而事实上，任何一定级别的经济调整，最终的资产价格都不是刚好回到所谓合理的水平，而是大幅度地折让，这正如任何一次资产价格的上升热浪，总要把价格抛向远离合理水平的疯狂状态，而下跌时的道理是一样的。

市场总是以不理性的行为为基础，而这种非理性的状态才是最有杀伤力的。任何以资产价格已经充分调整为理由，都不足以说明经济调整的结束，甚至往往意味着一轮更残酷的非理性下跌的开始。

——对经济调整的严酷性决不能掉以轻心（2008-09-04）

2008 年 9 月 4 日上证指数如图 11-8 所示。

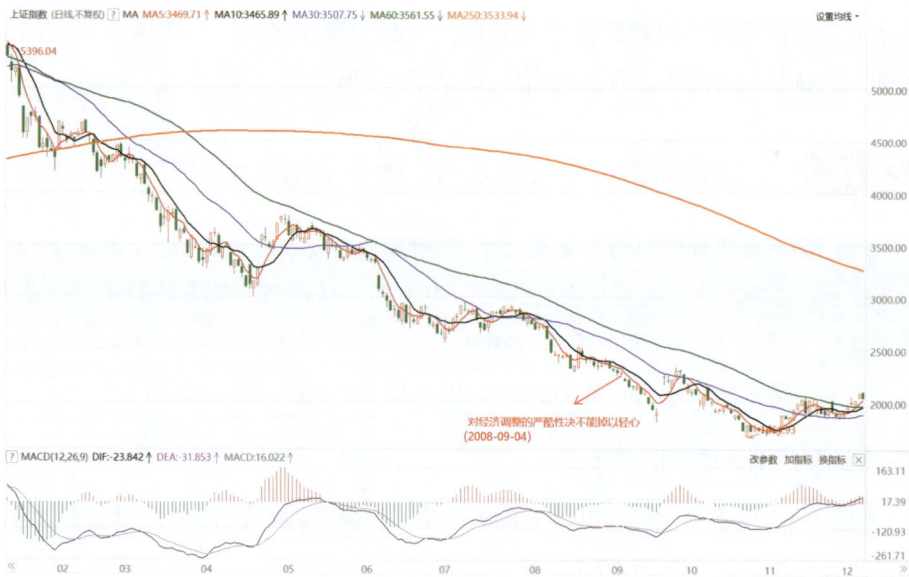

图 11-8　2008 年 9 月 4 日上证指数

市场行情，除了基本面、宏观面的周期之外，还有很重要的心理面——投资人的心理情绪和对待风险的周期。经济周期、企业周期、信贷周期、金融周期的摆动总是会"走过头"，也就是波动远远大于均值，走向极好和极差，为什么心理情绪的钟摆很重要？主要是因为投资人的心理和情绪往往容易走过头，走向极端，所以市场往往不会按照理智的方式进行。缠师曾这样说：

不过，市场行情总是从非理性开始，又在非理性中结束的。没有疯狂的低估，就没有疯狂的牛市行情；同样，没有疯狂的泡沫，就没有疯狂的熊市造就新的历史性低估介入点。

第一段成分股行情，最终必然在疯狂的泡沫中结束。在这疯狂的泡沫被制造过程中，反而能获取高额利润。如果说低估回到中枢可让股票上涨 10 倍，那么疯狂的泡沫甚至有更强的能力。对于任何市场的参与者，耐心等待市场的疯狂，在市场的疯狂中等待最后的卖点，是一个最重要、最值得培养的能力。

——总市值超 GDP 后的泡沫化生存（2007-08-20）

12

第 12 章

市场蓝图

在这个"美丽的新世界"，一切都将被全新定义。在这里，所谓的成就与每个人的贪婪、恐惧和智慧相关。

▶ 12.1 货币与资本主义社会的三种幻影

在现代社会中，理解货币对每个生存于其中的人来说至关重要。缠师揭露了货币与资本主义的三重幻影。可以说，我们每个人无时无刻不在这三重幻影的迷惑之中度日。

（1）货币是一种以承认资本主义压迫关系为前提的废纸。

从某种程度上说，货币不过是一个交易的凭证，一种最基础的、具有某种股票性质的东西。就像实质上只是废纸的股票，可以用所谓的基本面编织出一幅泡沫的图画。货币也一样，只不过是那赤裸裸的资本主义生产关系的皇帝新衣。货币所遮盖的，就是这样一种血腥的关系，里面充满着压迫与奴役。

任何货币的确立，都以对某种奴役与压迫的社会关系的承认为前提。当你用劳动去换取货币时，只不过是以承认这种雇佣劳动的所谓合法性为前提。

——捍卫马克思6：货币与资本主义社会的三种幻影（2007-03-29）

（2）虚拟化的各种游戏，如股票市场，本质是用废纸来进行货币（废纸）转移的方式。

在一个虚拟化的资本主义社会里，一切虚拟化的游戏，例如股票市场，是用各种本质是废纸的玩意来玩货币转移的游戏，而货币同样不过是一种以承认资本主义压迫关系为前提的废纸，这里是双重的虚幻、双重的压迫。

而国与国之间货币的游戏，本质上不过是这种资本主义虚拟化游戏的交易文化，最终还是资本主义生产关系的幻影，但这幻影是吸血的幽灵，它吸取的是所有人的灵魂、血肉与生存。所有生活在资本主义社会里的人，其实都在这吸血幽灵的蚕食中乐此不疲。消费主义的泛滥成就这物欲的狂欢，问题不是这狂欢是否符合所谓的道德标准，而是这狂欢的无限扩展不可避免地以一个无限可能的上帝式假设为前提。

而在现实中，无限只能被虚拟，消费化在虚拟中被无限放大，却永远改变不了这无限的幻梦依然在一个有限的蚁槐之中。对着一个无处不在的幻影，咒骂、打倒是没用的，只能以幻制幻，在这幻影之中生出无穷的纠缠。

——捍卫马克思6：货币与资本主义社会的三种幻影（2007-03-29）

（3）资本主义现实社会关系的本身。

货币的虚幻构造了虚幻的货币现实，只打破交易货币的虚幻是不足够的，那不过是第三重幻影，要捣毁的是第一种幻影。资本主义现实社会关系的本身，不如此，一切都是瞎掰。

———捍卫马克思6：货币与资本主义社会的三种幻影（2007-03-29）

资本市场的建立，就是这资本主义逐步亢奋把戏的最基础部分。在资本主义的幻象下，有了货币的幻象，进而有了资本的幻象，再进而有了资本市场的幻象。

一般资本层面的交易原则，都是以所谓的净资产价值为参照系。而有了资本市场，引进一条实物资产与虚拟资产交易的等价性，就顺理成章地变成了以资本市场上可交易的价格为基础的交易游戏。这里，一个简单的把戏，就可以蛇吞象般地把大量的社会资源吞进一个虚拟的空间里，本质上，最终是一个财富大分配的过程。说一句狠话，当资本主义明目张胆地剥削成为不可能时，这实物资产与虚拟资产交易等价性的交易把戏，就成了资本主义剥削的升级版本。

———《货币战争和人民币战略》续五：从净资产到市值，资本血腥游戏的必然之路
（2007-04-17）

▶▶ 12.2　最大的风险和危机就是美元本身

本次世界经济大调整必须明确的是，最终的任务应该是彻底摧毁几十年来统治世界经济的美元体系。美国经济之所以走到这一步完全是自作自受，以前多次的经济危机都是因为美元体系的存在，使美国能够把危机转嫁到全世界去，除了保持绝不正常的超前高消费和高消耗的经济生活模式，而这种模式已超越了地球及世界经济体系的承受力，这种美国消费、世界埋单的格局到了必须打破的时候。

这次美国故伎重演不过是企图继续维持原有的模式，而美国原有的模式以及这几十年来以美国为主导的世界经济格局不彻底改变，本次世界经济危机将没完没了，终难有解决之时。

现在8500亿美元的救市方案通过了，但这8500亿美元绝对不是天上掉下来的馅饼，它归根结底源自美元泡沫的继续加大。本次世界经济危机的根源归根结底是美元已经彻底泡沫化，最大的风险和危机就是美元本身。

这8500亿美元不仅使美元的泡沫化加大，使得包括中国在内的其他国家美元资产外汇储备全面爆发危机，更会使得世界金融市场的流动性以乘数效应急速增大，使得石油、粮食、黄金等商品价格面临进一步的疯狂上涨，最终加速美元泡沫的破裂，从而带动商品泡沫的破裂，使得世界经济面临迅速倒退的危险境地。

———美国救市，闹剧一场（2008-10-05）

什么是美元？什么是美元的真面目？缠师在《向不学无术的左派用最通俗的语言说说货币增长和经济增长的关系以及美元的罪恶背景》一文中明确了其面目。

由于有不同的经济体，所以就有不同的印钱中心，而这些经济体又相互联系。如果有一个印钱中心犯坏，超过其经济增长狂印钱，而由于这种钱大家都认可，即这种钱就是所谓的世界货币，这样在后一种币值意义上，就可以被现实化，而这意味着这种现实化是在剥削其他经济体的利益基础上的。美元就是这样一种货币，由于美元是准世界货币，因此它狂印也没事，多出来的美元都由世界各国承担了，这是美国经济繁荣的一个巨大秘密。但目前的问题是，这些多印出来的美元已经多得超出了全世界人的承受能力。美元只不过是一个美丽的泡沫而原形毕露。

现代社会是全球性的资本主义社会，货币化是其最主要的方面。而通过货币的无形掠夺，是以前殖民化有形掠夺的超级版，说白了美元就是一个意识形态上的抽血机以及物资基础。但对于不学无术的左派来说，被美国怎么剥削了都不知道。其实，只要在这个地球上，只要美元作为准世界货币存在，任何一个非美元体系的人就要受着美国的剥削，这是全球性的真正的奴役。

我们回首 20 世纪，第一次世界大战后的美国成为全球最大债权国，工业产值超过英法的总和，主导了全球第二次工业革命，但是国际货币还是英镑。直到第二次世界大战之后，美国彻底通过军事手段打败了德国，间接征服了欧洲，通过遍地的军事基地，完全奠定了自己国际货币的铸币权。有了这种军事实力的保障，美国可以随便挥霍自己的信用。

1971 年 8 月 15 日，美元与黄金脱钩，美国单方面宣布布雷顿森林体系解体，美元不再兑换黄金，可美元的地位纹丝不动，从此之后，人类真正看到了一个金融帝国的出现，而这个金融帝国把整个人类纳入它的金融体系。这背后，不是因为美元绑定了石油作为锚定物才成为国际货币，而是只有美元有能力绑定石油等其他大宗商品。美国的军事威慑力不变或者没有受到挑战，美元的信用就不会变。50 年来美元指数周期表如图 12-1 所示。

像美国这样的经济体，当它不再依赖于稳定的就业和生产环境来获得收益时，就会周期性地、刻意地依赖于打破其他既有的经济局面，通过创造出危机和例外来获得超额收益，同时修正其自身内部的资产价格和投资模式。这也是为什么华尔街交易员会说：做普通的交易只会让你碌碌终生，真正一夜暴富的机会，在稳定的市场下根本不可能出现。

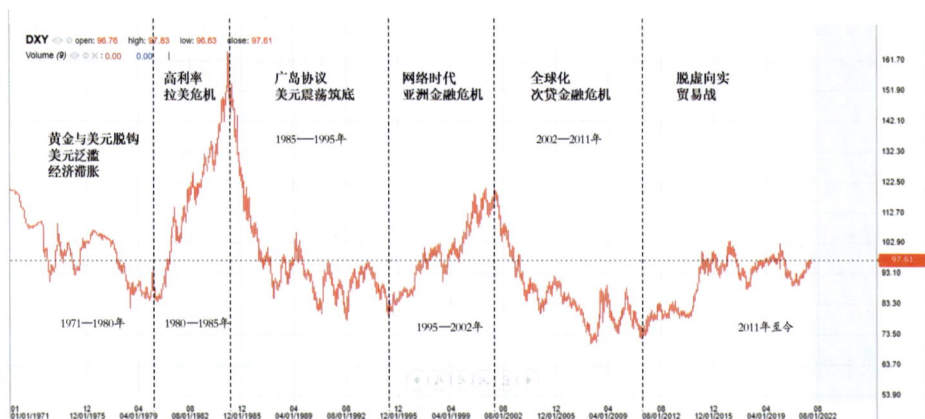

图 12-1 50 年来美元指数周期表

当我们回顾历史会发现，真正的机会都源自巨大的例外和危机，如中东石油危机、拉美小国政变、苏联解体等。空前的做空和出清，经济体系崩溃后的阵痛和重振，只有这种庞大的、活生生的经济活动，才会满足资本这头变异了的魔兽的欲望。美股标普 500 指数月线图如图 12-2 所示。

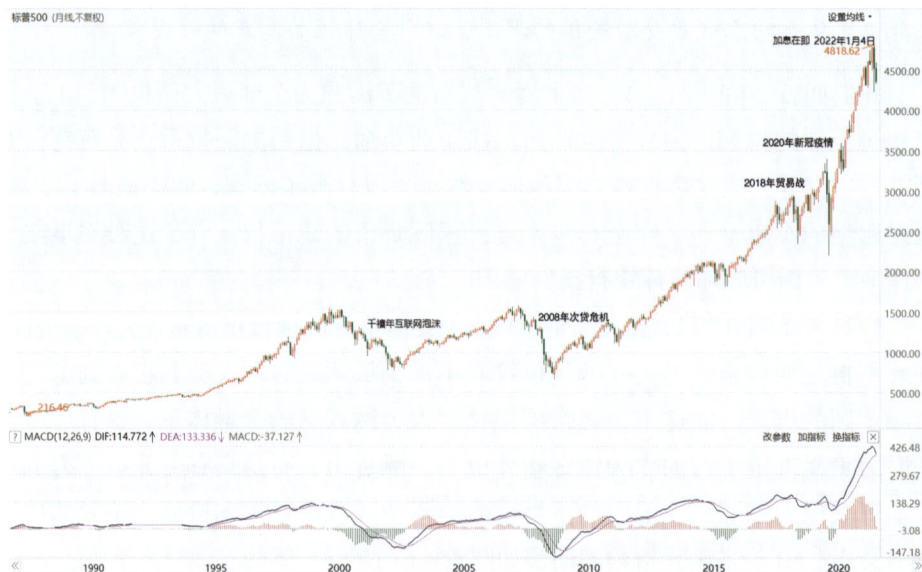

图 12-2 美股标普 500 指数月线图

2020 年，全球新冠疫情暴发，全球经济受到重创，各国纷纷展开了救市计划。那时，政府这双有形的手提着两个工具箱登场，一手货币政策，一手财政政策，大水漫灌的时刻来临。

2020 年 3 月至 6 月，美联储的资产负债直接从 4 万亿美元快速扩张到 7 万亿美元。

2020 年 10 月，美国通货膨胀抬头。美国财政部的相关数据显示，截至 2022 年 1 月 31 日，美国债务总额首次高达 30 万亿美元，创历史新高。

2022 年 1 月，美国的 CPI 较 2021 年同期上涨 7.5%，创下 40 年新高，美国 CPI 已持续在 5% 以上运行数月。疫情以来美联储的无节制放水印钞，美国政府的无限发债，疫情失控的全球供应链危机，能源价格暴涨，叠加对中国的各种强有力的无端贸易制裁等多方因素放出了通胀这一猛兽，引发美国 40 年以来最严重的通货膨胀。

2022 年 3 月 16 日起，美国正式启动加息，美国通胀控制情况、美联储的加息幅度、加息次数都将对全球资本市场产生重大历史性影响。随着美元指数走强、美元回流以及新兴经济体的资本外逃，部分新兴国家甚至可能出现经济危机，地缘性政治军事冲突频频出现。而现在，我们所看到的就是俄乌危机爆发、欧元暴跌，欧洲的资本依然全部跑去美国，美元依旧坚挺。

面对经济调整，缠师也曾说过中国及投资者的应对方法。

中国应该积极培育和领导新的经济热点，使流动性资金有更多可参与的领域，进而大量吸引外来正欲脱离美元体系的资金进入。只要控制好该类资金有足够长的投资周期，提供良好的投资环境，使资金沉淀于比美国更有前途的中国高速发展的潮流之中。那么大的蓄水池这一新兴的、以人民币为基础的大的世界火车头才得以确立。美国的危机应该成为我们加速发展的契机。

——美国救市，闹剧一场（2008-10-05）

由于资本的全球化，对于正常经济环境下的资本安全来说，形式是不重要的。因为在正常的经济系统中，资本的转化都是正常的，资本以任何形式存在都没有问题。但对于大宗的资本持有来说，不同资本形式之间就必须有一个组合性的持有，这是躲避一般性经济震荡的好办法。

——货币战争和人民币战略（下）（2006-03-07）

▶▶ 12.3 所有的现代战争，从根本意义上就是货币战争

所有的现代战争，从根本意义上就是货币战争，这是由现代社会的高度资本化程度所决定的。对于一个高度资本化的社会来说，任何脱离资本的活动从

根本上来说都是无意义的，战争也不例外。

——货币战争和人民币战略（上）美元与欧元之战的走势分析以及人民币
在其中扮演的角色（2006-03-07）

现代社会是全球性的资本主义社会，货币化是其最主要的方面。所谓的货币战争，实际上就是"新罗马帝国"（它既不是凯恩斯主义者，也不是新自由主义者，它的本质是实用主义者，是彻彻底底的帝国主义者。所有这些名词和理论对实际的掌权人而言毫无意义。"金融-军事"复合体所推行的政策本质上是以货币公权力、军事暴力、消费者债务和资本全球化为引擎的）。通过货币的无形掠夺达到对全球经济的奴役，只要美元还是准世界货币，那么这种货币战争就会继续，这就是"美丽新世界"。

我们熟知美元是货币战争领域的常胜将军，从 20 世纪 80 年代日元和美元的争斗以及 21 世纪初欧元和美元的斗法就已知晓，还有 1997 年的泰铢，以及 1998 年的港元之战（以中方胜利为终结）。

千禧年前后，中国互联网世界尚处于论坛时代。关于 21 世纪初的全球经济动向，缠中说禅于 2003 年 5 月末，用"打喷嚏打喷嚏"ID 在强国论坛上发表《中华民族可能面临的重大机遇》一文，分别从人口数量、经济策略（尤其是汇率问题）、地缘战略、社会发展五段论、中国朝代更迭的相似性等方面来阐述中国将面临巨大的世界历史性机遇，同时也从社会主义、共产主义思想入手，剖析了新中国成立后的发展路径问题，其目的就是阐明中国在历史征途中如何真正实现中华民族伟大复兴的。

2003 年 7 月初，缠师就经济方面用"乾坤一张纸，一字一星辰"ID 继续在强国论坛上发表了《货币战争与人民币战略》一文，从经济领域，尤其是从货币领域来阐释中国所面临的货币战争问题，以 21 世纪初美元对欧元发动货币战争的三重战略意义作为时代背景，对这场由美元挑起的、意在转嫁美国科技泡沫危机与维持美国世界经济旧秩序的货币战争的起源、进程、战略进行了分析。

缠师讲述了在该历史条件下人民币应持有的策略与态度。这事关国家在经济领域的生死存亡，作为一个纵横资本市场、有着许多辉煌战例的超级玩家，缠师的态度很明确，即稳定汇率，反对人民币升值。人民币经济的最大优势在于泡沫化极低，储蓄率极高，这对于美国经济是一个致命的威胁。只要人民币战略得到坚持，美国经济将受到剧烈冲击。然而当时国际社会针对人民币升值采取了许多策略。

在此，笔者摘录了缠师关于美元与欧元的货币战争的走势分析，以此告诉读者，缠师是如何把握货币战争和汇率变化的。

美元与欧元之战从没有欧元时就开始了。当时美元对马克、日元的那一轮升值攻势就是为了给欧元出现后的走势埋下伏笔。本来欧元在设计时币值就出于保守有了很大的折让，但当欧元一出来，很快就被打到 1 美元以下，这个下马威显然是为了动摇各国对欧元的信心，至少减缓了各国外汇储备中美元变欧元的速度，出现了明显的观望情绪。

欧元月线图如图 12-3 所示。

图 12-3　欧元月线图

然而欧元也是有备而来，在 0.85 美元附近出现明显的护盘，从其走势图可以看到争夺的激烈，伴随的是一个下倾的多重底走势。从某种意义上说是美国自己最后坚持不住救了欧元，其最直接原因就是网络泡沫的破灭、股市特别是纳指的大幅下挫使得部分稳健的资金流出，美元资产换成欧元，这样就支持了欧元，使得欧元终于缓过一口气来。也就是说，欧元终于避免了夭折的危机。

欧元的成功登陆使得美元必须面对和欧元一起玩下去的局面，而欧元不死，就意味着欧元在低位徘徊对美元极为不利，特别在美国经济遇上大麻烦的时候，低位的欧元可以慢慢把美元资产资源吸走。所以伴随着带有多种目的伊拉克问题的热炒，欧元也被迅速拉起。目前大概就在欧元的最初定价附近徘徊。这几年的大 U 形走势看起来简单，里面的战略意义却一点都不简单。

在目前情况下，在欧元初始定价附近徘徊，暂时是美元和欧元最好的选择，这是一个相对的平衡点，走势上在没有新的因素出现前，维持这种局面是双方都可以接受的。但双方在这种平衡状态下是否会通过妥协对第三方犯坏，这才是问题的关键。目前有关人民币升值的全球性叫嚣正意味着这种可能。

必须明确指出的是，欧元其实并没有升值，只是从一个非理性的下跌中恢复性上涨而回到原来的初始定价位置，如果说目前人民币要升值，那么当时刚出来的时候为什么没有人这样说？这是一个十分明显却有人故意混淆的问题，一定要特别被强调，这是反击一切人民币升值谬论的有力武器。

总之，目前在欧元与美元的平衡状态下绝对不排除出现联手骗人民币升值的可能，因为人民币升值对欧元和美元都有好处，而对两者之间的关系反而影响不大。在共同利益下，什么事情都可以发生。目前最简单的方式就是要揭露欧元并没有实质升值的事实，欧元只是恢复性上涨，这不是什么大不了的事情。只要人民币坚持不升值，美元和欧元之间的平衡又将被打破，它们之间又会斗起来，这才是人民币不升值的一个直接重要的结果。

——美元与欧元之战的走势分析以及人民币在其中扮演的角色（2006-03-07）

由于货币的波动是不断的，总的来说，除非出现断裂性的上涨或下跌，从长期来看，货币**总是围绕某个价值中心震荡**。任何偏离价值中心的走势都可以看成一种将被修正的走势。

例如，欧元出现时，为了其能够顺利登陆，其币值是有一定折让的。欧元在 0.7 美元和 2 美元之间波动，完全是一种正常的走势。在没有完全确认这个波动范围被打破之前，都可以看成一种围绕价值中心的波动，也就是说，最终还是往价值中心回拉。因此，从长期看，该区间只要不被打破，仍在正常的价值结构中，就没有什么值得大惊小怪的。

而人民币并不能自由兑换，因此人民币没有任何必要对欧元在该上述区间的短线走势作出任何反应。在欧元有效升破 2 美元之前，人民币根本就没有任何升值的义务和考虑的需要。因为一个非自由兑换的货币完全没有必要对一个正常价格区间的短线波动作出反应。任何短线走势最终都会被修复，任何基于短线走势的反应都是多余的。

以上是对付人民币升值叫嚣的一个很有力的技术上的支持，我们对此应该有很明确的认识。任何有关人民币升值的争论在欧元有效升破 2 美元之前都是没有意义的。当然，如果多年后欧元真的有效升破 2 美元而站在人民币总体货币战略上出现了让人民币升值的理由，那么人民币就升值；否则还是不升，到时候找理由还是很容易的，而任何理由的前提都必须站在中国整体的人民币货币战略上，离开了这一点，一切都没有意义。

——在欧元有效升破 2 美元之前，人民币根本就没有任何升值的义务和考虑的需要

21 世纪初，中国再度纳入全球化，大量的外资进入使得中国形成外资导向的经济。由于外贸所换回的外汇在客观上造成中国货币发行是以外汇对冲为主的，这就相当于中国的金融部门必须跟外资接轨，因此越来越多企业请"海龟"做金融部门的主要领导。2005 年，在缠师看来，由于中国是货币战争的新手，在一帮不学无术的人的操纵下，中国在货币战争中正逐渐面临战败的风险。

2005 年 7 月 21 日，所有西方国家期盼的"央行改革人民币汇率形成机制调整对美元价格"政策最终出台。在中国人民银行宣布人民币升值的那一刻，一轮由资源类牛市所拉开的资本全球化掠夺大戏从此波澜壮阔。这是世界新格局新分配的大游戏，与 19 世纪、20 世纪的殖民浪潮是同一回事。其后资源类市场的大涨、全球股市的大涨都在预料之中。

日本在 1985 年"广场协议"后，日元升值，日本人当时也为他们外汇储备的超高增长、经济的全面外向型胜利以及房地产狂潮而欢呼，与中国 2005 年人民币升值的情况如出一辙。结果，日本面对的是"平成战败"并"失去了二十年"。中国与日本相比，原始条件更好，但中国是否最终倒在与日本类似的坎上，这是缠师当时就该历史性大问题写下"货币战争与人民币战略"系列文章的关键所在。

▶ 12.4 下一个级别就是 14 亿级别

在资本主义经济循环中，其总体饱和度和人口关系存在类似电子轨道量子化般 5 倍递增的结构。1000 万和 5000 万人口，是中古和近代所谓强国的基本人口数量门槛。在大不列颠王国以 5000 万数量级别完成其霸业后，美国和苏联在 2 亿 5000 万级别完成了它们的历史表演，而下一个级别就是 12 亿 5000 万级别，目前世界各经济体之间的联盟是为资本全球化 12 亿 5000 万级别的竞争储备力量。

——中华民族复兴周期与世界经济大循环周期共振产生了历史性的大机遇

（2006-09-23 由 2003 年所写旧帖整理而成）

由于人口消费化是现代经济增长的引擎，缠师通过人口数量来判断世界经济的动向，而小级别走势中枢向大级别走势中枢的生长转化也是如此。

▶ 12.5　人口消费化与资产虚拟化导致现代经济增长

中国最大的优势在于人口消费化以及资产虚拟化程度低。这构成了中国崛起的两大支柱。其实，现代经济发展的秘密十分简单，就是人口消费化与资产虚拟化。当然，受垃圾经济学影响的人是不会接受本 ID 这个观点的，但本 ID 还是要宣告现代经济增长的缠中说禅定律：现代经济增长的动力在于人口消费化与资产虚拟化。

——《货币战争和人民币战略》续一（2006-12-11）

GDP 是投资、消费、净出口这三种需求之和，因此经济学上常把投资、消费、出口比喻为拉动 GDP 增长的"三驾马车"，这是传统经济学对经济增长原理的表述。但这三种可以简化为缠师说的"人口消费化"和"资产虚拟化"，它们导致的经济增长是一个经济规律，这也是资本全球化的本质。

在人口消费化和资产虚拟化的历史进程中，经济奇迹的发生是一件正常的事，不过到一定程度的时候就像走势类型上涨一样，也会发生上涨途中的小转大。因为一个国家的经济容量是有限的，一旦该经济体的容量突破一定限度，所有相关的条件都会发生变化，内部和外部的压力都会慢慢和经济原动力产生新的合力。这就像一道坎，日本就没能冲过这道坎。而一旦冲破自身的局限，经济就会继续牛下去。

▶ 12.6　大国的崛起，就是大国资本市场的崛起

国与国的经济层次与阶段的不平衡性，使得这种虚实间的游戏成为国与国之间经济战争的最直接武器。一个强大的资本市场，如黑洞般把全球化背景下的世界资源吸纳进来，成为自己的发展动力。一个没有强大资本市场的全球化体系下的经济体，妄想打赢货币战争、金融战争，永远只能是妄想。

任何全球化现状下的大国崛起，都是资本大国的崛起，也是强大资本市场的崛起。在现代经济环境下，大国的崛起就是大国资本市场的崛起，这是无疑的。谁控制了资本市场，本质上就控制了该国的经济血脉与心脏。

——《货币战争和人民币战略》续五：从净资产到市值，资本血腥游戏的必然之路（2007-04-17）

缠师曾描述过不以人的意志为转移的大国崛起的客观历史现象。

最原始的阶段，就是人口消费化与资产虚拟化都极为低下的阶段，这种阶段，往往呈现出类似原始社会模式的社会经济形态。这里涉及社会形态的缠中说禅定律：社会形态发展呈现典型的自相似性。欧美式的资本主义，其原始社会形态，是以封建到资本主义原始积累前的混沌过渡为形态的。

市场经济原始社会破裂后，就进入人口消费化与资产虚拟化扩展的原始积累时期。这时候，市场经济往往出现一种最有活力、最有扩张性，如同军事奴隶制游牧民族般的强悍。就如同成吉思汗的铁蹄可以轻易扫荡比蒙古部落文明程度高得多的民族，这市场经济奴隶社会形态的时期，是所有经济大国崛起的真正力量所在。

人类进入资本主义以来，所有经济大国的崛起都离不开这种形态。注意，大国与经济大国，有着一定的区别。18—20世纪，欧美的经济以及其后的军事扩张，都是以这种资本主义奴隶社会形态最强悍的扩张力为根基的。但是，最终所有的军事殖民都几乎以失败告终，而经济、文化上却是无比的成功，这也可以看出经济、文化的深刻腐蚀性。

资本主义的军事奴隶制在经济、文化上的强悍，是比纯粹的军事强悍更有力、更本质的东西，这也是为什么在自相似中，美国经济、文化对世界的征服比成吉思汗的铁蹄更有力。①

由于市场经济在世界范围内的不平衡，必然导致当某些国家完成市场经济奴隶社会形态时，后来的国家才刚进入市场经济奴隶社会形态。因此，一场如同历史上游牧民族与农耕民族的征服与被征服游戏就不断展开。其实，在思想历史上，也有同样的情况出现。思想历史上的奴隶社会阶段，是所有文化形态中最有活力的时代，这个时代，也就是所谓思想历史上的轴心时代，人类其后的所有思想，从根本上，从来没有超越那个时代。

——《货币战争和人民币战略》续四：中国崛起的真正秘密（2007-03-06）

而资产虚拟化的资本市场是国家经济的血脉和心脏。

一个成熟的市场经济，处于市场中心地位的就是资本市场。资本市场的任何风吹草动，都是国家级的大事。看看，这次次贷危机，美国股市的实际跌幅

---

① 大英帝国衰落之后，美国成为金融帝国，它利用美元进行隐性"殖民扩张"，通过美元隐蔽地控制各国经济，从而把世界各个国家变成它的金融殖民地。

一点都不大，连 20% 都没有。但已经是朝野倾巢而动，用尽一切金融、财政、政府等的资源来稳定资本市场。为什么在美国以及西方所有的成熟市场经济国家，资本市场具有如此举足轻重的地位？因为，这是他们经济结构的核心，后面代表着最大多数人的利益。也就是说，这些成熟的市场经济国家，其经济已经进化到如此的境地，绝大多数公民的经济利益都与资本市场密切相关。经济基础决定上层建筑，自然，没有任何政府机构敢对资本市场有丝毫的怠慢。

——现阶段中国资本市场的地位（2008-04-01）

当今世界是资本的世界，中国金融的崛起，是中国崛起的标志。没有金融的强大，国家的强大只能是口号。近年，中国资本市场的步伐在大举迈进，2018 年 12 月，中央经济工作会议上曾明确指出："资本市场在金融运行中具有牵一发而动全身的作用。"

另外，在《〈货币战争和人民币战略〉续四：中国崛起的真正秘密》一文中，缠师曾说：

中国的崛起也离不开这如游牧对农耕的征服游戏。当中国制造、中国因素在全球涌动时，不过是市场经济自身演化法则的现实演示而已。

最可笑的是那些所谓自由经济的信徒，当这市场经济无形的手所推动的游戏已经危害到他们主子的利益时，他们就颤抖了，他们就要拿起大棒了，他们就要歌颂起那封建农耕资本主义的种种美好来，却忘了他们的主子也是踏着市场经济奴隶社会的血腥而来……

该文内容中，缠师思想之深刻和久远令人闻所未闻，尤其是他讲的崛起的乾坤两条路子不就是当下的双循环战略吗？有兴趣的读者可以自行在网络上搜索学习。

▶▶ 12.7 中国的优秀公司，就是中国资本市场的最大经济资源

国家的经济资源，不单单包括狭义的实体、实物上的资源，还包括在虚拟经济条件下一切能产生市场、资本等效应的资源。例如，中国的优秀公司，就是中国资本市场的最大经济资源。如何合理利用这些资源，而不是让其贱卖、外流以及被短期利益所过分开发，这是一个十分现实且有着诸多教训的重大问题。

——略论国家经济意志的市场化体现（2007-11-11）

解放战争后，中国重新走上了独立、自主之路。改革开放，又让中国迈向复兴

之路，这都是中国自鸦片战争以来被欺凌历史和洋务运动失败渊薮的奋斗结果。21世纪的中国，从商业历史角度看，不同于过去因战争而打乱的商业进程。中国或处于百年来堪称发展局面最为平顺的历史时期，这是与晚清、民国截然不同的气象。

现在，不论是从中国经济还是从世界经济格局来衡量，工业产能都是中国最重要的资产，而且中国的制造产能比美国、日本、德国加起来的还大。但总体而言，中国工业产能的价值还有很大的提升空间，亟须大规模改造，既要提升技术水平，还要开拓新兴生产领域。

现在，围绕中国经济有一些悲观情绪，面临新冠疫情、互联网企业退潮、房地产泡沫、地缘政治等不利因素影响，可以说中国的深刻变革转型是箭在弦上、不得不发，这不单有经济考虑，还有国家安全的考虑。而战略性新兴产业的发展将成为我国实现经济转型的重要战略支撑。从长远角度来看，"十四五"规划为许多领域制定了具体的目标，包括芯片、集成电路等面临"卡脖子"问题的关键领域，以及信息技术、新材料、高端装备制造业等代表产业链升级大方向的重点领域。

未来的中国投资和增长机会巨大，如制造业技术提升、供应链优化、半导体、生命科学、医学设备、新的替代能源（如新能源汽车和新材料）等领域。伴随着中国的整体发展，任何具备成熟资本市场的经济体系，都无一例外地主要以股票市值对上市公司与股东的财富进行价值衡量。例如，2021年新晋世界首富马斯克、亚洲首富钟睒睒的个人财富都是以他们各自所拥有的股票市值为基准的。当市场经济完成从净资产到市值的转变，证券市场也成为真正的经济晴雨表。

缠师曾说：

站在更大的层面上，中国目前的企业代表着中国经济的未来，而中国成为世界经济强国的历史趋势不可逆转，因此现有的上市公司中将出现以后世界上一些大的公司，中国的企业也将跨国化。

现在，很多中国上市公司，即使是盘子最大的那些在国际上都只能算是中小盘股，都是成长股。只要看好中国经济的未来，就没有理由对中国的企业失去信心，谁又能说21世纪最伟大的公司不能是中国公司？而且可以肯定地预言，21世纪世界最伟大的500家公司里，至少有100家是中国公司，而这100家公司现在就在深、沪交易所交易的股票里。

当然，中国的企业有各种毛病，但所有的发展都是在毛病下出现的，没有毛病的企业早死了。而经济资本化带来的历史性动力，将让中国的企业走上一个伟大的历史性发展时期，这才是中国资本市场发展的核心动力，没有这样的历史眼光，只不过是被人洗脑的可怜虫。

——为中国股票的投资价值正名（2007-07-11）

▶▶ 12.8　中国股市也应当成为世界股市的新龙头

以欧、美、日为动力源的全球化经济在2000年网络泡沫后出现历史性的发展瓶颈，而中国经济的崛起，是资本全球化历史与现实的必然要求，是一个有别于欧、美、日的全球经济新动力源的必然选择，是一个拥有最多人口、最大潜在市场的新兴经济体的必然承担，是不以任何人的意志为转移的必然趋势。**当中国经济成为全球化新动力源时，中国股市也应当成为世界股市的新龙头，成为面向世界的超级大市场。** 中国的证券交易所，必将成为世界性的证券交易所，世界上的公司必将以能到中国上市为荣。

这一切，将成为中国新一轮特大型牛市真正的动力源泉。对此的任何短视，都将导致错失这一历史性机遇。

——神州自有中天日，万国衣冠舞九韶（2007-03-19）

我们先来回顾一下缠师对中国经济发展阶段的描述：

如果说以土地承包制为起点的农村改革导致改革开放后第一次生产力的大释放，以市场经济的确立为起点的城市改革导致其后第二次生产力的大释放，那么，以股权分置改革为起点的资本市场大变革，将导致比前两次更为重要的第三次生产力的大释放。前两次生产力的大释放，都是在实体经济层面，是经济发展水平不高时的产物，而后者是实体经济发展水平达到一定层次后才能出现也必然出现的产物，比起前两者，后者对中国社会的影响更为深远。认识不到这一点，就缺乏了看待当前资本市场必须具有的最基本的历史视角。资本市场不仅能成为经济的晴雨表，更能成为经济发展的核心动力，认识不到这一点，只能是历史性的短视。

如果说第一次生产力的释放带来了万元户、乡镇企业，第二次生产力的释放带来了十几年的中国经济奇迹，那么第三次生产力的释放，将使得中国出现一批世界性的企业、一批世界性的财富巨人、一个世界性的资本市场与资金大平台，更重要的是，使得中国在这场资本全球化的大竞赛中最终胜出，为成为世界强国打下最基本也是最坚实的基础。这是一场经济、文化、军事等方面的综合竞赛，但经济起着决定性作用。在一个资本全球化的时代，没有资本的力量，没有资本市场的动力，是不可能成为一个经济大国的，更不可能成为一个对世界有着稳定、持续、全面影响力的世界性大国。

——看待当前资本市场必须具有的基本智慧（2007-06-18）

回顾 2008 年，金融危机过后，随着美国经济的率先恢复，全球资金竞相配置美国资产，美股、美元、美债维持了长达 10 年的上涨态势，美国三大股指更是齐创新高。

2022 年，受美元加息等因素影响，美股开始下跌。随着 2022 年的全球股市大调整，中国股市任重而道远。经济周期有兴衰，市场会有中期调整，但随着中国综合国力增强的长期趋势无可改变，任何级别的调整，在未来只会引来更大级别的上涨。美股经历过 1929 年、1987 年等大暴跌调整，依旧屡创新高，同样，中国股市经历的任何调整都会成为上涨的新动力。终有一天，中国股市会成为世界股市的新龙头。

在过去的 30 年里，A 股市场已经从最初的"老八股"，发展成为拥有近5000 只股票、总市值仅次于美股的全球第二大股票市场。中国股市经历着从双轨制到国有股全流通，再到全面注册制，从市场投机氛围浓厚、庄股横行到交易制度与监管体系日益规范完善，从"炒新""炒小""炒壳"到拥抱"价值白马"。

中国基本面在过去 30 年中经历了巨变，影响着中国股市的监管机构、个人投资者、机构投资者甚至媒体，曾经叱咤风云的"德隆系"猛庄早已经烟消云散，各种市场新势力正在悄然崛起，个人投资者的经验与能力也随着时代更迭而不断提升。截至 2022 年 2 月 25 日，中国股民数量也突破了 2 亿人，再创历史新高。随着全面注册制等股市基础制度日益完善，我国金融开放程度也不断在加深，中国资本市场和海外成熟市场的差距将会越来越小。

关于股市与股民，缠师曾说过："一个不尊重投资者的国家，不可能有强大的虚拟经济和真正强大的经济，这就是历史的结论。"

站在中华复兴的角度，缠师曾说：

美国为什么牛了几十年，因为他们有一口锅，全世界用了几十年，而不打破这口锅，任何国家不管怎么搞，都是美国人锅里的肉，这才是最为重要的。我们要用一切的努力，造一个中国资本市场的大锅，这也是本 ID 写这些文章的出发点。更重要的是，我们更要造一个中国式的全球化的大锅，这是更高层次的，也是中华复兴的关键。

——我们需要怎样的投资者（2008-03-13）

▶▶ 12.9　资本化生存，给任何人提供了跨越式发展的可能

资本化生存，给任何人提供了跨越式发展的可能。

在实体经济层面，一个人要成功，获得商业利益，必须精通各种社会关系，并花大量的时间于其中折腾。而资本化生存的虚拟经济，给任何人提供了跨越式发展的可能。一个人，完全依靠自己的智慧独立去战胜市场，这种可能性大大增加。在这种生存状态下，一个人是否成功，完全可以更多地依靠个人的修养与修为，而不用看任何人的脸色，甚至与年龄、体力、性别都不再密切相关。

——看待当前资本市场必须具有的基本智慧（2007-06-18）

在缠师看来：

在资本化生存的虚拟经济中，世界更加平面了，任何人与成功及失败的距离都更加近了。一个所谓的成功者，完全可以在下一秒就成为一个失败者。任何级别的财富，在虚拟经济、资本市场中都不值得一提。而虚拟经济、资本市场的发展现实，超越了所有的旧有理论，如何打破旧观念、创造新观念，让理论为现实服务而不是相反，则是市场发展留下的一个全新课题。

对于个人来说，一个全新的机会、一个全新的世界，一切都将被全新定义。当然，这里有所谓的领跑者，但这些人与失败的距离并不比任何一个所谓落后者与成功的距离更远，而这个距离，与每个人的贪婪、恐惧、智慧相关。

——看待当前资本市场必须具有的基本智慧（2007-06-18）

本ID之所以选择在资本市场里玩，唯一的原因就是资本市场比较简单，不用处理太多的人际关系。本质上，资本市场完全凭一己之力就可以在里面获取超额的回报，而且一个人就可以掌管比实业里多得多的人才能运转的资产，这是最重要的一点。

全球化的本质就是资本的全球化，资本市场在其中具有核心的地位。以前对这一点的认识是不够的，现在国家明显地意识到资本市场在经济中的核心地位。资本市场的投资者就是这其中最重要的基石，任何一个人，都可以在资本市场中理直气壮地挣钱，没本事是个人的事情，和市场本身无关。不明白这点，只不过是被市场所抛弃的一群人。

在市场经济中，财富的资本市场化衡量是最标准的。一个不接触资本市场的人，基本就丧失了经济中的话语权，这一点在以后将进一步显现。谁都不用忌讳说在市场里挣了多少钱，而在市场中挣钱，最根本的是要对经济有深刻的

理解。本 ID 不讳言在资本市场中积累了超出绝大多数人的财富，但这是本 ID 应得的，是对本 ID 智力及市场洞察力的奖赏。这一点，本 ID 只会无比自豪。

本 ID 认识很多别人千方百计想认识的人，但本 ID 从来没有想过去利用他们的权力，因为本 ID 根本不需要。本 ID 既不搞房地产，又不搞实业，又不想当官员。股票和期货，特别在外盘上，靠的是智力和经验，权力是没用的。

——仇富，是因为像本 ID 这样的富人太少了（2006-09-13）

12.10 上涨动力，来自清洗

其实，不仅是股票，这世界上的游戏的基本玩法就是"上涨动力，来自清洗"。没有清洗，所有人都成功，所有人都吃香喝辣的，那就不是全球化资本的"美丽新世界"了。

到达顶端的，永远只能是少数人。

当然，股票上涨的动力，更离不开清洗。如果没有中途下车的，哪里会有最后被落井下石的？如果没有踏空的、被洗的，哪里会有最后被套的、接棒的？

——上涨动力，来自清洗（2008-01-09）

缠师曾说：

我们需要的是长牛，而不是疯牛。

中国股市的牛市依然，中国股市的未来依然是世界上机会最多的，有着最远大的前途，并必将成为世界上最大的市场。暴风雨，只会让它更健康。如果没有这样的大视野，那么，在市场上注定不可能成功。

中国股市充满机会，未来无限。而这机会、未来如何成为你自己的，这才是对每个人来说最重要的问题。

这市场不怕做错了，只怕死不改错。

——中国经济和股市的未来依然美好（2007-10-25）

和十年前相比，中国股市大盘目前依旧在 3000 点附近，与美欧等发达资本市场相比仍处在低位，且与印度等新兴市场相比也处于低位。就如缠师说的："投机，只能投机于高势能的领域，只有高势能，才能引发洪水。"中国股市有望在未来新一轮全球资金再配置过程中受益。

13

第 13 章

猎鲸之路

在那万古长空的孤峰上，缠中说禅给众生打开了一扇天窗，而总会有一些人，如你，如我，看到了、学习着、践行着……无论身处天涯，是发声，还是沉默。

13.1 遥远的救世主

从来就没有什么救世主，也不靠神仙皇帝！要创造人类的幸福，全靠我们自己！

——鼓吹救世主、大救星的是真正的精神鸦片（2006-04-23）

相信阅读本书的大多数读者都看过豆豆的小说三部曲：《背叛》《遥远的救世主》《天幕红尘》。其作者简介十分"简单"，在网络上也难以找寻其踪迹：豆豆，女，1970 年生，高中文凭。作者 17 岁时因工作关系认识了一个好朋友李红英，据说是此人的人生观、价值观及其人格、品德和思维方式深深影响了作者。可以肯定的是，这位神秘的好朋友是豆豆创作小说三部曲的重要思想来源。

作为读者，笔者要感谢豆豆的文笔，它为人们带来令人觉悟的作品。2017 年，笔者因缠中说禅博客而了解电视剧《天道》和小说《遥远的救世主》，不得不惊叹这书里书外竟然有如此多思想、爱好、行为相似之人。很多人曾说《遥远的救世主》以及《天幕红尘》的主人公丁元英和叶子农是有原型的，其原型人物即著名博主缠中说禅，那么我们来一探究竟，他们是否相似，权当笑看。

缠师博学多才、狂放不羁，2002—2008 年以不同身份共发表网络作品约 1848 篇。入驻新浪博客后，自称"全球第一博客"，并写下博客介绍：

不是本 ID 自吹自擂：能让你八卦的博客，不能让你有品位；能让你有品位的，不能让你智慧；能让你智慧的，不能让你赚钱；能让你赚钱的，不能让你明心。而能让你八卦、品位、智慧、挣钱、明心一个都不少的博客，全球只有一个，那就是全球第一博客缠中说禅。

——缠中说禅

诚然在 40 岁之前达到这一境界与他的天赋、家境（据传是开国上将后代）、机缘、勤奋等密不可分。

在缠师的博客里，天文地理、时政经济、文史哲学、数理科技、诗词曲赋、音乐艺术、白话杂文、谈禅论道、短篇小说，包罗万象，谈吐汪洋恣肆。缠师认为自己是一个永远只愿站立且希望探索、展示人的所有潜能和可能的人，而他的思想和灵魂散发着独特的魅力，认识这个人，就像肖雅文向芮小丹介绍丁元英一样："知道这个人，是打开一扇窗，看不同的事物，听不同的声响，就足以使你考虑、醒悟。"

笔者保持谨慎的研究态度，学习了丁元英和缠中说禅的思想。不经意间发现了如下几处相似点。

（1）时间节点。

《遥远的救世主》出版于 2005 年 5 月 1 日，其改编的电视剧《天道》一度被封为神作。豆豆的另一部长篇政治小说《天幕红尘》于 2013 年 5 月 1 日出版，这两部小说中的故事所发生的时间，一个是 21 世纪前夜，一个是东欧剧变之时，两者都是全球政治经济变化最关键的时刻。同时这两部小说出版的时间点也很有意思。其中，《遥远的救世主》出版日距离 2005 年的中国股市大牛市底部只有 1 个多月，《天幕红尘》出版日同样距离 2013 年牛市底部只有将近 2 个月。上证指数 2005 年日线图和 2013 年日线图分别如图 13-1 和图 13-2 所示，或许这只是巧合。

自 2000 年众多庄股被罚，2001 年 A 股走熊后，直到 2005 年缠师重出资本江湖之前的这 4 年熊市中，正值血气方刚年华的他在做什么呢？像他这样有着光复中国传统文化志向的麒麟才子会让自己真正闲着吗？在德国结束私募基金，找座安静小城市栖身的丁元英那两年也没真正"闲"着，听听音乐、上上网，还谈起了"天国之恋"，还帮王庙村扶了"贫"。

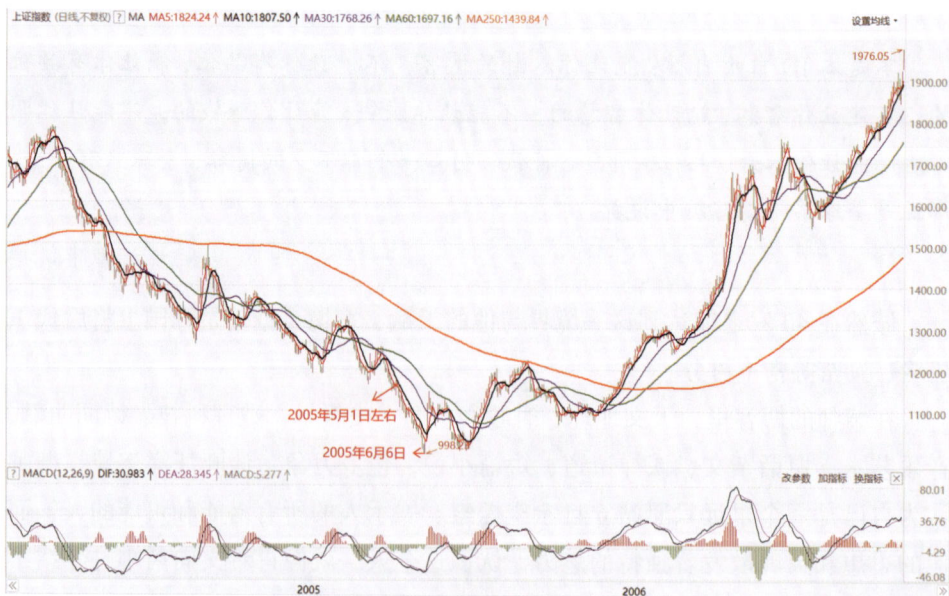

图 13-1　上证指数 2005 年日线图

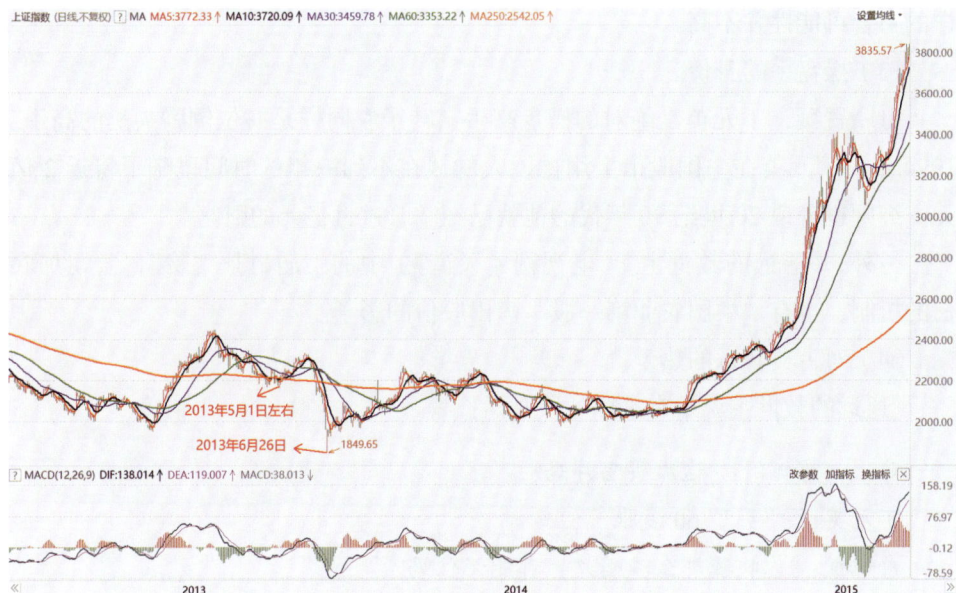

图 13-2　上证指数 2013 年日线图

丁元英在古城极度自律地孤独生活着，有一回芮小丹忽然问他："你整天关在屋里受得了吗？就什么都不干吗？"丁元英说："上网，学习，什么都看看。"芮小丹问："研究什么？"丁元英说："谈不上研究，关注而已，对文化属性感兴趣。"芮小丹问："文化属性？没听过这个词，这个很重要吗？"

是的，缠师的文化总构建，最底层逻辑不就是破解和重构文化属性吗？不正是缠师解读《论语》的内容所体现出的强势文化吗？

（2）豆豆描述的宋、丁、叶三位男主角的特点，都有着"这位神秘人物"的痕迹。

纵观古今中外、千百年来，凡具备思想高度乃至觉悟的人，其自身条件都是常人所不具备的，如文化、学识、物质、精神、社会背景等。书中的丁元英（精神贵族）、叶子农（红二代），缠师正好集这些条件于一身。

作为世界经济发展研究员和顶级操盘手的丁元英，其静气、贵气、杀气于一身，而叶子农的家庭背景、享受"平庸"的生活态度、生死看淡而追求马克思主义真理的信仰，包括两人都具备的学识，正是作者豆豆身后的那位幕后人物所具备的，也只有具备这些条件人的，才可能具备作品中这样的思想高度。就像缠师说过的只有高于孔子的思想才能解释孔子。

缠师曾说和豆豆背后的那位幕后人物的思想一样不太可能，所以有这样那样的巧合可能性并不高。

（3）操盘手的身份。

毋庸置疑，丁元英是绝对的操盘高手，叶子农同样是一位倒腾买卖的高手。1994 年，丁元英在中国股市上用德国人的钱在不到一年的时间里赚了将近 2 亿元。缠师也曾说 20 世纪 90 年代的他就已经掌管过百亿元的财富。

另外，《遥远的救世主》（电视剧《天道》）中的王庙村扶"贫"，公司加农户的机制，也有"中国农业第一股"蓝田股份的影子。

（4）对古典音乐的热爱。

《遥远的救世主》中有这样一段对话：

路上，詹妮问："这次买唱片吗？"

丁元英说："买了 60 多张。"

詹妮说："你收藏那么多唱片，都能记住吗？"

丁元英说："经常有买重复的，不过就这点嗜好，重复就重复吧。"

丁元英由于将自己的生活费绝大部分给了父母姊妹还有朋友，在古城窘迫之际卖了自己的唱片，而这些唱片都是国外原装正版的。丁元英"安贫乐道"的心态也与缠师解释的《论语》中的"承担"的儒家精神一致，也与缠师多次讲到的颜回类似。

透过缠师的文字可知：大学时的他已珍藏了 300 多张正版东西方音乐 CD，每一张的价格不低于 100 元。2006 年，他曾说自己的 CD 没有一万都有八九千张了，弄了一个房子来放，而且它们都是国外原装正版的。他收集了几乎所有最重要作曲家的全集，从巴赫到肖斯塔科维奇，该有的都有，用他的话说估计一般的音乐电台也没他这里齐全，还有很多是按乐器或演奏形式分的全集。因为他有收集全集的爱好，所以单张的相对少点。

在众多的爱好中，于他而言最浓墨重彩的便是音乐。从小师从名师学习作曲与美声，一度打算去唱歌剧，歌剧曾是他年少时候的音乐梦想。他喜欢歌唱，在博客中也专门写文章详细解释过唱歌的技巧。在整个中学时代结束时，缠师完成的艺术歌曲数量大约是 600 多首，这 600 多首的曲乐如今已不可查阅，光这样的数量足以与一些大师比肩了。

（5）信手拈来的诗词。

据不完全统计，缠师留下了脍炙人口的百首诗词。书中丁元英作诗，芮小丹那段评述，不论是平仄押韵，还是内容的哲思，和缠师评论诗词的文风非常相似。

（6）批判救世主的思想与心态。

在博文《鼓吹救世主、大救星的是真正的精神鸦片》中，缠师认为救世主代表的是人类的恐惧与虚妄，而这世界上没有救世主，更没有大救星，有的只是每个人的发展、变化叠加所构成的社会发展的总方向。在这一点上，不信神的恩格斯不需要文学的想象，而马克思关于宗教鸦片的比喻没有错，在"国际歌"里"要创造人类的幸福，全靠我们自己"，也明确地拒绝了这种鸦片。

任何个人、阶级的力量归根结底来自自己，无须期盼或感恩于所谓的救世主、大救星。所有救世主、大救星都不过是人造的，连神都是人造的，没有造神的人，即使真有神，也什么都不是！

在时政经济一栏中，缠师也多次反对不必要的救市。市场中的所谓"大救星"思维，就是期盼外力来救自己，一旦没人救就撒泼要挟政府扮演"大救星"角色。这一点上，近十几年来，在中国楼市股市的闹剧中表现得最为明显。

在《遥远的救世主》中，王庙村的老百姓天天都去教堂读《圣经》，期盼有个救世主来临，几十年过去了，都没有改变世代贫穷的面貌。因为村民期望救世主拯救自己，是一种破格获取的弱势文化心理。反而后来在"大救星"丁元英的指点下，每家每户老少卷起袖子齐上阵，自力更生，没日没夜地生产音响，走向了致富之路，这才是自力更生的强势文化。整个扶贫的过程，不正是一位资本市场的高人在商场上的降维打击吗？

小说中，格律诗公司预备股东大会后，有人笑着表达感谢之情：

"丁哥一来，我们哥儿几个的前途就有救了。"

"王庙村的前途也有救了。"

他们本以为这是丁元英爱听的话，没想到丁元英听了不禁皱了下眉头，说："有了这种想法，就已经没救了。"

丁元英还特意就有救没救的问题，讲了一大段话："咱们翻开历史看看，你从哪一行哪一页能找到救世主救世的记录？没有，从来没有，从来都是救人的被救了，被救的救人了。如果一定要讲救世主的话，那么符合和代表客观规律的文化就是救世主。"

丁元英曾反复论述救世主心态。

丁元英与韩楚风坐而论道谈文化："中国的传统文化是皇恩浩大的文化，它的实用是以皇天在上为先决条件。中国为什么穷？穷就穷在幼稚的思维，穷在期望救主、期望报恩的文化上，这是一个渗透到民族骨子里的价值判断体系，太可怕了。"

丁元英说："强势文化就是遵循事物规律的文化，弱势文化就是依赖强者得道的期望破格获取的文化，也是期望救主的文化。强势文化在武学上被称为秘籍，而弱势文化由于易学、易懂、易用，成了流行品种。"

丁元英说："这世上原来就没有什么神话。所谓的神话，不过是常人的思维所不易理解的平常事。"

丁元英平静而淡漠地说："杀富富不去，救贫贫不离。救主的文化唯救主可说，救主不是人，是道，得救不是破了戒的狼吞虎咽，是觉悟。"

在小说中，肖亚文在法庭上说的那段话也解读了丁元英在王庙村扶贫的目的："扶贫不是给予，不是慈善，是向农民输入一种市场经济的生存观念，建立市场经济的生存方式。丁元英先生正是基于这样的考虑才从产权这个根本之策让农户独立。"书中这样指出："王庙村穷是客观条件，过去几十年输血式的扶贫为什么越扶越贫？就是因为农民在等救世主。""丁先生用产权独立的方式告诉农民，从来就没有救世主，要改变命运只能靠自己。""转变了观念的农民有条件要上，没有条件也要上，这正是我党一贯倡导的艰苦奋斗的光荣传统。"

缠师的博文写得看似很随意，但他对禅宗、马克思、孔子的推崇也都没有离开这一点。"缠非缠"系列批判了救世主乃六识外索求之名言以安立的虚妄；在《〈论语〉详解：给所有曲解孔子的人》中，缠师通过对《论语》的解读，也很明确地批判了救世主心态。

在西方哲学里，与救世主心态对应的就是柏拉图笔下的"洞穴人"概念：认为人必须通过某种外物（如理智、上帝等）实现自身。而缠师推崇的是儒家"自立于天地间"的独立精神与浩然之气，推崇释家破一切执"见佛杀佛"的态度。这些也是丁元英的反救世主观。

可见，缠师与丁元英对文化、宗教等意识形态的批判态度是完全一致的。缠师在生命的最后岁月里曾写下博文《说点想说的话：给现在、未来的人类》，其中说道："实证，一切必须如此。人，生而受骗中，你的文化、生存前提都构成你生命系统的所谓公理。而公理，往往就是骗局。人生，真要活明白，前面三四十年，都要破这骗局，当然，有史以来，真能办到这事的人，估计也没几个。绝大多数的人，不过在受骗中终其一生。现代人，更是如此。我们不过首先都是耳食之辈，最终选择了一种信的东西，然后如抽鸦片一样过一生。历史的绝大部分，由各种级别的忽悠构成。忽悠包括口号、宗教、理论等。"

我们再看书中，与缠师10岁立志40岁（他认为人该四十而立，在博客里也说过：本ID有一个心愿，40岁以后完全转向文化的建构）将中国传统文化发扬光大的想法非常相似的是：

由于酒精的作用，丁元英浑身燥热，说话的兴致更浓了，几分醉态地说："不管是文化艺术还是生存艺术，有道无术，术尚可求也。有术无道，止于术。你的前途在哪儿？就在无明众生，众生没有真理真相，只有好恶，所以你才有价值。觉悟天道，是名开天眼。你需要的就是一双天眼，[1] 一双剥离了政治、文化、传统、道德、宗教之分别的眼睛，然后再如实观照政治、文化、传统，把被文化、道德颠倒的真理、真相颠倒过来，随便你怎么写怎么拍都是新意和深度，这就是钱，就是名利、成就、价值，随便你能说的什么。"

"中国应该多一个由你注册的强势文化传播公司，你应该整合你的社会关系资源，埋头学几年、干几年，吸纳、整合零散能量，从你的第一本书、第一个剧本、第一部电视剧做起，用小说的形象思维和影视艺术的语言去揭示文化属性与命运的因果关系，去传播强势文化的逻辑、道德、价值观。"

丁元英送给芮小丹的礼物（觉悟），又何尝不是送给我们每个人的礼物呢？

（7）为马克思思想正名。

叶子农说："那你就是拿别人的东西糊弄事了，你知道的只是别人的认识，你知道别人的认识和你自己知道，不是一回事。"

缠中说禅说："所有曲解马克思的人，无论是打着左派还是右派的牌子，都有一个共同点，就是把马克思的理论看成像西方经济学那样的从概念到概念的文字游戏。"

叶子农说："牛顿定律是胜利的还是失败的？马克思主义是社会发展规律的学说，是规律的发现和解释，属于准不准确，不属于胜败的评价范畴。"

这语气何曾相似，缠中说禅说："马克思的理论是一个严谨的体系，请不要随意妄论！"

（8）实事求是。

缠师除了在博客中文史哲学板块写有《〈论语〉详解，给所有曲解孔子的人》

---

[1] 这就与缠师博客开篇写的缠非缠系列对上了。

之外，在其博客中时政经济板块还写有《马克思，时代的精神，世界的良心》与《捍卫马克思》系列。缠师认为捍卫马克思，不是捍卫他的政治立场与倾向，而是捍卫他的正确的思想方法认识论，捍卫他所发现的现实范畴间的逻辑关系及历史演化，这同样是给所有曲解马克思的人的。用小说《天幕红尘》中隐居德国且专业研究马克思 22 年的叶子农的话说："马克思主义是社会科学，是社会发展规律的发现和解释，是认识事物的方法，是讲因果、讲实事求是。"

恩格斯在《共产党宣言》1872 年德文版序言中指出，对于革命基本原理的实际运用，"随时随地都要以当时的历史条件为转移"。用丁元英的话说："马克思主义的道理归根到底就是一句话，'客观规律不以人的意志为转移'，什么是客观规律，归根到底也是一句话：一切以时间、地点和条件为转移。"用叶子农的话说："在我看来，马克思的资本规律可能不是最重要的，最重要的是马克思主义的认识观，辨别、证明的认识观。也许是我太笨了，我看来看去就只看出了一句话：实事求是。以辨别、证明的认识观实事求是认识事物，这就是我认为的马克思主义。"实事求是，不正是遵循现实的逻辑，从现实出发，行道而成就吗？用一个新词儿，就是"见路不走"。

另外，叶子农虽然是马克思主义研究专家，但从小说全文处处可以看出来，他做学问的基点，实则是建立在"禅"的基准之上的。

叶子农在去世后，他的遗物中有两只木箱子：N 本笔记、N 盒录像带、N 本书、"文革"时期的大茶缸、纯金打火机、遗嘱……女主方迪看了叶子农的笔记，里面记载了他研究马克思理论的精髓。那么缠师的遗物又是谁整理的呢？

（9）时政经济的判断。

在这方面，笔者对作为世界经济发展研究员的丁元英以及作为马克思主义理论研究专家的叶子农不多作阐述。缠师在 2003 年写下的广为流传的《中华民族可能面临的重大机遇》《货币战争与人民币战略》《民族复兴周期与世界经济周期历史性共振下的国家地缘与货币战略》以及在知名财经刊物发表的系列经济方面的文章，足见其对世界政经发展的敏锐而深刻的洞察。

据笔者对豆豆的小说的了解：《背叛》讲的是生存哲学，即人生第一重境界：见山是山，见水是水；《遥远的救世主》讲的是觉悟，即人生第二重境界：见山不是山，见水不是水；《天幕红尘》讲的是红尘中的修行，即人生第三重境界：见山还是山，见水还是水，返璞归真。这不正对应着缠师解读《论语》"不患；无位；患所以立。不患，莫己知求，为可知也"中的人生第三重境界吗？不也是惟信禅师参禅 30 年的体悟吗，不也对应着缠师的登顶之路？然而缠师出师未捷身先死，天意终究难参，亦可增添青史几传。

说到底，何谓遥远的救世主？

豆豆曾在一次专访中说："觉悟这东西的确是真不容易，否则我也不会非要在小说的书名'救世主'前加上'遥远的'修饰词了。"套用物理科学中有关原子的理论，原子周围的电子要想能跃迁是需要能量的，书、信息、知识对于我们的思维来说就是能量，但这里有一个转换率的问题，思考力强的人相对来说转换率就会高一些。

量变不难，慢慢积累就可以了，难的是质变，你得有天赋、灵性、洞察力、想象力、严谨性，同时还需要有良好的心态、高 EQ 和韧性。而且这里还有一个时间、经历、阅历的问题，年龄太小，没有经验也就没有觉悟，年龄太大，处处都是烙印，想要再融汇出新就难了。信息、知识、规律这些都是鱼，洞察力、分辨力、适应力、思考力、判断力、逻辑思维能力、感受力，那些才是渔啊，有了它们，救世主也就离我们不再远了。

13.2 本 ID 最多是你人生的一道风景

操作的节奏是最重要的，而节奏源自对级别的清楚认识，谁说本 ID 的理论不能预测的？只是本 ID 所说的预测，是各种级别边界条件的完全分类，是一个操作的完全分类图，这里，最关键的是级别，没有级别，任何的买卖点都是白搭，更别谈什么节奏了。

好自为之吧，就算是最好的拐杖，也还是拐杖，而一个大写的人，一个钢铁战士，就要学会自己站起来行走。本 ID 并不想当任何人的老师，最多是你人生的一道风景。你看成什么是你眼睛的事情，和本 ID 无关，自我修炼去吧。

——任何人在市场面前只能低头（2008-08-12）

在很久很久以前的某个月朗星稀的夜晚，一位老禅师指着远处天边一轮明月对他的徒弟说："你看那明月！"弟子抬起头，顺着老禅师手指的方向，果然看到了高挂天边明亮皎洁的圆月。于是老禅师因机施教，对弟子说，文字和真理的关系正如同手指和明月的关系，你读到的是手指，而它所指引的才是真正的月亮。

缠师在《人生之残酷》一文中说："一切，最多只能是指月的手指，而月亮不在一切能指所指上。谁告诉你，他能把月亮给你，那都是瞎掰，你还是先看看他有没有手指吧。"

"但任何事情都是有缘起的，缘分到了，也不妨写上一写。"是啊，就是这奇妙的缘分到了，缠师将缠中说禅理论这部旷世巨著奉献出来了，你我才能有缘相读。师傅领进门，修行在个人，缠师曾反复告诫我们：

自己心中有数，才不会盲目。别人永远都不能替代你自己。佛，也只有你自己去成，谁也替代不了你。

——缠中说禅（2006-11-27）

本 ID 没有兴趣开什么派，人人皆佛，不要自我憋屈。

——缠中说禅（2006-12-12）

本 ID 不是拐杖，一定要变成你自己的东西才可以。多看图，多研究，多理解，这里没有可以取巧的地方。

——缠中说禅（2006-12-12）

真明白了，市场的走势如自己的心跳一样清晰可辨。这样，你想不一路盈利都难。

——缠中说禅（2006-12-15）

真会了，市场永远有机会。不少人，在大牛市还亏损累累；而有些人，熊市照样能牛。关键要耐心学会，要多看图。

建议各位先形成一定的理解后，多看图，特别要找自己不能解释的图，从中再找出毛病。

——缠中说禅（2006-12-15）

不经过自己的思考，是不可能真正把握的。本 ID 这样是为各位好，希望大家真能把握。

——缠中说禅（2006-12-15）

好好消化，如何把抽象的理论变成自己的直觉，无论是谁，这可不是一两天的事情。

——缠中说禅（2006-12-18）

本 ID 的理论就如同欧几里得几何，只要学会了，任何人应用都是一样的。所以该尊重的是理论本身，而不是本 ID，本 ID 也不能违背该理论，就像牛顿发现了万有引力，但依然在万有引力之中。

所以有信心的是理论本身，而对理论的信心来自对其逻辑结构的充分理解，进而在实践中不断校对其理解，这样才能真的变成自己的。

——缠中说禅（2007-01-16）

本 ID 这里不需要任何上帝与信仰者，人人是佛，不要憋屈了自己。如果说要回报本 ID，你能得到智慧，就是对本 ID 的最好回报。

——缠中说禅（2007-02-01）

[匿名]：缠博主开门收徒吧！通过这个博客，从学识到人品崇拜你的人如过江之鲫，其中也不乏有识才俊，多几个帮手不更好吗？（2007-03-20）

缠师：人人皆佛，不要憋屈自己。就算当本 ID 的徒弟，也是憋屈自己。天地都是你的，关键是先把自己的眼打开。千里同风，何必开门收什么徒。（2007-03-20）

自立，不能靠任何人，连本 ID 都不能依靠。人人是佛，别憋屈自己了。

——缠中说禅（2007-04-13）

本 ID 对各位一视同仁，希望能帮助尽量多的人。

——缠中说禅（2007-05-23）

本 ID 这里一不收费，二不收徒子徒孙。你是佛，本 ID 顶礼，别憋屈了自己。本 ID 这里如空谷，任尔云来风动、虎啸龙吟，各位不用客气了。来这里，股票只是一个小道，最终如果能小道而大道，那才算有小得，否则只是一场儿戏。非离股票而觅什么大道，如果你那大道连股票都不能折腾一把，那你的所谓的"大道"就是垃圾道。有些人看不得本 ID 在这里写股票，以为这就俗了、堕落了，就是如此之辈。本 ID 这里横天横地，天堂和地狱一把捏，不要画地自囚。

——请远离所有借股票收费者（2007-05-25）

市场操作，最终都要归于自己，只有自己提高了，才是最终的。千万别依靠任何人，连本 ID 都不要依靠，你可以学习本 ID 的理论，因为那是几何的、是不患的，谁都必须遵守，但千万别有依靠本 ID 的想法。本 ID 可不是慈善家，在残酷的市场中，宣称自己是慈善家的，肯定只能是骗子。

——3919 点继续折磨你（2007-07-10）

修炼自己，市场中生存，别无他法。

——教你炒股票第 95 课：修炼自己（2008-01-22）

2500 年以前，老子留下洋洋洒洒五千言，飘然而去。正如《道德经》一般，缠师留下的这些文字，足够我们用一生去拜读、去实践。每年的正月初五，民间不少地方有迎财神的习俗，平日里，国人也都爱财神。据传，子贡是孔子门徒，应该算儒商祖师，范蠡是老子门徒，应该算道商祖师。倘若按照这样推理，预想财神可以帮你，用心读缠师解读的《论语》和《道德经》等经典哲学巨作，再就是缠中说禅股票理论，书中自有黄金屋。

写到这里，笔者不由想起刘慈欣的《三体》中那句著名的话："弱小和无知不是生存的障碍，傲慢才是。"缠师也曾说："人生学习最悲哀的不过是：因为无知傲慢错过真正的好东西，又因为无知贪婪在假东西上耗费生命。"面对缠师的思想和智慧，首先需要的便是真诚与谦虚，这样才不会有眼无珠。

笔者坚信在缠师的指引下，现在和未来的中国可以逐渐诞生如巴菲特一样的国际级投资大师。那样，在榜样的作用下，缠师的理论成为显学，激励无数国人，使中华真正优秀的文化在世界金融领域孤峰而上。

幸运的是，缠中说禅的智慧种子已无位次地播撒在华夏大地上，他将"自同构"的思想结构赠予了精研理论的每一个人，这个"自同构"性思想结构会不断地复制生长演化，从 1 分钟、5 分钟、30 分钟、日、周、年，不断壮大，如同走势的花开花落，终有一天，成长为参天大树。

▶ 13.3 钢铁战士的七大基本标准

缠中说禅的理论（体现于:《市场哲学的数学原理》《缠中说禅教你炒股票108 课》《缠论》中）是缠师站在人性贪、嗔、痴、疑、慢的底层逻辑基点上，于因人之众缘合力而生成的走势图形中，用数学工具建立起的走势动态位次关系之学。

中枢与级别的确定，如同"北极星"位置确定的含义，这个现实逻辑支点确定后，走势也就相应有了自己的位次所在，三类买卖点同样因为现实得以彰显，也有了众星拱之之意。所以找到"北极星"是关键，注意，某级别的"北极星（中枢）"的位置是现实走势走出来的，不是先验的;同样地，三类买卖点也是随实际走势走出来的，不是先验的。而这些都是需要本人去实现的，所以才有了"人成法成""人能弘道，非道弘人"。

缠师和丁元英或隐或显地有着千丝万缕的联系，在《遥远的救世主》中，丁元英说："生存法则就是忍人之所不能忍，能人所不能。忍是一条线，能是一条线，两者之间就是生存空间。"生存空间图如图13-3所示。

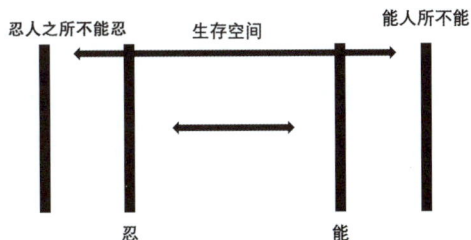

图13-3 生存空间图

对比《遥远的救世主》中的人物，不难理解其中各种角色所处的生存空间位次。丁元英在整部小说中并未留下"忍"的痕迹，加上他的分析判断以及谋划能力又高出天际，故他的生存空间极大。同样，面对波云诡谲的世界市场行情，忍和能的无限扩大更有利于在市场上生存。相比于丁元英，缠师的语言行为走的是乾卦阳刚的路子，只有如钢铁战士般坚毅刻苦、忍耐无比、刚猛无匹……在熊熊烈火中成长起来才有生存空间。

缠师曾反复说过，在市场中生存，就要把自己培养成钢铁战士。

来本ID这里，如果真是想洗心革面，就要首先掌握本ID的理论，然后用该理论去操作，在操作中把自己培养成钢铁战士，钢铁战士的最基本标准是什么：

（1）买点总在恐慌的下跌中形成，但只要买点出现，就要义无反顾地买进。

（2）上涨总在不同情绪的交织中进行，抵抗住各种情绪的干扰，用钢铁般的意志把股票持住，决不中途给抛下车。

（3）卖点总在疯狂的上涨中形成，只要卖点出现，手起刀落，让股票见鬼去。

（4）任何的操作失误，只是一次跌倒，跌倒就爬不起来的，绝对不可能是钢铁战士。失误就要总结，绝对不在同一错误上犯两次。

（5）买错比卖错严重，一旦确认买错了，一定要手起刀落，让股票见鬼去。如果市场给你一次改正错误的机会你没把握住，也就是第二类买卖点，那就买豆腐回家；如果市场给你第二次改正错误的机会你还没把握住，也就是第三类买卖点，那就直接回家磨墙。

（6）市场只有你才能帮助你，被市场毁掉的是你，战胜市场的也是你，你比市场强悍，市场就是你的；否则，你就是市场的点心。

（7）踏准市场的节奏，就可以在市场的刀山火海中逍遥游。

本 ID 这里，人越少越好，草深三丈也无妨。如果不想成为钢铁战士，那就没必要来这里看任何有关股票的东西，其他东西可以看，别的地方可以去，何必来这里生气？

如果哪一天，你是钢铁战士了，你也没必要觉得本 ID 教了你什么。本 ID 这里无授无德，本 ID 无一法给人，你只是你，你钢铁了，自然就战士了，和本 ID 无关。

但你没成为钢铁战士之前，最好还是有自知之明，本 ID 反复强调，如果你技术不行，没有手起刀落的修为，就先把仓位减下来。那么，很多没减的，又没有手起刀落修为的，是不是又犯了贪、嗔、痴、疑、慢的毛病？

没到那水平，没到能在刀锋上舞蹈的水平，就别玩悬的，干自己能力范围内的事情。市场中最大的毛病之一，就是杀牛用鸡刀，屠龙用鸭刀，最后都被鸡了鸭了去了。

市场上不是每一笔钱都适合任何人去赚的，面对市场的机会，少点贪、嗔、痴、疑、慢，认清自己的能力，这比什么都重要。

市场是连续的，高位走了不是天堂，高位没走也不是地狱。大跌，不过是下一买点后大反弹的前戏。这一切，都逃不过本 ID 的理论，而是否参与，则与你的操作级别相关，也和你的操作能力相关。

没有人天生就是胜利者，也没有人天生就与失败为伍。人人是佛，无一人可度，无一人需救，人人有明珠一颗，照破山河大地，又何必憋屈了自己？

——教你炒股票第 80 课：市场没有同情、不信眼泪（2007-09-11）

关于钢铁战士，缠师还曾说道：

本 ID 今天的策略很简单，盘子乱的就顺势洗，让那些"汉奸"分子亏死出。盘子稳定"汉奸"少的，就起来。中国现在最应该戳穿的泡沫就是有着"汉奸"基因的团伙！中国需要的是钢铁的脊梁，而不是泡沫的膝盖！

——最大的泡沫就是某些国人（2007-01-25）

在市场上混，就要成为钢铁战士，就算国家经济崩溃，比如 1929 年大萧条，也能在市场上屹立，这才有点像样。像现在这些人，动不动就求救市，那是没见过苦日子。1929 年的时候，美国政府都无能为力了，政府都救不了自己了，那时候，如果你是钢铁战士，一样能屹立下来。

这世界上，没有一样东西是可以依靠的，即使那东西叫政府。我们只需要正确的操作方法，用这方法，把自己锻炼成钢铁战士，除此之外，都是废话。

——自知之明（2008-03-18）

当然，请一定注意。当你还没有成为钢铁战士之前，还有一个最好的全身之道：就是在大级别的调整中紧抱小板凳，不参与一切反弹。宁愿错过，绝不过错，伟大光荣正确的小板凳。

个股方面，很多题材股已经压制不住了，指数其实已经反映不了很多股票的走势，所以，如果你是钢铁战士以及准备成为钢铁战士的，更多应该关心个股的走势，指数走势只能成为参考。

真正的钢铁战士，只看走势本身，一切都在其中反映，如果连这都遵守不了，就别学什么理论了，买把扫帚去证什么会门口无间道去吧。

……可以断言，本 ID 万一有什么闪失，关于本 ID 的理论就会被折腾得完全变样，有 2 的某某次方个变种，结果，最终能在市场上真磨炼成钢铁战士的，能有 5 个，本 ID 就含笑九泉了。就像那奇人，他们家里同辈人一起学祖传绝学，共 9 个人，最终只有他坚持下来并完全自如应用了，大概世间很多事情都命该如此，就不说了。

——超短线抉择：5 天还是 13 天线（2008-08-21）

真正的钢铁战士的心境也许正像缠师写下的《满江红》：

满江红

缠中说禅

万古长空，今犹昔，一朝风月。

何处住？春花夏雨，秋鸿冬雪。

百代浮华皆作土，千江吸尽无堪说。

问世间，多少梦消磨、英雄血。

星旋轨，天补裂，山崩柱，河倾缺。

捣神宫鬼府，凤巢龙穴。

怒剑穿云惊浩宇，狂涛卷日横孤筏。

纵生死，劫火洗乾坤，齐欢悦。

而这里，缠师说在市场上最终真正磨炼成钢铁战士的能有五个，他就含笑九泉了。这里的"五人足矣"，恰似禅宗"一花五叶"，也呼应了缠中说禅的开博词《临江仙》，其中他自比中国禅宗初祖菩提达摩东来传法。

临江仙

缠中说禅

浊水倾波三万里，愀然独坐孤峰。龙潜狮睡候飙风。无情皆竖子，有泪亦英雄。长剑倚天星斗烂，古今过眼成空。乾坤俯仰任穷通。半轮沧海上，一苇大江东。

≫ 13.4 最终成为猎鲸者

股票不过是小道，但条条小道通大道，本 ID 在这里费口舌，有一个目的，是希望这里至少能有人通过学习以及自我磨炼，最终能成为猎鲸者。其次，更重要的，要小道而大道，这才不枉来这里一趟。至于想把这个变成传销场所或来这里希望找点传销玩意的，那就入错门了。

本 ID 这里不需要这么多人，至于那些希望小道而大道或至少有志于成为猎鲸者的，如果觉得有更好的地方，也没必要留在本 ID 这里。本 ID 这里门前草深三尺也无妨。

——教你炒股票第 51 课：短线股评荐股者的传销把戏（2007-05-09）

关于"猎鲸者"，缠师曾说：

市场如同大海，这里有各种的生命形态，本 ID 之所以说这些，是要让各位对市场中各类资金的生存状态有一定的认识，这些生存方式，都会存在，不会出现某种形式一统天下的状态。有人可能要问本 ID 属于哪种形态，本 ID 哪种形态都不是，如果一定要说，那本 ID 属于猎鲸者的那种，你必须对所有猎杀对象有着最清楚的认识，才能找到最好的攻击点，然后杀之，而本 ID 只对大海里最大的生物感兴趣，本 ID 只猎鲸，特别对鲸群有兴趣，一次只杀一鲸的游戏，早玩腻了。

——教你炒股票第 51 课：短线股评荐股者的传销把戏（2007-05-09）

本 ID 这里不需要太多人，来这里的，就应该有志成为猎鲸者。就像本 ID 学作曲时老师说的，他只是一个训练者，真正的曲子只能自己写出来。本 ID 也只是一个训练者、引导者，真正的月亮要靠自己去发现。

——缠中说禅（2007-05-16）

人必须有远大的目标，不想成为大资金的散户，就如同不想成为元帅的士兵。

最终能否达到，这和每个人的悟性、修炼、机缘等密切相关。但有时候结果并不一定太重要，过程往往更加美好。如果说到结果，任何人的结果都是咸鱼一条，因此，任何人都没必要有任何负担与畏惧心理。只要按照正确的道路，就算最终只能登到山腰，也不枉这一行了。

——教你炒股票第 75 课：逗庄家玩的一些杂史 1（2007-08-29）

我们总要实际点，不是每个人都能成为高手的，更多人一生的努力，也就是这样了，这是实际的话。

有些话，只是说给相应的人。世界上的山峰，并不是所有人都能或需要会当凌绝顶的，先把自己认识清楚，把自己的能量激发出来，如果这样，你就是能会当凌绝顶的人了。

在那绝顶之上，万古长空。

——今年投资者的四种命运（2008-01-18）

13.5 让全球化成为中国式的

历史上所有的大国在崛起过程中，都有围绕它的崛起展开的全球化运动，就像一个大中枢一样。同时，全球化并不是一个从历史到今天都一样的过程，而是各有各的全球化。遥想 2000 多年前，大秦帝国有它的全球化，而今美国有美国的全球化，它将美元延伸到了各个国家，成了"新罗马帝国"。

纵观历史，每一个帝国都有由它主导的一段全球化，从它的上升期到鼎盛期，全球化达到一个巅峰，即被自身的力量所限制，而后衰落。不过，在"新全球化""新范式"诞生之前，类似于"战国时代"，都有一个"群雄逐鹿"的过程。

21 世纪初，美式的全球化大潮席卷而来，而"让全球化成为中国式的"是缠师毕生的心愿之一。他曾说："全球化、国际化，从来都有一个主导国家的问题，现在，不用讳言，一直以来的全球化，都是由美国主导的。中国需要的是中国式的全球化。中国的市场必然成为全球最大的，有了这个吸引源，我们完全可以整合起东亚甚至整个亚洲的市场，一个亚洲的大经济体，甚至可以包括俄罗斯。这样一个巨大的体系里，大概已经完全没有全球化的必要了，因为全球都会化在这巨大经济体的强大吸引力之中。"

"让全球化成为中国式的，这大概就是我们最该干的事情了。"

缠师还曾说过：

毛爷爷给了我们火种，他的星火必将燎原，因为中国如同一只正在走所谓第三主升浪的股票，连绵不断的中枢上移和第三类买点。中国在全球化中就要成为真正的领导者，我们要为这一天而努力，所有中国人，占地球人口最多的种族，这是我们的历史使命，

让中国的历史成为世界的历史，让中国在全球化进程的最后阶段，成为全球化本身。这就是我们的历史使命！

——要通胀还是要经济增长（2008-02-28）

弗拉基米尔·伊里奇·列宁在十月革命前说，历史就是这样，有时几十年没有动静，有时几周就像过了几十年。过去三年，疫情加速了政治、经济、社会与技术等的全面裂变，让人不得不重新审视宇宙人生。

放眼世界，从老冷战走来，如今的世界又到了新的十字路口。在这个百年未有之大变局中，一个全新的大时代正在到来，谁在未来能制定新的全球化规则，那么在这之前的所有旧体系将有机会被改写，当然这需要多年的过程。那么，谁又将成为未来的主导者呢？